21世纪法学系列教材

合同法

Contract Law

第二版

杨立新 著

法律出版社
——北 京——
始创于1954年

图书在版编目(CIP)数据

合同法 / 杨立新著. -- 2 版. -- 北京 : 法律出版社, 2024
ISBN 978-7-5197-8768-4

Ⅰ. ①合… Ⅱ. ①杨… Ⅲ. ①合同法-中国-高等学校-教材 Ⅳ. ①D923.6

中国国家版本馆 CIP 数据核字(2024)第 025652 号

合同法(第二版)
HETONGFA(DI-ER BAN)

杨立新 著

责任编辑 陈 慧
装帧设计 凌点工作室

出版发行 法律出版社
编辑统筹 法律教育出版分社
责任校对 晁明慧
责任印制 刘晓伟
经 销 新华书店

开本 787 毫米×1092 毫米 1/16
印张 29.5 **字数** 680 千
版本 2024 年 2 月第 2 版
印次 2024 年 2 月第 1 次印刷
印刷 天津嘉恒印务有限公司

地址:北京市丰台区莲花池西里 7 号(100073)
网址:www. lawpress. com. cn
投稿邮箱:info@ lawpress. com. cn
举报盗版邮箱:jbwq@ lawpress. com. cn

销售电话:010-83938349
客服电话:010-83938350
咨询电话:010-63939796

书号:ISBN 978-7-5197-8768-4
定价:65.00 元

凡购买本社图书,如有印装错误,我社负责退换。电话:010-83938349

出版说明

法律出版社作为中国历史悠久、品牌积淀深厚的法律专业出版社，素来重视法学教育图书之出版。

原“21 世纪法学规划教材”系列作为本社法学教育出版的重心，延续至今已有十余年。该系列一直以打造新世纪新经典教材为己任，遍揽名家新秀，因其卓越品质而颇受瞩目并广受肯定。当前，根据法学教育发展变化的客观需要，本社将原有教材系列调整重组，形成新编“21 世纪法学系列教材”，以便更好地为法学师生服务。

中国的法学教育正面临深刻变革，未来的法学教育势必以培养高素质法律人才为目标，以知识教育与应用教育相结合、职业教育与素质教育相结合、精英教育与大众教育相结合为导向，法学教育图书的编写与出版也将由此进入变革与创新的时代。

为顺应未来法学教育的改革方向和发展趋势，本社将应时而动，为不同学科、不同层次、不同阶段、不同需求的法学师生量身打造法学教材及教学辅助用书。在教材方面，将推出课堂教学系列、实训课程系列、通识课程系列、简明本系列、双语教学系列等；在教学辅助用书方面，将推出案例教程系列、法规教程系列、练习与测验系列、法学讲座系列、专业培训系列等。或革新，或全新，以厚基础、宽口径、多元化、开放性为基调，力求从品种、内容和形式上呈现崭新风采，为法学师生提供更好教本与读本，同享教材规划之盛。

“好书，同好老师和好学生分享。”本社在法学教育图书出版上必将继往开来，以精益求精的专业态度，打造全新“21 世纪法学系列教材”，传播法学知识，传承法学理念，辅拂法律教育事业，积累法律教育财富，服务万千法学师生和明日法治英才。

法律出版社

2015 年 1 月

作 者 简 介

杨立新

现任

教育部人文社会科学重点研究基地中国人民大学民商事法律科学研究中心研究员
中国人民大学法学院教授、博士生导师
广东财经大学法治与经济发展研究所研究员
广东财经大学法学院特聘教授
兰州大学民法典研究院名誉院长、首席研究员
全国人大常委会法制工作委员会立法专家委员会立法专家
最高人民检察院专家咨询委员会专家咨询委员
最高人民法院案例指导工作专家委员会委员
国家卫生健康委员会公共政策专家咨询委员会专家委员
中央“五五”普法国家中高级干部学法讲师团成员
《中国大百科全书(第三版)》法学卷民法学分卷主编

曾任

最高人民检察院检察委员会委员、民事行政检察厅厅长、检察员
最高人民法院民事审判庭审判员
吉林省通化市中级人民法院审判员、副庭长、常务副院长
烟台大学法学院副教授

主要著作

出版民法专著、教材数十部,《民法》教材获首届全国教材建设优秀教材一等奖
发表民法学论文六百余篇,部分论文获得省部级优秀研究成果一等奖和二等奖

第二版前言

《合同法》一书于2021年10月初版以来，已经发行两年多了。在此期间，很多法律院校师生选择本书作为学习《民法典》合同编的教材，反响良好，这得益于本书理论联系实际，便于掌握合同法的知识点，能够做到法律规定、理论基础和司法实践有机结合。法官、检察官、律师和公司法务等法律工作者也认为这部理论联系实际的教材，对掌握合同法规则应用于实践，有很好的参考价值。

党的二十大报告指出，要"充分发挥市场在资源配置中的决定性作用"，"构建全国统一大市场，深化要素市场化改革，建设高标准市场体系"。发展市场经济，必须重视合同法的调整作用，应用合同法的规则，规范市场经济关系，维护市场经济秩序，促进交易发展、鼓励市场要素自由流通，推动社会经济发展。可见，合同法是市场经济的基本法。《民法典》合同编全面规定了合同法的一般性规则和各类典型合同的规则，为合同法教学提供了基本规范及体系。

值得特别强调的是，最高人民法院《关于适用〈中华人民共和国民法典〉合同编通则若干问题的解释》（以下简称《合同编通则解释》）于2023年12月4日公布、2023年12月5日施行，是适用《民法典》合同编通则规定的合同法一般规则的重要司法解释，一经公布，就引起了社会各界特别是法律界和经济界的关注。《合同编通则解释》不仅对民事审判具有重要的司法实践价值，对民法理论研究也具有重要价值，对社会经济领域特别是法人、非法人组织依照合同法规则进行交易更具有重要价值。《合同编通则解释》不仅完善了我国合同法一般规则及其体系，也给合同法理论研究提出了新的课题，对遵守公平原则、诚信原则，维护交易秩序，促进经济发展，具有重要意义。本书这次修订，以习近平法治思想为指导，体现上述中国特色社会主义法治体系完善的最新成果，将《合同编通则解释》的内容纳入本书，与教材原有内容融为一体，形成完整的合同法规则、理论和应用的体系，便于全面学习、掌握、适用《民法典》合同编和司法解释关于合同法规则体系的规定。

借本书再版之际，感谢法学院系的师生对本书的厚爱，感谢法律界读者的厚爱，也感谢出版社编辑的辛苦付出。

中国人民大学民商事法律科学研究中心研究员
中国人民大学法学院教授、博士生导师
广东财经大学法学院特聘教授
杨立新
2023年12月·北京世纪城

前　　言

《中华人民共和国民法典》(以下简称《民法典》)合同编,是我国现行合同法律规定,是《民法典》分则各编中篇幅最大、条文最多、内容最丰富、规则最复杂的一编,不仅规定了我国合同法的基本内容,而且还包括我国债法总则的一般规则和准合同即无因管理之债和不当得利之债的具体规则,几乎概括了我国债法的主要内容,因而在高等法学教育,特别是民法学教学中,具有特别重要的地位,是高等法学教育的重中之重。由于《民法典》刚刚实施不久,合同编中又增加了很多新规则,因此,目前的合同法教学难度较大,特别是理论联系实际的教材不多。

为解决合同法教学中存在的问题,我和陈慧编辑商量,出版一部以真实案例的案情和解说为引导,结合合同法教学中的知识点,重点突出理论和实践相结合的合同法教材,使法学专业的同学能够通过这样的教材真实地体会到合同法规则在现实生活中的实际应用,能够让法理丰富、规则复杂、内容庞大的合同法生动、形象地展现在眼前,使合同法的学习更加清晰和直观,对合同法规则和法理的掌握更加容易。我们一拍即合,于是,就有了这部《合同法》教材。

本书的主要特点:一是全书每一节都引入了一件法院判决的合同案例,说明案情,对具体的合同法规则的适用进行解说,突出展现一个合同法原理的知识点。二是本书引用的案例都是现实生活中发生、经过司法裁判的合同纠纷案例,为了教学的方便,对案情进行了简化,有的还对案情作了适当修改,隐去当事人的真实姓名和名称,删除法院判决书的文号。三是对合同法的规则和法理不作详细的比较分析,立足于通说,着重说明基本法理和具体规则,突出主要的知识点,使其更适应本科教学的需要。四是每一节设置重点法律问题,每一章设置简要的讨论题,以便突出教学重点和学习思考方向。五是在内容上,本书增加了一些《民法典》合同编没有规定的内容,例如,合同标的、合同更新、对债权准占有人给付效力、后契约责任等规则,并结合实际进行了说明。六是为便于对合同法的理解,全书主要依照《民法典》合同编的体例编写,每一章基本使用合同编的标题,部分做了适当调整,例如,将合同责任集中在一章中说明,而不是分别在合同的订立、合同的效力等部分进行介绍。另外,本书以《民法典》合同编为依据,吸收《民法典》实施后新修改的司法解释规定的规则;本书付梓之前,最高人民法院颁发《全国法院贯彻实施民法典工作会议纪要》,其中关于合同编适用的规定也吸收在本书中。

《民法典》合同编篇幅恢宏,内容复杂,规则体系庞大,通过真实案例进行教学确实有难度。本书是新的尝试,结合真实案例进行评论,甚至提出与判决书意见相左的看法,借以说明合同法规则的要点,难免有不当之处,请法律院校的老师和同学指正,也请裁判这些案例的法官谅解。

向本书引用的典型案例的审判法官们致谢!

中国人民大学民商事法律科学研究中心研究员
中国人民大学法学院教授
中国法学会民法学研究会副会长
兰州大学民法典研究院名誉院长、首席研究员
杨立新

2021 年 5 月 18 日 · 北京世纪城

目　录

绪论　合同法概述 …………………………………………………… (1)
第一节　合同法的概念及法律地位 ………………………………… (1)
第二节　合同法的历史发展和调整功能 …………………………… (5)
第三节　合同法的基本原则 ………………………………………… (9)

第一章　一般规定 …………………………………………………… (14)
第一节　合同的概念及特征 ………………………………………… (14)
第二节　合同法律关系 ……………………………………………… (18)
第三节　合同的种类 ………………………………………………… (22)
第四节　合同解释和非合同之债 …………………………………… (31)

第二章　合同的订立 ………………………………………………… (39)
第一节　合同订立概述 ……………………………………………… (39)
第二节　要约 ………………………………………………………… (43)
第三节　承诺 ………………………………………………………… (50)
第四节　特殊缔约方式与悬赏广告 ………………………………… (61)
第五节　合同条款 …………………………………………………… (64)
第六节　合同形式 …………………………………………………… (67)
第七节　格式条款 …………………………………………………… (72)

第三章　合同的效力 ………………………………………………… (79)
第一节　合同效力及合同生效时间和条件 ………………………… (79)
第二节　确定合同效力的法律适用 ………………………………… (83)
第三节　合同效力的特别规定 ……………………………………… (89)
第四节　合同无效的一般后果 ……………………………………… (98)

第四章　合同的履行 ………………………………………………… (102)
第一节　合同履行的概念及原则 …………………………………… (102)
第二节　给付 ………………………………………………………… (108)
第三节　受领 ………………………………………………………… (121)
第四节　合同内容的确定 …………………………………………… (124)

第五节 多数之债 …………………………………………………… (130)
第六节 合同履行中的变动 …………………………………………… (137)
第七节 双务合同履行的抗辩权 ……………………………………… (143)

第五章 合同的保全 ………………………………………………… (155)
第一节 债权人代位权 ………………………………………………… (155)
第二节 债权人撤销权 ………………………………………………… (163)

第六章 合同变更和转让 …………………………………………… (172)
第一节 合同变更 ……………………………………………………… (172)
第二节 合同债权转让 ………………………………………………… (178)
第三节 合同债务转移 ………………………………………………… (186)
第四节 合同债权债务概括转移 ……………………………………… (192)
第五节 合同的更新 …………………………………………………… (195)

第七章 合同的权利义务终止 ……………………………………… (201)
第一节 合同的权利义务终止概述 …………………………………… (201)
第二节 清偿 …………………………………………………………… (204)
第三节 解除 …………………………………………………………… (209)
第四节 抵销 …………………………………………………………… (216)
第五节 提存 …………………………………………………………… (222)
第六节 免除 …………………………………………………………… (227)
第七节 混同 …………………………………………………………… (229)

第八章 合同责任 …………………………………………………… (232)
第一节 缔约过失责任 ………………………………………………… (232)
第二节 合同无效责任 ………………………………………………… (240)
第三节 预期违约责任 ………………………………………………… (244)
第四节 加害给付责任 ………………………………………………… (251)
第五节 实际违约责任 ………………………………………………… (256)
第六节 后契约责任 …………………………………………………… (267)
第七节 合同责任的其他问题 ………………………………………… (271)

第九章 买卖、供用、赠与合同 …………………………………… (286)
第一节 买卖合同 ……………………………………………………… (286)
第二节 供用电、水、气、热力合同 ………………………………… (307)
第三节 赠与合同 ……………………………………………………… (311)

第十章 借款、保证、租赁、融资租赁、保理合同 …………(317)
第一节 借款合同 …………(317)
第二节 保证合同 …………(324)
第三节 租赁合同 …………(333)
第四节 融资租赁合同 …………(343)
第五节 保理合同 …………(349)

第十一章 承揽、建设工程、运输、技术合同 …………(356)
第一节 承揽合同 …………(356)
第二节 建设工程合同 …………(362)
第三节 运输合同 …………(368)
第四节 技术合同 …………(376)

第十二章 保管、仓储、委托、物业服务合同 …………(386)
第一节 保管合同 …………(386)
第二节 仓储合同 …………(390)
第三节 委托合同 …………(393)
第四节 物业服务合同 …………(400)

第十三章 行纪、中介、合伙合同 …………(408)
第一节 行纪合同 …………(408)
第二节 中介合同 …………(411)
第三节 合伙合同 …………(415)

第十四章 准合同 …………(424)
第一节 无因管理 …………(424)
第二节 不当得利 …………(435)

参考文献 …………(451)

绪论 合同法概述

第一节 合同法的概念及法律地位

| 引 例 |

本案原告吴某某,被告陈某1。原告的岳父陈某2为被告陈某1的父亲。陈某2曾向法院提起诉讼,要求包括陈某1在内的5个子女每人每月给付其赡养费200元。当时在法官主持下,陈某2与陈某1等5个子女达成赡养协议,陈某2撤诉。本案中,因陈某2一直由原告及其妻陈某3赡养,被告另与原告达成协议,约定:"陈某1自某年至某年未付父亲的赡养费每月100元,共计人民币柒仟贰佰元整(7 200元)补给吴某某,我3年时间交清。"该协议由被告执笔书写,书写完毕后,原告在协议顶端书写"欠条"两字。原告请求法院判决被告向其支付由原告垫付的7 200元赡养费,被告以双方没有赡养关系为由拒绝支付。

法院审理认为,本案原、被告之间达成"协议"(欠条)的约定,所依据的背景事实虽然为双方各自对陈某2应尽赡养义务的身份关系,但原、被告之间并不存在赡养义务的身份关系,故原、被告之间达成的"协议"(欠条)应当适用合同法之规定。双方达成的协议系当事人的真实意思表示,且不违反法律、行政法规的规定,为有效合同,当事人应当按照约定履行自己的义务。故支持原告的诉讼请求。

| 法律问题 |

1. 合同法及其特征
2. 合同法的地位
3. 合同法的渊源

一、合同法的概念和特征

(一)合同法的概念

在大陆法系,合同法的上位概念是债法,合同法是债法的组成部分。在英美法系,合同法也称契约法,是与财产法、侵权法和信托法等并列的独立法律部门。

在法理上,合同法的概念分为广义和狭义两种。

广义的合同法是指涉及转让财产或者劳务的私人的法律,[1]是调整动态财产关系的法

---

〔1〕[美]迈克尔·D.贝勒斯:《法律的原则》,张文显等译,中国大百科全书出版社1996年版,第143页。

律。[2] 从这个意义上理解,合同法与物权法是民法有关财产法的两大部分,物权法调整静态的财产关系,合同法调整动态的财产关系,即财产交易关系。广义合同法调整的范围,包括合同的订约过程,合同的内容和效力,合同的变更、解除和终止,合同的无效和被撤销,合同的不履行和履行不完全的补救,合同的后契约义务等,是合同订立、履行、消灭的全过程。

狭义合同法的核心是调整合同当事人的承诺和合意,合同法是执行当事人的允诺和协议的法律,合同法的目的是通过强制履行承诺帮助人们实现他们的私人目标。[3] 狭义合同法规范的是合同的成立、生效、履行和违约责任等问题,不包括合同的不成立、无效和被撤销等情况。因此,狭义合同法概念的范围是不完整的。

从上述分析看,采用广义的合同法概念比较适当。因此,合同法是指有关合同的法律规范的总称,是调整平等主体之间的交易关系的法律。它主要规范合同的订立、合同的效力,以及合同的履行、变更、解除、保全、担保、违反合同的责任和后契约义务等问题。[4]

我国的合同法律规定集中于《民法典》合同编。不过,我国《民法典》合同编并不是严格意义上的合同法,而是一部小型的债法。其理由是:(1)《民法典》合同编的通则分编包含了大量的债法的一般规则,超出了合同法的范围。(2)合同编的准合同分编规定了无因管理之债和不当得利之债,这些不是合同法的内容,而是债法的内容。(3)合同编通则分编中对能够适用于非合同之债的具体规则,也尽量予以明确指示。对适用于所有债的类型的共同规则,条文中尽量不使用"合同""合同权利""合同义务"的表述,而是采用"债权""债务"的表述;就合同的订立、效力和解除等仅能适用于合同之债的规则,仍然使用"合同"的表述。[5] (4)就合同编的全部内容而言,除了侵权之债另行规定为侵权责任编之外,合同编还包括了债法的主要内容。[6] 因此,从总体上理解,我国《民法典》合同编其实就是一部债法,包括债法总则和债法分则,但是不包括侵权之债。因此,本书虽然名为《合同法》,但是阐释的几乎是债法的全部内容。由于《民法典》第三编定名为合同,所以,本书从合同法的角度进行说明。

(二)合同法的特征

1. 合同法是调整动态财产关系的法律。动态财产关系主要是交易关系,合同法是调整交易关系的法律,其调整范围包括商品的转手、财货的互易、利益的交换等交易形式。

2. 合同法是强调平等协商和等价有偿原则的法律。合同的最基本特征是当事人的意思表示一致即合意,因此,合同法的显著特征是强调平等、协商、等价、有偿,将这些原则作为基本原则,规范合同当事人的行为,维护交易秩序,推动社会发展。

3. 合同法更强调其规范的任意性而不是强制性。合同法的主要职能是规范合同行为,使合同当事人在实施合同行为时能够有所遵循,按照当事人在合同中约定的规范,通过合

---

〔2〕 王家福:《合同法》,中国社会科学出版社1986年版,第12页。

〔3〕 [美]罗伯特·考特、[美]托马斯·尤伦:《法和经济学》,张军等译,上海人民出版社、上海三联书店1994年版,第314页。

〔4〕 王利明、崔建远:《合同法新论·总则》,中国政法大学出版社1996年版,第53页。

〔5〕 黄薇主编:《中华人民共和国民法典合同编释义》,法律出版社2020年版,第2页。

〔6〕 朱广新、谢鸿飞主编:《民法典评注·合同编　通则》(1),中国法制出版社2020年版,第5页。

同实现自己的意愿和目的，因此是自治法，奉行合同自由原则，当事人自己的事情原则上由自己做主，是私的自治。[7] 即使存在部分强制规范，其也不是合同法的主要内容。

4. 合同法是鼓励创造财富的法律。合同法的需求取决于两个重要原因：一是劳动分工；二是信用经济的发达。在现代商业经济中，财富都是由允诺构成的，[8]合同法创造财富的特征就表现在保障当事人的意志，使当事人订约的目的和基于合同所产生的期待利益得以实现。合同法的目标就是尽可能地鼓励当事人进行交易，创造财富。[9]

二、合同法的地位

（一）合同法与债法

在立法形式上，我国《民法典》只有合同编而没有设置债法总则。尽管如此，合同法与债法的关系也是明确的。《民法典》合同编就是一部债法，合同法是债法的主要组成部分，债法总则的一般规则、不当得利之债、无因管理之债、单方允诺之债等，都规定在合同编中。尽管不当得利、无因管理和单方允诺都是与合同并列的债的发生原因，但是，它们在债法中的地位都不如合同重要，合同法是债法的主要组成部分。

（二）合同法与物权法

物权法律规定集中体现于我国《民法典》的物权编。合同法与物权法都属于财产法，都是调整平等主体之间的财产关系的法律。其主要区别：一是调整的财产状态不同，物权法调整的是财产的静态关系，合同法调整的是财产的动态关系。二是保护的权利范围不同，物权法保护的是物权，而合同法保护的是债权。三是法律的基本属性不同，物权法主要反映特定社会的所有制关系，同时也深受历史习惯和传统的影响，是固有法、强制法；合同法在反映商品交换关系的内容上，更多的是共同性、任意性，具有统一性。四是法律的约束力不同，物权法采取物权法定主义；合同法尊重当事人的自由意志，允许当事人依法充分表达意志，只要当事人订立的合同不违反法律，就具有法律效力。

（三）合同法与其他民法部门法

合同法作为债法的主要组成部分，与其他民法部门法有严格的区别，也有密切的联系。

1. 区别

作为民法部门法的人格权法、婚姻家庭法、知识产权法、继承法都与合同法有严格区别。人格权法是保护人格尊严和人格权不受侵犯的法律，婚姻家庭法是保护亲属间身份地位和身份利益的法律，两者都是保护民事主体自身权利的法律，而不是保护财产权利的法律。知识产权法和继承法有财产法的性质，但都具有人格或者身份的内容，或者以身份关系为基础。而合同法与物权法都是纯粹的财产法，保护的都是财产关系和财产利益，与这些部门法具有严格区别。

---

[7] 韩世远：《合同法总论》（第2版），法律出版社2008年版，第13页。

[8] [英]阿蒂亚：《合同法概论》，程正康等译，法律出版社1982年版，第3页。

[9] 王利明：《合同法研究》（第1卷）（第2版），中国人民大学出版社2011年版，第53页。

2. 联系

合同法与人格权法、婚姻家庭法、继承法、知识产权法具有密切联系。这些民法的部门法所保护的权利,很多都要经过合同的建立、变更和解除。结婚、离婚、收养、解除收养,应当以协议为之,这种协议是身份合同。继承法中的遗赠扶养协议,当然是合同关系。知识产权的转让、使用也必须经过合同才能够实现。即使是没有财产属性的人格权,对姓名、名称、肖像的许可使用,也都必须经过合同确定其权利义务关系。因此,没有合同,没有合同法的调整,人格权法、婚姻家庭法、继承法和知识产权法规定的很多权利就无法实现。

三、合同法的渊源

合同法的渊源,是指合同法借以表现和存在的法律形式。我国合同法的渊源主要有以下几种:

1. 立法机关制定的法律。《民法典》合同编是我国合同法的基本法律渊源,是统一调整合同关系的基本法,在合同法的渊源中占据主要地位。《民法典》总则编关于民事法律行为、诉讼时效等的规定,也是合同法的内容。

2. 行政法规和行政规章。国务院制定的有关合同的行政法规,以及国务院各部委制定的有关合同条例实施的行政规章,都是合同法的渊源。

3. 立法解释和司法解释。立法机关和最高人民法院对《民法典》合同编所作的立法解释和司法解释,都是合同法的渊源,在具体适用中具有重要价值。目前,立法机关没有对合同法作过立法解释。2023 年 12 月 5 日施行的《合同编通则解释》是适用合同法一般规则的解释。最高人民法院《关于审理买卖合同纠纷案件适用法律问题的解释》《关于审理融资租赁合同纠纷案件适用法律问题的解释》《关于审理涉及国有土地使用权合同纠纷案件适用法律问题的解释》《关于审理旅游纠纷案件适用法律若干问题的规定》《关于审理商品房买卖合同纠纷案件适用法律若干问题的解释》《关于审理城镇房屋租赁合同纠纷案件具体应用法律若干问题的解释》《关于审理民间借贷案件适用法律若干问题的规定》等。这些司法解释与《民法典》合同编及有关法律的规定不冲突,且在司法实践中行之有效,都是合同法的法律渊源。

4. 国际条约和国际惯例。有关合同的国际条约、公约,是合同法的重要渊源。国际公约作为本国的合同法渊源,其必要条件是本国政府正式加入该国际条约或者公约。已经参加的国际公约、条约,优先于国内法适用,但作出保留的条款除外。我国政府没有加入的国际公约、条约,不对我国发生拘束力,不是我国法律的渊源。国际惯例的适用只限于我国法律和我国缔结或者参加的国际条约、公约没有规定的情况,因此其效力低于我国法律,只有在不违背我国法律规定的前提下才可以适用。

5. 国家认可的民事习惯。习惯,是指当事人知悉或者实践的生活和交易惯例,包括生活习惯和交易习惯。国家认可的交易习惯是我国合同法的渊源。

引例分析

本案的民事法律关系看起来似乎是婚姻家庭法领域的赡养身份关系,但实质却是合同关系。虽然婚姻家庭编与合同编都是《民法典》的组成部分,但是,二者体现的却是民法的不同部门法，即婚姻家庭法和合同法。不过，《民法典》合同编不仅适用在合同领域，在婚姻家庭法、物权法、知识产权法、人格权法等领域，也有适用的可能。合同法在民事法律关系中的适用范围极广，几乎可以适用于民法的各个领域。在学习和研究合同法的时候，既要看到合同法的独立地位，又要看到合同法与其他民法部门法的密切关系，只有正确了解合同法在《民法典》中的地位，才能对合同法的重要性有更深刻的理解。

正确适用合同法的关键前提，就是正确认定争议民事法律关系的性质，即定性。只有正确定性，才能保证合同法的正确适用。本案的民事权益之争虽然是因陈某1向陈某2支付赡养费引起，但是，吴某某和陈某2之间却没有血亲之间的赡养关系，因此不能使用婚姻家庭编的规定，吴某某的垫付行为实为对陈某1的借贷，因而构成借贷法律关系，陈某1应当向吴某某清偿债务。这就是本案争议的实质。法院依据借贷合同的相关规定，判决陈某1向吴某某清偿7 200元的债务，适用法律正确。

第二节　合同法的历史发展和调整功能

｜引　例｜

原告席某某（乙方）与被告某公司（甲方）签订《九里堤农贸市场铺面特许经营权转让合同》，约定：乙方加盟获得九里堤农贸市场K49摊位的特许经营权，总价款为6.3万元，期限为30年，限于经营蔬菜；该摊位特许经营权可以依法进行自营、转让、出租、联营等；甲方有权按相关规定对乙方的经营活动进行监督管理，乙方须服从甲方的统一经营管理并接受其监督，并约定了双方权利义务及违约责任等。合同签订后，原告按约向被告给付了全部特许经营权转让费，被告亦按约将该摊位交付原告使用。嗣后，原告认为被告的特许经营转让违反法律、行政法规强制性规定，向法院提起诉讼，请求确认转让合同无效，被告返还价款6.3万元及其利息。

法院审理认为，双方所签转让合同中约定原告加盟的摊位限于经营蔬菜，合同的标的系该摊位的经营权，可以作转让、出租、联营等处分，不符合租赁合同的特征，而是经营权转让合同，属于非典型合同。该合同的原、被告具备合同主体的资格，也无证据显示当事人的意思表示不真实、恶意串通损害他人利益、以合法形式掩盖非法目的、违反法律行政法规的强制性规定等导致合同当然无效的情形，应认定为合法、有效的合同，应当继续履行，故驳回原告的诉讼请求。

｜法律问题｜

1. 合同法历史发展的线索
2. 合同法的调整功能

一、合同法的历史发展

(一)古代合同法

在没有财产流转的远古社会没有合同,当然也就没有合同法。在出现了财产流转关系的初期,通过血族关系或者运用宗教权力以执行个人所承担的义务〔10〕,也不会有合同法。

在氏族社会晚期,私有财产出现,产品交换行为日益广泛,并且形成了一定的规则。这是合同法的早期形式,表现为习惯法。

习惯法的不稳定性、不统一性和不公开性特点,决定了习惯法适用上的困难,因此,合同法的成文法应运而生,代替了习惯法。

中国古代对合同制度有典籍记载的正式法律可以追溯至唐代的《唐律》,唐代的合同立法对后世诸朝代的合同制度均有相当程度的影响。〔11〕

古代合同法的缺点是立法简陋、欠缺一些重要的制度、合同的主体限于少数人、重形式而轻内容等。这些都不符合市场经济的要求。

(二)近代合同法

近代合同法是指资本主义自由竞争时期的合同法,以《法国民法典》的合同制度为典型代表,以合同自由、抽象的平等人格和个人责任诸原则为明显标志。〔12〕 这个时期的合同法以《法国民法典》为开创,以《意大利民法典》《西班牙民法典》为承继,以《德国民法典》作为结尾,完整地展现了这个时期合同法的风貌。这个时期合同法的平等人格原则、合同自由原则和个人责任制度,作为三个最为典型的特点,写入合同法的历史,并为后世的合同法发展奠定了基础。

中国近代合同法以《大清民律草案》《民国民律草案》为代表,并以《中华民国民法》的制定与实施为标志,实现了与欧陆统一的合同法律制度。

(三)现代合同法

现代合同法在第二次世界大战结束后,以合同法的基本理念和制度的根本变化为标志,实现了近代合同法向现代合同法的过渡。其实,近代合同法与现代合同法之间并不存在质的差别,而是近代合同法的古典理念和制度基础受到现实社会变迁的冲击,不得不随之进行必要调整,都是资本主义社会的合同法,只不过现代合同法是资本主义垄断阶段的合同制度规范而已。

现代合同法具有以下特点:(1)合同领域的具体人格日益重要。现代合同法要求抽象的人格概念作出更大的让步,强调保护弱者的利益,如在消费合同中,充分考虑消费者的人格,给予消费者以极大的保护。(2)合同自由受到适当限制。由于社会生活中运用合同进行交易的次数大大增加,格式条款的广泛应用符合交易发展的要求,大量的公用事业属于

---

〔10〕 周枏主编:《民法》,知识出版社 1981 年版,第 153 页。

〔11〕 韩世远:《合同法总论》(第 3 版),法律出版社 2011 年版,第 23 页。

〔12〕 崔建远主编:《合同法》(第 5 版),法律出版社 2010 年版,第 5 页。

独占经营。为保障消费者的权益，法律规定了“强制缔约”原则，某些独占企业没有正当理由不得拒绝消费者和用户的缔约请求，法律以其强制性的规范不容置疑地改变了传统观念，合同自由受到一定程度的限制。(3)强化社会责任。为了保护受害人的利益，越来越多的国家立法采取无过错责任原则规范合同责任，同时通过保险机制将损害分散到整个社会，合同责任向社会责任渐变。

(四)当代合同法

当代合同法出现了更典型的特征，反映了当代经济社会和政治社会的变化。其变化取决于三个方面的巨大影响：(1)经济全球化的挑战。经济的全球化导致资本流动日益迅速，金融的效率在不断提高，风险也在不断增加，合同法规则出现了相互趋同的走向。(2)当代市场经济发展的挑战。当代市场经济结构发生了巨大变化，主体之间的强弱地位越来越悬殊，合同法引入公序良俗和诚实信用原则，允许法官对合同关系进行干预，当事人要承担更多的侵权责任。(3)科学技术迅猛发展的挑战。科学技术突飞猛进，网络通讯技术、计算机技术、生物工程技术、人工智能等高科技的发展，对合同法的挑战具有革命性。

当代合同法的重要变化是：

1. 适当限制格式条款。当代合同法通过修改原有法律或者制定单行法律，对格式条款进行限制。我国《民法典》专设条文，规定了以合理方式提请对方注意免责或者限制其责任的条款，禁止格式条款制定者利用格式条款免除自己的责任、加重对方的责任、排除对方的主要权利，在解释格式条款时应当作出不利于提供格式条款一方的解释的三项原则，为消费者的权益提供了有力保障。

2. 合同义务的扩张。当代合同法依据诚信原则，创设了根据合同性质、目的、交易习惯应当承担的通知、协助、保密等义务，将其附随于合同的主义务，扩大了原有合同法的义务体系，有助于在交易中强化商业道德和商业信用，指导当事人正确缔结合同和履行合同，以适应当代社会经济发展的需要。

3. 合同效力的扩张。当代合同法在主体上，出现了在例外情况下及于合同主体以外的第三人的现象，突破了债的相对性原则，形成了合同的涉他效力；在内容上，债务人除了承担法律强制性的义务或者约定的义务之外，尚需承担依照诚信原则所产生的注意、照顾义务，扩及债的当事人之间事先不确定的权利义务范围；在时间上，合同责任已经扩展到先契约责任和后契约责任。

4. 侵权法与合同法的相互渗透。在当代，基于保障人权的需要，侵权法所保护的权益范围越来越大，侵权法从权利保护到一般法益保护的极大扩张，使其与合同法日益紧密地交错，形成相互渗透的状况。

5. 强制缔约义务的确立。当代合同法强调负有强制缔约义务的人非有正当理由不得拒绝，旨在保护消费者，限制居于垄断地位的公用事业单位当事人。因为一旦消费者的要约被拒绝，要约人将无法从他处获得该种服务或商品。

6. 惩罚性赔偿责任的发展。在合同法领域，对于恶意的违约行为尤其是明知其违约将给他人造成人身伤害而仍然违约的，判令给予惩罚性赔偿。合同法借鉴侵权法的惩罚性赔偿制度，对于制裁恶意欺诈性违约行为，维护诚信道德和诚信秩序，维护市场经济秩序，具有重要作用。

7. 电子商务发展引发合同法的革命性变革。电子商务代表了当代以及未来贸易方式的发展方向,随之而来,如何完成电子签名、限制格式条款、强化在电子商务交易中对消费者权益的保护,都是极为重要的问题。

我国《民法典》合同编的规定,体现了当代合同法上述发展的要求,在国际合同法中具有重要地位。

二、合同法的调整功能

习近平总书记在党的二十大报告中指出,必须完整、准确、全面贯彻新发展理念,坚持社会主义市场经济改革方向,坚持高水平对外开放,加快构建以国内大循环为主体、国内国际双循环相互促进的新发展格局。贯彻新发展理念,推动形成新发展格局,坚持和发展社会主义市场经济都必须高度重视并充分发挥合同法的调整功能。

1. 维护交易秩序。《民法典》合同编的全部规则,都是为维护交易安全和秩序设计的,其基本的功能就是维护市场经济中交易关系的稳定性。交易秩序,是指在商品和劳务的交换活动以及其他财产流转中所应具有的稳定性和规则性。合同法作为以调整交易关系为主要目的的法律,必然要以维护交易秩序作为其基本任务。[13]

2. 维护合同自由和公平、正义。合同法以维护合同自由为基本目标,任何强制他人订立合同、履行合同的行为,都是对合同自由的侵害。合同法也特别注意维护合同的公平和正义,实现当事人的平等,尊重社会利益的平衡。

3. 保护合同当事人的合法权益。保护当事人的合法权益,是合同法的立法宗旨和基本目标。合同法保护当事人的合法权益,主要是通过对合同责任的规定,防止当事人一方因不履行或者不适当履行合同义务,对对方当事人合法权益造成侵犯的,应当弥补其财产利益的损害。

4. 促进经济效益的提高。合同本身是有效利用资源、实现资源优化配置的手段。通过对资源的合理配置,最大限度地利用资源,使之达到最高的价值。合同法对社会经济生活宏观调控的目的,就是提高经济效益,增加社会财富,推动社会发展。由于合同法的目标多样、价值多元,不宜一律以效率优先,应当考虑的是合同法与经济效益的关系。[14]

| 引例分析 |

合同法发展到今天,担负着维护交易秩序、维护合同自由与公平正义、保护合同当事人的合法权益和促进提高经济效益的重要职能,通过合同法的具体适用,实现法律调整功能。如果没有合同法的调整,合同当事人罔顾合同的约定,自行其是,就会破坏交易秩序,损害合同法的权威,合同当事人的合法权益将无法得到实现,通过合同关系促进经济发展的目的就会落空。只有依照合同法规定的规则,信守合同、诚信履行合同,实现当事人的合同目的,才能够推动经济发展,实现社会进步。

---

〔13〕 王利明、崔建远:《合同法新论·总则》,中国政法大学出版社1996年版,第72页。

〔14〕 崔建远主编:《合同法》(第5版),法律出版社2010年版,第14页。

在本案中,原告席某某通过与对方订立特许经营权转让合同,获得商铺摊位的经营权,是双方当事人的真实意思表示,自愿达成的合意,不存在违反强制性法律法规、违背公序良俗等致使合同无效的法定事由,因而合同是有效的,是当事人根据自身特定需求签订的协议,不能由于自身利益的原因,编造理由,请求认定合同无效。本案争议的摊位经营权转让合同,虽然不是《民法典》规定的典型合同,但是,非典型合同同样应当遵守合同法的规定,当事人应当信守合同,履行合同义务,实现合同权利。否则,成立并且生效的合同将会受到不诚信行为的损害,这样不仅会损害合同的信誉,而且会破坏交易秩序,损害合同的公平正义原则和对方当事人的合法权益。本案判决合同有效,确认不得借故否定合法有效的合同的效力,实现了合同法的调整功能。

第三节　合同法的基本原则

|引　例|

原告杨某与被告某房地产开发有限公司签订《商品房买卖合同》,约定原告购买被告开发的位于金宝街4号楼的215号商铺。被告在宣传该商铺的商业广告中载明:“金宝街将打造成西北第一条拥有户外天幕的商业步行街。天窗、室内商业街、屋顶花园等丰富元素将共同打造又一座城市购物中心。商业街通过天幕、连廊、连续的商业景观、楼梯等,将地上三层商业设施及地下空间连为一体,大大丰富了室内及室外空间的景观及趣味性。”该广告还对假日广场、景观步行街等相关设施进行了介绍。商铺交付后,原告以被告未能兑现其广告所做宣传的承诺为由,向法院起诉,请求被告立即采取补救措施兑现承诺。

法院审理认为,最高人民法院《关于审理商品房买卖合同纠纷案件适用法律若干问题的解释》规定,商品房的销售广告和宣传资料为要约邀请,但是出卖人就商品房开发规划范围内的房屋及相关设施所作的说明和允诺具体确定,并对商品房买卖合同的订立以及房屋价格的确定有重大影响的,应当视为要约。该说明和允诺即使未载入商品房买卖合同,亦应当视为合同内容,当事人违反的,应当承担违约责任。因此,在本案商业广告宣传资料中涉及的天幕、假日广场、扶梯等实质内容部分应视为要约。但是,结合双方当事人的陈述及原告提供的照片、宣传资料等证据来看,仅能看出涉案房屋并未达到其在宣传时所渲染的经营氛围,并不足以证明被告利用虚假广告或者虚假宣传的方式售卖房屋。因此,对于原告的主张不予采信,驳回其诉讼请求。

|法律问题|

1. 合同自由原则
2. 合同正义原则
3. 鼓励交易原则

一、合同自由原则

（一）合同自由原则的含义

合同自由，是指当事人在法律允许的范围内，就与合同有关的事项享有选择和决定的自由。[15] 意思自治原则体现在合同法中，就是合同自由原则。我国曾长期实行计划经济，国家对经济实行过多的干预和指令性计划管理，合同法律制度一直强调以计划原则为主，不承认合同自由原则。1999年制定的原《合同法》，确认合同自由原则是合同法最基本的原则，也是鼓励交易、促进市场经济发展的必要条件。[16]《民法典》通过第5条的规定，确认了合同自由原则。

（二）合同自由原则的基本内容

1. 缔结合同的自由。当事人缔结合同的自由，是指当事人有权决定自己是否与他人缔结合同，即缔约的自由不受任何单位和个人的非法干预。缔约自由是一切合同自由的前提和基础。

2. 选择缔约相对人的自由。选择缔约相对人的自由，是指当事人依照自己的意志和愿望，有权决定与何人订立合同，即当事人在缔约当事人的选择上有自己的自由，不受任何单位和个人的非法干预。

3. 决定合同内容的自由。决定合同内容的自由，是合同自由原则的核心，是指当事人对于合同的具体内容，在法律规定的范围内，可以自由订立，只要不违背法律规定和公序良俗，法律就承认其有效。对此，任何单位和个人都不得非法干预。

4. 变更和解除合同的自由。合同自由原则包括当事人对合同有权变更和解除，在合同有效成立以后，可以通过协商对合同的内容进行变更，甚至将合同解除。只要当事人协商一致，变更合同内容和解除合同，法律并不加限制。

5. 选择合同方式的自由。法律对合同方式是有一定规定的，但这些规定已经改变了重书面合同、轻口头合同的倾向，转向尊重当事人的选择。这也是合同自由原则的重要体现。

（三）对合同自由原则的限制

1. 实行合同自由原则并不排除国家对合同的适当限制。国家对合同自由的适当限制有：(1)对合同缔结的限制，如电力、邮政、煤气、铁路运输等公用服务事业单位，不得对顾客提出的缔结合同的请求予以拒绝。(2)国家制定一些强制性法规，禁止当事人排斥某些规范的适用。(3)国家设立某些有关合同管理的机关以及反垄断的机构等，以保护自由竞争，也是对合同自由的适当限制。

2. 格式条款对合同缔结的限制。格式条款是被一些垄断企业采用，而消费者只能被迫接受的条款，合同当事人不能对具体条款进行协商，只能全部拒绝或者全部接受。它一方面是对合同自由原则的一种限制；另一方面也要求垄断企业应当注意保护好消费者的利

---

〔15〕 崔建远主编：《合同法》（第5版），法律出版社2010年版，第17页。

〔16〕 王利明：《合同法研究》（第1卷）（第2版），中国人民大学出版社2011年版，第158页。

益,消费者也应当注意保护好自己的合法权益。

3. 实行合同自由原则不得违反法律。合同自由受到法律强制性规定和公序良俗原则的限制。凡是违反法律强制性规定、违反公序良俗的合同或者合同条款,一律无效。

二、合同正义原则

(一)合同正义原则的含义

合同正义就是契约正义,是公正、平等等社会主义核心价值观和伦理道德观念在合同法中的集中体现。

合同的形式正义表现在合同法赋予当事人以平等的缔约权,当事人在合同中的法律地位是平等的。合同的实质正义表现在合同法保障当事人的真意的实现以及权利义务的公平,如果合同违背了当事人的真意,或者合同的权利义务显失公平,则法律对此类合同作出否定性的评价,或者允许当事人变更或撤销合同。合同的个别正义表现为具体合同关系的当事人所能得到的正义。合同的一般正义则表现为一般人所能得到的正义。

(二)合同正义的内容

1. 合同当事人的地位平等。当事人的法律地位平等,是民法的基本原则,也是合同正义的基本内容之一。在法律上,任何一个民事主体都具有独立的人格。在合同法领域,只有合同当事人的人格平等,才能实现合同当事人的地位平等。

2. 权利义务分配的等值性。《民法典》第6条规定:"民事主体从事民事活动,应当遵循公平原则,合理确定各方的权利和义务。"这里包括合同权利、义务的正义,强调一方给付与另一方给付之间的等值性。合同正义的必要内容,就是采取主观等值原则,即当事人主观上愿意以此给付换取对待给付,即为等值;至于客观上是否等值则在所不问。

3. 合同风险分配的正义。合同正义包括对合同风险的合理分配,是合同法在当事人利益上所作的安排,其是否合理,直接关系合同正义的实现。

4. 其他类型合同的合理负担的正义。合同法须就若干情形,均衡当事人之间的利益,在合同负担上设置合理的规定,这是实现合同正义的必要措施。

(三)合同正义与合同自由的关系

合同正义与合同自由是合同法的基本原则,须相互补充、相互协力,才能实现合同法的目的和职能。合同法的立法和解释都必须协调这两个原则,使之密切结合,从而达到最佳境界。合同正义和合同自由是两个独立的原则,体现两种不同的法律价值,合同自由不能违背合同正义的要求,合同正义也不能放弃合同自由的原则。当合同正义与合同自由发生冲突时,应当运用合同正义原则,对合同自由加以限制。

三、鼓励交易原则

(一)鼓励交易原则的概念和目的

鼓励交易原则,是指合同法通过各种规范,鼓励当事人自愿从事交易行为,努力促成合同成立并生效,以及充分保障合同履行和合同利益实现的基本准则。[17]

合同法的目的在于鼓励当事人的交易。鼓励交易原则的意义如下。

1. 鼓励交易为促进市场经济发展所必需。在市场经济条件下,一切交易活动都是通过缔结和履行合同实现的,而反映交易内容的合同关系是市场经济社会最基本的法律关系。为了促进市场经济的高速发展,必须使合同法具备交易的职能。

2. 鼓励交易有利于提高效率,增进社会财富的积累。交易能够满足不同交易主体对不同使用价值的追求,还能够通过交易的方式实现资源的优化配置,实现资源的最有效利用,进而鼓励创造财富。

3. 鼓励交易有利于维护合同自由,实现当事人的意志和缔约目的。当事人的缔约目的实现了,也就促进了交易的发展,推动了市场经济的进步。

(二)鼓励交易原则的功能

鼓励交易是我国合同法的目标,也是我国合同法具有的规范功能。这一功能具体体现在:首先,鼓励合法、正当的交易。其次,鼓励自愿的交易,这有利于社会经济发展和维护当事人的利益。最后,鼓励能够实际履行的交易。

(三)鼓励交易原则的内容

1. 严格限制无效合同的范围。确定合同无效应当极为严格,因为一个合同被判定为无效,就是宣告了这个合同的死亡。因此,无效合同的范围应当限制在违反法律强制性规定、违反公序良俗、恶意串通的合同上。严格限制无效合同的范围,是鼓励交易原则的具体体现。

2. 严格区分无效合同与可撤销合同。对于原《合同法》规定的某些无效合同,《民法典》将其规定为可撤销合同,以尽量减少无效合同,促使合同继续履行,推动交易发展。

3. 严格区分无效和效力待定的合同。效力待定的合同可以通过当事人的承认而生效,并且这种承认生效又不违反法律,既有利于促进交易,也有利于维护相对人的利益。合同效力待定制度的设立,体现了鼓励交易的精神。

4. 严格区分合同成立和生效。合同成立和合同生效是有本质区别的。《民法典》允许法院通过合同解释的方法,根据诚信原则探求当事人的真实意思,或者通过适用法律的一些补充性规定,对不确定的内容予以确定,完善合同的内容,鼓励交易的开展。

5. 严格限制违约解除合同的条件。合同的解除实质上是在消灭一个交易。对于一方根本违约,法律规定另一方有权解除合同是必要的;但是,在违约方能够继续履行,守约方愿意受领的场合,就应当限制解除合同,鼓励交易继续进行下去。

引例分析

本案争议的虽然是商业广告在商品房买卖合同中是否构成承诺,以及承诺是否兑现的问题,但是,本案的审判从另一个层面体现了合同法的基本原则在司法实践中的作用。

---

〔17〕 王利明:《合同法研究》(第1卷)(第2版),中国人民大学出版社2011年版,第200页。

按照最高人民法院的司法解释,虽然商业广告发布者的主要意图是向大众传递商品信息,希望扩大自己商品的知名度,使更多的人向自己发出要约,购买自己的商品,内容倾向于商品的质量、效用等,没有包含要约所必需的数量条款,因而是要约邀请。在商品房销售过程中,开发商会借此夸大宣传,欺骗消费者,因而商业广告中符合要约规定内容的,视为要约,与要约产生同样的法律效力,以加强对消费者的保护。本案的商品房销售广告可以视为承诺的组成部分,虽然有一些不实的内容,但多数内容属于渲染成分,不能因达不到这样的渲染程度而认定为违约。因此,法院的判决是正确的。

从更深层次上看,本案的判决体现了合同法的基本原则。首先,双方自愿订立合同,是双方真实意思的表示,符合合同自由原则的要求。其次,在宣传广告中的渲染成分是否为承诺内容,涉及合同正义原则的问题。如果将宣传广告中的一些不实的渲染认定为承诺,没有做到就是违约,解释过于严苛,不符合合同正义原则的要求。最后,鼓励交易,既是合同法的基本原则,也是合同法规范所要达到的目的。一个合同争议适用什么法律,应当考虑怎样才能使交易继续进行,以促进经济发展和当事人权利的实现,对于本案的实际情况,显然确认合同有效更符合鼓励交易原则的要求。

应当注意的是,合同法的基本原则通常不是具体适用,而是在订立合同、解释合同、解决合同争议中应当体现的基本要求。

本章思考题

1. 合同法是一部什么样的法律?其在《民法典》中具有何种法律地位?
2. 合同法的法律渊源应当怎样理解?交易习惯是合同法的渊源吗?
3. 合同法具有哪些调整功能?
4. 合同法有哪些基本原则?在实践中怎样适用合同法的基本原则?

第一章　一般规定

第一节　合同的概念及特征

|引　例|

原告张某与张某1系兄妹关系;被告熊某某与张某1为夫妻关系,二人育有一子。某日18时,熊某某因孩子问题与张某1闹脾气,将张某1脸部、头部及全身多处打伤,现场人员及派出所民警将昏迷的张某1送至区医院治疗,原告及张某1的其他亲属闻讯后赶往医院,并为张某1垫付了所有医疗费。由于张某1被熊某某殴打造成的伤情严重,致使其精神障碍,转至市精神病康复医院进行治疗,诊断为短暂性精神障碍。在此期间,熊某某对张某1及孩子不管不问,导致张某不得不照顾张某1及其孩子,支付了大量医药费、抚养费、交通费等。其后,熊某某被张某强制签下支付垫付费用的协议,但是过后拒不履行。张某以该协议为据起诉,请求判决熊某某履行协议内容。

法院审理认为,本案争议虽然以双方签字的协议为事实依据,但是其争议的焦点为该协议是无因管理之债还是合同之债。张某与张某1系亲兄妹关系,虽然照顾张某1和垫付医药费用是基于亲属关系,但是造成张某1人身伤害的是熊某某,且双方为夫妻关系,负有相互照顾的义务。张某照顾侄子女是因为熊某某不尽抚养义务而为之,具有无因管理的性质。熊某某与张某签订的支付垫付费用的协议虽然有合同的外在形式,但是实质上是对张某垫付费用清偿义务的确认。故判决支持原告的诉讼请求。

|法律问题|

1. 合同及其范围
2. 合同的法律特征
3. 合同与债的关系

一、合同的概念

(一)协议说与允诺说

合同也叫契约。近代以来,在当代世界两大法系中,学者对合同概念的基本理解是不一样的,主要有协议说和允诺说两种不同学说。

1. 协议说

将合同解释为协议是大陆法系的主张,来源于罗马法,[1] 即"得到法律承认的债的协议",就是合同。[2] 后世的大陆法系民法主要继受这样的传统,界定合同概念。

合同是一种合意的表现,是当事人之间通过合意设立民事权利义务的协议,表明合同当事人之间的民事权利义务必须合意,在当事人的协议下产生合同关系。因此,合同就是一种协议。

2. 允诺说

将合同解释为允诺是英美法系的主张,英美法系国家的学者一般认为合同就是一种允诺。这是由英国的历史习惯和诉讼程序的影响决定的。合同的本质不在于合意,而在于允诺,因而,合同法的宗旨在于保障允诺的实现,在一方违反允诺时,另一方应当得到补救。

英美法系关于合同允诺说的观点受到质疑,即法律只注重保障允诺的实现,在一方违反允诺时,强调如何对另一方进行补救,并不强调双方当事人的合意。同时,允诺说也容易造成将合同视为单方允诺的误解。所以,英美法系学者也正在逐步接受大陆法系的学说,向协议说靠拢,[3] 力图将大陆法系的协议说引进英美合同法中。

(二)我国法律对合同概念的界定

我国在界定合同概念时,接受大陆法系的协议说主张,历来认为合同就是一种协议。《民法典》第464条第1款规定:"合同是民事主体之间设立、变更、终止民事法律关系的协议。"这就是我国对合同概念的法律界定,明确合同就是当事人之间订立的协议。

二、合同概念的范围

(一)对合同概念范围的不同认识

合同概念的范围,也称合同的适用范围,是指合同概念所概括的内容的宽窄。我国民法学说对合同概念的范围有三种不同观点。

1. 广义的合同概念

广义的合同概念,是指以确定当事人之间的权利、义务为内容的协议。按照这种理解,合同不仅包括民法中的合同,还应当包括行政法中的行政合同、劳动法中的劳动合同和国际法中的国家合同等,凡是确定权利义务关系的协议都是合同。

2. 一般的合同概念

一般的合同概念,是相对于广义与狭义合同概念之间的折中概念,仅将合同界定为民法上的合同,即民事合同,认为合同是确立、变更、终止民事权利义务关系的协议。一般的合同概念的外延就是民法上的一切合同,不仅包括所有以债的发生为目的的合同,也包括物权合同、身份合同。

---

[1] 王利明:《合同法研究》(第1卷)(第2版),中国人民大学出版社2011年版,第4页。

[2] [意]彭梵得:《罗马法教科书》(中文版),黄风译,中国政法大学出版社1992年版,第307页。

[3] 王利明:《合同法研究》(第1卷)(第2版),中国人民大学出版社2011年版,第7页。

3. 狭义的合同概念

狭义的合同概念，是对合同概念最窄的理解，认为合同概念的范围仅仅指以发生债权债务关系为目的的合同，凡是不以发生债权债务关系为目的的合同，都不能认为是民法上的合同。按照这样的理解，合同概念是指除了转移物权的合同和有关身份关系的合同以外的、其他关于发生债权债务关系的民事合同。

(二)《民法典》对合同概念范围的确定

关于合同概念的法律界定，我国《民法典》第464条作了规定，除了规定“合同是民事主体之间设立、变更、终止民事法律关系的协议”之外，还规定了“婚姻、收养、监护等有关身份关系的协议，适用有关该身份关系的法律规定；没有规定的，可以根据其性质参照适用本编规定”。

按照这一规定，我国合同概念的范围，应当包括有关身份关系的协议。婚姻、收养、监护等有关身份关系的协议也是合同，但是，由于其内容的性质不同，因而应当适用其他编或者其他法律的规定。例如，结婚、离婚、收养、解除收养、设置监护等协议，应当适用有关该身份关系的法律规定。

还应当看到，这里的“等”字，包含的不仅是与婚姻、收养、监护等具有相同性质的身份关系协议，还包含了有关人格关系的协议，例如《民法典》人格权编规定的肖像许可使用合同，处置死亡后尸体、支配身体组成部分的协议等，也包含其中。

这些具有身份关系、人格关系的协议，应当适用《民法典》总则编、人格权编、婚姻家庭编的规定；这些部分没有规定的，可以根据其性质参照适用合同编关于合同的规定。

按照我国《民法典》对合同概念的规定，对合同作广义理解是不正确的，因为民法上的合同不能概括行政法、国际法中的内容。广义的合同概念混淆了法律部门的界限和法律关系的性质，是不可取的。至于劳动法中的合同，按照我国现行的法律分工，虽然劳动法也是独立的法律部门，但是劳动法律关系确实是民法调整的内容，可以将劳动合同列入民事合同的范围。

三、合同的法律特征

合同具有如下法律特征：

1. 合同由双方或者多方当事人的法律行为而引起。(1)合同的缔结必须由双方或者多方当事人参与，而不是依据一方当事人的行为发生，任何一种合同都不能仅由一方当事人作为合同的主体。(2)合同发生的行为不仅要由双方或者多方当事人参与，而且还必须是当事人的合法行为。因此，合同是一种民事法律行为，是平等主体的自然人、法人和非法人组织实施的民事法律行为。

2. 合同因双方或者多方当事人的意思表示一致而成立。合同是双方或者多方当事人之间的一种合意，即双方或者多方当事人必须就协商的标的取得一致的意见，意思表示完全一致。意思表示没有达到完全一致的“合同”不是合同，不能发生合同的法律后果。

3. 合同的债权债务必须相互对应。(1)一项合同必须有相应的债权和债务，债权和债务相互对应，不可能出现只有债权而没有债务的合同，也不可能只有债务而没有债权的合同。(2)债权和债务在当事人之间是对应的,一方享有的债权,必然是另一方当事人的债务;一方负有的债务,必然是另一方当事人享有的债权。在当事人之间,利益总是处于对立的状态,因而债权和债务相互对应。

4. 合同的缔结由当事人的自由意志支配。当事人缔结合同应当遵循合同自由原则,由当事人自主决定,任何人不得强制和干预。只要当事人之间订立的合同不违反法律的强制性规定和公序良俗,合同的内容完全依据当事人的自主意志决定。

四、合同与相关概念的关系

(一)合同与契约

在我国,合同与契约是否为同一概念,有以下几种不同的观点:

1. 合同与契约是两个不同的概念。这种观点认为,合同是较早出现的法律概念,两千多年以前就存在,但是没有广泛应用;契约虽然出现较晚,但是应用很广泛。德国学者严格区分合同和契约概念的界限,将合同概念限定在两人以上之同一方向、同一意思表示而成立的协议,将契约概念限定在两人以上之不同方向的意思表示而成立的协议。这种观点在我国有重要影响。

2. 合同与契约是同一的概念。1949 年后有一个时期,国家机关在同一个法律文件中交替使用合同和契约,认为这两个概念没有本质区别。20 世纪 70 年代以后,合同的概念在实践中被广泛使用,民事立法也都使用合同的概念,不再使用契约的概念。[4]

3. 不区分契约与合同之间的区别。这种观点坚持使用合同的概念,但对合同和契约的概念不加区分。在理论上,尽管使用契约概念既准确,又可以简化相关用语,但是,由于公众已经习惯使用合同的概念,因此,区分合同与契约的概念实无必要。[5]

在现实生活中,如果一个法律概念已经被民众广泛接受,就应当尊重这个事实,在理论上进行准确界定,使之更为严密。尽管合同和契约这两个概念不完全一样,契约有双方意思表示的意思,合同有共同意思表示的意思,但是,我国在民法规范和社会生活中对合同概念已经使用了几十年,民众已经接受,因此,不必再做改变。

(二)合同与债

1. 合同与债不是同一个层次上的概念。债是合同的上属概念,合同是债的下属概念。债是民事法律关系的基本类型,即债的法律关系。这种法律关系包括合同之债、侵权之债、无因管理之债、不当得利之债和单方允诺之债等。合同之债是债的最主要形式。

2. 债与合同不是简单的种属关系。债是按照合同的约定或者依照法律的规定,在当事人之间产生的特定的权利和义务关系;合同则是当事人之间设立、变更、消灭权利义务关系的协议。合同是当事人之间的协议,而债是当事人之间订立协议的后果,是因当事人订立协议而在法律上产生的权利义务关系。合同是产生债的前提,债是合同的效果。

---

〔4〕 周林彬等:《比较合同法》,兰州大学出版社 1989 年版,第 80 页。

〔5〕 王利明、崔建远:《合同法新论·总则》,中国政法大学出版社 1996 年版,第 12~13 页。

(三)"债"与"责"

"债"是罗马法产生以来的概念。中国古代没有债的概念,使用"责"字。责,为所欠钱财,及赁、借之义。后世将"责"和"债"彻底分开,债既为所欠钱财,又为借、赁,但是不包括现代民法关于债的全部含义,仅为上述两项含义。

今日的债与责不再有相关之处。至清末民初修律变法,我国借鉴西方立法经验,从日本引进"债"的概念,使其有了全新的内涵。

在罗马法中,债是指法律上的链锁,是指拘束当事人的一种状态。为强化这一法锁以拘束当事人,罗马法创造了一系列的制度,使罗马法的债的制度成为最具特色、最为完善的民法制度,为后世所借鉴。

|引例分析|

在本案双方当事人之间的争议中,确实存在一个协议,这个协议是否为合同,应当依照合同的法律特征进行对照分析。

合同是由双方或者多方当事人的法律行为引起的,本案争议的协议也是如此;合同是因双方或者多方当事人的意思表示一致而成立,本案中张某和熊某某也是因为意思表示一致而订立该协议;合同的债权债务必须相对应,本案当事人之间清偿垫付款的债权债务也是相对应的。在这三个特征上,该协议都符合合同的特征。从形式上看,合同的缔结似乎也是由当事人的自由意志支配的,然而,由于产生这个债权债务关系的客观事实不是约定,而是张某为救治熊某某之妻张某1以及照管其子女垫付的费用的事实,是原来就存在的债权债务关系,该协议只是确认该债权债务关系的书面凭证。因此,争议的协议在这个合同的关键特征上是不一致的,因而,不能认为本案的争议是对合同之债的争议。

从本案争议的实质上看,该协议更符合无因管理之债的特征。双方当事人尽管具有亲属身份关系,但是直接的救治、照管和抚养义务是熊某某和张某1应负的,而不是张某。在熊某某不履行法定义务的情况下,张某救治、照管和抚养张某1及其子女,具有无因管理的性质,是为避免他人利益受损失而进行管理或者服务。熊某某用协议的形式确认这种事实和由此产生的债权债务关系,是对已经发生的债的关系的记录。因此,本案属于准合同之债,应当适用准合同的规定确认无因管理之债的债权债务关系。

第二节 合同法律关系

|引 例|

原告刘某某与案外人梁某3签订买卖合同,约定以2万元的价格购买梁某3的轿车一辆。原告支付价款后,梁某3未向其交付车辆。因车辆存放在长城机械有限公司,被该公司和梁某1、梁某2占有,故原告向法院起诉,以该公司和梁某1、梁某2为共同被告,请求三被告交付买卖合同的标的物,即其与梁某3交易的车辆。

法院审理认为,依法成立的合同,受合同相对性规则的约束,仅对当事人具有法律约束力。在本案中,即使原告主张的其与案外人之间就涉案车辆的买卖合同成立,三被告并非买卖合同的相对人,没有向原告交付车辆的法定义务,原告无权因其与案外人签订的买卖合同要求三被告交付车辆。故原告的诉讼请求缺乏事实和法律依据,不予支持。

｜法律问题｜

1. 合同法律关系及其要素
2. 合同法律关系的相对性
3. 合同相对性原则的突破

一、合同法律关系的要素

合同法律关系,是指由合同法律规范调整的民事主体在民事流转中形成的权利义务关系。合同法律关系与其他民事法律关系一样,也须具备主体、内容和客体三个要素。

(一)合同关系的主体

合同关系的主体就是合同的债权人和债务人。在合同关系中,享有合同权利的一方当事人是债权人,负有合同义务的一方当事人为债务人。在单务合同中,债权人就是债权人,债务人就是债务人,当事人的地位不会发生变化;在双务合同中,双方当事人互为债权人和债务人。自然人、法人和非法人组织都可以作为合同关系的主体,可以订立合同,建立合同法律关系。

(二)合同关系的内容

合同关系的内容,是指基于合同而产生的合同权利和合同义务,也称合同债权和合同债务。

1. 合同权利

合同权利,是指合同的债权人依照合同约定或者法律规定而享有的请求合同债务人为或者不为一定行为的权利。其性质是请求权,而不是支配权,因为债权人不是直接支配一定的物,而是请求债务人依照合同之债的约定为一定行为或者不为一定行为。

合同权利主要包括以下内容:

(1)合同履行请求权。合同履行请求权,是合同债权的本权请求权,[6]合同债权人依照合同的约定或者法律规定,请求合同债务人履行合同义务。

(2)受领权。合同债务人按照约定或者法律规定履行债务时,合同债权人有权受领,并永久保持因合同债务人的履行所得的利益。

---

〔6〕 关于本权请求权和原权请求权概念的区分,参见杨立新、曹艳春:《论民事权利保护的请求权体系及其内部关系》,载《河南省政法管理干部学院学报》2005年第4期。

(3)保全债权请求权。债务人处分自己的积极财产或者消极财产有害或者有可能有害于债权时,债权人可依法行使债权人代位权或者债权人撤销权,保全债务人作为履行债务基础的财产,保护自己的债权不受损害。

(4)保护债权请求权。保护债权的请求权,也称债权的二次请求权,是合同债权本身包含的,在债务人不履行合同或者履行合同不适当时,债权人可向国家司法机关或者仲裁机构提出请求,责令债务人承担民事责任的请求权。

(5)处分权。债权人的处分权,是债权人将债权转让、抛弃等从实体上处置自己债权的权利,是私法自治原则的体现,也是尊重债权人个人意志的法律表现。

2. 合同义务

合同义务,是指债务人所承担的义务,即债务人向债权人为或者不为特定行为的义务。无论何种义务,债务人都必须按照合同的约定或者法律规定履行,否则债务人就应当承担违约责任。

合同义务可以作以下分类:

(1)约定义务和法定义务。合同约定的义务是合同的最主要义务,当事人必须履行。合同的法定义务,是由法律规定而不是由当事人约定的合同义务,一是法律、行政法规为合同当事人设立的作为和不作为的义务;二是依据诚信原则所产生的附随义务,例如,我国《民法典》第509条第2款和第3款规定的就是合同履行中的附随义务。

(2)主要义务和次要义务。合同的主要义务,是指依据合同的性质所固有的,合同当事人应当承担的义务。合同的主要义务与当事人的缔约目的直接结合在一起。合同的次要义务,是指根据合同性质和当事人约定,并不影响合同的成立和当事人订约目的的义务,次要义务存在的目的在于保障债权人的利益能够最大限度地实现。

(3)给付义务和受领义务。给付义务也叫履行义务,是指合同当事人约定,一方当事人应当实施或者不实施某种行为的义务。受领义务,是指在债务人交付一定的标的物时,债权人应当依据法律规定与合同约定及时接受标的物的义务。受领义务主要是为债权人设立的义务,包括必须受领的义务、及时受领的义务和在受领中应对债务人提供必要协助的义务。

(4)主给付义务和附随义务。主给付义务,是指合同关系必备的、直接影响合同当事人订立合同目的的义务。附随义务,是指合同当事人依据诚信原则产生的,根据合同的性质、目的、交易习惯应当承担的通知、协助、保密等义务。

(5)明示义务和默示义务。明示义务,是指当事人以口头或者书面等形式约定的义务。通常明示义务是在合同中明确约定的,书面合同中约定的义务都是明示义务。默示义务,是指根据合同的性质和交易习惯所确定的义务。

(三)合同关系的客体

合同关系的客体,是指合同债权与合同债务共同指向的对象。

物权的客体是物,债权的客体是行为。合同关系的客体就是债务人履行合同义务的特定行为,并不是物。依照《民法典》第118条的规定,合同法律关系的客体,就是权利人请求特定义务人为或者不为的一定行为。

二、合同法律关系的相对性

合同关系的基本特征，就是相对性。《民法典》第465条规定："依法成立的合同，受法律保护。依法成立的合同，仅对当事人具有法律约束力，但是法律另有规定的除外。"该条第2款规定的就是合同法律关系的相对性原则，在表述上，增加了一个"仅"字，同时增加了但书规定，这两处变动确立了合同相对性原则及其例外。[7] 其含义在于，合同在特定的当事人之间发生，只有合同当事人一方能够基于合同向对方当事人提出请求，而不能向与其没有合同关系的第三人提出合同上的请求，也不能擅自为第三人设定合同上的义务。

（一）合同相对性的表现

合同的相对性主要表现在以下三个方面：

1. 合同主体的相对性

合同主体的相对性，是指合同关系只能发生在特定的主体之间，只有合同一方当事人能够向合同的另一方当事人基于合同提出请求。合同关系只能发生在特定的主体之间，合同一方当事人只能向另一方合同当事人提出实现债权的请求，而不能向与合同无关的第三人提出请求。

2. 合同内容的相对性

合同内容的相对性，是指合同的权利义务相互对应，并为合同当事人享有。这主要表现为：(1)除了法律或者合同另有规定或者约定之外，合同的债权和债务相互对应，超出法律规定和合同约定的债权和债务，不能约束合同当事人。(2)双务合同内容的相对性是，一方的债权就是对方的债务，而一方享有债权的基础在于其负担了合同的债务，债权和债务是相对应的。

3. 合同责任的相对性

合同责任的相对性，是指合同责任只能归属于特定的债务人，合同关系以外的人不承担违约责任，合同债务人也不对合同关系以外的第三人承担违约责任。其表现为：(1)违约债务人应当对自己的过错造成的违约后果承担违约责任，而不能将责任推卸给他人。(2)在因第三人的行为造成债务不能履行的情况下，债务人仍应向债权人承担违约责任。(3)债务人承担违约责任并不是向国家承担责任，而是向对方当事人即合同债权人承担。

（二）合同相对性原则的突破

当代合同法对合同的相对性的突破，主要表现在以下四个方面：

1. 涉他合同

合同的相对性表现在合同不能为他人设定权利或负担义务。但是，当代合同法准许单纯地为第三人设定利益的合同，以及由第三人履行的合同。前者如为第三人设立保险利益的合同，后者如第三人代为履行。

---

〔7〕 朱广新、谢鸿飞主编：《民法典评注·合同编　通则》(1)，中国法制出版社2020年版，第21页。

2. 债权保全

合同的相对性表现在,合同当事人不得向第三人主张权利。但是,债的保全制度中的债权人撤销权和债权人代位权都是基于法律规定,具备一定的要件,合同债权人可以向合同关系以外的第三人主张撤销权和代位权,对第三人主张债务人的债权,或者撤销债务人与第三人实施的民事法律行为。

3. 侵害债权的侵权责任

债的相对性原则表现在不得向第三人追究责任。但是,当代侵权法确认侵害债权的侵权责任,如果第三人故意侵害债权人的债权,造成了债权不能实现的损害后果,债权人享有侵权损害赔偿请求权,有权向第三人主张侵权责任,保护自己的债权。

4. 合同对第三人的效力

运输合同中的收货人、保理合同中的应收账款债务人,都是合同中的第三人,法律规定对其发生法律效力。这些都属于对合同相对性效力的例外,须由法律作出规定,而不能由当事人作出约定。只有法律赋予合同在特殊情况下对第三人的拘束力,合同才能对第三人产生法律规定的特殊效力。

|引例分析|

合同相对性原则是合同法的一个重要原则,是指合同的权利义务内容和合同责任只能发生在特定的债权人、债务人之间,合同关系以外的人不是特定合同关系的当事人,不享有权利,不负担义务,也不承担合同责任。一方面,即使合同当事人的债务不能履行的原因是第三人所为,合同当事人也不能追究合同关系之外的第三人的责任,债务人仍应向债权人承担违约责任,债务人承担了责任之后,有权向第三人请求赔偿;另一方面,债权人也只能向债务人请求承担违约责任,而不能越过债务人直接向第三人请求履行合同或者要求承担违约责任。

在本案中,原告与梁某3之间买卖合同争议的车辆,被本案被告占有,使梁某3无法交付,原告应当起诉梁某3,而不能起诉本案的3名被告,因为他们之间没有合同关系,3名被告不是涉案合同的当事人。根据合同相对性原则,原告无权对3名被告起诉,无权请求被告承担责任。故本案原告的起诉违反了合同相对性原则,应当驳回。

第三节 合同的种类

|引 例|

2014年4月14日,某某房地产开发公司(甲方)与姚某某(乙方)签订商品房认购合同,约定乙方自愿认购由甲方开发的××项目×室×厅住宅,该住宅暂定建筑面积为96平方米,附赠地下储藏室一间。乙方并自愿认购该项目车位一个。该住宅建筑面积平均单价为4 450元/平方米,住宅总价暂定42.72万元,车位使用权单价10万元/个,暂定总房款52.72万元。乙方认购住宅的楼栋号、单元号、楼层、门牌号根据主管部门出具的书面证明确定，结算单价执行根据政府规定确定的房价，结算单价确定后，依据认购合同暂定建筑面积调整住宅总价、总房款、作为第2、3次付款的依据。甲方向乙方交付商品房的时间为2015年12月31日。甲方逾期超过30日交付认购商品房的，应按已收乙方购房款总额（含住宅、车位）0.5‰/日，向乙方支付违约金。甲方取得商品房预售许可证之日起，30个工作日内与乙方签订《商品房买卖合同》。自双方签订的《商品房买卖合同》、车位使用权买卖协议生效时，本认购合同自行生效。该认购合同签订后，乙方共交付516 656元。

双方在没有签订《商品房买卖合同》之前发生争议。姚某某起诉，认为商品房认购合同是双方的真实意思表示，该合同效力等同于房屋买卖合同，已经完全具备了买卖合同的主要条款，请求判令被告交付房屋，承担违约责任等。

法院审理认为，本案的涉案合同系预约合同，其理由一是在签订认购合同时，涉案地块的拆迁工作尚未完成，房地产开发的证照还没有取得，被告也没有取得预售许可证，不具备签订商品房买卖合同的法定条件；二是认购合同约定的主要内容都是"暂定"，且专门约定甲方取得商品房预售许可证之日起，30个工作日内与乙方签订《商品房买卖合同》；三是签订认购合同后，双方权利义务的最终确定均要以《商品房买卖合同》为准。故双方签订认购合同的性质系预约合同。由于预约合同只是赋予了权利方要求义务方签订本约合同的请求权以及违反预约合同的违约责任，并不以本约合同为依据。故姚某某要求依该认购合同请求被告承担违约责任，没有事实和法律依据，不予支持。

｜法律问题｜

1. 合同类型
2. 非典型合同的法律适用方法
3. 预约合同与本约合同

一、典型合同与非典型合同

以法律是否设有规范并赋予特定名称为标准，合同分为有名合同和无名合同，依照《民法典》的规定，称为典型合同与非典型合同。[8]

（一）典型合同

典型合同也称有名合同，是指法律设有规范，并赋予其一定名称的合同。例如，买卖合同、赠与合同、借款合同等，都是典型合同。

典型合同的法律适用方法是：(1)应当适用《民法典》合同编第二分编中关于该种典型合同的具体规范。(2)民法的基本原则对于各种典型合同的法律适用具有重要的指导意义，应当遵守这些基本原则。(3)对于基准性合同的法律规定，如买卖合同和委托合同，对

---

〔8〕 崔建远主编：《合同法》（第5版），法律出版社2010年版，第26页。

于其他典型合同都具有准用性。

(二)非典型合同

非典型合同又称无名合同,是指法律尚未规定,也未赋予其一定名称的合同。

立法者无法预见生活中出现的所有合同关系,无法对所有的合同都作出规定,因而出现非典型合同是必然的。非典型合同产生之后,经过一定时期的发展,待其规则成熟之后,法律对其予以规范,非典型合同也就变为典型合同。

研究非典型合同的重要问题,是确定非典型合同的法律适用,非典型合同应当遵守的法律适用规则如下。

1. 尊重当事人的约定。合同自由是合同法的基本原则。当事人选择订立非典型合同,在合同中约定各方的权利义务,只要这些约定不违反国家法律的强制性规定,不违反公序良俗,则法律予以尊重。

2. 适用《民法典》总则编和合同编的原则规定。当非典型合同当事人的意思不完备的时候,应当适用相关法律予以解决。其原则是,首先适用《民法典》关于民事法律行为和合同编"一般规定"的规定,按照这些法律规定,确定合同当事人的真实意思。

3. 针对不同类型的非典型合同采用不同的规则。对于那些适用《民法典》和合同法一般性规定仍然不能解决法律适用问题的非典型合同,采用不同的规则处理。

(1)类推适用法律。按照《民法典》第467条的规定,适用合同编通则,并可以参照适用合同编或者其他法律最相类似合同的规定,确定各自的权利义务,解决纠纷。

(2)纯粹的非典型合同的法律适用。纯粹的非典型合同就是法律对其具体事项全无规定的合同,其内容不符合任何典型合同的要件。如果当事人的意思表示不完整,则根据诚信原则,并斟酌交易惯例,确定权利义务,解决纠纷。

(3)合同联立的法律适用。合同联立,是指数个合同具有相互结合的关系。[9] 有两种表现形式:一是数个合同单纯地在外观上的结合,即数个独立的合同仅因缔约行为而结合,相互之间不具有依存关系。对于这样的合同联立,法律适用较为简单,对各个独立的合同分别适用各自的合同规范即可。二是数个合同内在的实质性结合,即数个合同实质内容相互依存,一个合同的效力是否存在,依存于另一个合同的效力是否存在,非如此不可。对于这样的合同联立,各个合同是否有效成立,应当分别判断。在效力上,被依存的合同不成立、无效或者被解除时,依存的合同同其命运。

(4)混合合同的法律适用。混合合同,是指由数个不同的合同构成的合同,性质属于一个合同,有四种类型:

一是典型合同附其他种类的给付,即双方当事人提出的给付符合典型合同,但是一方当事人尚负有其他种类的从给付义务。此种类型混合合同的法律适用规则是:原则上仅适用主要部分的合同规范,非主要部分被主要部分吸收。

二是类型结合合同,是指一方当事人所负的数个给付义务属于不同的合同类型,彼此间居于同样的地位,而对方当事人仅负单一的对待给付或不负任何对待给付义务的合同。

---

〔9〕 崔建远主编:《合同法》(第5版),法律出版社2010年版,第27页。

这种合同的法律适用，应当分解各个构成部分，分别适用各部分的典型合同的规范确定权利义务关系，如果存在争议，依照可以推知的意思调和其歧义。

三是二重有名合同，是指双方当事人互负的给付义务分属于不同合同类型的合同。对于这种类型的合同，应当分别适用各个不同典型合同的法律规范。

四是类型融合合同，是指一个合同中所含的构成部分同时属于不同合同类型的合同。对于这种合同，应当适用各个不同的典型合同的法律规范。

二、双务合同与单务合同

（一）双务合同和单务合同的区分

以当事人双方是否存在对待给付义务为标准，合同可以分为双务合同和单务合同两种类型。

双务合同，是指当事人双方互负对待给付义务的合同，即双方当事人都负担履行义务。买卖、互易、租赁等合同都是双务合同。

单务合同，是指仅有一方负担给付义务的合同，当事人双方并不相互享有权利和负担义务，而是一方承担义务但不享受权利，另一方享有权利但不负有义务，如赠与合同。

（二）区分双务合同和单务合同的意义

区分双务合同和单务合同在法律上具有重要意义。双务合同当事人之间的权利义务是相互对应的，一方当事人享有的权利与其负担的义务是不可分离的，要享受权利就必须负担义务；要使对方当事人的权利实现，则自己必须履行义务。而单务合同完全没有这样的特点。区分双务合同与单务合同的意义如下：

1. 是否适用双务合同履行的抗辩权。在双务合同中，存在履行合同的抗辩权。双务合同的一方不履行合同义务，如果是同时履行而没有先后顺序区别的，一方当事人可以主张同时履行抗辩权，对抗对方的违约主张；在有先后履行顺序的双务合同中，当事人可以主张后履行抗辩权或者不安抗辩权，对抗对方当事人的违约主张。单务合同不存在履行抗辩权。

2. 风险负担不同。由于双务合同中双方当事人的权利义务相互依存、互为条件，如果不是由于一方当事人的原因导致其不能履行债务，则合同债务将被免除，其享有的合同权利也将消灭。此时，一方因不再负有合同义务，也就无权要求对方作出履行；对方已经履行的，应将其所得返还对方。在单务合同中，如果一方因不可抗力导致其不能履行义务，不会发生双务合同中的风险负担问题。

3. 因过错不履行合同义务的后果不同。双务合同当事人一方因自己的过错不能履行或者不适当履行合同义务时，非违约方如果已经履行合同的，可以要求违约方履行合同或者承担其他违约责任；如果非违约方要求解除合同，则对自己已经履行的部分有权要求未履行方返还其已经取得的部分。而在单务合同中，因为仅由一方承担义务，如果他已经履行了部分义务，则对方应返还其已经取得的财产。

三、有偿合同与无偿合同

(一)有偿合同与无偿合同的区分

以合同当事人是否可以从合同中获取某种利益为标准,将合同分为有偿合同与无偿合同。

有偿合同,是指一方当事人能够通过履行合同约定的义务而给对方某种利益,对方要得到该利益就必须为此支付相应代价的合同。这种合同是商品交换关系中最典型的形式,因为绝大多数的交易都是有偿的。

无偿合同,是指一方给付对方某种利益,而对方取得该利益时并不支付任何报酬的合同。它不是反映交易关系的典型合同形式,而是因当事人的合意产生的。在一般情况下,无偿合同的一方当事人虽然不向他方支付任何报酬,但并非不承担任何义务,例如,借用他人物品,负有按期返还的义务。

(二)区分有偿合同与无偿合同的意义

1. 确定某些合同的性质。某些合同只能是有偿的,不可能是无偿的,如果该种合同变为无偿或者相反,则合同在性质上就会发生变化,不再是原来的合同。例如,买卖合同是有偿的,如果变为无偿的合同,则变成了赠与合同。

2. 义务的内容不同。合同是交易关系的反映,合同义务的内容经常受到当事人之间利益关系的影响。在无偿合同中,利益的出让人原则上只承担较低的注意义务;在有偿合同中,当事人所承担的注意义务显然要高得多。

3. 主体要求不同。一般的有偿合同,订立合同的当事人原则上应当具有完全民事行为能力,限制民事行为能力人非经其法定代理人的同意,不能订立非纯获利益的有偿合同。但是,对于纯获利益的无偿合同,如接受赠与等,限制民事行为能力人可以直接订立。

四、诺成合同与实践合同

根据合同的成立是否以交付标的物为条件,可以将合同分为诺成合同与实践合同两种类型。

诺成合同,是指当事人一方的意思表示一旦为对方同意,即能产生法律效果的合同。其特点是一诺即成,在合同当事人意思表示一致之时,合同即告成立。

实践合同,是指除了当事人意思表示一致之外,尚需交付标的物才能成立的合同。其特点是,仅仅诺成还不能产生权利义务关系,只有一方实施了实际交付标的物的行为,才能产生合同的法律效果。例如,保管合同必须将寄存的物品交付给保管人时,合同才能成立或者生效。

区分诺成合同与实践合同的意义在于两种不同种类的合同成立与生效的时间不同。诺成合同在当事人意思表示一致时,合同即告成立;实践合同是在当事人达成合意之后,还必须由当事人交付标的物和完成其他特定给付后,合同才能成立。

五、要式合同与不要式合同

以合同是否应以一定的形式为要件作为标准,可以将合同分为要式合同和不要式合同。

要式合同,是指必须依据法律规定的形式而成立的合同。对于一些重要的交易,法律常常要求当事人采取特定的方式订立合同,才能赋予其效力。

不要式合同,是指当事人订立的依法并不需要采取特定的形式,可以采取口头形式,也可以采取书面形式的合同。除了有特别规定的以外,都是不要式合同。

区分要式合同与不要式合同的意义,在于确定合同的成立或生效。法律对合同形式要件的规定属于生效要件还是成立要件,会产生截然不同的法律后果。法律规定为生效要件的,没有采取法定形式,则已成立的合同不能生效;法律规定为成立要件的,没有采取法定形式,则合同不能成立,遑论效力问题。

六、一时性合同与继续性合同

(一)一时性合同与继续性合同的区分

以时间因素在合同履行中所处的地位为标准,合同分为一时性合同和继续性合同。[10]

一时性合同,是指一次性给付便使合同内容实现的合同。一次性给付,是纯粹的一次性履行完毕。由于分期给付的总给付自始确定,时间因素对于给付的内容和范围并无影响,因此也属于一时性合同。

继续性合同,是指合同内容非一次性给付即可完成,而是继续地实现的合同。这类合同的特点是时间因素在合同履行上居重要地位,总给付的内容取决于应为给付时间的长短。随着履行时间的推移,在当事人之间不断产生新的权利义务。

继续性供应合同与分期给付合同的区别在于,前者自始欠缺分期履行一个数量上业已确定的给付概念,在一定时间提出的给付,不是总给付的部分,而是在履行当时所负的债务。后者自始就有一个确定的总给付,只不过是分期履行,每期的给付仅为部分给付。

(二)区分一时性合同与继续性合同的意义

1. 解除权的产生原因不尽相同。一时性合同解除权产生的原因较少;继续性合同特别重视信赖基础,一旦信赖基础丧失,或者因其他事由难以期望当事人继续维持这种关系时,准许一方当事人解除合同。

2. 合同消灭是否溯及既往不同。一时性合同消灭具有恢复原状的可能性,所以法律规定一时性合同无效、被撤销时,一律自始归于消灭,合同因违约而被解除时,其效力以溯及既往为原则;继续性合同消灭时,无恢复原状可能,或者不易恢复原状时,合同无效、被撤销、被解除,应向将来产生影响,过去的合同关系不受影响。

3. 违约的处理方法不同。违反继续性合同,原则上应区别个别给付与整个合同:对个别给付,可以直接适用合同法的规定;对整个合同,解除时宜无溯及力。但违反一时性合同未

---

〔10〕 这种合同的分类,可以参见[英]P. S. 阿狄亚:《合同法导论》,赵旭东等译,法律出版社2002年版,第50~52页。

必如此处理。

七、主合同与从合同

以合同相互间的主从关系为标准,合同分为主合同与从合同,适用主债与从债关系的规则。

主合同,是指不以他种合同的存在为前提,即不受他种合同制约而能独立存在的合同。例如,抵押贷款关系存在两个合同,一个是借贷合同,另一个是抵押合同。借贷合同不以抵押合同的存在为前提,不受抵押合同的制约而能独立存在,因此是主合同。

从合同,是指必须以他种合同的存在为前提,自身不能独立存在的合同。从合同要依赖主合同的存在而存在。例如,抵押合同、质押合同、保证合同、定金合同都与被担保的合同之间具有依存关系,都不能独立存在,这些合同都是从合同。

区分主、从合同的法律意义在于明确它们之间的制约关系,从合同以主合同的存在为前提,主合同变更或者消灭,从合同也随之变更或者消灭。这是"从随主"规则的体现。

八、束己合同与利他合同

以订约人订立合同的目的是否为自己谋取利益为标准,合同可以分为束己合同与利他合同。

束己合同,也称为订约人自己订立的合同,是指严格遵循合同的相对性原则,订约人为自己约定并承受权利义务,第三人不能向合同当事人主张权利和追究责任,合同当事人也不能向第三人主张合同权利和违约责任的合同。

利他合同,也称为第三人利益订立的合同,或者利益第三人合同,[11]是指突破了合同相对性原则,合同当事人在合同中为第三人设定权利的合同。这种第三人也叫作意定受益人,是指根据合同而取得了权利的第三人。[12]

区分束己合同与涉他合同的法律意义是:(1)明确缔约的目的不同;(2)合同的效力范围不同。

九、确定合同与射幸合同

以合同的效果在缔约时是否确定为标准,合同可以分为确定合同与射幸合同。

确定合同也称实定合同,[13]是指合同的法律效果在缔约时已经确定的合同。确定合同是合同的常态,绝大多数合同都是确定合同。

射幸合同,是指合同的法律效果在缔约时不能确定的合同。射幸合同是合同的非常态,但在生活中经常出现,如保险合同、押赌合同、抽奖合同、有奖销售合同等,都属于射幸合同。在我国,射幸合同的效力是有区别的。保险合同是合法的合同,而抽奖合同则有数额限制。由于射幸合同的法律效果并不确定,所以射幸合同又称机会合同。

---

〔11〕 王利明:《合同法研究》(第1卷)(第2版),中国人民大学出版社2011年版,第123页。

〔12〕 [美]E. 艾伦·范斯沃思:《美国合同法》,葛云松、丁春艳译,中国政法大学出版社2004年版,第672页。

〔13〕 崔建远主编:《合同法》(第5版),法律出版社2010年版,第36页。

区分确定合同与射幸合同的法律意义在于,确定合同一般要求等价有偿,如果不等价或者显失公平,则可能会被撤销。射幸合同一般不能从等价与否的角度来衡量合同是否公平。

十、本约合同与预约合同

(一)本约合同与预约合同的定义

本约合同与预约合同并不是合同的种类,而是合同与预备合同的两种不同形态,分类的标准是合同是否具有为将来签订合同而缔约的目的。[14]

本约合同也称本合同,是当事人订立的确定各自实体权利义务的合同。预约合同也称预约,是当事人之间约定将来签订本约合同的预先协议,义务不是给付某物,而是订约行为。

(二)预约合同的认定

《民法典》第495条第1款规定:"当事人约定在将来一定期限内订立合同的认购书、订购书、预定书等,构成预约合同。"在预约合同中,本约合同在预约合同成立时尚未成立,预约合同的成立和生效仅使当事人负有将来按预约合同约定的条件订立本约合同的义务,而不负将来的本约合同约定的义务。[15] 依照《合同编通则解释》第6条第1款和第2款的规定,当事人以认购书、订购书、预订书等形式约定在将来一定期限内订立合同,或者为担保在将来一定期限内订立合同交付了定金,能够确定将来所要订立合同的主体、标的等内容的,人民法院应当认定预约合同成立。当事人通过签订意向书或者备忘录等方式,仅表达交易的意向,未约定在将来一定期限内订立合同,或者虽然有约定但是难以确定将来所要订立合同的主体、标的等内容,一方主张预约合同成立的,人民法院不予支持。

在实务中,一个具体的合同究竟是预约合同还是本约合同,应当通过探求当事人的真意来确定。如果当事人的意思不明或者有争议,应当通过合同的全部内容确定。(1)如果合同要素已经明确合致,其他事项也规定明确,已无另行订立合同必要的,应认定为本约。(2)如果将来系依所订合同履行而无须另订本约合同,即使名为预约合同,也应当认定为本约合同,而不是预约合同。(3)预约合同在交易上属于例外,因此,当一个合同是预约合同还是本约合同有疑问时,应当认定为本约合同。(4)实践中经常出现的"初步协议""意向性协议"等,只要不具有将来订立本约合同的法律效力,就不认为是预约合同;具有将来订立本约合同的效力的,应当认定为预约合同。

可见,预约合同是订立本约合同的意向,并不是合同本身,只有本约合同才是订立的合同本身。例如,预订将来飞行的飞机票是本约合同,而购买飞机票的预先表示则是预约合同。

---

〔14〕 李永军:《合同法》(第5版),中国人民大学出版社2020年版,第23页。

〔15〕 王利明:《合同法研究》(第1卷)(第2版),中国人民大学出版社2011年版,第36页。

(三)预约合同向本约合同的转化

预约合同在具备一定的条件下,可以转化为本约合同。根据《合同编通则解释》第 6 条第 3 款规定,当事人订立的认购书、订购书、预订书等已就合同标的、数量、价款或者报酬等主要内容达成合意,具备合同主要条款,符合合同成立条件,未明确约定在将来一定期限内另行订立合同,或者虽然有约定但是当事人一方已实施履行行为且对方接受的,应当认定本约合同成立。

(四)预约合同的违约

预约合同成立之后,产生预约的法律效力,即当事人将来订立本约的债务。双方均负有债务的,为双务预约合同;单方负有债务的,为单务预约合同。预约合同适用的场合没有特别规定,对于任何类型的合同都可以订立预约。预约合同的成立,应当遵循合同成立的一般规则。

预约合同成立,当事人即负有履行预约合同约定的订立本约的义务,只要本约未订立,就是预约合同的义务没有履行。根据《合同编通则解释》第 7 条规定,预约合同生效后,当事人一方拒绝订立本约合同或者在磋商订立本约合同时违背诚信原则导致未能订立本约合同的,应当认定该当事人不履行预约合同约定的义务。认定当事人一方在磋商订立本约合同时是否违背诚信原则,应当综合考虑该当事人在磋商时提出的条件是否明显背离预约合同约定的内容以及是否已尽合理努力进行协商等因素。

(五)违反预约合同的违约责任

对违反预约合同的责任,《民法典》第 495 条第 2 款规定:“当事人一方不履行预约合同约定的订立合同义务的,对方可以请求其承担预约合同的违约责任。”一方不履行订立合同的义务,构成预约合同的违约责任,违反预约的当事人应当承担预约合同的违约责任,或者解除预约合同并对造成的损失予以损害赔偿。根据《合同编通则解释》第 8 条规定,预约合同生效后,当事人一方不履行订立本约合同的义务,对方请求其赔偿因此造成的损失的,法院依法予以支持。确定预约合同的违约损失赔偿责任,当事人有约定的,按照约定;没有约定的,应当综合考虑预约合同在内容上的完备程度以及订立本约合同的条件的成就程度等因素酌定。具体的违约赔偿数额,可以在缔约过失责任对信赖利益损失数额之上、实际违约的预期利益损失的赔偿数额之下,确定适当的赔偿金额。

引例分析

本案争议焦点是涉案合同究竟属于预约合同还是本约合同。预约合同的订立目的是为本约合同的缔结,当事人签订预约合同后,不仅负有进一步磋商的义务,而且负有最终签订本约的义务。预约合同的法律约束力只能是使当事人产生诚信磋商以订立本约合同的义务,而非履行本约合同的义务,因为在预约合同未履行完毕即本约合同尚未订立之前,本约合同并未成立和生效。这正是《民法典》第 495 条第 1 款关于“当事人约定在将来一定期限内订立合同的认购书、订购书、预订书等,构成预约合同”规定的基本要求。

本案中，在双方当事人签订涉案合同时，被告尚不具备签订本约合同的条件，并且双方明确在涉案合同中约定将来符合一定条件的时候，另行签订《商品房买卖合同》，后一个合同才是本约合同。所以，应当认定涉案合同即商品房认购合同属于预约合同，而不是本约合同。原告不能请求被告依据商品房认购合同这个预约合同的约定，承担《商品房买卖合同》约定的违约责任，因而，法院判决驳回原告的诉讼请求是正确的。如果被告有违反预约合同的违约行为，拒绝签订《商品房买卖合同》，则依照《民法典》第495条第2款关于“当事人一方不履行预约合同约定的订立合同义务的，对方可以请求其承担预约合同的违约责任”的规定，可请求被告承担损害赔偿等违约责任。

第四节　合同解释和非合同之债

| 引　例 |

被告黄某因急需为上大学的孩子筹集学费，找到邻村的原告蒋某借到人民币6 000元，约定借款期限为1年。借款期限届满后，原告要求被告归还借款。原告在出示借据时，被告发现还款日期2004年8月写成了“20004年8月”，按照这个约定，这笔借款要等1.8万年之后才到债务清偿期，于是认为有机可乘，便以没到还款期限和没钱还款为由，拒绝清偿债务。原告认为借条写明的20004年的内容是自己没有发现的债务人笔误，应当确认还款期限为2004年8月，故向法院起诉，请求被告清偿本金之债。

法院审理认为，合同文本签署的“20004年8月”的清偿期，是当事人对“2004年8月”约定的笔误，还款期限为1.8万年以后显然不合情理，不是客观事实。故判决欠款的清偿期为“2004年8月”，清偿期已经届至，被告应当清偿本金之债，并承担违约责任。

| 法律问题 |

1. 合同解释的理论基础
2. 合同解释规则
3. 非合同之债的法律适用

一、合同解释概述

(一)合同解释的概念

合同解释是“确定当事人的共同意思”，[16]是指对合同及其相关资料的含义所作的分析和说明，以确定当事人的共同意思。遗嘱人的意思、悬赏广告人的意思都只是探求单独

〔16〕 转引自崔建远主编：《合同法》(第5版)，法律出版社2010年版，第352页。

行为人的意思,而不是确定当事人的共同意思,也不是探求他人的意思,因此不属于合同解释。〔17〕

合同解释制度是合同制度的重要组成部分。《民法典》第466条对此作了专门规定:"当事人对合同条款的理解有争议的,应当依据本法第一百四十二条第一款的规定,确定争议条款的含义。合同文本采用两种以上文字订立并约定具有同等效力的,对各文本使用的词句推定具有相同含义。各文本使用的词句不一致的,应当根据合同的相关条款、性质、目的以及诚信原则等予以解释。"

1.对合同条款理解不一致的解释。当事人对合同条款的理解有争议的,应当依照《民法典》第142条第1款关于意思表示解释的规定,确定争议条款的含义。

2.对不同文本合同条款的解释。合同文本是采用两种以上文字订立,并约定具有同等效力的,对各文本使用的词句推定具有相同含义,对此,不必进行解释。对各文本使用的词句不一致的,应当根据合同解释方法予以解释。

(二)合同解释的主体

合同解释的主体,由于对合同解释概念广义和狭义的理解不同而有所不同。

广义的合同解释,包括有权解释和自由解释,是指任何人都有权进行的合同解释。按照这种界定,合同解释的主体包括当事人、法官、仲裁员、诉讼代理人、证人,他们都可以从不同角度解释合同,包括学者的个案解释。

狭义的合同解释,专指有权解释,即受理合同纠纷的法院或仲裁机构对合同所作的具有法律拘束力的解释,其解释主体就是受理合同纠纷的法院或者仲裁机构。当事人在不发生合同争议或者虽然有争议但是已协商解决的情况下所进行的一般意义上的合同解释,是没有法律价值的;真正具有法律意义的合同解释,只能是在处理合同纠纷过程中,对作为裁判依据的事实所作的权威性说明。〔18〕

由于合同解释的根本目的在于使不明确、不具体的合同内容归于明确、具体,使当事人之间的纠纷得以合理解决,因而真正有价值、具有法律意义的合同解释,应当是狭义解释,即对作为裁判依据的事实所作的权威性解释。但是,把无权解释视为完全没有法律价值,将当事人及其诉讼代理人的解释说成无法实现合同解释目的的观点过于武断,因为这些无权解释对法官或者仲裁员作出有权解释具有重要的参考价值。

(三)合同解释的范围

合同解释的范围及于整个合同内容,甚至包括对合同相关资料所作的分析和说明。〔19〕我国《民法典》第466条规定,合同解释适用于"当事人对合同条款的理解有争议的"情况,这并不意味着合同解释的范围仅限于当事人有争议的条款。因此,对合同解释的范围的理解包括以下两个方面:

---

〔17〕 转引自崔建远主编:《合同法》(第5版),法律出版社2010年版,第353页。

〔18〕 苏惠祥主编:《中国当代合同法论》,吉林大学出版社1992年版,第246页。

〔19〕 苏惠祥主编:《中国当代合同法论》,吉林大学出版社1992年版,第246页。

1. 合同解释不以当事人存在争议为前提条件。对于当事人存在争议的合同无疑需要解释。但是,在实践中还存在另一种情况,即一些合同解释不是根据当事人的争议进行的,而是根据案件的其他需要进行的,如法院或仲裁机构在确认合同是否成立或者是否有效时,需要对相关条文进行解释。

2. 合同解释并不限定为当事人有争议的条款。对当事人存在争议的合同条款,需要解释的不仅是合同条款或使用语词的正确含义,而且要全面考虑与交易有关的环境因素,如书面证据、口头陈述、当事人表示其意思的行为以及订立合同前的谈判活动和交易过程等。对这些都需要进行精准解释,才能探明当事人的真实意思,确定合同的准确含义。

(四)合同解释的对象

合同解释的对象是合同解释的客体,在不同的合同争议中,合同解释的客体也不尽相同。合同解释的对象与当事人就合同而产生争议的原因密切相关,主要有如下几种:

1. 因合同的语言、文字表达含混不清、模棱两可或相互矛盾而发生争议的,合同解释的对象是这些模糊或矛盾的语言、文字的含义。

2. 因当事人一方主张合同的语言文字所表达的含义违背其真实意愿而发生争议的,合同解释的对象是当事人的真实意愿。

3. 因合同欠缺某些条款致使当事人之间的权利义务不明而发生争议的,合同解释的对象是漏订的合同条款。需注意的是,在这种情况下解释的是当事人所创设的合同规范整体,是以当事人在合同中所作的价值判断及利益衡量为出发点,依诚实信用原则或交易惯例而加以认定的,是对不完备的合同进行补充,而不是为当事人创设合同。

4. 因合同内容不符合法律要求而需要变更的,合同解释的对象是不合法的合同条款。

总之,不同的合同争议有不同的解释对象,合同解释的对象是多种多样的,以上所列只是几种较为常见的情况。

二、合同解释的理论基础

(一)合同解释的不同理论基础

合同解释须有其理论基础。各国关于合同解释的理论基础可以概括为以下两种:

1. 大陆法系的意思主义或主观主义

大陆法系国家对于合同解释的理论基础采意思主义,认为合同的实质在于当事人的内心意思,合同本身不过是当事人意思自治的手段。合同解释的作用在于探求当事人的真实目的,在表示意思与内在意思不一致的情况下,应以对当事人真实意思的解释为准。

近代以来,随着国家对社会经济生活的干预不断加强,意思主义受到了冲击,大陆法系国家的合同解释目的也发生了变化,对当事人意思的探寻在一定条件下为维护社会公正所替代,但是,探求当事人的真实意思仍是大陆法系解释合同的重要基础,并规定了多种探求当事人真实意思的具体方法,主要有诚信解释、目的解释和习惯解释等。这几种解释方法都建立在当事人意思自治原则基础之上,其解释的目的都是探求当事人的真实意思。

2. 英美法系的表示主义或客观主义

英美法系国家对于合同解释,奉行表示主义或称客观主义,认为合同的本质不是当事人的内在意思，而是当事人表示的意思；在表示意思与内在意思不一致的情况下，以外部表示意思为准。其理由在于，当事人存在于内心的意思如果不以某种外部方式加以表现，则不能为他人所知，只有以当事人的外部意思表示为标准才能准确解释合同，也才能保障交易安全。在合同解释时，不应探求当事人的主观意思，而应探讨合同文字的含义，当事人的主观意思有时可以作为确定合同文字含义的依据，但不能作为确定合同含义的依据。

(二)我国合同解释的理论基础

我国合同解释应以哪种理论为基础，有不同意见。一是只能采取意思主义，不能采取英美法系的表示主义，[20] 主要理由是，既然法律规定合同是当事人之间设立、变更、终止民事法律关系的协议，而协议就是当事人意志的一致，强调的是当事人的意志，而不是强调外部表示。二是认为意思主义片面强调当事人的真实意图，会给不诚实的当事人以逃避合同义务的借口，从而不利于保障交易安全，并可能损害善意第三人的利益。该意见认为，应采取表示主义为主、意思主义为辅的理论基础，从当事人在合同中使用的语言文字、有特定意义的行为、订立合同的目的、相关的资料、周围的环境等方面对合同进行解释。

我国《民法典》采第二种意见，即表示主义为主、意思主义为辅的合同解释理论。

三、合同解释规则

我国《民法典》规定的合同解释规则有六种，即文义解释规则、整体解释规则、目的解释规则、习惯解释规则、诚信解释规则和不利解释规则。

(一)文义解释规则

文义解释规则，是指当事人对合同条款的理解有争议的，应当按照合同使用的词句确定该条款真实意思的解释规则。

合同条款由语言文字构成。确定合同条款的含义，必须首先确定词句的含义。文字是当事人意思的外在表现形式，在通常情况下，文字能够较为准确地表达当事人的意思。

文义解释的具体规则是：

1. 一般以普通字面含义解释合同条款的含义。当事人对合同的词、句、条款理解不一致时，在没有特殊商业背景的情况下，应按普通的字面含义进行解释。

2. 约定的特殊含义优先于一般含义。当事人赋予合同用语以特殊含义时，如无其他证据，应先按照特殊含义进行解释。对涉及专业知识的用语更是如此。因为特殊含义比一般含义更能具体、准确地反映当事人的意思。当事人对此有特别约定的，应优先采用特殊含义。

3. 手写体优先于打印体和印刷体。一般来说，手写的条款晚于打印和印刷的条款，或是当事人在印好的标准合同上填写，或是临时加入某些内容，因此，手写的内容更能反映当事人的意思。手写体与打印体或印刷体内容相近或相容时，按手写体解释是将二者内容以手写体为基础进行统一；二者内容相反时，优先按手写体解释，否定打印体或印刷体的效力。在没有手写体时，打印体与印刷体相比，优先按打印体解释，理由同样是打印的内容比印刷

---

〔20〕 刘永伟：《论合同的解释》，载《法学》1997 年第 5 期。

体更能反映当事人的意思。

4. 大写优先于小写。合同中表示数字的大写与小写发生矛盾，而又没有其他有效证据证明小写的真实性时，应优先按大写解释。

5. 合同用语理解不一致的解释。双方对合同用语本身有不同理解时，应区分两种情况：(1)如果一方内心有保留，而另一方对此并不知道或不应知道，则前者不得以其内心保留为由主张以自己的内心保留确定合同条款的含义。(2)如果一方当事人实际上知道或者应当知道对方当事人对该合同用语有另外的理解，在这种情况下，应按误解一方的当事人对合同用语的理解解释其含义。

对于判断文义解释中的通常理解还是非通常理解，根据《合同编通则解释》第1条第1款和第2款规定的规则，法院依据《民法典》第142条第1款、第466条第1款的规定解释合同条款时，应当以词句的通常含义为基础，结合相关条款、合同的性质和目的、习惯以及诚信原则，参考缔约背景、磋商过程、履行行为等因素确定争议条款的含义。有证据证明当事人之间对合同条款有不同于词句的通常含义的其他共同理解，一方主张按照词句的通常含义理解合同条款的，法院不予支持。

(二)整体解释规则

整体解释规则也称体系解释规则，是指将合同的所有条款和构成部分视为一个统一的整体，从合同的各条款之间以及各构成部分之间的相互联系和总体联系上，阐明争议条款含义的解释规则。

整体解释规则之所以必要，首先，因为合同条款及用语是有组织的，而不是毫无联系、彼此分离的无序排列。如果孤立地探求争议条款或用语的一般意思或可能具有的意思，而不将其与上下文其他词语联系起来，就很难合理、正确地确定当事人的真实意图。其次，合同内容通常不是单纯的合同文本所能完全涵盖的，还由其他行为或书面材料组成。应当结合这些材料对争议的条款或词语进行解释，将争议的条款与合同其他部分相互解释，相互补充，这样才能比较准确地确定当事人的真实意思。

(三)目的解释规则

解释合同，应当首先判断当事人的目的。当事人对合同条款的理解有争议的，应当按照订立合同的目的确定该条款的真实意思，这就是目的解释规则。

合同是当事人之间的行为规范，有特定目的。合同的各项条款及用语都是围绕合同的特定目的存在的，是当事人实现目的的手段。因此，合同用语的含义以及合同内容的确定应当符合合同的目的。

目的解释规则有以下四层含义：(1)在合同条款有不同意思时，应当按照符合合同目的的含义解释，排除与合同目的相悖的含义；(2)在合同内容不明或相互矛盾时，应当在确认每一合同条款或用语都有效的前提下，通过解释予以协调统一，使之符合合同目的；(3)在某一合同用语表达的意思与合同目的相反时，应当通过解释予以更正；(4)合同文本采用两种文字订立并约定具有同等效力，但各文本使用的词语含义不一致的，应当根据合同目的予以解释。

适用目的解释规则应注意以下三个问题:(1)综合考虑当事人共同的目的和各自的目的,其条件是当事人一方的目的应当是对方已经知道或者是有理由知道的。(2)在合同条款或用语可作有效和无效两种解释时,应作有效解释。因为从本意上说,当事人都希望其有效,作无效解释会使当事人丧失履行利益,不符合当事人订立合同的愿望和目的。(3)在合同目的违法或情势变更的情况下,均不得适用该规则解释合同。

(四)习惯解释规则

习惯解释规则,是指在合同条款的含义不明或发生争议时,可以参照交易习惯或者惯例予以明确的解释规则。

"交易习惯"包括四个方面的含义:(1)当事人之间长期从事某种交易所形成的交易习惯;(2)特殊行业的交易习惯;(3)特定区域的交易习惯,即地区习惯;(4)一般交易习惯,即通行于全国的交易习惯。

《合同编通则解释》第2条将交易习惯做了归纳,分为往例和通例。往例是当事人之间在交易活动中的惯常做法,通例是在交易行为当地或者某一领域、某一行业通常采用并为交易对方订立合同时所知道或者应当知道的做法。往例和通例只要不违反法律、行政法规的强制性规定且不违背公序良俗的,可以认定为《民法典》所称的"交易习惯"。对交易习惯的证明,由提出主张的一方当事人承担举证责任,非主张方不承担举证责任。

在解释合同时,应综合考虑围绕交易的所有相关因素。在通常情况下,当事人之间交易的往例优先于通例的适用。一方当事人违反往例,在没有特别原因时,应当认定为违约。

通例是人们在长期反复实践的基础上形成的,能被广大合同当事人认知、接受和遵从的,在某一行业、某一地区或者全国的经济流转关系中普遍采用的习惯做法。按照通例进行习惯解释,不仅符合当事人的利益和愿望,而且符合社会正义和法律的要求,成为国际贸易中合同解释的通则,对于确定当事人的权利义务十分必要。

适用习惯解释规则应当注意的是:(1)这种习惯或惯例应当是客观存在的,主张的一方当事人对此负有举证责任;(2)习惯或惯例必须适法,而不能违反现行法律;(3)当事人知道或应当知道这种习惯或惯例而且没有明示排斥适用的;(4)当事人处于不同的国家或地区的,兼顾当事人的交易习惯或惯例。

(五)诚信解释规则

诚信解释规则,是指在合同用语有疑义时,应依诚实信用原则确定其正确意思;合同内容有漏洞时,应依诚实信用原则予以补充。当事人对合同条款的理解有争议的,应当按照诚实信用原则确定该条款的真实意思。

诚实信用原则是现代民法指导当事人行使权利、履行义务的基本规则,也是我国《民法典》确立的一切民事活动应遵循的基本规则,在现代合同法中被奉为"帝王条款",合同解释当然包括在内。在解释合同时,应当遵循该原则。诚信解释规则要求合同解释的结果不得显失公平。对当事人的意思不能仅根据其主张之意,而应从诚信的角度推定其应有之义。

诚信解释规则虽然重要,但是,该规则一般是在其他解释规则难以适用的情况下才采用的。其原因是:诚信原则较为抽象,要依据某种道德的、公平的观念解释合同,会给法官以太大的自由裁量权;从适用范围来看,诚信解释规则主要适用于合同漏洞的填补,而非一般的合同争议的解释,我国《民法典》第 466 条将这一解释规则放在最后的位置,也说明了这个问题。

(六)不利解释规则

不利解释规则,是指对于合同的内容发生争议时,应当对起草者作不利解释的合同解释规则。这个解释规则虽然主要是针对格式条款的解释,但对其他非格式条款的解释也有作用。

不利解释规则在我国立法中也有体现。我国《民法典》第 498 条规定:"……对格式条款有两种以上解释的,应当作出不利于提供格式条款一方的解释。格式条款和非格式条款不一致的,应当采用非格式条款。"格式条款的当事人经济地位的不平等,在事实上构成了一方对另一方的强制。对格式条款作不利于其提供者的解释,是对格式条款提供者的不公平,但正是以这种不公平来部分地抵销因对方当事人缔约地位与缔约自由的相对性而可能导致的不公平交易结果。我国《民法典》确认不利解释规则,有利于保护广大用户和消费者的利益,更重要的是观念的转变,意义十分深远。

广义理解不利解释规则,除包括以上含义外,还有另一层含义,即当格式条款和非格式条款不一致时,应当采用非格式条款。这是因为非格式条款是当事人协商的结果,具有优先适用的效力,故应排除适用格式条款,因而对提供格式条款一方自然也是不利的。对于格式条款的不利解释,只有在对格式条款适用其他解释规则都无法解释时才适用。

不利解释规则的另一方面,是有利解释规则。根据《合同编通则解释》第 1 条第 3 款规定,对合同条款有两种以上解释,可能影响该条款效力的,法院应当选择有利于该条款有效的解释,即有利合同生效的解释规则;属于无偿合同的,应当选择对债务人负担较轻的解释,即无偿合同有利债务人的解释规则。

四、非合同之债的法律适用

(一)《民法典》规定非合同之债法律适用规则的含义

《民法典》第 468 条规定:"非因合同产生的债权债务关系,适用有关该债权债务关系的法律规定;没有规定的,适用本编通则的有关规定,但是根据其性质不能适用的除外。"对非合同之债法律适用的这一规定,是因为《民法典》没有规定债法总则,须将无因管理之债、不当得利之债在合同编中作出规定。

非合同之债,亦称"准合同",是非因合同产生的债权债务关系,是合同以外的债权债务关系,依照《民法典》第 118 条第 2 款的规定,包括侵权行为之债无因管理之债、不当得利之债以及法律的其他规定确认的债,如单方允诺之债。这一条文是为合同编第三分编规定无因管理之债和不当得利之债的法律适用提供法律依据,同时,也对侵权之债以及其他法律规定的债与合同编通则规定的关系予以明确。

(二)非合同之债法律适用的规则

1. 适用有关该债权债务关系的法律规定。《民法典》对债权债务关系有规定的,应当适用有关该债权债务关系的规定。非合同之债如侵权之债、无因管理之债、不当得利之债,都是非因合同关系产生的债权债务关系,应当适用该债权债务关系各自的法律规定,侵权之债适用侵权责任编的规定,无因管理之债和不当得利之债适用合同编第三分编“准合同”中关于无因管理、不当得利的规定。

2. 没有有关债权债务关系法律规定的适用合同编通则的有关规定。这是为非合同之债适用合同编通则的一般性规定提供法律依据,凡是非合同之债,只要没有特别规定,就可以适用合同编通则规定的一般性规则。这意味着,这些规定相当于债法总则的规定。《民法典》虽然没有规定债法总则,但是,合同编通则中的多数规定都是债法的一般性规则,可以适用于所有债权债务关系,因而合同编通则相当于实质上的债法总则。

3. 根据债的性质不能适用合同编通则规定的除外。无论是无因管理之债、不当得利之债还是侵权行为之债,根据其性质不能适用合同编通则规定的合同一般规则的,都不能予以适用。例如,非合同之债都不能适用有关合同编通则关于要约、承诺的规定,因此依照除外条款的规定,不予适用。

引例分析

《民法典》第466条规定了合同解释的概念和规则,具体规定了合同解释的方法。合同解释是合同制度的重要组成部分,是法官、仲裁员通过法律规定的解释方法,确定当事人真实的共同意思,以解决争议,准确确定当事人的权利义务关系。

在本案中,借款合同约定1.8万年的债务清偿期限,显系荒唐,没有人会相信。但是,该案争议的债权文书确系借款人所写,是经双方当事人确认的,内容无误。对于这样的合同约定,必须通过解释,确定双方当事人约定的真实内容。这种解释显然不是文义解释规则,而是目的解释规则、诚信解释规则和整体解释规则,法官通过合同解释方法,确认“20004年8月”这个清偿期限是“2004年8月”的笔误,而不是当事人的真实意思表示。这种解释,任何人都会认为是正确的,本案被告的解释其实就是通过恶意的解释而赖账,就连他自己都不会相信这是他真实的意思表示。法院据此确定本案争议的借款清偿期,是完全正确的。

本章思考题

1. 合同有哪些法律特征?合同相对性原则的具体范围是什么?
2. 合同法律关系应当具备哪些要素?合同关系的内容应当怎样理解?
3. 合同有哪些种类?分类的法律意义是什么?
4. 合同解释有哪些方法?
5. 对非合同之债应当怎样适用法律?

第二章　合同的订立

第一节　合同订立概述

|引　例|

2018年8月11日，原告林某作为要约人，房产中介作为中介方，双方签订《诚意购房要约》。同日，被告李某、朱某作为承诺人，房产中介作为中介方，双方签订《承诺与履约定金收据》，约定承诺人同意接受该要约，并承诺将该不动产以约定条件出售给要约人。协议达成后，林某依据《诚意购房要约》的约定向房产中介支付了居间费用7 400元，并通过房产中介向李某、朱某支付了定金3.5万元。嗣后，林某觉得房价浮动较大，咨询房产中介是否有人愿意购买该房屋，表示其愿意以原价转让给其他购房人，房产中介亦表示同意找其他购房人。后来，林某以其与李某、朱某没有见面正式签订合同，没有发生法律效力为由，向法院提起诉讼，请求判令李某、朱某全额返还定金，被告房产中介退还居间费7 400元。

法院审理认为，本案双方当事人通过中介人进行要约、承诺，达成合意，合同成立。依法成立的合同，受法律保护。林某作为要约人，通过房产中介发出要约，且该要约内容具体、明确，李某、朱某在要约期限内亦通过房产中介作出承诺，双方之间的房屋买卖合意已达成，应当按照约定履行义务。林某提起诉讼认为合同没有成立，要求退还定金和居间费，理由不成立，是故意毁约。因此，法院驳回林某的诉讼请求。

|法律问题|

1. 合同订立
2. 缔约人
3. 合同成立的方式和条件

一、合同订立的概念

（一）合同订立的概念界定

合同订立，是指缔约人为意思表示并达成合意的状态。[1]

---

〔1〕 崔建远主编：《合同法》（第5版），法律出版社2010年版，第40页。

合同订立是一个动态的过程,是当事人为实现预期目的为意思表示,并达成合意的过程,包括当事人各方为了进行交易,与对方进行接触、洽谈,最终达成合意的整个过程,是动态行为和静态协议的统一体。合同的动态行为,包括缔约人的接触、洽商以至于达成协议前的整个还价的过程。这个阶段的行为由要约邀请、要约、反要约等诸种制度规范和制约,产生先契约义务和缔约过失责任。合同的静态协议,是指缔约达成合意,合同条款至少是合同的主要条款已经固定,各方当事人享有的权利和负担的义务已经确定。最终的合意就是合同的成立,标志着合意已经达成,当事人的权利义务关系已经确定。如果合同不具有生效的消极要件,合同就将发生法律效力,对当事人发生法律上的约束力。

(二)合同订立与合同成立

《民法典》分别使用合同订立和合同成立两个概念,这两个概念既互相联系,又互相区别。合同的成立仅是合同订立的组成部分,标志着合同的产生和存在,属于静态的协议。合同订立的含义广泛,既包括合同成立这个环节,也包括缔约各方接触和洽商的动态过程,涵盖了交易行为的大部分内容。〔2〕

二、合同订立的意义

合同订立是合同的初始阶段,具有重要意义。

1. 没有合同的订立就没有合同的存在。没有合同的订立就没有交易行为,也就没有合同的存在。合同是交易的法律形式。在合同的订立过程中,当事人发挥自己的聪明才智,凭借自己的经济实力,与对方当事人进行洽商,最终取得一致的意愿,达成合意,形成合同。

2. 合同的订立是合同权利义务得以实现的前提。合同订立的最终形式是合同的成立。合同成立了,才能发生合同当事人之间的权利义务,满足当事人订立合同的预期利益。没有合同的订立,就没有合同的履行,也就没有当事人所追求的预期利益的实现。

3. 没有合同的订立就没有合同责任的发生。合同责任都发生在合同订立之后,没有合同的订立,或者合同没有成立,合同责任就没有发生的基础。

三、缔约人

(一)缔约人与合同主体

订立合同的当事人是缔约人,包括订立合同的自然人、法人和非法人组织。在合同成立之后,缔约人就变为合同主体。因此,缔约人与合同主体是前后相序的当事人。《民法典》第 143 条规定,民事法律行为有效的条件之一,是"行为人具有相应的民事行为能力"。按照该条的要求,订立合同的当事人须具有相应的民事行为能力。

(二)缔约人的民事权利能力

具有民事权利能力是实施民事行为的前提,缔约人必须具有民事权利能力。

我国的自然人终生享有民事权利能力,自然人的民事权利能力平等,每一个自然人都

---

〔2〕 崔建远主编:《合同法》(第 5 版),法律出版社 2010 年版,第 40 页。

有依法订立合同的权利能力。居住在我国境内的外国人、无国籍人,按照我国自然人对待,都具有订立合同的民事权利能力。

法人的民事权利能力依照法律规定,确认其具有与其民事权利能力相适应的合同行为的资格,在其核准登记的经营范围内,具有缔约主体的民事权利能力,依法订立的合同具有法律效力。

非法人组织在其核准登记的经营范围内,具有所需的民事权利能力,依法订立的合同具有法律效力。

(三)缔约人的民事行为能力

1. 自然人的民事行为能力

我国《民法典》对缔约主体的民事行为能力作了具体要求。18 周岁以上的自然人是成年人,是完全民事行为能力人;16 周岁以上不满 18 周岁的自然人,以自己的劳动收入为主要生活来源的,视为完全民事行为能力人。完全民事行为能力人可以独立为合同行为,具有缔约人的资格。

8 周岁以上的未成年人和不能完全辨认自己行为的限制民事行为能力人,可以订立与他的年龄、智力和精神健康状况相适应的合同,是部分合同的缔约人。

不满 8 周岁的未成年人和不能辨认自己行为的精神病人是无民事行为能力人,不具有民事行为能力,不是缔约人。

应当注意的是:(1)无民事行为能力人和限制民事行为能力人可以成为合同主体,但其合同行为应当由其法定代理人代理进行。(2)限制民事行为能力人在纯获利益的情况下,具有缔约资格,订立的合同具有法律效力。

2. 法人和非法人组织的民事行为能力

法人和非法人组织的民事行为能力与其民事权利能力同时产生,同时消灭;法人或者非法人组织的行为能力是由其机关或者代表实现的,所以,法人、非法人组织的行为能力范围不可能取决于法人的智力和精神状况,而是取决于法人核准的登记范围。由于登记范围不同,各个法人、非法人组织的能力范围也不同。

个体工商户、农村承包经营户等民事主体的行为能力与法人、非法人组织相同,具有缔约人的资格。

四、订立合同的委托代理

在现代经济生活中,民事主体通过委托代理的形式订立合同,是方便的选择。无民事行为能力人或者限制民事行为能力人的法定代理人可以代理无民事行为能力人或者限制民事行为能力人订立合同。

委托代理人订立合同的法律关系有三个主体:(1)被代理人,是所订合同权利义务的具体承受者,即合同主体;(2)代理人,事实上与相对人订立合同的人,即订约主体;(3)相对人。被代理人与相对人之间是合同关系,两者都是合同主体;代理人与相对人之间则是订约关系,两者都是缔约人;被代理人与代理人之间则是委托代理关系,是基于委托合同或者一定的隶属、亲属关系确定的代理关系。

委托代理关系是委托订立合同的基础关系,它决定了代理人与被代理人之间的权利义务关系。这种关系的产生有三种形式:(1)基于委托合同而产生,即基于一个合同的关系产生,委托的双方是委托合同的当事人,他们之间的权利义务依委托合同确定。(2)单位的授权行为。授权行为是一种单方法律行为,法人的法定代表人或者非法人组织的负责人授权某人订立一项合同,被授权人就产生了订立该合同的职责,依照该授权订立合同。(3)基于合伙关系所产生的代理关系。在合伙中,任何一个合伙人都有执行合伙事务的权利,合伙人之一按照合伙的利益进行的事务,是合伙人代理权的实施,其实施的合伙事务应当由全体合伙人承担。这些关系是委托订立合同在代理人和被代理人之间的内部关系。

被代理人的订立合同行为与相对人的订立合同行为,是代理的外部关系。授权行为是代理发生的前提,没有授权行为和接受授权,就没有代理的发生。

五、合同成立的方式和条件

(一)合同成立的方式

合同成立,是指当事人对合同的标的、数量等内容协商一致,达成合意。合同成立的方式主要是要约和承诺。在订立合同中,一方当事人提出要约,另一方当事人予以承诺,合同就告成立。当缔约当事人一方对要约予以承诺时,就实现了合同成立的以上要件。因此,要约和承诺既是合同成立的方式,也是合同订立的两个阶段。

合同成立的其他方式包括:(1)交叉要约,即合同当事人各自采取非直接对话的方式,同时作出了为订立同一内容合同的要约。(2)同时表示,与交叉要约在本质上相同,交叉要约是在非直接对话方式下发生的,而同时表示是在对话方式下发生的,是指对话的当事人双方并无先后之别,同时向对方为同一内容的要约的意思表示。(3)意思实现,是指按照习惯或事件的性质不需要承诺通知,或者要约人预先声明承诺无须通知,在相当时间内如有可以推断受要约人有承诺意思的客观事实,要约人可以据此成立合同。

在规定的要约、承诺方式的基础上,增加合同成立的其他方式,为交易实践的发展留出了空间。[3] 如证券的场内交易,每一瞬间都有大量买方和卖方的报价发出,交易系统按照价格优先、时间优先的原则由电脑自动撮合、逐笔不断成交,就是有别于要约、承诺的其他方式。

合同成立与合同生效是两个不同的概念。合同生效是国家对合同效力的认可,它强调合同内容的合法性,而合同成立则是当事人的意思表示一致。从另一个角度来说,合同成立和合同生效在多数情况下是同时发生的,只要合同成立以后,不具有阻碍合同生效的消极要件,合同就即时生效。合同生效体现的是国家对合同的规制,合同成立体现的是当事人的意志。

(二)合同成立的条件

1. 在主体上须有双方或多方当事人。合同成立,须有利益相互对立又相互联系的双方或多方当事人。一般情况下,当事人既是订约主体,又是合同主体;当事人委托代理人订立

---

〔3〕 黄薇主编:《中华人民共和国民法典合同编释义》,法律出版社2020年版,第32~33页。

合同,当事人是合同主体,当事人的代理人是合同的订约主体。

2. 当事人对合同的主要条款达成合意。合意是指双方或多方经协商,达成一致意见。合意的内容是合同的主要条款。《民法典》没有规定合同主要条款,并不能说法律不认可合同主要条款。按照《民法典》的规定,应当认为标的和数量是合同的主要条款,当事人就合同的主要条款达成一致,应当认为合同已经成立。《全国法院贯彻实施民法典工作会议纪要》第6条第1款规定:"当事人对于合同是否成立发生争议,人民法院应当本着尊重合同自由,鼓励和促进交易的精神依法处理。能够确定当事人名称或者姓名、标的和数量的,人民法院一般应当认定合同成立,但法律另有规定或者当事人另有约定的除外。"这里规定的标的和数量,就是合同的主要条款。

合同的主要条款是合同的必备条款,是指约定合同权利义务的必备的、起决定性作用的条款,该条款一旦缺少,就无法确定、履行合同。合同的主要条款是标的和数量这两项内容,以及其他类型的合同与此相对应的条款。

|引例分析|

合同成立的基本方式,是要约、承诺方式。双方或者多方当事人作为缔约人,一方发出要约,另一方予以承诺,合同就成立。因此,合同成立是当事人对合同的主要条款达成一致,形成合意。合同成立之后,即发生法律效力,确定当事人的权利义务关系,当事人按照约定行使债权,履行债务,合同目的由此得以实现。

本案中,林某的要约与李某、朱某的承诺,是通过中介人的居间,达成双方当事人的意思表示一致,成立买卖房屋合同。这种要约、承诺方式,是合同成立的典型形态,符合《民法典》的规定,没有违反法律和行政法规的强制性规定和公序良俗,合同有效成立,对双方发生法律效力。林某与中介人之间的中介合同也符合要约、承诺的合同成立方式的要求,中介合同也发生法律效力。各方当事人都应当信守合同,履行合同义务,保证合同目的实现。林某在合同成立、生效后,意图毁约,主张合同不成立的理由是不成立的。所以,法院判决驳回其诉讼请求是完全正确的。

第二节　要　　约

|引　例|

原告(乙方)管道集团公司发给被告防腐管件有限公司(甲方)加工管件型号的询价单,型号为Φ159及以下直径和Φ219及以上直径的三通管件。询问后,原告拟订了《衬塑加工合同》,签字后发给被告。主要内容为:"一、产品名称:衬塑管件一批,规格型号:Φ159以下,单价300平;Φ159以上,单价270平,备注:按实际平方米数计算。二、衬塑厚度:DN25－DN65－2毫米,DN80－DN150－3毫米,DN200－DN600－4毫米,此厚度为检验底线值。三、本合同签订之日起八天完成交货……六、乙方使用原料塑粉指定:山东昌明牌塑粉。七、付款方式:本合同产品生产完,验收合格后付清加工费。八、如乙方在完成本合同时违约及终止合同运行,每日赔偿甲方合同额的5%,依此为准。”被告在该合同上签字后,原告分批次将待加工的货物运送到被告处衬塑,分批次从被告处提走已加工完成的货物。原告给付加工费9.3万元后,提走全部衬塑管件。原告收货后认为被告加工费计算错误,向法院提起诉讼,要求被告立即返还加工费25 665元,并赔偿损失3.5万元。

法院审理认为,原告把需要衬塑的三通管件明细清单发给被告询价,希望邀请被告报价要约。依交易习惯,被告应向原告发出要约的意思表示即报价单,报价单到达原告之时被告的要约生效。原告基于被告的要约条款,制定了制式的《衬塑加工合同》书,并采用以“管件Φ159型号”作为“以上”和“以下”单价的划界标准,在“备注”一栏中约定以“实际平方米计算”加工费。原、被告双方约定结算加工费,是在加工任务完成后,双方进行实际复核、验收、结算,合同中并没有确定加工费总数,应以实际结算为准。《衬塑加工合同》经当事人签章后生效。原、被告已经分别、分批、分次完成了定作方送货、承揽方加工交付、定作方验收提货的工作任务。被告交付了工作成果,原告支付了全部加工费,《衬塑加工合同》已实际履行完毕。原告关于加工费计算错误等主张,由于没有证据证明双方当事人在履行加工合同过程中存在法律规定的无效或可撤销、可变更的法定情形,其主张没有事实依据和法律依据,故不予支持。

| 法律问题 |

1. 要约及其构成要件
2. 要约邀请
3. 要约的法律效力
4. 要约撤回、撤销和失效

一、要约的概念及其条件

(一)要约的概念

要约,是指一方当事人以缔结合同为目的,向对方当事人提出合同条件,希望对方当事人接受的意思表示。《民法典》第472条对要约概念的界定,采纳了大陆法系的传统观点,确认要约既不同于事实行为,也不同于民事法律行为,与要约邀请有所区别。

要约是一种与承诺结合后成立一个法律行为的意思表示,要约本身并不构成一个独立的法律行为。[4]

(二)要约的构成要件

1. 要约须是特定人所为的意思表示。要约是要约人意图与他人订立合同,由要约人向受要约人发出的意思表示。其目的在于获得对方的承诺,所以,要约必须是特定人所为的

---

〔4〕 韩世远:《合同法总论》(第3版),法律出版社2011年版,第77页。

意思表示,只有要约人特定化,受要约人才具有了承诺对象。

2. 要约的内容须具体、确定。要约内容具体,是指要约须具有足以确定合同成立的内容。要约人发出要约后,受要约人一旦承诺,合同就告成立。要约内容确定,是指要约的内容必须明确,不能含混不清,应当达到一般人能够理解其真实含义的水平,否则合同将无法履行。

3. 要约须具有缔结合同的目的。要约须以缔结合同为目的,凡是不以缔结合同为目的的行为(如邀请参加典礼的请柬),都不是要约。要约邀请虽然也具有缔结合同的目的,但是,要约邀请与缔结合同目的的距离较为遥远,是希望他人向自己发出要约的意思表示,不能认为只要具有缔结合同目的的意思表示就是要约。

4. 要约须发给要约人希望与其订立合同的受要约人。要约须发给受要约人,否则合同的订立就无从谈起。以语言对话的方式进行的要约,都是直接将要约送达受要约人。以电报、书信等形式进行的要约,一般以该要约到达受要约人可以支配的范围,即认为已经符合该要件,并不以受要约人知悉要约内容为必要。要约原则上应当向特定人发出,但是特定人可以是特定的一个人,也可以是特定的数人。

5. 经受要约人承诺后,要约人即受该意思表示约束。要约在被承诺后,就发生合同的法律效力。《民法典》第 472 条明确规定这一要求,就是为了区分要约和要约邀请。这一规定要求要约人应当明确地向被要约人表明,一旦该要约经受要约人承诺,要约人即受该意思表示的约束。该约束是指要约被承诺后,合同即告成立,要约人要受合同效力的约束。在实践中,不可能要求所有的要约都能明确地、直截了当地写明要约人接受要约内容约束的文字,但是,只要当事人发出要约,就意味着自己愿意接受要约意思表示的约束。只要依据要约的条文能够合理分析出要约人在要约中含有一经承诺即受拘束的意旨,或者通过要约人明确的订立合同的意图可以合理推断该要约包含了要约人愿意接受承诺后果的意思表示,即可认为符合该要件。

二、要约邀请

(一)要约邀请的概念

要约邀请,即要约引诱、邀请要约,是一方希望他人向自己发出要约的意思表示。[5]《民法典》第 473 条规定:"要约邀请是希望他人向自己发出要约的表示。拍卖公告、招标公告、招股说明书、债券募集办法、基金招募说明书、商业广告和宣传、寄送的价目表等为要约邀请。商业广告和宣传的内容符合要约条件的,构成要约。"在性质上,要约邀请不过是合同的准备行为,其自身不发生法律上之效果。[6]

(二)要约与要约邀请的区别

要约与要约邀请具有以下区别:(1)要约是一方向另一方发出的意欲订立合同的意思表示;要约邀请则表明仍处在订立合同的磋商阶段,是订约的准备行为。(2)要约生效后,

---

〔5〕 崔建远主编:《合同法》(第 5 版),法律出版社 2010 年版,第 44 页。

〔6〕 胡长清:《契约法论》,商务印书馆 1934 年版,第 12 页。

受要约人获得承诺资格;要约邀请仅仅是使相对方获得信息,从而可以向要约邀请人发出要约。(3)要约人受要约拘束,在要约有效期限内不得任意撤销要约,否则应当承担缔约过失责任。受要约人一旦承诺,则产生合同成立的法律后果,要约人成为一方合同当事人,应当履行合同义务,否则应当承担违约责任。要约邀请并未给要约邀请人带来任何义务,相对方发出要约也并不是因为要约邀请赋予了其资格。(4)有些要约法律有特别规定。如果法律规定某种行为为要约或者要约邀请,则应当依照法律的规定处理。

(三)具体的要约邀请

1. 拍卖公告

拍卖公告是拍卖表示的形式,是拍卖人发出公告对拍卖物的介绍和宣传,目的不是向受要约人提出合同的主要条款,意图使对方当事人与自己订立合同,而是在于向不特定的公众传递拍卖的信息,希望更多的人参与竞买,由参与竞买的人向拍卖人发出要约。因此,拍卖公告是要约邀请。

特殊的情况是,拍卖人在拍卖公告中特别提示,如果本次拍卖只有一人参加竞买,将直接按照拍卖底价与该竞买人签订合同,当出现只有一人参加竞买的情况时,该拍卖公告的性质由要约邀请变为要约。

2. 招标公告

招标公告是竞争订约的要约邀请,是招标人采用公告的形式向不特定的相对人发出的介绍招标情况的意思表示。这种行为不是向受要约人提出订约的主要条款,也不是想让自己受要约内容的约束,其真实目的在于告知相对人招标信息,吸引相对人向自己投标,以便能从诸多的投标者中选择合适的中标者。所以招标公告不是要约。如果在招标公告中明确表明将来与出价最高的投标者订立合同的,该招标公告可以视为要约。

3. 招股说明书

招股说明书是股份公司的发起人向社会的不特定人发出的说明文书,内容包含公司章程、发起人认购的股数、每股的票面金额和发行价格、无记名股票的总发行数、认股人的权利义务、本次募股的起止期限、未募足时认股人可撤回所认股份的说明等内容,目的在于向不特定人提供信息,希望相对人向自己发出要约,而不是自己发出订约的要约。所以,招股说明书是要约邀请。

4. 债券募集办法

债券募集办法是根据实践需求新增加的要约邀请的类型。公司发行公司债券,应当按照规定公告公司债券募集办法,记载并披露对投资者作出投资决策有重大影响的信息。投资者可以根据债权募集办法记载的情况,决定是否购买债券,债券募集办法属于要约邀请。

5. 基金招募说明书

基金招募说明书是基金发起人公开发售基金时,为基金投资者提供的对基金情况进行说明的文件,投资者可以根据基金招募说明书载明的情况判断是否申请申购基金,基金招募说明书属于要约邀请。

6. 商业广告和宣传

商业广告和宣传发布者的主要意图,是向大众传递商品信息,希望扩大商品的知名度,使更多的人向自己发出要约，购买商品，一般不包含要约所必需的数量条款。商业广告通常是要约邀请，但其如果具备了商品名称、价款、规格、性能等主要条款内容，则构成要约，产生要约的法律效力。

7. 寄送的价目表

寄送的价目表不是要约，而是要约邀请。从价目表的寄送行为和价目表所包含的内容，不能推断寄送人有一经对方承诺即接受合同成立后果的意图，价目表的内容不包括商品的数量条款，因而寄送价目表不能构成要约，只能是要约邀请。

三、要约的法律效力

（一）要约生效的时间

要约生效，是指要约从什么时间开始发生法律效力。

以对话方式发出的要约，一般不存在何时生效的争议。要约的意思表示一经发出，受要约人就立即知悉，要约就立刻生效。

非对话要约即书面形式的要约的生效时间，有三种立法例：（1）发信主义，即要约人发出要约，使要约脱离自己的控制后就发生法律效力，而不问受要约人实际上是否收到。（2）收信主义，又称到达主义，是指要约从到达受要约人时开始生效。（3）了解主义，认为要约从受要约人了解要约的内容之时起开始生效。该观点已经被抛弃。

我国《民法典》采到达主义，第 137 条第 2 款规定，以非对话方式作出的意思表示，到达相对人时生效。采用到达主义的理由是，要约是希望和他人订立合同的意思表示，要约的约束力不仅针对要约人，也针对受要约人。要约在脱离要约人后、到达受要约人前，受要约人不可能知悉要约的内容。采取发信主义，受要约人还不知道要约的内容，就规定要约发生法律效力，对受要约人是不合情理的。

到达主义即收信主义中的“到达”，不是指要约须在实际上到了受要约人或者其代理人的手中，而是要约送到了受要约人及其代理人实际控制的范围即视为到达。例如，以信件为载体的要约，送到受要约人及其代理人的信箱就视为到达。在要约中要约人没有特别限定时间，则应当以要约能够到达的合理时间为准。该时间与受要约人实际收到的时间不符的，受要约人应当举证。

采用数据电文形式订立合同，相对人指定特定系统接收数据电文的，该数据电文进入该特定系统时生效。例如，收件人指定电子信箱的，要约到达该信箱的时间，即为要约收到的时间，为要约生效的时间。未指定特定系统的，相对人知道或者应当知道该数据电文进入系统时生效。例如，用电传方式发送要约，受要约人没有指定专门的接收系统，相对人知道或者应当知道该数据电文进入其系统时，就是要约生效的时间。当事人对采用数据电文系统的意思表示的生效时间另有约定的，依照其约定。

（二）要约对要约人的效力

要约一经生效，即对要约人发生拘束力，要约人不得随意撤销或者对要约加以限制、变更或者扩张。

(三)要约对受要约人的效力

受要约人在要约生效时,取得承诺的权利,并取得依其承诺而成立合同的法律地位。这是一种权利,受要约人可以承诺,也可以不承诺;这也是一种法律地位,所以不得随意转让,也不能作为继承的标的。特例是在强制缔约的情况下,承诺不仅是权利,也是一种法定义务。

(四)要约发生法律效力的期间

要约发生法律效力的期间,称为承诺期间。在此期间作出的承诺,为有效承诺。承诺期间分为两种:

1. 要约人在要约中定有承诺期间的,该期间即为确定,受要约人受此期间约束。

2. 要约人在要约中未定有承诺期间的,如果要约是以对话方式作出的,应当即时作出承诺,但当事人另有约定的除外;如果要约是以非对话方式作出的,承诺应当在合理期限内到达。确定合理期限的要素是:(1)要约到达受要约人所必需的时间;(2)受要约人考虑是否承诺所必需的时间;(3)承诺到达要约人所必需的时间。只有在合理期间内作出的承诺,才对要约人具有拘束力。

四、要约撤回和要约撤销

(一)要约撤回

要约撤回,是指在要约人发出要约之后、要约生效之前,宣告收回发出的要约,取消其效力的行为。

要约撤回权,为缔约当事人的一项重要权利。法律允许要约人根据市场的变化、需求等各种经济情势,改变发出的要约,以保护要约人的利益。

按照《民法典》的规定,撤回要约的通知应当在要约到达受要约人之前或者与要约同时到达受要约人,才可以将要约撤回。要约撤回的通知不应当迟于受要约人收到要约的时间,才不至于使受要约人的利益受损。

以语言对话形式作出的要约和以电子数据形式作出的要约,因其本身的性质难以撤回,所以,要约撤回只能是针对非直接对话方式作出的要约和非电子计算机数据传递方式作出的要约,主要是书面形式的要约。为了使后发出的要约撤回通知早于要约的通知或与要约的通知同时到达受要约人,要约人应当采取比要约更迅捷的送达方式。例如,要约是用平信方式寄出的,要约的撤回通知可以采取特快专递的方式。

要约的撤回符合规定的,发生要约撤回的效力,视为没有发出要约,受要约人没有取得承诺资格。要约撤回的通知迟于要约到达受要约人的,不发生要约撤回的效力,要约仍然有效,受要约人取得承诺的资格。

(二)要约撤销

要约撤销,是指要约人在要约生效之后,受要约人作出承诺之前,宣布取消该项要约,使该要约的效力归于消灭的行为。要约撤销与要约撤回不同。

由于要约的撤销发生在要约生效之后，受要约人可能已经作出承诺和履行的准备，要约人撤销要约有可能损害受要约人的利益和交易安全。

各国和地区立法对于要约撤销持有截然不同的立场。大陆法系国家一般否认要约具有撤销的效力。英美合同法认为，要约既可以随时撤回，也可以随时撤销。绝对禁止撤销要约，虽然有利于保护受要约人的利益和交易安全，但也存在不足。由于各种自然情势和经济情势的变化越来越快，如果不允许要约人适时地根据情势改变决定撤销要约，可能会给要约人造成不必要的损失和浪费。允许要约人撤销要约，使其能够根据市场情况的变化，灵活地从事交易活动，对于促进经济发展更为有利。因此，我国《民法典》规定要约可以撤销。

行使要约撤销权应当注意把握要约撤销的时间界限。撤销要约应当发生在要约生效之后。发生在受要约人收到要约之前或者收到要约的同时的通知，应当视为要约的撤回，这样能够更好地保护要约人的利益，也不会损害受要约人的利益和交易安全。

《民法典》第 476 条在规定要约可以撤销的同时，也规定了限制条件。要约在下列两种情形中不得撤销：

1. 要约人以确定承诺期限或者其他形式明示要约不可撤销。要约人在要约中确定了承诺期限的，意味着要约人向受要约人允诺在承诺期限内，要约是可以信赖的。如果在此时允许要约人撤销要约，可能会给受要约人的利益造成损失，并危及交易安全。因此，要约人确定了承诺期限的要约不可撤销。〔7〕

以其他形式表明要约不可撤销，要约人不得撤销要约的原因与要约中确定了承诺期限的情况是相同的，如标明“保证现货供应”“随到随买”等字样的，是不得撤销的要约。

2. 受要约人有理由认为要约是不可撤销的，并且已经为履行合同做了合理准备工作。这种情况包含三个要点：(1)在要约中没有承诺期限，也没有通过其他形式表明要约是不可撤销的。(2)受要约人有理由认为要约是不可撤销的。例如，要约使用的言辞足以使受要约人相信，在合理的时间内，受要约人可以随时承诺而成立合同，即要约人在合理的时间内不会撤销要约。(3)受要约人在发出承诺的通知之前，已经为履行合同做了合理的准备工作。

五、要约失效

要约在一定的条件下会丧失其法律拘束力，要约人不再受要约的约束，受要约人也不再有承诺的资格，其“承诺”不具有承诺的效力，合同不能因该“承诺”而成立，而是成立新要约。《民法典》第 478 条规定了要约失效的四种事由：

1. 要约被拒绝。受要约人直接向要约人明确表示拒绝，拒绝的通知到达要约人时，要约失效。这种要约失效事由的要点是：拒绝要约的通知应当由受要约人发出；拒绝要约通知的内容是对要约内容的否定。拒绝要约通知，对以语言对话形式作出的要约以语言形式进行；对以非语言对话形式作出的要约，受要约人可自由为之。拒绝要约的通知于到达要约人时发生法律效力。

---

〔7〕 参见我国原《合同法》第 18 条规定。

2. 要约被依法撤销。要约人依照法律的规定撤销要约,发生要约失效的法律效力。要约人撤销要约后收到受要约人拒绝要约的通知,可以以此为依据,免除要约人撤销要约的法律责任。

3. 承诺期限届满,受要约人未作出承诺。凡是在要约中明确约定了要约期限的,承诺必须在该期限内作出。超过承诺期限,受要约人未作出承诺的,要约自然失效。

4. 受要约人对要约的内容作出实质性变更。承诺是对要约内容的全部接受,凡是对要约的内容进行实质性变更的,都认为是新要约,受要约人实际上就变成了要约人,原要约人成为受要约人。在这种情况下,原要约人发出的要约失效。

要约失效的法律后果,视为要约人没有发出要约。

|引例分析|

要约、承诺方式是合同成立的基本方式。要约是合同订立的第一个阶段,要约符合法律规定的构成要件,即发生法律效力,受要约人取得承诺权,要约人受要约效力的约束,受要约人一旦承诺,合同即依法成立。

在本案中,原告向被告发出询价函,是要约邀请,并不是正式的要约。经过被告回复,原告向被告发出签过字的合同文本,才是正式要约。其合同条款具体、确定,原告应当受到自己发出要约的法律效力的约束。在被告确认该合同条款并签字后,作出了正式承诺,该合同即时成立并生效。在这里,原告的要约没有任何问题,具备要约的构成要件,发生法律效力。在被告予以承诺,合同成立并且履行完毕之后,原告认为要约的价款计算方法有误,要求变更合同,理由不成立。

我国确认要约生效采用到达主义,因为要约是希望和他人订立合同的意思表示,要约不仅约束受要约人,也约束要约人。要约一经生效,即对要约人发生拘束力,要约人不得撤销或者对要约加以限制、变更或者扩张。本案原告在合同履行完毕后,提出变更合同的价款条款,主张被告退还已经支付的部分费用,不符合法律规定,法院判决驳回其诉讼请求,符合法律规定。

第三节 承　　诺

|引　例|

被告张某某是原告潘某某的姐夫。2005 年 3 月,被告根据房改政策,购买了某服装公司开发的虎踞北路房屋的房改产权。2006 年 2 月 27 日,原告代被告向服装公司支付了涉案房屋的购房款 10 万元,2010 年 9 月 1 日又代被告支付了 37 750 元,共计 137 750 元,服装公司出具两份收据。在 37 750 元的收据中,服装公司注明:“房款应交 72 320 元,应收 904.37 元,应退 21 774 元;公积金 13 700 元;实交 37 750.37 元。”服装公司将涉案房屋交付被告后,被告交由原告及原告父母共同居住,原告出资进行了装修,原告父母支付了有关水、电、气、物业等费用。被告居住在其岳母即原告母亲薛某如的房屋中。因对虎踞北路房屋买卖协议及归属发生争议，原告向法院起诉，请求确认原、被告就涉案房屋存在买卖合同关系，并确认该合同合法有效。理由和事实是，2010 年 9 月被告以口头协议形式将涉案房屋卖给原告，原告共支付 137 750 元用于购买该房屋，该房屋已交付原告，原告装修后居住至今。

被告辩称，自己是服装公司职工，2003 年参加单位房改，取得虎踞北路 84 幢 7 - ×室房屋所有权，2010 年单位施行售后退换购房政策，被告将上述房屋退还给单位，换购了涉案房屋，因被告的岳父母房屋面积较小，房屋比较老，原告离异带着独女在外居住，为了照顾老人并改善家庭住房环境，被告岳父母与被告协商，由被告将涉案房屋换购后给被告岳父母居住，换购所需费用由原告承担，因此形成了现在的居住状况，现涉案房屋是由被告岳父母和原告共同居住，涉案房屋水、电、物业等日常费用由被告岳父母承担。但是被告没有和原告就涉案房屋买卖达成口头协议，请求法院驳回原告的诉讼请求。

审理中，被告称当时同意房屋产权登记在岳父母及原告名下，且被告同意放弃继承岳父母该房屋遗产，但原告对此不同意，故双方未能协商一致，并申请岳父母出庭作证。原告的父亲潘某双、母亲薛某如出庭作证时陈述，原告是小女儿，被告是大女婿，买涉案房屋是家庭成员五人共同商量的，大女婿排队后可以购买涉案房屋，便用大女婿的名字购买房屋，用大女儿、大女婿的虎踞北路房屋与薛某如的房屋互换；在取得涉案房屋后，产权应登记在薛某茹夫妻及原告共三人名下；大女儿、大女婿现在也同意在薛某茹去世后房屋归小女儿所有；如果原告主张只过户至原告一人名下，现在不同意；当时有矛盾所以没有签协议等。

法院审理认为，原、被告之间未形成涉案房屋的买卖合同法律关系，理由是：(1)原、被告未签订书面的房屋买卖合同，而对于原告主张的口头协议，被告并不认可，故原告应对认定合同有效成立所必备的要约、承诺事实承担证明责任。(2)涉案房屋和虎踞北路房屋均是被告依据有关房改政策购买的福利性质的房屋，原告对此不享有相关权利，被告提供的证人是原告的父母即被告的岳父母，陈述的内容是涉案房屋将来应登记在原告和证人夫妇共计三人名下，符合老年人保护自己住房权利的现实状况，法院对此予以采信。(3)原告主张其要约是单独购买被告的涉案房屋，被告对此承诺同意。但原告提供的录音资料等证据，并不能证明被告对此没有任何异议，被告在交涉过程中也提出合同履行等异议，被告在庭审中对此不予认可，故法院对原告的主张不予采信。(4)被告表示其同意原告购买房屋的条件是涉案房屋的产权应登记在原告的父母和原告三人名下，以保护老年人的合法权益，由于该内容是对于合同主体、履行内容等条款的实质性变更，故如果该主张属实，则应认定原告的要约失效。而被告庭审中提供的证人证言等证据可以印证被告提出的该抗辩事实，因此，法院认定被告对原告的承诺提出了实质性变更，故原告的要约失效。综合上述分析，虽然原告代被告实际支付了有关购房款，但双方对于合同主体、履行内容等不能达成一致协议，不应认定双方的房屋买卖合同关系成立。故驳回原告潘某某的诉讼请求。

| 法律问题 |

1. 承诺及其构成要件
2. 承诺方式
3. 承诺期限
4. 承诺的变更和撤回
5. 逾期承诺和承诺迟到
6. 承诺的效力

一、承诺的概念及其条件

(一)承诺的概念

按照《民法典》第479条的规定,承诺是受要约人同意要约的意思表示。换言之,承诺是指受要约人同意接受要约的条件以缔结合同的意思表示,以接受要约的全部条件为内容,其目的在于同意与要约人订立合同。承诺是合同订立的最后一步,一经承诺,要约人即受到要约中建议的合同内容的约束,承诺必须建立在要约内容的基础上。[8]

(二)承诺的构成要件

1. 承诺须由受要约人或其代理人向要约人作出。承诺是受要约人的权利。受要约人一旦承诺,合同就成立,要约人不得否认。受要约人如果是若干个,该若干个受要约人都有资格向要约人承诺。受要约人以外的第三人向要约人发出"承诺"的,不发生承诺的法律效力,其发出的为要约。

2. 承诺是受要约人同意要约的意思表示。承诺是受要约人的意思表示,应当满足一切意思表示的要件。同意要约,是指承诺须以接受要约的全部条件为内容,是无条件的承诺,对要约的内容既不得限制,也不得扩张,更不能变更。任何对要约进行限制、扩张、变更的意思表示,都是新要约。

3. 承诺必须在规定的期限内到达要约人。承诺必须到达要约人才能生效,到达也必须在规定的期限内。只有在规定的期限内到达的承诺,才是有效的承诺。因此,承诺必须遵守承诺期间,没有规定承诺期间的,按照我国《民法典》第481条的规定确定。

4. 承诺的方式必须符合要约的要求。《民法典》第480条规定,承诺应当以通知的方式作出。至于通知的方式,应当根据要约的要求确定。如果要约规定承诺必须以一定的方式作出否则承诺无效,承诺人作出承诺时必须符合要约人规定的承诺方式。在此情况下,承诺的方式构成承诺生效的必要条件。

二、承诺的方式

承诺的方式,是指要约人通过何种形式将承诺的意思送达要约人。承诺应当以明确的方式作出,缄默或者不行为不视为承诺。

---

[8] [美]E. 艾伦·范斯沃思:《美国合同法》,葛云松、丁春艳译,中国政法大学出版社2004年版,第142页。

《民法典》第 480 条规定，承诺的法定方式是通知。通知方式又称为积极的承诺方式，是指受要约人以明示的方式，包括语言对话，信件，数据电文如电报、电传、传真、电子数据交换和电子邮件等，可以明确无误地表达承诺意思表示内容的形式。

法律也不禁止采用其他根据交易习惯或者要约表明可以通过行为的形式作出承诺。受要约人采取哪一种方式，可以依据自己的意愿选择。选择通知以外的行为的方式承诺，有以下两种情况：

1. 依据交易习惯某种合同可以用行为的方式承诺。这种承诺方式称为意思实现，是指依习惯、事件性质或要约人为要约时预先声明，承诺无须通知，在相当时期内有可认为承诺的事实时，合同便成立的情形。例如，在房屋租赁合同中，租赁期限届满，承租人继续缴纳租金，出租人收取租金的，就视为其接受了续租的要约，作出了续租的承诺。

2. 要约人在要约中选择以行为作为承诺方式。要约人在要约中限定采取行为方式承诺的，这种限定只要没有违背法律和公序良俗，就对受要约人产生拘束力，要约人原则上应当依照要约人限定的方式承诺。例如，要约人在要约中明确表明，"同意上述条件，即可在某期限内发货"，表明要约人同意受要约人以发货行为作为承诺的意思表示。

沉默不是承诺。〔9〕 缄默或者不行为不能作为承诺的方式，以缄默或者不行为回应要约的，视为承诺不成立，而不是承诺无效。因为在一般情况下，要约人不得要求受要约人以缄默或者不行为作为承诺方式。要约人没有权利为受要约人设定义务。缄默或者不行为，是指受要约人没有作出任何意思表示，不能从受要约人的缄默或者不行为中确定其是否具有承诺的意思表示。

三、承诺期限

（一）约定承诺期限或者约定要约效力期间

承诺期限是受要约人资格的存续期限，在该期限内，受要约人具有承诺资格，可以向要约人发出具有拘束力的承诺。

承诺资格是要约人依法赋予受要约人的有期限的权利，承诺原则上应当在确定的期限内发出才具有法律效力。承诺期限的确定通过以下方式进行：

1. 约定承诺期限。要约人在要约中明确规定承诺期限的，受要约人应当按照要约的承诺期限承诺，否则为无效承诺。

约定承诺期限有两种方法：(1) 承诺期限可以规定为一个明确的时间界限，在这个界限之前承诺的，均为有效的承诺。(2) 承诺期限还可以规定为自收到要约之日起的一段时间之内。

2. 约定要约效力期间。要约人在要约中没有规定承诺期限，而是规定了要约的效力期间，该效力期间对受要约人有约束力。例如，要约规定"本要约有效期间为 2021 年 9 月 1 日到 15 日"，受要约人应当在这个期限之内承诺。

《民法典》第 481 条规定，承诺应当在要约确定的期限内"到达"要约人。按照当事人意思自治原则的要求，除非要约人明确地在要约中表示，要约所确定的时间是受要约人发出

---

〔9〕［俄］E. A. 苏哈诺夫主编：《俄罗斯民法》（第 3 册），丛凤玲译，中国政法大学出版社 2011 年版，第 872 页。

承诺的时间限制,而不是承诺到达要约人的时间限制,否则,应当认为要约所确定的期限是承诺到达要约人的时间限制。

(二)没有约定承诺期限

要约没有确定承诺期限的,承诺应当依照下列规定确定承诺的到达。

以对话形式作出的要约,有的要求受要约人即时对要约作出答复,有的允许要约人和受要约人另外约定承诺时间。

以非对话方式作出的要约,承诺应当在合理期限内到达要约人。确定合理期限应当考虑的因素有:(1)根据要约措辞的缓急。如要约中虽然没有规定承诺期限,但表明“速回信”“见函即复”等措辞的,表明该合理期限较短。(2)根据要约的内容。如要约表明买卖鲜活水产品,则意味着承诺期限不可能太长。要约表明“常年供货”,即表示承诺并非紧迫。(3)根据某种特定行业的习惯做法。(4)根据一个理智、善良、业务水平中等的交易人的正常考虑、准备时间。(5)根据合理的在途时间。

因确定合理期限发生的纠纷,应当按照以下办法处理:(1)受要约人在收到正常到达的要约后,已经以最迅速的方式,毫不迟延地作出承诺的,要约人不得以超过合理期限为由拒绝。(2)受要约人收到没有按照正常速度到达的要约,计算合理期限时,应当以要约人发出要约的时间或者要约上载明的时间为准。(3)合理期限难以确定,又无法达成一致意见的,要约人认为承诺超过合理期限时,应当在收到承诺后,毫不迟延地以不慢于承诺方式的迅捷方式告知受要约人,否则应当认为该承诺是在合理期限内作出,具有法律效力。

(三)以信件、电报作出的要约的承诺期限

《民法典》第482条规定:“要约以信件或者电报作出的,承诺期限自信件载明的日期或者电报交发之日开始计算。信件未载明日期的,自投寄该信件的邮戳日期开始计算。要约以电话、传真、电子邮件等快速通讯方式作出的,承诺期限自要约到达受要约人时开始计算。”其规则是:

1. 信件要约的承诺期限

以信件方式作出的要约,承诺期限应当以信件载明的日期开始计算承诺期限。如果信件没有载明日期,则应当自投寄信件的邮戳日期开始计算。信件载明的日期,是指发信人在书写载有要约内容的信件时所签署的日期,是信封内的内容。

2. 电报要约的承诺期限

以电报方式作出的要约,承诺期限应当自电报交发之日开始计算。按照到达主义的规则,要约应当自到达受要约人时生效,受要约人取得承诺资格,开始计算承诺期限。电报的交发之日,是指发报机关在发报纸上记载的日期。

3. 电话、传真或者电子邮件等快速通讯方式要约的承诺期限

以电话、传真或者电子邮件等快速通讯方式作出的要约,由于使用的是迅捷、快速的通讯方式,承诺期限从要约到达受要约人的时间开始计算。

四、承诺的变更和撤回

（一）承诺的变更

1. 承诺变更的一般规则

承诺变更，是受要约人在向要约人发出承诺的内容中，对要约的内容进行了适当的改变，与要约的内容有所不同。

承诺是对要约的无条件认可，所以承诺的内容应当与要约的内容一致。承诺后成立合同，须以要约文本的内容为准。不过，我国《民法典》第488、489条认为，将承诺的要求规定得过死，不利于促进交易发展，因此，采用了新的办法，就是区分承诺的实质性变更和非实质性变更：凡是对要约的内容进行了实质性变更的，就按照传统民法的主张，一律作为新的要约处理；如果对要约不是作实质性的变更，只是作了非实质性的变更，就不应当认为是新的要约，而是认定为有效的承诺。

2. 承诺对要约内容进行实质性变更

《民法典》第488条规定，受要约人对要约的内容作出实质性变更的，为新要约，在学理上称为反要约。在实践中，下列几种对要约内容的变更为反要约，即新要约：（1）合同的标的；（2）数量、质量；（3）价款或者报酬；（4）履行期限；（5）履行地点和方式；（6）违约责任；（7）解决争议方法。

3. 承诺对要约内容的非实质性变更

承诺对要约的内容作非实质性变更的，为有效承诺。《民法典》第489条规定："承诺对要约的内容作出非实质性变更的，除要约人及时表示反对或者要约表明承诺不得对要约的内容作出任何变更外，该承诺有效，合同的内容以承诺的内容为准。"

对非实质性变更的内容，《民法典》没有明确规定，根据第488条对实质性变更内容的界定，可以合理推知，凡是不属于实质性变更的，就认为是非实质性变更。如果承诺对要约的实质性条款只作轻微的变更，确认其为非实质性变更将有利于促进交易、节约交易费用，因此将这种情况作为非实质性变更为好。

对要约的非实质性变更在下列情况下无效：

（1）要约人在要约中明确表示，承诺不得对要约的内容作出任何变更的，承诺对要约内容的非实质性变更，为反要约即新要约。

（2）变更了要约内容的承诺到达要约人后，要约人及时对承诺人表示反对的，该"承诺"不发生承诺的效力。

（二）承诺的撤回

承诺的撤回，是指在发出承诺之后、承诺生效之前，宣告收回发出的承诺，取消其效力的行为。《民法典》第485条规定了承诺的撤回，适用第141条的规定。

承诺撤回权的行使，有严格的时间限制，这就是撤回承诺的通知应当在承诺到达要约人之前或者同时到达要约人。

按照这样的规则，以语言对话方式作出的承诺无法撤回。由他人转达的语言承诺，由于转达需要时间，在这样的时间过程中，可以按照承诺撤回权行使的时间限制，予以撤回。

采用电子数据形式作出的承诺,因其本身的性质也难以撤回,受要约人一旦发出承诺,该承诺会立即进入要约人的计算机系统,发出和收到之间的时间间隔几乎可以忽略不计,受要约人的承诺撤回是无法先于或同时与承诺到达要约人的。对非直接对话方式作出的承诺和非电子数据传递方式作出的承诺,则可以行使撤回权。对以行为作为承诺方式的承诺撤回,参照《民法典》第480条规定的承诺方式,也可以行为的方式进行。为了使后发出的承诺撤回通知早于承诺的通知,或者与承诺的通知同时到达要约人,承诺人应当采取比承诺更迅捷的送达方式。

承诺的撤回符合撤回权行使期限规定的,发生承诺撤回的效力,视为没有发出承诺,因而合同没有成立。承诺撤回的通知迟于承诺到达受承诺人的,不发生承诺撤回的效力,承诺仍然有效。

五、承诺生效

(一)承诺生效时间

承诺生效时间,是指承诺何时发生法律拘束力。《民法典》第484条规定:"以通知方式作出的承诺,生效的时间适用本法第一百三十七条的规定。承诺不需要通知的,根据交易习惯或者要约的要求作出承诺的行为时生效。"

承诺生效时间的意义是:(1)由于承诺的时间就是合同成立的时间,因而承诺在什么时间生效,直接决定了合同在什么时间成立。(2)由于合同的成立时间和生效时间的一致性,因而承诺生效之时又是合同生效之时,是当事人享有合同权利、承担合同义务的开始。(3)合同的生效时间涉及诉讼时效、履行期限利益等问题。(4)合同的成立涉及合同签订地,以及法院管辖权、准据法的确定和适用等问题。

(二)确定承诺生效时间的规则

《民法典》采纳收信主义确定承诺生效的时间,在具体确定承诺生效时间时应当遵守以下规则:

1. 承诺需要通知的,以承诺的通知到达要约人的时间为承诺生效时间。承诺的通知到达要约人,是指承诺信息的载体到达要约人实际支配的范围。例如,信件已经投入要约人的信箱为承诺到达时间。以对话语言形式作出的承诺,一般是即刻到达,立即生效。需要他人转达的承诺,应当以信件形式处理。

2. 采用数据电文形式订立合同的,承诺到达的时间适用《民法典》第137条第2款的规定。要约人指定特定系统接收数据电文的,该数据电文进入该特定系统时生效;未指定特定系统的,要约人知道或者应当知道该数据电文进入要约人的系统时生效。当事人对采用数据电文形式的意思表示的生效时间另有约定的,按照其约定。

3. 承诺不需要通知的,根据交易习惯或者要约的要求作出承诺的行为时生效。考察承诺生效的时间,应当以根据交易习惯或者要约的要求作出承诺的行为时为准。

六、逾期承诺和承诺迟到

（一）逾期承诺

逾期承诺，是指受要约人在要约人限定的承诺期限之后，向要约人发出的承诺。《民法典》第486条规定的是逾期承诺的规则。

逾期承诺的特点是：（1）逾期承诺须是受要约人向要约人发出的完全接受要约的意思表示。（2）逾期承诺须是在承诺期限届满后发出的。

逾期承诺的效力如下：

1. 逾期承诺不发生承诺的法律效力。在承诺期限届满之后，受要约人不再有承诺的资格。逾期承诺的性质不是严格意义的承诺，对要约人不再有承诺的约束力。

2. 逾期承诺是一项新要约。逾期承诺毕竟还是对要约人的要约内容作出了响应，因此应当视为新要约。该新要约是以原来的要约和逾期承诺的内容为内容，对方可以在合理的时间内给予承诺。

3. 在要约人及时认可的情况下逾期承诺具有承诺的法律效力。逾期承诺到达要约人，要约人认为该逾期承诺可以接受的，应当按照当事人的意志，承认承诺的效力，合同成立。法律的要求是，受领逾期承诺的要约人须对逾期的承诺及时认可。

（二）承诺迟到

1. 承诺迟到的概念

承诺迟到，是指承诺人在承诺期限内发出承诺，但是承诺到达要约人时已经超出了承诺期限。承诺迟到和逾期承诺不同，在逾期承诺中，受要约人发出承诺的时间即已超出承诺期限。承诺迟到和承诺逾期到达也不同，承诺逾期到达包括逾期承诺和承诺迟到两种情况。《民法典》第487条规定了承诺迟到的规则。

2. 承诺迟到的种类

承诺迟到，分为非因受要约人原因的承诺迟到和因受要约人原因的承诺迟到。

（1）非因受要约人原因的承诺迟到。非因受要约人原因的承诺迟到，是受要约人在承诺期限内发出承诺，按照通常情形能够及时到达要约人，但由于其他原因导致承诺到达要约人时超过承诺期限的情形。这种承诺迟到须具备以下要件：一是受要约人须在承诺期限内发出承诺。二是承诺到达要约人时超过了承诺期限。三是承诺超过承诺期限到达要约人不是由于受要约人的原因。

非因受要约人原因迟到的承诺的法律效力是，原则上该承诺发生承诺的法律效力，但要约人及时通知因承诺超过期限不接受承诺的，不发生承诺的效力。

（2）因受要约人原因的承诺迟到。因受要约人原因的承诺迟到，是受要约人虽然在承诺期限内发出承诺，但是，按照通常情形，该承诺无法按时到达要约人，从而使承诺到达要约人时超过承诺期限。这种情况在本质上与逾期承诺是一样的，受要约人对其发出承诺的时间和要约人收到承诺的时间都有过失，因此，应当参照《民法典》第486条的规定处理。

七、承诺的效力

(一)合同成立的标志

承诺生效,就意味着受要约人完全接受要约的意思表示,订约过程结束,要约、承诺的内容对要约人和受要约人产生法律拘束力。承诺生效时,合同即告成立,合同成立是承诺生效的直接结果。《民法典》第483条规定:“承诺生效时合同成立,但是法律另有规定或者当事人另有约定的除外。”

当事人对合同是否成立存在争议时,如果能够确定当事人名称或者姓名、标的和数量,一般应当认定合同成立。但是,法律另有规定或者当事人另有约定的,应当按照法律规定或者当事人的约定,确定合同是否成立。如果合同欠缺的上述规定以外的其他内容,当事人达不成协议的,人民法院依照《民法典》有关合同内容确定和合同内容解释的规定予以确定。

(二)合同成立的时间

合同成立的时间,是双方当事人的磋商过程结束,达成共同意思表示的时间界限。在要求签订合同书或者确认书的情况下,当事人的协议只能是合同磋商的初步结果,合同还没有成立,《民法典》第490条规定:“当事人采用合同书形式订立合同的,自当事人均签名、盖章或者按指印时合同成立。在签名、盖章或者按指印之前,当事人一方已经履行主要义务,对方接受时,该合同成立。法律,行政法规规定或者当事人约定合同应当采用书面形式订立,当事人未采用书面形式但是一方已经履行主要义务,对方接受时,该合同成立。”第491条规定:“当事人采用信件、数据电文等形式订立合同要求签订确认书的,签订确认书时合同成立。当事人一方通过互联网等信息网络发布的商品或者服务信息符合要约条件的,对方选择该商品或者服务并提交订单成功时合同成立,但是当事人另有约定的除外。”

以合同书或者确认书订立合同,在当事人签名、盖章或者按指印后才能发生法律效力。签名、盖章或者按指印,就是订约人最终对合同书或者确认书的承认,是自愿接受其约束的意思表示。所以,当事人签名、盖章或者按指印的时间,就是合同成立的时间。当事人签名、盖章或者按指印不在同一时间的,应当以最后一方签名、盖章或者按指印的时间作为合同成立的时间。

对一方或者双方当事人是否同时需要既签名,又盖章,还按指印,应当准确理解。“签名、盖章或者按指印”的表述是指签名、盖章或者按指印三种形式只要具备其中一种,就表明合同当事人确认了合同。

对以下几个问题应当统一认识:

1. 合同书或者确认书上只有签名、盖章或者按指印的,签名、盖章或者按指印具有同等法律效力,不必要求当事人在合同上既要签名,又要盖章,还要按指印。

2. 一方当事人的签名、盖章或者按指印不在同一时间的,应当以在前的行为为准,除非当事人另有约定。

3. 只有法人或者非法人组织的公章,没有法定代表人或者负责人的个人签名、盖章、按指印,或者相反,只有法定代表人或者负责人的签名、盖章、按指印,没有法人或者非法人组织的盖章,都应当认定为该方当事人已经确认合同的效力。

4. 法人或者非法人组织,以及它们的法定代表人或者负责人的签名、盖章、按指印不在同一时间的,除非当事人另有特别约定,合同均告成立,成立时间应当以首先签名、盖章或者按指印的完成时间为准。

5. 法人或者非法人组织作为合同当事人,各自出具的合同文书有对方的签名、盖章或者按指印,而没有自己的签名、盖章、按指印的,应当认为合同已经成立。

6. 在合同无效的纠纷中,否认合同效力的一方已经签名、盖章或者按指印,而主张合同效力的一方没有签名、盖章或者按指印的,应当认为合同已经成立。

(三)合同成立的地点

合同成立的地点,是指当事人经过对合同内容的磋商,最终意思表示一致的地点。最终意思表示一致,以承诺的生效为标志。《民法典》第 492、493 条规定的是合同成立地点的规则。

确定合同生效地点的一般原则,是以承诺生效的地点为合同成立的地点。具体的规则如下:

1. 采用直接对话方式的,承诺可以立即到达要约人,立即生效,所以双方当事人直接对话的地点就是合同成立的地点。

2. 承诺需要通知要约人的,承诺到达要约人时生效,通知上署明的到达地点应当为承诺生效的地点,也就是合同成立的地点。

3. 采用数据电文形式订立合同的,以收件人的主营业地为合同成立的地点;没有主营业地的,其住所地为合同成立的地点。当事人另有约定的,按照其约定。

4. 根据交易习惯或者要约的要求,以行为作为承诺方式的,应当以该承诺行为生效的地点为合同成立的地点。

5. 当事人采用合同书形式订立合同的,应当按照《民法典》第 493 条关于"当事人采用合同书形式订立合同的,最后签名、盖章或者按指印的地点为合同成立的地点"的规定执行,在签订合同书或者确认书之前,当事人之间达成的协议没有承诺的法律效力,合同没有成立。只有最后在合同文本或者确认文本上签名、盖章或者按指印时,才是对所有内容的确认。

6. 在实践中,通常采用合同签订地作为合同的成立地点。采用书面形式订立合同,合同约定的签订地与实际签名、盖章或者按指印的地点不符的,应当认定约定的签订地为合同签订地;合同没有约定签订地,双方当事人签名、盖章或者不在同一地点的,应当认定最后签名、盖章或者按指印的地点为合同签订地。

(四)合同的实际成立

要式合同必须履行特定的形式才能成立。在实际生活中,当事人虽然没有履行特定的形式,但是,已经实际履行了合同的,则可以从当事人实际履行合同义务的行为中推定当事人已经形成了合意和合同关系。《民法典》第 490 条第 2 款规定:"法律、行政法规规定或者当事人约定合同应当采用书面形式订立,当事人未采用书面形式但是一方已经履行主要义务，对方接受时，该合同成立。”

八、交叉要约和依据国家下达任务订立合同

（一）交叉要约

交叉要约，是指缔约当事人采取非直接对话的方式，相互不约而同地向对方发出了内容相同的要约。例如，甲销售房屋一栋，经过与乙磋商，于某日双方同时相互发出函件，均确定以100万元成交，而在此前双方均未提到这个价格。这样，双方有缔约的相同意愿，属于典型的交叉要约。

交叉要约的要求是当事人的意思表示完全一致，且意思表示已经到达对方，根据鼓励交易的原则，应当认定为以要约、承诺以外的其他方式订立的合同。

（二）依据国家下达任务订立合同

《民法典》第494条规定，国家根据抢险救灾、疫情防控或者其他需要下达国家订货任务、指令性任务的，有关民事主体之间应当依照有关法律、行政法规规定的权利和义务订立合同。依照法律、行政法规的规定负有发出要约义务的当事人，应当及时发出合理的要约。依照法律、行政法规的规定负有作出承诺义务的当事人，不得拒绝对方合理的订立合同要求。

为了维护国家经济和市场的稳定，保证国防军工、重点建设以及国家战略储备等需要，国家必须掌握一些重要物资，以国家订货方式逐步取代重要物资分配的指令性计划管理。国家根据抢险救灾、疫情防控等需要，也可能下达订货任务或者指令性任务。所以，国家根据抢险救灾、疫情防控或者保证国防军工、重点建设以及国家战略储备等需要下达国家订货任务、指令性任务的，有关的民事主体必须给予保障，不得以合同自由原则为借口，不落实国家下达的订货任务、指令性任务。

上述关于国家订货任务和指令性任务，民事主体负有的强制缔约义务包括两个方面：（1）依照法律、行政法规的规定，负有发出要约义务的当事人应当及时发出合理的要约。（2）依照法律、行政法规的规定，负有作出承诺义务的当事人也负有强制缔约的义务，不得拒绝对方合理的订立合同的要求。

| 引例分析 |

本案对掌握合同缔结中的承诺规则具有典型意义。

本案的争议焦点是原、被告之间是否成立涉案房屋的买卖合同。合同成立应该经过要约、承诺的过程，受要约人承诺的内容应当与要约人发出的要约内容完全一致，如果受要约人对要约的内容作出实质性变更，如有关合同标的、数量、质量、价款或者报酬、履行期限、履行地点和方式、违约责任和解决争议方法等，都是对要约内容的实质性变更，除非要约人同意承诺人对要约的变更，否则双方不能成立合同。本案原告主张，其购买被告的房改房，其父母没有作为购买人。被告主张，其同意原告购买房屋的条件，是涉案房屋的产权应登记在原告的父母和原告三人名下。尽管双方争执的合同是口头合同，但是

对上述内容各自描述得比较清楚、确定，且有原告父母即被告岳父母出庭作证，是可以认定的事实。据此可以看到，对原告的要约，被告并非予以承诺，因为受要约人的意思表示与原告的要约内容不完全一致，发生了实质性的变更，属于新要约，而不是承诺。原告的要约失效，对于被告的新要约，原告没有承诺，因而双方的买卖合同并未成立。故法院判决驳回原告的诉讼请求是完全正确的。

第四节　特殊缔约方式与悬赏广告

引　例

2015 年 9 月，原告古丽尼某汗购买了被告房地产开发公司开发的江南商贸城的两套商品房。2015 年 11 月 24 日，被告印发《关于江南商贸城“感恩回馈老业主”活动实施细则》，载明“时间范围：2015 年 11 月 28 日至 2015 年 12 月 31 日；参与条件：必须是江南商贸城业主；奖励标准：老业主如再次购买或老业主推荐亲戚朋友，在活动期间购买江南商贸城商铺，老业主可以新购买商铺面积 ×300 元/平方米为标准，获得之前购买商铺隔层补助现金奖励”等内容。2015 年 11 月 27 日，被告印发《关于江南商贸城“感恩回馈老业主”活动政策》，载明“老客户带新客户购买商铺回款达到 5 万元，同时，A 区一层、二层成交价不低于原总价的 4.2 折，B 区一层、二层，C 区一层、二层成交价不低于原总价 5.6 折至 30 000 元，给予老客户每平方米 300 元奖励；如低于上述成交价，则给予老客户每套商铺 3 800 元奖励”的内容。回馈活动资格界定：(1)老客户必须亲自陪同；(2)新客户为首次上门看房(如之前有过来访并距上次来访时间未超过 7 天，则不符合此政策)；(3)填写《感恩回馈老业主》表格；(4)新客户在介绍后缴纳 5 万元以上/间的定金。

2015 年 12 月 22 日，经原告介绍，亚某某在江南商贸城购买两套商铺，每套面积 62.14 平方米，每套商铺原总价 647 250.20 元，成交价 254 774 元。原告介绍售出两套商铺后，被告公司未给予奖励，原告诉至法院，请求被告支付奖金 7 600 元。

法院审理认为，悬赏广告是悬赏人以公开方式声明对完成一定行为的人支付报酬的意思表示。本案被告以公开方式声明老业主如再次购买或老业主推荐亲戚朋友在活动期间购买江南商贸城商铺，可获得奖励。原告介绍他人购买被告的商铺，被告应当给予奖励，即 7 600 元。被告辩称，原告介绍的两套商铺，只有一套符合新客户的标准，却未提交证据予以证实，法院不予采信。故判决被告向原告支付奖金 7 600 元(3 800 元/套 ×2 套)。

法律问题

1. 竞争缔约
2. 强制缔约
3. 悬赏广告

一、特殊缔约方式

(一)竞争缔约

1. 竞争缔约的方式

通过竞争的方式进行缔约,以便使合同订立更公平、更有效的缔约方式,是竞争缔约。

(1)招标投标。招标投标,是由招标人向数人或者公众发出招标通知或者招标公告,在诸多投标中选择自己最为满意的投标人并与之订立合同的缔约方式。

(2)拍卖。拍卖,是指以公开竞价的方式,将特定的物品或者财产权利转让给竞买人的买卖方式。拍卖当事人包括拍卖人、委托人、竞买人和买受人。

拍卖有资质限制。设立拍卖企业,应当依照《拍卖法》第 12 条的规定,确定其是否具有拍卖资质。对于经营文物的拍卖企业,还应当符合该法第 13 条的规定。

2. 竞争缔约合同的成立时间

对竞争缔约成立的合同从何时成立,缺少具体规定,理解各不相同。《合同编通则解释》第 4 条分三种情况作了规定:

(1)采取招标方式订立合同,合同自中标通知书到达中标人时成立。合同成立后,当事人拒绝签订书面合同的,应当依据招标文件、投标文件和中标通知书等确定合同内容。

(2)采取现场拍卖、网络拍卖等公开竞价方式订立合同,合同自拍卖师落槌、电子交易系统确认成交时成立。合同成立后,当事人拒绝签订成交确认书的,应当依据拍卖公告、竞买人的报价等确定合同内容。

(3)产权交易所等机构主持拍卖、挂牌交易,其公布的拍卖公告、交易规则等文件公开确定了合同成立需要具备的条件,合同自该条件具备时成立。

(二)强制缔约

强制缔约,是指个人或者企业负有应对方请求与其订立合同的义务,非有正当理由不得拒绝的合同订立方式。强制缔约不以双方当事人的合意为要件,只要一方当事人提出缔结合同的请求,另一方当事人就负有法定的、与之缔结合同的义务。[10] 强制缔约仍然采取要约和承诺的程序,只是一方当事人负有必须承诺的义务。

适用强制缔约的范围是:邮政、电信、电业、天然气、自来水、铁路、公共汽车等公用事业单位,医院和医生,出租车司机等。

在强制缔约的情况下,缔约义务人对要约的沉默通常理解为默示承诺。缔约的内容有国家和行业标准的,依照该标准确定。没有标准的,按照合理的标准确定。缔约义务人无正当理由拒绝缔约,致对方损害的,应当承担损害赔偿责任。

二、悬赏广告

《民法典》第 499 条规定了悬赏广告:“悬赏人以公开方式声明对完成特定行为的人支付报酬的,完成该行为的人可以请求其支付。”

---

〔10〕 王利明:《合同法研究》(第 1 卷)(第 2 版),中国人民大学出版社 2011 年版,第 278 页。

（一）悬赏广告的概念和特征

悬赏广告，是指广告人以公开广告的形式允诺对完成指定行为给付一定报酬，行为人完成该种行为后有权获得该报酬的单方法律行为。

悬赏广告的特征是：(1)悬赏广告是要式行为，悬赏广告一经发出，即产生悬赏允诺的拘束力；(2)悬赏广告是有赏行为，即约定有报酬，对于完成悬赏行为的人，按照广告确定的数额给付酬金；(3)悬赏广告是向不特定的任何人发出，在悬赏行为完成之后，行为人确定；(4)悬赏广告的悬赏行为是合法行为。

（二）悬赏广告的性质

学界对悬赏广告的性质有不同看法，如契约说、单方法律行为说和折中说。《民法典》第 499 条没有明确规定悬赏广告的性质就是合同，本书认为悬赏广告的法律属性为单方允诺之债。理由是，将悬赏广告之债界定为合同之债存在较多弊病，不能很好地保护行为人的合法权益，在司法操作方面也比较复杂。而将悬赏广告界定为单方允诺之债，既符合该种民事法律行为的本质特点，又能够保护行为人的合法权益，且便于司法操作。[11]

（三）悬赏广告的效力

悬赏广告是单方允诺之债，因而其效力是债的效力，即在悬赏人和行为人之间发生债权债务关系，完成广告行为的人享有报酬请求权，广告人负有按照悬赏广告的约定支付报酬的债务。悬赏人不履行或者不适当履行支付报酬债务的，构成违反债的行为，应当承担违反债的责任。

| 引例分析 |

本案争议焦点是被告应否向原告支付悬赏广告许诺的酬金问题。

悬赏广告的性质尽管存在合同说和单方允诺说的不同认识，但是，悬赏广告发生债的效果是毫无疑问的。

被告承诺，老业主购买新商铺，或者老业主介绍新业主购买商铺，在符合一定的条件时，将兑现允诺，给予酬金，符合悬赏广告的法律特征，即悬赏广告是要式行为，悬赏广告一经发出，即产生悬赏允诺的拘束力；悬赏广告是有赏行为，对完成悬赏行为的人应当按照承诺的数额给付酬金；悬赏广告是向不特定的任何人发出，在悬赏行为完成之后，行为人确定；悬赏广告的悬赏行为是合法行为。因此，法院认定该争议是悬赏广告之债，是完全正确的。

本书认为，悬赏广告的性质是单方允诺，发生债的效力。被告作出上述允诺，是将悬赏广告人的意思表示予以外化，向不特定人发出悬赏要约，并声明对完成一定行为的人给予酬金的意思表示；在不特定的行为人中的特定人完成了悬赏广告指定的行为后，即

---

〔11〕 对于这个问题的说明，请参见杨立新：《悬赏广告的单方允诺之债属性之辨》，载《扬州大学学报（人文社会科学版）》2021 年第 2 期。

产生获得酬金的债权,悬赏人对完成指定行为的人负有给付报酬的债务。本案原告介绍他人购房后,就完成了悬赏广告人指定的行为,有权请求被告即悬赏广告人履行其允诺的支付约定酬金的义务。被告作为悬赏广告人,寻找借口,拒绝履行悬赏广告债务,没有法律依据。故法院判决支持原告的诉讼请求,被告应当支付酬金,是正确的。

第五节　合同条款

|引　例|

原告林某与被告徐某签订《股份转让协议》,内容为:被告同意受让原告在被告其投资管理有限公司的全部股份(20 万股);原告从其股份转让之日起,不再享有该公司转让部分的权利和义务,其在该公司转让部分的权利义务由徐某按受让股份承继。之后,因两被告未按约定办理变更股东的工商登记手续,原告向法院起诉,请求确认原告与徐某签订的《股份转让协议》有效,协议继续履行。被告徐某辩称,《股份转让协议》从内容上看,对标的、价格等无约定,从效果上看没有对价,不具备合同的必备条款,不是一个完整的合同,应当认定合同不成立。

法院审理认为,原告与徐某均系被告某投资管理有限公司的股东,二人签订的《股份转让协议》系双方真实意思表示,且该股权转让经过了该公司的股东会决议,亦未违反公司章程及法律法规的强制性规定,合法有效,双方当事人应当依照约定全面履行各自的合同义务。依照法律规定,合同条款的内容可由当事人约定,并无限制性或强制性规定,且涉案《股份转让协议》亦包含了上述内容,故被告徐某的抗辩意见于法无据,法院不予支持,判决支持原告的诉讼请求。

|法律问题|

1. 合同条款及其种类
2. 合同的主要条款及法律意义
3. 合同条款的主要内容

一、合同条款的概念和种类

(一)合同条款的概念

合同条款,是指合同内容的表现形式,是合同内容的载体。

合同是当事人合意的产物,合同的内容必然是当事人协商一致的结果。从这个意义上说,合同的条款是在不违背禁止性法律规范的情况下,由当事人自由决定,而不是由法律规定的合同内容的表现形式。《民法典》第 470 条列举了合同一般包括的条款:(1)当事人的姓名或者名称和住所;(2)标的;(3)数量;(4)质量;(5)价款或者报酬;(6)履行期限、地点和方式;(7)违约责任;(8)解决争议的办法。这些条款是在一般情况下合同应当具备的条款,不完全是必备条款。

（二）合同条款的种类

1. 必备条款和非必备条款

合同的必备条款,是指在合同中必须具备的条款,否则合同就不成立。合同是否成立,是否有效,并不完全取决于是否遵照该条款订立。属于上文规定的某些条款,合同中没有约定,可以由法律规定或者通过行业惯例等予以确定的,仍然可以认为合同成立、有效;相反,即使不属于上文规定的条款,但根据某种合同的特殊性质必需的条款,合同没有约定的,仍然可以认定该合同不成立。

合同的非必备条款,是指依据合同的性质在合同中不是必须具备的条款。即使合同不具备这些条款,也不影响合同的成立。这些条款如履行期限、质量条款等。

2. 主要条款和非主要条款

合同的主要条款,是指合同必须具备的最一般条款。欠缺主要条款,合同不能成立,合同主要条款决定合同的类型,确定当事人各方的权利义务的质和量。其意义在于,合同的主要条款具备,就可以认定合同已经成立,其他的条款可以在合同的履行过程中予以完善。

《民法典》没有规定合同主要条款,《合同编通则解释》第 3 条补充规定了合同主要条款,即当事人对合同是否成立存在争议,法院能够确定当事人姓名或者名称、标的和数量的,一般应当认定合同成立。但是,法律另有规定或者当事人另有约定的除外。其中列举的当事人姓名或者名称、标的和数量,就是合同主要条款。只要这三个合同主要条款达成合意,就能认定合同已经成立。对合同欠缺的其他内容,应当依据《民法典》第 510、511 条等规定予以确定。对于当事人主张合同无效或者请求撤销、解除合同等,法院认为合同不成立的,应当依据最高人民法院《关于民事诉讼证据的若干规定》第 53 条的规定,将合同是否成立作为焦点问题进行审理,并可以根据案件的具体情况重新指定举证期限。司法解释确认当事人名称或者姓名、标的和数量是合同的主要条款,弥补了《民法典》没有规定合同主要条款的不足。

在不同性质的合同中,主要条款有所不同,但都是上述条款的变化形式,在司法实践中应当注意掌握。

合同的非主要条款,是指合同的主要条款以外的其他条款。这些条款不能说不重要,但都是可以在主要条款达成合意后继续完善的合同内容。

3. 默示条款和特意待定条款

默示条款是指当事人未写入合同中,甚至没有协商过,但是,基于当事人的行为或基于合同明示条款或基于法律的规定,理应存在的条款。

特意待定条款,是指当事人有意将某些合同条款留待以后谈判商定,或者由第三人确定,或者根据具体情况加以确定。这些条款不妨碍合同的成立。

4. 免责条款

免责条款,是指当事人双方在合同中事先约定,旨在限制或免除其未来责任的条款。免责条款的特点是:(1)免责条款是一种合同条款,是合同的组成部分;(2)免责条款是事先约定的条款;(3)免责条款旨在免除或者限制当事人未来应负的责任。

根据条款所免除或者限制责任的性质不同,免责条款可以分为限制责任条款和免除责任条款;根据订立合同的方式不同,可以分为协商订立的免责条款和标准合同的免责条款;根据免责条款的性质不同,可以分为消费性的免责条款和商业性的免责条款。

免责条款的生效条件是:(1)免责条款不得违反法律、法规的强制性规定;(2)免责条款不得免除造成对方人身伤害的责任;(3)免责条款不得免除因故意或者重大过失造成对方财产损失的责任;(4)格式化的免责条款不得不合理地免除条款制作人的责任,加重对方的责任,排除对方的主要权利。

二、合同条款的主要内容

1. 当事人的名称或者姓名和住所。当事人的名称或者姓名和住所这一项条款,是有关合同主体的内容。在合同的一般内容中,首先应当写明合同的当事人。这一内容包括两项:

(1)当事人的姓名或名称。当事人应当使用法定的姓名和名称,法人和非法人组织的法定名称是其在市场监督管理机关或有关机关登记的名称,自然人的法定姓名是其户口簿或身份证上载明的姓名。

(2)当事人的住所。自然人以其户籍所在地的居住地为住所,经常居住地与住所不一致的,经常居住地即居所视为住所。法人和非法人组织以其主要办事机构为住所。合同载明住所的意义在于,决定债务履行地、诉讼管辖、涉外法律适用的准据法、法律文书送达的处所等。

当事人的住所,不是合同的主要条款。

2. 标的。标的,是合同的权利和义务所指向的对象。没有标的,合同的权利和义务就失去所指,合同也就不会存在,所以,合同的标的是所有合同的主要条款。

订立合同标的条款时,需要写明物品或服务的名称,注意不同地区、国家和方言对同一标的的不同称谓,以使合同的标的特定化,使合同的履行有明确、确定的目标。

3. 数量。数量,是度量标的的基本条件。没有约定数量或者约定不明确,合同将无法履行,所以数量条款是合同的必备条款。标的的数量应当确切,选择当事人共同接受的计量单位,确认当事人认可的计量方法,以单位个数、重量、面积、长度、容积、体积等确定。

没有数量的合同,不能认为已经成立。因此,数量条款是合同的主要条款。

4. 质量。质量,也是度量标的的条件,但是没有数量的内容重要,因而质量条款不是主要条款。合同没有约定质量标准,或者质量标准约定不明确的,根据《民法典》第510条和第511条规定的方法确定。

5. 价款和报酬。价款和报酬,是取得标的所必须支付的对价。价款一般针对取得物而言;报酬一般针对取得服务而言。无偿合同不存在价款和报酬条款。在有偿合同中,价款和报酬不是主要条款,可以按照一定的方法予以确定。

6. 履行期限、地点和方式。履行期限,是合同履行的时间规定。订立合同应当对履行期限明确约定。履行期限不是合同的必备条款,在没有约定履行期限的情况下,根据《民法典》第510条和第511条的规定予以确定。

履行地点,是确定合同义务履行的区域概念,不是合同的主要条款,合同没有约定履行地点时,按照《民法典》第510条和第511条的规定确定。

合同履行方式不是合同的主要条款,但是与当事人的利益关系很大,应当在合同中尽量予以明确,避免发生争议。

7. 违约责任。违约责任,是指当事人在违反合同约定的义务后所应当承担的合同法上的不利后果。它不是合同的主要条款,即使当事人没有约定,违约方也应当依据法律规定承担违约责任,但在有明确约定的情况下,会更有利于及时解决纠纷,保护当事人的利益。

8. 解决争议的方法。解决争议的方法,是指在将来合同发生纠纷应当诉诸何种方式和方法予以解决。该条款不是合同的主要条款,即使当事人没有事先约定,在发生纠纷后,也可以再行商定,即使协商不成,仍然可以按照法律规定处理。

|引例分析|

本案判决不支持被告徐某的主张,而支持原告的诉讼请求,是一个错误的判决。理由是该判决没有正确理解合同条款的在合同中的重要法律意义。

合同的必备条款是在合同中必须具备的条款,缺少必备条款合同就不成立。属于合同的必备条款,在合同中没有约定,能够由法律规定或者通过行业惯例等予以确定的,可以认定合同成立、有效;根据某种合同的特殊性质必须具备的条款,合同没有约定的,应当认定该合同不成立。

在本案中,原、被告之间转让股权,是通过《股权转让协议》确定的。在该协议中,合同转让的标的和数量是确定的,即被告某投资管理有限公司的股权20万股。但是,对于转让股权的价款却没有约定,欠缺合同的必备条款。合同是当事人合意的产物,合同的内容必然是当事人协商一致的结果。从这个意义上说,合同的条款应当是在不违背禁止性法律规范的情况下,由当事人自由决定,而不是由法律规定。但是,由于《股权转让协议》对所转让股权的价款没有约定,尽管可以通过协商的方法进行确定,但是,当事人协商不成的,也不能按照《民法典》第511条第2项规定予以确定。因此,《股权转让协议》对转让的股权价款没有约定,也不能确定,尽管有协议约定,也有股东会决议,但是,该合同仍然不能成立。本案判决认定该《股权转让协议》有效,不仅违反了《民法典》关于合同条款的规定,而且实际上也无法执行。所以,本案的判决是错误的。

第六节　合同形式

|引　例|

原告史某某与被告黄某某签订《美容美发门店股权转让协议书》,约定:(1)被告将××国际美容美发店的自持股份内的6%有条件转让给原告,每股人民币0.5万元,共计3万元,股份价值3万元;(2)被告转让股权的前提是原告为该店的正式员工,从协议签订之日起,原告须在店内工作,如果原告不在店内工作,被告有权无偿收回原告持有的股权。协议书签订后,原告通过支付宝支付给被告投资款2万元,被告从应付原告的工资、分红中扣除1万元,原告对投资款已履行完毕。两年后,原告离职,原、被告双方均认可合同关系终止,原告通过微信,就退还3万元股本金事宜与被告进行协商,被告表示同意退还3万元股本金。因被告未按约定退还款项,原告向法院起诉。

法院审理认为,双方就退还股本金问题虽未签订书面合同,但是,当事人订立合同,可以采用书面形式、口头形式或者其他形式,现双方通过微信磋商确定如数退款,磋商的内容系双方真实意思表示,内容明确,不违反法律的禁止性规定,因而该退款的合同成立并有效,对此予以确认。虽然被告抗辩双方约定股权不能退还,但是,鉴于双方事后已就退还股本金问题另行达成协议,应认定为对原合同条款的变更,故对其抗辩意见不予采纳,判决被告应返还原告股本金3万元,并支付相应的利息损失。

|法律问题|

1. 合同形式及其种类
2. 采用合同形式的规则
3. 要式合同的形式要件欠缺

一、合同形式概述

(一)合同形式的概念和种类

合同形式又称为合同方式,是当事人合意的表现形式,是合同内容的外在表现与载体。[12] 合同形式的种类可以作以下划分:

1. 法定形式和约定形式

合同的法定形式,是指法律直接规定某种合同应采取的特定形式,不允许当事人选择、变更或废止。

合同的约定形式,是指当事人对于没有法定形式要求的合同约定采取的形式。约定形式尊重当事人的自由意志,可以在合同的磋商过程中,由当事人通过要约和承诺的形式确定。

2. 书面形式、口头形式和其他形式

对合同的具体形式,《民法典》第469条第1款规定为三种,即书面形式、口头形式或者其他形式。

书面形式是合同的最主要形式。

口头形式是以口头语言的方式订立合同,其意思表示是用口头语言的形式表示的,没有用书面语言记录下来。当事人直接运用语言对话的形式确定合同内容,订立合同,是口头合同的基本特征。对于不能即时清结且标的较大的合同,不宜采用口头形式。

其他形式包括:(1)当事人未以书面形式或者口头形式订立合同,但是从双方实施的民事行为中能够推定双方有订立合同意愿的。(2)日常生活中常见的公交车刷卡、自动售货

---

〔12〕 王利明、崔建远:《合同法新论·总则》,中国政法大学出版社1996年版,第216页。

机贩卖等合同订立的方式，难以归入口头或书面之中，可以归入推定形式中。[13] (3)法律另有规定或者当事人约定采用公证形式、鉴证形式的，在合同订立以后，应当采用公证或者鉴证的形式。

(二)合同形式的目的

法律规定或者当事人约定合同形式的主要目的包括：(1)证据目的，书面合同作为书证，可以避免纠纷发生；(2)警告目的，通过形式要件，实际上是最后给缔约当事人一次深思熟虑的机会，以免作出草率决定；(3)境界线目的，通过合同形式，在合同磋商与合同缔结之间划定境界线；(4)信息提供目的，合同书制作完成，特别是就其中的关键事项，要求用明确的文字表示出来，以提供信息；(5)其他目的，包括对合同缔结和内容的确认、对外的公示、企业对合同的管理，经过公证的合同还具有执行担保的功能，以及心理上的意义和仪式的要求等。[14]

二、合同的书面形式

(一)合同的书面形式及要求

合同的书面形式，是指以文字等有形的表现方式订立合同的形式。合同书和合同确认书是典型的书面形式合同。

书面形式的合同能够准确地固定合同当事人的权利义务，在发生纠纷时有据可查，便于处理。法律要求，凡是比较重要、复杂的合同，都应当采用书面形式订立合同。

合同书面形式须符合下列要求：

1. 书面合同须以文字凭据的方式为内容载体。书面合同须以文字为凭据，至于文字书写得标准不标准，规范不规范，在所不论。无论是手写、印刷、打字，还是写在正式的合同纸或便笺上，都不影响其效力。

2. 书面合同在文字载体上须有双方当事人或者其代理人的签名、盖章或者按指印。在合同书和合同确认书上，双方当事人必须签名、盖章或者按指印。以信件和数据电文为书面合同形式的，不可能由双方当事人在同一份文字凭据上签名、盖章或者按指印，但是某一份信件和数据电文必须得到另一份信件和数据电文的印证。

3. 书面合同须包含当事人的权利义务。书面合同的文字凭据所载明的内容须包含合同的权利义务，否则就不能成为合同的表现形式。

(二)合同书、信件和数据电文

合同书是最常见、最重要的合同书面形式。在实践中，一份合同书就可以包含合同的全部内容，有时也可以与合同的其他书面形式相配合，共同构成一个完整意义的合同内容。

信件，是合同当事人在通过书信交往方式订立合同过程中积累下来的，能够记载合同当事人双方权利义务内容的书信。能够完整反映当事人权利义务内容、包括合同的主要条

---

〔13〕　王利明等：《民法学》(下册)(第6版)，法律出版社2020年版，第640页。

〔14〕　韩世远：《合同法总论》(第3版)，法律出版社2011年版，第113～114页。

款的那些信件,应当认为是书面形式的合同。

电报、电传、传真,是典型的书面形式。电报、电传、传真等可以以书面的载体有形地表现所载内容,因此,电报、电传、传真与信件没有本质的区别。电报、传真、电传存在收件地址,而不存在指定系统的问题,也显然与数据电文不同。

电子数据交换和电子邮件,是数据电文的表现形式。这些合同形式由于能够准确记载当事人的权利义务内容,并且具有迅捷的特点,因而被当事人广泛使用,也被法律承认,能够准确、有形地表现所载内容,可以随时调取查用,因而视为合同的书面形式。

三、采用合同形式的规则

采用合同形式的规则,应当根据《民法典》第 490 条第 2 款规定:“法律、行政法规规定或者当事人约定合同应当采用书面形式订立,当事人未采用书面形式但是一方已经履行主要义务,对方接受时,该合同成立。”采用合同形式,一是法律规定,二是当事人约定。

(一)法定书面形式

法律、行政法规规定采用书面形式的合同,是要式合同,应当依照法律的规定采用书面形式。这主要是指有关民事特别法对合同书面形式的特别规定,包括要求某种特定的合同必须采取书面形式,或者某种合同必须采用特定的书面形式,如公证形式、鉴证形式等。

在下述场合应当采取法定的书面形式:一是不动产转让合同应当采用书面形式;二是某些特殊的动产转让应当采用书面形式;三是标的额较大又不是即时清结的合同应当采用书面形式。

(二)约定书面形式和口头形式、其他形式

无论什么样的合同,只要当事人约定采用书面形式,就应当采用书面形式。这是对当事人自由意志的尊重,是合同自由原则的体现。

除了以上情形外,当事人订立合同,采用口头形式和其他形式均可。

四、要式合同的形式要件欠缺

(一)对要式合同形式要件欠缺的立场

合同的要式形式,就是合同的书面形式。在我国现实中,很多要式合同不规范,究竟是否有效不能采用一概否定的态度,这样不符合鼓励交易的原则,对发展经济不利。

法律规定某种合同的法定形式,赋予其四种不同的法律效力:(1)证据效力,即法定形式为合同的证明,当事人虽未采取法定形式订立合同,但只要有其他证据证明合同存在,就不得以订立合同没有采取法定形式为由认定合同无效。(2)成立效力,即法定形式作为合同成立的要件,当事人订立合同没有采取法定形式,合同即不成立,就不会按照当事人意思表示的内容发生法律效果。(3)生效效力,即法定形式作为合同生效的要件,当事人订立合同没有采取法定形式,合同只要具备成立条件的依然成立,但不发生法律效力。(4)对抗效力,订立合同即使没有采取法定形式,只要其他要件不欠缺,也照样成立并且有效,只是对第三人不得主张第三人不承认该合同,法律予以支持。

区分合同法定形式可以产生的上述四种不同效力，能够比较准确地认定不符合法定形式的合同是否有效。[15]

（二）承认欠缺要式形式的合同成立的条件

根据《民法典》第 490 条第 2 款的规定，对法律、行政法规规定或者当事人约定合同应当采用书面形式订立，当事人没有采用书面形式的，采取灵活的态度，有条件地承认其效力，采用的就是合同履行治愈规则。合同履行治愈规则，是指欠缺法定或者约定形式要件的合同，因当事人履行的事实而弥补合同缺陷，促使本来无效的合同成为有效合同。[16]

适用合同履行治愈规则，承认欠缺要式形式的合同成立的条件如下：[17]

1. 合同一方当事人的主要义务已经履行。合同约定的主要义务已经履行，证明当事人对该合同的订立以及合同的内容是协商一致的，意思表示是真实的，应当认定这样的合同是有效的。“合同的主要义务”的判断标准可以从义务的性质来看，也可以从合同义务完成的比例来看。这样的合同，法律或者行政法规要求采用书面形式，当事人虽然没有采用书面形式，但应当认为是有效的。

2. 对方当事人接受了履行。一方当事人已经履行主要义务，另一方当事人接受了这种履行，就表明对方当事人以行动承认了当事人之间合同行为的效力。在这种情况下，如果认为合同还欠缺要式形式而不成立，显然是不正确的。

（三）没有签名、盖章或者按指印的要式合同的成立

订立合同采用合同书的形式，是用书面形式订立的合同。当事人应当在合同书上签名、盖章或者按指印，以表明当事人对合同内容的确认。从原则上说，合同书没有当事人的签名、盖章或者按指印，就是没有合同当事人对合同内容的确认，这样的合同是不成立的。

这种“一刀切”的办法也是不合适的。《民法典》第 490 条第 1 款规定：“当事人采用合同书形式订立合同的，自当事人均签名、盖章或者按指印时合同成立。在签名、盖章或者按指印之前，当事人一方已经履行主要义务，对方接受时，该合同成立。”有条件地对这样的合同认定有效，符合《民法典》鼓励交易原则，有利于经济发展。

1. 没有签名、盖章或者按指印

合同书在签名、盖章或者按指印之前履行主要义务，但没有签名、盖章或者按指印，主要表现为：（1）在合同书上，没有任何一方当事人的签名、盖章或者按指印；（2）一方当事人在合同书上没有签名、盖章或者按指印，另一方当事人已经签名、盖章或者按指印；（3）当事人签名、盖章或者按指印不符合要求。

签名、盖章或者按指印，只要有一项就符合法律的要求；一方当事人在合同书上没有签名、盖章或者按指印，主张合同无效的一方当事人已经在合同书上签名、盖章或者按指印的，就表明他对合同的内容是确认的，不得因该合同书对方当事人没有签名、盖章或者按指

---

[15] 王家福主编：《中国民法学·民法债权》，法律出版社 1991 年版，第 305 页。

[16] 王洪：《合同形式欠缺与履行治愈论——兼评〈合同法〉第 36 条之规定》，载《现代法学》2005 年第 3 期。

[17] 王利明等：《民法学》（下册）（第 6 版），法律出版社 2020 年版，第 641 页。

印而主张无效。

2. 没有签名、盖章或者按指印的合同的效力

对没有签名、盖章或者按指印的书面合同,确认其效力的标准是,当事人一方已经履行主要义务,对方已经接受履行。

对于这种标准的理解,与前条对已经履行主要义务的理解是一样的,即合同的主要义务已经履行,并非要求合同的义务已经全部履行;也不是合同的义务全部没有履行,是已经履行了一部分义务,并且已经履行的义务在合同的全部义务中占据主要部分。合同义务的主要部分的判断标准可以从义务的性质来判断。

| 引例分析 |

合同形式即合同方式,是当事人合意的表现形式,也是合同内容的外在表现。在当代合同法中,合同形式的重要性正在逐步下降,合同原则上奉行形式自由原则,当事人可以采用书面形式、口头形式或者其他形式,合同一般不会因欠缺形式要件而无效。

在本案中,双方当事人订立《美容美发门店股权转让协议书》时,采用了书面形式,当然没有问题。在原告离职后,已经不存在持有股权的约定条件,因而应当将其持有的门店股权退还被告。按照原协议约定,确实应当无偿退还股权,但是,双方通过微信的方式进行协商,被告确认退还原告投入的股本金,是变更了原协议中的部分条款。变更原协议部分条款的协议,也须遵守合同形式的法律要求,可以采取书面、口头以及其他形式。双方当事人通过即时通讯的微信方式,约定被告向原告退还股本金,已经达成合意。《民法典》第469条第3款规定:“以电子数据交换、电子邮件等方式能够有形地表现所载内容,并可以随时调取查用的数据电文,视为书面形式。”微信属于能够有形地表现所载内容,可以随时调取查用的数据电文,因此,应当认定双方当事人变更合同的协议是书面形式,完全符合合同形式的要求。故争议合同的形式要件符合法律规定,变更原合同协议依法成立并生效。

第七节　格式条款

| 引　例 |

原告王某经被告建行某支行的工作人员推荐,在该支行购买××基金,认购金额为96.6万元。其间,该支行对王某做了风险评估,王某填写《个人客户风险评估问卷》时,在“以下哪项最能说明您的投资经验”项下的选项为“大部分投资于存款、国债等,较少投资于股票基金等风险产品”;在“以下哪项最符合您的投资态度”项下的选项为“保守投资,不希望本金损失,愿意承担一定幅度的收益波动”;在“您的投资目的”项下的选项为“资产稳健增长”;在“您的投资出现何种程度的波动时,您会呈现明显的焦虑”项下的选项为“本金10%以内的损失”。根据王某填写的上述问卷,该支行确定王某的风险评估结

果为稳健型。王某在《须知》和《确认书》上签字,该《须知》和《确认书》的内容系通用的一般性条款,没有关于王某本次购买基金的具体内容和相关说明。王某按期回赎了基金,回赎的金额为389 518.05元,亏损576 481.95元。王某向法院起诉,请求判令被告赔偿亏损576 481.95元,支付自购买涉案理财产品之日起至给付之日止的同期银行存款利率。

在诉讼中,王某和被告均确认,在王某购买前述基金时,被告未向王某出示和提供基金合同及基金招募说明书。被告称其向王某说明了基金合同及基金招募说明书的相关情况,但未就该主张提交相应证据。

法院审理认为,被告在本案中存在如下过错:首先,被告向王某主动推介了"风险较大"的"经评估不适宜购买"的理财产品。涉诉基金的招募说明书中载明"不保证基金一定盈利""不保证最低收益"、该基金为"较高风险"品种,上述特点与王某在风险评估问卷中表明的投资目的、投资态度等风险偏好明显不符,属于不适宜王某购买的理财产品。被告也没有按照金融监管的要求,由王某书面确认"客户主动要求了解和购买产品"并妥善保管相关记录,故可以认定被告主动向王某推介该基金存在重大过错。其次,被告未向王某说明涉案基金的运作方式和风险情况,其推介行为存在明显不当。本案王某在购买涉诉基金过程中,被告未向王某出示和提供基金合同及招募说明书,没有尽到提示说明义务,应认定具有过错。被告虽主张其向王某说明了涉诉基金的相关情况,但未提交相应证据,故对其该主张不予采信。综上,被告在向王某推介涉诉基金过程中,存在明显不当推介行为和重大过错,若无被告的不当推介行为,王某不会购买涉诉基金,相应损失亦无从发生,故应认定被告的过错行为与王某的损失之间存在因果关系。王某要求被告赔偿其前述损失的诉讼请求,于法有据,予以支持。

法律问题

1. 格式条款及其特征
2. 提供格式条款一方的法定义务
3. 格式条款的解释

一、格式条款概述

(一)格式条款的概念

格式条款,也称定型化契约,是指合同条款由当事人一方预先拟订,相对方只能对该拟订好的合同概括地表示全部同意接受或者全部不予接受,而不能讨价还价的合同。《民法典》第496条第1款规定:"格式条款是当事人为了重复使用而预先拟定,并在订立合同时未与对方协商的条款。"

学界对于格式条款究竟是一种合同,还是合同中的条款,有不同看法。根据《民法典》第496条第1款的规定以及制定原《合同法》过程中讨论的意见,格式条款应当是指格式合同,[18]也包括格式条款订入合同。

格式条款与示范合同不同。示范合同是指根据有关的专业法规、商业习惯等确立的,为当事人订立合同时参考的文本格式。在没有专业法律人员参与、当事人法律知识缺乏的情况下,示范合同有利于明确当事人的权利和义务,减少因合同内容欠缺而发生纠纷的可能。格式条款则是对方当事人没有选择余地的、只能服从的合同。

(二)格式条款的特征

格式条款与一般合同不同,具有以下特征:

1. 格式条款一般是由居于垄断地位的一方拟定。垄断分为两种,一是法律上的垄断,二是事实上的垄断。法律上的垄断,是指一方依据法律的规定从事的垄断;事实上的垄断,是指一方依据经济实力等条件,在事实上形成的垄断经营。

2. 格式条款的对方当事人处于从属地位。格式条款是由一方当事人事先单方拟定的,对方当事人没有机会参与合同条款的协商过程,只能对格式条款表示全部接受或全部不接受,没有其他的选择余地。所以,在格式条款中,对方当事人只能服从于格式条款,而不能主导合同的内容。

3. 格式条款是完整、定型、持久的合同类型。从格式条款的订立过程看,要约人和受要约人的地位已经固定化,格式条款的要约人总是特定为格式条款的制定者,受要约人则是不特定的社会消费者;从合同的内容看,格式条款所有的条款化为一个整体,不允许变更,除了合同的签订时间、对方当事人、数量等,其他都已经定型化。正是由于这些特点,格式条款会在较长的时间内保持稳定,对所有不特定人同等适用。

4. 格式条款可以采用不同形式,但须用明确的书面形式表达。要约人可以将合同文本印制成固定的合同表格,也可以将合同的条款印制在某些单证如车船票上;或者将合同的条款通过公告、通知、顾客须知等方式张贴、悬挂于营业场所等。这些格式条款的形式虽然有所不同,但都是明确的书面形式,都是书面合同。

在识别合同条款时,除了依照上述格式条款的特征进行审查外,《合同编通则解释》第9条还规定了具体办法:(1)合同条款符合《民法典》第496条第1款规定的情形,当事人仅以合同系依据合同示范文本制作或者双方已经明确约定合同条款不属于格式条款为由主张该条款不是格式条款的,不予支持。(2)从事经营活动的当事人一方仅以未实际重复使用为由主张其预先拟定且未与对方协商的合同条款不是格式条款的,也不予支持;但是,有证据证明该条款不是为了重复使用而预先拟定的除外。

(三)格式条款订入合同

格式条款订入合同,是指在一般的合同中订入了属于格式条款的内容。这些条款的内容是免除或者减轻其责任、排除或者限制对方权利等与对方有重大利害关系的异常条款。对此,提供格式条款的一方应当负担提示义务和说明义务。

---

〔18〕　在制定原《合同法》的讨论过程中,专家和立法机关工作人员一再强调,格式条款是合同而不是合同中的条款,其含义就是服从合同、定式合同,而不是通常拟定好的、但是条文内容还可以协商的条款。

怎样认定提供格式条款的一方履行了提示义务和说明义务,《合同编通则解释》第10条作出了规定:(1)提供格式条款的一方在合同订立时采用通常足以引起对方注意的文字、符号、字体等明显标识,提示对方注意免除或者减轻其责任、排除或者限制对方权利等与对方有重大利害关系的异常条款的,可以认定其已经履行《民法典》第496条第2款规定的提示义务。(2)提供格式条款的一方按照对方的要求,就与对方有重大利害关系的异常条款的概念、内容及其法律后果以书面或者口头形式向对方作出通常能够理解的解释说明的,可以认定其已经履行《民法典》第496条第2款规定的说明义务。

对此,提供格式条款的一方对其已经尽到提示义务或者说明义务承担举证责任。对于通过互联网等信息网络订立的电子合同,提供格式条款的一方仅以采取了设置勾选、弹窗等方式为由主张其已经履行提示义务或者说明义务的,法院不予支持,但是其举证符合前文所述两方面规定的除外。

(四)格式条款的优缺点

由于简洁和便利,格式条款有利于降低交易成本,提高民事流转的速度,有利于经济发展。格式条款得以普及化,系因其具备效率化、合理化及补充性的功能所致。[19]

格式条款的缺点是限制了对方当事人的合同自由。提供格式条款的一方往往会利用其优势地位,在格式条款中设定不合理的条款,侵害相对方的利益。甚至不将其中的不合理条款予以公示,或者没有对有关条款给予合理说明,使相对方在不知悉或者不理解有关条款的情况下,签订明显对自己不利的合同。

二、提供格式条款当事人的法定义务

格式条款应当符合以下规则才认定有效:(1)合理适当的提示原则;(2)条款内容合理性原则;(3)根本性违约人原则;[20](4)严格解释原则;(5)个别协商优先原则。[21]

《民法典》第496条从三个方面对提供格式条款的当事人的确定义务、格式条款的限制、不履行义务的后果作了规定。

(一)遵循公平原则确定当事人权利义务的义务

采用格式条款订立合同的,提供格式条款的一方应当遵循公平原则确定当事人之间的权利义务,这是该方当事人的基本义务。公平原则是社会道德观念的法律化,在确定格式条款的场合表现为格式条款应当符合社会的公平观念,合同的任何一方依据该格式条款取得的权利和负担的义务应当相当;该格式条款的风险和负担由双方当事人合理分担。

(二)采取合理方式提示对方注意的义务

提供格式条款的一方当事人,对合同中设定免除或者减轻自己责任等与对方有重大利

---

〔19〕詹森林:《民事法理与判决研究(三)·消费者保护法专论》,台北,2003年自版,第34页。

〔20〕根本性违约人原则是一种解释合同条款的重要原则,即如果一方当事人的违约行为触犯了合同的根本内容,并且合同中的免责条款是基于他的要求而写入的,该免责条款应解释为对"根本违约人"不具有保护力。参见董安生等编译:《英国商法》,法律出版社1991年版,第66页。

〔21〕李永军:《合同法》(第3版),法律出版社2010年版,第251~256页。

害关系的条款,应当采取合理的方式提示对方注意。免除或者减轻格式条款提供方责任的条款,对对方当事人的利益有重大利害关系,涉及其合法权益的保护。为避免对方当事人的疏忽,没有注意到该条款的存在和该条款的重要性,该项义务要求提供格式条款的一方当事人负有提示对方注意的义务,使对方有合理的机会了解该条款。

确定合理方式,应当是提供格式条款的一方对格式条款中免除或者减轻其责任条款的内容,在合同订立时采用足以引起对方注意的文字、符号、字体等特别标识,并按照对方的要求对该格式条款予以说明。认定合理方式的条件是:(1)合理方式针对的是格式条款中免除或者减轻其责任的内容;(2)提供格式条款的一方要以含义明确、表达清晰、文字醒目等足以引起对方当事人注意的文字、符号、字体等特别标识;(3)应当按照对方的要求,个别地将该条款展示给对方当事人,在合同订立之前以直接语言对话的形式提请对方当事人注意阅读该条款,进行提示。依照《全国法院贯彻实施民法典工作会议纪要》第7条规定,提供格式条款的一方对格式条款中免除或者减轻其责任等与对方有重大利害关系的内容,在合同订立时采用足以引起对方注意的文字、符号、字体等特别标识,并按照对方的要求以常人能够理解的方式对该格式条款予以说明的,应当认定符合《民法典》第496条所称"采取合理的方式"。提供格式条款一方对已尽合理提示及说明义务承担举证责任。

(三)按照对方要求给予说明的义务

给予说明,是指在接受格式条款的一方当事人,对格式条款设定的免除或者减轻对方责任的条款提出进行说明的要求时,提供格式条款的一方当事人应当按照对方的要求,对该条款予以说明。其内容应当包括:该条款的基本含义;该条款的存在给对方带来风险和负担的大小及其可能性。

对于提供格式条款一方当事人未履行提示或者说明义务,致使对方没有注意或者理解与其有重大利害关系的条款的,《民法典》第496条第2款规定了法律后果,即"对方可以主张该条款不成为合同的内容",即该条款对当事人没有约束力,不能以该条款确定当事人的权利和义务。

(四)免责条款无效

按照《民法典》第497条的规定,格式条款在下列情况下无效。

1. 与其他民事法律行为通用的无效情形

《民法典》总则编第六章第三节对民事法律行为的无效情形作了具体规定,包括无民事行为能力人实施的民事法律行为,限制民事行为能力人超过其年龄、智力、精神健康状况实施的民事法律行为,以虚假意思表示实施的民事法律行为,违反法律、行政法规的强制性规定的民事法律行为,违背公序良俗的民事法律行为等。如果格式条款具有上述这些民事法律行为无效的情形,该格式条款就当然无效。《民法典》第506条是对合同中免责条款无效情形的规定,如果格式条款中有免除造成对方人身损害,或者因故意或者重大过失造成对方财产损失责任的条款,该格式条款也当然无效。

2. 格式条款特有的无效情形

格式条款是由一方当事人单方提供,对方没有就条款进行实际磋商机会的合同,因而格式条款的提供方很可能会特别追求自己的单方利益,违背公平原则,不合理地分配交易风险和负担。其中,不合理地免除或者减轻责任、加重对方责任、限制对方主要权利,以及提供格式条款一方排除对方主要权利的,都违背了民法的公平原则。格式条款如果具有这些情形,该格式条款当然无效。凡是提供格式条款一方排除对方主要权利的格式条款,一律无效。

三、格式条款的解释

格式条款解释,是指在当事人对格式条款的含义存在不同理解时,应当依据何种事实、原则对该条款作出合理的说明。

对格式条款的理解发生争议,是指对格式条款的内容存在不同但是确有根据的理解,采用这些不同的理解,会对合同双方当事人的利益有不同的影响。合理的理解是指一个正常的、理智的、一般水平的商人,或者该行业一般水平的人员,站在不同的立场,可能对该标准条款的用语产生的理解。

格式条款通常是提供方有经验的专业人员经过多方面考察斟酌制定的,所以,在正常情况下,格式条款的含义是明确、具体、清楚的,一般不会产生异议。但是,也不排除某些格式条款用语不明确、不准确,固有的格式条款与后来的协商条款内容不一致,从而导致合同当事人对合同条款存在不同的理解,发生纠纷。因此,需要对格式条款进行解释。《民法典》第 498 条规定的格式条款的解释方法如下。

(一)通常解释原则

格式条款解释的一般原则,是通常解释原则,即对有争议的合同条款按照通常的理解予以解释。

(二)不利解释原则

对格式条款的理解发生争议,有两种以上解释的,应当作出不利于对格式条款提供方的解释。这是因为,格式条款是由特定的一方当事人提供的,其服从性和不可协商性有可能使对方当事人的意思表示不真实,因而使对方当事人的利益受到损害。制定格式条款,在整体上往往会有利于条款的提供者,而不利于相对方;个别的格式条款提供者甚至会故意对个别条款作出语义含混、理解矛盾的规定,并凭借其垄断的经济地位、强迫或者欺骗对方接受不合理的条款解释。为了平衡这种不公正现象,出于保护消费者利益的考虑,法院应当对格式条款作出不利于格式条款提供者的解释。〔22〕

(三)非格式条款优先原则

格式条款和非格式条款不一致的,应当采用非格式条款。格式条款和非格式条款不一致,是指在一个格式条款中,既存在格式条款,又存在非格式条款,格式条款和非格式条款的内容不一致,相互冲突,采用不同的条款会对双方当事人的利益产生不同的影响。在这

---

〔22〕 江必新主编:《民法典重点修改及新条文解读》(上册),中国法制出版社 2020 年版,第 136 页。

种情况下,非格式条款处于优先地位,应当采用非格式条款确认合同内容,认定与该非格式条款相矛盾的格式条款无效。

| 引例分析 |

格式条款是合同条款由当事人一方预先拟订,相对方只能对该拟订好的合同条款概括地表示全部同意接受或者全部不予接受,而不能讨价还价的合同。本案双方当事人签署的《××基金认购合同》显然是格式条款,符合格式条款的所有法律特征。可以想象,一个几亿元甚至几十亿元的基金总要有若干人认购,如果出售基金的银行要一个人一个人地洽谈合同条款,订立不同的合同,基金认购是无法进行的,因此必须采用格式条款进行。

既然一方当事人提供的是格式条款,就必须按照《民法典》规定的格式条款规则进行,违反格式条款的规定,提供格式条款的一方当事人将处于不利的地位。这样规定的目的,就是要保护接受格式条款一方当事人的合法权益。

本案的被告作为提供格式条款的一方,对向金融消费者提供的格式条款应当尽到提示和说明义务。在金融消费合同中,金融机构提供格式条款,须对相关交易风险、服务内容、违约责任等事项作出提示和说明。金融消费者作为非金融专业的人士,很可能不能完全理解相关金融交易的交易风险,金融机构只有对金融消费者尽到合理的提示、说明义务,才能保障金融消费者理解格式条款的内容和风险,谨慎对待合同的订立。在本案中,被告向王某主动推介"风险较大"的"经评估不适宜购买"的理财产品,却没有向王某对本次购买的基金的具体内容和风险责任进行说明,存在过错,因而对于因其造成原告的投资损失,被告应当承担赔偿责任。

本章思考题

1. 承诺的构成要件应当怎样掌握?
2. 在实践中如何认定承诺期限?
3. 承诺的变更和撤回有哪些区别?规则是什么?
4. 逾期承诺与承诺迟到有哪些区别?规则是什么?
5. 承诺有何种法律效力?
6. 对格式条款的解释应当遵守哪些特别规则?

第三章　合同的效力

第一节　合同效力及合同生效时间和条件

| 引　例 |

被告某镇工商行政管理所欲另建办公楼，拟出售自己享有所有权的一栋旧办公楼，面积1000平方米，估价20万元，没有经过国有资产出售的评估，也没有经过国有资产管理部门的批准，由该所所长刘某擅自做主，以8.5万元出卖给自己的表弟谢某。检察机关发现后作为原告，以该买卖合同违反国家强制性法律、行政法规的规定，造成国有资产流失为由，向法院起诉，请求法院宣告该合同无效。

法院审理认为，转让国有资产所有权，应当依照规定，经过国有资产管理部门批准，并经过具有资质的评估机构进行评估，按照评估价值进行转让。被告违反上述规定，与相关人员的亲属订立房屋买卖合同，低价出售，造成国有资产流失，故判决被告与谢某之间订立的《房屋买卖合同》无效。

| 法律问题 |

1. 合同生效时间
2. 合同生效条件
3. 不正常的合同效力状态

一、合同效力的概念和范围

合同效力就是合同的法律约束力，是指合同由法律赋予并受法律保护的法律效力。

合同效力与合同的法律拘束力有一定的区别。合同的法律拘束力主要强调合同对当事人的约束，但是不包括对当事人以外的人所产生的约束效力。[1]

合同生效和合同成立不同。区别合同生效和合同成立的意义在于：(1)规定合同生效的消极条件，使合同成立与合同生效区别开来，只要已经成立的合同不具有法律规定的合同生效的消极条件，合同就在成立时生效。(2)将合同成立和合同生效严格区别开来，能够进一步鼓励交易，缺少合同成立条件的合同，当事人可以采取完善条件的办法使合同成立，并使其生效；合同不具备生效条件的，则使合同归于无效，不会因为补充条件而使其生效。

---

〔1〕 王利明：《合同法研究》(第1卷)(第2版)，中国人民大学出版社2011年版，第534页。

以往司法实践对此不加区分,无论是合同欠缺成立条件还是生效条件,都一律判定为合同无效,扼杀了很多合同的生机,阻碍了交易的发展。

合同的效力表现在,当事人应当按照合同的约定履行自己的义务,非依法律规定或者取得对方同意,不得擅自变更或者解除合同。其效力范围的具体表现如下:

1. 对合同当事人的约束。合同效力对当事人的约束是对合同主体的约束。合同的债权债务关系,是发生在特定的民事主体之间的民事法律关系,其主体必须是特定的。当事人一经订立合同,这种关系就被特定了,不得再作出变更。如果债权人或者债务人必须作出变更,则须按照法律的规定进行。

2. 对债务履行的约束。依法订立的合同所发生的法律约束力,主要表现在对合同债务的约束上。法律以其强制力保障合同债务的履行。这种约束是对债务人行为的约束,即保证全面履行合同债务。法律约束力的强制力,主要就是对债务人的强制,要求债务人必须履行债务,首先是自觉履行,不能自觉履行的,法律就强制其履行。

3. 对行使债权的约束。合同不仅对债务人的行为进行约束,而且对债权人的行为也产生约束力。这种约束力主要是指合同的债权人在行使债权时,应当依照法律的规定进行,不得滥用权利。滥用权利造成对方当事人的财产损失,应当承担赔偿责任。

4. 对合同内容变更和解除的约束。合同一经依法订立,就要保证它的稳定性,不能任意变更或者解除。任意变更或者解除合同,就会使合同的法律约束力发生动摇,不利于维护正常的交易秩序,影响社会经济的发展。但是,法律也不是绝对不准许合同进行变更或者解除,而是要求必须按照法律的规定进行。

二、合同生效时间

合同生效时间,是合同在何种时间标志发生法律约束力。

按照罗马法的“同时成立之原则”,法律行为的成立与其效力同时发生。我国《民法典》第502条第1款关于“依法成立的合同,自成立时生效”的规定,体现的就是这样的意旨。

(一)合同生效时间的一般规则

合同生效的一般时间点是合同依法成立。“依法”为《民法典》第483条规定的要求,即承诺生效时合同成立。因此,合同成立,就是当事人之间就缔结合同关系达成了合意,合意达成的时间,就是合同成立的时间。合同生效,是国家和法律对当事人之间合意的态度,如果当事人的合意符合国家和法律的规定,合同就在其成立之时发生法律效力。在这种情况下,合同成立和合同生效的时间是一致的。

(二)要式合同的生效时间

《民法典》第502条第1款中规定的“法律另有规定或者当事人另有约定的除外”的合同生效时间,是要式合同的生效时间。法律规定合同成立为要式合同,没有签订要式合同的,合同不成立。特别是合同当事人约定其合同须采用一定方式成立的,在该方式未完成之前，推定其合同不成立。[2]

根据《民法典》第502条第2款规定，依照法律、行政法规的规定，合同应当办理批准等手续的，依照其规定，在办理了相关的批准手续后，合同生效。在相关手续办理完毕之时，合同方生效，因而合同成立和合同生效时间是不一致的。如果没有办理批准等手续影响合同生效，仍然可以通过补办手续使其生效。因此，未办理批准等手续，并不影响合同中履行报批等义务条款以及相关条款的效力。规则是：(1)这时的合同并非无效，而是未生效；(2)尽管合同未生效，但是这些条款的效力仍然不受影响，负有履行报批手续义务的一方仍然应当负担履行报批手续的义务，继续报批；(3)负有履行报批义务的当事人拒不履行报批等手续义务，使该合同无法生效的，应当承担赔偿责任，对对方当事人因此造成的损失，承担缔约过失责任。

对于合同的报批义务不履行等具体情形应当如何处理，《合同编通则解释》第12条规定的规则是：

1. 合同依法成立后，负有报批义务的当事人不履行报批义务或者履行报批义务不符合合同的约定或者法律、行政法规的规定，对方当事人有权请求其继续履行报批义务；对方当事人主张解除合同并请求其承担违反报批义务的赔偿责任的，法院应予支持。

2. 法院判决当事人一方履行报批义务后，其仍不履行，对方可以主张解除合同并参照违反合同的违约责任请求其承担赔偿责任。

3. 合同获得批准前，当事人一方起诉请求对方履行合同约定的主要义务，经释明后拒绝变更诉讼请求的，法院应当判决驳回其诉讼请求，但是不影响其另行提起诉讼。

4. 负有报批义务的当事人已经办理申请批准等手续或者已经履行生效判决确定的报批义务，批准机关决定不予批准，对方请求其承担赔偿责任的，法院不予支持。但是，因迟延履行报批义务等可归责于当事人的原因导致合同未获批准，对方请求赔偿因此受到的损失的，法院应当依据《民法典》第157条的规定处理。

(三)要物合同的生效时间

要物合同，是指在当事人合意之外，还须交付标的物或者完成其他给付时，始得成立的合同。要物合同在标的物未交付或者其他给付未完成时，不认为合同已经生效。

三、合同生效条件

(一)合同生效条件的概念

合同生效条件和合同成立条件不同。

合同生效条件，是指合同具备什么样的条件才能生效。法律规定的合同生效条件是消极条件，不是积极条件，是规定合同不具有什么样的条件就使合同在成立时生效。合同欠缺生效要件有三种情况：(1)完全不发生合同的效力，是确定的无效合同。(2)不直接发生合同原来的效力，需要补充有效要件才能发生效力，是合同效力不确定，或者称为效力待定的合同，如无权代理行为，本人追认则为有效，本人不追认则为无效。(3)姑且发生合同效力，可以因撤销而为无效，如因重大误解或显失公平而缔结的合同为可撤销的合同，被撤销

〔2〕 这里应当指的是合同未生效。

的合同从行为开始起无效,但在其被撤销前曾经还是有效的。

(二)合同生效的条件

《民法典》第143条规定:"具备下列条件的民事法律行为有效:(一)行为人具有相应的民事行为能力;(二)意思表示真实;(三)不违反法律、行政法规的强制性规定,不违背公序良俗。"

1. 行为人具有相应的法律行为能力。法律行为以行为人的意思表示为要素,当事人须具有健全的理智和判断能力,因而必须具有相应的法律行为能力。例如,完全民事行为能力人可以实施法律行为,限制民事行为能力人须满足法律规定的条件才可实行法律行为,不具有相应的行为能力的人实施的法律行为是无效的。法人必须在核准登记的经营范围内从事经营活动。

2. 意思表示真实。意思表示真实,是指当事人的内心意思与外部表示相一致。换言之,当事人必须在意思自由、能够意识到自己行为的法律效果的情况下进行意思表示,不存在欺诈、胁迫、重大误解等情况。

3. 不违反法律、行政法规的效力性强制规定。法律行为必须符合法律、行政法规的效力性强制规定,并且在不违反公序良俗的情况下,才能具有法律效力。不违反法律、行政法规是不违反效力性、强制性的法律和行政法规,违反管理性、强制性法律和行政法规的规定,要根据具体情况确定合同效力,而不是一律无效。

4. 不违背公序良俗。民事主体从事民事活动不得违反公序良俗,违背公序良俗的法律行为无效。

具备以上条件,合同自成立时发生效力,在当事人之间发生权利义务关系。

四、不正常的合同效力状态

在合同法理论中,存在健康契约和病态契约的概念。健康契约是古典契约理论家所提倡的契约模式,也就是完全在意思自治和契约自由理论框架下的契约模式。病态契约是当事人内心意思与表达于外的意思之间有可能存在差异,而这种差异就是对意思自治和契约自由的背离和异化,这种背离和异化就是病态契约,[3]即合同效力的"病态",不具有正常的合同效力。

我国以往的合同法理论把不具有正常合同效力的合同分为两种形态,一是绝对无效的合同,二是相对无效的合同。这样的划分有所不足。自原《合同法》开始,对不正常合同效力状态进行重新划分,对合同无效的具体情况重新调整,将合同效力状态划分为合同效力待定、合同绝对无效和合同相对无效。《民法典》继续坚持这样的立场,规定民事法律行为效力时,分为效力待定、绝对无效和相对无效三种基本形态。

|引例分析|

分析本案讼争合同的效力问题,关键是怎样理解《民法典》第502条第1款关于"依

---

〔3〕 李永军:《合同法》(第3版),法律出版社2010年版,第259页。

法成立的合同,自成立时生效,但是法律另有规定或者当事人另有约定的除外”的规定。本条第2款就是法律另有规定,要求依照法律、行政法规的规定,合同应当办理批准等手续的,依照其规定。如果法律、行政法规规定应当办理批准手续,而该合同并未办理批准手续,该合同肯定因违反法律的强制性规定而无效。

在转让国有资产的买卖合同中,国家确实有强制性规定,但不是法律和行政法规,而是国家资产管理部门规章的规定,要求这类合同须经过评估和批准。尽管国家资产管理部门的规章并不是法律或者行政法规,但是其规定具有强制性,法院不能逾越该规定而认定相关合同有效。况且本案属于工商行政管理所的官员徇私,将国有资产低价卖给自己的亲属。因此,法院判决确认被告与谢某之间的房屋买卖合同无效,避免国有资产流失,是正确的。

第二节　确定合同效力的法律适用

引　例

原告郭某(乙方)与被告房地产开发公司(甲方)签订《商品房预售合同》,约定:甲方预售给乙方的商品房为某区珠江路688号1－01幢卓越大厦地下负三层某室;该商品房的设计用途为办公;房屋总价为191 526元。该份合同尾部“甲乙双方的其他约定”中约定:甲、乙双方确认本房屋规划用途为办公用房。合同签订后,郭某付清购房款项,取得房屋所有权,房屋所有权证记载房屋规划用途为“办公”。之后,应小区部分业主询问,公安局、消防局答复称,该建筑物地下三层的使用性质为复式汽车库、办公和设备用房。原告向法院起诉称,被告在推出项目时,利用报纸、宣传彩页、售楼人员口头介绍等形式宣传,项目为地上四层、地下三层,共七层贯通的商业中庭设计,地下负三层均为商铺。原告在听信宣传后,才与该公司签订《商品房预售合同》,购买负三层的房屋,欲作为商铺使用。房屋交付后,被告指定的物业公司亦按照商铺的标准收取物业管理费用,招商部与郭某及其他负三层业主签订《委托招商协议书》,协议书也载明负三层为商铺。一年后,原告接物业公司通知,告知负三层不能作为商铺使用,否则消防部门将予以处罚。原告认为,被告公司明知卓越大厦负三层不能作为商铺使用,却在销售过程中一再虚构事实欺骗业主,构成欺诈,在欺诈的情况下签订的合同并非其真实意思表示,故请求撤销该合同,返还购房款192 612.45元,赔偿利息和物业费损失。

一审法院驳回了郭某的诉讼请求,郭某不服上诉。上诉法院审理认为,上诉人要求撤销涉案合同、返还购房款的主张符合法律规定,上诉人要求被上诉人支付利息亦应当予以支持,支付利息的时间应当从上诉人主张合同撤销时计算。因涉案房屋实际无法使用,故上诉人交纳的物业服务费及公摊水电费系其损失,被上诉人应当予以赔偿。

| 法律问题 |

1. 确认合同效力规则的法律适用
2. 合同效力待定
3. 合同绝对无效
4. 可撤销合同

一、确定合同效力规则的法律适用

《民法典》第508条规定:"本编对合同的效力没有规定的,适用本法第一编第六章的有关规定。"这是对认定合同效力应当适用《民法典》总则编关于民事法律行为效力规则的规定,在合同编中不再作具体规定。

原《民法通则》和原《合同法》曾经存在民事法律行为效力规则与合同效力规则双重规制的情形,且在部分规定之间存在冲突。例如,有关欺诈或者胁迫的规定,原《民法通则》规定为无效的民事行为;原《合同法》则作出区分,损害国家利益的欺诈、胁迫为无效合同,损害其他民事主体利益的欺诈、胁迫为可撤销、可变更的合同。

《民法典》在此基础上,对民事法律行为及其效力规则进行了全面整合,在总则编第六章规定了完整的民事法律行为效力规则体系。对主要的合同生效、不生效、无效和被撤销的事由,都适用《民法典》关于民事法律行为效力的规定。《民法典》合同编"合同的效力"一章拾遗补阙,规定了部分合同效力,如第503~507条的规定。因此,认定该合同效力的法律适用方法是:(1)要适用《民法典》合同编第三章规定的规则;(2)《民法典》合同编第三章没有规定的,适用总则编关于民事法律行为效力的规则;(3)《合同编通则解释》对合同效力作了具体解释,应当予以适用。

二、合同效力待定

合同效力待定,也称作效力未定的合同,[4]是指合同的效力还没有确定,需要由享有追认权、撤销权的人依法行使权利,决定合同的效力是有效还是无效。享有追认权的人追认合同的效力,该合同就发生法律效力;享有撤销权的人撤销该合同,该合同就自始无效;如果享有追认权的人在法定期限内没有表示对合同的态度,则视为其拒绝追认,该合同不发生法律效力,合同自始无效。

《民法典》规定的合同效力待定的事由,主要是当事人的主体资格问题。例如,第145条规定的是限制民事行为能力人订立的合同,第171条规定的是无权代理人订立的合同,都是当事人的主体资格问题。可见,确认效力待定合同是对合同主体资格欠缺的人订立的合同的补救措施。

确认效力待定合同效力的办法包括:(1)授予限制民事行为能力人的法定代理人和被代理人追认权;(2)授予相对人撤销权;(3)授予相对人追认的催告权。

---

〔4〕李永军、易军:《合同法》,中国法制出版社2009年版,第207页;隋彭生:《合同法要义》(第3版),中国人民大学出版社2011年版,第91页。

三、合同绝对无效

(一)合同无效的概念

合同无效相对于合同有效而言,是指合同虽然已经成立但是被确定为无效。例如,倒卖毒品的“买卖合同”,在形式上,双方当事人对买卖的标的、价金、品种、数量等都取得一致的意见,经过要约、承诺,具备合同成立的一切有效要件。但由于这一合同的内容违反国家法律,因而无效。

无效合同究竟是不是合同,历来有两种对立的观点。(1)肯定说认为,无效合同在形式上经过了当事人双方的合意,经过要约、承诺的磋商阶段,就他们的权利义务关系意思表示一致,因而无论合同是否具备生效的要件,只要已经成立,都应当称为合同,属于合同的概念。[5] (2)否定说认为,无效合同因其具有违法性,所以不属于合同概念的范畴,只有能够产生法律上的约束力,能够产生当事人预期的法律后果的合同,才属于合同的概念。[6] 说一个民事行为是合同又说其无效,在逻辑上是说不清楚的,但也不能说毫无道理。事实上,无效合同或者合同无效这样的概念已经被广泛接受,并且在实践中普遍应用。

(二)合同无效和不成立

合同无效和合同不成立是两个不同的概念,两者的区别如下:

1. 概念和构成要件不同。合同不成立是指当事人未就合同的主要条款达成合意,如未作出承诺,或未就法定的必须采取书面形式的合同签订书面协议。而合同无效是指合同在内容上违反了法律、行政法规的强制性规定以及公序良俗。

2. 合同解释的方法不同。合同成立主要体现当事人的意志,因此,在合同的主要条款规定遗漏或不明确,而当事人又不否认合同存在的情况下,应当允许法院通过合同的解释方法,探求当事人的真实意思,确定合同的具体内容。如果合同无效,就意味着合同当事人的意志不符合国家的意志,法院不能通过合同解释的方法促使合同生效。

3. 法律的后果不同。合同不成立是当事人没有达成合意,在内容上并没有违反法律的强制性规定和公序良俗,即使合同没有成立但当事人已经履行的,可以认定当事人通过实际履行达成了合意。而合同无效在内容上违反了法律的强制性规定或者公序良俗,因此合同具有不得履行性。

4. 裁判者的权力不同。在合同不成立的情况下,如果当事人未就合同是否成立的问题向法院或者仲裁机构提出主张,而自愿接受合同的拘束,则法院和仲裁机构不必主动审查合同是否已经成立。而无效合同具有违法性,实行国家干预原则,即使当事人不主张合同无效,法院和仲裁机构也可以主动审查合同的效力,如果有合同无效的事由,可以主动宣告合同无效。

5. 法律责任不同。合同未成立,如果发生损害后果,产生缔约过失责任。而合同无效发生的责任则是合同无效责任。

---

〔5〕 杨立新主编:《民事审判诸问题释疑》,吉林人民出版社 1992 年版,第 31 页。

〔6〕 王利明、崔建远:《合同法新论 · 总则》,中国政法大学出版社 1996 年版,第 242 页。

(三)合同绝对无效的具体情形

1. 无民事行为能力人订立的合同。《民法典》第 144 条规定,无民事行为能力人实施的民事法律行为无效。由无民事行为能力人订立的合同是无效的合同。

2. 虚假行为的合同。行为人与相对人以虚假的意思表示实施的民事法律行为无效。例如,为逃避债务而与相对人设立赠与合同,造成自己没有财产清偿债务的假象,就是虚假行为,一律无效。

3. 部分隐藏行为的合同。以虚假的意思表示隐藏的民事法律行为的效力,依照有关法律规定处理。隐藏行为包括四种形式:(1)以合法形式掩盖一个有非法目的的行为,这是隐藏行为;(2)以一个不合法的形式掩盖了一个合法目的的行为,这也是隐藏行为;(3)表面的行为和隐藏的行为都是合法的,但隐藏的行为是当事人的真实目的,这还是隐藏行为;(4)表面行为和隐藏行为都具有非法性。依照有关法律规定处理,就是要按照被隐藏的行为的法律规定处理。具有其中第一种情形和第四种情形的合同,基本上都属于无效合同。

4. 违反法律、行政法规强制性规定的合同。根据《民法典》第 153 条第 1 款规定,违反法律、行政法规的强制性规定的民事法律行为无效,而不是违反任何法律、法规的合同都无效。违反非强制性规定的合同并非无效,因为任意性规定本来就是属于当事人自由决定的范围,具有补充当事人意思的作用,不存在是否违法的问题。

对强制性规定应当从实质内容判断。根据《合同编通则解释》第 18 条规定,法律、行政法规的规定中虽然有“应当”“必须”或者“不得”等表述,但是,该规定旨在限制或者赋予民事权利,行为人违反该规定将构成无权处分、无权代理、越权代表等,或者导致合同相对人、第三人因此获得撤销权、解除权等民事权利的,不能作为判断合同是否违反强制性规定的依据,应当依据法律、行政法规规定的关于违反该规定的民事法律后果认定合同效力。

《民法典》第 153 条第 1 款规定违反法律、行政法规强制性规定的民事法律行为无效的同时,还规定了但书,即“该强制性规定不导致该民事法律行为无效的除外”。

怎样确定违反该强制性规定不导致合同无效,根据《合同编通则解释》第 16 条第 1 款规定,合同虽然违反法律、行政法规的强制性规定,但是有下列五种情形之一,由行为人承担行政责任或者刑事责任能够实现强制性规定的立法目的的,依据《民法典》第 153 条第 1 款关于“该强制性规定不导致该民事法律行为无效的除外”的规定,该合同不因违反强制性规定而无效:(1)强制性规定虽然旨在维护社会公共秩序,但是合同的实际履行对社会公共秩序造成的影响显著轻微,认定合同无效将导致案件处理结果有失公平公正;(2)强制性规定旨在维护政府的税收、土地出让金等国家利益或者其他民事主体的合法利益而非合同当事人的民事权益,认定合同有效不会影响该规范目的的实现;(3)强制性规定旨在要求当事人一方加强风险控制、内部管理等,对方无能力或者无义务审查合同是否违反强制性规定,认定合同无效将使其承担不利后果;(4)当事人一方虽然在订立合同时违反强制性规定,但是在合同订立后其已经具备补正违反强制性规定的条件却违背诚信原则不予补正;(5)法律、司法解释规定的其他情形。

根据《合同编通则解释》第 16 条第 2 款规定,法律、行政法规的强制性规定旨在规制合同订立后的履行行为的,不能认定合同因违反该强制性规定而无效。但是,因合同的履行必然导致违反强制性规定或者法律、司法解释另有规定的，应当认定为无效。

根据《合同编通则解释》第 16 条第 3 款规定，依据该条前两款认定合同有效，但是当事人的违法行为未经处理的，法院应当向有关行政管理部门提出司法建议。当事人的行为涉嫌犯罪的，应当将案件线索移送刑事侦查机关；属于刑事自诉案件的，应当告知当事人可以向有管辖权的人民法院另行提起诉讼。

5. 违背公序良俗的民事法律行为。我国以往的民事法律没有规定公序良俗原则，只是规定了社会公共利益和社会公共道德，在解释上认为这就是对公序良俗的规定。《民法典》不仅规定了公序良俗原则，而且第 143 条把不违反公序良俗作为合同生效的要件，第 153 条又规定违反公序良俗的合同是无效合同。这就存在对合同因违背公序良俗而无效的具体解释和认定问题。

对此，《合同编通则解释》第 17 条规定了什么是违背公共秩序，什么是违背善良风俗。合同虽然不违反法律、行政法规的强制性规定，但是有下列情形之一，应当依据《民法典》第 153 条第 2 款的规定认定合同无效：(1)合同影响政治安全、经济安全、军事安全等国家安全的；(2)合同影响社会稳定、公平竞争秩序或者损害社会公共利益等违背社会公共秩序的；(3)合同背离社会公德、家庭伦理或者有损人格尊严等违背善良风俗的。前两种合同是违背公共秩序，后一种是违背善良风俗。

该条司法解释第 2 款还规定，在认定合同是否违背公序良俗时，应当以社会主义核心价值观为导向，综合考虑当事人的主观动机和交易目的、政府部门的监管强度、一定期限内当事人从事类似交易的频次、行为的社会后果等因素，并在裁判文书中充分说理。当事人确因生活需要进行交易，未给社会公共秩序造成重大影响，且不影响国家安全，也不违背善良风俗的，不应当认定合同无效。

6. 恶意串通损害他人的合同。恶意串通的合同，是行为人与相对人恶意串通，损害他人合法权益的民事法律行为。其构成要件包括：(1)当事人具有主观上的恶意；(2)有串通行为；(3)对他人合法权益具有损害性。依照《民法典》第 154 条规定，行为人与相对人恶意串通，损害他人合法权益的民事法律行为无效。恶意串通订立损害他人合法权益的合同，是绝对无效的合同。

四、可撤销的合同

(一)可撤销的合同的概念

可撤销的合同就是可撤销的民事法律行为，是指欠缺民事法律行为的有效条件但又并不当然无效，而由当事人自主决定是否使其归于无效的合同。

可撤销的民事法律行为只是相对无效的行为，不同于无效民事法律行为的绝对无效。是否使其无效，取决于当事人的意志。法律对可撤销的民事法律行为的制度设计，体现了维护公平交易和意思自治的调和。

(二)可撤销合同的种类

1. 重大误解

重大误解行为，依照《全国法院贯彻实施民法典工作会议纪要》第 2 条规定，是指行为人因对行为的性质、对方当事人、标的物的品种、质量、规格和数量等的错误认识,使行为的后果与自己的意思相悖,并造成较大损失的行为。对此,法院可以认定为《民法典》第147、152条规定的重大误解,并适用法律。

2. 一方欺诈行为

欺诈行为,依照《全国法院贯彻实施民法典工作会议纪要》第3条规定,是指故意告知虚假情况,或者故意隐瞒真实情况,诱使当事人作出错误意思表示的行为。一方当事人实施上述行为,法院依照《民法典》第148条规定适用法律,受欺诈方享有撤销权,可以行使撤销权撤销欺诈的民事法律行为。

3. 第三人欺诈行为

第三人欺诈行为,是指民事法律行为当事人以外的第三人,对一方当事人故意实施欺诈行为,致使该方当事人在违背真实意思的情况下,与对方当事人实施的民事法律行为。第三人实施欺诈行为,使一方在违背真实意思的情况下实施的民事法律行为,对方知道或者应当知道该欺诈行为的,依照《全国法院贯彻实施民法典工作会议纪要》第3条规定,受欺诈方享有撤销权。

4. 一方或者第三人胁迫行为

一方或者第三人胁迫行为,依照《全国法院贯彻实施民法典工作会议纪要》第4条规定,是指以给自然人及其亲友的生命、身体、健康、名誉、荣誉、隐私、财产等造成损害或者以给法人、非法人组织的名誉、荣誉、财产等造成损害为要挟,迫使其作出不真实的意思表示的民事法律行为,可以认定为《民法典》第150条规定的胁迫。对此,受胁迫方有权请求人民法院或者仲裁机构予以撤销。

5. 显失公平的民事行为

显失公平,是指一方当事人利用对方处于困境,或者缺乏判断能力等情况,与对方当事人实施的对自己明显有重大利益而使对方明显不利的民事法律行为。构成显失公平,受损害方有权请求人民法院或者仲裁机构予以撤销。受到损害的一方基于显失公平的民事法律行为享有撤销权,有权向人民法院或者仲裁机构请求行使撤销权,撤销显失公平的合同行为。

《民法典》第151条对显失公平的民事法律行为的行为人使用了"缺乏判断能力"的用语。对此如何认定,根据《合同编通则解释》第11条规定,合同的当事人一方是自然人,根据该当事人的年龄、智力、知识、经验并结合交易的复杂程度,能够认定其对合同的性质、合同订立的法律后果或者交易中存在的特定风险缺乏应有的认知能力的,可以认定为"缺乏判断能力"。

(三)撤销权

撤销权人是可以行使撤销可撤销的民事法律行为的权利的人。《民法典》规定,重大误解的行为人、欺诈行为的受欺诈方、胁迫行为的受胁迫方、显失公平行为的受损害方,是撤销权人,有权请求人民法院或者仲裁机构行使撤销权。

撤销权是当事人依照自己的意思消灭民事法律行为效力的权利。撤销权既不是请求相对人为一定行为的权利即债权,也不是对可撤销行为的支配权,其属于形成权。

《民法典》第152条规定了可撤销的民事法律行为的一般除斥期间，区分不同情况作出不同的规定，在一般情况下，除斥期间为1年；但是重大误解是当事人由于自己的过失造成该法律行为可撤销，因此除斥期间大大缩短，仅规定为90日；上述两项的起算时间是自知道或者应当知道撤销事由之日起。对于受胁迫的可撤销的民事法律行为，尽管除斥期间也是1年，但是对起算时间有特别规定，自胁迫行为终止之日起计算除斥期间，对受胁迫的当事人在除斥期间的起算上予以特别保护。

当事人自民事法律行为发生之日起5年内没有行使撤销权的，撤销权消灭。这是撤销权的最长除斥期间。

撤销权属于撤销权人享有的民事权利，是否行使该权利是撤销权人的自由，撤销权人放弃撤销权的，法律不予干涉。

引例分析

确认合同的效力规则，应当适用《民法典》总则编第六章关于民事法律行为效力的规定，合同编对合同效力的规定是拾遗补阙，仅规定了民事法律行为效力规则中没有规定的部分。因此，合同效力状态分为合同效力待定、合同绝对无效和可撤销合同即合同相对无效。

本案当事人争议的焦点，是原、被告双方签订的《商品房预售合同》是否因原告被被告欺诈而导致被撤销，即被告的行为是否构成欺诈。从本案的事实来看，被告的欺诈行为是存在的，虽然在房屋所有权证上房屋用途是“办公”，但是被告的所有宣传和管理行为都声称房屋用途为“商铺”，直到消防部门确认不得作为商铺使用后，才不得不承认争议的商铺为办公房。同时，被告的欺诈行为具有持续性，不仅在签订合同时就承诺标的房产为商铺，而且还在《交付入住通知书》中要求原告以商铺标准交纳物业服务费，甚至还指定招商部与原告及其他负三层业主签订《委托招商协议书》，协议书公开载明负三层为商铺。因此，被告的行为完全可以认定为欺诈。原告因受被告欺诈而签订的合同，符合《民法典》第148条关于一方以欺诈手段，使对方在违背真实意思的情况下实施的民事法律行为，受欺诈方有权请求人民法院或者仲裁机构予以撤销的规定，法院判决撤销涉案合同，返还购房款，赔偿利息和物业费损失，是完全正确的。

第三节　合同效力的特别规定

引　例

被告公路运输公司系国有资本投资设立并控股的有限责任公司，公司重大决策由董事会决定。原告陈某某承包公路运输公司的车辆运输。公司的法定代表人秦某某向原告借款。原告分三次给付秦某某50万元，秦某某向陈某某出具借条，载明：“今借陈某某人民币伍拾万元整，借期六个月归还。”在保证人处加盖被告公章，并注明保证人承担连带保证责任。秦某某逾期未归还借款,原告以公路运输公司未为秦某某借款承担保证责任为由,向法院起诉,请求判令公路运输公司承担连带保证责任。

法院审理认为,秦某某虽为被告的法定代表人,但其加盖被告公章为自己的借款提供担保,属于无权代表行为。且被告系国有资本控股公司,根据《企业国有资产法》第30、33条之规定,国有资本控股公司为他人提供大额担保,须由公司股东会、股东大会或者董事会决定,秦某某的行为超越了其权限。无权代表行为的对外效力,应考量陈某某是否知道或者应当知道秦某某的行为超越权限。陈某某系公路运输公司的车辆承包人,应当知晓公司的性质以及相关议事规则,以及公司对外提供担保须经董事会决定,且秦某某以公司为其个人的债务提供担保,其行为具有明显的越权外观,原告根据借条理应知道秦某某的行为不是代表公司的职务行为。因此,综合考虑案件的交易经过和事实,陈某某不属于善意相对人,秦某某的代表行为对被告不产生效力,涉案保证合同无效。故判决驳回原告的诉讼请求。

| 法律问题 |

1. 无权代理合同的视为追认
2. 法定代表人、负责人越权订立合同的效力
3. 超越经营权限订立合同的效力
4. 合同事先免责条款无效

一、无权代理订立的合同和越权职务代理订立的合同

(一)无权代理订立的合同

《民法典》第503条规定:"无权代理人以被代理人的名义订立合同,被代理人已经开始履行合同义务或者接受相对人履行的,视为对合同的追认。"这是一个不完整规范,是对无权代理人订立合同发生追认效力的规定,也是衔接《民法典》第171条规定的规则。

无权代理人以被代理人的名义订立的合同,本来受《民法典》第171条规范,未经被代理人追认的,该合同对被代理人不发生效力。第171条规定的内容是:"行为人没有代理权、超越代理权或者代理权终止后,仍然实施代理行为,未经被代理人追认的,对被代理人不发生效力。相对人可以催告被代理人自收到通知之日起三十日内予以追认。被代理人未作表示的,视为拒绝追认。行为人实施的行为被追认前,善意相对人有撤销的权利。撤销应当以通知的方式作出。行为人实施的行为未被追认的,善意相对人有权请求行为人履行债务或者就其受到的损害请求行为人赔偿。但是,赔偿的范围不得超过被代理人追认时相对人所能获得的利益。相对人知道或者应当知道行为人无权代理的,相对人和行为人按照各自的过错承担责任。"

《民法典》第503条规定的是,对于无权代理人以被代理人的名义订立的合同,尽管被代理人没有明示确认予以追认,但是,被代理人已经开始履行该合同约定的义务,或者对对方当事人的履行行为予以受领的,就以被代理人的实际行为表明他已经接受了该合同订立的事实,并且承认其效力,因而视为被代理人对该合同予以追认,对无权代理人订立的该合

同，被代理人应当承受法律上的后果，负担应当履行的义务，享有应当享有的权利。对此，被代理人不得再主张该合同对其不发生效力，善意相对人也不得对该合同行使撤销权。

这一规则的核心内容是，被代理人对无权代理人订立的合同已经开始履行合同义务或者接受相对人履行的，视为追认。视为追认等同于追认，结合《民法典》第171条无权代理的规则，虽然被代理人对无权代理人以被代理人名义订立的合同没有明示的追认，但是，却以其履行的行为或者接受履行的行为，表明了其追认的意思表示，因而该合同就发生效力。

（二）越权职务代理订立的合同

《民法典》第170条规定了职务代理，但是，没有规定对职务代理超越职权范围进行的交易行为应当如何认定其效力。《合同编通则解释》第21条以《民法典》第170条规定的代理和第172条规定的表见代理规则为依据，对职务代理人的追偿权，根据《民法典》第1191条第1款的规定确定了具体规则。

1. 认定越权职务代理的基本规则是，法人、非法人组织的工作人员就超越其职权范围的事项以法人、非法人组织的名义订立合同，相对人主张该合同对法人、非法人组织发生效力并由其承担违约责任的，不予支持。但是，法人、非法人组织有过错的，可以参照《民法典》第157条的规定，判决其承担相应的赔偿责任。如果构成表见代理的，应当依据《民法典》第172条的规定，依照表见代理的规则处理。

2. 认定超越职务代理行为的范围是，合同所涉事项有下列情形之一的，应当认定法人、非法人组织的工作人员在订立合同时超越其职权范围：(1)依法应当由法人、非法人组织的权力机构或者决策机构决议的事项；(2)依法应当由法人、非法人组织的执行机构决定的事项；(3)依法应当由法定代表人、负责人代表法人、非法人组织实施的事项；四是不属于通常情形下依其职权可以处理的事项。

3. 合同所涉事项未超越依据司法解释该条前款确定的职权范围，但是超越法人、非法人组织对工作人员职权范围的限制，相对人主张该合同对法人、非法人组织发生效力并由其承担违约责任的，应予支持。但是，法人、非法人组织举证证明相对人知道或者应当知道该限制的除外。

4. 法人、非法人组织承担民事责任后，向故意或者有重大过失的工作人员追偿的，依法予以支持。这是依据《民法典》第1191条第1款的规定确定的规则。

二、法定代表人、负责人越权代表订立合同的效力

（一）法定代表人、负责人超越权限订立合同效力的一般规则

《民法典》第504条规定："法人的法定代表人或者非法人组织的负责人超越权限订立的合同，除相对人知道或者应当知道其超越权限外，该代表行为有效，订立的合同对法人或者非法人组织发生效力。"这是对法人的法定代表人、非法人组织的负责人超越权限订立合同效力的规定，衔接的是《民法典》第61条第3款规定，"法人章程或者法人权力机构对法定代表人代表权的限制，不得对抗善意相对人"。

法人、非法人组织的法定代表人、负责人超越权限订立的合同的效力，也称为表见代表

的效力。[7] 法人的法定代表人或者非法人组织的负责人,在订立合同时超越权限,对于这种合同是否具有法律效力,主要的标准是相对人是否知道或者应当知道其超越权限。如果相对人知道或者应当知道对方的法定代表人或者负责人超越权限,这个相对人就是非善意,订立的这个合同就不发生效力,法人或者非法人组织就可以以此对抗非善意的相对人,主张合同无效或者不生效。如果相对人不知道也不应当知道法定代表人或者负责人订立合同超越权限,且无过失,即相对人为善意,则该合同发生法律效力,法人或者非法人组织不得以法定代表人或者负责人超越权限而对抗善意相对人,不得主张该合同无效。

《合同编通则解释》第20条对如何适用《民法典》第504条规定作出了具体解释。

1. 违法的越权代表订立合同的效力规则。法律、行政法规为限制法人的法定代表人或者非法人组织的负责人的代表权,规定合同所涉事项应当由法人、非法人组织的权力机构或者决策机构决议,或者应当由法人、非法人组织的执行机构决定,法定代表人、负责人未取得授权而以法人、非法人组织的名义订立合同,未尽到合理审查义务的相对人主张该合同对法人、非法人组织发生效力并由其承担违约责任的,不予支持,但是法人、非法人组织有过错的,可以参照《民法典》第157条的规定判决其承担相应的赔偿责任。相对人已尽到合理审查义务,构成表见代表的,人民法院应当依据《民法典》第504条的规定处理。

2. 违章的越权代表行为订立合同的效力规则。合同所涉事项未超越法律、行政法规规定的法定代表人或者负责人的代表权限,但是超越法人、非法人组织的章程或者权力机构等对代表权的限制,相对人主张该合同对法人、非法人组织发生效力并由其承担违约责任的,应当依法予以支持。但是,法人、非法人组织举证证明相对人知道或者应当知道该限制的除外。

3. 追偿权。法人、非法人组织承担民事责任后,有权向有过错的法定代表人、负责人追偿因越权代表行为造成的损失。法律、司法解释对法定代表人、负责人的民事责任另有规定的,依照其规定。

(二)法定代表人、负责人越权提供担保的效力

最高人民法院《关于适用〈中华人民共和国民法典〉有关担保制度的解释》(以下简称《担保制度解释》)对法定代表人、负责人越权担保的效力作了规定,具有重要价值。该解释第7条规定:"公司的法定代表人违反公司法关于公司对外担保决议程序的规定,超越权限代表公司与相对人订立担保合同,人民法院应当依照民法典第六十一条和第五百零四条等规定处理:(一)相对人善意的,担保合同对公司发生效力;相对人请求公司承担担保责任的,人民法院应予支持。(二)相对人非善意的,担保合同对公司不发生效力;相对人请求公司承担赔偿责任的,参照适用本解释第十七条的有关规定。法定代表人超越权限提供担保造成公司损失,公司请求法定代表人承担赔偿责任的,人民法院应予支持。第一款所称善意,是指相对人在订立担保合同时不知道且不应当知道法定代表人超越权限。相对人有证据证明已对公司决议进行了合理审查,人民法院应当认定其构成善意,但是公司有证据证明相对人知道或者应当知道决议系伪造、变造的除外。"

---

[7] 朱广新、谢鸿飞主编:《民法典评注·合同编通则》(1),中国法制出版社2020年版,第329页。

公司的法定代表人违反法律关于公司对外担保决议程序的规定，超越权限代表公司与相对人订立担保合同，公司主张不承担担保责任的，人民法院应予支持。这是公司法定代表人越权签订担保合同的基本效力。

例外的规则是，公司的法定代表人虽然超出了授权范围，与他人订立了担保合同，但只要是善意相对人依照该担保合同的约定，请求公司承担担保责任的，合同的效力就不受影响，发生担保合同的效力，公司不能以法定代表人超越权限为由，主张法定代表人越权代表公司与相对人订立的担保合同无效。法定代表人越权代表公司与他人订立合同不得对抗善意相对人。善意，是指相对人在订立担保合同时不知道并且不应当知道法定代表人超越权限订立担保合同。相对人在证明自己的善意时，除了应当证明自己不知道且不应当知道法定代表人越权担保外，还须证明自己已经对公司决议进行了合理审查。

相对人主张自己不知道并且不应当知道法定代表人越权担保，且有证据证明其对公司决议进行了合理审查，提供担保的公司仍然有举证责任倒置的机会，可以提出证据证明相对人知道或者应当知道决议系伪造或者变造的，就能够否定相对人的证明，否定其不知道或者不应当知道法定代表人越权担保的主张。

三、当事人超越经营范围订立合同的效力

《民法典》第 505 条规定："当事人超越经营范围订立的合同的效力，应当依照本法第一编第六章第三节和本编的有关规定确定，不得仅以超越经营范围确认合同无效。"这是对超越经营范围订立合同效力的规定，衔接的是《民法典》第 65 条规定。

《民法典》第 65 条规定："法人的实际情况与登记的事项不一致的，不得对抗善意相对人。"在当事人超越经营范围订立的合同的效力方面，这一规定只是表明，法人不得以此对抗善意相对人，但是，在具体的合同效力上应当如何体现，需要进一步规定。

按照《民法典》第 505 条的规定，当事人超越经营范围订立的合同的效力，依照《民法典》总则编第六章关于民事法律行为效力问题的规定以及本编关于合同效力的有关规定，如果符合民事法律行为绝对无效、相对无效或者效力待定的规定，则应当依照相应的规定对合同效力做出评价；如果符合合同编第三章规定的无效的情形，则应当依照这些具体规定。如果既不符合民事法律行为绝对无效、相对无效以及效力待定的情形，又没有合同编第三章规定的情形，就不能依照第 65 条的规定，对这个合同仅以订立的合同超越了该法人或者非法人组织的经营范围而主张确认合同无效。这一规则，体现了《民法典》第 65 条规定的不得对抗善意相对人的要求。

四、多份合同的效力

在社会经济生活中，常见阴阳合同、黑白合同等多份合同的现象。对多份合同怎样判断其中哪一份合同有效，在司法实践中是比较困难的。《合同编通则解释》第 14 条对此作出了具体规定，统一了在司法实践中应当依照隐藏行为规则认定的规则。

根据该条第 1 款规定：(1)当事人之间就同一交易订立多份合同，应当认定其中以虚假意思表示订立的合同无效，认定的依据是《民法典》第 146 条第 1 款的规定。(2)当事人为规避法律、行政法规的强制性规定，以虚假意思表示隐藏真实意思表示的，应当依据《民法

典》第 153 条第 1 款的规定认定被隐藏合同的效力。(3)当事人为规避法律、行政法规关于合同应当办理批准等手续的规定,以虚假意思表示隐藏真实意思表示的,应当依据《民法典》第 502 条第 2 款的规定认定被隐藏合同的效力。后两种合同无效,是依照《民法典》第 146 条第 2 款的规定,适用被隐藏行为的法律规定确认合同的效力。

该条第 2 款规定,依据前款规定认定被隐藏合同无效或者确定不发生效力的,应当以被隐藏的合同为事实基础,依据《民法典》第 157 条的规定,确定当事人的民事责任。但是,法律另有规定的除外。

该条第 3 款规定,当事人就同一交易订立的多份合同均系真实意思表示,且不存在其他影响合同效力情形的,法院应当在查明各合同成立先后顺序和实际履行情况的基础上,认定合同内容是否发生变更。例如,当事人订立了数份内容相似但有所不同的合同,都是当事人的真实意思表示,后合同的约定就是对前合同的变更。当然,法律、行政法规禁止变更合同内容的,应当认定合同的相应变更无效。

五、名实不符合同的效力

在社会经济生活中经常出现合同名实不符的情形,也就是合同的标题写的是一种合同性质,当事人在合同内容中约定的却是另外一种合同内容,不属于合同标题规定的性质。这种情况很容易错误认定法律关系的性质。例如,双方约定的合同名称是借贷合同,但合同的实际内容是通过借贷的方式向对方当事人支付预付款。这就是名实不符的合同。

对于名实不符的合同,应该追求当事人的真意,确定当事人真实的意思表示是合同的内容。所以,对名实不符合同认定其真实性质,主要是看合同约定的内容,而不是只看合同的标题。

根据《合同编通则解释》第 15 条规定,法院在认定当事人之间的权利义务关系时,对名实不符的合同效力,不应当拘泥于合同使用的名称,而应当根据当事人之间的权利义务关系约定的内容。这是认定名实不符合同的真实意思表示的根本方法。

当事人如果主张的权利义务关系与根据合同的内容认定的权利义务关系不一致,就是一种名实不符的情形。在这种情况下,法院应当结合缔约背景、交易目的、交易结构、履行行为以及当事人是否存在虚构交易标的等事实,认定真实的民事法律关系。这就是对合同的整体解释,虽然当事人主张的权利义务关系与合同确定的权利义务关系不一致,根据上述因素,能够正确认定真实的法律关系。

合同的缔约背景、交易目的、交易结构、履行行为和当事人是否存在虚构交易标的等因素,概括的是一个合同的真实情况。把这些因素综合在一起,能够准确地认定当事人之间的权利义务关系的实际情况。

六、无权处分合同的效力

对无权处分,《民法典》物权编作了具体规定;对无权处分订立的合同的效力,《民法典》第 597 条规定,因出卖人未取得处分权致使标的物所有权不能转移的,买受人可以解除合同并请求出卖人承担违约责任。这是就买卖合同作出的规定,适用的原则是无权处分并不影响所订立合同的效力,合同照样成立,由于无权处分的合同标的物无法转移权利,因而应当承担违约责任。

无权处分是交易领域中经常出现的现象，一方面涉及合同本身的效力，另一方面涉及善意取得的适用。对无权处分合同的效力规则，虽然《民法典》没有作出明确规定，但是可以适用上述原则统一裁判规则，《合同编通则解释》第 19 条据此规定了认定无权处分合同效力的具体规则。

1. 以转让或者设定财产权利为目的订立的合同，当事人或者真正权利人仅以让与人在订立合同时对标的物没有所有权或者处分权为由主张合同无效的，不予支持；因未取得真正权利人事后同意或者让与人事后未取得处分权导致合同不能履行，受让人主张解除合同并请求让与人承担违反合同的赔偿责任的，依法予以支持。

2. 依照上述规定认定有效的合同，且让与人已经将财产交付或者移转登记至受让人，真正权利人请求认定财产权利未发生变动或者请求返还财产的，是应予支持的。但是，受让人依据《民法典》第 311 条等规定，主张其为善意取得财产权利的，不予以支持。

七、印章与合同效力

《民法典》对合同书的签章作出了规定。在法人、非法人组织签订合同时，涉及法人、非法人组织加盖印章，与法定代表人、负责人或者其工作人员签名、按指印对合同效力的影响问题，《民法典》没有具体规定，司法实践中的情况复杂，应当有针对性地规定具体的解决办法，统一裁判规则。《合同编通则解释》第 22 条对此规定了三种具体解决办法，还对三种情形如果构成表见代理时的解决办法作了规定。

1. 法定代表人、负责人或者工作人员以法人、非法人组织的名义订立合同且未超越权限，法人、非法人组织仅以合同加盖的印章不是备案印章或者系伪造的印章为由主张该合同对其不发生效力的，不予支持。

2. 合同系以法人、非法人组织的名义订立，但是仅有法定代表人、负责人或者工作人员签名或者按指印而未加盖法人、非法人组织的印章，相对人能够证明法定代表人、负责人或者工作人员在订立合同时未超越权限的，应当认定合同对法人、非法人组织发生效力。但是，当事人约定以加盖印章作为合同成立条件的除外。

3. 合同仅加盖法人、非法人组织的印章而无人员签名或者按指印，相对人能够证明合同系法定代表人、负责人或者工作人员在其权限范围内订立的，应当认定该合同对法人、非法人组织发生效力。

4. 在该条前三款规定的情形下，法定代表人、负责人或者工作人员在订立合同时虽然超越代表或者代理权限，但是依据《民法典》第 504 条的规定构成表见代表，或者依据《民法典》第 172 条的规定构成表见代理的，应当认定合同对法人、非法人组织发生效力。

八、法定代表人、负责人或者代理人与相对人恶意串通

《民法典》第 164 条第 2 款规定："代理人和相对人恶意串通，损害被代理人合法权益的，代理人和相对人应当承担连带责任。"《合同编通则解释》第 23 条第 1 款规定的法定代表人、负责人或者代理人与相对人之间的恶意串通，是参照《民法典》第 164 条第 2 款的规定，对法人的法定代表人、非法人组织的负责人或者代理人与相对人恶意串通的法律后果，

作出了所订立合同无效的解释。因此,法定代表人、负责人或者代理人与相对人恶意串通,以法人、非法人组织的名义订立合同,损害法人、非法人组织的合法权益,法人、非法人组织主张不承担民事责任的,应予支持。法人、非法人组织请求法定代表人、负责人或者代理人与相对人对因此受到的损失承担连带赔偿责任的,也应予支持。

对于这种情形的举证责任,该条第2款规定,根据法人、非法人组织的举证,综合考虑当事人之间的交易习惯、合同在订立时是否显失公平、相关人员是否获取了不正当利益、合同的履行情况等因素,能够认定法定代表人、负责人或者代理人与相对人存在恶意串通的高度可能性的,可以要求前述人员就合同订立、履行的过程等相关事实作出陈述或者提供相应的证据。其无正当理由拒绝作出陈述,或者所作陈述不具合理性又不能提供相应证据的,可以认定恶意串通的事实成立。

九、备案合同或者已批准合同等的效力认定

《合同编通则解释》第13条还规定了认定合同效力的一个特别规则,即合同存在无效或者可撤销的情形,当事人以该合同已在有关行政管理部门办理备案、已经批准机关批准或者已依据该合同办理财产权利的变更登记、移转登记等为由,主张合同有效的,法院不予支持。

十、合同事先免责条款无效

(一)合同事先免责条款的含义

合同事先免责条款,是指双方当事人在合同中预先达成一项协议,免除将来可能发生损害的赔偿责任的条款。事先免责条款分为人身伤害的免责条款和财产损害的免责条款。《民法典》第506条规定了这一规则。

事先免责条款的形式分为以下四种:(1)全部免责条款,未来的受害人放弃将来对本应承担责任的人提出的全部赔偿请求。(2)部分免责条款,受害人事先同意接受以特定方式计算的、不超过一定数额的有限赔偿。(3)受时间限制的免责条款,受害人必须在有限的时间内提出自己的请求,逾期不再享有请求赔偿的权利。(4)通过罚款的免责条款,当事人同意在日后发生损害时将支付一笔固定数额的款项给受害人,即免除责任。

原《合同法》规定了事先免责条款无效规则,是我国民事立法第一次确立这一规则。《民法典》第506条继续确认这一规则,即人身损害事先免责条款和故意或者重大过失损害财产的事先免责条款无效。

(二)人身损害的事先免责条款

人身损害的事先免责条款,是在合同中约定当事人在执行合同中造成人身损害,对方当事人免除赔偿责任的条款。这种事先免责条款无效。

在合同中约定人身损害的事先免责条款,在劳动合同中最常见。例如,在招工登记表上注明"工伤概不负责任"的内容;工人受工伤后,厂方根据当时签订的"被雇人员伤亡厂方

概不负责”的合同，拒绝予以赔偿。[8] 这两个劳务合同中关于厂方概不负工伤事故赔偿责任的约定，就是事先免责条款。

对人身损害事先免责条款的规定，比财产损害的事先免责条款的要求更严格。对财产损害的事先免责条款无效的规定，是“因故意或者重大过失造成对方财产损失的”免责条款为无效。对人身损害的免责条款规定是“造成对方人身损害免责的”条款均为无效。在所有的合同中，双方当事人约定免除人身损害赔偿责任的，都没有法律上的拘束力，都不能预先免除造成损害一方的赔偿责任。劳动者在执行劳动合同中遭受工伤损害，都有权获得赔偿，可以直接向雇主请求，也可以向劳动管理部门申请处理，以保证工伤事故赔偿权利的实现。在其他合同中，凡是约定人身损害免责条款的，也都无效。

人身损害的事先免责条款无效尽管是绝对无效，但是有些人身损害事先免责条款应当认为是有效的。例如，在竞技体育中，对于某些有严重危险的项目，事先约定免除人身损害的竞赛者的民事责任，这样的人身损害事先免责条款是有效的。如拳击、散打、跆拳道、搏击等项目，因一方过失造成对方的人身损害，不得要求承担赔偿责任；只有故意伤害对方当事人的，才应当承担赔偿责任。

（三）故意或者重大过失损害财产的事先免责条款

故意或者重大过失损害财产的事先免责条款，一般是合同中的事先免责条款，也包括财产损害的侵权行为事先免责条款。在合同中事先约定对免除当事人造成合同标的以外的财产损害赔偿责任的，是侵权行为的免责条款。

无论是免除合同中的财产损害赔偿责任条款，还是免除合同以外的财产损害赔偿责任条款，按照《民法典》第 506 条第 2 项的规定，具备下列条件的，该条款无效。

1. 故意造成对方财产损失的免责条款一律无效。凡是在合同中事先约定对故意造成对方当事人财产损失免除其赔偿责任的，一律无效。若非如此，合同当事人可以在合同中借签订免责条款，逃避法律制裁，使受害人在免责条款的约束下，无从得到法律上的救济，这是不公平的。这样的内容因为违反法律的强制性规定而不具有法律上的效力。

2. 重大过失造成对方财产损失的免责条款一律无效。免除因重大过失给对方造成财产损失的赔偿责任条款，也一律无效。因一般过失造成对方当事人财产损失的免责条款，不受这一规定的约束，可以按照当事人的约定，免除赔偿责任。

引例分析

本案争议焦点是涉案保证合同是否有效。《民法典》第 504 条规定：“法人的法定代表人或者非法人组织的负责人超越权限订立的合同，除相对人知道或者应当知道其超越权限外，该代表行为有效，订立的合同对法人或者非法人组织发生效力。”根据这一规定，法人的法定代表人或者非法人组织的负责人超越权限订立的合同，如果相对人知道或者应当知道其超越代表权限的，该合同对法人或者非法人组织不发生效力。

在认定超越代表权限的合同的效力时，相对人是否具有善意是关键，如果相对人为

---

〔8〕 杨立新：《疑难民事纠纷司法对策》，吉林人民出版社 1991 年版，第 355 页。

善意,则合同有效,否则无效。在本案中,被告系国有资本投资设立并控股的有限责任公司,其法定代表人秦某某虽然代表法人实施民事法律行为发生效力,但是其未经公司董事会同意,在涉案借条落款的保证人处加盖公司公章,为自己向陈某某的个人借款提供担保,且注明为连带责任保证,显然是越权担保。原告系该公司的车辆承包人,法院判决认定其知道秦某某越权代表的事实,其实不够准确,而应当认定为应当知道而未知道,其对未知具有过失,因而构成非善意。故本案的保证合同因相对人不具有善意,应当认定无效。法院判决保证合同无效是正确的。

第四节　合同无效的一般后果

引　例

原告徐某明与被告徐某盛系堂兄弟关系。被告徐某盛与被告季某娇原系夫妻关系,于2011年4月22日登记结婚,2014年4月经法院判决离婚。2011年6月3日,两被告向原告借款。原告于同日向信用社贷款20万元,通过转账方式出借给两被告。因两被告未按约还款,原告于2013年5月20日用向他人所借的20万元归还了信用社贷款。同年5月28日,原告又以房屋装修为由向信用社贷款20万元,用以归还向他人所借的款项,两被告为原告提供抵押担保,三方签订《个人抵押借款合同》,约定借款金额为20万元;借款期限为2013年5月29日起至2015年5月25日止;利息按月利率8.3025‰计算;还款方式为到期还本,按季还息。次日,被告向原告出具借条,约定所欠20万元于两年内归还,利息按月利率2%计算;如逾期未还,可向原告所在地法院起诉,由此产生的律师费由借款人承担。原告按约履行《个人抵押借款合同》向信用社还本付息后,向两被告催索借款无果,为此诉至法院,请求两被告归还原告借款本金20万元并支付利息,赔偿原告律师代理费。

法院审理认为,本案原告以房屋装修为由,向金融机构套取信贷资金转贷给两被告,且两被告事先知道,双方之间的借款合同违反法律法规强制性规定,应认定为无效。合同无效,合同当事人因该合同取得的财产,应当予以返还。因此,两被告基于无效合同取得的20万元款项应当返还,承担已实际向信用社支付的利息。合同无效不影响合同中有关解决争议方法的条款的效力,因此对原告要求两被告承担律师费损失的请求予以支持,故判决二被告共同返还原告借款本金20万元并支付自2013年5月29日起至2015年5月25日止按月利率8.3025‰计算的利息,同时承担原告聘请律师的费用损失。

法律问题

1. 合同无效溯及既往
2. 合同部分无效
3. 解决争议方法条款

一、合同无效溯及既往

合同被确认为无效或者被撤销以后，其结果是该合同自始无效。这就是合同无效溯及既往的效力，无论是绝对无效合同还是相对无效合同，都是如此。《民法典》第 155 条规定："无效的或者被撤销的民事法律行为自始没有法律约束力。"合同当然如此。

绝对无效合同，是因合同内容违反法律、行政法规的强制性规定或者违反公序良俗而无效，因而在订立之始就没有效力。这种无效是绝对无效，不仅自始无效，而且不准当事人予以追认。

相对无效合同，在经过当事人请求，依法对合同予以撤销之后，该合同虽然在撤销前曾经有过一段效力，但是，合同一经撤销就自始无效，其无效的后果溯及既往，前面曾经发生过的效力亦一并消灭，回归到没有合同的状态。

合同无效，是合同不发生应有的法律约束力，合同约定的权利义务不再发生，与原来没有订立合同的状况是一样的。但这并不是说，合同无效或者被撤销就不发生任何法律后果。恰恰相反，合同无效或者被撤销所发生的法律后果以及如何承担须由法律作出明确规定。

二、合同部分内容无效不影响其他部分内容的效力

《民法典》第 156 条规定："民事法律行为部分无效，不影响其他部分效力的，其他部分仍然有效。"合同部分无效，是合同的部分内容违反法律或公序良俗等，其他部分并不存在这样的内容。这就是合同"部分无效、部分有效"。

如果合同无效部分的内容影响其他部分内容的效力，则合同全部无效。例如，双方当事人买卖国家禁止流通的物品，尽管合同的其他条款都符合国家的规定，但是，由于无效的内容影响其他内容的效力，故该合同的全部内容均为无效。

三、合同无效不影响解决争议方法条款的效力

《民法典》第 507 条规定："合同不生效、无效、被撤销或者终止的，不影响合同中有关解决争议方法的条款的效力。"这样规定是为了保持对不生效、无效、被撤销或者终止的合同的争议有可行的解决办法，因此，无论是合同不生效、无效，还是被撤销或者终止，都不能影响合同中关于解决合同争议方法条款的效力，处理争议还必须按照原来合同的约定进行。这里包括四个内容：

1. 合同不生效的，解决合同争议方法的条款发生效力。双方当事人订立的合同，因欠缺生效要件而使合同未生效，但该合同中有关解决合同争议的条款仍发生效力，因为对未生效的合同发生争议，当事人在该合同中约定的解决合同争议的条款如果不生效，就没有了解决的方法。

2. 合同被宣告无效的，解决合同争议方法的条款继续有效。合同无效是指合同的绝对无效、全部无效。合同全部无效不包括解决合同争议方法的条款，该条款继续有效。如果这样的条款也一并无效，对合同争议的解决就没有应当依循的办法。只有按照原来合同约定的解决方法解决，才符合当事人的原意，仲裁机构或者法院才有权进行管辖。

3. 合同被撤销的,解决合同争议方法的条款不能撤销。对相对无效合同,撤销权人请求予以撤销,仲裁机构或法院可以在查清事实的基础上,对合同予以撤销。但是,撤销合同不能将解决合同争议方法的条款一并撤销,因为在具体处理这种争议时,已经按照合同原来的约定实施,再撤销是没有意义的。

4. 合同终止,解决合同争议方法的条款仍然有效。合同终止就是合同的消灭。在合同消灭的事由发生以后,合同依法消灭。如果合同终止后,合同中关于解决合同争议方法的条款不再发生效力,在当事人对合同发生争议时就没有办法解决。

四、合同不成立、无效、被撤销或者确定不发生效力的法律后果

(一)返还财产、折价补偿、赔偿损失和其他措施

合同不成立、无效、被撤销或者确定不发生效力的法律后果怎样确定,《民法典》合同编通则没有具体规定,《合同编通则解释》第 24 条规定的规则是:

1. 当事人请求返还财产,经审查财产能够返还的,法院应当根据案件具体情况,单独或者合并适用返还占有的标的物、更正登记簿册记载等方式;经审查财产不能返还或者没有必要返还的,法院应当以认定合同不成立、无效、被撤销或者确定不发生效力之日该财产的市场价值或者以其他合理方式计算的价值为基准判决折价补偿。

2. 当事人还请求赔偿损失的,法院应当结合财产返还或者折价补偿的情况,综合考虑财产增值收益和贬值损失、交易成本的支出等事实,按照双方当事人的过错程度及原因力大小,根据诚信原则和公平原则,合理确定损失赔偿额。

3. 案涉的合同不成立、无效、被撤销或者确定不发生效力,当事人的行为涉嫌违法且未经处理,可能导致一方或者双方通过违法行为获得不当利益的,法院应当向有关行政管理部门提出司法建议。当事人的行为涉嫌犯罪的,应当将案件线索移送刑事侦查机关;属于刑事自诉案件的,应当告知当事人可以向有管辖权的人民法院另行提起诉讼。

(二)价款返还和标的物返还的资金占用费、标的物使用费

合同不成立、无效、被撤销或者确定不发生效力,对价款返还和标的物返还,《民法典》没有明确规定。《合同编通则解释》第 25 条规定了具体办法。

确认合同不成立、无效、被撤销或者确定不发生效力,合同当事人有权请求返还价款或者报酬,还可以请求对方支付资金占用费。对此,应当在当事人请求的范围内按照中国人民银行授权全国银行间同业拆借中心公布的一年期贷款市场报价利率(LPR)计算。如果占用资金的当事人对于合同不成立、无效、被撤销或者确定不发生效力没有过错的,应当以中国人民银行公布的同期同类存款基准利率计算。

双方互负返还义务,当事人主张同时履行的,应予支持;占有标的物的一方对标的物存在使用或者依法可以使用的情形,对方请求将其应支付的资金占用费与应收取的标的物使用费相互抵销的,也应予支持,但是法律另有规定的除外。

| 引例分析 |

合同由于违反法律的强制性规定、违背公序良俗等原因导致无效，该合同对当事人就不再具有拘束力。但是，在认定合同无效之后，当事人因此而发生的纠纷却不能不处理。《民法典》第507条规定，合同不生效、无效、被撤销或者终止的，不影响合同中有关解决争议方法的条款的效力。只有这样，才能够既为法官定分止争提供依据，也符合当事人解决纠纷的真实意思。在本案中，涉案借款合同虽然无效，并不影响合同中有关“律师费由借款人承担”的争议解决条款的效力。法官据此判决被告承担原告的律师费损失，是有理有据的。

本章思考题

1. 怎样理解病态契约概念？
2. 确定合同效力应当怎样适用法律？
3.《民法典》合同编规定的合同效力状态有哪些？与总则编的规定是什么关系？
4. 合同无效的一般后果什么？

第四章　合同的履行

第一节　合同履行的概念及原则

引　例

2010年7月，被告张某与A公司签订《商品房买卖合同》，购买鑫诚公司开发建设的位于田家庵区的商铺，建筑面积72.59平方米，总金额153.87万元。2010年9月1日，原告B公司（甲方）、张某（乙方）、A公司（担保方）、C公司（担保方）签订《商铺委托经营合同》，约定：乙方将其拥有独立产权的田家庵区商铺的使用权委托给甲方统一招租经营，期限15年，商铺租金收益从第4年起计算，第4～7年，甲方每年按照商铺买卖合同总价的9%向乙方支付租金收益；第8～10年，按10%支付租金收益；第11～15年，分别按照11%、12%、13%、14%、15%支付租金收益。租金收益结算时间为每年最后5个工作日。合同还约定，在委托经营期间，为充分保障乙方利益，由A公司和C公司联合担保乙方的利益；乙方委托经营期间收益不能保证的，由开发商和担保公司按照《商品房买卖合同》总价两倍联合回购商铺产权。委托经营合同签订后，原告B公司将被告名下的商铺连同其他业主的商铺整体租赁给某餐饮公司从事酒店经营。被告缴纳了购房款，取得田家庵区商铺的产权证书。后来，受托经营的被告等业主的商铺因民事纠纷被法院强制执行，变卖抵付给银行，某餐饮公司无法继续经营，被迫停业。原告B公司以情势变更为由，向法院提起诉讼，请求法院依法解除原告和被告的《商铺委托经营合同》。

法院审理认为，在案涉《商铺委托经营合同》中，A公司为原告提供担保，且将自有房产交由原告经营管理。在原告与A公司有业务往来的情况下，可以推知原告对A公司的经营情况有所了解。关于涉案商铺的地理位置、内部结构以及商铺之间的布局，原告在签订合同时已充分知悉，具体经营计划亦由原告自行制订，在将所有商铺统一规划使用时，基于正常经济人的理性考量，原告有能力且应当预料到部分商铺产权变动的状况将影响商铺整体经营计划的实施，故本案原告所称因A公司房产被拍卖抵付致使无法整体经营的情况，应属于原告在签订合同时可以预见到的商业风险，且系自身经营管理不善所致，不符合情势变更的规定，不能适用情势变更原则，故驳回原告的诉讼请求。

法律问题

1. 合同履行及其意义
2. 遵守约定原则

3. 诚实信用原则
4. 绿色履行原则
5. 情势变更原则

一、合同履行概述

(一)合同履行的概念

合同履行,是指合同债务人全面地、适当地完成其合同义务,债权人的合同债权得到完全实现。[1]

在传统民法中,合同的履行也称合同的标的,这两个概念基本相同。我国民法习惯使用合同履行的概念,忽略了合同标的的概念。依照合同标的理论和实践,合同履行包括给付与受领。

(二)合同履行的意义

首先,合同履行是一个过程,是合同债务从当事人约定到付诸实施并且予以完成的完整过程。在这样的过程中,有的合同债务是一次性履行,这是一个单个行为的开始到结束;有的合同履行是反复的数个行为,这些行为的集合是合同债务的履行。其次,合同的履行是合同清偿的意思,合同当事人正确履行合同,导致合同关系消灭,因此,合同履行是合同关系消灭最常见的原因。

对合同履行的前一种理解是广义的概念,后一种理解是狭义的概念。《民法典》合同编第四章规定"合同的履行",使用的是广义概念,指的是合同履行的过程。

合同履行既是合同本身法律效力的主要内容,也是合同关系消灭的主要原因:合同法的作用正是在于以法律所具有的特殊强制力,保障合同当事人正确履行合同,使合同关系归于消灭,通过合同关系的不断产生、不断履行和不断消灭,实现社会经济流转。[2]

合同履行还是合同法的核心,是整个合同过程的中心环节。合同成立是合同履行的前提,合同履行是合同债权实现的必经过程。没有合同履行,合同订立就没有意义;没有合同履行,就没有合同债权实现的可能,当事人在订立合同之初对合同利益的期待就无法实现。合同法规定合同担保、合同债权保全以及违约责任等制度所保障的都是合同履行。

二、合同履行的原则

合同履行的原则,是指当事人在履行合同债务时所应遵循的基本准则。[3] 当事人在履行合同债务中,只有遵守这些基本准则,才能实现债权人的债权,当事人期待的合同利益才能实现。

我国《民法典》第509条规定了合同履行的三项原则,一是遵守约定原则,二是诚实信

---

〔1〕 王利明、崔建远:《合同法新论·总则》,中国政法大学出版社1996年版,第317页;崔建远主编:《合同法》(第5版),法律出版社2010年版,第125页。
〔2〕 韩世远:《合同法总论》(第3版),法律出版社2011年版,第233页。
〔3〕 崔建远:《合同法》,法律出版社1998年版,第98页。

用原则,三是绿色履行原则,将其他内容涵盖在这三个原则之中。遵守约定原则包括适当履行、全面履行两项原则所概括的内容;在合同履行中重申诚实信用原则,是为了着意强调协作履行、经济合理等合同履行要求。

合同履行还有一个重要原则,是情势变更原则。这个原则经过长期实践,在合同的履行中对促进交易、平衡当事人的利益冲突起到了重要作用。对此,《民法典》第533条作出明确规定。

(一)遵守约定原则

《民法典》第509条第1款规定:"当事人应当按照约定全面履行自己的义务。"这是履行合同的遵守约定原则,亦称约定必须信守原则。

依法订立的合同对当事人具有法律约束力。遵守约定原则就是源于法律赋予合同的这种法律约束力,法律约束当事人遵守按照自由意志订立的合同的约定。履行过程,是双方遵守约定付诸实施的行为过程,是从约定到实现的过程,是合同本身具有法律效力的集中体现。

遵守约定原则本身意味着双方的履行过程一切都要服从约定,信守约定,约定的内容是什么就履行什么,一切违反约定的履行行为都是对该原则的违背。双方遵守约定的法律保障是合同具有的法律效力,是法律要求当事人遵守并服从约定。

遵守约定原则是全面履行与正确履行等原则的高度概括。当事人必须严格遵守这一原则,违反了该原则,就等于破坏了合同履行的法律基础和根基,动摇了依法确立的合同关系。

1. 适当履行

适当履行又称为正确履行,是指合同当事人按照合同约定的履行主体、标的、时间、地点以及方式等履行,且均须适当,完全符合合同约定的要求。它既是合同当事人履行义务的准则与具体要求,也是衡量合同是否全面履行的标准。

适当履行是遵循与体现遵守约定原则的关键。任何一方当事人不经对方同意,不得变更合同约定的内容。凡是以物作为标的的合同,要按约定的标的物的质量和数量履行。标的物为特定物,不得以种类物代替履行;除法律或双方约定,一般不得以支付金钱的办法代替实物履行。凡是以行为为标的的合同,要依照约定的行为履行,要求合同当事人自己亲自履行的行为,则必须由该当事人自己实施合同约定的行为。

适当履行是法律对双方履行行为的基本要求,包含在遵守约定原则中,是其重要内容之一。合同当事人在运用遵守约定原则时,要正确认识与实现合同约定标的的实际履行,不仅包括交付标的使用价值一方的适当履约行为,也包括支付标的价值(货币)一方的正确偿付行为。我国的合同履行率近年下降,多数表现为一方或双方未能依约定条款适当履行义务,一方的不适当履行导致对方的不适当履行。

2. 全面履行

全面履行是要求合同当事人按照合同约定的各项条款,全部、完整地完成合同义务。合同的全面履行是适当履行的内容,适当履行包括了合同的全面履行。适当履行侧重于债务履行的质,全面履行侧重于合同履行的量。在强调适当履行的同时,再强调合同的全面履行,具有重要意义。

当事人履行合同约定应当遵守关于债务的量的约定。在可以计量的标的、价款、酬金等方面,必须按照当事人的约定给付。给付标的物尽管质量是符合要求的,但数量不足,不符合合同的约定,就是没有全面履行合同。在价款和酬金的给付上通常用货币计量或给付,全面履行就是如数给付。对于有些不易计量的债务履行,通常也有量的概念,在履行中也应当全面履行,如履行行为的次数等。

适当履行和全面履行是一个统一的整体,都是遵守约定原则的具体内容,是对合同当事人履行合同的基本要求。当事人履行合同没有遵守约定,构成违约,应当承担违约责任。

(二)诚实信用原则

诚实信用原则是民法的基本原则,也是合同法的基本原则。《民法典》第 509 条第 2 款规定:"当事人应当遵循诚信原则,根据合同的性质、目的和交易习惯履行通知、协助、保密等义务。"

合同要求当事人讲究诚实信用,不允许欺诈、蒙骗、任意毁约等行为。为了适应经济体制改革和市场经济客观规律的要求,《民法典》明确规定当事人在合同履行中应当遵循诚实信用原则。

诚实信用原则,是指导合同履行的基本原则,对于一切合同及合同履行的一切方面均应适用。在合同履行中强调诚实信用原则,其着眼点在于强调履行合同应当根据合同的性质、目的及交易习惯,全面履行。那些没有约定或者可能没有约定的诸如通知、协助、保密等合同附随的义务,合同法也将履行这些附随义务的要求概括在全面履行中,属于协作履行和经济合理原则的内容。

1. 协作履行

协作履行,要求当事人在履行中不仅要适当、全面履行合同的约定,还要基于诚实信用原则的要求,对对方当事人的履行债务行为给予协助,使对方当事人能更好、更方便地履行合同。

在合同履行行为中,并不是只有债务人一方的给付行为就能够完成履行的。合同的履行是双方的行为,一方当事人为给付,另一方当事人须受领。只有双方当事人实施上述共同行为,才能完成合同的履行行为。在这些方面,债权人和债务人须相互协作,协力完成,合同的适当、全面履行才能实现。

协作履行包括以下内容:

(1)及时通知。凡是在合同履行中发生的对合同的履行有影响的客观情况,当事人都负有相互通知的义务。当事人及时通知,就使对方当事人及时了解,采取对策,避免造成损失。通知对方后,对方也应及时答复,共同协商解决办法。

(2)相互协助。协助是指权利人与义务人相互协作,提供帮助。合同履行是当事人的相互行为,权利的实现需要义务人的合作,义务的履行也需要权利人的帮助。债务人应当适当履行债务,债权人应当适当受领给付;债务人履行债务,有权要求债权人提供必要条件,债权人应当提供方便。

(3)予以保密。一方当事人在履行合同中,对对方的商业秘密、技术秘密等应当严守,如果泄露将承担责任。在合同订立过程中违反保密义务,构成缔约过失责任;在合同履行中违反保密义务构成违约责任。

2.经济合理

我国《民法典》第509条虽然没有明文规定经济合理原则,但在合同履行过程中强调诚实信用原则,理应包括经济合理的要求,当事人在履行合同时应当讲求经济效益,付出最小的成本,取得最佳的合同利益。按照这一原则,债务人在履行债务的过程中,可以选择最经济合理的运输方式、履行期、履行方式,还可以遵循经济合理的原则对合同进行适当变更,以及在违约的处理上采取更经济合理的方法进行。应当注意的是,经济合理的前提是适当履行合同,不能因为经济合理而使合同的履行违反合同约定的基本内容,违背当事人的合同利益。

(三)绿色履行原则

《民法典》第9条规定绿色原则为民法的基本原则。在合同编第509条第3款规定绿色履行原则,是《民法典》对合同履行的新要求。

在合同履行中贯彻绿色原则,具体要求是避免浪费资源、污染环境和破坏生态,把避免浪费资源、污染环境和破坏生态作为合同当事人必须履行的合同义务。

在合同的履行中,绿色履行原则应当贯彻到双方的责任上,一方当事人违反了避免浪费资源、污染环境和破坏生态的绿色履行义务,相应地在承担责任上应当有所体现,可以依照《民法典》侵权责任编中关于污染环境破坏生态的侵权责任的规定,确认其承担侵权责任,甚至承担惩罚性赔偿责任。

(四)情势变更原则

1.情势变更原则的概念和意义

情势变更原则,是指合同依法成立后,因不可归责于当事人的原因,情势发生了不可预见的变更,致使合同的基础丧失或者动摇,若继续维持合同的原有效力会产生显失公平的后果,因而允许变更或者解除合同的规则。因此,情势变更原则是合同履行的原则。〔4〕

2.适用情势变更原则的要件

《民法典》第533条规定:"合同成立后,合同的基础条件发生了当事人在订立合同时无法预见的、不属于商业风险的重大变化,继续履行合同对于当事人一方明显不公平的,受不利影响的当事人可以与对方重新协商;在合理期限内协商不成的,当事人可以请求人民法院或者仲裁机构变更或者解除合同。人民法院或者仲裁机构应当结合案件的实际情况,根据公平原则变更或者解除合同。"按照这一规定,适用情势变更原则的要件如下:

(1)须有情势变更的事实。情势是指作为合同成立基础或环境的客观情况,如战争引起严重的通货膨胀。判断情势变更的事实,应以是否导致合同的基础丧失,是否致使合同的目的落空,是否造成对价关系障碍为标准。情势变更的事实,就是合同的基础条件发生了当事人在订立合同时无法预见且不属于商业风险的重大变化。对如何认定"重大变化",

---

〔4〕 王利明:《合同法研究》(第2卷)(第2版),中国人民大学出版社2011年版,第22页。

《合同编通则解释》第32条第1款规定，合同成立后，因政策调整或者市场供求关系异常变动等原因导致价格发生当事人在订立合同时无法预见的、不属于商业风险的涨跌，继续履行合同对于当事人一方明显不公平的，应当认定合同的基础条件发生了《民法典》第533条第1款规定的“重大变化”。但是，合同涉及市场属性活跃、长期以来价格波动较大的大宗商品以及股票、期货等风险投资型金融产品的除外。

(2)情势变更须发生在合同成立之后至合同履行完毕之前。要求情势变更发生在合同成立之后，是因为如果情势变更发生在合同订立之前，应认为当事人已经认识到发生的事实，合同的成立是以已经变更的事实为基础的，不允许事后调整，只能令明知的当事人自担风险。[5] 合同因履行完毕而消灭，其后发生的情势变更与合同无关，不许变更或者解除合同。

(3)须情势变更的发生不可归责于当事人。即情势变更由不可抗力以及其他当事人意志以外的事件引起。如果情势变更可归责于当事人，则应由其承担风险或违约责任，而不适用情势变更原则。

(4)须情势变更为当事人不可预见。如果当事人在缔约时能够预见情势变更事实的发生，则表明他愿意承担该风险，不再适用情势变更原则。只有情势变更事实的发生为当事人不可预见，才能成立情势变更。

(5)须情势变更使履行原合同显失公平。具体要求是继续履行合同对于当事人一方明显不公平。构成显失公平，应依理性人的看法判断，包括履行特别困难、债权人受领严重不足、履行对债权人无利益等。

3. 情势变更原则的实体法效果

(1)再协商义务。再协商义务也称继续谈判义务，[6] 在适用情势变更原则时，受不利影响的当事人可以与对方就合同内容进行重新协商。协商应以诚信原则为基础，协商成功固然可喜，达不成一致意见也属正常。如果一方当事人违背诚实信用与公平交易原则而拒绝协商或者终止协商，致对方当事人以损害，法院可以判决损害赔偿。

(2)变更合同内容使合同的权利义务公平合理。变更合同内容可以表现为增减合同标的的数额、延期或者分期履行、拒绝先为履行、变更标的物等。

(3)解除合同。如果通过变更合同仍然不能消除显失公平的结果，允许解除合同。

4. 情势变更原则的程序法效果

(1)适用情势变更原则采取当事人主义，由当事人首先进行再协商。

(2)再协商应当在合理期限内进行，在合理期限内再协商不成的，当事人可以请求法院或者仲裁机构变更或者解除合同。

(3)在当事人提出适用情势变更原则请求之后，由法院或者仲裁机构结合案件的实际情况，根据公平原则的要求确定变更或者解除合同。对于究竟是变更合同还是解除合同，《合同编通则解释》第32条第2款规定，合同的基础条件发生了《民法典》第533条第1款

---

〔5〕 王利明、崔建远：《合同法新论·总则》，中国政法大学出版社1996年版，第325～335页；崔建远：《合同法》(第5版)，法律出版社2010年版，第129页。

〔6〕 王利明等：《民法学》(下册)(第6版)，法律出版社2020年版，第683页。

规定的重大变化,当事人请求变更合同的,不得解除合同;当事人一方请求变更合同,对方请求解除合同的,或者当事人一方请求解除合同,对方请求变更合同的,应当结合案件的实际情况,根据公平原则判决变更或者解除合同。

对于如何确定合同变更或者解除的时间,《合同编通则解释》第32条第3款规定,依据《民法典》第533条的规定判决变更或者解除合同的,应当综合考虑合同基础条件发生重大变化的时间、当事人重新协商的情况以及因合同变更或者解除给当事人造成的损失等因素,在判项中明确合同变更或者解除的时间。

(4)适用情势变更原则的裁决是形成裁决,即以裁判变更、解除原来的合同关系,为形成性干预。

(5)情势变更原则是强制性规定,当事人不得约定排除其适用。《合同编通则解释》第32条第4款规定,当事人事先约定排除《民法典》第533条适用的,应当认定该约定无效。

| 引例分析 |

本案的争议焦点是A公司房产被拍卖抵付所欠债务致使无法整体经营的情况是否适用情势变更的规定。依法成立并生效的合同,对当事人具有法律约束力,各方当事人均应秉持诚实信用原则,忠实、全面履行合同约定的内容,不得擅自变更或者解除合同。符合《民法典》第533条规定的情势变更要件的,才能适用情势变更原则的再协商规则,经过再协商还是不能达成协议的,才可以请求人民法院或者仲裁机构变更或者解除合同。

在本案中,原告接受本案被告等业主的委托经营的某餐饮公司与A公司的经营状况紧密关联,A公司的经营一旦发生变故,就有可能影响原告的业务经营,这是原告在订立合同时就有能力且应当预料的商业风险。按照《民法典》第533条的规定,构成情势变更,须具备:(1)合同的基础条件发生了当事人在订立合同时无法预见的重大变化;(2)这种重大变化不属于商业风险;(3)继续履行合同对于当事人一方明显不公平。原告作为谨慎的经营者,对于本案委托经营中的变故不属于无法预见,而是应当预见的重大变化;这种变化是经营中可能遇到的商业风险。从这两个方面而言,本案都不具备情势变更的构成要件,因此不能适用情势变更原则的规定,原告无权因此主张解除《商铺委托经营合同》。法院对本案的判决是正确的。

第二节　给　　付

| 引　例 |

原告罗某某和被告赵某原系合伙关系。散伙后,原告向被告出具3.8万元的欠条,主张被告承担清偿责任。该欠条系双方散伙时,被告为原告出具的。被告在欠条中明确承诺“定于1月内付清此款或给竹签或退拉丝机”,但嗣后未能按时清偿债务。原告多次催告,被告仍未履行。无奈,原告向法院提起诉讼,请求被告按照约定清偿本金及其利息;被告提出用另外两种办法清偿债务,不能支付现金。

一审法院判决被告向原告支付3.8万元本金及其利息。被告不服,提起上诉。

二审法院审理认为,赵某在出具该欠条时,明确承诺"定于1月内付清此款或给竹签或退拉丝机",该承诺具有选择性,属于选择之债,须经过选择确定履行方法后,方可履行。债务人赵某履行其中一项即可清偿该3.8万元债务。赵某逾期未履行上述承诺,原告在本案诉讼中请求被告返还3.8万元欠款,是原告将选择性债权最终确定为"付清此款"。二审法院释明后,原告仍坚持选择"付清此款"的债务履行方式,予以尊重。原审判决赵某清偿3.8万元给罗某某,既符合双方当事人的约定,又尊重债权人的选择,予以维持。赵某上诉请求以返还拉丝机抵销3.8万元欠款债务的主张,被驳回。

|法律问题|

1. 给付及其方法
2. 给付的有效要件
3. 给付的形态
4. 给付的种类

一、给付概述

(一)给付的概念

给付,是在合同之债的关系中,债务人为实现债权人的合同债权,依照合同的宗旨应当实施的行为的总称。与给付相关的概念是履行与清偿。

1. 给付与履行

给付与履行并不是同一概念,二者的区别是:(1)性质不同。给付是债务人应当履行的行为的抽象,其行为的具体内容如何在所不问;履行则是债务人应当实施的具体行为,其行为的具体内容,按照不同的债的要求而不相同,从而具体判断债务人是否完全以及适当履行。(2)形态不同。给付是从静态的角度描述债权债务关系所赖以存在的基础,而履行则是从动态的角度描述债的效力以及债消灭的过程。

2. 给付与清偿

给付也不同于清偿。清偿,是为实现债的目的而为的行为,是消灭债的原因,在一定的意义上,清偿也是给付;但是,给付和清偿是有区别的:给付是任何债权债务直接指向的标的,是抽象的概括而不是具体的行为;清偿是履行的一种,是债务人按照债的要求向债权人履行义务,实现债的目的的具体行为。因此,清偿包括在给付之中,是给付的一种方式。

尽管如此,给付、履行、清偿这三个概念表达的都是债所生的效力,三者的实质都是债务人的作为和不作为,所以,三者的意义大致相同。从债的标的来看,就称为给付;从债的效力来看,就称为履行;从债的消灭来看,就称为清偿。用语的不同,完全因视角的不同而生。

(二)给付的特征

1. 给付是债权债务共同指向的对象。合同之债的标的就是给付。给付是在合同关系中,债权和债务共同指向的对象,实现债权,履行债务,都必须依靠给付行为。没有给付行为,合同的存在就没有意义。

2. 给付是实现合同目的的行为。给付的目的,在于实现合同目的,即为债权人和债务人实现债的期待利益。给付是行为,是为了实现合同目的而应当履行的行为。通过给付行为,合同债权从期待利益转化为具体利益,满足合同的债权人和债务人之间设定合同的目的。

3. 给付是具体的债务履行行为的概括。在合同关系中,债务履行行为多种多样,给付是将这些不同的履行行为高度抽象,概括成为一个浓缩的概念,使之能够概括这些具体的履行行为,成为合同的标的。给付能够概括所有的合同履行行为。

(三)给付的方法

给付的方法,即所谓债务之本旨。如果法律已有规定或者合同已有订立者,则应从其规定或者约定。无法律之规定并合同约定者,债法规定,引以诚实信用原则的方法,诚实信用的意义颇难设抽象之确定,当就具体情形定之,似不外较量当事人双方利益公平妥当而合乎交易上的观念之谓。

二、给付的有效要件

给付作为合同标的,其范围具有广泛性。当事人可以基于自己的意志和利益自由约定合同关系,确定相应的给付。但是,给付范围的广泛性并不意味着给付就可以毫无限制,而是要受到法律的限制。这就是作为债的客体的给付所必须具备的有效要件。有效的给付须具备以下四个要件:

1. 给付须可能。合同的标的必须是可能的。以实现不可能的事项为标的的给付,合同关系无效。

合同标的即给付如果为自始不能,无法使以其为标的的合同关系发生法律效力,这并不是对意思自治原则的限制,应当认为合同关系无效。

合同的标的为不能有四种情形:

(1)给付法律效力的发生在理论上为不能,如就自己的所有物由他人买受其所有权的合同。

(2)给付法律效力的发生在法律上为不能,如在不得设定抵押权的财产上设定抵押权,因其违反法律的规定而使其内容不能实现。

(3)附条件合同关系的条件行为效力的发生为不能,如附不能实现的条件而赠与的合同,因其条件成就不可能,赠与无从发生。

(4)给付法律效力的实现为不能,如让与已烧毁房屋所有权的合同,这时所有权移转的实现为不能,不能认为其有效力。

给付不能包括客观不能和主观不能,事实上的不能和法律上的不能。给付不能,须是确定的不能,如果是一时不能而有可能希望的,不能视为不能。使合同关系无效的不能,应当是自始不能,嗣后不能不发生合同关系无效的后果。全部不能使合同关系全部无效,一部分不能只使合同一部分无效,其余部分仍然有效。

2. 给付须合法。合法是给付的必要条件。民事主体的行为自由应当在法律许可的限度内进行。给付作为合同客体，作为债务人依法应当实施的行为，应当在法律限定的范围内进行，因此，给付必须合法。给付合法，并不一定要求给付完全符合法律的规定。

给付符合法律规定，或者不为法律所禁止，都是合法的给付。前者如按照我国《民法典》示范性规定而约定的给付，符合法律规定，是合法的给付；后者如约定的给付尽管没有法律明文规定，但是并不违反法律的禁止，同样也是合法给付。没有禁止意思自治原则的为任意法，当事人无特别意思表示时则应予适用，合同法多为任意法。

合同系因法律行为而发生，如果当事人对违法的给付进行约定，则其显然违反法律行为的生效要件，从而无法发生合同效力。违法的给付包括违反法律强制性规定的给付和违反公序良俗的给付。

(1)违反法律强制性规定。违反法律强制性规定的给付，是合同的标的为法律禁止，或者是违反了法律、行政法规的强制性规定，法律不能允许其发生合同效力，因此对债权人和债务人没有法律上的约束力。给付违反强制或禁止性的法律规定的一律无效，不问当事人的意思如何，必须适用法律的规定。法律条文中标有"不得""应""须"字样的，一般是强行法，强行法必须遵照执行，给付违反强行法，为不合法，使合同无效。

强制性法律规定，是指直接规定人们的意思表示或事实行为，不允许人们依其意思加以变更或者排除其适用，否则将受到法律制裁的法律规定。其含义是这些法律规定应当适用，而不论当事人的意思如何。强制性法律规定包括全国人民代表大会及其常委会颁布的法律中的强制性规定，以及国务院颁布的行政法规中的强制性规定，对此，不得任意扩大范围。

强制性法律规定分为效力性的强制性规定和管理性的强制性规定。不同的强制性规定对合同效力的影响不同。效力性的强制性规定，是指对违反强制性规定的私法上的行为，在效力后果上以私法上的方式予以一定制裁的强制性规定；管理性的强制性规定，是指该规定被违反后，当事人所预期的私法上的效果不一定会受到私法上的制裁的强制性规定，但这并不排除它可能受到刑事上或行政上的制裁，在德国法上被称作纯粹管理性规定，日本和我国台湾地区学者称之为单纯取缔规定。[7]

违反效力性的强制性规定，约定的债权债务关系无效；违反管理性的强制性规定，合同不一定无效，原因在于，效力性的强制规定着重违法行为之法律行为价值，以否认其法律效力为目的；管理性的强制性规定着重违反行为的事实行为价值，以禁止其行为为目的。[8]

在司法实务上，凡是违反效力性的强制性规定的给付，应当认定为绝对无效。

对于违反管理性强制性规定的给付，应当根据具体情况确定给付的效力，有的是合同效力待定。当事人于缔约时明知合同约定的给付违反管理性的强制性规定，事后主张该合同无效的，不应当支持其无效的主张。

(2)违反公序良俗。违反公序良俗的给付是实质性违法，也具有违法性。实质性违法是一个行为从形式上并不违法，但是由于行为人的故意，在实质上是违反法律的行为。因此，约定违反公序良俗的，给付不发生法律效力。

---

〔7〕 崔建远主编：《合同法》(第5版)，法律出版社2010年版，第105～106页。

〔8〕 史尚宽：《民法总论》，中国政法大学出版社2000年版，第330页。

确定违反公序良俗的违法给付,应当是给付行为本身并不违法,但是实质违法,当事人故意以不违法的行为损害公共秩序和善良风俗,即违反公序良俗。这种给付为违法给付。《民法典》承认合同自由原则,但并不是承认个人意思的绝对自由,只是在与社会、国家的存在及其发展所必要的一般秩序及社会道德不违背的限度内,允许其行为自由。给付有悖于善良风俗的,为无效。

3. 给付须确定。给付必须确定,是实现合同目的的要求。给付从本质上观察,是依当事人所为的意思表示的内容而定。如果欲使其产生一定法律效力的给付内容不确定,则债务无法履行,合同目的也无法实现。因此,法律要求给付的内容于合同关系成立时已经确定,或者至少于债务履行时能够确定,否则将导致合同关系无效。

给付确定的程度,并不是对一切给付作完全一样的要求,可以根据合同关系的不同性质作不同的要求。给付确定包括已经确定和能够确定。

(1)给付已经确定。给付已经确定,是在合同关系成立之时,就有确定的给付标准和方法。确定的给付标准和方法有四种:一是给付由双方当事人确定的,应当依照当事人的意思表示决定。二是给付由当事人一方确定的,原则上应当由确定时可以选择的范围确定,不得由其任意确定。在当事人中应当由谁确定,可以依照当事人之间明示或者默示的合意决定。给付确定的意思表示应当向对方当事人表达,且一旦作出表示,则不得撤回。三是给付由第三人确定的,第三人应当依照公平原则确定,并向当事人以意思表示为之。第三人不能确定或者不欲确定的,在可能的范围内,应以其他方法补充,或者由法院依照公平原则确定。依此还不能确定的,该合同关系无效。四是法律对于给付的确定另有规定的,如种类之债、选择之债、金钱之债等,应当依照具体规定确定。

(2)给付能够确定。给付能够确定,是在合同关系成立之时,给付尚未确定,但依照法律规定的方法可以确定的给付。给付能够确定的方法如下:一是双方协议进行确定。例如,合同的质量、价款或者报酬、履行地点等没有确定或者不明确,当事人可以协议补充,予以确定。一经协议补充,补充的内容与合同的其他内容具有相同的法律效力。二是依照合同条款或者交易习惯进行确定。对于协商也不能达成补充协议的,可以按照合同条款或者交易习惯予以确定。三是按照法律规定进行确定。例如,由于签订合同的人经验不足等原因,使合同中有关质量、价款、履行地点、期限、方式、费用等内容没有约定或者约定不明确的,按照我国《民法典》第510条规定的合同履行中的内容确定原则仍然解决不了,达不成协议,且按照合同的有关条款以及交易习惯亦无法确定的,则按照第511条规定的具体规则确定。

合同的给付不确定包括给付内容不完全或前后矛盾,无确定意义的意思表示,除依据法律,或依当事人所定的确定方法,或依习惯,或依其他情事,可以将其内容确定的以外,均为无效。

给付必须确定的时间,最晚应当为合同履行之前。

4. 给付须适格。给付必须适格,是指合同的给付依其性质,适于作为合同标的。给付须适格的具体要求如下:

(1)作为合同标的的给付须具有法律意义,宗教上的事务如诵经、祈祷,以及单纯社交上的事务如请人吃饭等,都不得作为合同标的。

(2)给付还必须为私法上的事务,如民事主体之间的特定的权利义务。公法上的事务如进行选举、行政行为等,不得作为合同标的。

(3)给付还必须是与人的意识行为有关,与人的意识无关的事物如做梦,或者与人的行为无关的事物如内心意识,也不得作为合同标的。

(4)在具体的合同关系中,其标的还必须适于该合同关系本身的性质。例如,因著作权的署名权不能转让,在著作权转让合同中,仅可以成立以著作使用为标的的合同关系;因肖像权不能转让,在肖像许可使用合同中,仅可以成立以部分转让肖像使用权为标的的合同关系。

三、给付的形态

(一)给付形态的概念

在不同的合同关系中,给付具有不同的内容和表现方式。给付形态,是指依给付行为的具体方式对给付所作的划分。

现代社会中,民事主体的需要并不限于能够以金钱计算的经济利益或财产利益。债权虽为财产权,但是并不意味着给付必须能够以金钱加以计算,或者说必须具有财产上的价格。即便当事人约定的给付难以用金钱加以计算,但基于对当事人意思自由的尊重,仍然应当承认其效力。尤其是在承认不作为可以成为给付的情况下,不作为往往难以通过金钱加以衡量,所以此类不能以金钱估算的给付已经被承认。

(二)给付的基本形态

1. 交付财物

交付财物是将债的关系确定的标的物由债务人交给债权人,在交付财物的同时,转移标的物的所有权。在买卖、互易、租赁、融资租赁等合同关系中,都以交付财物作为给付的具体形态。

交付是给付的一种具体形态,二者是种属关系。交付的要求是:(1)交付只是给付的一种具体形态,不是给付的全部内容,给付中除了交付财物之外,还包括劳务提供、权利转移、提交工作成果以及不作为等,这些都不能称为交付。(2)交付的对象必须具有财产的内容,可以以金钱计算,并且总是能够给债权人带来物质利益。不具有财产内容的给付,不一定给债权人带来物质利益的给付,不能称为交付。(3)交付不需要持续时间,在短时间内即可完成,需要持续很长时间的给付不是交付。

按照《民法典》第224、226~228条的规定,交付分为以下四种形式:

(1)现实交付。现实交付是最传统的交付方式,是指对动产的事实管领力的移转,使受让人取得标的物的直接占有。现实交付的基本特征,就是使动产标的物从出让人的支配管领范围脱离,进入买受人的支配管领领域,因而不是观念形态的交付,而是具有可以被客观认知的现实形态,能够被人们识别。动产因交付而实现物权变动,受让人实际取得对物权变动的动产的现实占有,即取得了该动产的所有权。

(2)简易交付。简易交付是指交易标的物已经为受让人占有,转让人无须进行现实交付的无形交付方式。简易交付的条件必须是在受让人已经占有了动产的场合,因此仅需当事人之间就所有权让与达成合意,即产生物权变动的效力。简易交付就是以观念的方式授予占有的一种交付形态,免除了因现实交付带来的手续上的麻烦,达到简化交易程序、节省交易成本的目的。

(3)指示交付。指示交付又称返还请求权让与,是指在交易标的物被第三人占有的场合,出让人与受让人约定,出让人将其对占有人的返还请求权移转给受让人,由受让人向第三人行使,以代替现实交付的交付方式。指示交付的实质,就是返还请求权的观念交付。

(4)占有改定。占有改定,是指在动产交易中出让人与受让人约定,由出让人继续直接占有动产,受让人取得对动产的间接占有,并取得动产的所有权。这种交付方式是建立在将占有区分为直接占有和间接占有的基础上的交付制度。没有占有的这种区分,就无法确立占有改定的交付形态。

在一般情况下,交付的财物是动产,如果没有特别约定,在交付的同时转移标的物的所有权。交付的财物如果是不动产,交付不发生所有权转移的后果,尚需专门转移该不动产的所有权,但在交付的形态上则是相同的。

交付的标的物须是法律允许自由流通的物,禁止流通物不能成为交付的标的物。限制流通物在准许流通的范围内,可以成为债的交付标的物;在限制其流通的范围内,不能成为债的交付标的物。

2. 支付金钱

支付金钱是给付的常见形态,是指依据合同之债,债务人将一定数量的金钱支付给债权人。支付金钱被合同法作为给付的独立形态,经常应用于转移物的所有权或者使用权而支付其对价的合同关系中;在消费他方劳务、提供服务、不当得利返还原物不能、支付违约金或赔偿金的合同关系中,支付金钱也是主要的给付形态。在金钱借贷合同中,更是以金钱的支付为给付形态。

金钱,仅指作为一般等价物的货币,包括我国的法定货币人民币,也包括虽然在我国不能流通但在涉外关系或者储蓄合同中作为标的的外币。金钱不包括已经不再流通的货币、作为收藏的货币等特种货币,这些货币不适用支付金钱的规则。

支付金钱的给付形态,通常伴随着利息之债。金钱之债如此,其他支付金钱的给付行为通常也应支付利息,如因违约而支付违约金、赔偿金,如果是未按期支付,也应当按照银行的利率支付利息。

3. 移转权利

转移权利的给付,是指不伴随标的物的交付而单纯将某项权利移转给他人的情形。例如,建设用地使用权转让合同、股权转让合同、转让知识产权合同、转移名称权合同的标的都是转移权利。因此,转移权利是重要的给付形态。

转移权利的给付,形式并不相同。法律对某种权利的转移设有特别限制或者规定有特别程序的,以该权利作为转移对象时,应当依照法律规定办理。

4. 提供劳务或服务

在以自己的劳力或设备、知识、技能等供他人消费或为他人提供服务的雇佣合同、委托合同、运输合同、技术服务与技术咨询等合同中,都以债务人提供特定的劳务或服务作为给付形态。提供劳务,是劳务合同的给付行为,这种给付一般与债务人的人身不可分离,即债务人必须亲自以自己的劳动为之,具有专属性,不得擅自转移给他人代为进行,但法律禁止以人身奴役性和违背公序良俗的劳务作为合同标的。

5. 提交工作成果

提交工作成果，是指债务人以自己的技术、智力、劳力等为债权人完成一定的工作，并将最终的工作成果交给债权人。承揽合同、建筑安装合同、技术开发合同等，都是以提交工作成果为客体的合同。例如，商品房的家庭装修属于承揽合同，尽管承揽人是在定作人的家中进行劳动，但它不是提供劳务的给付行为，而是提交工作成果的给付行为。

提交工作成果与单纯的提供劳务不同，二者的区别在于：提供劳务的给付行为在于提供劳动的行为，因此，整个劳动过程都在劳务合同债权人的控制之下；而提交工作成果的给付行为，债权人并不负责承揽人的劳动过程，只是接受已经物化的工作成果，不提交工作成果，或者提交的工作成果不符合约定的质量要求，则构成债务不履行或者不适当履行。

6. 不作为

不作为是指不为特定的行为，包括单纯的不作为与容忍。单纯的不作为，如不为营业性竞争、不泄露技术秘密或商业秘密等；容忍，如出租人应容忍承租人对租赁物进行必要的装修等。不作为的给付形态较之作为的给付形态，应用情形要少得多。

绝对权义务人的义务，为消极的不作为义务。在合同关系中，债务在通常情况下是积极的、作为的义务。但是，在现代社会中，对于民事行为，法无禁止即为可为。虽然给付多为债务人积极作为，但在特定情况下，当事人也可能约定一方不得进行某种行为。基于私法自治原则，在当事人意思表示自由、真实的情况下，法律也承认其效力。[9] 例如，约定竞业禁止的情形是有效的约定。《民法典》第 118 条第 2 款关于债权的规定中，就确定不为特定行为也是债的标的。

以不作为为给付内容的，不得违反法律规定和公序良俗。约定以债务人不得与某人结婚为债务，或者以债务人不得与某人结婚为条件而许诺赠与，都违反法律规定，是限制人的自由的行为，都是无效的。约定这样的给付，不符合法律规定，违反公序良俗，是无效的。

四、给付的种类

（一）财产性给付与非财产性给付

根据给付是否具有财产性内容，可以将给付分为财产性给付与非财产性给付。

财产性给付，是指给付具有财产性的内容，其给付的结果可以以财产价格计算的给付。在合同关系中，绝大多数的给付都是财产性给付，因此，合同关系被认为是动态的财产关系。

非财产性给付，是指给付不具有财产性内容，且其给付不能以金钱价格计算的给付。在合同关系中，非财产给付较少，不是给付的主流。在不作为的给付中，通常是非财产给付，少数作为的给付是非财产性给付。

区分财产给付与非财产给付的意义在于，债务不履行时，其强制执行的方法不同。

---

〔9〕 张广兴：《债法总论》，法律出版社 1997 年版，第 118 页。

(二)积极给付、消极给付与混合给付

以债务人是否应为某种特定的行为为标准,可以将给付分为积极给付、消极给付与混合给付。

积极给付,是指债务人应以作为的方式,实施某种特定的行为而为的给付。以积极给付为标的的债务是广义的作为债务,包括两种:(1)“予”的债务,即给予给付,是指债务人将物或者权利终局性地或者一时性地给予债权人,作为履行债务方法的给付。(2)“为”的债务,即单纯作为给付,是以劳务或者完成一定的事物为标的的给付。这种给付是狭义的积极债务,如劳务合同和承揽合同。

消极给付,是指债务人应以不作为的方式而为的给付。消极的不作为给付是不作为债务。不作为债务的履行无须债务人有意识的行为,纵其不具履行债务的意思,只要其未实施某种特定行为,债务也因合同目的的达到而消灭。消极债务分为单纯的不作为债务和容忍债务:(1)单纯的不作为债务如不为债权让与、不为泄露技术秘密或者商业秘密的义务等。例如,约定竞业禁止协议,在劳务合同终止之后,双方约定在一定期限内,劳动者不得从事相同种类的劳务,就是单纯的不作为债务。(2)容忍债务。债务人消极的不妨碍,即属容忍。如承租人应当容忍出租人修缮房屋,患者应当容忍医院接触自己的身体并且为必要的检查或者手术。

混合给付,是指由积极给付和消极给付混合构成的给付。例如,歌星与某歌厅签订在本歌厅演唱的合同,同时约定签约后不得在其他歌厅演唱,既有积极给付,也有消极给付,构成混合给付。

区分积极给付和消极给付的意义在于:(1)诉讼时效的起算时间不同。积极给付的诉讼时效从请求权可以行使之日开始计算;消极给付的诉讼时效是以不行为为目的的请求权,从行为时起计算。(2)强制执行的方法不同。积极给付的执行可以采取第三人代为履行而由债务人负担费用等方法,而消极给付的执行不能采取第三人代为履行而由债务人负担费用的方法,主要采取拘留、罚款等方法。[10]

(三)可分给付与不可分给付

根据给付在客观上是否可以分为数个给付而不损害合同目的,可以将给付分为可分给付与不可分给付。

可分给付,是指一个给付可以分为数个给付而不损害其合同目的的给付。这种给付,即使经过分割,其性质、价值也不会发生变化。根据法律规定或者当事人约定,一次性给付可以分为数次给付。一部不能只能发生在可分给付中,如果将性质上不可分给付约定为分割给付的,合同关系不生效。

不可分给付,是指一个给付在客观上不能分为数个给付或者分为数个给付将损害合同目的的给付。这种给付或者是不能分割,或者经过分割就会使其性质或者价值发生变化。不可分给付分为性质上的不可分给付和物质上的不可分给付,前者如转移一个权利,后者

〔10〕 陈界融编著:《中国民法学·债法学源论》,人民法院出版社2006年版,第328页。

如交付一栋房子。给付是否可分,应当具体考察给付如果分割是否减少其价值,即合同目的是否能够达到。特别是当事人将可分给付约定为不可分给付时,亦为不可分给付。不可分给付不能发生一部不能,同时,不可分给付不准许部分履行。

区分可分给付和不可分给付的意义在于:在可分给付中,如果发生部分给付不能、无效或者解除时,其不能、无效或者解除不会及于全部给付;而在不可分给付中,给付不能、无效或者解除时会及于全部给付。

(四)单纯给付、合成给付与结合给付

根据给付的个数以及数个给付之间是否具有连带命运,可以将给付分为单纯给付、合成给付与结合给付。

单纯给付,也称单一给付,是指由债务人的一个行为构成的给付。如以物的交付为内容的给付,就是单纯给付。有数个单纯给付时,各个给付之间互为独立,就其中一个发生合同的解除,对其他合同关系不发生影响。

合成给付,是指由债务人的数个行为才能够实现的给付。这数个行为,就其成立与效力有共同的命运。其中一个为不法时,全体给付为无效;就一个有履行迟延时,构成根本违约,债权人得以债务人不履行为理由,解除全部合同。在同时履行中,债务人应将数个给付同时履行,如仅履行一部,则债权人有权拒绝接收。

结合给付,是指数个单一给付结合在一起的给付。例如,将数个房屋转让给他人的合同就是数个单一给付结合在一起的结合给付。

合成给付与结合给付的区别在于,合成给付是将一个总的给付行为分成若干个不同的给付依次给付;结合给付则是一个给付行为是由数个单一给付结合在一起进行给付。

给付为单纯给付还是合成给付,应依当事人的意思认定。当事人没有明确意思表示的,应当依给付的性质以及各种因素而为推断。合成给付和结合给付则应当根据给付的客观状态确定。

区分单纯给付、合成给付和结合给付的意义在于:(1)在以合成给付为标的的合同中,数个给付合为一体,其中的一个为不法时,合同全体皆为不法;其中一个履行迟延时,债权人可以以不履行为由而解除全部合同。因为这数个给付必须结合在一起,否则不能实现合同目的。例如,价金分期给付合同的给付,如有未按期给付,经合理催告仍不履行义务的,债权人有权解除合同。(2)在数个单纯给付中,各自命运独立,其中一个发生解除,对其他不产生影响。

(五)继续给付、非继续给付与连续给付

根据给付是否持续一定期间以及给付的独立性,可以将给付分为继续给付、非继续给付与连续给付。

继续给付,是指一个给付具有一定时间上的持续性的给付。例如,雇佣合同以提供劳务的时间持续为特点,租赁合同以租用他人的物的时间持续为特点,都是继续给付。

非继续给付,也称一时给付,是指仅以一次行为即可完成的给付。例如,即时清结的买卖合同的给付,买卖的标的物与价金都即时清结,为非继续给付。

连续给付,也称循环给付,是指当事人约定在一定的时期,债务人不定期或者定期地向债权人为给付,但每个给付均为独立给付的给付。利息之债和订阅报纸合同的标的,都是连续给付。

区分继续给付、非继续给付和连续给付的意义在于:(1)部分给付不能,不发生在非继续给付行为中;(2)只有非继续给付才有同时履行抗辩权的适用,一般情况下,在继续给付和连续给付中,不得行使同时履行抗辩权。

(六)特定给付与不特定给付

以给付的对象是否具有具体指定为标准,可以将给付分为特定给付与不特定给付。

特定给付,是指在合同关系成立时,即已经具体指定给付对象的给付。例如,房屋的出卖、机动车的出卖,都是特定给付。

不特定给付,是指合同关系成立时,只以种类表示给付物或支付金钱的给付。在不特定给付中,会发生种类之债和选择之债的问题,如当事人订立购买100吨石油的买卖合同,其给付就是不特定给付。

区分特定给付与不特定给付的意义在于:(1)特定给付一旦特定,即不可改变;(2)特定给付有危险负担的问题,给付标的物在交付前后,如果发生毁损、灭失,风险应当由确定的一方负担;(3)不特定给付,没有给付不能的可能;(4)特定给付可以发生试验买卖,而不特定给付则不会发生。

(七)给予给付与行为给付

以给付是否伴以标的物的转移为标准,可以将给付分为给予给付与行为给付。

给予给付,是指债务人除积极作为以外,还须给予财物,才能符合给付的本意,否则不构成给付。

行为给付,是指单纯的以作为或者不作为作为合同的给付。行为给付包括单纯的作为给付,即债务人为给付的行为即符合合同本旨;也包括不作为给付,即单纯的不作为和容忍。

区分给予给付和行为给付的意义在于,在给予给付中,除给付行为之外,还须有标的物的占有移转问题,因而才能产生合同清偿;而行为给付则不存在这样的问题。

(八)作为给付与不作为给付

以给付是否要求给付行为人身体的动静为标准,将给付分为作为给付与不作为给付。

作为给付,是指债务人须有合同内容所要求的身体的运动,才能够符合合同目的。其包括给付财物和单纯作为,前者如支付价金,后者如提供劳务。

不作为给付,是指不要求债务人有积极的身体上的行动,即符合合同目的,包括单纯的不作为和容忍。

区分作为给付和不作为给付的意义在于,作为的给付须债务人实际实施履行合同给付行为,而不作为给付只要债务人不实施约定的行为就完成了给付。

（九）主给付义务和从给付义务

给付义务也分为主给付义务和从给付义务。主给付义务是指债所固有、必备，并决定债的类型的基本义务。从给付义务是指不具有独立的意义，仅具有补足给付义务的功能，其存在目的不在于债的类型而在于确保债权人的利益能够获得最大满足的义务。

合同的主给付义务与从给付义务的区别为：(1)主给付义务自始确定，并决定合同类型。从给付义务随着合同关系的发展而不断形成，在任何合同关系中均可发生。(2)主给付义务构成双务合同的对待给付，一方在对方未为对待给付前，得拒绝自己的给付。从给付原则上不属于对待给付，不能发生同时履行抗辩权。(3)不履行主给付义务，债权人得解除合同。不履行从给付义务，债权人原则上不得解除合同，但可就其所受损害，依不完全履行的规定请求赔偿损失。

对如何认定从给付义务，根据《合同编通则解释》第26条规定，当事人一方未根据法律规定或者合同约定履行开具发票、提供证明文件等非主要债务，对方请求继续履行该债务并赔偿因怠于履行该债务造成的损失的，应当依法予以支持；对方请求解除合同的，不予支持，但例外的是，不履行该债务致使不能实现合同目的或者当事人另有约定的，不在此例。

五、以物抵债

以物抵债，是合同双方当事人经协议，以他种给付来替代原定给付而消灭债务的法律行为；或者是债务人与债权人约定，以债务人或经第三人同意的第三人所有的财产折价归债权人所有，用以消灭债务人对债权人所负金钱债务的协议。

用以物抵债的方式履行债务，原《合同法》没有规定，《民法典》也没有规定。对以物抵债协议是否发生消灭合同义务的效果，在理论上和实务中尽管一直存在不同看法，但都对其非常重视，在实务中有比较丰富的司法实践经验。《合同编通则解释》第27条和第28条根据以物抵债的表现形式，将其分为债务履行期限届满后达成的以物抵债协议和债务履行期限届满前达成的以物抵债协议两种，分别作出规定。

（一）债务履行期限届满后达成的以物抵债协议

对债务履行期限届满后达成的以物抵债协议的生效时间，《合同编通则解释》第27条第1款规定的规则是：

1. 债务人或者第三人与债权人在债务履行期限届满后达成以物抵债协议，不存在影响合同效力情形的，应当认定该协议自当事人意思表示一致时生效。

2. 对债务履行期届满后达成的以物抵债协议效力的认定规则是，债务人或者第三人履行以物抵债协议后，应当认定相应的原债务同时消火；债务人或者第三人未按照约定履行以物抵债协议，经催告后在合理期限内仍不履行，债权人选择请求履行原债务或者以物抵债协议的，应予支持，但是法律另有规定或者当事人另有约定的除外。

3. 对于债务履行期届满后达成的以物抵债协议，经法院确认或者法院根据当事人达成的以物抵债协议制作成调解书，不发生权利变动和对抗第三人的效力。债权人主张财产权利自确认书、调解书生效时发生变动或者具有对抗善意第三人效力的，法院不予支持。

4. 债务人或者第三人以自己不享有所有权或者处分权的财产权利订立以物抵债协议的,依据《合同编通则解释》第19条关于无权处分的规定处理。

(二)债务履行期限届满前达成的以物抵债协议

《合同编通则解释》第28条规定,债务人或者第三人与债权人在债务履行期限届满前达成以物抵债协议的,与在债务履行期限届满后达成的以物抵债协议的效力不同,判定与处理规则是:

1. 法院应当在审理债权债务关系的基础上认定该协议的效力。因为这种以物抵债协议相当于对合同约定的履行方式的变更。

2. 如果当事人约定债务人到期没有清偿债务,债权人可以对抵债财产拍卖、变卖、折价以实现债权的,应当认定该约定有效。当事人约定债务人到期没有清偿债务,抵债财产归债权人所有的,这类似"流押",应当认定该约定无效,但是不影响其他部分的效力;债权人请求对抵债财产拍卖、变卖、折价以实现债权的,则应予支持。

3. 当事人在合同履行期届满前订立以物抵债协议后,债务人或者第三人未将财产权利转移至债权人名下,债权人主张优先受偿的,不予支持,因为以物抵债协议不具有优先受偿的效力;债务人或者第三人已将财产权利转移至债权人名下的,依据《担保制度解释》第68条的规定处理,主要是债权人有权对财产折价或者以拍卖、变卖该财产所得价款偿还债务;已经完成财产权利变动的公示,债权人可以请求就该财产优先受偿。约定债务人不履行到期债务财产归债权人所有的,该约定无效。

|引例分析|

本案的争议焦点是选择之债的给付问题。在经济生活中,某些债权、债务的标的本身并没有确定性,对债务的履行规定为多种选择,以利于债务的履行和债权的实现。这种选择性债务就是选择之债,约定的可选择的给付方式,须经法定方法予以确定,使选择之债转化为简单之债,才能使债务得到给付,债权人受领而使债权实现。

在本案中,被告所欠原告的债务是3.8万元,但是约定债务的给付方式有三种:(1)付清此款,为给付金钱;(2)给竹签,是交付财物的给付;(3)退拉丝机,亦为交付财物的给付。这三种给付方式本来应当是由债务人选择的,但是,如果债务人就是不选择也不履行,经过债权人催告后仍然不选择也不履行的,选择权就转移给债权人,由债权人进行选择。债权人选择之后,即确定为债的给付方式。本案被告享有这种选择之债的选择权,本来可以选择最有利于自己利益的给付方式来履行债务,但是他就是不选择、不履行,经过催告也仍然不选择、不履行,因而选择之债的选择权就归债权人享有。本案原告在起诉时选择支付金钱的给付方式,是合法、有效的。法院判决支持原告的选择,是正确的。被告在上诉中主张选择权,选择以退还拉丝机的支付财物的给付方法清偿债务,在丧失选择权的情况下再作选择之债的选择,已经时过境迁,不能产生选择权行使的后果。

第三节 受 领

引 例

周某梅与点击建筑劳务公司(以下简称点击公司)因租赁合同纠纷引发诉讼,经审理,法院判决点击公司在判决生效之日起10日内,给付周某梅租金、上下车费、维修费34 125元,返还租赁的钢管5 440米、扣件6 823套;如返还不能,则赔偿租赁物损失115 715元。该判决送达双方当事人,已经发生法律效力。双方收到判决后,点击公司以特快专递的方式向周某梅发函,表明其愿意履行生效判决确定的返还义务,并随函附其公司联系人姓名、电话,要求周某梅在收到函件后3日内与公司联系,协商返还租赁物事宜。快递单显示周某梅及其委托代理律师均拒签,函件被退回至点击公司。点击公司随即向法院执行局提交通知函,说明情况。周某梅向法院申请强制执行,要求法院强制执行租金、上下车费、维修费34 125元及赔偿租赁物损失115 715元。

在执行中,申请人坚持认为其无协助被执行人给付的义务,被执行人未按生效判决履行返还义务已成为事实,理应执行租赁物损失115 715元,坚持"要钱不要物"。被执行人强调其未能履行生效判决确定的返还义务,皆因申请人逾期不受领造成,在申请人拒绝提供交付地点、确定交付时间的情况下其无法履行返还义务,因而不符合返还不能情形,坚持"还物不赔钱"。

法院审理认为,判决生效后,债务人愿意履行返还义务。对此,债权人不提供必要的协助,能够受领而不受领,后又以债务人逾期未履行为由向法院申请强制执行,要求赔偿租赁物损失,构成受领迟延,且不得要求债务人承担迟延履行责任。经过法院多次协调,配合双方当事人沟通协商,最终确定被执行人将租赁物钢管5 440米、扣件6 823套运至申请人经营场所并负责卸货,周某梅负责清点钢管、扣件数量,点击公司如期履行了给付义务,并将案款34 125元支付给申请人,申请人签收了所有钢管及扣件,受领完毕,终结执行。

法律问题

1. 受领及其意义
2. 受领条件和受领效果
3. 受领规则

一、受领概述

(一)受领的概念和意义

1. 受领的概念

受领,是指合同的债权人在合同关系中,接受债务人履行积极给付的行为。

狭义的受领称为积极受领,是以积极的行为接受履行,通常表现为物理上的动作,如接受财物、金钱等。广义受领中的接受不作为债务的给付,为消极受领,是指债权人仅具有接受履行并享受其利益的意思即可,如对于不作为债务履行的受领。合同法中的受领是指狭义受领。

2. 受领的意义

在合同关系中,债务人所负的履行义务多数是积极的行为,给付的最终归宿是为债权人带来利益,也就是债权人确立合同目的。债权人如要现实地享有债权利益,就必须以自己的行为接受债务人的履行。因此,受领的法律意义在于,使债权人永久保持债务人给付所带来的利益,这是合同效力的主要体现。

(二)受领的性质

受领究竟是权利还是义务,抑或既是权利又是义务,有不同的主张和立法例。《民法典》多处规定"受领"概念,但是对受领缺少全面的规定。在合同法的著作中专门论述受领的也不多,是合同法研究比较薄弱的环节。

受领对于债权人而言,既是权利,也是义务。合同的内容除了请求债务人为给付之外,还有受领权,即接受债务人给付的权利。当债务人为给付或者需要协助时,债权人应当接受给付或者予以协助,没有正当理由不得不为受领或者迟延受领。如果否认受领是债权人的义务,而仅认为受领是一个权利,由于权利是一种可能性,并且可以处分,因此就无法追究不为受领或受领迟延的债权人的责任。所以,受领作为权利,是接受债务人给付的可能性;而受领作为义务,则是债权人接受债务人给付或者予以协助的必要性。

二、受领的条件和效果

(一)受领的条件

债权人受领的条件是,债务人的给付必须依照合同本旨进行,唯有如此,债权人的受领才具有必要和可能。如果债务人的给付有违合同目的,则不发生给付的效力。对于不符合受领条件的给付,债权人有权拒绝受领,并且不发生违约责任。

在坚持受领条件时,也须遵守诚实信用原则。在债务人虽无一部给付的权利,但如果分次履行对债权人并无不利和不便时,债权人不得拒绝受领。债务人交付的标的物仅有少许不足,债权人不得因此而拒绝受领;在过剩给付中,如果债权人只需找回少许且无不便,债权人不得因债务人的过剩给付而拒绝接受。

(二)受领的效果

受领的法律效果,是合同的债权人永久保持债务人给付所带来的利益,因此而体现合同的效力,实现债权人的债权。

在债权的请求权中,合同的债权未届清偿期时,请求权是一个静态的权利。债权请求权已届清偿期时,合同的债权请求权成为动态的权利:通过向债务人请求、债务人给付,并且由债权人予以受领,以实现自己的债权。实现债权的途径,就是债权人通过受领,而永久保持债务人给付所带来的利益,任何人不得侵夺,包括债务人也不得反悔,追回给付的利益。例如,在借贷合同之债中,债权人的债权就是收回贷款,收获利息。通过请求债务人给付本金和利息,债务人予以给付,债权人受领之后,就永远地收回本金的所有权,永远取得和保持该所有权。这就是受领的法律效果。

三、受领的规则和协力义务

(一)受领的规则

为了实现给付的目的,需要受领者,债务人清偿债务须以债务之本旨,在应清偿时间、清偿地点,以适当的方法,对债权人、经债权人授权或依法有受领权的人提出给付。不需要积极给付的清偿,即无所谓对于债权人为给付的提出,而只需依合同目的为履行上的给付即可。因此,受领是给付在债权人一方的对应行为,债权人亦应当依照债的本旨予以受领。

在以有体物或者权利为给付内容的情形,为了实现给付的目的,授受双方必须有关于权利转移或者设定的物权行为或者准物权行为(法律行为),视情形还须有与之相关的登记、占有或文件的交付的事实行为。这些事实行为是否构成前述法律行为的一部分,应当视登记、占有或文件交付究竟是该法律行为的成立要件、生效要件或者对抗要件而定。

(二)受领的协力义务

如果完成给付还有超出单纯受领的部分,如单纯受领无法实现的给付,需要债权人积极协力。这就是债权人在履行上的协力义务。

一般认为,受领的协力义务本来属于债权人对自己的义务,所以债权人如不履行协力义务,原则上仅生失权效力,而不引起损害赔偿义务。但是,债权人迟延受领,债务人可以请求其赔偿损失及保管给付物的必要费用。

须债权人协力始能完成的履行给付,最重要的是承揽合同。承揽合同的协力义务表现为,定作需定作人的行为才能完成的,定作人不为其行为时,承揽人可以解除合同,并可以请求赔偿因合同解除而发生的损害。

由于各种合同内容和性质的不同,为债务履行所需的债权人的协力义务亦各不相同,因此,违反的协力义务后果也不能一概而论,应当根据具体情形确定协力义务不履行的法律后果。

引例分析

《民法典》第589条规定了债权人受领迟延的法律责任,债务人按照约定履行债务,债权人无正当理由拒绝受领的,债务人可以请求债权人赔偿增加的费用。在债的履行中,债权人受领既是权利,也是义务,如果无理由拒绝受领,是债权人行使处分权的表现,债务人不能强制债权人受领,也不能依此要求解除合同。债权人迟延受领为违约行为,不能因此而认定为债务人违约。

在本案中,当事人约定的债务为选择之债,即给付金钱还是给付物品,债务人享有选择权,给付金钱和给付物品都在债权人的意思范围之内。但是,本案申请人即债权人无正当理由拒绝受领被执行人返还的钢管、扣件等,被执行人虽然不能就此请求解除合同或请求申请人承担损害赔偿责任,但是,申请人应当承担必要的受领协助义务而不提供,致使被执行人的给付行为无法实现履行目的,责任在于申请人。申请人以迟延受领为手段,造成被执行人履行迟延的结果,意图达到“要钱不要物”的目的,具有恶意,不符合债的履行的诚信原则要求。在法院执行庭的调解下,被执行人给付了法院判决确定的义务,申请人予以受领,使债权债务关系消灭,实现了债的目的。

第四节 合同内容的确定

|引 例|

第二被告辉宏公司是第一被告何某辉开办的一人有限责任公司,何某辉出资3 000万元,为法定代表人。何某辉4次向原告金某龙购买碎米186.61吨,经结算,欠原告货款424 510元,当日向原告付款24 510元,后在《辉宏公司与金某龙购碎米明细表》上签名确认,并注明“何某辉尚欠肆拾万元整”。原告多次向何某辉要求支付拖欠货款未果,向法院提起诉讼,请求何某辉清偿货款及其利息,辉宏公司承担连带清偿责任。

法院审理认为,本案属于买卖合同纠纷,原告与第二被告之间的买卖行为已构成买卖关系,合法有效。原告按双方约定履行了供货义务,第二被告拖欠原告货款,构成违约,依法应承担支付货款的民事责任。故对原告要求第二被告支付货款40万元的诉请,法院予以支持。对原告要求第二被告承担逾期付款损失1.5万元以及承担至实际付款之日止的逾期付款损失的诉请,因原告与第二被告未对货款支付期限进行明确约定,根据法律规定,法院判决第二被告应自双方结算之日起承担支付货款的义务,逾期未履行义务应承担逾期付款的损失,因原告与第二被告未约定逾期付款违约金或违约金的计算方式,确定按中国人民银行同期贷款年利率6%计算逾期付款损失,损失额为9 733.33元,对原告主张该损失予以支持,超出部分不予支持。同时判决第一被告应对第二被告所欠原告货款及逾期付款损失承担连带责任。

|法律问题|

1. 合同内容确定的一般原则
2. 合同内容约定不明又不能协议确定的确定方法
3. 电子合同标的的交付时间

一、合同内容确定的一般原则

合同给付的必要条件之一,就是内容确定。合同的给付内容如果不确定,需要通过法律规定的方法进行确定,使合同之债能够给付,并为债权人所受领。

合同内容确定的前提是不完全合同。不完全合同是合同虽然成立并生效,但按照合同的约定却没有办法履行,须经过补正之后才能履行的合同。[11]

合同内容确定也称不完全合同的补正,是指当事人订立的合同条款不明确,或者没有约定,运用法律规定的原则,对这些不明确或者没有规定的内容赋予确定的内容,以使合同能够适当、全面履行。合同内容的确定也称合同漏洞的填补。合同条款不明确或者没有约定,称为合同漏洞,对这些合同漏洞的确定就是对合同漏洞的填补。[12] 因此,合同漏洞的填补也称合同的补缺。[13]

合同内容确定的规则,是《民法典》第 510 条关于"合同生效后,当事人就质量、价款或者报酬、履行地点等内容没有约定或者约定不明确的,可以协议补充;不能达成补充协议的,按照合同相关条款或者交易习惯确定"的规定。

合同的权利义务,除少数由法律直接规定产生之外,绝大部分是由合同约定,通过合同条款固定下来的。合同的条款分为主要条款和一般条款。合同的主要条款内容不明确,合同就没有成立,不能通过合同内容确定的方法使其确定。一般条款的约定不明确甚至没有约定,之所以可以进行重新协议,或者进行确定,就是因为它们不是合同的主要条款,可以通过合同内容的确定将其明确。故合同内容确定不包括合同的主要条款,只能对不明确或者没有约定的合同非主要条款进行确定。

对质量、价款或者报酬、履行地点等方面没有约定的,因为合同本质上是当事人意思表示一致,所以当事人可以再行协商,充分表达自己的意见,进行协议补充。一经协议补充,后补充的内容与合同的其他内容便具有相同的法律效力。经过协议补充的内容与原来的内容不冲突的,共同构成完整的内容;与原内容不一致的,应当按照新的协议确定合同内容。

如当事人通过再次协商仍不能达成补充协议的,需要进一步确定,应当按照合同有关条款或者交易习惯,对合同的上述内容进行确定。确定的原则,一是按照合同的有关条款进行,二是按照交易习惯进行。合同有关条款,是指在当事人订立的合同中与该条款内容相关的其他条款。交易习惯,是指同类交易所遵循的惯常做法,以及当事人过去的交易做法即往例。按照这些方法能够确定合同内容的,即可对合同的内容进行确定。

二、合同约定不明确且无法协议确定的内容的确定方法

合同有关质量、价款、履行地点、期限、方式、费用等内容没有约定或者约定不明确的,按照《民法典》第 510 条规定的内容确定规则仍然无法解决,达不成协议,且按照合同的有关条款以及交易习惯亦无法确定的,《民法典》第 511 条规定了以下具体规则。

(一)质量要求不明确的确定方法

合同标的的质量是使合同标的具体化和特定化的关键因素,没有规定质量就无法使合同标的具体化和特定化。合同的质量要求不明确,按照《民法典》第 510 条还不能确定的,

---

〔11〕 李永军:《合同法》(第 5 版),中国人民大学出版社 2020 年版,第 210 页。

〔12〕 王利明:《合同法研究》(第 2 卷),中国人民大学出版社 2003 年版,第 300 页。

〔13〕 隋彭生:《合同法要义》(第 3 版),中国人民大学出版社 2011 年版,第 143 页。

应当按照以下办法确定。

1. 确定的标准

《标准化法》规定,标准包括国家标准、行业标准、地方标准和团体标准、企业标准。《标准化法》第 21 条第 1 款规定:“推荐性国家标准、行业标准、地方标准、团体标准、企业标准的技术要求不得低于强制性国家标准的相关技术要求。”国家强制性标准是所有标准中对质量要求最低的标准。

(1)国家标准。标准是指国家根据当前科学技术成果和实践经验,通过权威形式规定的衡量某种技术规范的标志和准则。国家标准简称“国标”,是国家标准局制定或者批准的对全国经济、技术发展有重大意义并须在全国范围内统一的标准。国家标准分为强制性国家标准和推荐性国家标准。

(2)行业标准。行业标准也称部颁标准或者专业标准,是国务院各部委制定的全国性的各专业范围内统一的标准。对合同标的质量约定不明确又无法重新协议的,如果有国家标准或者行业标准,就按照国家标准或行业标准确定合同标的的质量内容。

(3)通常标准或者符合合同目的的特定标准。通常标准是指某种经济、技术行业在没有国家标准或者行业标准时,由该种企业约定俗成的标准。在合同的标的质量约定不明确且无法重新协议,又没有国家标准或者行业标准的,如果有通常标准或者特定标准,且这一标准又符合该合同的目的,应当按照通常标准或者符合合同目的的特定标准确定合同标的的质量内容。

2. 适用标准的顺位

《民法典》第 511 条对当事人就合同标的物质量要求没有约定或约定不明确的情形,明确规定了进一步确认的标准以及各标准之间的顺位关系:(1)有强制性国家标准的,按照强制性国家标准履行;(2)没有强制性国家标准的,按照推荐性国家标准履行;(3)没有推荐性国家标准的,按照行业标准履行;(4)没有国家标准、行业标准的,按照通常标准或者符合合同目的的特定标准履行。

(二)价款或者报酬不明确的确定方法

合同的价款、报酬条款不明确的,应当按照下述方法确定:

1. 按照订立合同时履行地的市场价格履行。适用这种方法确定价款和报酬应当注意三个要点:(1)该价款和报酬是订立合同当时的价格。(2)该价款和报酬是履行地的价格。适用履行地价格比较符合当事人的真实意思,符合订立合同的主旨。(3)该价款和报酬是市场价格。

2. 依法应当执行政府定价或者政府指导价的,依照规定履行。国家对某种产品规定有政府定价或者政府指导价的,须按照政府定价或者政府指导价确定价款。这样的合同对价款约定不明确,并不妨碍对价款或者报酬的确定,只要按照政府定价或者政府指导价履行,就是正确的。

(三)履行地点不明确的确定方法

合同的履行地点是合同当事人一方履行合同,另一方当事人接受履行的地方。履行地点不明确,合同将无法履行,发生争议亦无法依据合同履行地确定诉讼管辖。当事人对合同的履行地点按照《民法典》第510条规定的办法仍不能明确的,应当按照下述办法确定:

1. 给付货币的合同履行地。以给付货币作为履行合同义务的,如果履行地点约定不明确,应当以接受货币一方当事人的所在地作为合同的履行地。

2. 交付不动产的合同履行地。对不动产的交付有特殊要求,即应当在不动产所在地交付,而不能将不动产移动到他处交付。在发生纠纷时,按照不动产所在地为履行地实施管辖。

3. 其他标的的合同履行地。其他标的,包括动产、票据、有价证券以及不属于给付范围的合同标的,如果履行地点不明确,在履行义务的一方当事人所在地履行,将该方当事人所在地作为履行地。

(四)履行期限不明确的确定方法

合同对履行期限约定不明确的,债务人可以随时履行,债权人也可以随时请求履行,但是应当给对方必要的准备时间。协商不成,合同债务人可随时向权利人履行义务,但是应当给权利人必要的准备时间接受履行;而债权人也可以随时请求义务人履行义务,但是也应当给义务人履行义务的必要准备时间。

(五)履行方式不明确的确定方法

合同的履行方式约定不明确时,应当按照有利于实现合同目的的方式履行。可以采用的合同履行方式如下:

1. 一次履行和分次履行。一次履行是指当事人一次全部地履行合同。按照合同的性质应当是一次履行的,应当明确当事人应一次全部履行合同,不得分次履行。

分次履行,是指当事人分两次或两次以上履行同一合同的全部义务,分期分批地履行合同。如果按照合同的性质应当是分期分批履行的,应当将合同的履行方式明确为分期分批履行合同。

合同对履行方式无特别约定,合同性质也对履行方式无特别要求的,一般应认为要求一次全部履行,一方当事人有权拒绝另一方无故的分期分批履行。一次全部履行客观上是不可能的,或一次全部履行对合同一方当事人甚为不利,则另一方当事人不能拒绝部分履行。在当事人互有义务的合同中,如果法律和合同没有特别规定各方的履行方式,各方应当同时向对方一次或分次履行,一方在履行其义务之前无权要求对方首先履行。

2. 直接履行和以邮寄、托运等方式履行。直接履行是由一方当事人亲自向另一方当事人履行。按照合同的性质应当是直接履行的,应当将合同的履行方式明确为直接履行。

邮寄、托运等是非直接履行方式。按照合同的性质,履行方式应当是非直接履行的,或者依合同性质非直接履行无损对方利益时,可以明确为非直接履行方式。

(六)履行费用负担不明确的确定方法

履行费用负担不明确的,由债务人负担。在履行合同中,债权人自提的货物一般不涉及费用负担问题,由债权人自负。由债务人送货交付的,一般要明确规定送货的费用负担,或由债务人负担,或由债权人负担,或由当事人按比例负担。如约定不明确的,应当确定由债务人负担;由于债权人原因增加的履行费用,由债权人负担。

三、电子合同标的的交付时间

电子合同标的的交付时间,应当依照《民法典》第512条的规定进行。这是根据网络交易发展的实际情况规定的新规则。

1. 采用快递物流方式交付标的物。网络买卖合同的商品交付采用快递物流方式交付标的物的,应当以收货人的签收时间为交付时间,因为签收时间准确记载了买受人受领交付的标的物的时间。网络服务合同,以生成的电子凭证或者实物凭证中载明的时间为提供服务时间;前述凭证没有载明时间或者载明时间与实际提供服务时间不一致的,以实际提供服务的时间为准。

2. 采用在线传输方式交付标的物。电子合同的标的采用在线传输方式交付的,以该报告进入对方当事人指定的特定系统并且能够检索识别的时间为交付时间。例如,发送的邮件打不开,另行发送并且能打开的时间为交付时间。

3. 对交付合同标的物的方式另有约定。电子合同当事人对交付商品或者提供服务的方式、时间另有约定的,按照其约定。例如,网络买卖合同的买受人主张自己选择快递物流取货的,将买卖标的物交付给买受人自己选择的快递物流单位的时间为交付时间。

四、政府定价和政府指导价

合同的标的物属于政府定价或者政府指导价的,须按照政府定价和政府指导价确定其价格,当事人不得另行约定价格。

(一)政府定价和政府指导价

国家价格体系包括政府定价、政府指导价和企业定价。企业定价是市场价格,是企业按照市场流通的价值规律对商品定价。政府定价是国家对少数关乎国计民生的产品由政府直接确定价格,企业不得违背这种定价。目前,实行国家定价的极少。政府指导价是政府对少数产品确定一个基准价,各地根据当地情况作出具体定价,按照当地政府确定的定价进行交易,当事人应当执行这种定价。如港口收费、航空运输等。

(二)政府定价和政府指导价调整后的合同价格确定

合同在履行过程中,如果遇到政府定价或者政府指导价进行调整时,确定产品价格的原则是,保护按约履行合同的一方。具体的办法是:(1)执行政府定价和政府指导价的,在履行中遇到政府定价或者政府指导价调整时,应按交付时的政府定价或者政府指导价计价,即按新的价格执行:交付货物时,该货物提价的,按已提的价格执行;降价的,则按所降的价格计算。(2)当事人逾期交货的,该产品的政府定价或者政府指导价提高时,按原定的价格执行;该产品政府定价或者政府指导价降低时,按已降低的价格执行。

(3)当事人超过合同规定时间提取标的物或逾期付款的,该产品的政府定价或者政府指导价上涨时,按已提高的新价格计价付款;该产品政府定价或者政府指导价下降时,则按原价格执行。

五、金钱债务履行币种的确定

金钱债务,又称金钱之债、货币之债,是指以给付一定数额的金钱为标的的债务。金钱债务是最典型的债务。

金钱债务的履行用何种货币支付,规则如下:

1. 法律规定或者当事人有约定的,依照法律规定或者当事人约定的货币种类予以支付。例如,法律规定在境内不能以外币支付而应当以人民币结算。当事人约定的支付币种不违反国家法律规定的,当然也没有问题。

2. 债权人可以请求债务人以实际履行地的法定货币履行。法定货币,是指不代表实质商品或货物,发行者亦没有将货币兑现为实物的义务,只依靠政府的法令使其成为合法通货的货币。法定货币的价值来自拥有者相信货币将来能维持其购买力。当金钱债务涉及这些地区时,债权人可以提出用实际履行地的法定货币清偿债务。

| 引例分析 |

本案的争议焦点是两被告是否应当向原告支付拖欠货款的利息。在市场交易中,市场主体通过讨价还价的谈判缔结契约,督促合同条款的履行等,是需要花费成本的,缔约者须在"交易成本"及"合同完整度"之间作出取舍。也就是说,当事人的缔约行为会受到交易成本的制约,需要在权衡缔约成本和预期收益的基础上,决定是否对特定违约损害作出约定,如果谈判成本很高以至于超出可以事先约定的收益,双方就会放弃对特定事项的协议,导致不完全合同的产生,留待损害实际发生后再行协商或者交由法院裁决。为应对合同的不完整性,《民法典》允许当事人对未约定事项进行事后约定,如果当事人不能达成补充协议,法官就应按照合同有关条款、性质、目的或者交易习惯填补合同漏洞,依照《民法典》的具体规定将合同的履行事项予以确定。这正是《民法典》第510条和第511条规定的意旨所在。

在本案中,当事人关于欠付的汇款数额是确定的,但是未对迟延支付货款的利息作出约定,且双方在事后协商不能达成补充协议。迟延支付货款的利息,法院将其归于价款或者报酬事项,依照《民法典》第511条第2项的规定,参照中国人民银行同期人民币贷款基准利率予以确定,使本案没有约定的迟延支付货款的利息之债予以确定,作出判决,解决当事人之间的纠纷,至为恰当。此外,一人有限责任公司也是法人,其股东只有一人。一人公司的股东以公司的名义为自己的债务提供担保,虽然违反公司法对公司提供担保的有关规定,但是,由于一人公司只有一个股东,其超越权限决定公司为自己提供担保,股东自己就可以作出决议,因此,这样的担保还是有效的。

第五节　多数之债

|引　例|

许某某和原告董某某签订转让协议,约定将石灰厂转让给原告,原告取得该厂权属。6年后,原告(甲方)与被告李某某(乙方)达成转让协议,约定原告将其经营的石灰厂及附属设施转让给被告。该协议第2条约定:转让款为人民币76.8万元,双方签订此协议后,乙方暂时支付定金6.8万元,3日内乙方应配合甲方办理工商变更登记手续,再在3日内支付甲方30万元,余款40万元自协议生效起每月月底前向甲方以市场价购买乙方石灰的方式支付5万元(须达到甲方质量要求,也可以以现金支付5万元),总欠款在付清前,甲方须保证该厂保持现状,否则乙方有权解除该协议,可要求甲方全款无条件退回定金。第3条约定:签订协议后6个月内的其他纠纷,甲方须协助解决。第6条约定:违约责任,本协议签订后,甲乙双方均应信守本协议,乙方如未按期付款或有任何一方违反本协议则为违约,违约方应向守约方支付违约金10万元,并承担由此造成的一切经济损失。被告支付了定金6.8万元,办理工商变更登记后又支付了30万元。后来,被告未支付应付款5万元,原告向法院起诉,请求判令被告偿付到期转让款5万元并承担逾期付款约定违约金10万元。

法院审理认为,本案的争议焦点是后续支付5万元的给付方式和违约金问题。依原、被告签订的转让协议的性质,被告对原告所负每月支付5万元的债务为选择之债,可选择的给付方式一是原告接收被告供货,二是被告支付货款。该选择权在债务人即被告。由于被告未按时供货,该行为已经从根本上使第一种方式为给付不能,该选择之债已经特定化为简单之债,即支付现金5万元。故原告要求被告支付相应货款的诉讼请求法院予以支持。原告主张被告应当按照约定支付违约金10万元,结合被告违约的情形及对原告造成的损失,明显过高,应予调整。法院酌定自违约之日起至实际支付之日止按年利率24%计算违约金。

|法律问题|

1. 选择之债与简单之债
2. 选择之债的选择权
3. 可分之债与不可分之债
4. 连带之债与不真正连带之债
5. 追偿权

一、选择之债

(一)简单之债与选择之债的区分

在债的种类中,以债是否具有数个标的,由当事人于事后在数个给付中确定一个履行为标准,债可以分为简单之债和选择之债。

简单之债也称单纯之债,[14]是指具有确定的单一标的的债,是债的关系的常态,在实际生活中发生的债大多都是简单之债,债法的一般性规则均适用于简单之债。

选择之债,是指债的关系在成立之时,确定的标的有数个,当事人在履行时可以选定其中一个而为给付的债。其要件是:(1)须预定数种给付债务;(2)须于数种给付债务中选定其一为给付。凡在债的给付标的、履行时间、方式、地点等诸方面可供选择的债,都为选择之债。选择之债是债的标的为多数的债。

这种区分的意义在于,简单之债应当全面履行,选择之债在履行之前必须确定履行数个标的中的一个,将其变为简单之债,才能够履行。

(二)选择之债的选择权

债的关系的标的一般为单一给付,债务人对其全面履行即可使债权实现,从而构成清偿,债务人并无选择的空间。但是,考虑到债务履行过程中的各种商业风险,当事人也可能约定多个给付,允许债务人履行其中之一即可构成清偿。在此种情形,在债的关系成立时标的并未确定,但是,在履行之前必须依据一定的规则对其加以确定,使选择之债成为简单之债,从而使其能够履行。

选择之债在债的成立之始就有两种以上的履行可供选择。可供选择的数种履行,可以是选择不同的履行义务,如选择给付金钱或提供劳务;也可以是选择标的物;还可以是履行时间、履行方式、履行地点的不同。凡在债的给付标的、履行时间、方式、地点等诸方面可供选择的债,都为选择之债。正因为选择之债的数个给付具有不同的特点,选择之债的标的在债成立时确定为数个,数个标的具有不同的内容,因此有选择的必要。设定选择之债的目的,是为确保债务履行,或者为将来的需要,或者为当事人一方或者双方的便宜。

选择之债因选择权的行使,最终确定一个给付为债的标的,并因此产生溯及既往的效力。在数种给付中,确定其一为给付,就是选择之债的确定。选择权也叫择定权,是指在选择之债中,一方当事人享有的因自己的意思表示而引起选择之债变更为简单之债的形成权。

选择权以属于债务人为原则,[15]因为债务毕竟是要由债务人实际履行的,债务人在履行债务之前,如果选择之债规定的数种选择不能确定,债务人不能作履行的准备,从而也就不能适当地履行债务。如果法律另有规定或者当事人另有约定,则从其规定或者约定。

选择权可以转移。转移的条件是,享有选择权的当事人在约定期限内或者履行期限届满时未作选择,经催告后在合理期限内仍未选择,选择权转移至对方的,由新的选择权人行使。

(三)选择之债选择权的行使方法和规则

《民法典》第516条规定了选择之债的选择权的行使方法和规则。

---

〔14〕 张广兴:《债法总论》,法律出版社1997年版,第132页。

〔15〕 李永军:《合同法》(第5版),中国人民大学出版社2020年版,第211页。

选择权是形成权,一经行使,即发生选择的效力,被选择的债务就被特定化,其他选项的债务即消灭。故享有选择权的当事人行使选择权时,以对相对人作出意思表示而发生效力,即及时通知对方;通知到达对方时,债务标的确定,从而使该选择之债自始成为简单之债。

基于该意思表示的此种效力,通知选择的意思表示非经相对人同意,不得变更,也不得撤销,只有在对方当事人同意的情况下才除外。

如果在选择之债的数种给付中,其中一个或数个给付由于不可抗力等原因而履行不能时,则选择权人只能就剩余的给付进行选择。当只有一种给付可以履行而其他均发生履行不能时,则当事人丧失选择的余地,只能按可以履行的标的履行,选择之债变更为简单之债,无须另行选择。[16] 此种不能履行应当以不可归责于无选择权的当事人为限。如果该履行不能是由于无选择权的当事人的行为所致,则选择权人仍然有权就该不能履行的给付加以选择。如果选择权人为债务人,可以通过选择不能履行的给付而免予承担自己的债务;如果选择权人为债权人,则其可以通过选择不能履行的给付而解除合同,追究对方的违约责任。

二、可分之债

(一)可分之债与不可分之债的概念

《民法典》第517条规定的是可分之债。债的标的可分,按照份额各自享有债权的,为按份债权;按照份额各自负担债务的,为按份债务。《民法典》强调该区分以“标的可分”为前提,从而将可分之债与不可分之债的区分纳入我国法律规范当中。[17]

可分之债,是指在债的关系中,债权或者债务是可以分割的债。债权或者债务可分并且实际分割后的按份之债,形成多数人之债。

不可分之债,是指在债的关系中,债的给付标的不能分割的债。既然债的给付为不可分,故各债权人只能享有同一的给付标的,其自然也只能为全体债权人请求履行。不可分债务本质上系复数债务,因其给付不可分,故在其履行上应当准用连带债务的规定,各债务人均应当承担全部给付义务。

可分之债的性质为复数之债,且只是因为标的的同一而联系在一起,各债权或者债务并无共同目的,故各债权人或者债务人发生的事项,原则上不对其他债权人或者债务人产生效力。

(二)债权或者债务是否可分的标准

1. 债权或者债务的分割是否损害债的目的。分割不损害债的目的的,为可分之债,否则为不可分之债。

2. 债权或者债务的分割是否在约定中予以禁止,有禁止分割的约定的,为不可分之债。

3. 债权或者债务的分割是否符合交易习惯和标的物的用途,如钥匙与锁,不能仅交付

---

〔16〕 王利明等:《民法学》(下册)(第6版),法律出版社2020年版,第551页。

〔17〕 王利明主编:《中国民法典释评·合同编·通则》,中国人民大学出版社2020年版,第261页。

其一。

可分之债分为可分债权和可分债务。债权人为二人以上，标的可分，按照份额各自享有债权的，为按份债权；债务人为二人以上，标的可分，按照份额各自负担债务的，为按份债务。

（三）可分之债的效力

可分之债能够形成按份之债。债务人可以依其份额向债权人分别作出履行。可分之债可以实行部分免除、抵销等。

可分债务的不履行发生按份责任，应当适用《民法典》第177条规定的按份责任规则。按份责任是指数个责任人按照约定或者法律规定，按照不同的份额对一个责任按份承担的民事责任。按份责任分为两种形式：一是约定的按份债务不履行发生的按份责任；二是依照法律规定发生的按份责任。

三、连带之债

（一）连带之债与单独之债的区分

《民法典》第518条规定了连带债权和连带债务，以及连带债权和连带债务产生的基础。

连带之债，是指在一个债的关系中，债权人或者债务人有数人时，各个债权人均得请求债务人履行全部债务，各个债务人均负有履行全部债务的义务，且全部债务因一次全部履行而归于消灭的债。其中，具有连带关系的数个债权人为连带债权人，享有的债权为连带债权；具有连带关系的数个债务人为连带债务人，所负的债务为连带债务。连带之债是主体多数之债，即多数人之债。

与连带之债相对应的是单独之债。单独之债，是指债的关系中，债权人与债务人均为一人的债。单独之债是债的常态，绝大多数债的关系都是单独之债。单独之债由单一的债务人自己承担清偿债务，自负其责。

（二）连带之债的产生原因与构成

连带之债的产生有两种原因：（1）法定连带之债，如合伙债务、代理上的连带债务，共同侵权行为的损害赔偿责任为连带之债，以及法律规定的其他连带之债；（2）意定连带之债，当事人通过协议，约定为连带债权或者连带债务，如数个借款合同债务人就同一借贷，约定各负清偿全部债务的义务。

成立连带之债须具备的要件是：（1）债的一方或者双方当事人为二人以上；（2）债的标的须为同一；（3）数个债的目的须具有同一性；（4）连带债权人之间或者连带债务人之间须有连带关系，即对于数个债权人或者债务人中的一人发生的非关于个人利益的事项，对于其他债权人或者债务人也产生同样的效力。

连带债权的部分或者全部债权人均可以请求债务人履行债务，其债权实现的，消灭债务人的债务；连带债务的部分或者全部债务人，都有义务满足债权人对部分或者全部债务人履行全部债务的请求，部分债务人履行全部债务的，连带债权全部消灭。

连带债务不履行,发生连带责任。对于连带责任的承担规则,适用《民法典》第 178 条规定的规则。

(三)连带债务人内部份额的确定方法及追偿权

《民法典》第 519 条规定了连带债务的债务份额,以及连带债权人之间内部追偿权的规则。

1. 连带之债的份额确定

连带债务对外不分份额,只有对内才分份额,连带债务人在内部对自己的份额承担最终责任。

连带债务人可以事先约定份额,或者根据实际情况确定份额。债务份额难以确定的,视为份额相同,各个债务人以同等份额承担最终责任。

在连带债务中,对外由于每一个债务人均负有履行全部债务的义务,债权人有权向连带债务人中的数人或者全体请求履行。被请求的债务人不得以还有其他债务人为由互相推诿,也不得以自己仅负担债务中的一定份额为由拒绝履行全部债务。连带债务人这时承担的清偿责任,是连带债务的中间性清偿责任。

2. 追偿权

在承担中间性清偿责任时,如果实际承担债务的连带债务人承担了超过自己份额的债务,有权就超出部分在其他连带债务人未履行的份额范围内追偿。在行使追偿权时,承担了超出自己份额的中间性清偿义务的债务人,实际上相应地享有了债权人的权利,但是,行使这种权利不得损害债权人的利益。连带债务人在行使追偿权时,如果其他连带债务人对连带债务的债权人享有抗辩权的,可以向该债务人主张对债权人的抗辩,对抗该债务人的追偿权。

连带债务与连带责任的连接点,在于连带债务的不履行。连带债务不履行,发生连带责任。连带债务和连带责任的规则是相同的,并没有质的差别。

部分连带债务人承担了中间责任之后,承担中间责任的连带债务人对未承担债务的连带债务人享有追偿权。这个规则存在的问题是,如果其他连带责任人之一发生了破产等情形致使不能履行其应当分担的份额,则实际承担债务的连带债务人的追偿权就难以全部实现。对于这种情形,应当适用连带债务人之间的债务份额二次分担规则,[18] 即只要还有其他有清偿能力的连带债务人,就应当分担不能履行其债务的连带债务人不能履行的债务。具体分担的方法是,其他连带债务人在相应范围内按比例分担。例如,共有 5 名连带债务人,每个连带债务人的最终份额为 20%;在 1 名连带债务人承担了全部清偿的债务后,在追偿中,其中 1 名连带债务人不能履行自己的债务份额,其他 4 名连带债务人对不能负担最终债务份额的这 20% 债务,每人应当分担 1/4,已经承担连带清偿责任的连带债务人可以向这 3 名连带债务人每人追偿 1/4 债务,自己负担 1/4。

分担不能履行连带债务的债务人的债务后,就其分担的这部分债务,对未履行债务的连带债务人仍然享有追偿权。这种情形,尽管《民法典》第 519 条第 3 款没有规定,但是在

---

〔18〕 黄薇主编:《中华人民共和国民法典合同编释义》,法律出版社 2020 年版,第 129 页。

理论上和实践中是应当如此的。

（四）连带债务人之一所为事项具有涉他效力

《民法典》第520条规定了连带债务人之一所为事项具有涉他效力的规则。在连带债务中，就一债务人所生的事项，效力有的及于其他债务人，有的不及于其他债务人。前者称为有涉他效力的事项，后者称为无涉他效力的事项。

在连带债务中，有涉他效力的事项包括以下几个：

1. 部分连带债务人履行、抵销债务或者提存标的物的，其他债务人对债权人的债务在相应范围内消灭。这是连带债务涉他效力的典型表现，即部分连带债务人的清偿行为效果及于其他连带债务人。已经履行了债务的债务人可以依照追偿权的规则，向其他未清偿债务的连带债务人进行追偿。

2. 部分连带债务人的债务被债权人免除的，在该连带债务人所应承担的份额范围内，其他债务人对债权人的债务消灭。这是债权人免除连带债务人之一的债务效果及于全体连带债务人的规则。例如，连带债务人之一对债权人的连带债务被债权人免除的，免除的虽然是连带债务人的部分债务，但是对全体债务人有效力。

3. 部分连带债务人的债务与债权人的债权同归于一人的，在扣除该债务人所应承担的份额后，债权人对其他债务人的债权继续存在。这是连带债务的部分连带债务混同对连带债务的效果，即发生混同的部分债务消灭，其他部分的连带债务仍然存在。

4. 债权人对部分连带债务人的给付受领迟延的，对其他连带债务人发生效力。这主要是指债权人对部分连带债务人的给付受领迟延引发的后果，如发生的抗辩等，全体连带债务人均可以以此进行抗辩。

此外，还有一个涉他效力的事项是，当部分债务人得到法院的有利判决，且其判决非基于该债务与债权人个人关系的，其他债务人可以援用该判决而拒绝履行，但是，该债务人受败诉的判决，其效力不及于其他债务人。

（五）连带债权的债权份额与债权受领的返还义务

《民法典》第521条对连带债权的债权份额及债权受领返还义务作出了规定。

在对外关系上，连带债权的债权人不分份额地享有债权。但是在连带债权人的内部，每个人都有自己的份额。连带债权人的债权份额，应当按照约定或者实际情况确定。连带债权人之间的份额难以确定的，视为份额相同，按照相同的份额享有债权。

由于连带债权的债权人都可以向债务人主张债权，债务人都有满足连带债权人部分或者全部的权利主张，因而会出现实际受领超过自己份额的连带债权人。当出现这种情形时，该债权人应当按照份额的比例向其他连带债权人返还，其他债权人按照份额的比例享有债权利益的返还请求权。

连带债权的规则多数与连带债务的规则相同。因此，对连带债权准用关于连带债务的有关规定。

四、不真正连带之债

(一)不真正连带之债的概念

《民法典》在多数之债的规定中,没有规定不真正连带之债。不真正连带之债的规则仍然存在于侵权责任编的不真正连带责任的规则中。例如,《民法典》第 1203 条规定的产品责任,就是典型的不真正连带之债的规则。

不真正连带债务,是与连带之债最相类似却又不同的多数人之债,是指多数债务人就基于不同发生原因而偶然产生的同一内容的给付,各负全部履行之义务,并因债务人之一的履行而使全体债务人的债务均归于消灭的债务。[19]

(二)不真正连带之债与连带之债的区别

不真正连带之债与连带之债不同。连带债务最终分担在数个连带债务人之间,各自按照应当承担的内部份额分担责任,因此,每一个连带债务人都是最终债务人。而不真正连带债务的债务人分为中间债务人和最终债务人,履行债务的最终结果,是最终债务人承担全部债务,中间债务人即使承担了债务清偿义务,也对最终债务人享有追偿权。例如,所谓的连带保证之债,实际上是不真正连带责任的保证之债。

(三)不真正连带之债的规则

不真正连带之债主要是不真正连带债务,以及侵权责任之债中的不真正连带责任。其具体规则如下:

1. 中间责任。在数个不真正连带债务人之间,受害人可以选择其中一个提出清偿的请求,即可以向任何一个债务人请求履行全部债务。任何一个不真正连带债务人都有义务承担全部清偿义务,实现形式上的连带。

2. 最终责任。不真正连带之债的最终债务,是不真正连带之债的最终后果一定要由应当承担最终债务的人承担全部清偿债务,而不是在不真正连带债务人之间实行实质连带,即不分担债务。最终债务必定要由承担最终债务的不真正连带债务人全部承担。不真正连带之债的最终债务只是一个债务,而不是份额之债。

3. 追偿权。不真正连带之债最终债务的实现,依赖于追偿权的行使。承担中间债务的不真正连带债务人在承担了中间债务后,对最终债务的不真正连带之债的债务人产生追偿权,其行使该追偿权,就将不真正连带之债的最终债务归于负有最终债务的不真正连带之债的债务人。

| 引例分析 |

本案涉及的是多数之债中的选择之债,争议是涉案合同债务给付方式的确定。在选择之债中,法律虽然赋予债务人选择权,却也规定了适当的限制条件,以平衡双方当事人

---

〔19〕 王利明主编:《中国民法案例与学理研究》(债权篇)(第 2 版),法律出版社 2003 年版,第 3 页。

的利益。一方面，享有选择权的债务人在约定期限内或者履行期限届满，没作选择，经过催告后在合理期限内仍未作选择的，选择权转移至对方；另一方面，可选择的标的发生不能履行情形的，享有选择权的当事人不得选择不能履行的标的，但是该不能履行的情形是由对方造成的除外。后一个限制，要求债务人选择的债务标的必须具备可履行性，这样对债务履行才具有意义。

在本案中，涉案合同每月支付 5 万元的给付方式是选择之债，债务人当然可以选择按时供货或者支付现款。由于债务人没有按时供货已经违约，导致按时供货已经不再可能，可供选择的给付方式只剩下支付现款，因而涉案合同标的的选择之债随之确定化，转变为支付货款债务的简单之债。就此，原告要求被告支付相应货款的诉讼请求，法院应予支持。

第六节　合同履行中的变动

引　例

冉某和(甲方)以按揭付款方式向小松工程机械有限公司(以下简称小松公司)购买了一台挖掘机，嗣后，冉某和将该挖掘机转卖给谯某(乙方)，签订了《挖掘机出售协议》，向谯某交付了挖掘机。一年后，双方签订补充协议约定："甲方已经将小松牌 130 型挖掘机转让给乙方，前期协议款 30 万元已付清，甲方在小松公司按揭款从转让挖掘机之日起由乙方全面负责到付清为止。现由于乙方违约没将按揭款付清，共计欠付人民币 10.5 万元整(1 ~6 月)，乙方向甲方承诺 30 天将此款付给甲方，到期不付，乙方以双倍金额赔偿给甲方，从 7 月开始，应向小松公司继续支付的按揭款由乙方付清为止。"因谯某未付清按揭款项，小松公司向法院提起诉讼，请求冉某和向其支付拖欠的按揭贷款 18.85 万元和利息 20 926 元。在法院调解下，冉某和与小松公司达成支付挖掘机款协议，冉某和向小松公司支付货款 20 万元。法院根据此协议制作了调解书，谯某在冉某和持有的调解书上签字承诺："本人在冉某和处购买小松牌 130 挖掘机一台属实，经法院民事调解，本人自愿代为支付上述调解书款项，按照调解书所限定时间，如果没有支付，一切后果本人承担。"

谯某在到期后未支付上述调解书确定的款项，冉某和向小松公司支付了 20 万元货款。冉某和向法院提起诉讼，请求被告谯某支付 20 万元及其利息。

法院审理认为，本案原告冉某和与被告谯某签订协议约定，由冉某和将其从小松公司以按揭付款方式购买的挖掘机转让给谯某，谯某支付冉某和 30 万元及余下的按揭贷款。冉某和向谯某履行了交付挖掘机义务。谯某并未按协议全面履行支付按揭贷款义务，小松公司对冉某和提起了诉讼，达成了调解协议，确认冉某和应向小松公司支付购买挖掘机余款 20 万元。谯某在冉某和持有的该调解书上签字承诺，代冉某和履行调解书上的付款义务，属于当事人约定由债务人向第三人履行债务，不违反法律规定，谯某应当履行。因谯某未履行,致使冉某和向小松公司支付了债务,谯某应向冉某和承担违约责任。故判令被告谯某于本判决生效后10日内给付原告冉某和购买挖掘机款20万元,以及迟延利息。

法律问题

1. 合同主体变动
2. 履行中止
3. 提前履行
4. 部分履行

一、合同主体变动

在合同的履行过程中,履行主体及履行内容经常会发生变动。这些变动不是合同变更,不涉及旧合同的消灭和新合同的产生问题,只是在合同的履行主体上或者内容上发生一些具体变化。

合同履行中的主体变动,包括向第三人履行、由第三人履行和第三人代为履行。有学者将其解释为“涉他合同的履行”,[20]这不是一个准确概念。涉他合同是指内容涉及第三人的合同,[21]在合同的主体中就包含第三人。履行主体变动并不是对这类合同的履行,而是在合同的履行过程中发生了主体变化,出现了第三人,且这个第三人的出现并不改变合同的本质,因而称履行主体变动更准确。

合同主体变动是在原合同的主体不变的情况下,当事人约定由债务人向第三人履行债务,或者由第三人向债权人履行债务,或者第三人代为履行。这种变动不是合同主体的变更,债权人和债务人都没有变化,只是当事人约定将债务履行的对方由债权人改变为第三人,或者由债务人履行改变为第三人履行。这里的第三人并不是合同的主体,不享有合同权利,也不承担合同责任。

合同主体和合同履行主体是不一样的。合同主体就是合同当事人,即债权人和债务人。合同履行主体是指履行债务和接受债务履行的人。可以成为履行主体的有自然人、法人和非法人组织。合同履行人能够有效地履行合同义务,接受合同履行的人具有受领合同履行的法律资格,他们都是合同的履行主体。

合同履行中的第三人不是合同主体,是合同履行主体。当事人约定向第三人履行、由第三人履行或者第三人代为履行时,第三人是相对于合同当事人而言的,而不是相对于履行主体的概念。一个合同依法订立,必然有双方当事人,如果合同的履行和接受履行均以当事人自身的行为完成,则该合同不存在第三人问题。合同履行的第三人是指根据法律规定或合同约定,以自己的名义实施有效的合同履行和接受履行的人。只要符合法律规定或合同约定,自然人、法人和非法人组织均可成为合同履行的第三人。

由第三人作为履行主体有三种:一是向第三人履行;二是由第三人履行;三是第三人代

---

〔20〕 韩世远:《合同法总论》(第3版),法律出版社2011年版,第261页。

〔21〕 韩世远:《合同法总论》(第3版),法律出版社2011年版,第69页。

为履行。

（一）向第三人履行

向第三人履行也称为第三人代债权人受领。在债的履行中，债务人不向债权人履行，而是向第三人履行，就构成向第三人履行。按照《民法典》的规定，当事人约定向第三人履行合同的，只要该第三人符合法律规定或合同约定的接受履行资格，第三人能够受领的，该第三人就成为合同的履行主体。

第三人接受履行时，第三人只是接受履行的主体，而不是合同当事人。合同当事人仍应对第三人接受履行的后果负责。第三人替债权人接受履行不适当或因此给债务人造成损失的，应由债权人承担民事责任。

第三人替债权人接受履行，是因为第三人与债权人之间存在一定关系，但第三人并不是债权人的代理人。如债务人或债权人的代理人代其履行，则不为向第三人履行，因为这时合同的履行主体仍是债务人或债权人。

债务人按照约定向第三人为履行而增加的费用，由债权人承担。

第三人虽然不是合同的当事人，但是法律规定他可以向债务人请求履行。这是因为，既然合同的当事人已经约定，由第三人接受履行，该第三人就处于"准债权人"的地位，债务人应当接受该约定的约束。当债务人未向第三人履行债务或者履行债务不符合约定时，违约责任仍然在当事人之间发生，债务人应当向债权人承担违约责任，债权人仍然有权请求债务人承担责任。对此，《合同编通则解释》第 29 条明确规定：(1)《民法典》第 522 条第 2 款规定的第三人请求债务人向自己履行债务的，应予支持；请求行使撤销权、解除权等民事权利的，则不予支持，但是法律另有规定的除外。(2)合同依法被撤销或者被解除，债务人请求债权人返还财产的，应予支持。(3)债务人按照约定向第三人履行债务，第三人拒绝受领，债权人请求债务人向自己履行债务的，应予支持，但是债务人已经采取提存等方式消灭债务的除外。(4)第三人拒绝受领或者受领迟延，债务人请求债权人赔偿因此造成的损失的，依法予以支持。

（二）由第三人履行

由第三人履行，是指在合同的履行中，当事人约定由第三人向债权人履行债务。《民法典》第 523 条对此作出了规定。

由第三人履行，是合同的履行主体变动的一种情形。由第三人履行债务的特点是，第三人与债权人、债务人并未达成转让债务协议，第三人并未成为合同当事人，只是按照合同当事人之间的约定，由第三人向债权人履行债务。根据合同自由原则，从保护债权人利益出发，合同当事人约定由第三人履行债务，只要不违反法律规定和合同约定，且未给债权人造成损失或增加费用，这种履行在法律上是有效的。

由第三人履行并不是合同义务移转。第三人履行债务与债务转移之间存在以下区别：

1. 成立的方式不同。债务转移，须债务人与债权人与第三人达成转让债务的协议，且无论债权人还是债务人，与第三人达成移转债务的协议都要取得对方的同意，否则债务移转不生效。由第三人履行债务，起决定作用的是合同当事人的约定，并且第三人单方愿意代替债务人清偿债务或者与债务人达成清偿债务的协议,但是,并没有与债权人或债务人达成转让债务的协议。

2. 债务人的身份不同。在债务转移中,接受债务的第三人已经成为合同关系的当事人,如果是债务的全部转让,第三人完全代替债务人的地位,原债务人退出该合同;如果是部分转让,第三人将加入合同成为债务人。在由第三人履行债务的情况下,第三人只是履行主体而不是债的当事人。对于债权人来说,他只能将第三人作为债务履行的辅助人,而不能将其作为合同当事人对待。

3. 承担责任的人不同。在债务转移的情况下,第三人已经成为合同关系的当事人,如果他未能依照合同约定履行债务,债权人可直接请求其履行义务和承担违约责任。在由第三人履行中,债权人不能要求债务人履行债务或承担责任。对于第三人履行不适当的行为,应当由债务人承担责任,债权人只能向债务人而不能向第三人请求承担责任。

(三)第三人代为履行

《民法典》第524条规定了第三人代为履行债务及后果的规则。

1. 代为履行的概念和类型

代为履行,是指由第三人代而为之的清偿。例如,在酒店就餐,其他人暗中代消费者买单,就是典型的代为履行。

代为履行有两种类型:(1)第三人向债权人代为履行,使债权人的债权得到实现,消灭合同关系,转由债务人向第三人承担债务。在这种情形下,债权人和债务人之间的合同关系消灭,但债务人与第三人之间又产生一个新的合同关系。(2)第三人以赠与为目的的代为履行,不仅使债权人的债权得到实现,而且也免除了债务人的债务,因此完全消灭债权人和债务人之间的合同关系,并且在债务人和第三人之间也不产生新的合同关系。代为买单属于后一种代为履行。

对于如何认定《民法典》第524条第1款中所称"对履行债务具有合法利益的第三人",《合同编通则解释》第30条第1款规定:(1)保证人或者提供物的担保的第三人;(2)担保财产的受让人、用益物权人、合法占有人;(3)担保财产上的后顺位担保权人;(4)对债务人的财产享有合法权益且该权益将因财产被强制执行而丧失的第三人;(5)债务人为法人或者非法人组织的,其出资人或者设立人;(6)债务人为自然人的,其近亲属;(7)其他对履行债务具有合法利益的第三人。

2. 代为履行的成立

代为履行符合以下条件的,方为成立并发生效力:

(1)依债的性质可以由第三人代为履行。有的合同可以代为履行,有的合同不可以代为履行,这主要取决于合同的性质。只有依照合同的性质可以由第三人代为履行的债的关系,才可以由第三人代为履行。如果合同关系规定债务具有专属性的,则性质上不许代为履行。基于合同性质不得代为履行的情形有:不作为债务,以债务人本身的特别技能、技术为内容的债务,因债权人与债务人之间的特别信任关系所生的债务等。

(2)债权人和债务人之间没有不得由第三人代为履行的约定。成立代为履行,必须在债权人和债务人之间没有关于不得由第三人代为履行的约定或者规定。如果有不准由第三人代为履行的约定或者规定的，则不得进行代为履行。在代为履行之后约定不得由第三人代为履行的，不妨害代为履行的效力。

(3)债权人没有拒绝代为履行的特别理由。债权人没有拒绝代为履行的特别理由，债务人也没有提出异议的正当理由，代为履行即为成立。如果代为履行有违社会公共利益、社会公德或者诚实信用，对债权人、债务人或者社会有不利影响，或者代为履行违背其他强制性规定时，债权人就有权拒绝受领代为履行，债务人也有权提出异议，此时代为履行不成立。

(4)代为履行的第三人须有为债务人清偿的意思。代为履行的第三人没有为债务人清偿的意思表示，就不成立代为履行。如果清偿人基于错误，误信债务人的债务为自己的债务而为清偿的，不成立代为履行。

3. 代为履行的效力

《合同编通则解释》第30条第2款规定，第三人在其已经代为履行的范围内取得对债务人的债权，但是不得损害债权人的利益。

(1)在债权人和债务人之间发生消灭合同的后果。代为履行成立，在债权人和债务人之间消灭合同关系，债权人的债权实现，债务人免除清偿义务，是代为履行的基本效力。在双务合同中，须双方的债务均获清偿，合同关系才完全消灭。除非第三人可以代位债权人，否则债务人可以请求返还债权证书。

(2)在债权人和第三人之间债权在已经代为履行的范围内转移给第三人。第三人代为履行，债权人的债权实现之后，其债权当然转移给第三人，第三人成为新的债权人。如果是就一部分债务代为履行，则只在该部分消灭债权，该部分债权转移给第三人，债权人对第三人取得的债权不负瑕疵担保责任。第三人对于债权证书有返还请求权，如果只是部分代为履行的，则可以请求在债权证书中记录代为履行的事实。同时，代为履行的第三人有权指定清偿抵充；如果是选择债务，第三人有选择权。

(3)在第三人与债务人之间产生新的合同关系。第三人代为履行之后，在第三人和债务人之间发生新的合同关系。第三人与债务人之间具有委托关系的，应当适用委托合同的约定，确定双方之间的权利义务关系；第三人与债务人之间既无委托合同又无其他履行上的利害关系的，第三人可以依照《合同编通则解释》的上述规定，确认第三人取得债权。如果第三人代为履行具有赠与的意思的，则与债务人不发生合同关系。

(4)《合同编通则解释》第30条第3款规定，担保人代为履行债务取得债权后，向其他担保人主张担保权利的，依据《担保制度解释》第13条、第14条、第18条第2款等规定处理。

二、履行中止

在合同履行中，由于某种原因的出现致使合同暂时不能履行的，可以履行中止。

《民法典》第529条对履行中止只规定了一种情况，即在合同的履行中，由于债权人的原因致使债务人履行困难的，债务人可以中止履行或提存。

对因债权人分立、合并或者变更住所没有通知债务人，使债务人按合同履行债务发生困难的，债务人有两种选择：(1)债务人可以中止履行，待阻碍履行的事由消失以后再继续履行;(2)将标的物提存,使债务消灭。

履行中止还有其他原因,如双方当事人约定中止,合同的履行也中止。

三、提前履行

提前履行,是指在履行期限到来前的履行,属于合同履行中履行行为的变动。《民法典》第530条规定了合同提前履行的规则。

提前履行可以基于两个原因发生:(1)债务人自己要求提前履行债务;(2)债权人请求债务人提前履行。在后一种情况下,债务人同意的,自然可以提前履行;债务人不同意的,可以拒绝债权人的请求。

合同当事人应当严格按照合同约定的期限履行,才能体现当事人的合意,实现共同利益。债务人提前履行,很可能会损害债权人的利益。如债权人必须提前准备好仓储,增加保管费用;或者合同订立的期限是某个特定时期,这个时期最能给债权人带来利益等。在一般情况下,债务人提前履行并不会给债权人带来好处。只有在无息借贷、无偿借用等合同中,才可能对债权人没有损害。提前履行不损害债权人利益的,法律予以准许。

《民法典》第530条授权债权人可以拒绝债务人提前履行债务,但是提前履行不损害债权人利益的除外。具体分两种情况:

1. 如果履行期限是为债务人的利益设定的,则债务人可以提前履行自己的义务,因为一般不能限制当事人放弃自己的利益,这种履行是适当的,债权人应当接受。例如,借款合同的还款期限是为借款人利益设定的,在此以前借款人有权使用贷款,而不必返还,借款人放弃这种利益而要提前偿还借款,则应当允许。无论借款人是自然人还是法人、非法人组织,都应如此。

2. 如果债的履行期限是为债权人利益设定的,或者关涉双方的利益,则债务人非经债权人的同意,不得提前履行。例如,在加工承揽合同中,承揽方提前交付定作物,应当事先与定作方达成协议,并按协议进行。未经定作方同意提前交付定作物,定作方有权拒收。

提前履行给债权人增加的费用,应当由债务人承担。债务人拒绝承担的,应当强制其承担。

四、部分履行

部分履行是相对于全面、适当履行而言的,是指当事人只部分地履行合同,而另外部分不履行,当事人预期目的不能达到的履行。

部分履行不是根本没有履行,只是部分履行合同债务。《民法典》第531条规定,对于债务人的部分履行,债权人享有拒绝受领权,拒绝受领债务人对债务的部分履行。这种拒绝受领权只是相对于部分履行对于债权人的利益有损害而产生。如果部分履行不损害债权人利益,则债权人不享有拒绝受领权,不能拒绝债务人的部分履行。

债务人部分履行债务有可能给债权人增加接受履行的费用。这种费用的产生是由于债务人的部分履行造成的,应当由债务人负担。

五、合同主体的其他变动

合同主体的姓名、名称的变更,以及法定代表人、负责人、承办人的变动,是经常出现的。

为了避免当事人由于这些主体的变动而在合同履行中发生争议，防止当事人假借姓名、名称变更或者法定代表人、负责人、承办人的变动而不履行合同义务，《民法典》第532条对此作出了规定。

自然人在改名前已经以原姓名参与了某种法律关系，其姓名的改变不应影响他人和社会的利益。故当事人以原姓名签订的合同亦应严格遵守，不得因姓名的改变而不履行合同义务。

法人和非法人组织名称的变更只是其文字标记的变更，不是合同主体的变更，法人和非法人组织不能因名称的变更而不履行合同义务。

法人的法定代表人以及非法人组织的负责人的变更也不影响合同的履行。法人和非法人组织都依法享有合同主体资格，可以作为合同法律关系的主体，具有合同权利能力和合同行为能力，不能因法人的法定代表人的变动而不履行合同义务。非法人组织的负责人发生变动，亦不能因此而不履行合同义务，更不得因承办人的变动而不履行合同义务。

| 引例分析 |

本案争议焦点是原告是否有权要求被告承担违约责任，基础在于合同履行变动中的由第三人履行。在合同履行变动中，涉及第三人的履行，包括由第三人履行、向第三人履行和第三人代为履行。本案的合同履行变动是由第三人履行。

本案由第三人履行的形成过程比较复杂。首先，冉某和向小松公司购买挖掘机，留有按揭贷款尚需清偿；在其向谯某转让挖掘机时，约定尚需清偿的按揭贷款由谯某履行，这构成了由第三人履行。其次，由于谯某作为第三人没有向债权人履行按揭贷款的给付义务，小松公司起诉冉某和，调解达成了清偿协议，由冉某和完成了按揭贷款的清偿义务。在该调解书上，谯某再次承诺对冉某和的清偿负有给付义务，承诺予以清偿。这是符合由第三人履行的规则的，即由第三人履行，第三人没有履行的，债务人履行清偿义务；债务人承担了清偿义务后，有权向第三人进行追偿。据此，被告作为第三人，没有按照约定的时间向小松公司履行清偿义务，违反了原、被告之间的约定，原告主张被告承担违约责任，是完全有理由的，法院支持原告的诉讼请求符合法律规定。

第七节　双务合同履行的抗辩权

| 引　例 |

原告钟某某陆续借款给被告刘某某、兰某用于做生意的资金。5年后，原告与二被告结算，借款总额为185万元，二被告共同向原告出具借条，载明："今借到钟某某现金人民币计壹佰捌拾伍万元正(￥1 850 000元)，借款时间为一年。"被告刘某某、兰某在借条上签名、按指印，口头约定利息按每月2.8%计算。自立具借条后，二被告累计向原告支付利息12万元。后来，原告得知二被告的大部分财产已被法院冻结，财务状况严重恶化，已经构成预期违约。原告诉至法院,请求判令被告偿还原告本金以及未支付的剩余利息24.26万元。

法院审理认为,合法的借贷关系受法律保护,原告与被告的借贷关系依法成立。对于原告主张的利息,因被告出具的借条未予约定,且原告提供的录音资料及视频资料无法证明被告承认约定利息,原告提供的证人当庭的陈述亦模棱两可,含混不清,故原告要求按月利率2.8%计息,法院不予支持。但自原告起诉之日起,可按中国人民银行同期同类贷款利率计算利息。原告提供的信息,可以证明原告行使不安抗辩权具有事实依据,且至本案判决前,被告债务的履行期限已届满。相关证据证明二被告已出现资金困难、支付能力欠缺、欠债过多难以清偿,到期将不能或没有能力履约的情况,已经构成了预期违约,原告主张提前解除合同并要求二被告还本付息,符合法律规定,予以支持。

|法律问题|

1. 同时履行抗辩权
2. 后履行抗辩权
3. 不安抗辩权

一、同时履行抗辩权

(一)同时履行抗辩权的概念和性质

双务合同的同时履行抗辩权,又称为不履行抗辩权或履行合同的抗辩权,是指互负债务,没有先后履行顺序的双务合同,当事人一方在他方未为对待给付以前,可以拒绝履行的权利。《民法典》第525条规定了同时履行抗辩权的规则。

同时履行抗辩权的性质主要是一种拒绝权,是一方在符合法律规定的条件下,享有拒绝对方请求的权利,是对抗对方请求权的权利。[22] 这是因为,双务契约的两个债务系以交换利益为目的,互负债务,故须认有牵连关系,因而交换履行,始臻公平,故发达国家立法,莫不皆然。

同时履行抗辩权在法律上的根据,在于双务合同在成立上的关联性,即一方当事人的权利与另一方当事人的义务之间具有相互依存、互为因果的关系。这种关联性表现在三个方面:

1. 权利义务发生上的关联性,双方所负债务在成立时同时发生,一方债务不成立或不生效,他方债务亦不成立或不生效。

2. 双务合同在履行上的关联性,原则上要求双方当事人同时履行自己所负债务,一方所负债务以他方所负债务为前提,如果一方不履行自己的债务,对方的权利不能实现,其履行自己的债务也受到影响。一方当事人只在已履行或已提出履行给付的条件下,才能要求对方当事人履行给付。

3. 权利义务存续上的关联性,如果非因双方的过错导致合同债务在事实上不能履行时,

---

〔22〕 王利明:《合同法研究》(第2卷)(第2版),中国人民大学出版社2011年版,第61页。

发生的不利后果应当由哪一方负担？没有履行先后顺序的双务合同当事人应当同时履行债务，一方当事人只有在自己已经履行了债务的情况下，才有权要求对方当事人履行债务。一方当事人没有履行债务，对方当事人有权拒绝履行自己的债务。[23]

同时履行抗辩权的行使结果，并不使对方当事人的履行请求权消灭，而是阻碍履行请求权的效力发生。因此，其在性质上属于延缓的抗辩权而不是消灭的抗辩权，是一时性抗辩权而不是永久性抗辩权。

（二）同时履行抗辩权与留置权的区别

同时履行抗辩权与留置权相似。行使同时履行抗辩权，在对方未为对待给付或未为给付提出以前，可以将自己的给付暂时保留。留置权亦有此性质，可以留置定作人的加工物以为担保。

同时履行抗辩权与留置权为两种不同的民事权利，其区别如下：

1. 性质不同。留置权为法定担保物权，系直接支配特定物的担保权，属于物权中他物权的一种，是在定作人的加工物上产生的担保物权，因而留置权能够对抗一切人。同时履行抗辩权是一种对抗权，其产生的依据是债权，仍属于债权的附属权利，不具有物权性质，权利人仅能以该权利对抗双务合同中对方当事人的请求权，不能对抗其他人。

2. 根据不同。按照合同约定一方占有对方的财产，对方不按照合同给付应付款项超过约定期限的，占有人即享有留置权。产生留置权的根据在于合同当事人一方依合同约定占有对方财产，债务人未付应付款项。如果债权人并没有占有对方当事人的财产，则不能产生留置权。同时履行抗辩权的产生根据在于双务合同双方债务在履行上的关联性。例如，买卖合同的买受人在出卖人未履行交货义务时，得主张同时履行抗辩权而拒绝支付价款，当事人没有占有对方的财产，并不能产生留置权。

3. 行使后果不同。行使留置权，债权人可以同时不履行合同的对待债务，留置对方当事人的财产，并且经过一定的时间和程序变卖留置物，抵充加工物的价金。同时履行抗辩权的行使，仅是行使抗辩权的当事人拒绝对方履行合同债务的请求，并没有其他的效力。

（三）同时履行抗辩权的作用

1. 平衡当事人之间的权益，维护当事人的权利。在双务合同中，双方当事人的权利和义务是对等的、相互牵连的，如果一方不履行自己的债务而要求对方履行，意味着只享有权利而不承担义务。如果准许这种情况的存续，显然与公平观念背道而驰，使当事人之间的利益关系平衡的基础发生动摇，产生利益失衡。赋予双务合同的当事人同时履行抗辩权，就是在对方当事人不履行自己的债务之前，拒绝其履行的要求；在对方当事人履行债务不符合约定时，可以拒绝其相应的履行要求。

2. 维护交易秩序。任何合同关系的当事人在交易中都必须遵守交易秩序，不得恃强凌弱，损害对方当事人的利益。同时履行的双务合同中，一方当事人不履行义务，却要求对方当事人履行义务，不仅会造成双方当事人之间利益关系失衡，也妨碍了合同的正常履行，损

---

〔23〕 王利明、崔建远：《合同法新论·总则》，中国政法大学出版社1996年版，第335～336页。

害社会经济秩序,使正常的交易秩序受到破坏。同时履行抗辩权允许一方在另一方未履行时拒绝履行,能够防止不公平后果的发生,使正常的交易秩序得以维护,有利于督促对方履行义务,有利于维护社会经济秩序。

3. 增进当事人之间的协作。根据诚实信用原则,当事人应当相互尊重对方的权利,对于债务的履行和权利的行使都负有相互协作的义务。合同当事人建立密切的相互协作和相互信任关系,有助于债务的正确履行,实现当事人的合同利益,促进交易发展。同时履行抗辩权从法律制度上对当事人的关系进行规范,对意图损害当事人相互信任和协作关系的不利后果预先防范。在同时履行的双务合同中,只要自己不履行债务,就无法要求对方履行债务,自己的债权也就无法实现;只有相互信任、相互协作,才能实现自己的债权。

(四)同时履行抗辩权的适用条件

1. 须同一双务合同中当事人互负债务、互享债权。同时履行抗辩权仅适用于双务合同,而不适用于单务合同以及非真正的双务合同。[24] 同时履行抗辩权发生的基础有两个要求:(1)由同一双务合同产生债务,即双方当事人之间的债务根据一个合同产生。(2)须双方当事人互负债务,双方所负的债务之间具有对价或牵连关系。

2. 须双方当事人互负的债务均已届清偿期。双务合同没有约定履行的先后顺序,应当同时履行义务。既然是同时履行,当然双方当事人的债务均已届清偿期。双方当事人的债务不能同时到期的,不产生同时履行抗辩权。这就要求双方当事人互负的债务必须是有效的,如果原告向被告请求支付价金,而被告主张买卖合同不成立、无效或已被撤销,或债务已被抵销或免除,从而表明债务实际上不存在,原告并不享有请求权,被告在此情况下已不是主张同时履行抗辩,而是主张自己无履行的义务。双方债务虽然同时到期,但是,双方约定一方可以延期履行债务,发生了一方先为履行的情形,就成为后履行抗辩权或者不安抗辩权的调整范围了,不能行使同时履行抗辩权。

3. 须对方当事人未履行债务。一方向对方请求履行债务时,该方自己负有的与对方债务有牵连关系的债务未履行,对方因此可以主张同时履行抗辩权,拒绝履行债务。如果一方已履行债务,则不发生同时履行抗辩权。但是,一方未履行的债务与对方所负的债务之间若无对价关系,则对方不得行使同时履行抗辩权。

4. 须对方的对待给付是可能履行的。同时履行抗辩权的机能在于一方拒绝履行可迫使他方履行合同。同时履行以能够履行为前提,如果一方已经履行,而另一方因过错而不能履行其所负的债务,则只能适用债务不履行的规定请求补救,而不发生同时履行抗辩权。如因不可抗力发生履行不能,则双方当事人将被免责。在此情况下,如一方提出了履行的请求,对方可提出否认对方请求权存在的主张,而不是主张同时履行抗辩权。

(五)同时履行抗辩权的适用范围

对同时履行抗辩权的适用范围,《民法典》第525条没有具体规定,只是规定了这种抗辩权的适用条件。学理认为,同时履行抗辩权适用于买卖、互易、租赁、承揽、有偿委托、保

---

〔24〕 王利明、崔建远:《合同法新论·总则》,中国政法大学出版社1996年版,第344页。

险、雇佣等双务合同。

在以下情况，也可以行使同时履行抗辩权：

1. 可分之债。可分之债如果是由一个双务合同产生，则债务人对其可以分割的债务的履行与债权人的对待履行之间形成对价关系，各个债务人的债务和各个债权人的债权之间相互对立，对相互对立的债务不履行可以适用同时履行抗辩权。

2. 连带之债。在连带之债中，多数债权人和多数债务人之间对债权和债务是连带关系，只要是双务合同的连带之债，就符合同时履行抗辩权的构成要件。

3. 为第三人利益订立的合同。为第三人利益订立的合同是双务合同，其中有对价关系，可以适用同时履行抗辩权。

4. 原债务转化的损害赔偿之债。这种债务与对方的债务有对价关系，一方不履行，另一方可以行使同时履行抗辩权。

5. 相互之间的返还义务。这里具有明显的对价关系，一方不返还，对方可以拒绝返还。

6. 在债权让与和债务转移中，也可以适用同时履行抗辩权。

（六）一方违约与同时履行抗辩权

在合同履行中，处理一方当事人违约与同时履行抗辩权关系的规则是：同时履行抗辩权的行使并不影响向违约当事人主张违约责任。在以下几个方面，还有特殊规则：

1. 迟延履行与同时履行抗辩权。对于一方履行迟延，另一方行使同时履行抗辩权，可否继续追究迟延履行责任，学者有两种对立意见：(1)认为同时履行抗辩权的存在足以排除迟延履行责任。(2)认为同时履行抗辩权须经行使才能够排除迟延责任，或者抗辩权的行使溯及地排除已发生的迟延效果，或者迟延责任不因抗辩权的行使而受影响。本书倾向于后者，行使同时履行抗辩权后，仍然可以追究迟延责任。

2. 受领迟延与同时履行抗辩权。双务合同的债权人受领迟延，其原有的同时履行抗辩权并不因此而消灭。债务人在债权人受领迟延后，请求为对待给付，债权人仍可主张同时履行抗辩权。

3. 部分履行与同时履行抗辩权。债务人没有部分履行的权利，如果一方当事人提出部分履行时，对方当事人可以拒绝受领，但是，如果部分履行不损害债权人利益，债权人拒绝受领违反诚信原则时，则不在此限。如果一方当事人受领部分给付，可以提出相当部分的对待给付，也可以主张同时履行抗辩权，拒绝自己的给付，除非这样做违反诚信原则。对此，《合同编通则解释》第 31 条第 1 款规定，当事人互负债务，一方以对方没有履行非主要债务为由拒绝履行自己的主要债务的，不予支持。但是，对方不履行非主要债务致使不能实现合同目的或者当事人另有约定的除外。

4. 瑕疵履行与同时履行抗辩权。债务人瑕疵履行，债权人可以请求其消除缺陷或者另行给付，在债务人未消除缺陷或者另行给付之前，债权人有权行使同时履行抗辩权，拒绝对待给付。

（七）同时履行抗辩权的程序规定

《合同编通则解释》第 31 条第 2 款和第 3 款规定了行使同时履行抗辩权的具体程序，内

容是:

1. 当事人一方起诉请求对方履行债务,被告依据《民法典》第525条的规定主张双方同时履行的抗辩且抗辩成立,被告未提起反诉的,法院应当判决被告在原告履行债务的同时履行自己的债务,并在判项中明确原告申请强制执行的,法院应当在原告履行自己的债务后对被告采取执行行为;被告提起反诉的,法院应当判决双方同时履行自己的债务,并在判项中明确任何一方申请强制执行的,法院应当在该当事人履行自己的债务后对对方采取执行行为。其中被告是抗辩还是反诉,结果有所不同。

2. 当事人一方起诉请求对方履行债务,被告依据《民法典》第526条的规定主张原告应先履行的抗辩且抗辩成立的,人民法院应当驳回原告的诉讼请求,但是不影响原告履行债务后另行提起诉讼。这就是说,被告行使依法成立的同时履行抗辩权进行抗辩,可以对抗原告的履行主张,原告履行了自己的债务后,该抗辩权消灭;被告不履行的,当然可以对被告主张履行请求权。

二、后履行抗辩权

(一)后履行抗辩权的概念

后履行抗辩权,是指在双务合同中约定有先后履行顺序,负有先履行义务的一方当事人未依照合同约定履行债务,后履行债务的一方当事人可以依据对方的不履行行为,拒绝对方当事人请求履行的抗辩权。

合同债务的履行有先后顺序的双务合同,尽管在履行顺序上有区别,但在合同的对价上并没有原则区别。其中一项债务不成立或无效时,另一项债务因此亦不成立或无效,由此成立关联性,并决定了双务合同履行上的关联性,即要求双方当事人都要履行自己所负债务,一方不履行时,他方原则上亦可拒绝履行。为平衡当事人的利益关系,维护社会经济秩序,保护交易秩序,也应当设置抗辩权的保护方式。

(二)后履行抗辩权与同时履行抗辩权的区别

后履行抗辩权与同时履行抗辩权不同。同时履行抗辩权适用的前提是双务合同当事人互负债务,且这种互负的债务没有履行的先后顺序,为同时履行;任何一方当事人在对方当事人没有履行之前,都可以行使同时履行抗辩权。同时履行是经常存在的交易形态,但交易并不仅限于同时履行。双方的履行经常有空间距离和时间距离。这种距离的表现是当事人约定一方当事人先履行合同义务,另一方后履行合同义务。后履行抗辩权的适用,虽然也是双务合同当事人互负债务,但是,债务的履行有先后顺序,一方在前,一方在后。先履行一方未履行之前,后履行一方有权拒绝其履行的请求;先履行一方履行债务不符合约定,后履行一方有权拒绝其相应的履行请求。后履行抗辩权的主体不是双方当事人,而是负有后履行义务的当事人一方,负有先履行义务的一方不享有这种抗辩权。

(三)后履行抗辩权的特点

1. 后履行抗辩权在本质上是对违约的抗辩。后履行抗辩权是对对方当事人违约的抗辩,因而区别于权利消灭的抗辩。权利消灭的抗辩是因合同履行效力消灭,当事人享有的拒绝履行的抗辩权。例如,不可抗力致合同部分不能履行的,发生权利消灭的抗辩,不属于后履行抗辩权。

创立后履行抗辩权的概念,有助于区分双方违约和一方违约的问题。在司法实践中,常有将一方预期违约、另一方中止履行合同的情形认定为双方违约,而令双方同时承担违约责任的情况。后履行抗辩权反映了合同义务之间的联系,运用这一概念,能够清晰地说明一方先违约与另一方中止履行合同的关系。这对正确认定当事人行为的性质和违约责任有重要作用。

2. 后履行抗辩权是负有后履行义务一方当事人履行权益的反映。后履行抗辩权反映了后履行义务一方的后履行利益。后履行利益包括期限利益(或顺序利益)和履行合同条件。期限利益或顺序利益有时对后履行一方当事人非常重要。期限利益的主要表现,如买卖合同中,卖方可以利用买方的资金及时间差去组织货源,如果买方到期不付款,卖方到期也可以不供货,不供货的原因在于买方未付款。此种情况不能视为双方违约,而应认定买方违约、卖方因对方违约而行使抗辩权。

履行合同条件,是指一方的履行是另一方履行的前提条件,如有的买卖合同明确规定"款到提货"或"交款提货",在类似的约定中,顺序利益和期限利益表现不明显,但是一方履行与另一方履行之间的关系却十分明确。为了保护后履行一方当事人的这些利益,适用后履行抗辩权。

3. 后履行抗辩权是不同于合同解除权的救济方式。后履行抗辩权与合同解除权都是对违约的救济,但二者有明显区别。

(1)后履行抗辩权属一时的抗辩权。后履行抗辩权仅阻却合同履行效力的发生,并不产生消灭合同的法律效果,在产生后履行抗辩权的原因消失后,当事人应当履行合同。后履行抗辩权纯粹是单方行为,这种权利的行使在符合法定条件时,依一方的意思已足,不必借助对方的意思表示。而合同解除则会消灭合同的履行效力,在符合法定条件时,当事人一方可以径直通知对方解除合同,当事人双方也可以合意解除合同。

(2)后履行抗辩权的产生原因是一方当事人先违约。合同法定解除权的产生原因是一方预期违约或发生不可抗力以致合同履行成为不必要或不可能,没有法定理由时当事人也可协商解除合同。

(3)后履行抗辩权归负后履行义务的一方当事人享有。合同解除权如因违约发生,该权利属于被违约人;如因不可抗力发生,则其属于直接遭受不可抗力的一方当事人。就违约而言,因违约导致合同履行不必要或不可能,则被违约人只能采用解除合同的救济方法;一方当事人违约,但合同履行尚有必要和可能,另一方当事人可以行使后履行抗辩权,中止履行自己的合同义务,等待对方的履行。

(4)行使后履行抗辩权可以节约合同成本。在两种权利可以选择行使的场合,行使后履行抗辩权可以节约合同成本,保障当事人的履行利益。事实上,对届期未履行的合同,不能都适用解除的方法,因为解除合同未必符合被违约人的最大利益,而行使后履行抗辩权往往能使违约人履约,最终实现合同目的。后履行抗辩权与合同解除权也可分两步行使,在行使后履行抗辩权后,对方仍未履行,可再行使合同解除权,并要求违约方承担财产责任。

(四)后履行抗辩权的行使

1. 对合同义务的全部抗辩

先履行的当事人对合同义务全部不履行的,后履行的当事人对全部履行义务都可以拒绝履行,以此进行抗辩。

2. 对合同义务的部分抗辩

先履行的当事人履行债务不符合合同约定的,后履行的当事人的抗辩只能与对方当事人相应的履行请求进行抗辩,不得对其他的履行请求进行抗辩。

3. 后履行抗辩权不能永久存续

后履行抗辩权依存于合同的履行效力,不可能永久存续,在先违约人纠正违约,使合同的履行趋于正常,满足或基本满足另一方的履行利益时,后履行抗辩权消灭,行使后履行抗辩权的一方应当及时恢复履行,否则构成违约责任。当事人行使后履行抗辩权无效果时,可根据法定条件通知对方解除合同,若合同解除,视合同自始无履行效力,使依合同产生的后履行抗辩权消灭;若合同撤销,履行效力消灭,也无后履行抗辩权可言。合同无效即无履行效力,不产生后履行抗辩权,但可产生权利不成立或消灭的抗辩权。

4. 行使后履行抗辩权的通知

行使后履行抗辩权有无通知对方当事人的义务,应区别不同的情况采用不同的规则。

(1)当因对方不履行合同义务而行使后履行抗辩权时,可以不通知对方。因为不通知对方,不会因为未通知而给对方造成危害。行使后履行抗辩权的表现是届期不履行债务,此时应推定在先履行一方了解另一方是在行使自己的对抗权利。这不同于行使不安抗辩权。行使不安抗辩权的一方当事人要及时通知另一方当事人,因为行使不安抗辩权的一方是依照合同或法律负有先履行义务的一方当事人。通知对方,使对方有举证的机会或能及时采取措施减少损害。行使后履行抗辩权者负有后履行的义务,对方负有先履行的义务。如果负有先履行义务的一方没有履行义务而要求另一方履行,行使后履行抗辩权的一方也可以主动通知对方,要求其实际履行合同。

(2)在负有先履行义务的一方当事人的履行有重大瑕疵时,或只履行一部分时,依诚实信用原则,另一方当事人行使后履行抗辩权应当通知对方,给对方举证、解释、改正的机会,以防止损失扩大。这是因为先履行的一方有时可能不能了解自己履行的效果。

(五)后履行抗辩权的效力

后履行抗辩权的成立和行使,产生后履行一方可一时中止履行自己的债务的效力,对抗先履行一方的履行请求,依此保护自己的期限利益。在先履行一方采取了补救措施,变违约为适当履行的情况下,后履行抗辩权消灭,后履行一方须履行自己的债务。同时,后履行抗辩权的行使并不影响后履行一方向违约方主张违约责任。《合同编通则解释》第 31 条第 3 款规定,当事人一方起诉请求对方履行债务,被告依据《民法典》第 526 条的规定主张原告应先履行的抗辩且抗辩成立的,人民法院应当驳回原告的诉讼请求,但是不影响原告履行债务后另行提起诉讼。

三、不安抗辩权

(一)不安抗辩权的概念和意义

不安抗辩权,是指在双务合同中,负有先履行义务的一方当事人,在有确切证据证明后履行一方当事人有丧失或者可能丧失履行能力,因而不能履行合同义务时享有的暂时中止履行义务的抗辩权。

当双务合同的一方当事人依约定应先履行其债务时,发现后履行一方当事人的财产显著减少,可能危及先履行一方当事人的债权实现,如仍强迫先履行义务一方当事人先为给付,则可能出现先履行一方当事人履行了债务,自己的债权却无法实现的情形。这有悖于公平原则。法律为贯彻公平原则,避免一方当事人蒙受损害,特设不安抗辩权制度。不安抗辩权的性质为一时性抗辩权,属于间接保障债权的手段。[25]

我国《民法典》面对市场经济发展的迫切需要,吸取国外立法经验,认识到在产生期前履约危险的情况下,如仍强迫负先为给付义务一方履行义务,有悖于公平原则,尽管法律规定有违约责任制度且规定了预期违约责任,但诉讼或仲裁程序较为复杂,且陷负有先为给付义务的一方于不利地位。因此,在未造成实际违约前,赋予负先为给付的一方当事人不安抗辩权,是较为理想的制度,故规定了不安抗辩权制度。

(二)不安抗辩权与后履行抗辩权的区别

后履行抗辩权与不安抗辩权有显著区别。在双务合同中有履行先后顺序的,后履行抗辩权属于负有后履行义务一方。不安抗辩权是负有先履行义务的一方享有的抗辩权,当负有后履行义务的当事人有不履行债务之虞,预期的回报有不能实现的危险时,产生不安抗辩权。不安抗辩权的行使并不要求对方履行义务期限届至,只要求不安抗辩事由的存在。不安抗辩权产生的实体条件是对方有不能为对待给付的危险,使自己的交换目的不能实现,在对方履行期届至以前,这种危险只是一种现实的危险,而不是一种现实。若等现实的危险转化为现实,则已无抗辩的机会和必要了。后履行抗辩权是对方的违约已成为现实。若在先履行的一方按合同的约定履行,则在后履行的一方无从产生后履行抗辩权,如果其不依约履行,则构成违约行为。后履行抗辩权的行使是拒绝履行,不安抗辩权的行使是中止履行,二者确有不同。

(三)不安抗辩权的发生

不安抗辩权的发生须满足以下条件:

1. 合同确立的债务合法有效。所有的抗辩权都是发生于合同法律效果的基础之上,没有生效的合同,不发生合同的法律约束力,当然也就不发生合同履行中的抗辩权。不安抗辩权只能发生在有效合同的债务履行之中。无效的合同不产生不安抗辩权。

2. 双方当事人因同一双务合同互负债务且有先后履行顺序。不安抗辩权产生的基础,不仅要求合同债务的有效性,而且要求双方当事人的对待债务须因同一个双务合同发生。

---

〔25〕 韩世远:《合同法总论》(第3版),法律出版社2011年版,第308页。

这种同时存在的双方债务不仅具有对价性,且须为先后顺序不同的两种义务。同时履行义务不产生不安抗辩权。

3. 须在合同成立后对方发生财产状况恶化且有难为给付之虞。产生不安抗辩权的条件之一,是要求在双务合同成立生效以后,负有后履行义务的当事人的财产状况恶化,且此种财产状况的恶化在双方当事人订立合同时不能为双方所预知。明知对方当事人财产状况恶化而仍与其签订合同的,视为其自愿承担不能得到对待给付的风险,不能取得不安抗辩权。应当知晓而过失不知的,亦不能取得不安抗辩权。

(四)不安抗辩权的行使

按照《民法典》的规定,负有后履行义务的当事人具有下述条件之一的,负有先履行义务的当事人可以行使不安抗辩权:

1. 经营状况严重恶化。经营状况严重恶化,并非当事人恶意所为,而是在经营中力所不及,或者经营不善,造成经营状况严重恶化的后果。在这种情况下,负有后履行义务的当事人极有可能无力清偿债务,负有先履行义务的当事人可以行使不安抗辩权。

2. 转移财产、抽逃资金,以逃避债务。后履行债务的当事人在履行期届至前转移财产、抽逃资金,以逃避债务,其意图是十分明显的,是严重的默示期前违约。在这种情况下,先履行债务的当事人如果仍按照合同的约定先履行给付义务,则有可能使自己的债权不能实现,造成自己的损失。对此,先履行债务的当事人可以行使不安抗辩权。

3. 严重丧失商业信誉。商业信誉是商家的生命,也是其经济能力和履约能力的具体表现。严重丧失商业信誉的商家,其履约能力必然受到影响,构成预期履约危险。对此,先履行债务的当事人可以行使不安抗辩权。

4. 有丧失或者可能丧失履行债务能力的其他情形。这是一种弹性规定,使不安抗辩权的适用范围扩大,以适应市场经济发展的需要。只要后履行债务的一方当事人表现出丧失或者可能丧失债务履行能力的情形,先履行债务的当事人就可以行使不安抗辩权。

对于上述行使不安抗辩权的情形,先履行债务的当事人负有举证责任,须举证证明上述情形确实存在。如果先履行债务的当事人对上述情形举证不足或者举证不能,就丧失了行使不安抗辩权的条件,因此而中止履行债务就构成违约行为,应当承担违约责任。

(五)行使不安抗辩权的具体规则

关于当事人行使不安抗辩权的通知义务和不安抗辩权的后果,《民法典》第528条规定的规则如下:

1. 通知义务

法律为求双务合同当事人双方利益的平衡,保障先给付一方免受损害而设立不安抗辩制度,同时为了公平起见,又规定主张不安抗辩权的当事人负担义务,即通知义务。法律要求主张不安抗辩权的一方当事人应当立即通知另一方。

不安抗辩权的行使取决于权利人一方的意思,无取得另一方同意的必要。法律使其负即时通知义务,是为了避免另一方当事人因此受到损害,同时也便于另一方在获此通知后及时提供充分保证,以消灭该不安抗辩权。

2. 法律后果

不安抗辩权行使后的法律后果不是取决于主张不安抗辩权的一方当事人,而是取决于对方当事人在接到中止履行的通知后所采取的行为,根据其采取的行为,产生不同的法律后果。

(1)先履行一方已经发出通知后,在后履行一方当事人没有提供适当担保之前,有权行使不安抗辩权,拒绝自己的履行。

(2)后履行一方当事人接到通知后,向对方提供了适当担保的,不安抗辩权消灭,合同恢复履行,主张不安抗辩权的当事人应当承担先履行的义务。

(3)先履行债务的当事人中止履行并通知对方当事人后,对方当事人在合理期限内没有恢复履行能力,也没有提供适当担保的,先履行债务的当事人产生法定解除权,可以单方解除合同。

(4)先履行一方当事人行使合同解除权,同时也可以请求对方承担违约责任,弥补对方违约给先履行一方当事人因其违约而造成的损失。

|引例分析|

本案的争议焦点不是原告是否有权行使不安抗辩权,而是原告可否主张被告承担预期违约责任。法院在本案的判决中,交替使用不安抗辩权和预期违约责任的概念,显然混淆了不安抗辩权与预期违约责任这两个不同的合同法制度。事实上,这两个不同的合同法制度也是容易混淆的。

不安抗辩权是大陆法系国家合同法的制度,是为贯彻公平原则,对期前履约危险进行利益平衡设立的救济制度。凡是双务合同,其中一方当事人负有先付义务,而在对方财产显形减少时,可以主张不安抗辩权,拒绝先履行债务,以保护自己的利益。它不是追究对方的违约责任,而是在对方财产显形减少而有可能履行不能时拒绝先履行债务的抗辩权。预期违约是英美法系合同法的违约责任类型,包括明示预期违约与默示预期违约。明示预期违约是合同成立生效后、履行期到来前,一方当事人明确表示届时将不履行合同,即拒绝履行。默示预期违约是指合同成立生效后、履行期届至前,一方当事人以自身的行为或客观事实暗示其将不履行合同义务或不能履行合同大部分义务的,推定不能履行,因而在期前追究其违约责任。可见,不安抗辩权与默示预期违约最为相似,而与明示预期违约差别较大,不易混淆。

从本案的实际情况看,原告在借贷合同的履行期届至之前,确认被告的财产显形减少,而起诉被告承担期前违约责任,是主张承担违约责任,显然不是行使不安抗辩权。同时,借贷合同成立生效后,债务人取得了借款的所有权,债权人取得借款的债权,债务履行期届至,债务人应履行本金之债和利息之债,债权人并无债务,因而不存在对待给付的可能。在此种情形下,不存在不安抗辩权的行使问题,只存在债务人不履行债务的违约责任,以及履行期届满之前的预期违约责任。在本案中,原告作为债权人,虽然涉案借款合同约定的清偿期限尚未届至,但被告的账户已经遭到冻结,将来极有可能无法按时清偿债务,债务人作为履行债务资力的责任财产显形减少,属于以行为表明不履行合同,因而原告作为债权人要求被告提前清偿债务,不享有也不必享有不安抗辩权,可以直接依据《民法典》第578条的规定,主张债务人承担预期违约责任,而不是行使第527条规定的不安抗辩权。原审法院在这个问题上最终支持的,仍然是原告的预期违约责任诉讼请求,而不是不安抗辩权。

本章思考题

1. 适用情势变更原则应当具备哪些要件? 具体程序是什么?
2. 给付有哪些基本形态? 具体要求是什么?
3. 受领的条件是什么? 受领发生哪些效果?
4. 合同内容的确定有哪些内容? 怎样进行确定?
5. 由第三人履行、向第三人履行和第三人代为履行应当怎样区别?
6. 选择之债、可分之债、连带之债、不真正连带之债的各自特点是什么?
7. 同时履行抗辩权、后履行抗辩权和不安抗辩权相互之间有哪些不同点?

第五章　合同的保全

第一节　债权人代位权

｜引　例｜

某建筑公司拖欠某水泥搅拌站104.9万元货款及利息。某房地产公司欠建筑公司10 829.9万元工程款已到期。水泥搅拌站获悉上述信息后，确认房地产公司仅向建筑公司支付了942.1万元，其余债权均未清偿。水泥搅拌站向法院起诉，行使债权人代位权，代建筑公司之位，请求房地产公司向其支付建筑公司对其拖欠的104.9万元货款债务及其利息。

一审、二审法院均认为，因债务人怠于行使其到期债权，对债权人造成损害的，债权人可以向人民法院请求以自己的名义代位行使债务人的债权，但该债权专属于债务人自身的除外。债权人提起代位权诉讼，应当符合下列四个条件：一是债权人对债务人的债权合法；二是债务人怠于行使其到期债权，对债权人造成损害；三是债务人的债权已到期；四是债务人的债权不是专属于债务人自身的债权。在本案中，水泥搅拌站作为债权人，以债务人建筑公司怠于行使对相对人房地产公司的债权为由，提起代位权诉讼，符合法律规定。在代位权诉讼中，债权人行使代位权的请求数额超过相对人对债务人所负债务额的，对超出部分不予支持。本案的事实是，房地产公司尚欠建筑公司的工程款金额远大于建筑公司对水泥搅拌站所负债务数额。故判决，由房地产公司向水泥搅拌站直接清偿建筑公司拖欠水泥搅拌站的货款104.9万元及其利息，房地产公司与建筑公司之间与此相对应的债权债务关系消灭。

｜法律问题｜

1. 债权人代位权及其法律特征
2. 债权人代位权的行使要件
3. 债权人代位权的行使规则
4. 债权人代位权的行使效果

一、债权人代位权的概念和特征

（一）债权人代位权的概念

债权人代位权，也称为间接诉权，[1]是指债权人依法享有的为保全其债权，以自己的名

---

〔1〕 柯凌汉：《中国债权法总论》，新明公司1924年版，第123页。

义行使属于债务人权利的实体权利。当债务人怠于行使属于自己的债权或者与该债权有关的从权利而害及债权人的权利实现时,该债权人可依债权人代位权,以自己的名义行使债务人怠于行使的债权或者与该债权有关的从权利。[2]

债权人代位权着眼于债务人的消极行为,该消极行为就是怠于行使属于自己的债权或者与该债权有关的从权利。债权人代位权是债权的从权利,是以行使他人权利为内容的管理权,债权人以自己的名义代债务人之位而主张债务人的权利,其目的完全是保全自己的债权,增大债权的一般担保的资力。

(二)债权人代位权的特征

1. 债权人代位权是债权的从权利。债权人代位权是债权的从权利,不是独立的权利,因而债权人代位权不能独立产生,也没有独立存在的可能,只能依附于合同债权以及其他债权而存在。债权产生,其随之产生;债权转移,其随同转移;债权消灭,其随同消灭。

2. 债权人代位权是债权人以自己的名义代债务人之位行使的权利。债权人代位权是债权人代债务人之位,行使债务人的权利,因此是代位权而不是代理权。按照传统的债权人代位权的规则,代位的结果是债务人的债务人向债务人清偿债务,而不是直接向债权人清偿债务。

3. 债权人代位权的目的是保全债权。债权人代债务人行使其权利,不是扣押债务人的权利,也不是就收取的财产有优先受偿权,而是将行使权利的后果归于债务人,这样就保全了债务人的责任财产,增大了债权的一般担保资力,具有为强制执行做准备的作用。

4. 债权人代位权的性质是管理权。债权人代位权不是对于债务人或第三人的请求权,也不是纯粹的形成权,而是以行使他人权利为内容的管理权。

《民法典》第537条规定“由债务人的相对人向债权人履行义务,债权人接受履行后,债权人与债务人、债务人与相对人之间相应的权利义务终止”的债权人代位权的效果,与传统民法的规定不一致,具有自己的特色。

二、债权人代位权的行使要件

按照《民法典》第535条第1款的规定,行使债权人代位权应当具备相应的要件。之所以称为债权人代位权的行使要件,而不称为构成要件或者成立要件,是因为债权人代位权和债权人撤销权并非新生权利,而是随着债权的产生就已经产生并附着于该债权的权利。债权发生,就包含了债权人代位权和债权人撤销权,只是不具备行使要件,尚不可以行使而已;待具备了债权人代位权和债权人撤销权的行使要件时,就可以行使。

债权人代位权的行使要件包括以下几项:

1. 债权人对债务人的债权合法。债权人代位权是债权的从权利,没有合法债权的存在,就没有代位权的存在。如果在当事人之间不存在合法的债权债务关系,就不可能产生债权人代位行使债务人权利的权利。代行者如果与被代行者没有合法的债权债务关系,则代行者不具有代位的基础。

---

〔2〕 杨立新:《论债权人代位权》,载《法律科学(西北政法学院学报)》1990年第4期。

2. 债务人对相对人享有债权且合法。债务人有债权存在,且该债权为合法债权,是债权人代位权行使的必要条件。如果债务人对他人无债权存在,或其债权已经行使完毕,债权人就无从代位行使权利。《民法典》第535条规定为"债权或者与该债权有关的从权利",比传统民法只规定为"权利"更准确。在传统民法中一般规定为"权利",然后再对权利的范围进行限制,比较麻烦。直接规定为债权或者与该债权有关的从权利,就避免了这样的问题,对其他权利则不得行使代位权。

债务人的债权应当合法,对于不合法的债权,债权人不得代位行使。例如,债务人对相对人的赌债、买卖毒品之债的债权,都是非法债权,不能行使债权人代位权。

对于自然债权是否可以行使债权人代位权,学说认为不可行,理由是,自然债务不受法律约束,不具有清偿的强制性,债务的履行依靠债务人的自觉,因此债权人无法依照法律行使债权人代位权。

3. 债务人怠于行使债权影响债权人到期债权的实现。传统民法认为,行使债权人代位权的这个要件是债权人有行使代位权的必要。所谓必要,是指债权人的债权有不能依合同内容接受给付的危险,因而有代位行使债务人的权利以图债权满足的现实必要。债务人怠于行使其债权或者与该债权有关的从权利,影响债权人到期债权的实现,是指债务人不履行其对债权人的到期债务,又不以诉讼方式或者仲裁方式向他的债务人主张其享有的具有金钱给付内容的债权,致使债权人的到期债权未能实现。

对此,根据《合同编通则解释》第33条规定,《民法典》第535条规定的"债务人怠于行使其债权或者与该债权有关的从权利,影响债权人的到期债权实现",是指"债务人不履行其对债权人的到期债务,又不以诉讼或者仲裁方式向相对人主张其享有的债权或者与该债权有关的从权利,致使债权人的到期债权未能实现"。

债务人怠于行使债权,是说债务人应行使并能行使该债权而不行使。应行使,是指如果不及时行使,权利将有消灭或丧失的可能。例如,请求权将因时效完成而被相对人当作抗辩事由,受偿权将因不申报破产债权而丧失。能行使,是指不存在行使权利的任何障碍,债务人在客观上有能力行使其权利。不行使,即消极的不作为。[3] 至于债务人对此有无故意、过失或其他原因,在所不问,只要是怠于行使该债权即可。债权人曾经催告债务人行使其债权与否也不过问,无论债权人是否催告债务人,均不影响债权人代位权的行使。只要是债务人没有行使其债权,在债务人行使其债权之前,债权人就可以行使代位权。但是,只要债务人已经行使自己的权利,债权人即使不满意该行使权利的方法或者后果,也不得再行使代位权。例如,债务人承诺不利的代物清偿或者因不适当的诉讼方法而败诉,债权人均不得主张代位权。当然,在债务人以加害债权人为目的而行使权利的情况下,债权人可以通过行使债权人撤销权的方法保全债权。

怎样界定对债权人的损害,《民法典》第535条规定比较严格,是"影响债权人的到期债权实现"。而传统民法规定债权人代位权的行使要件是造成债权损害或者债权损害之虞的均可。鉴于我国债权人代位权行使要件的规定对债权人保护不力的现状,对于"影响债权人的到期债权实现"的解释应当适当从宽,理解为债权人的债权有不能依合同内容接受给

---

〔3〕 崔建远主编:《合同法》(第5版),法律出版社2010年版,第151~152页。

付的现实危险,其中包括债权人的债权非代位行使该债权已经不能实现。债务人应履行债务而未按期履行即履行迟延,或者不履行,因而使债权未能及时实现或者不能实现,均为影响债权人到期债权的实现。传统民法认为,如果是专为保全债务人权利的行为,其目的在于防止债务人权利的变更或消灭,如果有履行迟延之可能时,可在履行期未届至之前行使代位权。对这种情况,《民法典》未将其包括在内。不过,当这种情况出现时,应当有行使债权人代位权的必要,准许债权人进行保全。[4] 相对人不认为债务人有怠于行使其债权或者与该债权有关的从权利情况的,应当承担举证责任。

4. 债务人的债权不是专属于债务人自身的债权。债务人享有的债权不是专属于债务人自身的债权,是《民法典》第535条规定的要件,即"该权利专属于债务人自身的除外"。如果债务人享有的专属于自身的债权或者与该债权有关的从权利,即使债权人有行使债权人代位权的必要,也不符合行使要求,不得行使债权人代位权。

权利专属于债务人自身也称专属权利,是指专属于债权人所有,不得转让或者扣押的权利。不是专属于债权人的权利,即不得是非财产权性质的身份权或者人格权,也不得是基于身份权或者人格权而发生的债权。专属于债务人自身的债权,根据《合同编通则解释》第34条规定,包括:(1)抚养费、赡养费或者扶养费请求权;(2)人身损害赔偿请求权;(3)劳动报酬请求权,但是超过债务人及其所扶养家属的生活必需费用的部分除外;(4)请求支付基本养老保险金、失业保险金、最低生活保障金等保障当事人基本生活的权利;(5)其他专属于债务人自身的权利。例如,对退伍军人的转业费、医疗费等债权不得行使债权人代位权。对著作财产权,如债务人写作的著作已经出版,出版社给付其稿酬,债务人拒绝领取,不属于专属债务人自身的债权,债权人有权主张债权人代位权。债务人的肖像、形象、姓名、名称、隐私等人格利益进行商品化开发、利用所获得的债权,尽管与人格利益有关,但也不属于专属于自身的债权,应当准许债权人主张代位权。

三、债权人代位权的行使规则

(一)保全的客体

债权人代位权保全的客体,是以给付为标的的债权。不作为的债权和以劳务为标的的债权不能保全。不是以给付为标的的债权,不符合保全的必要状态。符合保全的必要状态,应由债权人举证证明。

行使债权人代位权的客体是债务人的债权,包括两个含义:

1. 保全的是债权而非其他权利。对于所有权的收益权能,是否也可以行使债权人代位权,有的学者认为,所有权的使用、收益、处分等权能,债权人不能代位行使。[5] 对此,仅仅是债务人的所有权的收益权能,当然不能行使,因为它只是一个权能而不是权利;但是,如果所有权的收益权能已经现实地变成一个权利,则当然可以行使。例如,对自己所有的房屋租赁收取租金的权利,既是收益权能,又是现实的债权,当然可以代位行使。不过,如果债务人享有所有权,那么就有可供履行债务的财产,它本身就是履行债务的保障。另外,认为

[4] 崔建远主编:《合同法》(第5版),法律出版社2010年版,第152页。
[5] 陈界融编著:《中国民法学·债法学源论》,人民法院出版社2006年版,第219页。

"第三人对债务人为赠与，或为其他有利合同的要约时，债权人不能代位受赠与或代位承诺"的观点，[6]也有不妥之处。不能代位承诺当然没有问题，而赠与就是赠与合同，既然赠与合同成立，就是有效的债权，有代位权行使的可能。

2. 保全的债权是现有的而非可能享有的。债务人与相对人订有预约合同，如订有合同意向书，还不是现有的债权，是将来可能享有的债权，不能对其行使债权人代位权。

（二）债权人行使代位权的名义

债权人行使代位权应以自己的名义，不能以债务人的名义行使。同时，债权人应以善良管理人的注意行使代位权，否则，造成损害应负赔偿责任。

债权人代位权的行使主体可以是多数债权人。各个债权人在符合法律规定的条件下，均可以行使代位权，各个债权人可以作为共同原告。在这种情形下，两个或者两个以上的债权人均以自己的名义以同一债务人为被告提起代位权诉讼的，人民法院可以合并审理。

在债权人代位权的诉讼中，相对人对债务人的抗辩事由，可以直接对抗债权人的债权主张和代位权主张。

传统民法认为，债权人代位权不一定须经法院裁判，可采裁判方式，也可采裁判外的径行方式行使。有学者提出，从我国目前的情况看，仍以裁判方式为必要，以免造成民事财产流转的混乱。[7] 由于我国的债权人代位权不仅是管理权，而且可以直接主张实现债权人的权利，因而《民法典》明确规定，债权人代位权须以"向人民法院请求"的方式来行使，不包括以申请仲裁机构予以仲裁的方式，仲裁机构无权裁决债权人代位权和债权人撤销权纠纷案件。

（三）债权人代位权行使的范围

《民法典》第535条第2款规定："代位权的行使范围以债权人的到期债权为限……"代位权应当以债权人到期债权的范围为限，超出其到期债权范围的，不得代位行使债务人的债权。这与传统民法的要求是一致的。行使代位权应以债权保全为限度。在必要范围内，可以同时或顺序代位行使债务人享有的数个债权。在行使债务人的一个债权就足以达到保全债权目的时，不得行使债务人的其他权利。如果代位行使债务人权利的价值超过债权保全的范围，应在必要限度内分割债务人的权利，以满足代位权的需要；如果该债权为不可分割的，可以行使全部权利，将行使的结果归于债务人。

在代位权诉讼中，债权人行使代位权的请求数额超过债务人所负债务额或者超过相对人对债务人所负债务额的，对超出部分人民法院不予支持；对超过债权人代位请求数额的债权部分起诉相对人的，人民法院应当告知其向有管辖权的人民法院另行起诉。因此，保全的范围也仅仅是以债权人的债权保全为限。

债权人行使代位权，限于保存行为和实行行为，不包括处分行为，如不允许免除单纯债务、放弃权利、延缓期限等处分行为。

---

〔6〕 陈界融编著：《中国民法学·债法学源论》，人民法院出版社2006年版，第219页。

〔7〕 杨立新：《疑难民事纠纷司法对策》，吉林人民出版社1991年版，第269页。

四、债权人代位权行使的效果

(一)限制债务人的处分权

债权人行使代位权后,对被代位行使的债权,债务人的处分权能受到限制。债权人通知债务人之后,或者债务人已经知晓债权人行使代位权之后,债务人不得再行使自己对相对人的债权,不得处分该权利,不得提起为行使该权利的诉讼。这是因为,如果准许债务人继续行使该债权,不加以限制,债务人就会任意处分该债权,因而使债权人代位权的目的落空,损害债权人的债权。限制处分权的债权范围,应当以债权人代位请求数额的债权部分为限;超出部分,债务人的债权不受限制。

(二)时效中断

债权人提起代位权诉讼,对债权人的债权和债务人的债权均发生诉讼时效中断的效力。如果债权人代位请求数额的债权超出债务人所享有的债权范围,按照"权利人对同一债权中的部分债权主张权利,诉讼时效中断的效力及于剩余债权,但权利人明确表示放弃剩余债权的情形除外"[8]的规定,时效中断的效力应当及于代位行使的债权全部。

(三)效果归属

依照《民法典》第537条关于"人民法院认定代位权成立的,由债务人的相对人向债权人履行义务,债权人接受履行后,债权人与债务人、债务人与相对人之间相应的权利义务终止。债务人对相对人的债权或者与该债权有关的从权利被采取保全、执行措施,或者债务人破产的,依照相关法律的规定处理"的规定,债权人代位权行使的效果归属,是由相对人向债权人履行清偿义务,债权人与债务人、债务人与相对人之间相应的债权债务关系即予消灭。

这样的做法比较简便,便于保护债权人的债权。问题在于,在该债务人不仅对该债权人负有债务,还对其他债权人负有债务时,如果允许将代位行使的债权直接清偿对债权人的债务,有违债权平等原则,其他债权人的债权就无法得到保障,使行使债权人代位权的债权人的债权事实上具有了对抗其他债权人债权的效力。这种规则被广泛质疑,对于债权人代位权的后果,传统民法认为应当实行"入库规则",[9]即代位权行使的后果应当归属于债务人,成为全体债权人的共同担保,而不能使行使代位权的债权人取得优先受偿权。

鉴于这种规则,如果债务人只有一个债权人,且该债权人主张行使债权人代位权,没有其他债权人主张权利的,可以按照上述规定,由相对人向债权人履行清偿义务,债权人有权直接受领相对人的清偿。债权人的债权实现之后,债权人与债务人、债务人与相对人之间相应的债权债务关系一并消灭。如果该债务人还有其他债权人,该债权人行使债权人代位权,不能直接由相对人对该债权人进行清偿,而是向债务人清偿;债务人受领后,该财产作为债务人对所有债务的担保财产,由所有的债权人按照债权比例受偿。

---

〔8〕 最高人民法院《关于审理民事案件适用诉讼时效制度若干问题的规定》第9条。

〔9〕 崔建远、韩世远:《合同法中的债权人代位权制度》,载《中国法学》1999年第3期。

（四）债权人有权对部分未到期的债权行使代位权

《民法典》第536条规定："债权人的债权到期前，债务人的债权或者与该债权有关的从权利存在诉讼时效期间即将届满或者未及时申报破产债权等情形，影响债权人的债权实现的，债权人可以代位向债务人的相对人请求其向债务人履行、向破产管理人申报或者作出其他必要的行为。"这是对债权人未到期债权行使债权人代位权的规定，原《合同法》对此没有规定。

债权人行使代位权的条件之一，就是债权人的债权已经到期。债权人对债务人享有的债权在履行期届至之前，债权人原则上不能行使代位权。《民法典》规定，如果债权人在债权到期之前行使代位权，须有法定事由。这些法定事由如下：

1. 债务人对相对人享有的债权或者与该债权有关的从权利存在诉讼时效期间即将届满的情形，影响债权人的债权实现。债务人对相对人享有的权利存在诉讼时效期间即将届满的危险，如果不及时行使该权利，将会因该权利由于诉讼时效期间届满而使相对人产生永久性抗辩权，影响债务人的债权实现的，债权人的债权虽未到期，也可以主张行使代位权。

2. 债务人对相对人享有的债权或者与该债权有关的从权利因未及时申报破产债权，影响债权人的债权实现。如果债务人的债务人即相对人濒于破产，或者正在破产过程中，如果债务人未及时申报破产债权，影响债权人的债权实现的，债权人也可以在自己对债务人的债权到期前，主张行使代位权。

在上述两种情况下，债权人可以行使债权人代位权，方法如下：

一是可以以自己的名义，代位向相对人请求履行。这是典型的代位权行使方法，主要针对的是第一种情形。

二是相对人在破产程序中的，债权人可以代债务人之位，向破产管理人申报债权，将该债权纳入破产财产清偿范围，期待在破产清算中实现债权。这是针对第二种情形行使代位权的方法。

三是作出其他必要的行为，如符合条件的，可以请求查封、冻结财产等。

后两种方法，超出了传统债权人代位权的范围，其目的仍然是通过保全债务人的财产以保护自己的债权，是针对实际情况可以采取的保全方法，对于保全债权人的债权具有重要意义。

（五）费用负担

《民法典》第535条第2款后段规定，债权人行使代位权的必要费用，由债务人负担。这些费用包括律师代理费、差旅费、诉讼费。对此，债权人享有费用偿还请求权，有权向债务人主张。

五、行使债权人代位权的程序

对行使债权人代位权的具体程序，《合同编通则解释》第35条至第41条作了具体规定。

1. 债权人依据《民法典》第535条的规定对债务人的相对人提起代位权诉讼的，由被告住所地人民法院管辖,但是依法应当适用专属管辖规定的除外。债务人或者相对人以双方之间的债权债务关系订有管辖协议为由提出异议的,法院不予支持。

2. 债权人提起代位权诉讼后,债务人或者相对人以双方之间的债权债务关系订有仲裁协议为由对法院主管提出异议的,法院不予支持。但是,债务人或者相对人在首次开庭前就债务人与相对人之间的债权债务关系申请仲裁的,法院可以依法中止代位权诉讼。

3. 债权人以债务人的相对人为被告向人民法院提起代位权诉讼,未将债务人列为第三人的,法院应当追加债务人为第三人。两个以上债权人以债务人的同一相对人为被告提起代位权诉讼的,法院可以合并审理。债务人对相对人享有的债权不足以清偿其对两个以上债权人负担的债务的,法院应当按照债权人享有的债权比例确定相对人的履行份额,但是法律另有规定的除外。

4. 债权人向人民法院起诉债务人后,又向同一人民法院对债务人的相对人提起代位权诉讼,属于该人民法院管辖的,可以合并审理。不属于该人民法院管辖的,应当告知其向有管辖权的人民法院另行起诉;在起诉债务人的诉讼终结前,代位权诉讼应当中止。

5. 在代位权诉讼中,债务人对超过债权人代位请求数额的债权部分起诉相对人,属于同一人民法院管辖的,可以合并审理。不属于同一人民法院管辖的,应当告知其向有管辖权的人民法院另行起诉;在代位权诉讼终结前,债务人对相对人的诉讼应当中止。

6. 代位权诉讼中,法院经审理认为债权人的主张不符合代位权行使条件的,应当驳回诉讼请求,但是不影响债权人根据新的事实再次起诉。债务人的相对人仅以债权人提起代位权诉讼时债权人与债务人之间的债权债务关系未经生效法律文书确认为由,主张债权人提起的诉讼不符合代位权行使条件的,法院不予支持。

7. 债权人提起代位权诉讼后,债务人无正当理由减免相对人的债务或者延长相对人的履行期限,相对人以此向债权人抗辩的,法院不予支持。

债权人以境外当事人为被告提起的代位权诉讼,人民法院根据《民事诉讼法》第 265 条的规定确定管辖,即因合同纠纷或者其他财产权益纠纷,对在中华人民共和国领域内没有住所的被告提起的诉讼,如果合同在中华人民共和国领域内签订或者履行,或者诉讼标的物在中华人民共和国领域内,或者被告在中华人民共和国领域内有可供扣押的财产,或者被告在中华人民共和国领域内设有代表机构,可以由合同签订地、合同履行地、诉讼标的物所在地、可供扣押财产所在地、侵权行为地或者代表机构住所地法院管辖。

| 引例分析 |

本案的事实比较简单,争议焦点也比较明确,就是建筑公司欠水泥搅拌站的货款和利息,拖欠不还;而房地产公司对建筑公司尚欠大量工程款,没有清偿。建筑公司拖欠货款和利息是没有道理的,水泥搅拌站有权维护自己的合法权益。自原《合同法》规定了债权人代位权和债权人撤销权的债的保全制度后,很多企业适用债的保全制度保护自己的合法权益,取得了好的效果,证明传统民法的债的保全制度是十分必要的。因此,《民法典》进一步确认合同之债的保全制度,使其更加细致和准确,能够更好地保护债权人的债权。

在本案中,建筑公司拖欠水泥搅拌站的货款和利息,房地产公司拖欠建筑公司的工程款,建筑公司怠于行使其对房地产公司的工程款债权,害及水泥搅拌站到期债权的实现。依照《民法典》第535条的规定，水泥搅拌站主张行使代位权的条件成立。依照《民法典》第537条的规定，法院认定代位权成立的，由债务人的相对人向债权人履行义务，债权人接受履行后，债权人与债务人、债务人与相对人之间相应的权利义务终止。法院判决债务人的相对人即房地产公司直接向水泥搅拌站在其对建筑公司享有的债权范围内，向其履行债务，符合法律规定，是行使债权人代位权的适当方法。在房地产公司向水泥搅拌站实际清偿后，房地产公司与建筑公司之间的相应债权债务关系即予消灭。

第二节　债权人撤销权

|引　例|

2014年3月3日，冉某甲、张某因资金周转困难向秦某借款20万元，当日取得该借款并向秦某出具借条，约定于2015年3月3日前归还借款。借款到期后，冉某甲、张某以资金不足为由延期还款，2016年3月4日向秦某出具承诺书，承诺若在2016年12月31日前未能还款，将房产变卖后清偿借款。2016年12月31日秦某催收借款，冉某甲再次要求延期至2018年5月24日。冉某甲、张某未按照约定的期限归还借款，秦某于2019年1月11日向法院提起诉讼，法院判决冉某甲、张某于该判决生效后10日内偿还秦某借款本金20万元及相应的利息。冉某甲、张某未按期清偿债务，秦某申请强制执行。秦某在强制执行中，获悉冉某甲、张某作为赠与人，冉某乙作为受赠人，签订了《房屋赠与协议》，约定冉某甲、张某将其所有的房屋赠与冉某乙，该赠与协议经公证处公证。秦某据此提起诉讼，请求法院依法撤销上述当事人签订的赠与协议，以保全自己的债权。

法院审理认为，债务人处分自己的财产或权利，不得损害债权人的利益。冉某甲、张某向秦某借款20万元，多次延长借款期限，至2019年4月10日仍有本金19.8万元及相应利息未予清偿，判决生效后已经进入执行程序，双方的债权债务关系明确。在此期间，冉某甲、张某将其所有的房屋赠与冉某乙，没有证据证明冉某甲、张某另有其他财产可以对债务进行清偿，故前述房屋赠与行为损害了债权人秦某的合法权益，秦某请求撤销冉某乙与冉某甲、张某之间的房屋赠与协议，符合法律规定，故判决予以支持。

|法律问题|

1. 债权人撤销权及其性质
2. 债权人撤销权的行使要件
3. 债权人撤销权的行使和效力

一、债权人撤销权的概念和特征

（一）债权人撤销权的概念

债权人撤销权，是指债权人依法享有的为保全其债权，对债务人处分作为债务履行资力的现有财产,以及放弃到期债权的行为,请求法院予以撤销的权利。

债权人撤销权的目的,是为保全债务人的一般财产,否定债务人不当减少一般财产的行为(诈害行为),将已经脱离债务人一般财产的部分恢复为债务人的一般财产的制度。[10]当债务人实施减少其财产或者放弃其到期债权而损害债权人债权的行为时,债权人可以依法行使这一权利,请求法院对该行为予以撤销,使已经处分了的财产恢复原状,以保护债权人债权实现的物质基础。正如日本学者所说的那样,当债务人明知债权的共同担保(责任财产)不足而实施减少财产的行为时,可以通过否定该行为的效力来维持和充实责任财产。[11] 应当看到的是,债权人行使债权人撤销权的目的,在于保全一般债权人的共同担保。换言之,债权人撤销权制度的本质在于保障一般债权人的全体利益,而非各个债权人的个别利益,我国《民法典》对此虽然未作规定,也应当作相同的解释。[12]

(二)债权人撤销权的性质

对于债权人撤销权的性质,学说认识不同,主要的见解如下:

1. 形成权说。该学说认为债权人撤销权为否认诈害行为效力的形成权,其效力在于,依债权人的意思而使债务人与第三人之间法律行为的效力绝对地消灭。该学说认为债权人撤销权足以发生物权变动,因此也称作物权说。因而,撤销诉讼属于形成诉讼。

2. 请求权说。该学说认为债权人撤销权是纯粹的债权请求权,是直接请求返还因诈害行为而脱逸的财产的权利。所谓撤销,不过为返还请求的前提,并非对于诈害行为效力的否认。因此,撤销诉讼属于给付诉讼。

3. 折中说。该学说认为债权人撤销权兼具撤销和财产返还请求的性质,是撤销诈害行为,请求归还脱逸财产的权利,撤销的后果是诈害行为相对无效,被告仅限于应归还财产的人,并不以债务人为被告。

4. 诉权说。该学说认为撤销权为实体法上规定的诉权,是诉讼法规则在实体法上的体现。撤销权一直被称为撤销诉权或者废罢诉权也能佐证这一点。[13]

5. 责任说。这是债权人撤销权性质的最新学说,该学说认为债权人撤销权是一种伴有责任上无效效果的形成权。迄今为止的学说都认为,使财产从债务人名下转移到受益人处有害于债权人,故欲恢复责任财产,须实际上将取回的财产收归到债务人名下。这种看法是不对的。撤销权的行使,是财产物权流失的反射效果,欲恢复责任财产,只要撤销这一反射性效果,使责任财产流失归于无效即可。撤销权的效果是使撤销的相对人处于以其取得的财产对债务人债务负责的状态。[14] 因此,债权人撤销权诉讼是一种形成诉讼。

我国民法的通说采折中说,认为债权人撤销权虽然是债权的从权利,但它是兼有形成权和请求权双重性质的实体权利,其目的是保全债权。它与债权人代位权的着眼点不同:

---

〔10〕[日]我妻荣:《新订债权总论》,王燚译,中国法制出版社 2008 年版,第 154 页。

〔11〕[日]下森定:《日本民法中的债权人撤销权制度及其存在的问题》,钱伟荣译,载韩世远、[日]下森定主编:《履行障碍法研究》,法律出版社 2006 年版,第 190 页。

〔12〕韩世远:《合同法总论》(第 2 版),法律出版社 2008 年版,第 300～301 页。

〔13〕朱广新、谢鸿飞主编:《民法典评注·合同编　通则》(2),中国法制出版社 2020 年版,第 38 页。

〔14〕韩世远:《合同法总论》(第 2 版),法律出版社 2008 年版,第 304 页。

前者着眼于积极的财产处分行为,后者着眼于消极的财产处分行为;债权人撤销权的内容是主张对债务人处分财产的行为予以撤销,债权人代位权的内容是主张对债务人的债权代债务人主张权利。

(三)债权人撤销权的特征

1. 债权人撤销权是附属于债权的实体权利。债权人撤销权的内容,既以撤销债务人与第三人的非法民事行为为特点,又以请求恢复原状,即取回债务人财产为特点,是兼有形成权和请求权双重性质的实体权利,是附属于债权存在的从权利,而不是独立的权利,不能与债权相分离;当债权让与时,撤销权随之移转;当债权消灭时,撤销权亦随之消灭。

2. 债权人撤销权产生在债权产生之时。债权人撤销权与合同之债的担保有本质区别。债权人撤销权着眼于债的履行之中,依照法律规定,随着债权的产生而产生,并须依法定程序申请人民法院裁决;而合同的担保则着眼于债的产生之初,在于双方的约定或法定,在债务不履行时,债权人可自行处理担保物,以其变价款优先受偿。

3. 债权人撤销权须在债务人处分其财产害及债权时方能行使。债务人处分其财产害及债权,是债务人实施减少其财产的积极行为和放弃其债权的消极行为,因此对债权人的债权造成损害。只有在这时,债权人方能行使债权人撤销权。传统民法认为,债权人撤销权与债权人代位权都是债的保全方法,二者之间的区别是:债权人代位权是在债务人实施听任其一般财产减少,即怠于行使或者放弃其债权的消极行为时采取的保全方法;而债权人撤销权是在债务人实施减少其财产的积极行为时应当采取的保全方法。我国《民法典》对两种债的保全方法的调整范围作了重新分配,即对单纯的怠于行使债权的消极处分财产的行为适用债权人代位权;对积极的处分财产行为以及放弃债权的消极处分财产等行为适用债权人撤销权。

4. 债权人撤销权的适用范围包括全部债权。债权人撤销权不仅是合同之债的保全方法,而且包括对侵权行为之债、不当得利之债、无因管理之债的保全。尽管《民法典》将债权人代位权和债权人撤销权规定在合同编通则中,但并非仅是合同之债的保全方法。当任何债权债务关系中的债务人一方实施害及债权的积极处分财产行为和放弃自己债权的消极行为时,债权人都可以依法行使撤销权。

二、债权人撤销权的行使要件

法律规定债权人撤销权的行使要件有两种模式:一种是罗马法模式,首先区分有偿行为与无偿行为,在此基础上,再具体设定主观要件和客观要件;另一种是法国法模式,不区分有偿行为和无偿行为,对债权人撤销权的要件统一把握。我国《民法典》采罗马法模式,按照债务人处分财产是否有偿,分为两种情况,有偿行为适用共同性要件,无偿行为除了适用共同性要件之外,还要适用非共同性要件。在下面的四个要件中,前三个是共同要件,后一个是非共同要件。

1. 债权人与债务人之间有债权债务关系。债权人与债务人之间具有债权债务关系,是行使债权人撤销权的首要要件,否则,债权人不具有撤销权,无从行使该权利。正因为债权人和债务人之间有债权债务关系,因而,债权人撤销权的权利主体,是因债务人处分财产的行为而受其害的债权人。债权人的主体资格基于具有下述性质的债权而产生。

(1)以财产给付为目的的债权。只有以财产给付为目的的债权才可以撤销,非以给付为目的的债权不能行使撤销权。例如,对不作为的债权,债权人无法行使债权人撤销权。

(2)以作为一般担保的财产的减少而受损害的债权。如果债务人作为一般担保的财产并没有减少,债权人就没有行使撤销权的必要。应当注意的是,债权人撤销权所撤销的客体,必须是债务人作为责任保障的一般财产,而不是债权关系标的物。例如,在双重买卖的场合,出卖人在与前手买受人确定第一个买卖合同关系后,又与后手买受人订立同一标的物的第二个买卖合同关系,如果认为出卖人订立第二个买卖合同关系是害及前一买卖合同关系买受人的债权,则有可能行使债权人撤销权而予以撤销。但是在法理上,双重买卖关系是不允许前手买卖合同的买受人作为债权人行使撤销权,撤销后手买卖合同以保全债权的。因为如果这样,将会破坏债法的基本规则,造成民事财产流转关系的混乱。原因是,买卖合同的标的物并不是履行债务的责任保障,责任保障在于债务人的一般财产,将合同标的物作为撤销权行使的客体,不符合债权人撤销权的基本规则和制度宗旨。

(3)在债务人处分财产的积极行为或者放弃债权前发生的债权。作为债务担保的一般财产也称责任财产,只有在债务人处分其在债权发生之前的责任财产时,才可以行使债权人撤销权。如果在债务人处分其财产或者放弃其债权时发生或者之后发生的债权,债权人没有行使撤销权的可能。除非债权发生的可能性非常高,债务人为了逃避将来会发生的债务的履行,实行处分自己的财产的行为,仍有可能构成诈害行为,不过这种情形证明起来比较困难。

2. 债务人实施了处分财产的积极行为或者放弃债权的消极行为。债权人撤销权的客体是债务人或其代理人的有害于债权的财产处分行为。有的学者将其称作欺诈损害行为〔15〕或者诈害行为。〔16〕 诈害行为分为两种:一是处分财产的积极行为,如债务人及其代理人将作为一般担保的财产赠与他人、订立买卖合同、设立抵押等。当债务人实施的上述行为是虚伪的登记行为时,这种虚伪的登记行为也是撤销权的客体。当债务人实施的上述行为处分的是与他人共有之物时,撤销权要求撤销的只能是共有财产中债务人应有的部分。二是放弃债权的消极行为,如债务人的债权到期,债务人对相对人明确表示放弃该债权,免除其债务。

构成这一要件须具备以下条件:

(1)发生债务人处分其财产的诈害行为。诈害行为既可以是单方行为,也可以是双方行为。不能作为撤销权的行为,则不能撤销。例如,毁弃财产的事实行为、财产上得利的拒绝行为、其他非减少财产的行为。前者因已无救济手段;中者为债务人之自由,他人无可强制之理;后者则不可能害及债权。《民法典》第538、539条将诈害行为分为:放弃其债权、放弃债权担保、无偿转让财产、恶意延长期到期债权的履行期限、以明显不合理的低价转让财产、以明显不合理的高价受让他人的财产、为他人的债务提供担保,共七种。概括起来,分为以下两种情形:

---

〔15〕 [日]我妻荣:《新订债权总论》,王燚译,中国法制出版社2008年版,第154页。

〔16〕 韩世远:《合同法总论》(第2版),法律出版社2008年版,第309页。

第一,债务人无偿处分财产行为。《民法典》第538条规定:“债务人以放弃其债权、放弃债权担保、无偿转让财产等方式无偿处分财产权益,或者恶意延长其到期债权的履行期限,影响债权人的债权实现的,债权人可以请求人民法院撤销债务人的行为。”这是对债务人无偿处分财产时债权人行使撤销权条件的规定。一是放弃其债权,即债务人放弃对自己作为债权人的相对人享有的债权,无论是到期还是未到期债权,债权人均可行使撤销权。二是放弃债权担保,债务人对自己债务,将相对人或者第三人设置的担保予以放弃,使债务人享有的债权失去担保的财产保障,对债权人的债权构成威胁,债权人可以行使撤销权。三是无偿转让财产,债务人无偿将自己的财产转让给他人,对债权人的债权实现构成威胁,债权人可以行使撤销权。四是恶意延长其到期债权的履行期限,债务人对相对人享有的债权已经到期,为逃避债务延长履行期限,也是对债权构成威胁,债权人可以行使撤销权。

上述四种情形中,前三种即放弃其债权、放弃债权担保、无偿转让财产等方式无偿处分财产权益的行为,都无须具备主观的恶意要件;只有第四种情形即恶意延长其到期债权的履行期限,须具备恶意的主观要件。

第二,债务人有偿处分其财产。《民法典》第539条规定:“债务人以明显不合理的低价转让财产、以明显不合理的高价受让他人财产或者为他人的债务提供担保,影响债权人的债权实现,债务人的相对人知道或者应当知道该情形的,债权人可以请求人民法院撤销债务人的行为。”这是债权人对债务人有偿处分财产行使债权人撤销权的规定。

债务人有偿处分自己财产的行为,原本与债权人的利益无关,但是如果债务人为逃避债务,恶意低价处分自己财产,就影响了债权人的债权实现。如果受让人对债务人低价处分财产行为知道或者应当知道该情形的,构成恶意,债权人可以行使撤销权,撤销债务人与受让人的低价处分行为,保存债务人履行债务的财产资力。

债权人可以行使债权人撤销权的债务人有偿处分财产的行为包括:一是债务人以明显不合理的低价转让财产,即债务人以明显低于正常的合理价格转让自己的财产;二是以明显不合理的高价受让他人财产,债务人以明显超过正常的价格受让他人的财产,相当于转移自己的资产;三是为他人的债务提供担保,债务人在应当履行对债权人的债务的情形下,以自己的财产为他人提供担保,将减少自己承担债务的财产资力。这三种行为,如果是在不对债权人负有债务的情况下,债务人如何处理与他人无关,法律自不会予以干预。但是在债务人对债权人负有债务的情况下,又做上述处理,则有悖情理,影响债权人的债权实现。如果不存在影响债权人的债权实现的可能时,债权人不得行使撤销权。

在有偿处分财产的行为中,应当具备债务人的相对人明知或者应知的主观要件。具体的表现是债务人以不合理的价格处分财产行为,受让人须知道或者应当知道该情形,因而受让人存在过错。

对《民法典》第539条规定的“明显不合理”的低价或者高价的认定,依照《合同编通则解释》第42条规定,应当按照交易当地一般经营者的判断,并参考交易时交易地的市场交易价或者物价部门指导价予以认定。转让价格未达到交易时交易地的市场交易价或者指导价70%的,一般可以认定为“明显不合理的低价”;受让价格高于交易时交易地的市场交易价或者指导价30%的,一般可以认定为“明显不合理的高价”。债务人与相对人存在亲属关系、关联关系的,不受前款规定的70%、30%的限制。依照第43条规定,债务人以明显不合理的价格,实施互易财产、以物抵债、出租或者承租财产、知识产权许可使用等行为,影响债权人的债权实现,债务人的相对人知道或者应当知道该情形,债权人请求撤销债务人的行为的,应当依据《民法典》第539条的规定予以支持。

对于《民法典》第539条规定的"以明显不合理的低价转让财产、以明显不合理的高价受让他人财产"还应当包括哪些处分行为,依照《合同编通则解释》第43条规定,债务人以明显不合理的价格,实施互易财产、以物抵债、出租或者承租财产、知识产权许可使用等行为,影响债权人的债权实现,债务人的相对人知道或者应当知道该情形,均属之。对此,债权人请求撤销债务人的行为的,应当依据《民法典》第539条的规定予以支持。

(2)债务人的行为于债权发生后有效成立而且继续存在。债务人行为的有效成立,起码条件为形式上有效成立,而不论其实体上有效成立与否。这种形式上有效成立呈继续状态,尚未失去效力。

3. 债务人的行为须有害于债权。债务人的行为须有害于债权,也称债务人行为的诈害性。《民法典》第538、539条称为"影响债权人的债权实现"。这一要件的特点是,债务人的一般财产减少,以致不能满足债权人债权实现的要求。其标准应以债务人的财产不足以满足债权人的债权要求为必要,即债务支付不能。这种表述就是指债务人的财产处分行为害及债权人的债权,具有诈害性。

如果债务人处分财产的行为没有害及债权人的债权,则不得行使债权人撤销权。同样,债务人在发生债权关系后,实施害及债权人债权的处分财产行为,但在撤销权行使之时,债务人已经具有充分的清偿资力的,也不认为债权人必得行使撤销权,这是因为债权人撤销权并非惩罚债务人的手段,而是债权保全制度。

4. 非共同要件的主观恶意。在无偿行为产生的债权人撤销权构成上,具有前述三个共同要件为已足。但是在有偿行为产生的债权人撤销权的构成上,除有以上共同要件之外,还应具备主观要件。

(1)诈害意思的确定。债权人撤销权的非共同要件,是指债务人以及财产处分受益人的过错,主要的表现形式是恶意,学者称为诈害意思。[17] 在罗马法中,以不法行为思想作为对诈害行为救济制度的基础,对债务人的无论是有偿行为还是无偿行为,均以其主观上具有诈害意思为必要。后来,为了适应新兴商业贸易的需要,对此多有改变。后世立法对作为债权人撤销权制度的主观要件和客观要件的配置有所差异,但在债务人恶意上,倾向于强调对于损害债权人有所认识即可,并不要求具备积极的害意。

对放弃到期债权的行为、放弃债权担保和无偿转让财产的行为的撤销,无须以恶意为要件,即有无恶意均可撤销。延长其到期债权的履行期限,则须有恶意,该恶意为逃避债务。对有偿行为的撤销,包括以明显不合理的低价转让财产和以明显不合理的高价受让财产的有偿行为,则均须以恶意为必要条件。

(2)不同当事人的恶意。

第一,债务人的恶意。债务人的恶意以知其行为可能引起或增强债务清偿的无资力而有害于债权人的权利时为准,即严重损害债权人的利益。如无此认识,则不可撤销。但是,

---

〔17〕 韩世远:《合同法总论》(第2版),法律出版社2008年版,第313页。

债务人认识到其行为有害及债权的可能,却相信其行为结果可以维护债权人的权利,该行为亦可撤销。因此,债务人的恶意含故意、过失两种情况。由债务人的代理人实施行为时,债务人有无恶意,应以代理人的主观状态判断,代理人的恶意视为债务人的恶意,同样需具备主观要件。

第二,相对人的恶意。相对人的恶意可以表现为与债务人的恶意串通,也可以表现为知其恶意而与债务人实施民事行为。《民法典》第 539 条关于“债务人的相对人知道或者应当知道该情形”的规定,就是相对人的恶意。因此,相对人恶意的标准就是“知道”或者“应当知道”债务人转让财产行为对债权人造成损害的情形。“知道”就是恶意;“应当知道”而未知,为过失。至于相对人于受益之前还是受益之时知其恶意,则在所不问。受益之后方知情,不构成诈害行为,不得行使撤销权。相对人无恶意、无过失者,不得行使撤销权。这是为了保护善意第三人利益的需要,且其行为也是有偿的。

第三,转得人的恶意。《民法典》第 539 条没有规定转得人,但在实务上可能会存在。如果债务人转让财产,相对人再将该财产转让的,即存在转得人。转得人就是由相对人处分受让财产而取得权利的人。如果转得人受让财产为善意,债权人行使撤销权的效力不得及于转得人。但是,转得人受让财产时为恶意,即转得人知道债务人处分财产的诈害意思的,其具备主观要件,债权人可以行使债权人撤销权,请求撤销转让行为。

三、债权人撤销权的行使

(一)债权人撤销权行使的主体与被告

1. 债权人撤销权行使的主体

债权人撤销权的行使,须由享有债权人撤销权主体资格的债权人,以自己的名义向人民法院提起诉讼请求,由人民法院依法受案、审理、裁判。当债权人为一人时,该债权人为原告;当债权为连带债权时,连带债权人中可由一人提起诉讼,也可以由所有连带债权人共同行使撤销权,作为共同原告起诉;当数个债权受同一债务人行为危害,各债权人均有权依撤销权起诉,其请求范围仅及于各自债权的保全范围,法院可以并案审理。

2. 债权人撤销权行使的被告

《合同编通则解释》第 44 条规定,债权人依据《民法典》第 538、539 条的规定提起撤销权诉讼的,应当以债务人和债务人的相对人为共同被告,由债务人或者相对人的住所地人民法院管辖,但是依法应当适用专属管辖规定的除外。两个以上债权人就债务人的同一行为提起撤销权诉讼的,人民法院可以合并审理。

(二)债权人撤销权行使的效力

债权人撤销权的效力,应依法院的撤销判决的确定始发生。撤销判决确定之后,债务人处分的财产应当返还给债务人;债务人因此而取得受益人的财产的,亦应予以返还。

对于撤销权的效力范围,学说上分为两种:(1)相对无效说,认为撤销的效力虽然为自始无效,但效力范围以保全债权人的权利范围为标准,超出保全范围的部分仍然继续有效。(2)绝对无效说,即债务人行为被撤销后,对于任何人的全部行为视为自始无效。上述两说,各国均有不同采用,其基本原则是以法律规定为准。在无明文规定者,多采绝对无效说。

我国《民法典》第540条规定,“撤销权的行使范围以债权人的债权为限……”这里采纳的是相对无效的主张。对此,《合同编通则解释》第45条第1款规定的办法是,在债权人撤销权诉讼中,被撤销行为的标的可分,当事人主张在受影响的债权范围内撤销债务人的行为的,法院应予支持;被撤销行为的标的不可分,债权人主张将债务人的行为全部撤销的,法院应予支持。同时,该条第2款规定,债权人行使撤销权所支付的合理的律师代理费、差旅费等费用,可以认定为《民法典》第540条规定的“必要费用”。

在实践中,债权人提起撤销权诉讼,请求人民法院撤销债务人放弃债权或转让财产的行为,法院应当就债权人主张的部分进行审理,依法撤销的,该行为自始无效。债权人撤销权行使以后,实行“入库规则”,将债务人的财产恢复为债务人所有,债权人就其债权的行使不享有优先受偿权,仍为平等债权。由于《民法典》规定对于债权人代位权和债权人撤销权,前者适用非入库规则,后者采取入库规则,为协调债权保全的关系,《合同编通则解释》第46条规定:(1)债权人在撤销权诉讼中同时请求债务人的相对人向债务人承担返还财产、折价补偿、履行到期债务等法律后果的,法院依法予以支持。(2)债权人请求受理撤销权诉讼的人民法院一并审理其与债务人之间的债权债务关系,属于该人民法院管辖的,可以合并审理。不属于该人民法院管辖的,应当告知其向有管辖权的人民法院另行起诉。(3)债权人依据其与债务人的诉讼、撤销权诉讼产生的生效法律文书申请强制执行的,人民法院可以就债务人对相对人享有的权利采取强制执行措施以实现债权人的债权。(4)债权人在撤销权诉讼中,申请对相对人的财产采取保全措施的,人民法院依法予以准许。采取这样的办法,可以取得与债权人代位权相似的后果。

《民法典》第542条规定,债务人影响债权人的债权实现的行为被撤销的,自始没有法律约束力。

(三)债权人撤销权行使的程序

债权人依照《民法典》规定提起撤销权诉讼的,由被告住所地法院管辖。

债权人提起债权人撤销权诉讼时只以债务人为被告,未将相对人或者转得人列为第三人的,法院可以追加该相对人或者转得人为第三人。

两个或者两个以上债权人以同一债务人为被告,就同一标的提起撤销权诉讼的,法院可以合并审理。

(四)除斥期间与费用负担

1. 债权人撤销权的除斥期间

债权人撤销权应在一定的期限内行使,因为撤销权是为了保护债权人的利益,如果债权人自愿接受债务人行为的后果,则法律准许这种行为有效。如果债权人长期不行使撤销权,在债务人的行为产生的法律效力生效后的很长时间再提出撤销,则会使一些合同的效力长期处于不稳定的状态,不利于社会经济秩序的稳定。《民法典》第541条规定的债权人撤销权的除斥期间如下。

(1)债权人行使撤销权,应当在知道或者应当知道出现撤销事由之日起的1年内行使该权利。起算的时间界限是债权人知道或者应当知道撤销事由之日起。自此开始的1年内,债权人都可以行使这一权利。超出这一期限的,法院不能判决撤销债务人的处分行为。

(2)债权人不知道或者不应当知道撤销事由的,从撤销事由出现之时,即债务人的处分行为发生之日起经过5年,债权人不行使者,撤销权消灭。

2. 费用负担

债权人行使撤销权的必要费用,应当由债务人负担。相对人和转得人亦有过错或者恶意的,应当分担费用。债权人行使撤销权的必要费用,包括支付的律师代理费、差旅费、诉讼费等。

| 引例分析 |

《民法典》第538~542条以原《合同法》的规定为基础,规定了全面保护债权人撤销权的规则,丰富了其内涵,具有更强的适用性,有利于保全债务人的责任财产,并有利于保障债权人债权的实现。

本案的争议焦点是案涉房屋赠与协议应否撤销,秦某是否可以行使债权人撤销权。《民法典》第538条规定,债务人以放弃其债权、放弃债权担保、无偿转让财产等方式无偿处分财产权益,或者恶意延长其到期债权的履行期限,影响债权人的债权实现的,债权人可以请求人民法院撤销债务人的行为。本案被告冉某甲、张某在拖欠秦某借款一再延期、不予归还的情况下,却将其名下所有的房屋无偿赠与冉某乙,且没有证据证明冉某甲、张某另有其他财产可以对秦某负有的债务有清偿能力,因此该赠与行为损害了秦某债权的实现,符合债权人撤销权的行使要件,故对秦某提出的撤销冉某甲、张某作为赠与人,冉某乙作为受赠人签订的房屋赠与协议,保全其债权的责任财产的诉讼请求,法院判决予以支持,符合法律规定,保护了债权人的债权。

本章思考题

1. 债权人行使代位权应当符合哪些要件的要求?
2. 行使债权人代位权的法律后果是什么?
3. 应当怎样认识债权人撤销权的法律性质?
4. 应当怎样认识债权人撤销权行使要件中的主观要件?

第六章　合同变更和转让

第一节　合 同 变 更

| 引　例 |

2014 年 1 月 24 日,符某某向顾某某借款 50 万元,借条载明:“今有符某某向顾某某借人民币 50 万元,借期半年,2014 年 6 月 30 日之前归还。”同日,符某某、刘某某、王某某与顾某某签订协议,载明:“今有符某某、刘某某、王某某向顾某某借人民币 50 万元,按借条 2014 年 6 月 30 日前归还。”该期限届至,符某某和顾某某签订还款协议,载明:“符某某共计向顾某某借款 50 万元,符某某承诺还款方式为分期还款,2015 年 2 月 18 日前还款 18 万元,2016 年 2 月 7 日前还款 18 万元,2017 年 1 月 27 日前还款 14 万元,任何一期不付,顾某某有权就剩余金额一并主张。借款利率为月息 1%。如符某某未能按时偿还本金及利息,符某某应当承担逾期利息,逾期利息以本金为基数,按每日万分之六计算。因符某某违约,顾某某为实现债权所产生的费用(包括但不限于诉讼费、律师费等)由符某某及担保人承担。”2015 年 6 月 9 日,原告顾某某诉至法院,要求符某某、刘某某、王某某归还借款及利息等。

被告刘某某、王某某辩称:2014 年 6 月 30 日,原告与符某某签订的还款协议是对之前借款事实的补充协议,是对原借款合同的变更,该协议中除了符某某在借款人处签名外,他二人既未在借款人处,也未在担保人处签字。原告以默示方式免除了对刘某某、王某某的债务,因而不承担清偿责任。

法院审理认为,原告与被告符某某签订还款协议时,符某某并未提供其他新的担保,且是在符某某未能按约定还款的状况下,原告在未能保障自身债权顺利实现时免除刘某某、王某某的债务,显然于常理不符。刘某某、王某某主张原告与符某某签订的还款协议是对借条的变更,依照法律规定,当事人对合同变更的内容约定不明确的,推定为未变更,讼争的还款协议并未就免除刘某某、王某某债务进行约定,不应视为对合同进行变更。在有多个借款人时,出借人可以和单个借款人就还款期限、金额等达成意见,并不影响与其他借款人之间的权利义务关系。还款协议由符某某确认了借款金额、还款期限并签字确认,在无其他证据证明时,应当视为原告和符某某之间达成的协议与刘某某、王某某无涉,因此对刘某某、王某某的主张,法院不予采信,判令符某某、刘某某、王某某应于本判决发生法律效力之日起 10 日内返还原告借款本金 50 万元。

| 法律问题 |

1. 合同变更及其法律特征
2. 合同变更的要件
3. 合同变更与担保的关系
4. 合同变更禁止推定原则

一、合同变更概述

（一）合同变更的概念

合同变更，分为广义合同变更和狭义合同变更两种。广义合同变更，是指合同的内容和主体的变化，而合同的主体变更实际上是合同的债权债务移转，与合同的内容变更有所不同。狭义合同变更，仅指合同的内容变化，不包括合同主体的变化。《民法典》所称的合同变更，是指合同的狭义变更。故合同变更，是指在合同关系成立后，尚未履行或者尚未完全履行之前，当事人就合同内容达成修改和补充的协议所带来的合同变化。

当事人在合同关系生效后，至合同履行完毕之前，可以通过协商的方式对合同内容进行变更。变更合同内容，一般只要有当事人的合意即可发生法律效力，但有些特殊的合同变更，依照法律、行政法规的规定，当事人应当办理必要的批准等手续，始为生效。未经批准等手续的，当事人变更合同的协议不产生法律上的效力，为无效变更。

（二）合同变更的特征

1. 合同变更须经当事人协商一致。合同变更是在原来的合同关系上发生的内容变化，而合同关系就是当事人合意的结果。变更原来合同的内容，当然须经当事人协商一致，达成新的合意。未经合意而变更合同内容，是违约行为。

2. 合同变更是指合同关系的局部变化。合同变更只是对合同内容的局部修改和补充，而不是对合同内容的全部变更。变更的内容主要是标的数量的增减，改变交货地点、时间、价款或者结算方式等。合同内容变更是在保持原合同效力的基础上，再形成新的合同关系，新的合同关系应当包括原合同的实质内容；如果新的合同关系产生后，没有原合同实质内容，则不属于合同变更，而是在合同消灭之后又订立了一个新的合同。

3. 合同变更后产生新的合同内容。合同变更之后，一定会产生新的合同内容，因此，当事人不能依据原有的合同履行，而应当按照变更后的合同内容履行。

（三）合同变更的类型

合同变更，从其原因与程序着眼，可以分为四种：一是基于法律的直接规定变更，如债务人违约致使债务不能履行，履行债务变为损害赔偿债务。二是在情势变更使合同的履行显失公平的情况下，当事人诉请变更合同之债，法院或者仲裁机构依职权裁决变更合同。三是当事人各方协商同意变更合同。四是形成权人行使形成权使合同变更。[1]

---

〔1〕 崔建远主编：《合同法》（第5版），法律出版社2010年版，第204页。

有的学者认为,合同变更可以分为法定变更、裁判变更和以法律行为或者其他行为变更这三种基本类型。[2] 这两种意见并不矛盾。

二、合同变更的要件

合同变更的要件包括以下几项:

1. 原合同关系的存在。合同变更是对已有的合同内容的改变。因此,原合同的存在是合同变更的首要条件,没有合同关系的存在,则不发生合同变更问题。

原有合同的存在,只能是现存的效力确定的合同,只有对有效的合同内容进行变更,才产生合同变更效果。不具有法律效力的"合同",不是合同;无效合同,因其自始即不产生法律效力,所以在当事人之间不能认为存在合同关系,因而没有进行变更的必要,也无法进行变更。

合同变更的时间,以原合同仍然有效存在为必要,在合同关系有效成立以后至债务履行完毕之前,当事人均可对合同内容进行变更。

2. 合同变更须有当事人的变更协议。由于《民法典》将合同变更界定为协议变更,因此,合同当事人达成变更合同的协议就成为合同变更的唯一方式。按照《民法典》第 533 条规定的情势变更,不受《民法典》第 543、544 条规定的约束。

当事人达成的合同变更协议也是一种民事合同,应当符合《民法典》有关合同成立和生效的一般规定。合同变更协议应是双方当事人自愿和真实的意思表示。任何一方不得采用欺诈、胁迫等不当手段与对方当事人达成违背对方真实意思的变更合同的协议。如果变更合同的协议不成立或者不生效,则应当按照原来的合同履行。

合同变更协议的形式,一般应当与原来的合同形式一致。如果原合同采用书面形式,则合同变更协议也应采用书面形式。对于其他非书面形式的合同,当事人在变更合同时最好采用书面形式,以避免出现不必要的纠纷。法定的合同变更,则必须依据书面形式;如果合同变更采取口头形式并且已经执行完毕的,可以承认其效力,但发生争议的,不应当认可其效力。

3. 须有合同内容的变化。合同变更必须发生使合同内容发生改变的效果,否则不能认为是合同变更。对合同变更以变更协议的内容为准。从变更协议的内容即可看出合同内容是否已经改变,是否达到了合同变更的目的与效果。合同变更应当是合同内容的非实质性变更,而不是实质性变更。实质性变更包括:一是合同标的的改变;二是履行数量的巨大变化;三是价款的巨大变化;四是合同性质的变化。非实质性变更,是指不属于前述情形的对合同内容所作的某些修改和补充。[3]

4. 合同变更须遵循法定形式。当事人协议变更合同内容,应遵循自愿互利原则,给合同当事人以充分的自由。国家以法律的形式对当事人变更合同内容进行一定限度的管理,以保证当事人对合同变更不致危及国家、社会或者他人的利益。因此,变更合同的协议不能违背法律。对于一些特定的合同,依照法律规定应当履行批准手续或者登记手续的,当事

[2] 韩世远:《合同法总论》(第 2 版),法律出版社 2008 年版,第 401 页。

[3] 王利明:《合同法研究》(第 2 卷)(第 2 版),中国人民大学出版社 2011 年版,第 178 ~ 179 页。

人在达成合同变更协议后应到相应的部门办理上述手续，否则不发生变更合同的效果。

三、合同变更的效力及应当注意的问题

（一）合同变更的效力

1. 仅对变更部分发生效力。合同在变更后，对经过变更的那一部分合同内容发生法律效力，原有的这一部分内容失去效力，当事人应按照变更后的合同内容履行。合同变更就是在保持原来的合同统一性的前提下，使合同内容有所变化。合同变更的实质是以变更后的新合同取代原有合同的关系。

2. 仅对未履行的部分合同内容发生效力。合同变更只对合同未履行的部分有效，不对已经履行的合同内容发生效力，即合同变更没有溯及力。合同当事人不得以合同发生了变更为由要求已履行的部分归于无效。

3. 合同变更不影响当事人请求损害赔偿的权利。合同在变更以前，一方由于可归责于自己的原因给对方造成损害的，另一方有权要求责任方承担赔偿责任，并不因合同发生了变更而受有影响，但是合同变更协议已经对受害人的损害给予处理的除外。合同变更本身给一方当事人造成损害的，另一方当事人应对此承担赔偿责任，不得以合同变更乃是当事人自愿为由不负赔偿责任。

（二）合同变更与合同解除的区别

合同变更与合同解除有相似之处，两者均使合同内容发生了变化，其方式也有很多相同之处。两者均应以书面形式进行，并且在发生不可抗力和一方严重违约的情况下，《民法典》规定当事人有变更合同和解除合同的权利。合同变更与合同解除在程序上也很相似。合同变更与合同解除的区别如下：

1. 性质不同。合同变更仅是对合同的部分内容的改变，因此不需要消灭合同关系；合同解除则是使合同内容全部或者部分失去效力，合同关系不再存在，所以是对合同的根本性改变。

2. 方式不同。合同变更不仅使原有合同内容的一部分失去效力，还以新的内容取代原有的部分内容，双方当事人受新的合同内容拘束，所以合同变更必须由当事人达成协议，另无其他方式；而合同解除在当事人协议解除之外，更大量地适用法定解除，即在符合法律规定的解除合同的条件时，享有解除权的一方当事人可以单方面解除合同，该解除的意思表示于送达对方当事人时产生法律效力，而不必征得对方当事人的同意。合同解除以单方解除为常态，而合同变更则只能是以协议进行。

3. 效果不同。合同变更不过是当事人对合同关系的改变，并未终止也未改变合同的效力，只涉及债务未履行的部分，对已经履行的内容不发生溯及既往的效力；而合同解除则产生消灭合同关系的效果，不仅使合同未履行的部分不再履行，而且对于已经履行的部分也具有溯及既往的效力，双方互负恢复原状的义务。

（三）合同变更与担保的关系

合同的担保是债权人享有的合同债权实现的重要保证。担保作为合同主债权的从权

利,具有附随性,其效力受到合同主债权的影响。当事人在变更合同内容时,应当对债的担保作出明确约定,如果担保由第三人提供,则合同变更应当征得担保人的同意。《民法典》第695条规定:“债权人和债务人未经保证人书面同意,协商变更主债权债务合同内容,减轻债务的,保证人仍对变更后的债务承担保证责任;加重债务的,保证人对加重的部分不承担保证责任。债权人和债务人变更主债权债务合同的履行期限,未经保证人书面同意的,保证期间不受影响。”

对于抵押权和质权是否也与保证一样,《民法典》未作具体规定。通说认为,合同主债务变更的,应当通知抵押人或者质押人并征得抵押人或者质押人的同意;如果未征得抵押人或者质押人同意,抵押人或者质押人可以以此对抗合同债权人。

由于合同变更使合同内容发生了实质上的变化,必然影响各方当事人的权利义务,而为合同债权提供担保的第三人是对债务负担保责任,是附属于主债权的从债权,该权利是由第三人与债权人的协议确定的,因此债权人和债务人之间的变更合同的协议不应对提供担保的第三人当然发生效力,但变更时当事人应取得担保人的同意。这种同意应采书面形式。

(四)对合同变更的内容约定不明确的情况处理

1. 合同变更禁止推定规则。《民法典》第544条规定:“当事人对合同变更的内容约定不明确的,推定为未变更。”这一条文虽然没有明确规定禁止推定规则,却从反面规定了这样的内容,只是不够完整而已。

合同变更禁止推定,是指当事人变更合同的意思表示须以明示方式为之,在当事人未以明示方式约定合同变更的,禁止适用推定规则推定当事人有变更合同的意愿。可见,禁止推定规则是意思变更须以明示方式为之的应有之义。

2. 合同变更禁止推定规则不排斥直接因情势而发生变更。在合同变更中,存在“直接因情势而发生变更”的概念,是指当事人虽然在变更的新合同中没有明示,但是当事人在行为上表现出了明确的变更合同的意愿。由于禁止推定规则要求的是须以明示方式为之,虽然非以明示方式为之,但是在行为中表达了明确的变更合同的意愿,就是直接因情势而发生的变更,因而认为不违反禁止推定规则。

变更直接因情势而发生,指的是变更合同的意愿的发生根据;默示但不含糊,是对默示的变更合同意图的具体要求。凡是符合直接因情势而发生,默示的但不含糊的表达出的变更合同意愿要求的,符合合同变更主观要件的要求,不违反合同变更禁止推定规则。其具体要求如下:

(1)当事人在新合同文本中没有用明示方式明确表达变更合同的主观意愿。其主要表现是,没有像《法国民法典》第1273条后段规定的那样,将合同变更的意愿“应当在证书中清楚表明”。变更合同的默示表达方式,通常不存在证明合同变更意愿的书面证据。

(2)当事人表达变更合同意愿的方式是行为。默示方式是不依赖语言或文字,通过当事人实施的作为或者不作为即可推知行为人意思表示的民事法律行为方式。合同当事人虽然没有表达明示的变更合同的意思表示,但根据当事人的行为和法律规定,可以认定行为人的某种行为已经表达了变更合同的意愿。这就是合同变更意图的直接因情势而发生,而不是根据合同文本或者语言表达所能确定的合同变更意图。

(3)根据合同当事人行为推知的变更合同主观意愿虽然是默示方式,但须达到不含糊地加以认定的程度。认定默示方式的变更合同意图,不仅须有表明变更合同的行为,而且在该行为中还包含着“不含糊的”“毫无疑问的”“具有实施更新的明显意图”。不符合这样的要求,不能认定当事人有合同变更的主观意图,以此推定当事人具有变更合同的主观意愿,是适用法律错误。

3.合同变更禁止推定规则的原因和含义。之所以在合同变更中适用禁止推定规则,是因为合同变更一旦确认,将改变原合同的权利义务内容,甚至改变原合同的性质,产生消灭原合同的效力,不仅消灭原合同的主债务,而且消灭其从债务,因此会使原合同当事人缔结合同所期待的法律后果发生重大改变,如果在当事人没有明示的意思表示的情况下,就推定合同变更,将会对当事人发生严重的不利影响,损害其权益。合同变更不得进行推定,就是要防止这种结果的出现。

合同变更不得进行推定,是合同变更明令的禁止规则。任何人,无论是当事人还是法官、仲裁员,都不得推定合同变更。这其中包括两层含义:(1)合同变更必须以明示的方式进行约定。在书面的变更合同的新合同中,要有当事人明确的变更合同的意愿,并且须达成一致的意思表示。即使在口头合同中,也必须双方的意思表示一致,达成合意。如果任何一方认为没有达成变更合同的合意,就不能推定合同变更。(2)合同变更虽然没有以明示的方式进行约定,但是直接因情势而发生了合同变更,能够确定当事人合同变更的合意的,可以认定有变更合同的默示。

4.合同变更的内容约定不明的反推定。《民法典》没有直接规定合同变更的禁止推定规则,而是从反面规定了反推定规则的适用。这样的规定是禁止推定规则的另一种表现形式,也是要维护原合同的稳定性,维护当事人之间利益关系的原有格局,防止出现因新合同对合同变更的约定不明而认定发生了合同变更,进而损害当事人的权益。

这种合同变更内容不明的反推定是可行的,但是从内容来看,规则不完整,应当首先规定禁止推定,然后再规定在约定合同变更不明时推定为未变更。

按照这样的规则,凡是一方或者双方当事人主张合同变更,只要约定变更的新合同对变更的内容约定不明确的,则直接推定为未变更。对一方主张变更,另一方主张未变更的,推定为未变更是没有问题的。如果当事人都主张变更,只是对变更的内容约定不明确,则可以让当事人重新协商变更内容,能够达成一致的,不适用这个反推定规则;只有达不成变更协议,仍然属于变更的内容约定不明确的,再推定原合同没有变更。

引例分析

本案争议焦点是案涉合同的两个变更。

首先,原告与符某某在2014年6月30日签订的还款协议,是否变更了合同的当事人,即免除了对刘某某、王某某的债务。本案的借款合同有两份,一份是原告与符某某签订,另一份是原告与符某某、刘某某、王某某签订。两份合同主要内容相同,当事人确认为同一份合同,可以确认借款人为三人。2014年6月30日的还款协议,是在借款人未清偿债务时,符某某与原告签订,对还款期限进行展期。这一还款协议确实没有刘某某、王某某的签字,但是这不能推定债权人就此变更了合同的主体,免除了刘某某、王某某的债务。本书特别强调合同变更禁止推定原则,因为在合同成立并生效之后,各方当事人的权利义务随即确定,合同变更会对当事人的权利义务造成严重影响。为维护原合同的稳定性,保障当事人之间利益关系的原有格局,强调合同变更不得进行推定,须有明确的意思表示,就是为了保障债权人的权益,维持当事人之间的利益平衡。本案中,原告与符某某2014年6月30日签订的还款协议中未就免除刘某某、王某某的债务进行约定,并且符某某等债务人已经出现违约,如果推定变更合同免除了刘某某、王某某的债务,将会加剧债权不能实现的风险,原告作为债权人,更无变更合同之理。故法院判决案涉借款合同的当事人没有变更,均应承担清偿债务的责任,是正确的。

其次,对还款期限的变更。原合同约定的还款期限是2014年6月30日,该期限届至,还款协议约定还款方式为分期还款,2015年2月18日前还款18万元,2016年2月7日前还款18万元,2017年1月27日前还款14万元。这些都是对还款期限的变更。对此,原告和符某某确认,当然构成合同变更。问题是三个借款人中的一人确认变更还款期限,刘某某、王某某并未签字确认,对其是否发生效力?一是刘某某、王某某在诉讼中只强调自己被免除责任,并未对变更是否对其发生效力提出异议;二是还款协议变更还款期限和方式,对所有的债务人都有利,故应当认定该合同的变更对刘某某、王某某二人发生效力,刘某某、王某某应当接受变更的效果。法院判决三被告共同承担债务清偿责任,是正确的。

第二节　合同债权转让

引　例

2015年11月30日,王某1、苗某某、李某魁、王某2(甲方、出租方)与被告刘某某(乙方、承租方)签订《商场租赁合同》,约定甲方将位于县城步行街C区2楼整体出租给乙方,面积约3300平方米(其中苗某某个人的1－9号C幢－E房产面积为675平方米,1－9号C幢－F房产面积233平方米,共计908平方米);租金为2015年11月30日至2020年11月30日每年为125万元整,从2020年11月30日至2025年11月30日每年为130万元整。采取一次付款方式,一年一付,每年11月30日前付清。拖延一天,按5%交纳滞纳金,超过10天,甲方有权终止合同,将商场无条件收回,乙方不可以提任何附加条件。

2018年6月2日,苗某某(甲方、转让方)与原告杨某某(乙方、受让方)签订一份《债权转让协议》,约定因甲方于2011年1月向乙方借款120万元无力偿还,甲方同意将出租给刘某某的步行街1－9号C幢－E房产、1－9号C幢－F房产自2015年11月30日起的租赁费532 399.33元及利息转让给乙方;甲方在签订转让协议后3日内将债权转让的事宜告知债务人刘某某,在告知后转让协议生效。2018年6月3日,苗某某向刘某某出具一份《债权转让通知书》，通知上述租赁房屋的租金债权及利息转让给杨某某，让被告在接到通知后直接向杨某某履行全部义务。经协商未果，原告杨某某于2018年7月9日将被告刘某某诉诸法院，请求法院判决被告给付原告位于步行街1－9号C幢－E房产和1－9号C幢－F房产租赁费532 399.33元，及自2015年11月30日至给付之日止的利息。

法院审理认为，原告杨某某与苗某某不但签订了书面的债权转让协议，且在原告提供的视频资料中，苗某某对债权转让的真实性进行确认和声明，足以证实该债权转让行为的成立并生效。法律规定债权转让应当通知债务人，但法律没有规定债权人必须亲自通知债务人，也没有明确规定债权转让通知的形式和时间，所以结合客观、高效、及时地维护权利人的合法利益的立法精神，对此应当作宽泛理解，认定债权人的近亲属、代理人，或者受让人通知债务人时，提供了债权转让合同等确切证据，或者债权人在债权转让时没有通知债务人，但债权受让人直接以债务人为被告提起了诉讼方式，均可以作为合法债权转让的通知方式，对债务人产生法律效力。结合本案查明的事实，该债权转让行为没有致债务人错误履行、重复履行或者加重债务人履行债务的负担，没有损害债务人的利益，故应当认定债权转让的通知已告知了被告，被告理应向原告履行债权转让通知书所确定的义务。原告对所主张租赁费转让的请求已完成了举证责任，所提供证据可形成证据链条，具高度的盖然性。故判决对原告的诉讼请求予以支持。

｜法律问题｜

1. 债权转让及其法律特征
2. 债权转让的构成要件
3. 债权转让的对内效力
4. 债权转让的对外效力

一、合同转让概述

（一）合同转让的概念和类型

合同转让，是指通过合同关系的当事人与第三人协议的方式，在不改变合同的客体和内容的情况下，对债的主体进行变更。换言之，合同转让，就是合同关系不失其同一性，而其主体有所变更，亦即合同的债权或债务在原主体间移转于他主体间的合同法现象。故合同转让就是合同的主体变更，即原合同关系并不变动，仅合同主体有所更换，并不是此债消灭重新发生新债。

合同转让包括合同的债权转让、债务转移以及权利义务概括转移三种形式。

（二）合同转让的特征

1. 合同转让是合同的主体变更。合同法律关系要素分为合同主体、合同客体和合同内容。广义的合同转让，包括合同的主体变更、客体变更和内容变更。狭义的合同转让是合同的主体变更，不包括合同的其他要素的变更。合同转让，实际上就是合同内容转移给他人承受,通过移转使合同的原第三人成为合同的新的债权人或者债务人。

2. 合同转让并不改变合同的内容和客体。合同转让的要求,是合同内容和客体都不变更,即合同的债权债务关系内容不变、合同的标的不变。因此,合同转让与合同变更不同,合同变更是债权人与债务人之间的权利义务的内容和客体的改变,但债权人和债务人作为合同的主体并不发生变更。

3. 合同转让保持合同关系的同一性。合同转让以合同关系存在为前提,并且在移转中,移转前和移转后的合同保持同一性,不发生合同的更替、更新和改变。

二、合同债权转让概述

(一)合同债权转让的概念

合同债权转让,也称合同债权的让与,是指合同的债权人通过协议将其享有的合同债权全部或者部分地转让给第三人的行为。

合同债权转让是合同关系主体变更的一种形式,是在不改变合同内容的情况下,通过协议将合同关系中的债权人进行变更。《民法典》第545、546条规定的是合同债权转让及构成要件。

(二)合同债权转让的法律特征

1. 合同债权转让是合同债权人的变更。合同债权转让,是不改变合同关系的内容,由原债权人将合同债权转移给第三人,使第三人成为新的合同债权人。在合同当事人之间不可能进行合同债权转让。只有将合同债权转让给合同当事人以外的第三人,才能成立合同债权转让。《合同编通则解释》第47条第1款规定的,债权转让后,债务人向受让人主张其对让与人的抗辩的,人民法院可以追加让与人为第三人。

2. 合同债权转让的内容是债权。合同债权转让的只能是债权,不包括债务的内容。对合同当事人在转让协议中一并将债权债务进行转让的,则不再为债权转让,而属于债权债务概括转移,适用《民法典》第556条规定。

3. 合同债权可以全部转让也可以部分转让。合同债权的转让可以为全部转让,也可以为部分转让,完全凭当事人自由约定,法律不作任何限制性规定。

三、合同债权转让的构成要件

1. 须有有效的合同债权存在。既然合同债权转让是将合同关系中债权人的债权转让给第三人,那么,该转让的合同债权应当是为法律认可的、具有法律约束力的合同债权,没有有效的合同关系的存在,则不可能有有效的合同债权进行转让。合同债权转让应以合同关系的有效存在为基本条件。

2. 合同债权的转让人须与受让人达成转让协议。合同债权的转让方和受让方之间达成转让合同债权的协议,是合同债权转让的法律依据。合同债权转让协议应当符合法律规定的成立和生效要件,在形式上符合法律规定的要求,原合同关系依法应当以书面形式进行的,转让协议也应以书面形式订立,否则不产生法律上的效力。法律、行政法规规定原合同应当依法进行审批等手续的,合同债权转让协议也应当进行相应的审批等手续,否则不产生法律效力。

3. 转让的合同债权须是依法可以转让的债权。转让的合同债权须依法可以转让，否则不得进行转让。转让不得进行转让的合同债权，其协议无效。不得进行转让的合同债权主要包括三种：(1)根据性质不得转让的债权，主要有：合同标的与当事人的人身关系相关的债权；不作为的合同债权；与第三人利益有关的合同债权。例如，特定演员的演出合同不得转让。(2)按照当事人的约定不得转让的合同债权。既然合同当事人作出了不得将合同债权予以转让的约定，则应当根据当事人的真实意思表示来处理。(3)法律规定不得转让的合同债权，当事人不得进行转让。例如，《民法典》第421条规定："最高额抵押担保的债权确定前，部分债权转让的，最高额抵押权不得转让，但是当事人另有约定的除外。"

4. 合同债权的转让协议须通知债务人。对于合同债权转让是否须通知债务人，有三种立法例：(1)自由主义，任其自由转让；(2)通知主义，不必征得债务人同意，但须通知债务人；(3)同意主义，应当征得债务人同意方能进行债权转让。我国《民法典》采通知主义立场，合同债权转让的通知一经到达债务人，即发生合同债权转让的后果。

合同债权人转让债权，该通知送达债务人时，债权人的合同债权转让始对债务人生效。如果债权人未将转让其合同债权的行为通知债务人，该转让对债务人不发生法律效力。

合同债权转让的通知应当以到达债务人时产生法律效力。到达，是指合同债权转让的事实经过一定的方式使债务人知悉，如书面通知送到债务人的住所，口头告知债务人等。由于法律对通知的形式未作要求，所以债权人无论以何种形式将合同债权转让的事实通知债务人，都是适当的。如果由于债务人以外的原因使合同债权转让的通知没有到达债务人的，则对债务人不发生效力。

合同债权转让的通知应当由债权人对债务人发出。债权人不仅包括债权人本人，也包括债权人的法定代理人、委托代理人，债权人的代理人发出的债权转让通知也产生通知的效力。债务人也不仅指债务人本人，对债务人的法定代理人、委托代理人发出的债权转让通知，产生向债务人本人发出通知的同等效力。如果合同债权转让的通知是由债权的受让人发出的，原则上不对债务人产生效力，但经债权人追认的，发生法律效力。此时债务人享有催告权和拒绝权，可以以通知的方式要求有追认权的人于一定的期限内作出承认或者不承认的意思表示，以确定该转让是否有效。债权人追认的，产生与债权人为通知一样的法律效力，即对债务人生效。受让人为让与通知，必须取得债权的证据，否则，债务人可拒绝对受让人履行。债务人于未受通知前，对让与人所为的法律行为有效。

合同债权转让的通知，应当在债务人依照原来的约定履行债务之前进行，如果通知到达债务人的时间晚于债务人的实际履行的，对债务人不产生法律拘束力。债务人的履行不符合原来的约定时间的，不影响该通知对债务人的拘束力，但债务人的履行符合约定的期间，只是履行的其他方面不符合合同约定或者法律规定的，合同债权转让的通知对债务人不发生法律效力。

将合同债权转让通知对方的直接后果是，使该合同债权转让协议对债务人产生法律拘束力。一经通知，债务人即应当依照债权转让协议对债权的受让人承担履行债务的义务，债务人不得再行向原合同债权人履行债务。如果未将合同债权转让的协议通知债务人，则该转让协议对债务人不具有法律约束力，债务人依照原约定履行其合同债务的，为适当履行。让与人已将债权让与第三人的事项通知债务人,即使让与并未发生或让与无效,债务人向第三人的履行行为亦为有效。

转让合同债权的通知送达债务人以后即发生法律效力,债权人不得再行撤销。只有债务人同意债权人撤销通知的,债权转让的协议方失去效力。从债务人同意之时起,债权转让的协议对债务人不再具有法律效力。

对于合同债权转让的通知的效果,《合同编通则解释》第48条规定了两种情形:(1)债务人在接到债权转让通知前已经向让与人履行,受让人请求债务人履行的,法院不予支持;债务人接到债权转让通知后仍然向让与人履行,受让人请求债务人履行的,法院应予支持。(2)让与人未通知债务人,受让人直接起诉债务人请求履行债务,法院经审理确认债权转让事实的,应当认定债权转让自起诉状副本送达时对债务人发生效力。债务人主张因未通知而给其增加的费用或者造成的损失从认定的债权数额中扣除的,法院依法予以支持。

对于债权人通知债务人债权转让的,《合同编通则解释》第49条规定:(1)对于债权的让与人而言,债务人接到债权转让通知后,让与人以债权转让合同不成立、无效、被撤销或者确定不发生效力为由请求债务人向其履行的,法院不予支持。但是,该债权转让通知被依法撤销的除外。(2)对于债务人而言,受让人基于债务人对债权真实存在的确认受让债权后,债务人又以该债权不存在为由拒绝向受让人履行的,法院不予支持。但是,受让人知道或者应当知道该债权不存在的除外。

四、合同债权转让的对内效力

合同债权发生转让,须债权转让合同成立并生效,该合同一经生效,债权即转移给受让人,不存在有体物买卖那样有形的履行行为。[4] 合同债权转让的效力分为对内效力和对外效力。

合同债权转让的对内效力,是指合同债权转让在转让双方即让与人(原债权人)和受让人(新债权人)之间发生的法律效力。这种效力表现在以下几个方面:

1. 合同债权由让与人转让给受让人。合同债权转让后,债权即转让给受让人,让与人的原债权人身份消灭,不再作为合同主体;而受让人取得债权人的身份,成为该合同关系的债权主体。

合同债权的全部转让,由受让人取代原债权人的地位成为合同中的唯一债权人,受让人享有合同的全部权利;但原合同债权人如果未将其在合同中的债务也一同转让的,原债权人只是不再享有债权,但依然未脱离合同关系,依然负有其原本应当承担的债务。

共同债权的部分转让,即债权人依据协议将其合同中的一部分权利转让给合同以外的第三人,原债权人依然保有一部分债权。这样,第三人与原债权人同时享有债权,在原有的合同关系之外,又增加了第三人与债务人之间的债权债务关系,而原债权人与债权受让人共同享有债权。转让之后,原债是单一之债的,就变成了多数人之债;如果原来就是多数人之债,则又多了一个债权人。此时,原债权人与债权受让人共同分享债权,他们之间是按份债权,即原债权人与债权受让人是按照既定的债权份额分别对债务人享有部分债权,债务

---

〔4〕 崔建远主编:《合同法》(第5版),法律出版社2010年版,第217页。

人只能分别对各债权人履行其所应负的债务部分,其他债务部分的履行对另外的债权人无效;而各债权人也只有权要求债务人对其履行其所享有的部分债权,无权要求债务人对其履行超出其所享有的债权以外的部分。如果在转让债权的协议中,原债权人与受让人约定双方共同享有债权的,则为连带债权,即其中一个债权人有权要求债务人履行全部债务,债务人应对其承担履行全部债务的义务,而债务人对其中一个债权人的债务履行,对全部债权人具有约束力。如果当事人在债权的转让协议中未作其债权为按份之债还是连带之债的约定,能够确定份额的,应为按份债权;不能确定份额的,则应认为是连带之债。

2. 从属于合同主债权的从权利须一并转移。"从随主"原则是债权转让的重要原则。即合同的主债权发生转移时,其从权利原则上应随之一同转移,但该从权利专属于债权人自身的除外。随同债权转移而一并转移的从权利包括担保物权和其他从权利。[5]《民法典》第547条规定,就包含如无特别约定或者法律的特别规定,从权利随主权利的转移而转移之义。

合同的从权利是与合同主债权相联系的,自身不能独立存在的权利。合同的从权利大部分是由合同关系的从合同规定的,有的本身就是合同内容的一部分。如以抵押合同设定的抵押权、以质押合同设定的质权、以保证合同设定的保证债权、以定金合同设定的定金债权等,都属于由主合同的从合同设定的从权利;违约金债权、损害赔偿请求权、留置权、债权解除权、债权人撤销权、债权人代位权等,则属于由合同约定或者依照法律规定产生的合同从权利。

合同的从权利作为合同的一部分内容,债权人转让其债权的,附属于合同的从权利也一并由受让人取得。如果转让双方在转让协议中明确规定了合同的从权利与主债权一并转让的,在主债权转让的同时,从权利当然会一并转移。即使合同的从权利是否转让没有在转让协议中作出明确的规定,其也与合同主债权一并转移于合同债权的受让人。

例外情况是,如果债权的从权利是专属于债权人的权利,则不发生与主债权同时转移的效力。

从权利在合同债权转让协议中未作规定的,有的是不能转移给受让人的。《担保制度解释》第39条第1款规定:"主债权被分割或者部分转让,各债权人主张就其享有的债权份额行使担保物权的,人民法院应予支持,但是法律另有规定或者当事人另有约定的除外。"按照这一规定,抵押权具有不可分性,随主债权的转移而转移,自可与主债权一起由受让人接受。质权是以占有质押物为前提的,没有对质押物的占有,就谈不上享有质权,所以主债权的质权的转移应依质押物的转移而定,如果双方没有在债权转让协议中规定质权一并转移也未转移质押物占有的,不产生质权与主债权同时转移的效力。如果双方在转让协议中规定质权转移的,则让与人负有将质押物转移于受让人的义务,于质押物转移占有时,质权归受让人享有。留置权虽然是一项法定权利,但是由于其具有特殊的构成要件,所以一般是不能转移给受让人的。受让人受让债权以后,取得原债权人依照合同取得的留置物的,可以取得留置权。

保证债权只有在征得保证人的书面同意后,才对债权受让人产生法律效力,即使债权

---

〔5〕 崔建远主编:《合同法》(第5版),法律出版社2010年版,第218页。

转让协议中明确规定保证债权与主债权一并转让的,也须如此。

定金债权是可以与合同主权利的转让一并转移的。

违约金请求权、损害赔偿请求权,是合同主债权的重要内容,也是债务人不履行合同的后果,自然是主债权的从权利,应于主债权转让时一并转移。

转让人与受让人在转让协议中就某些从权利有特别约定的,则应依照约定决定从权利的转移与否,不能按照一般的"从随主"规则确定从权利随主债权一并转移。《民法典》第547条第2款规定:"受让人取得从权利不因该从权利未办理转移登记手续或者未转移占有而受到影响。"

3. 债权人须保证其转让的权利有效并不存在权利瑕疵。债权人以买卖或者其他有偿方式让与债权,让与人对所让与的债权负权利瑕疵担保责任。当事人免除或限制此项责任的约定,对双方有约束力。没有约定的,如果是让与人故意不告知瑕疵的,对受让人因瑕疵所受损害负赔偿责任。如果受让人在债权让与成立时明知权利有瑕疵而接受的,让与人不负瑕疵担保责任。让与人对债务人的债务履行能力不负担保责任,但当事人另有约定的除外。

4. 让与人须承担债权转让的必要义务。合同债权让与后,让与人须对受让人承担如下义务:(1)将合同的债权证明文件交付受让人。让与人对债权凭证保有利益的,由受让人自负费用取得与原债权证明文件有同等证据效力的副本。(2)将占有的质押物交付受让人。(3)告知受让人行使债权的一切必要情况。(4)应受让人的请求作成让与证书,其费用由受让人承担。(5)承担因债权让与增加的债务人的履行费用。(6)提供其他为受让人行使债权所必要的合作。

五、合同债权转让的对外效力

合同债权转让的对外效力,是指债权转让对债务人以及其他第三人所具有的法律效力。[6]

(一)对债务人的效力

1. 债务人不得再向让与人即原债权人履行债务。合同债权让与以后,让与人即原债权人已经丧失了合同债权人的地位,债务人不得再向原债权人履行债务。如果债务人继续向原债权人履行,对原债权人而言为不当得利,对于债务人而言为无效履行,对于受让人即新债权人而言则应当继续履行。如果这种履行造成了新债权人的损害,债务人应当承担损害赔偿责任。

2. 债务人负有向受让人即新债权人履行的义务。合同债权受让人已经变为新债权人,在债权让与之后,债务人已经变为新债权人的债务人,就应当向新债权人履行债务,对于原债权人的债务已经免除,无须继续履行。债务人向新债权人作出履行之后,债权让与行为被宣告无效或者被撤销,如果债务人出于善意,则债务人向新债权人作出的履行为有效履行,同样免除对原债权人的履行义务。

---

〔6〕 郑玉波:《民法债编总论》(第2版),陈荣隆修订,中国政法大学出版社2004年版,第440页。

3. 债务人基于原合同关系所享有的抗辩权仍然存在，并可以对抗新债权人。合同债权受让人取代原债权人的地位成为新的债权人，债务人不应因债权的转让而受有损害，所以债务人用以保证其权利的抗辩权应继续有效。按照《民法典》第548条关于"债务人接到债权转让通知后，债务人对让与人的抗辩，可以向受让人主张"的规定，债务人可以以其对原债权人的一切抗辩对抗债权的受让人。

债务人的抗辩包括以下内容：(1)法定的抗辩事由。法定的抗辩事由是指由法律规定的，合同的一方当事人用以主张对抗另一方当事人的免责事由。合同责任的免责事由就是不可抗力，债务人可以依据这一抗辩事由对抗新债权人的履行请求。(2)在实际订立合同以后，发生的债务人可据以对抗原债权人的一切事由，债务人可以以之对抗债权的受让人：对于可撤销的合同关系，债务人享有撤销权的，对于受让人也可行使撤销权，如显失公平、因重大误解订立的合同，债务人在债权转让以后可以向受让人主张撤销该合同。受让人不得依其受让时不知道该情形而对抗债务人。对于原债权人的行为引起的债务人的抗辩，如原债权人的违约行为、原债权人有关免责的意思表示、原债权人的履行债务的行为等，都可以作为对抗债权受让人的抗辩。对于债务人的行为所产生的可以对抗原债权人的一切抗辩事由，均可以以之对抗债权的受让人，如债务人对原债权人已为的履行行为，可以对抗新的债权人。

4. 债务人的抵销权仍然有效。债务抵销是合同法的重要制度，是合同消灭的方式之一，在合同债权转让中同样适用。依照《民法典》第549条的规定，债务人可以向受让人主张抵销的债务是：(1)债务人接到债权转让通知时，债务人对让与人享有债权，且债务人的债权先于转让的债权到期或者同时到期。(2)债务人的债权与转让的债权是基于同一合同产生。具有上述情形之一的，债务人可以向债权的受让人主张抵销，而使其债务与对方的债务在相同数额内抵销，不再履行。

（二）对第三人的效力

1. 债权双重转让时。债权转让不同于物权转让，物权转让在形式上有划一的公示方法，无所谓双重受让；即使发生双重受让，因前受让人已履行公示，则后手受让亦无生效的可能。债权转让则不然，有的债权转让虽为准物权契约，但是，除以通知债务人为生效要件之外，对于第三人没有其他公示方法，因而在形式上不能一望而知，因而难免发生双重转让。[7]

对此，《合同编通则解释》第50条第1款规定，让与人将同一债权转让给两个以上受让人，债务人以已经向最先通知的受让人履行为由主张其不再履行债务的，法院应予支持。债务人明知接受履行的受让人不是最先通知的受让人，最先通知的受让人请求债务人继续履行债务或者依据债权转让协议请求让与人承担违约责任的，法院应予支持；最先通知的受让人请求接受履行的受让人返还其接受的财产的，法院不予支持，但是接受履行的受让人明知该债权在其受让前已经转让给其他受让人的除外。

对于如何认定最先通知的受让人，本条解释第2款规定，是指最先到达债务人的转让通

〔7〕 郑玉波：《民法债编总论》(第2版)，陈荣隆修订，中国政法大学出版社2004年版，第445页。

知中载明的受让人。当事人之间对通知到达时间有争议的,法院应当结合通知的方式等因素综合判断,而不能仅根据债务人认可的通知时间或者通知记载的时间予以认定。当事人采用邮寄、通讯电子系统等方式发出通知的,法院应当以邮戳时间或者通讯电子系统记载的时间等作为认定通知到达时间的依据。

2. 有利害关系的第三人为清偿时。在债务履行中,如果是有利害关系的第三人,如保证人为清偿时,应当为有效清偿。如果在债务人收到通知之前,第三人已经向原债权人为清偿的,其清偿当然有效。如果是无利害关系人为清偿的,原则上不受此保护。

引例分析

本案的争议焦点为苗某某将债权转让给杨某某是否发生债权转让的效果,关键是债权转让的通知是否送达了债务人刘某某。在债权转让案件中,债务人承担清偿债务的义务,债权受让人要向债务人主张债权,必须以债务人有效获得债权转让的通知为前提,以保护债务人的利益。已经对债务人发出转让债权通知的,债权转让即告成立,发生债权转让效果。

在本案中,苗某某向被告刘某某出具《债权转让通知书》,已经将债权转让的事实通知了债务人,依照《民法典》第546条第1款的规定,该债权转让已经发生法律效力,债权的主体发生了变更。尽管在《债权转让通知书》送交债务人的时候发生了争议,但是,通知债务人已经成为事实,债权转让的成立并不受这一争议的影响。杨某某作为债权受让人,已经取得了受让的债权,成为刘某某的债权人,刘某某应当向杨某某履行债务。因此,本案法院判决被告刘某某向原告杨某某承担债务清偿责任,是没有问题的。

第三节 合同债务转移

引 例

原告滕某某与案外人黄某某是夫妻关系。2012年6月6日,被告吴某1向黄某某借款人民币10万元,并出具了借条。2016年6月6日,债权人由黄某某变更为原告,被告吴某1重新出具借条给原告,载明吴某1借到滕某某人民币10万元,借期12个月,即2016年6月6日起至2017年6月5日止,按月利率2%计算利息,每个季度还息,到期归还本金。被告借款后,仅偿还了2016年6月6日至2016年12月31日的利息。2018年2月1日,被告写下《承诺书》给原告,承诺2018年6月30日前还清借款10万元,2017年利息12个月每月2 000元,共计24 000元,本金加利息共124 000元。到期后,被告仍然未偿还借款本金及利息。原告向被告吴某2追索,要求其偿还该笔欠款。吴某2口头承诺:"吴某1不还你的,我得还给你,我会全额还给你。他不还你,我就还。"原告向法院起诉,请求法院判决被告吴某1和吴某2共同偿还借款本金人民币10万元及利息4.6万元。

法院审理认为,被告吴某1欠原告借款本金10万元,有被告吴某1出具的借条和

《承诺书》为证,吴某1应当及时清偿该债务。对于原告以被告吴某2曾口头承诺如果吴某1未还款则其代为偿还为由,主张被告吴某2也应偿还本案借款本金及利息,吴某2的口头承诺不能认定为债务加入,在行为上,被告吴某2也没有向原告支付过钱款。故在没有书面形式的债务加入合同,也没有其他行为佐证的情况下,不能仅根据口头谈话中包含承担还款的内容,就认定双方达成了具有法律约束力的债务加入合同。因此,被告吴某2不构成债务加入,原告请求被告吴某2共同偿还本案借款本金及利息,无事实和法律依据,法院不予支持。

| 法律问题 |

1. 合同债务转移
2. 合同债务转移的构成要件
3. 合同债务转移的效力
4. 第三人债务加入

一、合同债务转移概述

(一)合同债务转移的概念

合同债务转移又称为合同债务让与,是指合同的债务人将其负有的债务转移给第三人,由第三人取代债务人的地位,对债权人负责给付。

按照《民法典》第551条的规定,合同的债务人可以将其债务转让给第三人,可以全部转让,也可以部分转让。债务人转让其债务,除应与受让人达成转让协议外,还应当征求债权人的意见;如果债权人不同意债务转让,则债务人转让其债务的行为无效,不对债权人产生拘束力。

(二)合同债务转移的种类

合同债务转移分为全部转移和部分转移。

合同债务的全部转移,是债务人与第三人达成协议,将其在债的关系中的全部债务一并转移给第三人,由新的债务人取代原债务人的地位成为合同关系的当事人,承担合同关系中原债务人的义务。

合同债务的部分转移,是合同债务人将债的关系中债务的一部分转移给第三人,由第三人对债权人承担一部分债务。这样,合同关系中的原债务人并没有退出债的关系,而是又加入了一个新债务人,原债务人与新债务人共同对债权人履行债务。但是,这并不是由原债务人与新债务人对全部债务共同承担履行义务,第三人仅就其与债务人签订的转让债务协议规定的应承担的债务部分承担责任,除此之外的债务仍应由原债务人承担。因此,这种共同债务是按份债务。

《合同编通则解释》第47条第2款规定,债务转移后,新债务人主张原债务人对债权人的抗辩的,法院可以追加原债务人为第三人。

二、合同债务转移的构成要件

1. 须有有效的债务存在。没有有效成立的债务存在，签订转移债务的协议便不发生法律效力。如果债务已经消灭的，也不能成立债务转让协议。自然债务具有特殊性。自然债务已经超过诉讼时效，因时效期间完成，不再受法律的强制保护，债务人可以不必对债权人履行债务，不构成违约。但是，债务人与第三人就超过诉讼时效的债务达成转让协议，且经债权人同意的，对债权人发生法律效力。债务人与受让人之间的转让协议是合法有效的，应受法律保护。债务的受让人取得对债权人的抗辩权，即可以诉讼时效对抗债权人。

2. 转让的债务应具有可转让性。转让的债务应当是可以进行转让的债务，即债务须具有可转让性。在性质上不能进行转移的债务，或者法律、行政法规规定禁止转让的债务，不得进行转移，否则转移协议无效。性质上不得转移的债务，如果是经债权人同意的，在大多数情况下也可以进行转移。但是，法律、行政法规禁止转移的债务，则即使经债权人同意，也不能产生债务转移的法律效力。如果已经明确约定为不得转移债务的，债务人不得转移债务，否则转移协议无效，在债务转让人与受让人之间不发生法律效力。只要取得债权人同意的债务转移，则原有的禁止转移债务的协议视为被撤销，债务即变为可以进行转移的债务。

3. 须有债务转移的内容。债务转移协议中必须有债务转移的约定，否则不能转移债务。债务转移协议的目的就是由第三人取得债务人的地位，成为债的关系的当事人，由受让人独立承担对债权人的债务。债务转移后，新债务人履行债务的行为是他对自己的债务的履行，而不是代替他人履行。

4. 须经债权人同意。债务转移，除债务人与第三人达成转让债务的协议外，只有在取得债权人的同意后，才对债权人产生法律效力。债权人的同意可以采取明示方式，也可以采取默示方式。如果债权人未作出明示的同意，但是，他已经将第三人作为债务人，要求第三人履行债务的，则应认为债权人已经同意债务人对其债务的转让，债务转让的协议则为有效。如果债务转让的协议送达债权人以后，债权人没有作出明确的同意表示，从债权人的行为也不能认定债权人已经接受第三人为新债务人的，则认为债权人没有同意债务转让，债务转让协议没有发生法律效力。此时，债务人或者受让人可以要求债权人于一定期限内作出同意或者不同意的意思表示，如果在此期限内债权人仍没有表示同意的，则认为债权人拒绝同意。

《民法典》第551条第2款规定："债务人或者第三人可以催告债权人在合理期限内予以同意，债权人未作表示的，视为不同意。"既然不同意，就不发生债务转移的后果。

债权人拒绝同意债务转移，或者因债权人没有作出同意的意思表示，而使债务转移的协议对债权人不发生效力的，第三人不能成为债的关系的当事人，也就不会对债权人承担债务。但是，这并不影响债务人与第三人达成的有关转让债务协议的效力。只是由于债权人的不同意，而使债务人与第三人无法履行他们的债务转让协议，这是典型的履行不能，是一种客观不能，因而转让债务协议的当事人应当解除合同，互负恢复原状的义务。

三、合同债务转移的效力

1. 债务受让人代替原债务人地位成为新债务人。合同债务转移的首要效力，就是债务受让人代替原债务人地位成为新债务人。债务转移的这一法律效力,因全部转移或者部分转移债务而有所不同。

全部转移债务的,是债务人的替换,即原债务人退出合同关系,由受让人取得其地位,并承担原债务人的一切债务。

部分转移债务的,形成同时并存的两个以上债务人的情形。各债务人之间的关系根据债务的转移协议而定,可以是按份之债,也可以是连带之债。如果是按份之债,则债务人按照各自既定份额分别对债权人履行其债务。连带之债则是各债务人对债权人共同承担连带履行的债务。每一个债务人都有义务就全部债务承担责任,债权人也可以要求其中的一个债务人履行全部债务。其中一个债务人履行的实际债务超过其应当履行的债务份额的,有权向其他债务人要求追偿。不过就实际情况而言,其“部分”应当是有限定的,如果没有特别约定,该共同债务应当是按份债务。

2. 债务人抗辩的转移。依照《民法典》第553条的规定,债务人转移其债务后,新的债务人取得原债务人的一切法律地位,有关对债权人的一切抗辩事由,新债务人有权对债权人主张。

债务的受让人取得的抗辩的主要内容如下:

(1)法定的抗辩事由。例如,依照《民法典》的规定,合同责任的免责事由是不可抗力。债务在未转移前发生不可抗力,原债务人取得该抗辩权,受让人接受该债务时同样取得该抗辩权。

(2)在实际发生合同关系以后发生的债务人可据以对抗债权人的一切事由,新债务人可以之对抗债权人。例如,可撤销的合同中原债务人享有的撤销权、债权人的违约行为、债权人有关免责的意思表示、债权人的履行债务的行为,以及原债务人对债权人已为的履行行为,新债务人都可以其对抗债权人。应注意的是,这种抗辩应当符合下列条件:一是该种行为是有效的履行行为;二是债务人履行的时间应在转让债务得到债权人的同意之前。

原债务人对债权人享有债权的,新债务人不得向债权人主张抵销。

3. 合同债务的从债务一并转移。依照《民法典》第554条的规定,对于附属于合同主债务的从债务,在债务人转让债务以后,新债务人一并应对从债务予以承担,即使在转让债务的协议中没有对从债务的转让作出明确约定,亦同样如此。这是“从随主”原则的另一种表现形式。“从随主”原则的例外情况是,从债务专属于原债务人的,新债务人不予承担,即仍由原债务人对债权人负责,债权人无权要求新债务人履行这些债务。

从属于主债务的从债务,因主债务的转移一并发生转移,即使当事人在转让债务时未在转让协议中明确规定从债务问题,也不影响从债务转移给债务的受让人。在全部债务转移时,原债务人的地位由受让人取得,从而脱离债的关系。所以,债权人权利的实现只能依赖于新债务人的履行行为,新债务人自然应当对从债务予以承担。例如,附属于主债务的利息债务等,因债务转移而将之转移给受让人。应当注意的是,第三人原来向债权人提供的担保,在债务转移时,若担保人未明确表示继续承担担保责任,则担保责任将因债务的转移而消灭。

只有专属于原债务人的从债务,在主债务转移时才不必然随之转移。专属于原债务人的从债务是指应当由原债务人自己履行的、附属于主债务的债务。在债务转移之前已经发生的从债务,要由原债务人履行,不得转由债务的受让人承担。对于与债务人的人身相关或者与原债务人有特殊关联的从债务,应由原债务人承担,不随主债务的转让而由新债务人承担。

4. 担保。对于债务转移对担保的影响,《担保制度解释》第 39 条第 2 款规定:"主债务被分割或者部分转移,债务人自己提供物的担保,债权人请求以该担保财产担保全部债务履行的,人民法院应予支持;第三人提供物的担保,主张对未经其书面同意转移的债务不再承担担保责任的,人民法院应予支持。"债务部分转移,如果是债务人自己提供的担保,债权人请求以该担保财产担保全部债务履行,是没有问题的,因为债务人自己提供的担保,自己将债务转移,当然应当继续提供担保。如果是第三人提供的物的担保,对未经其书面同意转移的债务不再提供担保责任的主张,是有道理的,因为这违反了担保人对债务人的信赖关系。

四、债务加入

(一)债务加入的概念

第三人债务加入,简称为债务加入,也称并存的债务承担,[8]指原债务人并没有脱离原债务关系,第三人又加入原债务关系中,与债务人共同承担债务。

(二)债务加入的构成要件

1. 存在的债的关系符合债务加入的要求。在债务加入中,应当存在合法的债权债务关系。一是要求存在债务和债权不具有不可转移性;二是要求存在债务加入的合同。[9]

2. 第三人与债务人约定。第三人与债务人约定,第三人加入债务,与债务人共同承担债务。至于是否需要有加入债务的协议,应当是肯定的,否则无法确认第三人是加入债务,还是第三人代为履行。

3. 第三人或者债务人使债权人知悉。第三人或者债务人使债权人知悉的方法,可以是第三人或者债务人通知债权人,也可以是第三人向债权人表示愿意加入债务,与债务人共同承担债务,使债权人知悉上述意思表示。

4. 债权人不拒绝第三人加入债务。债权人知道第三人加入债务后,应当有同意第三人加入债务的意思表示。债权人同意债务加入是明示的意思表示,债权人未在合理期限内明确拒绝,推定其同意第三人加入债务。

符合上述四个要件要求的,构成债务加入。

(三)债务加入的类型

1. 免责的债务承担

免责的债务承担,是第三人加入债务之后,免除原债务人的清偿责任。在免责的债务承担中,债务人脱离原债权债务关系,而由第三人直接向债权人承担义务。如果承担人不

---

〔8〕 朱广新、谢鸿飞主编:《民法典评注·合同编 通则》(2),中国法制出版社 2020 年版,第 109 页。

〔9〕 王利明主编:《中国民法典释评·合同编·通则》,中国人民大学出版社 2020 年版,第 422 页。

履行或者不适当履行债务，债权人只能向第三人而不能向原债务人请求履行或者追究其违约责任。债务人可对抗债权人的事由第三人均可以援引。从属于主债权的从权利不因债务的承担而妨碍其存在，从属于主债务的从债务如利息债务等，将随主债务的承担而转移于第三人。

2. 并存的债务承担

并存的债务承担，是指以他人的有效成立的债务存在为前提，第三人以担保为目的，对同一债权人负担与该债务同一内容的债务。在并存的债务承担中，原债务人并不脱离债的关系，而是由第三人加入债的关系，与债务人共同向同一债权人承担债务。并存的债务承担以担保原债务人的债务为目的，与连带保证责任具有相似之处，但在成立上有较大的不同。并存的债务承担对债权人所负的债务，除另有约定外，应与债务人的债务内容相同。原债务人与承担人对债权人承担连带责任；承担人对债务人的债务履行承担担保责任。

（四）债务加入的法律效果[10]

1. 对债权人的效力

债务加入使债权人的债权进一步得到保障，债权人可以向原债务人主张权利，也可以向第三人主张清偿；但是，债权人仍然仅享有一个债权，而不是两个债权。

2. 对原债务人的效力

第三人承诺履行，仅为第三人加入原债务，原债务人并不脱离原债权债务关系，仍对债权人负履行合同的义务，依然享有对债权人的合理抗辩权。

3. 对第三人的效力

第三人成为债务人，与原债务人一起向债权人承担义务，可以行使原债务人对债权人的抗辩。对此，《合同编通则解释》第51条从两个方面作出规定：（1）第三人加入债务并与债务人约定了追偿权，其履行债务后主张向债务人追偿的，法院应予支持；没有约定追偿权，第三人依照民法典关于不当得利等的规定，在其已经向债权人履行债务的范围内请求债务人向其履行的，法院应予支持，但是第三人知道或者应当知道加入债务会损害债务人利益的除外。（2）债务人就其对债权人享有的抗辩向加入债务的第三人主张的，法院应予支持。

4. 对第三人与原债务人关系的影响

第三人与原债务人一起向债权人并列承担清偿责任，责任性质是连带责任，即第三人在其愿意承担的债务范围内和债务人承担连带债务。[11]

| 引例分析 |

本案的争议焦点是原告主张的吴某2是否构成债务加入。依照《民法典》第552条的规定，第三人加入债务有两种情形，一是第三人与债务人约定加入债务，并通知债权

---

〔10〕 李永军：《合同法》（第5版），中国人民大学出版社2020年版，第201～202页。

〔11〕 最高人民法院民法典贯彻实施工作领导小组主编：《中华人民共和国民法典合同编理解与适用》（一），人民法院出版社2020年版，第582页。

人;二是第三人向债权人表示愿意加入债务。对于上述两种情形,债权人未在合理期限内明确拒绝,就构成债务加入。本案中,债权人与第三人在口头交谈中,第三人表示债务人不还债,他来还。因为没有书面证据,该第三人后予以否认,如果没有其他证据佐证,无法认定这一事实。同时,债务加入的第三人与债务人承担的责任是连带责任,该第三人表示的并非连带责任,与债务加入的责任有所不同,似乎是一般保证责任。且在债务加入中,由于加入债务的一方相对于债权人,是纯粹承担债务,不享受任何权利,所以对认定第三人债务加入,应当采取审慎态度。尽管吴某2是完全行为能力人,在口头上明确表示愿意清偿借款,且债务加入的意思表示并非一定要书面协议,但若认定债务加入不够稳妥,法院判决不构成债务加入是正确的。

第四节　合同债权债务概括转移

|引　例|

佳瑞特公司(乙方)与县交通局(甲方)签订《招商合作投资意向书》,由双方合作投资建设华阳、华运两座客运站,建设资金由乙方投入,在双方没有进行其他合作之前,乙方投入的资金按照甲方借款对待。景某立与佳瑞特公司实际控制人谢某欣系朋友,二人达成口头协议,谢某欣将《招商合作投资意向书》中承建的华阳、华运两座客运站项目转让给景某立建设。据此,景某立分6次将1 500万元转让款汇到谢某欣指定的银行账户。由于其他原因,协议涉及的建设工程一直未开工建设,景某立向佳瑞特公司及谢某欣追索工程转让款。佳瑞特公司(甲方)与景某立(乙方)签订了《关于佳瑞特公司与县交通运输局合作项目退转款协议》,决定退还上述工程转让款。景某立向法院提起诉讼,要求谢某欣和县交通局偿还借款及其利息。

法院审理认为,佳瑞特公司与县交通局签订《招商合作投资意向书》后,佳瑞特公司实际控制人谢某欣与景某立达成口头协议,将该投资意向书中属于佳瑞特公司的权利和义务全部转让给景某立,但该转让行为未经过合同当事人县交通局同意,佳瑞特公司、谢某欣提交的证据也不能证明该转让行为经过县交通局同意。依照法律规定,当事人一方经对方同意,可以将自己在合同中的权利和义务一并转让给第三人。据此,佳瑞特公司、谢某欣和景某立口头约定的项目转让合同及签订的退转款协议均无效。至于佳瑞特公司和谢某欣是否应当向景某立返还欠款及利息,依据法律规定,合同无效或者被撤销后,因该合同取得的财产,应当予以返还;不能返还或者没有必要返还的,应当折价补偿。有过错的一方应当赔偿对方因此所受到的损失,双方都有过错的,应当各自承担相应的责任。由于双方达成的转让合同及退转款协议无效,被告无理由继续占有原告的转让款,佳瑞特公司、谢某欣应当返还景某立支付的转让款1 500万元,并支付相应利息;县交通局对此无责任。

本案的争议焦点,是原告与被告之间是否构成债权债务概括移转。依照《民法典》第

555 条的规定,当事人一方经对方同意,可以将自己在合同中的权利和义务一并转让给第三人。债权债务概括转移须得到债权债务关系对方当事人的同意,未经对方当事人同意,转让不发生效力。同时,由于是债权债务概括转移,既转移债权,也同时转移债务,因而其前提是被转移的债权债务关系合法有效存在,否则无法实现债权债务概括转移。另外,佳瑞特公司与谢某欣转移债权债务,债权人县交通局并不知情,也证明本案的债权债务概括转移是不成立的。

| 法律问题 |

1. 合同债权债务概括转移
2. 合同债权债务概括转移的方式
3. 合同债权债务概括转移的手续
4. 合同当事人变化后的债权债务承担

一、合同债权债务概括转移概述

合同债权债务概括转移,是指合同关系当事人一方将其债权与债务一并转移给第三人,由第三人概括地继受这些债权和债务的合同转让形态。

合同债权债务概括转移与前述合同债权转让及合同债务转移的不同之处在于,权利转让和义务转移仅是债权或者债务的单一转让,而合同债权债务概括转移则是债权与债务的一并转让。所以,合同债权债务概括转移又称合同之债的转让。

二、合同债权债务概括转移方式

(一)债权债务概括转移的一般方式

合同债权债务概括转移,一般由债的一方当事人与合同关系之外的第三人通过签订转让协议的方式,约定由第三人取代债权债务转让人的地位,享有合同关系中转让人的一切债权并承担转让人的一切债务。

可以进行合同债权债务概括转移的只能是双务合同。仅一方负有债务另一方享有债权的单务合同不符合这样的要求,不适用债权债务概括转移的规则。其理由是,单务合同的当事人只能是享有债权的一方或者是承担债务的一方,一方当事人不可能既享有债权又承担债务,所以一方当事人不可能有进行债权与债务同时转让的可能。

由于合同债权债务概括转移在转让债权的同时也有债务的转让,为保护当事人的合法权利,不因合同债权债务的转让而使另一方受有损失,法律规定,概括转让必须经另一方当事人同意,否则转让协议不产生法律效力。这一规则与债务转移的法律规定相同。

《合同编通则解释》第 47 条第 3 款规定,当事人一方将合同权利义务一并转让后,对方就合同权利义务向受让人主张抗辩或者受让人就合同权利义务向对方主张抗辩的,法院可以追加让与人为第三人。

(二)债权债务概况转移的具体规则

《民法典》第 556 条规定:“合同的权利和义务一并转让的,适用债权转让、债务转移的有关规定。”具体规则如下：

1. 债权债务概括转移的,应适用《民法典》第 545 条有关债权转让的规定,对于该条所规定的不得进行转让的债权,如根据合同的性质不得进行转让的、按照合同当事人约定不得进行转让的、依照法律的规定不得进行转让的债权等,不得进行债权债务概括转移。

2.《民法典》第 547 条和第 554 条规定的债权转让和债务转移的“从随主”原则,概括转让亦受其约束。

3.《民法典》第 549 条有关债务人对债权转让人的抵销权的规定,进行债权债务概括转移时同样有效。债权转让的通知到达债务人时,债务人得以即时所有的到期债权主张对原债权人进行抵销。

4.《民法典》第 548 条规定的债务受让人抗辩的规定,对债权债务概括转移也同样适用。债务的受让人因取得原合同当事人一切在合同中的权利义务,所以债权债务转让人的一切权利也一并转移于受让人,转让人的抗辩权自然也转移于受让人。

(三)合同债权转让和债务转移的手续

合同债权债务转移,一般仅有当事人的合意即为有效。债权的转让,债权人与第三人达成有效的转让协议,并于债权转让的事实通知债务人时,即发生债权转让的效果。债务的转移,债务人与第三人达成转让协议后,并于债权人的同意之后,转让债务的协议即为生效。合同债权债务的转移,是合同当事人之间的事情,只要当事人达成真实的合意,对方当事人同意的,即可发生合同债权债务转移的法律效果。但是对于一些特殊的合同的权利转让和义务转移,法律、行政法规明确规定应当进行登记或者批准的,当事人在转让其合同债权债务时,应当申请有关部门批准或者到有关登记机关进行登记,未按照要求进行批准或者登记的,当事人之间的转让协议不发生法律效力。

三、合同当事人变化后的债权债务承担

合同当事人变化,是指合同当事人本身发生变化,而不是指合同当事人的变更。[12] 按照《民法典》第 529 条的规定,合同当事人的变化主要包括两种方式,一是当事人合并,二是当事人分立。

(一)当事人合并的债权债务承担

当事人合并,是指合同当事人与其他的民事主体合成一个民事主体。合并也有两种方式,一种是新设合并,由原来的两个以上的民事主体合并成一个新的民事主体;另一种方式是吸收合并,即两个以上的民事主体,其中的一个加入另一个当中。

合同当事人与其他民事主体进行合并的,无论是新设合并还是吸收合并,合并后的民事主体成为合同当事人,对合同的另一方当事人承担债务,享有债权。

(二)当事人分立的债权债务承担

当事人分立,是指合同当事人由一个分成两个或者两个以上的民事主体。当事人的分

〔12〕 合同当事人变化不是权利义务概括转移,在这里讨论这个问题仅仅是为了阐释的方便。

立有两种情形,一是由原来的主体分出另外一个民事主体,原主体并不消灭,依旧存在;二是由原来的主体分成两个新的民事主体,原来的民事主体不复存在。对于第一种情况,尽管原来的合同当事人还存在,但实际上已经发生了变化,分出的新的合同主体也是原来合同当事人的一部分,所以这一部分也应当由新设当事人对原来的合同关系享有权利、承担义务。在后一种情况下,原来的合同当事人已经不复存在,由原来的合同当事人权利的承担者对原合同享有权利、承担义务。

合同当事人发生分立的,分立后的当事人之间对原合同享有连带债权、承担连带债务,即各分立后的法人或者非法人组织对合同另一方当事人承担连带责任,其中一个法人或者非法人组织负有对合同所有债务进行清偿的义务,也享有要求合同另一方当事人对其履行全部债务的权利。分立后的当事人约定各自的债权比例,并且通知债务人的,则它们之间为按份债权,但其对应承担的债务的约定不得对抗债权人,只在其内部有约束力。当然,如果征得合同另一方当事人同意的,可以不受此限制。

|引例分析|

在本案中,建设客运站项目合同的债权债务概括转移行为有效的前提,是合同的当事人佳瑞特公司与景某立已经达成协议,并经《招商合作投资意向书》的另一方当事人即县交通局同意。由于佳瑞特公司与景某立是私下达成口头协议,并未取得县交通局的同意,因而该债权债务概括转移的行为当然无效。同样,佳瑞特公司与县交通局之间的《招商合作投资意向书》仅仅是一个意向书,性质属于预约,并非正式的、合法有效的合同,对这样的"合同"进行债权债务概况转移,显然是无法进行的。因此,以转让《招商合作投资意向书》约定的债权债务为主要内容的佳瑞特公司和景某立的口头协议,显然是不成立的,不构成债权债务概括转移。对于本案,法院判决按照一般的借贷关系适用法律,是正确的。

第五节 合同的更新

|引 例|

甲银行和贷款人乙公司订立贷款合同,借款3 000万元,丙公司为其提供保证。合同债务的履行期届至后,乙公司无法清偿债务。甲银行与乙公司协议,重新订立贷款合同,约定再借贷3 000万元,以新抵旧,丙公司同意继续提供保证。新合同成立后,甲银行并没有将新合同约定的贷款打入乙公司账户,只在自己的账上作了记载,冲销旧的3 000万元债务,新欠债务3 000万元。新合同的债务履行期到期,乙公司无法履行新债务,甲银行请求保证人丙公司承担保证责任。保证人以新合同的贷款并未实际发生为由,拒绝承担保证责任。

法院审理认为,借款合同当事人约定以新还旧,即以新贷偿还旧贷,法律并不禁止,在当事人意思自治范围之内,旧债务清偿和新债务借贷都应当有效。旧贷的保证人在以新还旧中,愿意继续对新贷提供保证的,当债务人不能清偿新贷时,应当承担担保责任。如果以新还旧未经旧贷保证人同意,或者债权人、债务人对提供保证的第三人隐瞒以新还旧的真实情况,保证人就此拒绝承担保证责任的,法律予以支持。本案保证人愿意为新贷继续提供保证,是应当承担新贷的保证责任的;但是,由于甲银行处理以新还旧的账目时,没有将新贷的借款打入债务人的账户,只是作了一个账目处理,因此等于新贷并没有发生。故判决保证人不承担新贷的保证责任。

| 法律问题 |

1. 合同更新及其法律特征
2. 合同更新的构成要件
3. 合同更新的效力
4. 合同更新的担保责任

一、合同更新概述

(一)合同更新的概念

合同更新,也称债务更改、债务更替,在我国司法实务上称以新抵旧、借新还旧,是指合同当事人之间因成立新合同而使旧合同消灭的合同法制度。合同更新的实质是以消灭旧合同为目的设立新合同。[13]

本书所称合同更新,不是指双方当事人约定以另一种标的物代替原标的物履行,或者当事人通过设立与原合同性质不同的合同来代替原合同,或者合同的价款、酬金条款发生了重大变更。[14] 这种"合同更新"实际上是废弃旧合同,订立新合同。

《民法典》没有规定合同更新制度,但是在实践中普遍存在,经常因此发生纠纷,法院受理很多这类案件,有必要在司法实务中,对当事人依照合同自由原则约定合同更新予以准许,对合同更新的规则予以阐释。《担保制度解释》第16条规定了以新抵旧中的保证责任的效力规则,其中明确使用"以新贷还旧贷"的合同更新概念。

(二)合同更新的法律特征

1. 合同更新是当事人约定的一个新合同。合同更新虽然涉及两个合同,发生旧合同消灭、新合同发生的效果,但是就其本身而言,合同更新仍然是一个合同关系。因此,合同更新适用合同成立和有效的一般规定,即使是附条件的合同更新也是如此,同样有效。

2. 合同更新是有因合同。在合同更新中,新合同发生的目的是消灭旧合同,而旧合同的消灭是由于新合同的发生,二者之间具有因果关系。正因如此,合同更新是有因合同,是因新合同的发生而使旧合同消灭的合同。

---

〔13〕 崔建远主编:《新合同法原理与案例释评》,吉林大学出版社1999年版,第372页。

〔14〕 王利明:《合同法研究》(第2卷)(第2版),中国人民大学出版社2011年版,第180、181页。

3. 合同更新是以新合同成立的意思为要素的合同。合同更新必须具有使新合同成立为意思表示的要素,否则不能构成合同更新。只有新合同成立才能够使新合同代替旧合同,实现合同更新的目的。因此,合同更新与因免除而消灭合同不同,不能依一方当事人的意思表示消灭债务,而必须以新合同的成立为必要。如果新合同无效,旧债务就不能消灭。

4. 合同更新以旧合同的消灭为目的。合同更新的目的是消灭旧合同。如果不是以消灭旧合同为目的,就失去了合同更新存在的意义。

二、合同更新的构成要件

1. 当事人间须有更新合同的确定意图。构成合同更新,当事人必须具有明确的旨在消灭旧合同的意思。这个更新合同的意思必须确定,并且不能只是一方当事人的确定,必须是双方当事人均已确定,达成合意。如果当事人的约定并没有消灭旧合同的意思,就只能构成合同变更,不能构成合同更新。

2. 当事人间须有应当消灭的旧合同存在。当事人旨在更新的旧合同须有效成立。无效的合同或者未成立的合同均无法进行更新。对于自然债务,虽然没有法律的强制力,但当事人如果达成更新的合意,也不妨确认其更新的效力。即使是可撤销的效力待定的合同,在没有撤销之前,也可以约定进行更新。

3. 当事人间须有新合同的发生。合同更新的前提须存在新合同的发生,如果没有新合同的发生,就不会发生旧合同消灭的法律后果。新合同的发生应当具备合同成立的一般条件,符合合同成立的一般要求。因此,新合同的发生与旧合同的消灭具有因果关系。如果新合同欠缺法定方式,由于不法原因或者因原始给付不能而无效,或者更新因行为人的行为能力有欠缺而不发生效力,或者由于错误、欺诈、胁迫等原因而被撤销的,由于新合同不能有效成立,就不会发生旧合同消灭的后果。

4. 新旧合同在内容上应当有所区别。构成合同更新,必须存在两个不同的合同,而不能是一个合同。这两个合同在内容上应当有所不同,而不是仅仅变更履行期限、履行场所或者给付的数量等。如果合同仅仅是这些内容的变更,则构成合同变更,不能构成合同更新。

三、合同更新的效力

(一)因合同更新而新合同发生

新合同的发生须符合合同成立并有效的要件,且应当实际履行。如果新合同虽然成立但没有生效,或者虽然有效成立但由于其他原因而被解除或者被撤销,则不能为新合同的有效成立。例如,借贷合同的合同更新,虽然约定以新抵旧,但是并没有实际将贷款划拨到债务人的账户上,新债务并没有实际发生,因此也不存在发生新合同、消灭旧合同的效果。

新合同有效成立,附着于原合同的抗辩随之消灭,并不转移到新合同。所以,新合同的债务人不得以原债权的抗辩对抗新合同的债权人,不得据此拒绝履行。

(二)因合同更新而旧合同消灭

1. 旧合同的主债权和从债权

消灭的效力,是使旧合同消灭。如果是连带债务合同、不可分债务合同,债务人一人与债权人约定合同更新,或者不可分债权的债权人一人与债务人约定合同更新,这时仅发生相对的效力,不及于其他部分。如果旧合同有从合同的,从合同也随之消灭。

2. 旧合同的撤销权、解除权

旧合同的撤销权、解除权等权利,随着原债权的消灭而消灭,不再存在。

3. 利息之债

旧合同的债权附有利息之债的,无论是约定利息之债还是法定利息之债,因合同更新而消灭。不过这种消灭仅仅向将来发生利息之债的消灭,已经发生的利息之债仍然存在,应当清偿。至于迟延利息之债是否消灭,应当依当事人的约定,如果没有约定,则应当解释为不消灭,直至新合同的效力发生之时终止。

4. 违约金之债

如果旧合同约定有违约金债权的,旧合同因合同更新而消灭,违约金债权亦应消灭。不过,如果合同更新之前已经履行迟延的,是否履行违约金债务,应当由当事人约定。未约定的,应当解释为就已经违约的实际情况,承担部分违约金责任。

(三)更新合同的解除

合同更新的新合同也是一个合同,当事人可以约定解除条件,符合约定的条件的,当事人可以解除。同时,当事人也可以协议解除更新的合同。解除之后的效果是恢复原状,但是对第三人不发生影响。如果新合同发生使旧合同消灭,即使是其后由于新债务不履行或者依其他原因解除新合同的,也不因此使已经消灭的旧合同恢复,只是当事人之间负有恢复原状的义务而已。

四、合同更新中的担保责任

《担保制度解释》第 16 条规定了借新还旧的担保效力,区分了旧贷的担保人与新贷的担保人。

(一)对于旧贷担保人

对于旧贷担保人,旧贷已经消灭,因此,债权人请求旧贷的担保人承担担保责任的,法院不予支持。

(二)对于新贷担保人

对于新贷担保人,借新还旧的担保效力需要区分不同的情形处理。

1. 主合同当事人协商以新贷偿还旧贷,新贷与旧贷系同一个担保人提供担保的,担保人应当知道借新还旧的情形,因此,对于旧贷提供担保,对新贷也提供担保,都是出于担保人自己的真实意思表示,确认借新还旧的效力,愿意为新贷提供担保,当然是有效的。当债权人请求新贷的担保人承担担保责任时,法院应当依法予以支持。

2. 主合同当事人协议以新贷偿还旧贷,新贷与旧贷系不同的担保人提供的担保,或者旧贷无担保而新贷有担保,债权人如果请求新贷的担保人承担担保责任的,法院在原则上不予支持。这是因为,借新还旧的新贷存在的风险较大,新贷的担保人如果对旧贷不知情,就可能存在骗保。如果主债权的债务人采取欺诈手段，骗取担保人为新贷担保，担保权人知道或者应当知道该欺诈行为的，就构成第三人欺诈的可撤销行为，法院因此依法不予支持。但是，如果债权人有证据证明担保人知道或者应当知道债权人与债务人协议以新贷偿还旧贷，仍然为之担保的，则除外。这是因为，既然担保人知道债权人与债务人协议以新贷偿还旧贷，就不存在第三人欺诈，而是担保人自愿为风险较大的新贷承担担保责任，当然没有问题，应当承担担保责任。

《民法典》第149条规定："第三人实施欺诈行为，使一方在违背真实意思的情况下实施的民事法律行为，对方知道或者应当知道该欺诈行为的，受欺诈方有权请求人民法院或者仲裁机构予以撤销。"这一规定包含了借新还旧中的第三人欺诈。在担保合同中，当事人是主债权人和担保人，在他们之间建立担保合同关系。主合同的债务人不是担保合同法律关系的当事人，而是主债权债务关系的当事人。在主债权债务关系是借贷合同时，出借人和借款人订立借贷合同，债务履行到期，债务人不能清偿债务时，订立新贷消灭旧贷，主债权人要求为新贷提供担保，债务人对原担保人隐瞒真实情况，或者编造虚假情况，骗取担保人为新贷提供担保，而主债权债务合同的债权人知道或者应当知道第三人欺诈行为的，就构成了第三人欺诈，依照《民法典》第149条规定，受欺诈方有权请求法院或者仲裁机构予以撤销。在这种情况下，法院对主张担保权的债权人的请求不予支持；但是，债权人有证据证明担保人知道或者应当知道债权人与债务人协议以新贷偿还旧贷的除外，适用的就是这个规则。

（三）旧贷的物的担保人同意继续担保的效力

《担保制度解释》第16条第2款规定，主合同当事人协议以新贷偿还旧贷，旧贷的物的担保人在登记尚未注销的情形下同意继续为新贷提供担保，在订立新的贷款合同前又以该担保财产为其他债权人设立担保物权，其他债权人主张其担保物权顺位优先于新贷债权人的，人民法院不予支持。

无论担保人为他人提供担保物权还是为新贷提供担保物的时间先后，都不影响担保人为新贷提供担保的顺位效力，理由是，担保人为新贷和旧贷提供担保，都是为保障同一个债权，只是先后有所变化而已，如果按照为旧贷提供的担保物权的时间计算，应当远远早于为其他债权人设定的担保物权，因为新贷和旧贷这两个合同是前后相续的，并没有发生质的变化，所以，担保物权为新贷和旧贷设立的同一个担保物权时间在先，顺位效力在先，当其他债权人主张其担保物权顺位优先于新贷债权人时，法院不应当予以支持。这是因为，旧贷的担保在时间上先于对其他债权人提供的担保，在该担保物权尚未注销的情况下，担保人愿意继续为新贷提供担保，因而，其担保物权的效力一直持续，并未消灭，当担保人又为其他债权人提供担保时，新贷的担保物权还在担保效力之中，所以其他债权人的担保物权不具有优先性，新贷的担保物权具有优先性。

丨引例分析丨

对于本案的事实认定和法律适用，法院判决表述是清楚的。对于合同更新即以新还旧，虽然《民法典》没有规定，但在司法解释中是有明确规定的。

以新抵旧,应当有新贷的实际发生,即确实借贷了新贷,并且用新贷偿还了旧贷,使旧贷消灭,新贷发生。如果没有实际发生新贷,仅仅是在账目上做一个记载而已,新贷并未进入债务人的账户,就不能认可发生新贷。要保证人承担新贷的保证责任,显然是没有道理的。对此,保证人的抗辩理由充分。

但是,从另一个角度观察,既然新贷没有发生,旧贷就没有消灭,而旧贷的保证人提供保证是合法有效的。因此,债权人甲银行变更诉讼请求,或者另行提起诉讼,主张保证人承担旧贷的保证责任,是符合法律规定的,保证人应当承担保证责任。

本章思考题

1. 为什么合同变更实行禁止推定规则?合同变更内容约定不明的反推定有何价值?
2. 债权转让对通知债务人有何具体要求?
3. 债务转移的效力应当怎样理解?
4. 债务加入的构成要件有哪些?债务加入的第三人应当承担何种清偿义务?
5. 债权债务概括转移应当具备哪些要件?
6. 合同更新应当遵守哪些规则?
7. 合同更新中的担保责任应当怎样确定?

第七章　合同的权利义务终止

第一节　合同的权利义务终止概述

｜引　例｜

郭某芳向李某借款6万元，给李某出具了借条，未约定利息及还款期限。嗣后，李某银行账户分别于12时22分、12时26分、12时29分、12时31分、12时32分共存入现金4.8万元，12时33分转账存入0.2万元，合计进账5万元。郭某芳主张该5万元是其存入李某账户，用于归还借款，并提供了银行存款凭条予以证实。李某否认是郭某芳存入。随后，郭某芳向李某还款1万元，李某在借条上注明："某日还壹万元整。"上述借条现仍由李某持有。李某不断向郭某芳请求支付其余5万元欠款，郭某芳向法院起诉，请求确认其对李某的债务已经清偿完毕，借贷之债消灭；李某以持有的借条为据，主张郭某芳尚欠5万元应当清偿。

法院审理认为，李某自认其和郭某芳之间仅有涉案6万元借款关系，没有其他借款关系，且借款没有利息，也未约定还款期限。对此，郭某芳可以随时返还借款。郭某芳和李某一致确认，郭某芳以现金方式偿还借款1万元。对向李某银行账户存入的5万元，郭某芳持有银行存款凭证，能够证明为其存入。李某虽然否认是郭某芳存入，但其对该5万元来源不能作出合理解释，也未提供证据证明不是郭某芳存入。故对李某的抗辩不予采信。判决认定郭某芳已归还李某全部6万元借款，双方借款合同的权利义务终止，合同已履行完毕。

｜法律问题｜

1. 合同消灭
2. 合同效力停止与合同效力减弱
3. 合同消灭的效力

一、合同的权利义务终止的概念

（一）合同的权利义务终止的概念

《民法典》合同编规定的"合同的权利义务终止"，也称合同消灭、合同终止，是指合同当事人之间的合同关系在客观上已经不复存在，合同的债权、债务归于消灭。本书对此使用合同消灭的概念,与“合同的权利义务终止”同义。

(二)合同消灭与合同效力停止、合同效力减弱的区分

合同消灭与合同效力停止、合同效力减弱是不同的概念。合同效力停止,是指因债务人行使抗辩权拒绝债权人的履行请求,从而使合同债权的效力受到阻止。合同效力减弱,是指债权人不能行使给付请求权而仅能受领债务人的给付。例如,诉讼时效期间完成之后的合同债权,债权人不能行使给付请求权,只能单纯地接受债务人的给付。无论是合同效力停止还是合同效力减弱,当事人之间的合同关系都仍然存在,只是合同效力有所变化。而合同的消灭是合同关系已经死亡,合同不复存在。

二、合同消灭的原因

对于合同消灭的原因,《民法典》第 557 条规定为六种:(1)债务已经履行,即清偿;(2)债务相互抵销;(3)债务人依法将标的物提存;(4)债权人免除债务;(5)债权债务同归于一人,即混同;(6)法律规定或者当事人约定终止的其他情形。此外,合同解除的,该合同消灭;依据《民法典》第 580 条第 2 款规定,当事人申请法院判决终止合同权利义务关系终止的,合同也消灭。

合同解除发生合同消灭的后果,导致合同整体权利义务关系的终止,而非合同关系中单个债权债务的中止,并且在合同权利义务终止后,还涉及解除后的各种权利义务关系。同时,解除只能适用于合同关系,不能适用于其他法定的债权债务关系。据此,《民法典》将解除单独作为一种债权债务消灭的原因予以规定。[1]

把这些合同消灭的原因综合起来,可以分为以下三种:

1. 基于合同目的达到而消灭。合同目的达到,就是债权人的预期利益得到了满足。当事人订立合同的目的是实现预期利益,合同目的实现了,合同利益也就实现了,合同消灭。清偿和混同,都是由于合同目的实现而使债权债务关系消灭的原因。

2. 基于当事人的意思而消灭。合同的债权债务关系都是依照当事人的意思而设立,也都可以依据当事人的意思而消灭。如果当事人一方要消灭合同,且具有消灭合同权利的,可以消灭合同,如免除债务和抵销。当事人意思一致要消灭合同关系,当然也可以消灭合同。例如,通过协议解除合同而消灭合同关系,就是基于当事人的意思而消灭合同。

3. 基于法律的直接规定而消灭。合同是当事人之间约定的权利义务关系,遵守意思自治原则。但是,在法律直接规定合同消灭的情况出现时,合同也归于消灭。例如,合同的法定解除,当事人死亡或丧失民事行为能力,法人、非法人组织的终止等,都属于基于法律的直接规定而消灭合同。

三、合同消灭的效力

合同消灭之后,发生的效力表现在以下几个方面:

1. 债权债务关系消灭。合同消灭之后,合同当事人之间的债权债务关系消灭,债权人不

---

〔1〕 黄薇主编:《中华人民共和国民法典合同编释义》,法律出版社 2020 年版。

再享有债权，债务人不再负担债务。

2. 债权的担保及其他从属的权利义务消灭。《民法典》第 559 条规定，债权债务终止时，债权的从权利同时消灭，但是法律另有规定或者当事人另有约定的除外。合同消灭，消灭的是主合同，附随于主合同的从合同也随之一并消灭。例如，担保物权、保证债权、违约金债权、利息债权等，在合同消灭时一并消灭。

3. 负债字据的返还。负债字据是合同债权人和债务人之间债权债务的证明。有负债字据的合同消灭后，债务人可以请求返还或者涂销负债字据；合同部分消灭的，或者负债字据上载有债权人其他权利的，债务人可以请求将合同消灭的事由记入负债字据。债权人主张不能返还或者不能记入的，债务人可以请求债权人出具合同消灭的证书。

4. 附随的后契约义务履行。附随的后契约义务并不止于《民法典》第 558 条规定的合同关系消灭后的通知、协助、保密等内容，还包括当事人约定的附随义务，如汽车售出后的免费保养、保修等。合同消灭后，这些附随的后契约义务产生履行的效力，当事人必须履行。《全国法院贯彻实施民法典工作会议纪要》第 10 条规定，当事人一方违反《民法典》第 558 条规定的通知、协助、保密、旧物回收等义务，给对方当事人造成损失，对方当事人请求赔偿实际损失的，人民法院应当支持。在司法实践中，可以直接适用这一规定，确定后契约义务不履行的损害赔偿责任。

5. 合同消灭后不影响合同关系中结算和清理条款的效力。《民法典》第 567 条规定，合同的权利义务关系终止，不影响合同中结算和清理条款的效力。这是因为合同消灭，如果将在合同中约定的合同结算和清理条款也一并消灭，将会使合同的结算和清理失去法律依据，势必影响当事人之间的交易关系。

引例分析

依照《民法典》第 557 条第 1 款第 1 项的规定，债务已经按照约定履行的，债权债务终止。在司法实务中，如果债务人能够证明自己已经依照约定，全面、适当地履行了合同的债务，应当认定合同的权利义务终止，合同归于消灭。本案的法律关系比较简单，就是当事人之间发生的借贷法律关系中，债务人是否已经如约履行了债务，合同是否已经消灭。对此，原告认为自己已经如约、全面履行了合同债务，被告则认为尚有主要债务没有履行。案件的争议焦点集中在郭某芳和李某的借款合同是否已经履行的问题上，这就要看双方当事人提供的证据证明的情况。除了双方共同确认的已经清偿的 1 万元外，对于其余 5 万元债务，原告持有银行存款凭证，证明其已向李某还款，被告主张原告向其账户汇入的 5 万元不是清偿债务，但是无法证明该款项的其他来源，因而原告的主张证明成立。法院依法判决原告与被告的借款 6 万元合同的权利义务终止，借款合同已履行完毕，有事实依据，合法合理。另外，这个案例还说明了债权债务关系终止即合同消灭时负债字据返还义务的问题，债权人在受领部分债务时，应当在负债字据上进行涂销；受领全部债务时，应当返还负债字据。债务人对此应当更加谨慎，因为这关系到自己的债务是否消灭的问题，不可掉以轻心。

第二节　清　　偿

|引　例|

原告何某粒之子白某明在建设银行某分行中山储蓄所存入定期1年的储蓄人民币3万元。白某明因车祸死亡,该笔存款的存单下落不明。何某粒委托亲戚陈某坤去该储蓄所办理挂失止付手续。陈某坤在挂失申请书上写明挂失原因系因车祸丢失存单,并提供本人身份证,在身份证号码后注明“代”字,其余栏目由储蓄所业务员在查询存款确实在账后代填。储蓄所向陈某坤收取了挂失手续费,在挂失申请书上加盖了业务章,给陈某坤出具了挂失申请书第三联单据。3日后,储蓄所内部监督核算科经审查,认为该笔挂失缺乏储户本人身份证,违反银行挂失规则,挂失无效,通知立即予以撤销。次日,该储蓄所撤销该挂失申请,但是未告知何某粒和陈某坤。嗣后,有人凭取款人所持的存单支取了该笔存款的本息共32 443.12元。在何某粒委托陈某坤到该储蓄所支取该笔存款本息时,储蓄所告知其需提供财产继承公证书、户口簿等有关证件。何某粒持上述证件要求取款时,储蓄所才将存款已被他人领走的事实告知何某粒。何某粒向法院起诉,要求储蓄所支付存款本息,并赔偿其经济损失。

法院审理认为,储蓄所在原告何某粒委托陈某坤已经办理挂失的情况下,认为挂失不合规而解除挂失,却没有通知何某粒,致使该存款的本金和利息被他人冒领,造成了其债权的损害,构成侵权,应当承担赔偿责任,判决建设银行赔偿何某粒储蓄存款的本金和利息损失。

|法律问题|

1. 清偿及其性质
2. 清偿的基本要求
3. 清偿抵充
4. 对债权准占有人给付的清偿效力

一、清偿的概念和性质

清偿又称为履行,是指合同的债务人按照合同内容向债权人履行债务,实现合同目的的行为。《民法典》中使用的“债务已经履行”的概念,就是清偿。

对于清偿的法律性质,应当采纳通说即非法律行为说。这种主张的弹性较大,区分给付行为与给付目的不同,比较适合实际情况,是较为稳妥的主张。

二、清偿的基本要求

(一)清偿主体

清偿的主体,就是清偿的当事人,包括清偿人与清偿受领人。

1. 清偿人

清偿人,是指清偿债务的人,分为须为清偿之人和得为清偿之人。从身份上说,清偿人包括债务人、债务人的代理人、第三人。

债务人负有清偿义务,是须为清偿之人,包括连带债务人、不可分债务人、保证债务人。给付行为是事实行为的,债务人无须具备行为能力;给付行为属于法律行为时,债务人须有民事行为能力,如无民事行为能力人或者限制民事行为能力人,则应由其法定代理人为清偿或者征得法定代理人的同意。

按照法律规定或者当事人约定或者合同性质决定,债务不是必须由债务人亲自履行的,且在给付行为为法律行为时,债务清偿可由债务人的代理人清偿。

债务人以外的第三人也可以作为清偿人,但是法律规定、当事人约定或者按照合同性质决定不得由第三人清偿的除外。

2. 清偿受领人

清偿受领人,是指受领债务人给付的人,即受领清偿利益的人。债务的清偿应当由清偿人向有清偿受领权的人为之,并经受领后,才能发生清偿的效力。

债权人是当然的清偿受领人,因为其就是债的关系的权利主体。但是,在下列情况下,债权人不得受领:(1)债权已经出质。此时,非经质权人同意,债权人不得受领。(2)债权人已经宣告破产。此时,债权人已经不能为有效的受领,其债权应由破产清算人受领。(3)在债务人的履行行为属于法律行为且须债权人为必要协助时,如果债权人无民事行为能力,则不能实施有效的受领行为,须由其法定代理人代理。(4)法院按照《民事诉讼法》的规定,对债权人的债权采取强制执行措施时,债权人不得自行受领。

其他清偿受领人还包括债权人的代理人、债权人的破产管理人、债权质权的质权人、持有合法收据的人(表见受领人)、代位权人、债权人和债务人指定受领清偿的第三人。

债务人向无受领权人清偿的,其清偿无效。但是,受领人的受领经债权人承认,或者其取得债权人的债权的,债务人的清偿为有效清偿,发生消灭债权的效力。

(二)清偿标的

清偿标的,就是债务的履行标的,即合同给付的内容。清偿标的应当是全面清偿,即按照法律规定或者合同约定的债务全面履行。只有在特殊情况下,才可以部分清偿和代物清偿。

部分清偿,也称一部清偿。准许部分清偿的条件是:(1)双方当事人同意部分清偿;(2)部分清偿不损害债权人的利益。

代物清偿,是指以他种给付代替原定给付,债权人受领该给付使合同消灭的清偿。代物清偿的构成要件是:(1)须有合同关系存在。(2)须以他种给付代替原定给付,如提供财产以代替原定的提供劳务;同为给付财产的,以给付电视机替代给付电冰箱。(3)代物清偿须订立合同,双方要有代物清偿的合意。(4)须清偿受领人现实受领他种给付,如不受领,自不发生代物清偿的效果。

代物清偿一经成立,即发生合同消灭的后果。代物清偿不要求原定给付与他种给付在价值上完全相同,因此,当事人在达成代物清偿的协议时,应就其价值差额的处理作出约定。

(三)清偿期、清偿地、清偿费用

债务人清偿债务,应当在当事人约定的履行地点、履行期限之内实施清偿。当事人没有约定的,按照法律规定予以确定。清偿费用,按照法律规定或者当事人约定处理;法律没有规定,当事人也没有约定的,按照合同的有关条款或者交易习惯确定;据此仍不能确定的,清偿费用由债务人负担。

三、清偿抵充

(一)清偿抵充的概念

清偿抵充,是指同一债权人的负担数宗债务的债务人,其给付的种类相同,所提出的给付不足以清偿全部债务时,决定其清偿抵充何种债务的制度。清偿抵充的适用条件是,只有在债务人统一、对债权人担负同种标的之数宗债务,其为清偿而提出至给付不足消灭全部债务者,才发生清偿抵充的问题。[2] 我国《民法典》第560条规定了清偿抵充的规则。

清偿抵充是合同债务清偿中经常出现的问题,对债权人和债务人的利益有直接影响。例如,债务人欠银行数宗欠款,设置担保、利息高低各不相同,在其给付不能清偿全部债务时,该次清偿系偿还哪笔欠款,就是清偿抵充。

(二)清偿抵充的成立条件

1. 债务人须对同一债权人负担数宗债务。债务人如果对债权人仅负担一宗债务,其给付不能为全部清偿,则属于一部清偿,而不是清偿抵充。债务人对同一债权人负担数宗债务,才能够成立清偿抵充。至于该数宗债务是发生在债权人与债务人之间,还是从别处承担而来,抑或该数宗债务是否都已届清偿期,均不论。

2. 债务人负担的数宗债务的种类相同。如果数宗债务给付的种类不同,则应以给付的种类确定清偿的为何宗债务,不能发生清偿抵充。如果就某项债务的给付,清偿人提出的给付超出规定的数额,当事人双方又同意就此多余的给付代他项债务的清偿,属于代物清偿,而不是清偿抵充。只有在债务人负担的数宗债务的种类相同的情况下,才能发生清偿抵充。

3. 债务人提出的给付不足以清偿全部债权。如果有数宗债务,但债务人提出的给付足以清偿其全部债权,则不发生清偿抵充,只有不足以清偿全部债权时,才发生清偿抵充。

(三)清偿抵充的确定方法

在债务人负担的数宗债务中,性质、数量、数额、履行期限等可能均有不同。清偿抵充按照原本债务和利息及费用之债的不同,分别规定不同的方法。

1. 原本债务的清偿抵充

原本债务的清偿抵充,分为约定抵充、法定抵充和指定抵充。[3]

---

〔2〕 (国立)北平大学法学院:《中国民法债编》(宣异东藏书),1935年版,第296页。

〔3〕 隋彭生:《合同法要义》(第3版),中国人民大学出版社2011年版,第101页。

(1)约定抵充,是指当事人之间事先约定债务人的清偿系抵充何宗债务。当事人之间就债务人的清偿系抵充何宗债务有约定时,应从其约定。约定抵充可以在清偿之前进行,也可以在清偿之时进行。

(2)法定抵充,是指当事人在未指定抵充时,依据法律规定决定清偿人的清偿应抵充的债务。其顺序为:第一,债务人的给付不足以清偿其对同一债权人所负的数笔相同种类的全部债务时,应当优先抵充已到期的债务;第二,几项债务均到期的,优先抵充对债权人缺乏担保或者担保数额最少的债务;第三,担保数额相同的,优先抵充债务负担较重的债务;第四,负担相同的,按照债务到期的先后顺序抵充;第五,到期时间相同的,按比例抵充。

(3)指定抵充,是指当事人一方以其意思指定清偿人的清偿应抵充的债务。指定抵充应当具备两个条件:一是指定应于清偿时为之,并且一经指定不得撤回;二是指定抵充的指定权人为清偿人。清偿人的抵充权须以意思表示为之,且应在清偿之时为之。抵充权依清偿人的单方意思表示发生效力,属于形成权。[4]

2. 利息及费用之债的清偿抵充

如果债务人除了原本债务之外,还应支付利息和费用之债,当债务人的清偿不足以清偿全部债务时,则清偿抵充应以法定顺序为之。《民法典》第561条规定:"债务人在履行主债务外还应当支付利息和实现债权的有关费用,其给付不足以清偿全部债务的,除当事人另有约定外,应当按照下列顺序履行:(一)实现债权的有关费用;(二)利息;(三)主债务。"按照上述抵充的规定,费用之债优先,利息之债次之,最后是主债务。

四、对债权准占有人给付的清偿效力

(一)债权准占有人的概念及其特征

债权准占有人,是指外观征象依一般社会交易观念足使他人认其为债权人,并为自己的意思以真实债权人的身份行使债权的非债权人。例如,占有他人存款凭证而向银行主张债权的非存款人。

债权准占有人的法律特征是:(1)债权准占有人不是真正的债权人,因而与善意占有人不同;(2)债权准占有人在客观上有真正债权人的外观表征,因而与不当得利人不同;(3)债权准占有人在主观上须有为自己的意思,因而与表见代理人不同;(4)债权准占有人须以真实债权人的身份行使债权,因而与代位权人不同。

对债权准占有人可以进行不同的分类:(1)按照其是否占有债权文书,可以分为持有债权文书的债权准占有人和非持有债权文书的债权准占有人。(2)按照债权准占有人的身份是否可以明确,可分成可明确的债权准占有人和不明确的债权准占有人。前者可以查明其是否为真正的债权人,多见于持有记名债权文书的情况,通过记名债权文书可以确定真正的债权人;后者无法查明其是否为真正的债权人,如无记名债权文书的持有人。(3)按照债权准占有人的主观心态,可以分为恶意的债权准占有人和善意的债权准占有人。前者在行使债权时,明知自己不享有债权并通过行使他人的债权而获得私利;后者在行使债权时,不知自己所行使的债权为他人享有,主观上并没有行使他人债权的意图。

---

〔4〕 江必新主编:《民法典重点修改及新条文解读》(上册),中国法制出版社2020年版,第226页。

(二)对债权准占有人给付效力的规则

我国原《合同法》和《民法典》都没有规定对债权准占有人给付效力的规则,而这一规则在实践中具有重要价值。例如,银行存款被冒领是否应当承担责任,就须依照对债权准占有人给付效力的规则进行判断。

对债权人准占有人给付效力,决定的是债务人对非债权人的债权准占有人的给付是否发生清偿的效力。其基本规则是:债务人对债权准占有人所为的给付,如系善意、无过失,即发生清偿的效力;如果债务人在为给付时具有过失,则不发生清偿的效力,应当另行清偿。

(三)对债权准占有人给付发生清偿效力的构成要件

债务人对债权准占有人的给付发生清偿的效力,应当具备以下要件:

1. 债权准占有人须合格。债权准占有人须持有合法债权文书或具有足以使债务人认为其为债权人的外观征象。非债权人的这一特定身份,往往因真实债权人主张债权而被证实。具有债权人的外观表征则是最重要的判断根据,应根据债权准占有人是否持有债权文书而定。持有债权文书的债权准占有人,以持有有效的债权文书为已足。

2. 须在客观上已经履行了给付义务。清偿的含义,就是依债务之本质,向债权人或其他有受领权人提出给付,实现债务内容,以消灭债务关系。因而,发生清偿效力的客观要件,必须是在客观上履行了给付义务。

3. 债务人履行债务时须善意无过失。此要件为立法通例和学者一贯主张。善意无过失,是债权准占有人给付效力构成的最重要的要件,为主观要件。

具备以上三个要件,即构成对债权准占有人给付的清偿效力。

(四)对债权准占有人给付的法律后果

1. 债权人和债务人之间的债权债务关系消灭。对债权准占有人给付的清偿效力,首先及于债权人和债务人。债务人对债权准占有人的给付具备上述三个构成要件,即发生清偿的效力,其法律后果就是债权债务关系消灭,债权人不得再向债务人请求清偿。

2. 债权的从权利亦因清偿而消灭。债权因清偿而消灭,其效力及于债权的从权利,包括担保物权、保证债权及其他权利,如将来之利息债权、违约金债权等,亦随同主债权的消灭而消灭。对债权准占有人的清偿,亦使主债权的从权利同时归于消灭,从权利的债务人因主债务人对债权准占有人的清偿而使其债务消灭,并取得对抗债权人的抗辩权。

3. 债权人和债权准占有人间产生债权债务关系。债权准占有人的占有均为非法占有,应当予以追夺。这种追夺的关系,依据债权准占有人获清偿行为的性质,分为侵权之债和不当得利之债。债权准占有人明知自己为非债权人而以债权人的身份冒领债权给付的,债权人与债权准占有人在给付发生清偿效力之时,产生侵权责任,债权人享有侵权之债的请求权,债权准占有人负有侵权责任,负返还原物或赔偿之责。债权准占有人接受给付时有法律上的原因,后因该法律上的原因丧失,该接受的给付为不当得利时,债权人与债权之准占有人形成不当得利的债权债务关系,债权准占有人负有返还不当得利的义务,债权人有权请求债务人履行债务。

(五)欠缺对债权准占有人给付效力构成要件的后果

欠缺对债权准占有人给付具有清偿效力构成要件的,不发生清偿的效力。受清偿人不具有债权准占有人的资格,或者债务人尚未给付,或者债务人在实施给付行为中有恶意或有过失,均不发生债务清偿的效力,债务人须另行履行债务,以满足债权人的债权。

对于债权准占有人获得的不当利益,债务人享有追偿权。

|引例分析|

在这个案件中,认定储蓄所应当对原告承担侵权责任是不正确的,因为双方当事人存在合同关系,是储蓄存款合同的双方当事人,存款被他人冒领,也不是侵权的问题,仍然是在合同领域中发生的纠纷,应当通过合同法的适用解决纠纷。

本案应当适用的合同法规则,是对债权准占有人给付发生清偿效力规则。存款的冒领人,就是债权准占有人,即占有合法债权文书的非债权人。他持有合法的债权文书,以债权人的名义冒领存款债务人即储蓄所对债权准占有人的给付究竟是否发生清偿的效力,就看债务人在对债权准占有人给付时是否为善意。标准是债务人在对债权准占有人给付之时是否存在过错,即债务人是否尽到必要的谨慎义务。如果债务人给付时没有过失,就发生清偿的效力,消灭债权债务关系;反之,如果债务人对债权准占有人的给付有过失,则不发生清偿效力,须对债权人承担继续履行的责任。

在本案中,储蓄所在债权人已经对储蓄存单挂失的情况下,未经告知债权人,即草率地解除挂失,造成存款被冒领的后果,有重大过失,因而其对冒领人即债权准占有人的给付不发生清偿的效力,其对债权人应当承担的责任不是赔偿责任,而是继续履行债务清偿义务。

第三节 解 除

|引 例|

张某慧与博大弘鼎公司签订了编号为056、063号的《商品房买卖合同》及《合同补充协议》,约定张某慧向博大弘鼎公司购买位于穿云洞公园C-1-16号、A-1-29号两间商铺,建筑面积分别为51.95平方米、27.12平方米,价款分别为269.1万元、162.17万元,优惠金额42.5万元。张某慧在合同签订之日交付首付款195.77万元,余款办理银行按揭支付。合同约定,在未按约定交房时,买受人有权退房;建筑工程施工中商品房结构形式、户型、空间尺寸、朝向设计变更,影响买受人所购商品房质量或使用功能的,出卖人应当在设计审查单位批准变更之日起10日内,书面通知买受人;出卖人未在规定时限内通知买受人的,买受人有权退房;买受人应当在收到通知之日起15日内作出是否退房的书面答复;买受人逾期未予以书面答复的,视同接受变更。但合同中未规定退房的方式和面积差异处理的方式。

因逾期交房,张某慧与博大弘鼎公司产生纠纷,后者向前者支付违约金125.928万元,双方对此金额无异议。博大弘鼎公司在报纸上刊登交房公告,向各业主发布交房告知书,张某慧在《房屋交付验收表》中"同意收房"一处画勾,并在业主签名处签名、按指印确认。交房时,经过实测,A-1-29号房屋误差面积8.64平方米,误差比为31.86%;C-1-16号房屋误差面积为2.8平方米,误差比为5.39%。据此,张某慧向法院起诉,主张开发商违约,解除合同。

法院审理认为,解除权属于形成权,适用除斥期间,逾期不行使的,解除权消灭。根据法律和相关司法解释的规定,解除权行使的合理期限为3个月;对方当事人没有催告的,解除权应当在解除权发生之日起1年内行使;逾期不行使的,解除权消灭。一方面,对于原告主张的因迟延交付房屋而解除合同的问题,涉案《商品房买卖合同》约定的交房逾期后,张某慧等人向有关部门上访,已明知其按时接房的权利受到了侵害,但并未主张解除合同,而是与博大弘鼎公司达成协议,要求继续履行合同并由博大弘鼎公司支付其125.928万元违约金。在合同约定的解除条件成就后,享有解除权的一方当事人可以向对方行使解除权,也可以要求对方继续履行合同,但是只能择其一而行。另一方面,关于面积误差比绝对值超过3%可以要求解除合同的问题,对于博大弘鼎公司交付的房屋存在面积误差比绝对值大于3%的事实,张某慧享有解除权,但解除权属于形成权,应适用除斥期间的规定,截至本案原告起诉前,其并未行使解除权,已超过1年的除斥期间,该解除权已消灭。故法院对张某慧起诉主张解除合同的请求不予支持,判决驳回原告的诉讼请求。

| 法律问题 |

1. 解除及其法律特征
2. 解除的种类
3. 解除的条件
4. 解除的程序
5. 解除的效力

一、解除的概念和特征

(一)解除的概念

解除是指合同的解除,其含义有狭义和广义之分。狭义的合同解除是指合同有效成立以后,在具备解除条件时,因当事人一方基于法律规定或双方的意思表示而使合同关系归于消灭的一种法律行为。[5] 广义的合同解除,除了包括狭义的合同解除以外,还包括合同的协议解除。

《民法典》采用广义的解除概念,故合同解除,是指在合同之债成立之后尚未全部履行

〔5〕 王利明、崔建远:《合同法新论·总则》(修订版),中国政法大学出版社2000年版,第497页。

前,当事人基于协商、法律规定或者当事人约定而使合同关系归于消灭的法律行为。[6]

（二）解除的特征

1. 解除以当事人之间存在有效合同为前提。解除的合同须为有效合同。当事人不存在合同关系,则不存在解除问题。当事人之间有合同关系但是合同无效,或者已经消灭,或者是可撤销合同、效力待定合同,也不存在解除问题。

2. 解除须具备一定的条件。合同生效即不准擅自解除,但在具备了一定条件时,法律也允许当事人解除合同,以满足当事人的利益需要。解除条件分为法律规定的条件、当事人约定的条件,以及通过协商确定的条件。

3. 解除是一种消灭合同关系的法律行为。当事人解除合同必须实施一定的行为,即解除行为。这种行为是一种法律行为。如果仅有解除的条件,而没有当事人的解除行为,合同不能自动解除。解除合同的行为,既可以是单方法律行为,也可以是双方法律行为。

二、解除的种类

（一）协议解除

协议解除,也称合意解除、解除契约或反对契约,是指在合同有效成立后、尚未履行完毕之前,当事人通过协商使合同效力消灭的双方法律行为。《民法典》第 562 条第 1 款规定:"当事人协商一致,可以解除合同。"

对将合同的协议解除作为合同解除种类的做法有不同意见,因为合同的协议解除不过是合同自由原则的内在要求,无须将其纳入合同解除制度的范围。这些意见是正确的,但是,既然《民法典》仍然把协议解除作为解除的一种类型,这样研究和适用还是有道理的。

（二）约定解除

约定解除,是指在原合同中通过解除权条款,或另外签订一个合同赋予一方或双方当事人在一定条件下享有解除权,当事人行使解除权解除合同。约定解除的基本特点是通过原有合同或者新订立的合同约定解除合同的条件,当约定的条件出现时,当事人即可行使解除权而解除合同。因此约定解除是单方解除合同。《民法典》第 562 条第 2 款规定:"当事人可以约定一方解除合同的事由。解除合同的事由发生时,解除权人可以解除合同。"

合同的约定解除与合同附解除条件不同,尽管在使民事法律行为效力消灭这一点上是相同的,但是存在明显的区别:(1)解除条件原则上可以附加于一切民事法律行为及意思表示,而合同约定解除仅限于合同领域。(2)解除条件成就后,附解除条件的民事法律行为当然且自动地消灭,无须当事人再作意思表示;而在合同约定解除时,解除条件的具备只是使合同当事人享有了解除权,而未必必然导致合同解除,只有当解除权人依法行使解除权予以解除时,才会使合同解除。(3)所附解除条件成就,一般是使附解除条件的民事法律行为向将来失去效力,并不溯及既往;而合同解除则是使合同关系自始消灭,未履行的终止履行,已经履行的一般应当恢复原状,如有损失还须由有过错方赔偿损失。

---

〔6〕 王利明等:《合同法》,中国人民大学出版社 2002 年版,第 238～239 页。

(三)法定解除

法定解除,是指合同在有效成立后尚未履行或未完全履行完毕前,由于法律规定的事由行使解除权而使合同归于消灭的行为。

法定解除发生的原因有针对一般合同规定的,也有针对个别合同规定的,《民法典》第563条规定的法定解除,是解除权发生的一般原因。

三、解除的条件

解除的条件又称合同解除的原因,是指允许当事人解除合同的确定原因。

(一)协议解除和约定解除的条件

协议解除合同的条件,是双方协商一致,订立一个新的合同,合同的内容就是把原来的合同废弃,使基于原合同发生的债权债务关系归于消灭。其条件是,解除合同的协议应当采取合同形式,具备合同的有效要件。

约定解除合同的条件,在于合同当事人在合同中的约定,约定在什么条件下合同解除,当出现约定的条件时,对方当事人就享有解除权,行使解除权就可以解除合同。具体约定解除权的合同,可以是原合同,也可以是新订立的合同。约定的解除条件具有约束力。例如,合同约定"买受人十日之内不交付货款,出卖人有权解除合同",该条件成就,出卖人即享有约定解除权。

(二)法定解除的条件

1. 因不可抗力致使不能实现合同目的。不可抗力的发生,并不必然导致合同法定解除权的产生,因为不可抗力对合同的影响程度不同,有的只会影响合同履行时间,有的只会对合同履行方式产生影响,并不会使合同目的落空。只有当不可抗力的发生致使合同当事人期望的从合同履行中获得的利益无法实现时,合同当事人方可享有解除合同的权利。而且该种情况下合同的解除权是由合同双方当事人享有的,任何一方都可以主张解除合同。合同因不可抗力被解除后,一般也不存在损害赔偿的问题。《民法典》之所以作此规定,目的在于让当事人互通信息,相互配合,共同采取补救措施以减少损失。例如,汶川大地震发生后,在重灾区中的绝大多数合同都不能继续履行,需要解除,其理由就是不可抗力。[7]

2. 在履行期限届满前,当事人一方明确表示或者以自己的行为表明不履行主要债务。这种情形就是基于预期违约的解除合同条件,是指在合同有效成立后至履行期到来前,一方当事人肯定地、明确地表示他将不履行合同,或者一方当事人根据客观事实预见到另一方到期将不履行合同。[8] 预期违约分为明示的预期违约和默示的预期违约。预期违约都是发生在合同履行期届满之前,将使合同的目的不能实现。在这种情况下,合同的对方当

〔7〕 杨立新:《地震引发的民事法律后果分析》(上、下),载《检察日报》2008年5月26、27日。

〔8〕 李永军:《我国合同法是否需要独立的预期违约制度——对我国正在起草的合同法草案增加英美法预期违约制度的质疑》,载《政法论坛》1998年第6期。

事人可以在履行期届满之前行使合同解除权，而不是一定要等到合同履行期届满之后才行使解除权。

3. 当事人一方迟延履行主要债务，经催告后在合理期限内仍未履行。迟延履行是指债务人负有到期债务，且有能力履行，但在履行期限届满时对主债务未履行的行为。当事人一方迟延履行，经催告后在合理期限内仍未履行的，表明债务人根本就没有履行合同的诚意，或者根本就不可能履行合同。因此，应当允许债权人解除合同。这种合同解除的条件是：(1)迟延履行的是主要债务，而不是一般债务；(2)经催告在合理期限内仍未履行。具备这两个条件，债权人即可解除合同。

4. 当事人一方迟延履行债务或者有其他违约行为，致使不能实现合同目的。当事人一方迟延履行的不是主要债务，而是一般债务以及其他违约行为，如果该行为致使合同的目的不能实现，债权人依此也享有法定解除权，可以依法解除合同，因为这就是根本违约。构成根本违约，可以依法解除合同。但是，根据合同的性质和当事人的合意，履行期限的迟延如果并不必然导致合同目的无法实现，一般不能解除合同，这是为了防止债权人滥用合同解除权，维护合同安全，以免造成财产的不必要浪费和损失。

5. 法律规定的其他情况。例如，《消费者权益保护法》第25条规定的远程购物7天无理由退货，属于法律规定的其他情形，为法定解除权的发生原因。又如，当事人在行使不安抗辩权中止履行的情况下，如果对方在合理期限内未恢复履行能力并且未提供适当的担保，则中止履行的一方可以解除合同。[9]

此外，以持续履行的债务为内容的不定期合同，当事人可以随时解除合同，但是应当在合理期限内通知对方。

四、解除的程序

（一）协议解除程序

协议解除合同，当事人必须订立一个新的合同，以达到解除合同的目的。解除合同的协议应当按照订立合同的程序，经过要约、承诺两个阶段，使合同成立并生效。程序要求是：(1)双方当事人必须在解除合同的事项上达成意思表示一致，确定合同解除。(2)由于合同解除并不是简单地消灭合同关系，还要对合同存续期间发生的各种权利义务关系进行处理，因此，对这些已经发生的权利义务关系如何处理，也必须达成意思表示一致。当事人对这两个方面的问题达成了合意，合同即可解除。

《合同编通则解释》第52条规定：(1)当事人就解除合同协商一致时未对合同解除后的违约责任、结算和清理等问题作出处理，一方主张合同已经解除的，应予支持。但是，当事人另有约定的除外。(2)有下列情形之一的，除当事人一方另有意思表示外，可以认定合同解除：一是当事人一方主张行使法律规定或者合同约定的解除权，经审理认为不符合解除权行使条件但是对方同意解除；二是双方当事人均不符合解除权行使的条件但是均主张解除合同。(3)对上述两种情形下的违约责任、结算和清理等问题，应当依据《民法典》第566、567条和有关违约责任的规定处理。

---

〔9〕 王利明等：《合同法》，中国人民大学出版社2002年版，第242页。

(二)通知解除程序

约定解除和法定解除都是单方解除。在具备了当事人约定的条件或者法律规定的条件时,当事人一方或者双方就享有解除权。

解除权的性质是形成权,解除权人在行使解除权时,只要将解除合同的意思表示通知对方,包括合同对方当事人及其代理人,即可产生解除的效力,无须对方当事人作出答复,更无须同意。因此,合同自通知到达对方时解除,对方如果对解除合同有异议,可以请求法院或者仲裁机构确认解除合同的效力。一方通知行使解除权,对方不同意而发生争议,诉讼到法院的,法院判决自行使解除权的通知到达对方当事人时解除合同。对于未通知的,《民法典》第 565 条第 2 款规定:“当事人一方未通知对方,直接以提起诉讼或者申请仲裁的方式依法主张解除合同,人民法院或者仲裁机构确认该主张的,合同自起诉状副本或者仲裁申请书副本送达对方时解除。”这完全符合形成权原理的要求。

行使解除权的规则如下:

1. 解除权行使期限

解除权应当及时行使,应当在确定的期间或者合理期间内进行。超出确定的期间或者法定的期间的,解除权消灭,不得再行使解除权。《民法典》第 564 条规定,法律规定或者当事人约定解除权行使期限,期限届满当事人不行使的,该权利消灭。法律没有规定或者当事人没有约定解除权行使期限,自解除权人知道或者应当知道解除事由之日起一年内不行使,或者经对方催告后在合理期限内不行使的,该权利消灭。

2. 解除权行使方式

解除权的行使,应当采取法律规定或者当事人约定的方式。没有法律规定也没有约定的,原则上应当采取书面形式,以避免发生争议。《民法典》第 565 条第 1 款规定,当事人一方依法主张解除合同的,应当通知对方。合同自通知到达对方时解除;通知载明债务人在一定期限内不履行债务则合同自动解除,债务人在该期限内未履行债务的,合同自通知载明的期限届满时解除……

3. 对行使解除权的异议

对于通知解除提出异议的,《民法典》第 565 条第 1 款后段规定:“……对方对解除合同有异议的,任何一方当事人均可以请求人民法院或者仲裁机构确认解除行为的效力。”当事人对对方行使解除权可以提出异议,异议提出的时间须适当:(1)当事人约定有解除异议期限的,当事人对解除虽有异议,但在约定的异议期限届满后才提出异议并向法院起诉的,法院不予支持。(2)当事人对解除没有约定异议期间,法定异议期限为 3 个月,在解除的通知到达当事人之日起 3 个月以后才向法院起诉的,法院不予支持。

五、解除的效力

(一)解除效力的概念

解除效力,是指合同解除后所产生的法律后果。解除效力主要涉及解除的溯及力和解除与损害赔偿责任的关系问题。《民法典》第 566 条规定了合同解除的效力。

(二)行使解除权的时间

对于当事人行使法定解除权或者约定解除权,如何认定合同解除的时间,《合同编通则解释》第53条和第54条作出了具体规定。

第53条规定,当事人一方以通知方式解除合同,并以对方未在约定的异议期限或者其他合理期限内提出异议为由主张合同已经解除的,法院应当对其是否享有法律规定或者合同约定的解除权进行审查。经审查,享有解除权的,合同自通知到达对方时解除;不享有解除权的,不发生合同解除的效力。

第54条规定,当事人一方未通知对方,直接以提起诉讼的方式主张解除合同,撤诉后再次起诉主张解除合同,人民法院经审理支持该主张的,合同自再次起诉的起诉状副本送达对方时解除。但是,当事人一方撤诉后又通知对方解除合同且该通知已经到达对方的除外。

(三)解除的溯及力问题

解除的直接法律后果,是使合同关系消灭,合同不再履行,尚未履行的终止履行。

对于解除之前的债权债务关系应当如何处理,涉及解除的溯及力问题。《民法典》第566条规定的规则如下:

1. 当事人是否请求。合同解除后,当事人可以请求恢复原状,也可以不请求,完全取决于当事人的意志。请求恢复原状的,合同解除就具有溯及力;反之,就不具有溯及力。

2. 合同的履行情况和合同性质。根据履行情况和合同性质能够恢复原状的,当事人又请求的,则可以恢复原状。如果根据履行情况和合同性质是不可能恢复原状的,即使当事人请求,也不可能恢复原状。例如,租赁、借贷、委托、居间、运输等合同,都是不能恢复原状的。

(四)解除与损害赔偿责任的关系

解除与损害赔偿责任之间的关系,我国《民法典》承认解除与损害赔偿可以并存,合同因违约解除后,解除权人可以请求违约方承担违约责任,包括赔偿损失。这种损害赔偿的标的,应当是债务不履行的损害赔偿,只要合同不履行已经造成了债权人的财产利益损失,违约方就要进行赔偿,无论当事人是否解除合同,均无影响。当事人约定解除不追究违约方责任的,依照其约定。如果解除合同的原因是不可抗力,则不发生损害赔偿的责任。

(五)解除与担保责任

主合同解除后,对于该合同的担保责任的效力,《民法典》第566条第3款规定,主合同解除后,担保人对债务人应当承担的民事责任仍应当承担担保责任,但是担保合同另有约定的除外。

引例分析

解除合同,是合同权利义务终止即合同消灭的重要原因。《民法典》第564条对合同的解除作出规定,是为了维护交易秩序的稳定,协调合同双方当事人的利益关系。同样为了这个目的,《民法典》规定解除权是形成权,受除斥期间的约束,要求享有解除权的当事人应当在除斥期间的期限内行使解除权,超过除斥期间的期限,解除权消灭。如果不是这样,权利人享有解除权却长期不行使,就会影响当事人双方权利义务关系的稳定,进而影响交易安全,损害交易秩序。对于张某慧主张的交付的房屋面积误差比绝对值超过3%可以要求解除合同的问题,其确实享有解除权,但是行使该解除权已经超过了除斥期间的要求,因此,这一行使解除权的行为不发生解除合同的效果。法院判决驳回是有法律依据的。

对于迟延交房的问题,这一行为构成违约,原本张某慧也享有解除权,但是,张某慧在迟延交房时,没有选择行使解除权,而是选择了收取违约金,为此受领了125.928万元违约金,因而解除权也消灭了,不得再主张解除合同。

另外,从朴素的观念出发考量,本案原告总共300多万元价款的房屋买卖合同,已经获得了100多万元的违约金,又主张解除合同,在情理上不容易被接受。这也是法官会考虑的一个问题。

第四节　抵　　销

|引　例|

被告甲公司与投资担保公司作为共同借款人,向原告姜某借款,分三次分别借款20万元、4万元和39.1万元,共计63.1万元,借款期限为6个月,月利率1%,该借款给付于投资担保公司使用。此前,原告曾向甲公司借款20万元。上述三笔借款清偿期届至后,因履行迟延,原告向法院起诉,主张二被告清偿本金和利息。被告主张原告所欠其20万元借款的本金及利息应予抵销。

法院审理认为,当事人互负债务,该债务的标的物种类、品质相同的,任何一方可以将自己的债务与对方的债务抵销。在本案中,原告有权主张二被告清偿63.1万元本金及其利息,对于自己欠被告甲公司的20万元债务,也应当予以清偿。甲公司主张对相同标的的20万元本金之债与利息之债予以抵销,符合法律规定,对相对应的部分债权债务予以消灭。被告所欠原告的剩余借款43.1万元,应当清偿,出借人请求借款人按照约定支付利息,法院应予支持。

|法律问题|

1. 抵销及其意义
2. 法定抵销
3. 合意抵销
4. 抵销的效力

一、抵销概述

抵销，是指当事人互负给付债务，各以其债权充当债务的清偿，而使一方债务与对方债务在对等数额内相互消灭的合同消灭制度。为抵销的债权，即债务人的债权，称为主动债权、抵销债权或反对债权；被抵销的债权，即债权人的债权，称被动债权、受动债权或主债权。[10]

抵销的类型依其产生的依据不同，分为法定抵销与合意抵销两种。

抵销具有如下意义：

1. 抵销可以便利当事人。当事人通过协议为彼此设定债权、债务关系，只有债务人及时、适当地履行其债务，债权人的债的利益才能获得满足，合同目的方可实现，所以《民法典》明文规定合同应当履行。但是，在双方当事人互负同种类给付债务，且其债务均届清偿期时，通过抵销，当事人双方即可不再实行给付行为而使合同关系消灭。这样不仅使双方当事人均免于实际履行行为，而且可以节省履行费用。

2. 抵销具有担保功能。如果互负债务的一方当事人财产状况严重恶化，不足以清偿其所负债务，或者虽能履行其债务却故意不履行，对方当事人将因此得不到对待履行，从而失去利益上的保障。在一方当事人破产时，对方当事人为履行所交付的财产将被作为破产财产，在破产人的诸债权人之间按比例分配，而给付方当事人对破产人所享有的债权却只能进行债权申报，通过破产程序取得部分清偿，这显然不利于对方当事人。在这种情况下，对方当事人虽可预先要求提供担保，但担保须具备成立及公示要件，不如通过抵销，不待公示即因抵销权的行使，不必经过破产程序即可迅速获得债权的满足。

二、法定抵销

（一）法定抵销的概念和性质

法定抵销，是指由法律规定两债权得以抵销的条件，当条件具备时，依当事人一方的意思表示即可发生抵销效力的抵销。对可以抵销的到期债权，当事人约定不得抵销的，可以认定该约定有效。没有约定不得抵销的，可为法定抵销。

这种通过单方意思表示即可产生抵销效力的权利，具有形成权的性质。只要具备了法定的抵销条件，当事人一经提出抵销的请求，抵销即发生法律效力。

法定抵销的性质为单方法律行为，依当事人一方的意思表示发生，具有与清偿同样的消灭债的效力，也为合同的消灭原因。[11]

（二）法定抵销的构成要件

依照《民法典》第 568 条的规定，法定抵销须具备以下要件才能生效：

1. 双方当事人须互负债权、债务。抵销权产生的前提在于每一方当事人对对方当事人既负有债务，又享有债权，其目的是使同等数额的债权债务归于消灭。如果只有债务而无

---

〔10〕 王利明、崔建远：《合同法新论·总则》（修订版），中国政法大学出版社 2000 年版，第 551 页。

〔11〕 王利明等：《合同法》，中国人民大学出版社 2002 年版，第 246 页。

债权,或者只有债权而无债务,则只存在债务履行或债权实现的问题,而不存在抵销问题。当然,得以抵销的债权债务必须是合法有效的债权债务,其中任何一个不成立或者无效,均不得主张抵销。

因可撤销合同产生的债权能否主张抵销,应区分不同情况:产生主动债权的合同可撤销时,在撤销前,其债权合法有效,因而可主张抵销,抵销后合同被撤销的,合同自始无效,故抵销也无效,被抵销的债权仍旧存在;产生被动债权的合同可撤销时,对方当事人(抵销权人或撤销权人)知道该合同为可撤销时仍主动抵销的,视为其已放弃撤销权,其抵销行为有效,如果其不知道该合同可撤销时主张抵销的,其撤销权仍存在,合同一经撤销则自始无效,因而其抵销行为亦无效。

附条件合同的债权,如所附条件为停止条件,在条件成就前,债权尚未产生效力,因而也不得主张抵销;如所附条件为解除条件,则条件成就前债权即已有效存续,因而可以主张抵销,条件成就没有溯及力,所以抵销后解除条件成就的,抵销仍然有效。

附期限合同的债权,如所附期限为解除期限,在期限到来前,债权为有效债权,所以可以主张抵销;在期限到来后,债权为无效债权,因而不得主张抵销。如所附期限为延缓期限,在期限到来以前债权尚未生效,因此也不得主张抵销,在期限到来后,债权有效存在,可以主张抵销。

对于超过诉讼时效的债权的抵销,《合同编通则解释》第 58 条规定,当事人互负债务,一方以其诉讼时效期间已经届满的债权通知对方主张抵销,对方提出诉讼时效抗辩的,对该抗辩应予支持。一方的债权诉讼时效期间已经届满,对方主张抵销的,应予支持。

2. 双方当事人所负债务的给付须是同一种类。构成法定抵销,双方可以抵销的债务的给付必须为同一种类,即债务的标的物种类、品质相同,原因在于只有当双方所负债务的经济功能相同时,以此债权抵销彼债权,相互间仍可获得合同的预期利益,合同目的仍可实现。如果双方互负债务的标的物种类、品质相差甚远,各自担负着不同的经济功能,此时如允许抵销,则难免使一方或双方当事人的合同目的无法实现,因而法定抵销要求用来抵销的合同标的物种类、品质必须相同。当抵销的标的物为种类物时,对于品质不同者,原则上不允许抵销,但是以品质较高者为主动债权而主张与品质较差者抵销时,对于被抵销人并无不利,应当允许。以特定物为给付物时,即使双方的给付物属于同一种类,也不允许抵销。但是,在双方当事人均以同一物为给付物时,仍属同一种类的给付,因而可以抵销。在双方当事人的债权皆为种类债权,但种类债权的范围有广有狭时,范围狭的种类债权对范围广的种类债权可以抵销;范围广的种类债权对范围狭的种类债权则不允许抵销,因为在后者,其给付的种类不同一。在双方的债权或一方的债权为选择债权场合,如果依据选择权行使的结果是给付种类相同,就允许抵销。〔12〕

清偿地不同的债务可以抵销,但主张抵销的人应赔偿他方因抵销所生的损害。

3. 主张抵销的债务必须均届清偿期。这是仅就双方均享有抵销权的情形而言,由于抵销中有主动债权和被动债权之分,所以对二者期限的要求也应有所不同:主动债权必须已届清偿期,因为债权人通常在清偿期限届至时,才可以现实地请求清偿,若未至清偿期也允

---

〔12〕　王利明、崔建远:《合同法新论·总则》(修订版),中国政法大学出版社 2000 年版,第 555 页。

许抵销的话,就等于在清偿期到来前强制债务人履行其债务,牺牲其期限利益,显属不合理,所以主动债权只有当清偿期届满时才允许抵销。不过,如果主动债权未定清偿期,只要给债务人一定的宽限期,宽限期届满债权人即可主张抵销。对于被动债权,即使未届清偿期,也应当允许主张抵销,因为债务人有权抛弃期限利益,在无相反的规定或约定时,债务人可以在清偿期前进行清偿。

在破产程序中,破产债权人对于其享有的债权,无论种类、品质是否相同,无论是否已届清偿期抑或是否附有期限或解除条件,均可主张抵销。债权人对破产企业负有债务的,可以在破产清算前抵销。

4. 双方所负债务必须都属于可抵销的债务。债务以清偿为原则,因而抵销后达不到合同清偿目的的,应当不允许抵销。不可抵销的债务大致有以下几种情况:

(1)按债的性质不得抵销的。依债务的性质,非以清偿达到债的目的的,互相抵销就会违反成立债的本质,无法达到双方当事人订立合同的目的。例如,标的为提供劳务的合同、不作为义务的合同——咨询、服务、雇佣、医疗、培训等,若允许抵销,订立合同就无任何意义,因而这样的债务不得主张抵销。此外,与人身不可分离的债务,如工资、奖金、抚养费、抚恤金、退休金、生活补助等不得抵销,即使合同当事人特别约定也不得抵销。

(2)当事人约定不得抵销的债务。合同当事人约定不得抵销的债务,应当遵守当事人的约定,不得抵销。

(3)法律规定不得抵销的。法律规定不能抵销的债务,如法律禁止强制执行的债务、按约定应向第三人给付的债务、违约金债务、赔偿金债务。对侵权责任之债,原则上不得抵销。《合同编通则解释》第 57 条规定,因侵害自然人人身权益,或者故意、重大过失侵害他人财产权益产生的损害赔偿债务,侵权人主张抵销的,不予支持。按照这一规定,只有因一般过失侵害他人财产权益的损害赔偿债务,才可以法定抵销。

(三)法定抵销权的行使

抵销权为形成权,当条件具备时,双方当事人均取得此项权利,权利人可以即时行使,也可以放弃。当然,当事人也可以通过事先的合意将这一未来可能会享有的权利予以排除,法律亦应予以认可。

抵销为处分债权的单方法律行为,适用关于法律行为和意思表示的法律规定。

1. 抵销权人应当具有民事权利能力和完全民事行为能力,且对债权享有实质上的处分权,否则无权为抵销。

2. 抵销应由抵销权人以意思表示向受动债权人为之,一般采用通知的形式,当抵销的通知到达受动债权人处时发生抵销的效力。当受动债权人为无民事行为能力或限制民事行为能力人时,抵销的通知到达其法定代理人处时发生效力。抵销的意思表示应当具有确定性,否则会使抵销的效力不确定,从而害及他人的利益。抵销的意思不得附有条件和期限。《民法典》第 568 条第 2 款对抵销权的行使有明确规定:当事人主张抵销的,应当通知对方。通知自到达对方时生效。抵销不得附条件或者附期限。

当事人对债务抵销可以提出异议,但异议提出的时间必须适当。司法实践中的规则是:(1)当事人约定有异议期限的,当事人对债务抵销虽有异议,但在约定的异议期限届满后才提出异议并向法院起诉的,法院不予支持。(2)当事人对债务抵销没有约定异议期间,法定异议期限为3个月,在债务抵销的通知到达当事人之日起3个月以后才向法院起诉的,法院不予支持。

(四)法定抵销的效力

抵销的效力涉及以下问题:

1. 双方的债权债务于抵销数额内消灭。当事人双方的债务数额相等的,双方的债权债务全部消灭。双方的债务额不等的,数额少的一方债务全部消灭,另一方的债务在与对方债务相等的数额内消灭,余额部分仍然存在。在抵销后,如果当事人对已经抵销部分再为清偿时,发生不当得利之债。

2. 法定抵销发生效力的时间。《合同编通则解释》第55条规定,当事人一方依据《民法典》第568条的规定主张抵销,法院经审理认为抵销权成立的,应当认定通知到达对方时双方互负的主债务、利息、违约金或者损害赔偿金等债务在同等数额内消灭。即法定抵销效力的发生时间,是抵销通知到达对方当事人之时。

3. 抵销的意思表示溯及得为抵销之时。抵销为法律行为,而法律行为的效力原则上不具有溯及力,但是,当事人在具备抵销条件时常常认为可以随时抵销,因而往往怠于为抵销的意思表示,所以仅让抵销的意思表示向将来发生效力,很容易发生不公平的结果,故法律令抵销的意思表示溯及得为抵销时发生效力,即相互间的债权溯及得为抵销时按照抵销数额而消灭。溯及力的内容是:(1)双方债权的担保以及其他从权利、双方债权的利息债权、给付迟延以及受领迟延的损害赔偿金、违约金等,均从得为抵销时消灭。(2)自抵销之时起,不再发生当事人的迟延履行责任。(3)自抵销之时起,债务人所发生的损害赔偿责任、违约金责任免除。

4. 多笔抵销的顺序参照适用清偿抵充规则。行使抵销权的一方负担的数项债务种类相同,但是享有的债权不足以抵销全部债务,当事人因抵销的顺序发生争议的,《合同编通则解释》第56条规定,法院可以参照《民法典》第560条关于清偿抵充的规定处理。对于行使抵销权的一方享有的债权不足以抵销其负担的包括主债务、利息、实现债权的有关费用在内的全部债务,当事人因抵销的顺序发生争议的,法院可以参照《民法典》第561条关于利息之债和费用之债清偿抵充的规定处理。

5. 抵销不得附条件或者附期限。依《民法典》第568条规定,抵销不得附条件或者附期限。当事人在为抵销时,应按照此规定进行。其原因在于,抵销附条件或者附期限,会使抵销的效力变得不确定,有违抵销的本意,也有害于他人的利益。

三、合意抵销

(一)合意抵销的概念

合意抵销,也称约定抵销、意定抵销,是指当事人基于协议而实行的抵销。

合意抵销重视的是债权人之间的意思自治,因而可以不受法律规定的构成要件的限制,当事人只要达成抵销合意,即可发生抵销的效力。之所以这样规定,是因为债权属于债权人私权的范畴,债权人有处分的权利,只要其处分行为不违背法律、法规与公序良俗,法律就无权干涉。

合意抵销的效力是消灭当事人之间同等数额之内的债权债务关系。

（二）合意抵销合同

当事人之间抵销的合意是一种合同，因而其成立也应当依民法关于意思表示的一般规定和合同法关于合同订立的规则进行。

至于抵销合同的性质，有人认为属于清偿或拟制清偿，有人认为是代物清偿，有人认为是两个互无关系的免除合同，有人认为系独立种类的合同。本书采独立种类合同的见解，为抵销合同。

（三）合意抵销与法定抵销的区别

合意抵销与法定抵销的区别如下：

1. 抵销的根据不同。法定抵销的根据在于法律规定，只要具备法律规定的条件，当事人任何一方都有权主张抵销。合意抵销的根据在于当事人订立的抵销合同，只有基于抵销合同当事人才可以主张抵销。

2. 债务的性质要求不同。法定抵销要求当事人互负债务的种类、品种相同；合意抵销则允许当事人互负债务的种类、品种不同。

3. 债务的履行期限要求不同。法定抵销要求当事人的债务均已届清偿期；合意抵销则不受是否已届清偿期要求的限制。

4. 抵销的程序不同。法定抵销以通知的方式为之，抵销自通知到达对方时生效；合意抵销采用合同的方式为之，双方达成抵销协议时发生抵销的效力。

引例分析

抵销分为法定抵销和合意抵销。根据《民法典》第 568 条的规定，当事人互负债务，该债务的标的物种类、品质相同的，任何一方可以将自己的债务与对方的到期债务抵销。这是对法定抵销的规定，即当条件具备时，依当事人一方的意思表示即可发生抵销效力的抵销。第 569 条规定，当事人互负债务，标的物的种类、品质不相同的，经协商一致，也可以抵销。与合意抵销不同，法定抵销权是通过单方意思表示即可产生抵销效力的权利，性质属于形成权，行使抵销权发生行使形成权的后果，即只要具备了法定的抵销条件，当事人一经提出抵销的请求，抵销即发生法律效力。

在本案中，原告、被告互存借贷关系，属于标的相同，双方互相享有法定抵销权。所以，当原告请求债务人履行清偿义务时，被告之一主张将自己的债务与对方的债务相互抵销，该请求一经通知对方，抵销即发生法律效力，相应的债权债务关系予以消灭，仅就债务的余额由被告承担继续清偿责任。

第五节 提 存

| 引 例 |

蔺某梅与徐某、李某德(系徐某之子)签订了一份《房产转让合同书》,约定蔺某梅将其私有的位于经济技术开发区的一套住房转让给徐某,房款分三次支付。合同签订后,蔺某梅将该房产交付徐某使用,徐某先后将合同约定的定金及前两笔房款共计46万元交给蔺某梅,剩余29万元房款未付。嗣后,蔺某梅的丈夫李某文向法院起诉,要求确认该《房产转让合同书》无效,徐某反诉要求继续履行该房屋买卖合同。法院判决蔺某梅、李某文继续履行与徐某签订的《房产转让合同书》,并办理涉案房屋的房产过户手续。

徐某与公证处公证员张某东、工作人员虞某前往蔺某梅住所送达所余房款,因徐某要求蔺某梅出具收条并注明双方再无任何纠纷,蔺某梅认为还应支付相关房款利息,无法达成一致,徐某携款返回,将房款29万元交至公证处办理提存。公证处审核后认为符合提存的条件,予以提存。蔺某梅多次前往公证处索要提存款项,因利息不能与徐某达成一致,公证处没有将该笔提存款交付蔺某梅。蔺某梅追讨余款未果,向法院提起诉讼,主张徐某履行房款和利息的清偿义务。

法院审理认为,依据执行裁定书,徐某应当先去相关部门办理转让房屋的过户手续,然后支付剩余房款。在过户之前,且在双方当事人就利息之债的给付没有达成协议的情况下,徐某将房款提存,不符合提存条件的要求。由于蔺某梅和徐某在利息问题上无法达成一致,公证处未将房款交付蔺某梅。蔺某梅无法取得剩余房款,诉至法院,主张履行给付剩余房款及其利息的清偿义务,确有事实和法律依据。判决徐某对所剩房款的提存不成立,应当支付原告蔺某梅房屋转让款29万元,以及延期支付房屋转让款的利息。

| 法律问题 |

1. 提存的意义及性质
2. 提存的原因
3. 提存的条件和程序
4. 提存的效力

一、提存的概念与意义

(一)提存的概念

提存,是指债务人于债务已届履行期时,将无法给付的标的物提交给提存部门,以消灭债务的合同消灭方式,这是清偿提存的概念。另有担保提存和保管提存,属于广义提存。

(二)提存的意义

提存制度建立的最初目的,在于平衡债权人和债务人双方的利益冲突。合同是双方交易行为,单有债务人的履行行为有时并不能实现合同的完全履行,还必须有债权人的协助。债权人无正当理由不为受领或延迟受领,其债权仍然有效存在,而债务人的清偿义务并不能因此而消灭。以提存为清偿方式,可使债务人将无法交付给债权人的标的物交付给提存部门,消灭合同关系,从而免除债务人履行债务的困扰,为保护债务人的利益提供了行之有效的措施。

(三)提存的法律性质

关于提存的性质,首先,因清偿提存,债权人依民法规定可随时收取提存物,清偿人将清偿标的物合法提存后,无论债权人受领与否,即生清偿的效力,合同关系即告消灭,所以提存人与提存部门之间的关系,应理解为具有向第三人为给付的合同关系。其次,提存人将提存物提存后,如果能证明其提存是出于错误,或提存原因消灭,提存人可取回提存物。申请取回的,就提存人方面而言,是属于自己取回;就提存部门而言,则属于返还,其与保管性质无异,故提存人与提存部门之间应理解为保管合同关系。最后,提存人在为提存后,与提存部门之间的法律关系,虽因债权人领取提存物与提存人的取回提存物而有所差异,但提存兼具保管与为第三人利益的合同的性质。

二、提存的原因

提存的适用,必须存在阻却债务人履行债务的法定原因。《民法典》第 570 条对提存原因作了具体规定。

1. 债权人无正当理由拒绝受领。债权人拒绝受领必须是债务人现实地提出了给付,其形式一般应当是实际交付,个别情况下也可以是言词提出给付。如果债务人未现实地提出给付(包括以言词提出给付),则不构成债权人拒绝受领,因而债务人也不得要求提存。债权人拒绝受领必须是无正当理由,从而使债务人无法履行其债务;倘若债权人存在正当的抗辩事由而拒绝受领的,也不构成提存的原因。

2. 债权人下落不明。债权人下落不明包括债权人住所不清、地址不详、债权人失踪又无代理人或代管人而无法联络等情形。提存所要解决的只是债务人由于债权人的原因无法履行债务的问题,因此,这里的债权人下落不明并不要求债权人生死不明。债权人下落不明使债务人无法履行,即使履行也达不到合同目的,故《民法典》允许债务人提存,以保护其合法利益。如果下落不明的债权人有法定代理人,或指定了代理人,或根据《民法典》已被认定为失踪人并由法院指定了财产管理人的,则不能构成提存原因。

3. 债权人死亡未确定继承人、遗产管理人,或者丧失行为能力未确定监护人。债权人死亡未确定继承人、遗产管理人或者丧失行为能力未确定监护人,债务人失去履行对象,或者即使履行也达不到合同目的,为使债务人从这一困境中解脱出来,允许债务人将标的物提存。

4. 法律规定的其他情形。《民法典》第 529 条规定,债权人分立、合并或者变更住所没有通知债务人,致使履行债务发生困难的,债务人可以中止履行或将标的物提存。对此,应具备以下条件:(1)债权人由于分立、合并或者变更住所没有通知债务人,致使履行债务发生困难,使债务人无法履行。(2)以提存方式履行的债务必须是已到履行期限的,未到履行期限的债务不能以提存方式履行。提存必须同时具备上述两个条件,缺一不可。债务虽已到履行期,但不能证明履行债务发生困难的,不能提存。

三、提存的条件

对提存的条件,《提存公证规则》的规定如下:

1. 提存人具有行为能力且意思表示真实。提存人,是指为履行清偿义务或担保义务而向公证处申请提存的人。由于提存为一种民事法律行为,因而行为人必须在提存时具有民事行为能力。意思表示真实是任何民事法律行为的有效要件,因而提存若要产生消灭债的关系的效力,则提存人在提存时的意思表示必须是真实的。

2. 提存之债必须真实、合法且已届清偿期。只有存在真实、合法的债权债务关系,债务人才有义务履行其债务,也才可能在债务履行受阻的情况下将标的物提存,从而摆脱债务的束缚。倘若不存在真实、合法的债的关系,就不会产生债务的履行,也不可能产生提存问题。同时,该债务也须已届清偿期。

3. 存在提存的原因。如前所述,提存是为救济债务人在债务履行受阻的情况下摆脱债务束缚的一种法律措施,因而只有在存在提存的原因的情形下方可进行。

4. 提存的标的与合同标的相符且适于提存。具体要求是:(1)提存作为合同消灭的原因之一,是法律在设定条件下对清偿的一种代替安排。因此,提存的标的物应与合同约定给付的标的物相符合,否则不发生清偿的效力。(2)由于提存涉及提存部门保管提存物,因而提存的对象应以有体物为限,如给付的标的物是债务人的行为、不行为或单纯的劳务,则不适合提存。(3)给付的标的物必须适于提存。《民法典》第 570 条第 2 款规定:“标的物不适于提存或者提存费用过高的,债务人依法可以拍卖或者变卖标的物,提存所得的价款。”标的物是否适宜提存,应根据相关法律规定以及交易习惯和实际情况予以考虑。例如,容积过大之物,易燃易爆的危险物,易腐烂变质的蔬菜、水果等物品,提存费用过高的物品等,一般不予提存,而是由债务人依法拍卖或变卖,将所得的价金进行提存。

四、提存主体

提存主体又称提存当事人,包括提存人、提存受领人、提存部门。

提存人,是指为履行给付义务或担保义务而向提存部门申请提存的人,一般是债务人,提存人必须具有民事行为能力。

提存受领人,是指提存之债的受领人,即债的关系的债权人。

提存部门,是国家设立的接收提存物进行保管,并应债权人请求将提存物返还债权人的机关。提存部门是提存的中介。确定提存部门,是提存制度必须解决的问题。提存部门一般为法院,法院设有专门的提存所;另外,法院指定的银行、信托商行、仓库营业人也可以办理提存业务。在我国,提存由债务履行地的公证机关负责。

五、提存的程序

1. 提存申请人应当填写公证申请表,并提交相关材料。

2. 提存部门收到申请后,通过询问申请人和初审,对符合条件的申请决定受理。受理的条件是:(1)申请人对提存受领人负有清偿或担保义务;(2)存在提存的原因;(3)申请事项属于该公证处管辖;(4)申请人提交的材料齐全。作出受理决定的日期为收到申请之日起3日内。对欠缺上述条件之一的,提存部门应在收到申请之日起3日内作出不予受理的决定,并应告知申请人对不予受理不服的复议程序。

3. 公证员应当按照《公证程序规则》第23条的规定,进行审查。

4. 在提存人具有行为能力,意思表示真实,提存之债真实、合法,具备提存的原因、条件以及标的符合法定要求、提存标的与债的标的相符时,提存部门应当予以提存。提存标的与债的标的不符,或在提存时难以判明两者是否相符的,提存部门应告知提存人;如提存受领人因此拒绝受领提存物,则不能产生提存的效力。债务人将合同标的物或者标的物拍卖、变卖所得价款交付提存部门时,也应当认定提存成立。

5. 通知债权人受领提存物。在提存时,债务人应附具提存通知书。在提存后,应将提存通知书送达债权人。我国《民法典》第572条采取了国际通行的做法,将提存的通知义务规定由债务人承担。

六、提存的效力

提存成立的,视为债务人在其提存范围内已经履行债务,这是提存的基本效力。提存涉及债务人、提存部门和债权人三方之间的关系,也就必然会在债务人与债权人之间、债务人与提存部门之间以及提存部门与债权人之间产生法律效力。[13]

(一)债务人与债权人之间的效力

提存须有合法原因,亦即提存应合法有效,否则不发生提存效力,故应认为债的关系自提存时消灭。但是,在提存由于错误或有提存原因消灭的事实时,提存原因事实不成立或已消灭,提存的效力并不发生,提存人对于提存物得主张返还,因而债务亦不消灭。

《民法典》第571条将提存规定为合同终止的原因:"债务人将标的物或者将标的物依法拍卖、变卖所得价款交付提存部门时,提存成立。提存成立的,视为债务人在其提存范围内已经交付标的物。"既然如此,合同的债权债务关系当然消灭。提存的标的物的所有权即时转移。

《民法典》第573条规定:"标的物提存后,毁损、灭失的风险由债权人承担。提存期间,标的物的孳息归债权人所有。提存费用由债权人负担。"这不仅是说提存标的物的所有权自提存之时起,所有权转移到债权人,而且更进一步说明,标的物的损毁灭失风险、标的物孳息的所有权,都归属于债权人。既然债权人享有提存标的物的所有权,那么提存费用也应由债权人负担。

(二)债务人与提存部门之间的效力

债务人在符合提存条件时,有权向提存部门提出申请,并将给付的标的物提交提存部门,提存部门必须接受,并负有妥善保管的义务。所以,债务人与提存部门的关系是基于意思自治而产生的保管合同关系。有关提存物的保管费用,债务人不负责支付,而由债权人

---

〔13〕 史浩明:《论提存》,载《法商研究(中南财经政法学院学报)》2001年第6期。

承担。这与一般的保管合同关系不同。

债务人提存后可否将标的物取回,我国《民法典》未明确规定债务人的取回权,《提存公证规则》第 26 条规定,提存人可以凭人民法院生效的判决、裁定或提存之债已经清偿的公证证明取回提存物。提存受领人以书面形式向公证处表示抛弃提存受领权的,提存人得取回提存物……上述规定对提存物取回的限制过于严格,如果债务人能证明提存系出于错误(如误认为无效债务为有效债务)或者提存的原因已经不再存在(如提存后合同之债解除),提存部门均应允许债务人撤回提存,取回提存物。提存撤回后,提存原有的效力消灭,债务人的债务也同时恢复,有关提存的费用应由债务人自负。债务人未支付提存费用前,提存部门有权留置价值相当的标的物。

(三)提存部门与债权人之间的效力

在提存后,债权人与提存部门之间会形成一定的权利义务关系。《民法典》第 574 条规定,债权人可以随时领取提存物。但是,债权人对债务人负有到期债务的,在债权人未履行债务或者提供担保之前,提存部门根据债务人的要求应当拒绝其领取提存物。债权人领取提存物的权利,自提存之日起 5 年内不行使而消灭,提存物扣除提存费用后归国家所有。但是,债权人未履行对债务人的到期债务,或者债权人向提存部门书面表示放弃领取提存物权利的,债务人负担提存费用后有权取回提存物。

由于提存具有使债务人摆脱债务约束的效力,因此自提存之日起,债权人即独立地享有提存所设定的权利并承担相应的义务。债权人在规定期间内,对提存部门享有交付提存物的请求权,同时须承担提存费用。由于自提存之日起,提存物的所有权即转归债权人所有,故债权人应承担提存期间标的物意外灭失的风险责任。各国立法都规定债权人对提存标的物的领取权应受一定的时间限制,该期间属于除斥期间,除斥期间届满,债权人丧失领取权,提存物归国家所有。

| 引例分析 |

依照《民法典》第 570 条的规定,存在债权人无正当理由拒绝受领,债权人下落不明难以履行债务,债权人死亡未确定继承人、遗产管理人或者丧失民事行为能力未确定监护人等情况的,债务人可以将标的物提存。提存制度的目的与意义主要是债务人将无法交付给债权人的标的物交付给提存机关,进而消灭债权债务关系,免除债务人为债务履行的困扰。不过,提存制度的适用是有条件的,不符合提存的法定事由,提存就不发生合同权利义务终止即合同消灭的效果。

在本案中,蔺某梅与徐某存在债权债务关系,徐某依执行裁定向蔺某梅给付,确为事实,但是双方并未就延迟支付房款的利息达成一致,并不存在《民法典》第 570 条规定的提存法定事由,因而不应当提存。在这种情况下,如果在公证机关进行提存,就可能伤及债权人的利益。所以,公证处对徐某提交的款项予以提存,是不符合法律规定的。徐某未全面履行合同约定的转让款给付义务,提存也不发生法律效力,法院判决其继续支付所剩的房屋转让款以及迟延履行产生的利息,完全符合法律规定。

第六节　免　　除

| 引　例 |

纽威公司与傲佳公司签订《1 万吨/年异丁烷脱氢示范装置三偏心高温蝶阀和气动开关球阀门采购合同》,约定纽威公司向傲佳公司提供“三偏心高温蝶阀”15 台和“气动开关球阀”10 台,质量技术要求和标准须按照技术服务协议的有关保证值,保证供货质量。交付上述产品后,纽威公司项目负责人纪某向傲佳公司总经理褚某发送电子邮件,明确表示:“关于贵司后续货款问题,纽威公司经过讨论决定,余款做折让处理,请贵司开具金额为 46.4 万元的红票,纽威据此销账。附件为折让协议,请过目! 谢谢!”附件中有《折让协议》,内容是:“纽威公司(乙方)销售给傲佳公司(甲方)的开关球阀,因该批货物存在质量问题,经双方友好协商,乙方同意给予甲方销售折让 46.4 万元。”傲佳公司回复纽威公司,不再追究质量问题。嗣后,纽威公司高层认为傲佳公司拖延支付剩余货款,造成纽威公司资金占用等的经济损失,构成违约,将傲佳公司诉至法院,追究傲佳公司的违约责任。

法院审理认为,本案的争议焦点是纪某发送的电子邮件是否构成债务免除。双方签订的采购合同第 18 条约定:纪某是供方项目负责人,其负责合同履行过程中的联络、确认合同履行事宜等相关问题。合同落款处也载明纪某是授权代表。由此可见,纪某发送电子邮件的行为不应视为其个人的意思表示,而是纽威公司的意思表示。纪某在邮件中明确承认所供货物有质量问题,愿意免除剩余货款,应视为纽威公司的单方免除对方责任的承诺,纽威公司应当遵守。纽威公司再提起本案诉讼,有违诚信。故判决驳回纽威公司的诉请。

| 法律问题 |

1. 免除及其性质
2. 免除的成立要件
3. 免除的法律效果

一、免除的概念和性质

免除,是指债权人基于单方行为抛弃债权,从而全部或者部分消灭合同的单方法律行为。故免除是债权人抛弃其债权之行为。[14]《民法典》第 575 条规定:“债权人免除债务人部分或者全部债务的,债权债务部分或者全部终止,但是债务人在合理期限内拒绝的除外。”

---

〔14〕 洪文澜:《民法债编通则释义》,上海法学编译社 1948 年版,第 431 页。

对免除的法律性质,《民法典》第575条并未予以明确,并在本条后句规定债务人的拒绝权,以关照特殊情形下债务人维持债之关系、继续履行债务的合理诉求,[15]但这并未否认免除具有单方行为的性质。免除还具备以下属性:(1)免除是一种无因行为,债权人究竟为什么原因而免除债务,在所不问;(2)免除是一种无偿行为,并不以债权人取得相应对价为条件;(3)免除是一种不要式行为,免除的意思表示无须特定的方式。

二、免除的成立条件

免除是法律行为,应当具备法律行为成立的一般条件。此外,还应当具备以下条件:

1. 免除的意思表示须向债务人为之。免除作为一种单方法律行为,其免除的意思表示应当由债权人向债务人或者其代理人为之,该意思表示到达债务人或其代理人时生效。如果当事人是订立免除协议的,则该协议达成时生效。

2. 债权人须具有处分能力。债权人免除债务,也就是放弃自己的债权,作出这种决定的债权人必须具有对债权的处分能力。如果是法律禁止抛弃的债权,债权人免除的行为无效。

3. 免除不得损害第三人利益。债权人免除债务人的债务,虽然是债权人的权利,但该权利的行使不得损害第三人的利益。例如,已就债权设定质权的债权人,不得免除债务人的债务而对抗质权人。

4. 债务人在合理期限内对免除没有拒绝。免除虽然是单方法律行为,但是,债权人免除债务人的债务,债务人予以拒绝的,仍然不能发生免除的效力。因此,债务人可以在合理期限内拒绝债权人对债务的免除。债务人超过合理期限而未予拒绝的,免除发生效力。

三、免除的效力

免除的效力是使合同消灭。债务全部免除的,合同全部消灭;债务部分免除的,合同于免除的范围内部分消灭。主债务因免除而消灭的,从债务随之消灭;从债务免除的,不影响主债务的存在,但其他债务人不再负担该从债务。

债权人免除连带债务人中一个债务人的债务的,其他连带债务人的债务应视为一并免除;但是,如果债权人明确表示仅免除连带债务人中的一人应负的债务份额的,则其他债务人的债务不应免除。

| 引例分析 |

依照《民法典》第575条的规定,债权人免除债务人部分或者全部债务的,债权债务部分或者全部终止,但是,债务人在知道或者应当知道免除之日起合理期限内拒绝的除外。免除是债权人抛弃债权,从而部分或全部消灭债权人和债务人之间债权债务关系的单方法律行为。按照要求,债权人作出免除的意思表示,应当向债务人为之,免除的意思表示到达债务人时生效,作出免除意思表示的人必须是拥有对债权处分能力的人。

本案争议的焦点,一是作出免除的意思表示是否有效,二是债务人未作出接受免除

〔15〕 朱广新、谢鸿飞主编:《民法典评注·合同编　通则》(2),中国法制出版社2020年版,第273页。

的意思表示是否阻止免除效力的发生。

对于前者,纪某是供方项目的负责人,负责合同履行过程中的联络、确认合同履行事宜等相关问题,因而拥有对该债权的处分权力,其在电子邮件中明确承认供货存在质量问题,以及免除剩余货款,应当构成债务免除的意思表示,并且已经送达债务人。据此,纽威公司的免除债务的意思表示发生法律效力,其与傲佳公司之间剩余货款的给付义务消灭。

对于后者,在纪某作出免除的意思表示之后,傲佳公司确实没有明确作出接受免除的意思表示。但是,依据《民法典》第575条的规定,对于免除的意思表示,只要债务人在合理期限没有表示拒绝的,就发生法律效力。傲佳公司在回函中,明确表示了不再追究质量问题,虽然没有明确表示接受免除,但是并没有拒绝免除债务,因而,纪某的免除债务的意思表示发生法律效力。

其实,纽威公司的债务免除不是没有对价的,对价就是傲佳公司放弃追究其质量问题。

基于以上理由,法院判决傲佳公司所欠纽威公司剩余货款的债务免除,完全符合法律规定。

第七节　混　　同

引　例

原告甲某为其名下的A车向被告乙保险公司投保交强险、车辆损失险、第三者商业责任险。甲某家里另有B车,A车与B车的所有人均为甲某。某年8月9日15时,在南北高架共和新路出口处,案外人甲某之妻丙某驾驶的A车追尾撞上原告甲某驾驶的B车,致车辆受损。经公安部门认定丙某负事故全部责任。B车维修费用为4.8万元。甲某与丙某系夫妻关系,夫妻关系存续期间未约定夫妻分别财产制。甲某将乙保险公司诉至法院,要求其支付赔偿及修理费用。

法院审理认为,原告依据交强险、第三者商业责任险主张权利,应符合责任保险的本质。责任保险是以被保险人依法对第三者应负的赔偿责任为保险标的。交强险和第三者商业责任险本质上是责任保险,即以须对第三者承担侵权责任为前提。侵权责任系因民事主体自身的过错行为而应对他人承担的一种义务。侵权之债关系中存在两个以上主体是应有之义。任何人不得对自己享有债权,向自己请求或履行债务亦毫无意义。当债权、债务同归一人时,侵权之债归于消灭。

在本案中,侵权人为实际驾驶A车的案外人丙某,且存在独立财产意义上的两辆车和两份保险合同关系,从终局责任主体而言,丙某为债务人,甲某为债权人。基于双方的夫妻身份和我国夫妻财产法定共有制,在无证据证明事故发生时夫妻双方具有分别财产的情况下,对其财产关系在法律上应视为一人,夫或妻一方以家庭共有财产向另一方履行给付,构成债权债务混同,侵权损害赔偿之债也因此消灭。因此,独立意义上的侵权责任并不存在,不符合责任保险适用的前提,甲某无法基于责任保险主张理赔,故判决驳回原告的诉讼请求。

| 法律问题 |

1. 混同及其性质
2. 混同的原因
3. 混同的效力

一、混同的概念与性质

混同,是指合同的债权和债务同归于一人,而使合同关系消灭的事实。依照《民法典》第576条的规定,就混同的实质而言,是不能并立之两种资格同归于一人。[16]

混同作为合同消灭的原因是基于合同关系成立须有两个主体的观念,任何人不得对自己享有债权,同一人同时为债务人和债权人时,有悖于债的观念,合同关系自应消灭。

二、混同的原因和效力

(一)混同的原因

混同以债权与债务归属于一人而成立,与人的意志无关,因而属于事件。发生混同的原因分为以下两种:

1. 概括承受。概括承受,是指合同关系的一方当事人概括承受他人的权利与义务。例如,债务人继承被继承人对其享有的债权,债权人甲与债务人乙合并成立新厂丙,都发生混同的后果。

2. 特定承受。特定承受,是指因债权让与或者债务承担而承受权利和义务。例如,债务人自债权人处受让债权,或者债权人承担债务人的债务,也发生混同,债的关系归于消灭。

(二)混同的效力

对混同的效力有两种不同的主张:(1)认为混同不发生合同消灭的后果,只发生履行不能,因此,债权债务归属于一人时,为履行不能。(2)认为混同消灭合同关系。《民法典》第576条采后一种意见,认为混同消灭债权债务关系。

混同的效力是导致合同债权债务关系的绝对消灭,并且主债务消灭,从债务也随之消灭,如保证债务因主债务人与债权人混同而消灭。

在连带债务中,连带债务人中一人与债权人混同时,债仅在该连带债务人应负担的债务额限度内消灭,其他连带债务人对剩余部分的债务仍负连带债务。连带债权人中一人与债务人混同时,债也仅在该连带债权人所享有的债权额度内消灭,其他连带债权人对剩余部分的债权仍享有连带债权。

---

〔16〕(国立)北平大学法学院:《中国民法债编》(宣异东藏书),1935年版,第312页。

混同虽然产生合同债权债务消灭的效力，但是，在例外的情形下，即涉及第三人利益时，虽然债权人和债务人混同，但是合同并不消灭。例如，债权出质时，债权不能因混同而消灭。

引例分析

依据《民法典》第576条的规定，混同就是指债权和债务同归于一人，而使合同关系消灭的事实。混同的发生不以当事人的意志为转移，因而不属于法律行为而是事件。债之所以可以因混同而消灭，是基于任何人不得对自己享有债权这一朴素的观念，当一人既为债务人也为债权人时，债的关系自应消灭。

在侵权法上，基于夫妻身份和我国夫妻法定财产共有制，丈夫与妻子就财产关系而言，应当视为一人，因为夫或妻无法以家庭共有财产向另一方履行给付。在本案中，丙某并不对甲某承担独立意义上的侵权责任，丙某和甲某在债权债务意义上实为同一人。既然并不存在独立意义上的甲某与丙某之间的侵权责任，则不符合责任保险的适用前提，法院认定本案构成混同，判决甲某无法据此向保险公司提出索赔，是有法律根据的。

不过，对这个案件的法律适用也有不同看法。例如，有学者认为夫妻之间并非一体化，特别在财产和人格上，都是独立的个体，都有自己的权利，并非混同。夫妻各自驾驶的车辆在道路上发生交通事故，造成财产损害，应当按照各自投保的保险，由保险公司承担责任，至于保险理赔之余的部分，各自应当承担的责任倒是可以考虑混同，愿意不承担责任是可以的，如果要相互追究责任也未尝不可。这种意见确实是很有道理的，值得认真考虑。

本章思考题

1. 合同消灭与合同效力停止、合同效力减弱有哪些区别？
2. 对债权准占有人给付发生清偿效力应当具备哪些要件？
3. 《民法典》第557条为什么将解除与其他合同消灭的原因分开规定？
4. 法定抵销权是何种性质的权利？其效力如何？
5. 《民法典》规定提存的意义是什么？
6. 免除的法律性质是什么？生效的要件有哪些？
7. 实行夫妻共同财产制的夫妻在婚姻关系存续期间发生侵权行为，发生混同的效力吗？

第八章　合 同 责 任

第一节　缔约过失责任

｜引　例｜

乾坤公司受区卫生局的委托，就区卫生局所需彩超设备政府采购计划进行公开招标。天达公司参加投标，按照要求向乾坤公司交纳4万元保证金。乾坤公司确定第一中标候选人为天达公司，第二中标候选人为粮油食品进出口公司，第三中标候选人为医疗器材有限公司。第二中标候选人就天达公司标书中的技术参数向区卫生局及乾坤公司提出质疑，区卫生局要求天达公司答复，同时告知乾坤公司在正式确定中标结果前不得擅自发出《中标通知书》，乾坤公司同意。区卫生局向区财政局采购办建议对本次招标项目予以废标。嗣后，乾坤公司向天达公司发出《中标通知书》，天达公司与中康医用技术有限公司签订了医疗设备采购合同，支付定金50万元。因区卫生局未与天达公司签订彩超设备采购合同，天达公司因而未能履行与中康医用技术有限公司签订的医疗设备采购合同，所交定金50万元不予退回。

天达公司分别向区政府采购办、区卫生局发函，要求区卫生局依据《中标通知书》列明的签约时间按时签订合同。区卫生局在收函后并未与天达公司签订合同。天达公司再次向区卫生局发出函告要求签订合同，区卫生局在收到函告后，仍未与天达公司签订合同。天达公司向法院起诉，请求区卫生局赔偿其遭受的损失。

法院审理认为，乾坤公司作为采购代理机构，有权以书面形式发出《中标通知书》。天达公司接到《中标通知书》后，基于当时的实际情况，有理由相信其已成为中标人，并不知道乾坤公司是自行发出的《中标通知书》。天达公司基于此产生信赖利益，为履行招标项目签订合同，没有违背诚实信用原则。在招标项目没有依法废标的前提下，采购人区卫生局没有依法按时确定中标人，并将中标结果告知第一中标候选人天达公司，具有过失，不足以免除其基于诚实信用原则产生的通知义务，区卫生局应承担缔约过失责任，赔偿给天达公司造成的部分信赖利益损失。

｜法律问题｜

1. 缔约过失责任及其法律特征
2. 缔约过失责任的构成要件
3. 缔约过失责任的类型

4. 缔约过失责任的损害赔偿

一、缔约过失责任概述

(一)缔约过失责任的概念和特征

1. 缔约过失责任的概念

缔约过失责任,也称“契约缔结之际的过失”[1]或者先契约责任、缔约过失中的损害赔偿责任,是指在合同缔结过程中,当事人因自己的过失致使合同不能成立,对相信该合同为成立的相对人基于此项信赖而生的损害应负的损害赔偿责任。

2. 缔约过失责任的法律特征

(1)缔约过失责任是缔结合同中的民事责任。缔约过失责任只能存在于缔约阶段即先契约阶段,不可能存在于其他阶段。缔约过失责任与合同无效责任及违约责任的区别在于合同是否成立,合同成立之前发生的合同责任是缔约过失责任,成立之后发生的合同责任是合同无效责任或者违约责任。

(2)缔约过失责任是以诚实信用原则为基础的民事责任。就民事责任承担的法律基础而言,违约责任的法律基础基本上是双方当事人的约定,即双方一致的意思表示;侵权责任的法律基础为法律关于侵权行为的规定,缔约过失责任的法律基础是诚实信用原则。诚实信用原则赋予缔约双方当事人必须遵守的法定义务,违背这种义务,应当承担相应的法律责任。

(3)缔约过失责任是以补偿缔约相对人损害后果为特征的民事责任。缔约过失行为人因自己未遵守法定义务,致使相对人误认为尚未成立的合同已经成立,因而造成财产损失。当其应当承担责任时,依据等价有偿原则,行为人应赔偿相对人因此造成的财产损失。补偿性是缔约过失责任的基本特征之一,缔约过失责任是缔约中因过失引起的损害赔偿责任。

(二)缔约过失责任的意义

缔约过失责任的意义在于保护交易安全。随着经济交往的不断扩大,交易活动出现了更深、更广、更高频的发展趋势。缔约过失责任适应这种趋势,突出强调当事人在缔约之际的过失,对因这种过失而招致损害的当事人采取救济手段,从而给交易活动增加了一道安全阀,给当事人增加了一项义务链。这种法律约束可以规范人们恪守良性交易行为准则,对商业欺诈是一种有针对性的制约,能够促进公平交往,保障交易安全,完全符合诚实信用原则的要求。

(三)缔约过失责任的历史发展

缔约过失责任是产生较晚的一项民事责任制度。在传统民法理论中,合同责任只包括违约责任,对于契约无效或者根本不成立似乎无由归责,因而合同法只保护契约阶段而不保护先契约阶段。

---

[1] 刘得宽:《民法诸问题与新展望》(第2版),台北,三民书局1980年版,第426页。

德国法认为,先契约阶段是指缔约当事人已经开始协议但尚未缔约之间的这一过程,以要约的提出为开始的标志,以契约的成立为结束的标志,是要约到承诺作出之前的过程。从契约的提出到承诺的作出,就是这样一个磋商阶段。在这个阶段中,一方或双方当事人出现不当行为,将不可避免地使对方在先契约阶段遭受损失。法律只规定契约责任而未规定先契约责任,就契约当事人的保护而言,是一个残缺的法律制度,当事人所受损害无法得到必要的救济。德国法学家耶林于 1861 年发表《契约缔约之际的过失》一文,对德国普通法源的罗马法扩张解释,广泛地承认信赖利益损失的赔偿。《德国民法典》大幅度采纳耶林的主张,承认在契约不成立时的各种信赖利益的赔偿,在立法上确认了缔约过失责任制度。

法国法认为缔约阶段并不是合同的阶段,因此不能受到合同法的保护。既然缔约当事人基于过错而造成对方当事人的利益损失,恰好符合《法国民法典》第 1382 条规定的侵权行为一般条款的要求,具备侵权责任构成要件的要求,因而应当依照侵权行为法的规定认定其性质。所以,法国法认为缔约过失不是合同责任而是侵权责任。

英美法确认诚信义务,重视保护信赖利益,认为信赖利益是指合同当事人因信赖对方的允诺而支付的代价或费用,信赖利益的赔偿主要是为了弥补合同法规则的缺陷,强化"禁反言"原则,弥补受害人的损失而创设的制度。〔2〕

我国以往的合同立法没有关于缔约过失责任的规定。原《民法通则》规定了缔约过失责任。原《合同法》总结了司法实践经验,对缔约过失责任作出完整规定。《民法典》继续确认缔约过失责任制度,规定在合同编"合同的订立"一章之中。

二、缔约过失责任与相关合同责任的界限

(一)缔约过失责任与合同无效责任

在法律适用中,应当特别注意缔约过失责任与合同无效责任的区别。两种合同责任在时间顺序上是前后衔接的,基本界限是合同是否成立。有的学者在表述缔约过失责任时,将缔约过失责任与合同无效责任的界限认定为合同有效,是不正确的。合同成立与合同有效不是一个概念,《民法典》对此作出明确规定。〔3〕 在合同成立之前发生的合同责任只能是缔约过失责任,在合同成立之后不应当再有缔约过失责任的存在。《民法典》将缔约过失责任规定在合同编第二章"合同的订立"中,将合同无效责任规定在民事法律行为效力之中,其立法含义非常明确。

对缔约过失责任与合同无效的损害赔偿责任之间的关系,存在两种不同的观点:一种观点认为这是两种不同的损害赔偿责任,一种发生在合同订立阶段,另一种发生在合同生效阶段。另一种观点认为这两种损害赔偿责任是一种责任,都是缔约过失责任。

本书认为,缔约过失责任的损害赔偿与合同无效的损害赔偿是两种损害赔偿责任,一种是缔约之际发生的损害赔偿,另一种是合同生效之际发生的损害赔偿。但这两种损害赔

---

〔2〕 王利明:《合同法研究》(第1卷),中国人民大学出版社 2002 年版,第 306～307 页。

〔3〕 对于这个问题应当加以说明。我国原《合同法》将合同成立和合同有效分别规定在第 25 条和第 44 条,在立法逻辑上是清楚的,就是要区分合同的成立和生效的不同法律后果。但是我国原《合同法》在规定这个问题的时候,忽略了合同生效的要件,将合同法草案中关于合同生效条件的条文删除,这是一个不应有的失误。在理论研究上,对此不应当再发生错误。

偿责任适用的规则是一样的，不仅如此，就是在合同成立并生效后，由于存在法定原因，经过当事人的请求而被撤销的合同的损害赔偿责任，也与缔约过失损害赔偿责任规则相同。合同无效责任的其他责任方式，则与缔约过失责任规则不同，是专门的合同无效责任。

（二）缔约过失责任与实际违约责任

1. 产生责任的法律事实不同。违约责任产生于合同有效成立之后的一方或双方当事人违反合同的约定；而缔约过失责任则产生于合同成立之前的缔约之际，也就是先契约阶段，责任的发生是由于一方当事人或双方当事人的故意或者过失行为。

2. 责任的构成要件不同。违约责任须有违反约定义务的行为；而缔约过失责任则须有意思表示瑕疵的行为，这种行为可能并不违法，也不是违约行为。违约责任的行为违反的是约定的义务；缔约过失行为违反的则是法定的先契约义务。

3. 责任方式不同。缔约过失责任仅有赔偿损失一种方式，没有其他责任方式；而违约责任的责任方式呈多样化形态，存在多种合同责任方式。

4. 适用的法律不同。缔约过失责任规定在《民法典》合同编第二章第 500 条和第 501 条，应当适用这些法律规定确定缔约过失责任。实际违约责任规定在《民法典》合同编第八章第 577 ~ 593 条，规则复杂，不像缔约过失责任的规则相对简单。

三、缔约过失责任的构成要件

1. 须一方当事人违反先契约义务。按照诚信原则，缔约当事人在缔约过程中应负必要的注意义务，这就是先契约义务。耶林认为，从事契约缔结的人，是从契约交易外的消极义务范畴进入契约上的积极义务范畴，其因此而承担的首要义务系于缔约时善尽必要的注意。[4] 这种先契约阶段缔约人根据诚信原则产生的必要注意义务，就是法定义务，是对对方当事人的相互协力、相互通知和相互保护的义务。这是缔约人的义务，缔约人必须履行，以使“法律所保护的，并非仅是一个业已存在的契约关系，正在发生的契约关系亦应包括在内，否则，契约交易将暴露于外，不受保护，缔约一方当事人不免成为他方疏忽或不注意的牺牲品”。[5]

构成缔约过失责任的首要条件是缔约当事人违反这一先契约义务，没有履行这种缔约之际的注意义务。凡是违反无正当理由不得撤销要约的义务、违反使用方法的告知义务、违反合同订立前重要事项的告知义务、违反协作和照顾义务、违反忠实义务、违反保密义务、违反不得滥用谈判自由义务的行为，都构成这一要件。

2. 须当事人意思表示瑕疵而使对方当事人误信合同已经成立。构成缔约过失责任，不仅要一方当事人违反先契约义务，并且还要有当事人的意思表示瑕疵。这种意思表示瑕疵是指其在要约或承诺中的意思表示出现的瑕疵，而不是其他的意思表示瑕疵。对于这种瑕疵应作广义上的理解，即意思表示不真实，只要意思表示与客观实际的作为有差距，使意思表示不能实际履行，即为意思表示瑕疵。这种意思表示瑕疵可能是缔约一方当事人的意思

---

〔4〕 王泽鉴：《民法学说与判例研究》（第 1 册），中国政法大学出版社 1998 年版，第 88 页。

〔5〕 王泽鉴：《民法学说与判例研究》（第 1 册），中国政法大学出版社 1998 年版，第 88 页。

表示瑕疵,也可能是双方当事人的意思表示瑕疵。

当缔约的一方当事人或双方当事人意思表示具有瑕疵,而相对人以这种有瑕疵的意思表示作为真实的意思表示而与之磋商缔结合同,相信该合同已经成立时,就构成缔约过失责任的这一要件。如果缔约相对人根本就不相信该合同已经成立,尽管对方当事人的意思表示具有瑕疵,但其也不会从事履行合同的准备行为甚至是履行行为,因而也就不可能造成损失。只有误信合同已经成立,缔约相对人才会去履行合同或者作履行合同的准备,也才有可能造成财产上的损失。

3. 须缔约当事人具有过错且发生在合同订立过程中。缔约当事人对于自己的违反先契约义务的行为以及自己的意思表示瑕疵须具有过错,才能构成缔约过失责任。

故意和过失都是构成缔约过失责任的主观要件。故意是构成缔约过失责任的要件,如利用缔约进行诈欺,构成先契约责任。过失是缔约过失责任主观构成要件的主要表现形式,表现为对注意义务的违反。因此,缔约过失的过错按照《民法典》第500条的表述,就是恶意磋商、故意隐瞒、提供虚假情况,以及违背诚实信用原则。前三种为故意所为,最后一种故意、过失均可。缔约之际的当事人之间互以利益信赖关系为基础,互相负有的必要注意义务的内容就是保护对方利益的安全。对相对方当事人利益保护注意义务的违反,就构成缔约过失责任构成中的过失要件。

缔约当事人的上述过错应当发生在缔约过程中,即合同尚未成立之前。合同尚未成立,是指缔约双方对契约内容进行了磋商,但合同并没有成立。确认这一要件应适用客观标准,而非主观标准,即无论当事人是否相信合同已经成立,判断合同成立只能依法审查,在客观上没有成立的合同不能发生缔约过失责任。

4. 缔约当事人须受到信赖利益的损害。信赖利益,是缔结合同当事人因信赖对方当事人的允诺而产生的利益,信赖利益损失则是指另一方缔约人违反先契约义务而使合同不能成立,导致信赖人所支付的代价和各种费用不能得到弥补的财产损失。信赖利益损失的范围应当局限在可以客观预见的范围内,同时也必须是基于合理信赖而产生的利益。如果在客观事实上不能对合同的成立产生信赖,即使已经支付了大量费用,也不能认定为信赖利益损失。

这种损害既可以是缔约一方当事人的损害,也可以是双方当事人的损害。损害应当是财产利益的损害,而不是非财产利益的损害。这种财产利益的损害是由于缔约人未尽先契约义务致使合同未能成立而引起的,二者之间应有因果关系。不是由于合同未能成立而引起的损害,不构成缔约过失责任。

具备以上四项要件,即构成缔约过失责任,在当事人之间发生缔约过失的损害赔偿关系。

四、缔约过失责任的类型

(一)恶意磋商

《民法典》第500条根据缔约过失责任原理并借鉴《国际统一私法协会国际商事合同通则》的经验,规定假借订立合同,恶意进行磋商的行为是缔约过失责任的一种类型。

假借,就是根本没有与对方订立合同的意图,与对方进行合同的谈判仅是一个借口,目的就在于损害对方或者他人的利益。恶意是假借磋商、谈判而故意给对方造成损害的主观心理状态。其中假借是手段与表现形式,而恶意是其内心的真实意思。因此,恶意是这种缔约过失责任的核心,应以故意为其主观要件。

恶意磋商的缔约过失责任应当与合同自由区别开来。其判断的标准应当是在谈判过程中,一方向另一方作出允诺,而另一方已经对此产生了信赖,如果提出允诺的一方突然中断谈判而无任何理由,即可认定为恶意终止谈判,构成恶意磋商的缔约过失责任。

(二)缔约欺诈

依据《民法典》第500条的规定,故意隐瞒与订立合同有关的重要事实或者提供虚假情况,构成缔约过失责任。这就是缔约欺诈。

缔约欺诈是指在缔约过程中,一方故意实施某种欺骗对方当事人的行为,并使其陷入错误而与该方协商订立合同的行为。故意隐瞒和提供虚假情况都是欺诈。一方当事人故意告知对方虚假情况,或者故意隐瞒真实情况,诱使对方当事人作出错误意思表示的,可以认定为欺诈行为。缔约欺诈就是一种发生在缔约之际的欺诈行为。

判断缔约欺诈的标准是在缔约过程中:(1)欺诈是故意所为,故意的表现是欺诈的一方明知自己告知对方的情况是虚假的,且会使被欺诈人陷入错误认识,而希望或者放任这种结果的发生;(2)欺诈人将这种内心的欺诈表现于外部,变为具体的行为;(3)受欺诈人因此而陷入错误认识。符合这三点要求,就构成缔约欺诈。

(三)泄密或者不正当使用商业秘密

《民法典》第501条规定的是泄密或者不正当使用商业秘密的缔约过失责任,这一规则是借鉴《国际统一私法协会国际商事合同通则》确定的。传统合同法理论认为,缔约各方没有特别的义务为对方当事人在订约过程中与交易有关的问题进行保密。现代合同法认为,谈判过程中,一方对另一方在谈判中披露的具有商业秘密性质的信息都应当予以保密,不得泄露。《国际统一私法协会国际商事合同通则》第2.16条规定,在谈判过程中,一方当事人以保密性质提供的信息,无论此后是否达成合同,另一方当事人有义务不予泄露,也不得为自己的目的不适当地使用这些信息。在适当的情况下,违反该义务的救济可以包括根据另一方当事人泄露该信息所获得之利益予以赔偿。

判断泄密或者不正当使用商业秘密行为应当掌握的标准是在缔约过程中:(1)一方当事人已经知道自己掌握的或者对方提供的信息为商业秘密,对对方的经营具有重要意义;(2)将该商业秘密向他人予以泄露,或者自己在经营活动中予以不正当使用;(3)因此给对方当事人造成了信赖利益的损失。符合这些条件的,构成泄密或不正当使用商业秘密的缔约过失责任。

(四)其他违背诚信原则的行为

下列行为构成《民法典》第500条规定的其他违背诚信原则的缔约过失责任。

1.违反初步的协议或者允诺。缔约双方在协商过程中已就合同的主要条款达成初步的意向,尚未正式签订合同,合同虽未成立但已建立信赖关系。如果一方违反对另一方的允诺,破坏了信赖关系,即构成缔约过失责任。这种缔约过失行为也称为违反预约。[6]

2. 违反有效的要约邀请。要约邀请的发出是订立合同的预备行为,当事人并未受到约束。但在特殊情况下,要约邀请的内容足以使相对人产生一定信赖,相对人对此发出要约,并支付了一定的费用,如果邀请人因过失或者故意行为造成相对人信赖利益的损失,则邀请人应当承担缔约过失责任,赔偿对方的信赖利益损失。

3. 要约人违反有效要约。我国合同法准许在一定情况下撤销要约,但是,要约人确定了承诺期限或者以其他形式明示要约是不可撤销的,或者受要约人有理由认为要约是不可撤销的,使对方建立信赖,并为订立合同进行准备,如果要约人违反要约,造成了信赖人的信赖利益损失,则构成缔约过失责任。

4. 违反强制缔约义务。负有强制缔约义务的一方当事人违反强制缔约义务,不构成违约责任,因为这时合同还没有成立,不能认定为违约责任。但是,违反强制缔约义务的行为发生在缔约的过程中,对方当事人完全可以基于强制缔约义务的法律规定建立信赖,违反强制缔约义务会造成信赖利益的损害。因此,违反强制缔约义务的行为构成缔约过失责任。

5. 无权代理未经被代理人追认。没有代理权、超越代理权或者代理权已经终止后以被代理人的名义订立合同的,都是无权代理。无权代理经过被代理人追认,合同成立,被代理人成为合同当事人;如果未经被代理人追认,则由无权代理人向第三人承担责任。这种责任的性质有的学者认为是侵权责任,有的学者认为是狭义的合同责任,本书认为是缔约过失责任。理由是,侵权责任救济这种第三人的权利损害不够全面,且要求很严,不利于权利保护;如果认为是狭义的合同责任,则这时合同尚未成立,不能认定为违约责任。这种行为符合缔约过失责任的构成要件,认定为缔约过失责任,既能保护第三人的合法权益,又能对无权代理人的无权代理行为予以制裁。

五、缔约过失的损害赔偿责任

(一)赔偿法律关系

缔约过失责任的责任方式是损害赔偿。缔约责任不像违约责任那样由多种责任方式构成,而是只有一种方式。构成缔约过失责任后,就在当事人之间形成了损害赔偿的权利义务关系。在先契约阶段中因相信合同已经成立并且因此而遭受损失的一方当事人,是损害赔偿的权利人,享有损害赔偿权利。因过失使受损害的当事人相信合同成立的另一方当事人,是损害赔偿的义务主体,负有损害赔偿义务。

在缔约过失责任中,《民法典》没有规定第三人过错造成的损害赔偿应当怎样确定责任。《合同编通则解释》第5条对此规定,第三人实施欺诈、胁迫行为,使当事人在违背真实意思的情况下订立合同,受到损失的当事人请求第三人承担赔偿责任的,法院依法予以支持;当事人也有违背诚信原则的行为的,应当根据各自的过错确定相应的责任。但是,法律、司法解释对当事人与第三人的民事责任另有规定的,依照其规定。例如,《民法典》第593条规定,当事人一方因第三人的原因造成违约的,应当依法向对方承担违约责任。当事人

---

〔6〕 隋彭生:《合同法要义》(第3版),中国人民大学出版社2011年版,第79页。

一方和第三人之间的纠纷，依照法律规定或者按照约定处理。这样的规定，就不是直接向第三人追究赔偿责任。

（二）赔偿形式

在先契约阶段，因双方过失造成一方损害的，也构成缔约过失损害赔偿关系，受损害的一方享有损失赔偿的权利，相对的一方当事人负有损失赔偿的义务。受损害的一方当事人不能请求相对一方当事人赔偿全部损失，按照过失相抵原则，只能就因为对方过失所造成的那一部分损失请求损失赔偿，因自己的过失造成的损失应由自己承担。

在先契约阶段，双方均有过失又均造成损失，构成两个损失赔偿关系，互为缔约过失的损失赔偿权利人和义务人，应相互承担损失赔偿责任。

（三）范围和方法

缔约过失的损失赔偿，应当以信赖利益的损失为赔偿的基本范围。信赖利益损失主要是直接损失，也包括间接损失，是指基于信赖合同成立而支出的各种费用，包括：(1)因信赖对方要约邀请或有效要约而与对方联系、赴实地考察以及检查标的物所支出的各种合理费用；(2)因信赖对方将要缔结合同，为缔约做各种准备工作所支出的各种费用；(3)为谈判支出的劳务；(4)为支出上述各种费用所失去的利息等。

赔偿损失应当适用全部赔偿原则，缔约过失的损失赔偿义务人对赔偿权利人的全部损失予以赔偿，包括财产的直接损失和间接损失，应当实事求是地加以计算。确定缔约过失责任的损失赔偿责任，应当遵守信赖利益不能超过履行利益原则，即有过错的一方所赔偿的信赖利益不应该超过合同有效或者合同成立时的履行利益。[7]

适用过失相抵原则时，应当在全部损失的数额中，扣除赔偿权利人因自己的过失造成的损失部分。双方互有损害时，应当各自赔偿对方的损失，计算时也应确定双方的过失大小，正确认定双方的赔偿责任。在责任确定之后，可以就双方的赔偿责任重合部分予以抵销，就剩余部分由一方向另一方赔偿。

引例分析

本案双方当事人的争议焦点，是被告是否应当承担缔约过失责任。在合同订立过程中，虽然双方尚未成立合同法律关系，但是，在缔约谈判过程中，一方的行为会给对方造成合理信赖，如果一方当事人违背诚实信用原则，有可能会损害对方的信赖利益，故而合同法要求其承担缔约过失责任，以充分保护当事人在缔约过程中的信赖利益。

在本案中，乾坤公司作为采购代理机构，以书面形式向天达公司发出《中标通知书》，天达公司接到《中标通知书》后，基于当时的实际情况，有理由相信其已成为中标人，对成立合同产生合理信赖。在招标项目没有被依法废标的情况下，被告区卫生局没有依法按时确定中标人，也没有将中标结果告知第一中标候选人即原告，导致原告为准备履行合

---

〔7〕 王利明：《合同法研究》（第1卷）（第2版），中国人民大学出版社2011年版，第367～368页。

同所作的努力归于失败,致使其遭受重大信赖利益损失。区卫生局的行为构成缔约过失责任,应当依法赔偿原告因此造成的信赖利益损失。

缔约过失责任的赔偿范围应当是信赖利益损失的实际范围,即受到信赖利益损害的一方如果没有过失,损害全部是由具有缔约过失一方当事人所致,过失方应当对全部损失予以赔偿;如果双方都有过失,则适用过失相抵原则,分担损失。本案没有认定天达公司对于信赖利益损失有过失,损失是由区卫生局一方过失造成的,因此区卫生局应当承担全部信赖利益的损失,法院只判决赔偿部分信赖利益损失,显然不当。

第二节 合同无效责任

|引 例|

被告胡某(甲方)与原告沈某(乙方)签订了一份《租房协议》,约定甲方将新安花园18栋半地下室232平方米、一楼48平方米及二楼232平方米的房屋出租给乙方从事普浴经营;租赁期限自2013年10月8日至2021年10月7日,其中2013年10月8日至2015年10月7日的年租金为12.88万元,租金按6个月一付,租金需提前30日交纳;水电费则每月按实际使用量向甲方交纳。签订协议当日,乙方交纳了2013年10月8日至2014年4月7日计6个月租金6.44万元,同年8月3日交纳了租房押金1万元。合同还约定,协议终止后,房屋装修部分不得损坏并无偿交给甲方。协议签订后,沈某开始购买浴场经营所需要的相关设备,并进行房屋装饰装修,同时对供水、燃气等进行改造、安装。乙方于2013年9月3日支付供水工程款2万元、供水设计费500元;2013年10月28日支付给燃气公司工程款4.5万元、用气保证金0.5万元。2013年10月1日,公安消防大队以沈某经营的浴场未经消防设计备案为由,责令其停止施工并限期改正;2013年10月17日对沈某申请的建设工程消防设计进行审核,以缺少建设工程规划许可证明文件为由,作出不予受理的决定。沈某经营的浴场于2013年11月6日开业,同年12月16日因行政执法责令停业至今。

另查明:2012年3月,因房地产开发公司未经规划许可,在新安花园二期项目18栋违法建设地下室,城市管理行政执法局对其进行了行政处罚。2013年1月19日,胡某与房地产开发公司签订商品房预售合同,购买新安花园18栋101至105号房屋,该房总面积为232.13平方米,约定附赠地下室,面积为232.13平方米。后胡某将房屋一层改造为两层,用于出租。

经胡某申请,法院委托价格认证中心对申请鉴定项目进行鉴定,价格认证中心出具《关于海天浴场物品及装潢部分的价格鉴定结论》,确定物品价格总计为210 963.4元;工程造价汇总合计280 355.85元,上述共计491 319元;出具《关于海天浴场恢复工程的价格鉴定结论》,确定恢复工程鉴定价格为96 741元。胡某支付鉴定费6 500元。

原告沈某诉请判令确认《租房协议》无效,被告胡某返还租金64 400元、押金1万元,赔偿损失491 319元，赔偿自来水、天然气开户费合计70 500元，按月利率2.2%支付上述费用的利息。

法院审理认为，本案的争议焦点为：双方签订的《租房协议》是否合法有效；对《租房协议》经确认无效或被依法解除的后果，沈某是否有过错；《租房协议》双方由此造成的损失应如何确定和承担。首先，《租房协议》应当认定为无效，对沈某提出的确认《租房协议》无效的诉讼请求依法予以支持。其次，关于合同无效的过错认定，胡某作为房屋出租人，负有保证其出租的房屋符合约定用途的义务，其应当知道出租的房屋是否属于合法建筑。胡某在明知沈某承租房屋系用于普浴经营的情况下，仍将不具备合法建设手续的半地下室及一楼房屋出租给沈某，对导致《租房协议》无效有重大过错，应承担相应的民事责任。再次，沈某作为房屋承租人，在订立《租房协议》时负有审慎注意义务，应要求胡某出示房屋产权证件和建设审批手续。沈某未尽上述义务，未对该部分建筑将来能否用于普浴经营进行相应了解，草率签订《租房协议》，在公安消防部门已责令停工整改的情况下，仍然继续施工并开始营业，其对《租房协议》无效造成的后果有一定的过错，应承担相应的民事责任。最后，《租房协议》因无效而终止履行，双方基于该协议取得的财产应相互承担返还义务，对不能返还或没有必要返还的财产应折价给予对方补偿，对造成的损失应由双方根据过错责任比例分担。故判决：沈某、胡某签订的《租房协议》无效；沈某于本判决生效之日起15日内腾空租赁物，将上述房屋返还给胡某；胡某于本判决生效之日起10日内返还沈某房屋租金49 731元及租房押金1万元；胡某于本判决生效之日起10日内赔偿损失224 284.68元、燃气安装费用3.6万元，合计260 284.68元（80%的责任）。

｜法律问题｜

1. 合同无效责任
2. 合同无效责任的构成
3. 合同无效责任的方式

一、合同无效责任概述

（一）合同无效责任的概念

合同无效责任，是合同成立之后由于欠缺某种生效要件使合同无效或者被撤销，致使合同从其成立时起即为无效，对合同无效或者被撤销负有责任的一方或者双方当事人所应当承担的责任。

《民法典》合同编没有规定合同无效责任规则，而是在总则编第157条关于民事法律行为效力的规则中作了规定。认为《民法典》不再承认合同无效责任的概念和规则的看法是不正确的。

合同无效责任中的合同无效是广义概念。狭义的合同无效仅指合同的绝对无效，即由于具备《民法典》中民事法律行为效力规则规定的法定事由而被宣告为无效。广义的合同无效，是指绝对无效的合同被宣告无效、相对无效的合同被撤销、效力待定的合同未被追认或者被撤销，以及合同成立之后欠缺合同生效条件而确定不生效。《民法典》第157条中包含的无效责任,是广义的合同无效责任,包括无效、被撤销以及确定不发生效力。

(二)合同无效责任与缔约过失责任的区别

1. 发生时间不同。合同无效责任与缔约过失责任发生的时间并不相同,界限在于缔约过失责任发生在合同订立阶段,即缔约阶段;而合同无效责任发生在合同生效阶段。以合同的成立为界限,之前发生的合同责任是缔约过失责任,之后发生的合同责任是合同无效责任。

2. 发生原因不同。合同无效责任发生的原因是合同订立后,由于违反法律或者缺少合同生效要件而无效或者被撤销,因而发生合同责任。缔约过失责任的发生原因是缔约中一方或者双方缔约人违反先契约义务造成对方损害,因而发生合同责任。

3. 责任构成要件不同。构成合同无效责任,只要合同无效或者被撤销就可以构成,合同无效损害赔偿责任构成要有过错要件,属于推定过错;其他责任方式无须过错要件。缔约过失责任的构成必须具备过错要件,没有过错不构成缔约过失责任。

4. 承担责任方式不同。合同无效责任的承担方式包括返还财产、折价赔偿、损害赔偿。缔约过失责任只有损害赔偿一种责任方式。

(三)合同无效责任与预期违约责任的区别

1. 发生时间不同。这两种合同责任也是在时间上前后衔接的,两者之间衔接的标志是合同是否发生效力。合同成立之后、生效之前只能发生合同无效责任,合同生效之后到合同履行期届满之前发生的合同责任是预期违约责任。

2. 发生原因不同。合同无效责任的发生原因是合同成立之后没有发生预期的效力或者被撤销,因而发生合同责任;而预期违约责任则是合同有效成立,但由于当事人一方故意毁约而发生的合同责任。

3. 归责原则不同。对合同无效责任的归责原则,应当分别情况适用无过错责任原则和过错推定原则;预期违约责任适用过错责任原则,不适用其他归责原则。

4. 责任方式不同。合同无效责任的承担方式为返还财产、折价赔偿和损害赔偿;而预期违约责任的承担方式主要是损害赔偿和给付违约金。

二、引起合同无效责任的原因

合同无效应当具有法定原因。

1. 绝对无效合同被宣告无效。合同绝对无效,是指合同因为具有法律所规定的合同无效的事由之一,自始就不发生合同的效力。凡是具有《民法典》规定的民事法律行为无效情形之一的,合同一律无效。

合同被宣告无效后,发生合同无效责任。

2. 相对无效合同被撤销。合同相对无效,是指合同在成立时还是有效的,但是由于该合同在订立时具有法定情形之一,由于一方当事人的原因,而使对方当事人的意思表示违背了其真实的意思,致使其利益受到损害,因此对方当事人可以请求撤销或者变更该合同。

合同撤销,发生合同自始无效的后果,因而与合同绝对无效的后果是一样的,当事人应当承担合同无效责任。

3. 合同效力待定未被追认或者被撤销。由于限制民事行为能力人、无权代理人订立合同的资格受到限制，他们订立的合同的效力是不能确定的，因此称作合同效力待定。合同效力待定说明合同的效力还没有确定，存在三种情况：(1)由法定代理人或被代理人追认，或者经过相对人催告，法定代理人或者被代理人追认；(2)善意相对人撤销；(3)法定代理人或者被代理人拒绝追认。在善意相对人撤销和法定代理人或者被代理人拒绝追认的情况下，效力待定合同归于无效，发生合同无效的法律后果，当事人应当承担合同无效责任。

4. 因欠缺生效条件而确定不发生效力的合同。合同成立之后，由于欠缺生效条件而使该合同不发生效力，其效果既不是合同不成立，也不是合同无效。合同成立之后不发生效力与合同无效责任基本相同，也发生合同无效责任。

三、合同无效责任的构成

合同无效责任的构成，应当具备合同责任构成的一般要件，但是有自己的特点，并与其他合同责任构成相区别。

1. 造成合同无效的行为。在合同无效、被撤销和确定不发生效力中，法律都规定了具体事由。由于已经成立的合同具有这些事由，造成了合同无效、被撤销或者确定不发生效力的后果。

2. 合同无效的后果以及当事人财产损失的事实。合同无效的后果是构成合同无效责任的客观要件，无论是承担返还财产还是折价补偿或者损害赔偿责任，都必须具备这一客观要件。在合同无效的损害赔偿责任中，还要具备财产或者财产利益损失或者人身损害的要件。造成人身伤害后果的，可以按照《民法典》人格权编、侵权责任编规定的规则处理。构成责任竞合的，还可以寻求侵权责任的保护。

合同无效的财产损失是信赖利益的损失，应当参照缔约过失责任的信赖利益损失的方法确定。

3. 造成合同无效的行为与合同无效以及损害之间具有因果关系。构成合同无效责任的因果关系，是指造成合同无效的行为与合同无效以及财产损失的事实之间，具有引起与被引起的关系。因果关系对于一般的合同无效责任没有特别的意义，但对于合同无效责任的损害赔偿责任则是必备要件。合同无效行为如果与损害事实之间没有因果关系，则不构成合同无效的损害赔偿责任。

4. 行为人的过错。当事人一方在造成合同无效的行为中如果具有过错，就构成损害赔偿责任；如果双方都具有过错，则遵照过失相抵原则，按照过错以及原因力的比例分担损失。如果没有造成损失只是一方当事人依据合同占有对方财产，则其应当承担返还财产及折价补偿责任，不必具备过错要件。

四、合同无效责任的承担方式

1. 返还财产。合同成立之后，由于无效、被撤销、不被追认或者根本未生效，该合同自始归于消灭，不复存在。当事人一方或者双方基于曾经存在的合同所为的给付就失去了存在依据，应当返还。

返还财产如果是所有物返还时，返还范围为受领给付时的价值额，应当如数返还。如果返还财产由于原物不存在而变为不当得利返还时,返还范围以现存利益为限,除非返还义务人为恶意。[8]

2. 折价补偿。根据该合同的实际情况,已经占有的财产不能返还或者没有必要返还的,应当折价补偿。

返还财产具有物权效力,即优先于普通债权的效力。如果返还义务人的财产不足以清偿数个并存的债权时,返还权利人能够优先于其他人获得财产返还。如果原物不存在而变为折价补偿时,则无此效果。

3. 赔偿损失。确定合同无效责任的损害赔偿责任,依照《民法典》第 157 条规定的规则进行。有过错的一方应当赔偿对方由此所受到的损失;各方都有过错的,应当各自承担相应的责任。法律另有规定的,依照其规定。

|引例分析|

本案的争议焦点是原、被告双方签订的《租房协议》是否无效,以及合同无效的财产返还和损害赔偿问题。这些都属于合同法中的合同无效责任问题。

《民法典》合同编没有规定合同无效责任,是在总则编关于民事法律行为效力的部分规定的。对此,在学习合同法的时候应当特别注意。合同无效责任是比较广泛的,合同绝对无效、合同被撤销、合同效力未被追认、合同未生效,涉及责任承担的问题的,都属于合同无效责任。

在本案中,双方当事人签订的《租房协议》虽然是自愿签订,但是却因标的房屋系违章建筑而无效。合同无效并非没有任何法律效力,只是不发生当事人所约定的效力,对于合同无效发生的后果责任,须依照合同无效责任的规则处理,解决好当事人之间的利益关系。在确认《租房协议》无效之后,应当依据《民法典》第 157 条的规定,发生财产返还、原物不存在时折价补偿,以及根据各自的过错程度分担损失等效力。在本案中,除了占有的房屋和租金可以返还外,其他如房屋占有利益、部分装修物品等,均无法进行原物返还,只能折价返还。对于合同无效所造成的损害,应当依据过错责任原则确定。法院确认本案的当事人中,被告的过错是造成合同无效的主要原因,因此被告应当承担 80% 的责任;原告对于合同无效也有过失,但是过失程度较轻,承担 20% 的责任。因此,判决被告承担损失 80% 的赔偿责任,比较公允,是合法合理的。

第三节　预期违约责任

|引　例|

2011 年 2 月 23 日,被告乙公司发行面值总计 10 亿元的 2011 年度第一期中期票据,

---

〔8〕 崔建远主编:《合同法》(第 3 版),法律出版社 2003 年版,第 85 页。

简称11××MTN1,期限5年,票面利率5.85%,利息兑付日为2012年至2016年每年2月24日,本金兑付日为2016年2月24日。2012年4月5日,原告甲公司通过全国银行间同业拆借中心购入面值5000万元的11××MTN1债券。乙公司另于2011年4月20日发行2011年度第二期中期票据,简称11××MTN2。2015年4月21日,被告发布公告称11××MTN2债券"应于2015年4月21日兑付利息,由于本公司发生巨额亏损,未能按期兑付本年利息"。2015年6月25日,11××MTN1票据持有人会议决议要求对该债券提前加速到期,并将采取民事诉讼。原告认为,被告已经丧失兑付能力,显然不能于到期日履行兑付义务,故根据相关法律规定请求判令被告立即按面值兑付原告持有的5000万元11××MTN1票据债券的本金及利息。后因被告进入破产重整程序,故原告将诉讼请求调整为判令确认原告对被告享有债权本金5000万元以及截至进入重整程序前的利息。

法院审理认为,本案的争议焦点在于被告乙公司是否存在默示预期违约行为。首先,从双方合同的约定来看,尽管被告发生了《募集说明书》约定的"违约事件",但合同并未赋予原告就此主张被告提前兑付的权利。其次,被告虽然对其他债券存在违约行为,但是一项债券的发行和兑付均系被告的独立履约行为,对其中任何一项债券丧失兑付能力,并不必然延及其他债券的兑付结果,且被告对涉案债券一直按期兑付利息,无论从主观上还是行为的外化表现上,均未表明其将不履行涉案债券的兑付义务。因此,在案证据不足以证明被告出现了默示预期违约的情形。原告的该项主张缺乏法律和合同依据,法院不予采纳。鉴于被告的重整申请已于2016年1月8日被法院裁定受理,根据《企业破产法》的相关规定,原告对被告就涉案债券形成的债权于2016年1月8日视为到期,原告要求确认对被告享有债权本金5000万元及相应利息的主张,法院予以支持。

| 法律问题 |

1. 预期违约责任
2. 明示预期违约责任的构成
3. 默示预期违约责任的构成
4. 预期违约与不安抗辩权的区别

一、预期违约责任概述

(一)预期违约责任的概念与特征

预期违约责任是广义违约责任的一种特殊形式,也称先期违约责任,是指在合同履行期届满之前,一方当事人无正当理由而明确表示其在履行期限到来之际将不履行合同,或者以其行为表明其在履行期届满以后也不可能履行合同时应当承担的合同责任。

预期违约责任与其他合同责任相比,具有以下特点:

1. 预期违约行为发生在合同履行期届满之前。传统的预期违约责任发生的时间界限是以合同有效成立为起点,至合同履行期届至为终点,只有在这个期间才可能发生预期违约责任,而且在这个期间只能发生预期违约责任,不能发生其他合同责任。因此,预期违约也称期前违约。《民法典》第578条规定的预期违约,规定的是履行期限届满之前违约。对其理解,应当分为两种情形:(1)约定确定的履行开始期且有确定的期间的,履行期届至之前违约,即为预期违约,如约定供货期为1年,1月1日开始供货,1月1日之前违约者为届至之前违约。(2)合同约定期限届满才开始履行债务的,履行期届满之前不履行债务的,为预期违约,如借贷合同约定1年后期限届满,即当年12月31日开始履行清偿债务,在该期限届满之前即违约者,为预期违约。下文所称履行期限届满之前,包括以上两种情形。

2. 预期违约行为的具体表现是未来将不履行合同义务。预期违约行为不是现实地不履行合同,因此不是实际违约。在合同当事人订立了合同之后,虽然在他们之间已经确立了权利义务关系,但这种权利义务关系还没有到履行的时间,债权人还不能请求债务人清偿债务,所以,债务人还没有必须立即履行债务的法律依据,是可以不履行的。预期违约的明示毁约或者默示毁约,都是表示自己在合同履行期届满之后将不履行合同,因而是未来的不履行,而不是现实的不履行。

3. 预期违约侵害的合同债权是期待的债权。一般认为"没有到期的债权等于没有债权",因而没有到履行期的合同债权还不是现实的债权,而是期待的债权,合同没有到履行期,债权只能是一种期待利益。因此,预期违约所侵害的合同债权并不是现实的债权,而是期待的债权。规定预期违约责任是为了切实保护债权人的利益,避免债权人受到债务人明示或者默示毁约的损害。

4. 预期违约不是仅有一种救济手段。债务人明示或者默示毁约,债权人可以在合同履行期限届满之前请求债务人承担违约责任。《民法典》第578条使用的是"可以",意味着债权人既可以选择履行期届满之前起诉,让债务人承担预期违约责任;也可以等待合同履行期限届满之后,要求债务人继续履行,待其不履行时再起诉债务人承担实际违约责任。

(二)预期违约责任与实际违约责任的时间界限

预期违约责任与实际违约责任在时间界限上是有严格区别的。

预期违约责任与实际违约责任都发生在合同成立并且发生效力以后,而不是发生在合同有效成立之前。但是,二者在时间顺序上有严格区别:预期违约责任发生在合同成立并发生效力之后,截止时间是合同的履行期限届满之前,因此是"期前违约",即履行期届满之前违约;而实际违约责任虽然也是发生在合同成立并生效之后,但是,只要合同履行期限没有届满,就不发生实际违约责任,只有在合同的履行期限届满之后,债务人不履行或者不适当履行,才能发生实际违约责任。

(三)预期违约责任存在的基础

预期违约责任是为了解决合同生效后至义务履行前发生的合同履行上的风险而建立的一项法律制度。预期违约中违约人所违反的,恰恰是依诚实信用原则所产生的合同当事人的义务。因为按诚实信用原则的要求,合同当事人不仅要承担法律规定和合同约定的义务,还应当承担随着合同关系的发展所产生的诚实、善意的附随义务。换言之,预期违约实质上是在合同有效成立之后、履行期届满之前,违反双方当事人基于诚实信用原则保证合同义务履行时所产生的责任形态。

（四）预期违约责任的历史发展

预期违约责任起源于19世纪50年代的英国。在霍切斯特诉戴·纳·陶尔案中，被告与原告约定，被告从1852年6月1日起作为原告送信人，雇用期为6个月。同年5月15日，被告向原告明确表示，将不履行合同为原告送信。原告于5月22日起诉，要求被告损害赔偿，同时，原告也找到了其他人来为其工作。法院判决原告胜诉。本案的争议焦点在于原告是否可以在期前起诉追究被告的违约责任，很多人认为原告的起诉过早。法官认为，原告的起诉并不过早，如果不准许原告在期前起诉，而让他坐等实际违约的发生，他必将陷入无人为其送信的境地。在一方当事人明确表示他将不履行该合同的情况下，允许受害方缔结其他合同关系是合理的。这是明示毁约的最早判例。

1894年，在英国辛格夫人诉辛格案件中又确立了默示毁约规则。该案的案情为：被告于婚前向原告许诺，他婚后将把一栋房屋转归原告所有，但被告此后又将该房屋卖给第三人，使其许诺成为不可能。法院审理认为，尽管不排除被告重新买回该房屋以履行其许诺的可能性，但是原告仍有权解除合同并请求赔偿。[9]

同时，英国法院也准许一方预期违约后，另一方基于自身利益的考虑，可能会置对方的预期违约于不顾，对预期违约暂不提起诉讼，而要等到履行期到来之后要求违约方继续履行或者赔偿损失。

预期违约规则有助于使损失降到最低限度。在像霍切斯特诉戴·纳·陶尔这样的案件中，如果原告不立即起诉，就得准备履行合同。预期违约规则赋予原告立即起诉的权利，无论如何都等于鼓励他解除合同。这样，可以避免额外的损失。[10] 在以后的实践中，这些判例确立的原理进一步得到确认，并创立了完善的预期违约责任规则，在实践中得到广泛应用。美国《统一商法典》采取了预期违约概念，并分为明示毁约和默示毁约两种形式。《联合国国际货物销售合同公约》也采纳了预期违约概念，但没有像英美法那样分为明示毁约和默示毁约，而是分为预先非根本性违约和预先根本性违约两种形式。大陆法系国家民法一般没有设立预期违约责任制度，但绝大多数国家和地区立法确立的不安抗辩权制度与英美法系的预期违约责任制度比较相似。

我国原《合同法》确认了预期违约责任，并规定了预期违约的两种基本形式，即明示毁约和默示毁约。《民法典》第578条继续坚持预期违约责任的规定。

二、明示毁约

（一）明示毁约的概念

明示毁约，是指一方当事人无正当理由，明确、肯定地向另一方当事人表示他将在履行期限到来之际不履行合同约定义务的违约行为。正如美国《合同法重述》第二版第250条规定的那样，只有在一方当事人的行为是自愿的、确定的，而且使其义务的履行现实地、明显地表现为不可能时，才构成明示毁约。

---

〔9〕 王利明：《合同法研究》（第2卷），中国人民大学出版社2003年版，第499页。

〔10〕 韩世远、崔建远：《先期违约与中国合同法》，载《法学研究》1993年第3期。

(二)明示毁约的构成要件

1. 毁约方必须肯定地向对方提出毁约的表示。只有在毁约方自愿地、肯定地提出毁约意思的情况下,才能构成明示毁约。由于毁约方在作出毁约的表示以后,还可能撤回其毁约的意思,因此,对方应当向毁约方发出要求其撤回毁约表示的催告,这样才能最终确定对方的毁约是最终的表示。但预期违约责任允许毁约方撤回毁约表示,也允许受害一方在其撤回毁约表示之前解除合同,因而不必以催告作为确定毁约行为的条件。只要毁约方作出的毁约表示是明确的、肯定的,就构成明示毁约。

2. 毁约方必须明确表示在履行期限到来以后不履行合同义务。只有在履行期尚未到来前,毁约方明确提出其将不再履行合同,才能构成期前毁约。在履行期限到来之后提出毁约的,构成实际违约。明示毁约的明确表示,既要有明确的不再履行合同的意思,又要有明确的毁约内容。如果仅仅不再履行合同,却是由于第三人的原因等非因毁约人的过错导致的履行不能,则毁约人拒绝履行是合理的,不能认定为明示毁约。

3. 毁约方必须表示不履行合同的主要义务。明示毁约必须对对方当事人的利益构成重大威胁,将严重损害其期待利益,因此,明示毁约的不履行合同义务必须是合同的主要义务,而不是一般义务或者附随义务。明示毁约的拒绝履行对相对人从合同履行中获得的利益有重大影响,致使合同目的落空。如果拒绝履行的仅是合同的部分义务或者非主要义务,并不妨害债权人所追求的根本利益,就不构成明示毁约。

4. 明示毁约没有正当理由,毁约方明显具有过错。明示毁约须无正当理由。毁约有正当理由的不构成明示毁约。在一般情况下,明示毁约的原因有:为了获得更大利益而将一物数卖;为了避免履行期到来时市场行情的不利而减少损失;认识到从事了一项对自己不利的交易而准备撤回交易等。这些理由都不是正当理由。在实践中确定一个当事人的行为是否构成明示毁约,应当注意的是,明示毁约都是故意行为,当事人之所以明确表示毁约,总是另有所图。因此,明示毁约的当事人应当在主观上具有故意。不具有故意的,不能构成明示毁约。

三、默示毁约

(一)默示毁约的概念

默示毁约,是指当事人一方在合同履行期限届满之前,以自己的行为表明不履行合同约定的债务的违约行为。

与明示毁约相比,默示毁约行为在发生于合同履行期限届满之前、行为的目的是不再履行合同债务、没有正当理由等方面是一致的;只是在毁约的表现形式上有所区别,即明示毁约是当事人公开表示毁约,有明确的意思表示;默示毁约当事人则没有明确的表示,只是在行为上表现出不再履行合同债务的意思。

(二)默示毁约与不安抗辩权

在实践中,与默示毁约最相类似的制度是不安抗辩权。

默示毁约是英美法的制度,大陆法系一般不认可这一制度,因为与其类似的不安抗辩权同样可以保护债权人的利益。有些学者认为,我国不应当建立默示毁约制度,甚至不承认我国合同法规定了默示毁约制度,认为只要规定了不安抗辩权就足以保护债权人的利益。

在原《合同法》公布之前,我国立法既不承认默示毁约,也不承认不安抗辩权。原《合同法》同时规定了这两种制度,是立法的客观事实,是不能否认的。尽管默示毁约与不安抗辩权是两个相类似的合同法制度,同时规定会给执法者正确适用法律带来一定困难,但是,二者毕竟不是一个制度,各有不同的构成要件和适用范围,其作用也各不相同。只要把默示毁约与不安抗辩权之间的区别界定清楚,就能够在实践中准确掌握,从而更好地保护合同债权人的合法权益。因此,《民法典》继续坚持规定这两种制度。

默示毁约与不安抗辩权的主要区别如下:

1. 两者适用的前提不同。不安抗辩权适用的前提是双务合同,且履行的先后顺序有所不同,先履行合同义务的一方当事人享有不安抗辩权。默示毁约在适用上不要求有这样的条件,无论是双务合同还是单务合同,无论是先履行还是后履行,都可以适用默示毁约责任。

2. 在构成要件尤其是过错要件上有所不同。不安抗辩权的构成不必具备过错的要件,只要是负有后履行义务的一方其财产显形减少,有不履行之虞的,对方就可以行使不安抗辩权。默示毁约则不同,毁约的一方当事人在主观上应当有过错,没有过错的主观要件不构成默示毁约责任。

3. 适用的法律依据不同。行使不安抗辩权的法律依据是《民法典》第 527 条规定;默示毁约的法律依据是《民法典》第 578 条规定。前者是在合同履行中规定的,性质是合同履行中的抗辩权;后者是在违约责任中规定的,性质是违约责任。

4. 法律救济的后果不同。不安抗辩权的救济后果是中止履行合同,在行使不安抗辩权的条件消失后,应当继续履行合同。默示毁约的法律后果是责令违约方承担违约责任,而合同本身已经消灭,不再履行。

(三)默示毁约的构成要件

1. 一方预见对方在履行期限到来时将不履行或者不能履行合同。构成默示毁约的主要条件不像明示毁约那样,有毁约人的明确表示,而是一方当事人的合理预见。这种合理预见对方当事人在履行期限到来时将不履行或者不能履行合同的事实,就是《民法典》第 527 条所规定的情形:经营状况严重恶化;转移财产、抽逃资金,以逃避债务;丧失商业信誉;有丧失或者可能丧失履行债务能力的其他情形。凡是具有上述情况的,尽管行为人没有明确表示毁约,但是根据其行为和能力等情况表明其将会不履行或者不能履行合同。

2. 一方当事人的预见须有确切的证据。对于预见到合同当事人将会不履行或者不能履行合同义务的事实,提出主张的一方当事人应当有确切的证据证明。这就要求预见的一方当事人必须举证证明对方届时将会或者可能不会履行合同的事实,使法官建立起确信。

3. 对方当事人具有毁约的过错。默示毁约尽管当事人对毁约还没有作出明确的意思表示,但其在客观行为上已经有了明确的外在表现,表明了其在合同期限届满时不履行合同约定的义务,一般是故意的主观状态,也包括过失。确定默示毁约的构成适用过错责任原则,不具有过错的,不能认定为默示毁约。判断对方当事人故意的方法是:如果对方当事人已经具备了上述两个要件,即具有毁约的事实和证据,同时又不能按照债权人的要求对履行合同的债务提供担保,就可以认定债务人构成了默示毁约的故意。

四、预期违约的责任方式

《民法典》规定,预期违约的救济手段与实际违约的救济手段是一样的,都是承担违约责任,即继续履行、采取补救措施、支付违约金、损害赔偿。

(一)明示毁约的责任方式

1. 非违约方可以无视违约方预期违约而继续维持合同效力。基于合同秩序的效益考虑,法律将确定合同效力存续的决定权赋予非违约方,非违约方只要不选择解除合同,合同效力就将继续存续并将继续约束当事人。非违约方可以在履行期到来之前不要求预期违约方赔偿损害,等到履行期届满之后,请求其继续履行合同,或者要求其承担实际违约责任。

2. 非违约方可以立即解除合同并要求损害赔偿。预期违约的损害赔偿与实际违约的损害赔偿范围是不同的。实际违约的违约人所承担的是由于其违约行为所造成的非违约方期待利益的损失,而预期违约因债务尚未届至清偿期,尽管一方明确表示将不履行合同,但该当事人并未违反到期履行义务,而只是违反了“不危害给付实现的不作为义务”,其所侵害的只是债权期待。而且在预期违约,从非违约方解除合同到合同履行期到来,债权人有时间采取补救措施以减少损失,因而这种损失也应当从赔偿数额中扣减。如果毁约方履行债务应在将来某个时间,而现在由于其期前毁约就要求其承担债务到期不履行的实际违约责任,等于加速了毁约方的债务履行,也使其承担了过重的责任。

3. 毁约方作出撤回毁约的意思表示。预期违约方在作出毁约的意思表示以后至履行期到来之前,倘若非违约方尚未解除合同,毁约方可以作出撤回毁约的意思表示。因为在此期间,非违约方虽有权解除合同,但其放弃了该项权利的行使,足以证明非违约方是希望继续维持合同效力的,法律从鼓励交易的价值角度出发,应当允许毁约方作出撤回毁约的意思表示。但受害方在毁约方毁约后取消了合同,或者从根本上改变了其境况,或者表示他认定毁约为最终性的,则毁约的意思表示不可撤回。

(二)默示毁约的责任方式

对于默示预期违约的救济,原则上与明示预期违约的救济是相同的,即赋予非违约方以选择权,非违约方既可于期限届满之前解除合同,也可无视其毁约表示,坐待期限届满之后主张实际违约责任。但非违约方选择行使期前解除权或者主张实际违约责任,应当有两个不同的前置做法。

1. 要求毁约方提供担保。如果债权人选择行使期前解除权,应当首先要求默示毁约方就合同履行提供担保;如果毁约方拒绝提供担保,非违约方才有权解除合同。

2. 暂时中止履行合同。如果债权人选择等待合同履行期满,则在默示毁约发生后可以暂时终止履行合同,以避免造成更大的损失。否则一旦违约事实发生,其损失就难以挽回。

｜引例分析｜

根据《民法典》第578条规定，当事人一方明确表示或者以自己的行为表明不履行合同义务的，对方可以在履行期限届满前请求其承担违约责任。在合同履行期届满之前，一方当事人无正当理由而明确表示其在履行期限到来之际将不履行合同，或者以其行为表明其在履行期届满以后也不可能履行合同的，对方当事人可以在履行期届满之前要求其承担预期违约责任，而不必等待履行期届满之后再主张实际违约责任。预期违约制度的适用前提之一是违反的义务为合同约定义务，若一方当事人拒绝履行的义务并非合同约定的义务，则不适用预期违约制度，因为另一方当事人本不就此享有权利。

在本案中，原告虽然本无提前兑付的权利，但是，对于在证券法律关系中是否可以适用预期违约责任规则，存在不同认识。本案法院判决认为，证券持有人因无提前兑付的权利，因而不能适用预期违约责任规则。另有意见认为，证券法律关系也是合同法律关系，尽管证券发行一方在该证券的合同关系履行期间尚未发生违约问题，但是该公司已经出现财产显形减少的实际情况，因而已经出现了《民法典》第578条关于"当事人一方已经明确表示或者以自己的行为表明不履行合同义务"中的后一种情况，因此，已经构成预期违约行为，对方当事人就此向法院主张证券发行方承担预期违约责任，具有事实和法律根据，因此，应当支持本案原告的诉讼请求。对于这两种不同意见，本书支持后一种意见。

第四节　加害给付责任

｜引　例｜

何某在水暖卫生洁具公司购买了被告某日用电器卫生厂生产的DL—20型不锈钢淋浴器一台，同时购买了被告某无线电厂生产的多功能漏电保护器一个，安装在自己家的卫生间里。何某于当日晚在用该淋浴器洗澡时，因淋浴器漏电和多功能漏电保护器质量不合格，遭电击死亡。原告何妻向法院起诉，状告两个产品的生产厂商，请求二被告依照违约责任规则，承担连带赔偿责任。

法院审理认为，本案原告与被告之间发生的产品缺陷造成何某死亡引发的法律关系，是因违约行为造成的，是交付的产品存在质量缺陷，加害于债权人造成死亡后果，属于合同预期利益以外的人身损害，构成加害给付的违约责任。同样，依照侵权责任法的规定，生产者生产的产品存在缺陷，造成消费者人身损害，也构成侵权责任中的产品责任。因违约行为造成债权人的人身损害，构成违约责任和侵权责任的竞合，受害人一方可以选择竞合的一种民事责任主张对权利的救济。当事人选择违约责任救济权利损害，符合法律规定，故支持原告的诉讼请求，判决二被告对何某的死亡承担连带赔偿责任。

法律问题

1. 加害给付责任
2. 加害给付责任的构成
3. 加害给付责任与产品责任竞合

一、加害给付责任概述

(一)加害给付责任的概念

加害给付亦称为积极侵害债权,是德国学者创造的概念,指债务人履行给付不合债务本质,除发生债务不履行的损害之外,还发生履行利益之外的固有利益损害,债务人应当承担履行利益之外的固有利益损害赔偿的违约责任制度。

加害给付作为一种特殊的违约形态,表现在债务人不仅实施了不符合债的规定的履行行为,而且这种履行行为还侵害了债权人履行利益以外的固有利益。德国学者将其称为附带损害,即履行利益以外的损害。[11]

(二)加害给付责任与其他责任的区别

1. 加害给付与瑕疵履行

有的学者认为,加害给付也称为不完全履行,乃债务人未依债之本质所为之给付也。这种意见将加害给付与瑕疵履行予以混淆,是不正确的。诚然,加害给付行为也是瑕疵履行,但是,加害给付超出了一般的瑕疵履行,是由于瑕疵履行行为造成了债权人的固有利益损害。如果仅仅是瑕疵履行,就没有债权人固有利益的损害;构成加害给付,必须在瑕疵履行的基础上,又造成了债权人的固有利益损害。

2. 加害给付责任与实际违约责任

在合同责任中,加害给付与实际违约是一种特殊关系,构成责任竞合。

加害给付与实际违约最基本的区别,就在于履行合同所交付的标的物的质量不符合约定,即瑕疵履行,并且因此给债权人造成合同利益以外的固有利益损失,而不是一般的实际违约。换言之,加害给付责任是实际违约责任中的特殊责任,只不过由于加害给付责任的特殊性表现为既涉及固有利益的损失问题,又涉及违约责任与侵权责任的竞合问题,因而才作为单独的合同责任进行规制。《民法典》之所以没有明文规定加害给付责任,其实立法者就是要把加害给付作为违约责任对待,因而简化立法对加害给付在第186条中进行了规定。在实务中注意分清加害给付与实际违约之间的界限,关键是解决对《民法典》第186条规定的正确适用,掌握加害给付责任与产品责任及实际违约责任的界限,正确适用民事责任竞合的规则。

二、加害给付责任构成

1. 债务人的履行行为不符合债务的本质。加害给付首先应当有债务人的给付行为。给

---

〔11〕 王利明:《合同法研究》(第2卷)(第2版),中国人民大学出版社2011年版,第493页。

付包括给付行为、给付效果与给付标的。[12] 加害给付中的给付包括上述三种内容,但主要是指给付行为。合同的给付行为必须按照债务的本质进行,即按照当事人约定的债务内容和要求进行。不按照约定的债务内容和要求履行债务实施的给付行为,就是不符合债务本质的给付。

构成加害给付的给付行为只能发生在有效合同中,如果合同没有成立或者虽然成立但没有生效或者无效以及被撤销,就不能发生加害给付责任,而是缔约过失责任或者合同无效责任。同时,加害给付的行为主体必须是债务人,而不能是第三人,因为第三人侵害债权则构成侵权行为。

2. 加害给付的瑕疵履行造成了债权人固有利益的损害。加害给付行为本身就是一种瑕疵履行行为,但是,它损害的不是合同的预期利益,而是债权人的履行利益以外的固有利益,是债权人预期利益以外的人身和财产的损害。一般的瑕疵给付所侵害的是债权人的履行利益即预期利益,是使债权人接受的给付本身的价值减少乃至于丧失。预期利益以外的利益就是固有利益,是债权人享有的不得被债务人和其他人侵害的现有人身和财产利益,是指产品和劳务瑕疵以及违反附随义务等使债权人遭受的人身伤害和给付标的以外的其他财产损害。[13] 对这些利益的损害构成加害给付的客观要件。

预期利益与固有利益的区别在于:预期利益是指债务人依债的本旨履行时,债权人从中所得到的利益;换言之,债务人未依合同的规定履行时,债权人依合同本来应当得到,因为债务人的不履行或者不适当履行而没有得到的利益。固有利益包括两种:(1)债权人的人身利益,它不可能是合同的预期利益;(2)合同履行标的之外的其他财产和财产利益。

3. 加害给付侵害的既有债权人的相对权,又有债权人的绝对权。债务人的给付行为造成债权人履行利益以外的损害,这种被损害的权利具有双重属性。它首先侵害了债权人的相对权(债权),同时又侵害了债权人的绝对权,即债权人的财产权和人身权。应当区别的是,人身权的损害都是绝对权,是加害给付的行为所致。在财产权方面,损害履行利益的,侵害的是相对权,不包括对作为绝对权的财产权的损害。履行利益以外的财产利益则是债权人的绝对权。加害给付的侵害客体是双重客体,即债权和人身权或财产权。

4. 加害给付的受害人是债权人,不包括第三人。加害给付行为既可能侵害债权人,又可能侵害债权关系以外的第三人的合法权益。侵害债权人的财产权和人身权的,概括在加害给付之中。加害给付的行为造成第三人损害的,不是加害给付的调整范围,而是产品责任的调整范围。

5. 实施加害给付行为的债务人具有过失。构成加害给付责任,债务人应当具备过错要件,即有过错才能构成,没有过错就没有损害赔偿责任。这种过错应当按照过错推定原则的要求实行推定,如果债务人不能证明自己的给付行为给债权人造成的损害后果是由于不可抗力或者其他的法定免责事由所致,则债务人的过错推定成立,构成加害给付责任。

三、加害给付与产品责任竞合

加害给付与产品责任密切相关,相互之间具有密切关联。如何区别以及在法律适用上

---

〔12〕 王利明:《民商法研究》(第2辑),法律出版社1999年版,第530页。

〔13〕 王利明:《民商法研究》(第2辑),法律出版社1999年版,第532页。

如何做到准确,需要特别注意。

(一)不构成责任竞合的部分

缺陷产品致人损害,包括对缺陷产品买受人即债权人的损害和对第三人的损害。缺陷产品造成第三人损害,该第三人原本与产品制造者、销售者之间不存在合同关系,其损害赔偿关系只能是侵权责任,应当以侵权损害赔偿责任确认其性质。因此,在缺陷产品造成的不是债权人的固有利益损害,而是合同关系以外的第三人损害时,不发生责任竞合,只能按照产品责任适用法律。

(二)构成责任竞合的部分

缺陷产品造成买受人即债权人的固有利益损害,在产品生产者、销售者与买受人即受害人之间原本就存在合同关系,双方当事人本来就是这种合同关系的债权人和债务人。在缺陷产品造成损害之后,在受害人与加害人之间产生两个损害赔偿法律关系,一是产品责任的侵权损害赔偿法律关系,二是加害给付的违约损害赔偿法律关系。前者依据《民法典》规定的侵权行为发生,后者依据合同约定的给付义务、附随义务、保护义务的不履行发生,形成侵权责任与合同责任的竞合。

加害给付的不适当履行行为造成了对债权人的履行利益以外的固有利益损害,是一种同时侵害债权人的相对权和绝对权的不法行为。违约行为损害固有利益的加害给付责任,既是一种合同责任,也是一种侵权责任,是合同责任与侵权责任的竞合。

在判例和学说中,加害给付与侵权行为常常互相代替。一般认为,由于加害给付导致缺陷产品致人损害后果,应按产品责任处理。我国《民法典》也是把产品责任作为侵权责任对待的。

(三)产品责任不能保护的加害给付责任的部分内容

加害给付责任与产品责任不是完全相同的。加害给付是侵害了债权人的相对权与绝对权的违约行为,在侵害绝对权方面,造成了债权人固有利益的损害,既构成侵权责任,也构成违约责任。但是,对加害给付所造成的预期利益损失,产品责任不能保护。在这种情况下,如果债权人依据《民法典》第186条规定起诉,选择侵权责任追究债务人的责任,则势必还要另行起诉一个请求,就是依据合同责任的规定,请求实际违约责任,以救济其预期利益的损失。按照对《民法典》第1202条规定的理解,产品自损与侵权责任即使可以同时起诉,作出诉的合并,但也还是两个不同的诉。因此,加害给付责任所包含的范围更为广泛,产品责任只是加害给付的一种形态,不能完全代替因加害给付产生的合同责任。

(四)责任竞合的规则

民事责任竞合,实际上表现为请求权竞合。受害人对竞合的赔偿请求权享有选择权。我国侵权法理论通说认为,产品责任的赔偿请求权性质是单一的,不存在竞合问题,当事人只能依侵权赔偿请求权行使。这种看法不完全正确。在缺陷产品致害第三人的责任中,这种看法是正确的;但在缺陷产品造成债权人固有利益损害的场合,这种主张就不准确,因为对此不准许受害人自由选择赔偿请求权是不公平的。

1. 从责任竞合的观点看来,合同责任和侵权责任在举证、归责原则、责任构成条件、免责条件以及诉讼管辖上,都存在重大区别。例如,合同纠纷的诉讼,由被告住所地或者合同履行地人民法院管辖;侵权责任的诉讼,由侵权行为地或者被告住所地人民法院管辖。受害人选择何种请求权起诉,直接关系到受诉法院的选择,如果不允许受害人选择则对其不利。

2. 从赔偿的范围来看,违约损害赔偿旨在补偿受害人的预期利益损失,使受害人获得从交易中应该得到的利益。产品责任的受害人因瑕疵履行遭受了重大的预期利益损失,允许受害人选择合同责任,就可以得到预期利益的赔偿,而此时按照侵权责任的赔偿范围,则获得包括预期利益的赔偿还是有一定难度的。可见,准许受害人选择侵权赔偿请求权或违约赔偿请求权,对于保护受害人的合法权益是有利的。

并不是在任何情况下由受害人作出选择都对受害人有利,因而必须明确在何种情况下受害人可以选择,在何种情况下受害人不可以选择而只得按侵权责任起诉。其规则是:(1)受害人不得选择的缺陷产品致害赔偿责任。缺陷产品造成第三人损害,由于只有一种救济方法,即侵权的救济方法,故而由加害人直接对第三人负侵权责任,不可以选择合同责任救济损害。(2)受害人可以选择的产品致害的赔偿责任。除上述情况以外的其他缺陷产品致害,受害人可以选择侵权诉因或者违约诉因向法院起诉。选择的原则是赔偿权利人认为对自己有利。加害人对此无选择权,亦无拒绝选择的权利。受害人选择不明或未选择的,法院应依对受害人有利的原则裁判。

引例分析

加害给付责任原来是规定在原《合同法》第 122 条中,是在违约责任与侵权责任竞合中包含的一种合同违约责任。在编纂《民法典》中,将这个条文规定在总则编的“民事责任”一章中,看起来似乎不再是合同法的问题,其实是不对的,它仍然是调整合同法违约责任与侵权责任竞合后果的法律规范。

在违约责任中,只有加害给付的违约行为才能构成与侵权责任的竞合,因为在其他违约责任的场合,违约行为损害的都是合同的预期利益,不存在损害合同预期利益以外的固有利益的可能,不会发生与侵权责任竞合的后果。因此,在违约责任领域,加害给付责任是客观存在的,是无法否认的,虽然《民法典》没有直接规定加害给付责任规范,但是对于加害给付责任的调整是必要的,应当根据《民法典》关于违约责任的一般规则,确定加害给付的债务人的违约责任。这样,当出现违约责任与侵权责任竞合而权利人选择违约责任起诉时,能够有可以适用的法律规范。

本案的责任竞合是非常明显的,就是由于加害给付的违约行为造成合同债权人的死亡这种固有利益的损害,死者的近亲属依照《民法典》违约责任的规定,请求法院判令两个缺陷产品的生产者承担违约责任,是有法律根据的,法院支持其法律适用的选择,是正确的。

第五节　实际违约责任

|引　例|

原告李某柏(乙方)与被告金陵置业公司(甲方)签订“美仕别墅”商品房买卖契约,同年交付了房屋。入住后,李某柏向金陵置业公司报告该房屋存在质量问题,金陵置业公司未合理解决。李某柏诉至法院,要求被告对房屋楼板进行修复,以达到安全使用的合格标准,并赔偿损失50万元。法院审理后认为,金陵置业公司交付的房屋存在质量问题,致使李某柏不能居住使用该房屋,应当赔偿因此给原告造成的损失,该损失应当截至李某柏知道房屋可以安全居住为止,未判决被告承担赔偿责任。该判决执行后,原告再次起诉,请求法院判令被告赔偿其租金损失及其他费用。在前一案件审理中,双方曾对房屋质量鉴定报告进行质证,原告认为在鉴定后还应当给其合理的准备时间,故主张减免租金损失赔偿;对于租金标准,原告提供了租赁协议、租金发票等证据,证明其房屋出租的租金为每月2.1万元,金陵置业公司抗辩租金标准过高,应当以物价部门的询价标准确定。

法院审理认为,原告购买被告的房屋,由于质量存在问题,影响其使用,致使造成租金的损失。关于租金损失的计算标准,原审法院以物价局价格认证中心咨询的意见作为涉案房屋的租金标准,并以此计算房屋租金损失。根据市场一般行情,决定房屋租赁价格的因素主要包括房屋面积、户型、地理位置、装潢档次、周边环境等因素,物价局价格认证中心出具的询价意见仅是认定房屋租赁价格的参考和证据材料,而不应成为认定涉案房屋租金标准的唯一依据。根据查明的事实,物价局价格认证中心出具的房屋租金标准远低于美仕别墅区位的同类房屋的实际市场租赁价格,故该询价标准不符合当时涉案房屋租赁市场价格的实际情形。因此,原审法院仅以向物价局的询价标准来认定涉案房屋租金损失显失公平,在计算涉案房屋租金实际损失时,应当综合房屋市场租赁价格真实情况据实予以认定。李某柏提交的同地段房屋租赁协议虽证明涉案小区有业主出租房屋租金可达到每月2.1万元以上,但该租金价格仅系个别业主根据自己房屋的区位及装修情况,结合租房人的实际需求,协商达成的价格,不具有普遍性。与物价部门的询价意见和上级法院调取的同区域别墅租金清册相比,差距悬殊,后者体现的租金单价更能反映案涉房屋当时的真实租赁价格,应予以采用。故酌定损失的租金为每月1.4万元,并据此确定赔偿金额。

|法律问题|

1. 实际违约责任
2. 实际违约责任的构成
3. 实际违约的行为形态

4. 债权人拒绝受领和受领迟延的责任
5. 实际违约的责任方式

一、实际违约责任概述

（一）实际违约责任的概念

实际违约责任，是指合同履行期限届满，债务人不履行或者不完全履行合同约定的义务，债务人应当承担的合同责任。实际违约责任是广义违约责任三种责任形态中的核心部分，是最重要、最常见的合同违约责任形式。

（二）实际违约责任的特征

1. 实际违约责任是当事人不履行合同债务所生的合同责任。合同成立并有效，在合同当事人之间发生合同法律关系，即产生合同之债。合同债务是合同债务人依据法律或合同的规定负有的，按照债权人的请求为一定给付的义务。狭义的合同给付义务包括主给付义务和从给付义务，广义的给付义务还包括附随义务和次给付义务。不履行这些合同债务，就构成实际违约责任。

2. 实际违约责任是合同之债发生的第二次给付效力。合同之债的债权债务关系是合同之债的第一次给付义务。当合同债务不履行时，则发生合同之债的第二次给付义务，也称为次给付义务。与它相对应的是合同的原给付义务，即合同的第一次给付义务。第二次给付义务是原给付义务在履行过程中，因特殊事由演变而生的义务，不是合同原本的义务。当债务人在合同履行中不履行或者不适当履行，致使债权人发生财产损害时，在合同当事人之间即发生损害赔偿的第二次给付义务。违约人应当承担赔偿义务，受害人即债权人一方享有请求赔偿的权利。第二次给付义务构成合同当事人之间新的债权债务关系，就是实际违约责任。

3. 实际违约责任基本上是财产责任。罗马法把债的关系视为人身关系，债务不履行，债权人就可以拘押债务人。在日耳曼法中也有过这样的规定。在当代，实际违约责任是财产责任，不具有人身性，其中的损害赔偿、违约金、强制履行、采取补救措施等，都具有财产性，不具有人身性。

4. 实际违约责任的基本性质是补偿性，少数具有惩罚性。实际违约责任的基本性质是补偿性，其功能在于补偿受害人的财产以及财产利益的损失。它是通过损害赔偿、违约金支付、继续履行债务、采取补救措施等方式，使受到损害的债权人得到补偿。同时，《民法典》第 179 条第 2 款也承认部分实际违约场合的惩罚性赔偿制度。例如，对于产品欺诈和服务欺诈行为，《消费者权益保护法》规定了价款 3 倍的惩罚性赔偿，对于食品欺诈和食品服务欺诈行为，《食品安全法》规定了价款 10 倍的惩罚性赔偿。

5. 实际违约责任是可以由当事人在法律允许范围内约定的责任。合同关系是因当事人的协议而成立，当合同关系遭到破坏时，作为补救措施的违约责任自然可以由当事人自行约定，但应当在法律规定的范围内约定，超出法律规定的违约责任，法律不予承认。

二、实际违约责任的构成

(一)违反合同约定义务的行为

违反合同约定义务的行为是构成违约责任的要件。违约是违反在合同中约定的义务,特征是这种合同义务一般不是法律规定的,而是当事人自己约定的。合同法的基本原则之一就是信守合同,要求当事人必须遵守约定。违反自己承诺义务的行为,就等于违反当事人自己的法律。

违约行为具有以下特点:(1)违约行为只能发生在合同关系之中。如果合同关系不存在,就不能发生违约行为。(2)违约行为的主体是合同关系当事人,其他任何第三人由于对特定合同关系当事人不承担义务,因而不能成为违约行为的当事人。(3)违约行为在客观上违反了合同约定的义务,违约行为正是合同债务人一方对约定义务的不履行,在客观上表现为违反了合同的约定。违反法定的合同义务,就认为是违约行为。(4)违约行为在后果上导致对债权人债权的侵害,不是第三人对债权的侵害,而是合同债务人对合同债权的侵害。

(二)合同不履行的后果

合同不履行的后果,是指合同不履行给债权所造成的后果,包括给债权人造成的损害。

在一般情况下,合同义务不履行只是对债权人的债权造成的一种损害,使其债权不能实现。损害的表现是,债权人订立合同所期待的合同利益不能实现,即预期利益不能实现。另一种损害事实是构成损害赔偿的客观依据,即合同不履行所造成的财产损失和人身损害的客观事实。后一种损害后果即固有利益的损害已经包含在加害给付责任之中,除了个别场合外,实际违约责任不包括这种损害结果。

1. 损害事实。在所有的合同责任中,都有可能造成财产或者人身的损害后果。合同责任中的损害事实,是违约人或者缔约人违反约定或者法定义务而给对方当事人造成的财产损害事实。这种财产损害事实分为三种。

(1)信赖利益的损失。信赖利益的损失,是指合同未成立、无效或者可撤销,相对人信赖合同成立或有效,却因为合同未成立或者无效、被撤销的结果所蒙受的利益损失。信赖利益又叫作消极利益或者消极合同利益。信赖利益赔偿的标准是如同合同未曾发生一样,但是其最高赔偿额不得超过预期利益,除非违约方具有欺诈等行为。可以讲,非违约方的全部损失转嫁给违约方也是必要的。[14] 这种利益的损失存在于缔约过失责任和合同无效责任(包括被撤销的合同无效后果)之中。在合同的其他领域中,信赖利益也是存在的。[15] 保护信赖,如同保护人的生命一样具有正当性。[16]

(2)预期利益的损失。预期利益的损失也称履行利益损失、交易利益损失,是指合同有效成立,但因债务不履行或者不适当履行而发生的,债权人基于合同履行所能获得的财产利益损失。有的学者将预期利益界定为“当事人在订立合同时期望从此交易中获得的各种

---

〔14〕 王利明:《合同法研究》(第2卷)(第2版),中国人民大学出版社2011年版,第647页。

〔15〕 王利明:《合同法研究》(第2卷)(第2版),中国人民大学出版社2011年版,第641页。

〔16〕 马新彦:《信赖原则指导下的规则体系在民法中的定位》,载《中国法学》2011年第6期。

利益和好处”,[17]这种说法十分准确。预期利益损失是合同责任构成中可得利益的损失。

(3)固有利益的损失。固有利益的损失,是指合同预期利益以外的合同当事人的其他人身和财产利益的损失。这样的损害包括财产利益的损害和人身利益的损害。一般认为,合同责任中的固有利益损失是加害给付责任的损害事实,其实不然。在其他的合同责任中也有这样的损害事实。例如,在高速公路使用中,管理者一方未尽善良管理人的注意,在公路上留有遗失物,致使高速公路上的车辆躲避不及发生肇事,车毁人亡,既有财产损失,又有人身损害。这是违约损害事实中的典型事例。[18]

财产损害分为直接损失和间接损失。合同责任的损害事实要特别注意间接损失,因为在合同责任中的财产损失大部分是间接损失,即“合同履行后可以获得的利益”的损失。[19]应当注意的是,实际违约和预期违约责任中的损害事实主要是履行利益的损失,即债权人在订立合同时所期待的从合同行为中能够得到的利益。

2. 财产被对方当事人占有。财产被对方当事人占有,占有财产的一方丧失了合法占有的依据。在缔约、合同成立但尚未生效以及其他一些合同场合,当事人依据约定可能占有对方的财产。但是,在合同没有成立,或者合同虽然成立但却被宣告无效或被撤销时,占有对方的财产就成为非法占有。这种占有对于财产所有人而言,也是一种损害事实。

3. 合同债权未能实现或者有不能实现之虞。在实际违约责任中,客观后果主要是合同债权不能实现或者不能完全实现,即合同履行期限届至,债务人不履行债务,使债权人期待的履行利益不能实现或者不能完全实现。债权不能实现就是一种财产损失,称为债权期待利益的财产损失。同样,债权的期待利益有不能实现之虞,也是一种合同责任构成中后果要件的表现形式之一。

4. 有财产利益损失之虞。在预期违约中,客观的损害后果不是期待利益的损失,而是这种财产利益损失之虞。这种损害事实的可能性应当具有高度盖然性,因为明示毁约和默示毁约均已为债务人确认,只是由于债务履行期限还没有到罢了。

违约损害赔偿责任构成的财产损害事实是债权的损害事实。当一方当事人违反合同的约定,侵害了另一方当事人的债权,对债权人的债权这种期待财产利益造成损害时,就构成违约损害赔偿责任。

在违约损害赔偿中,区分财产损失的主要标准是直接损失和间接损失。直接损失是受害人现有财产的减少,也就是加害人违约行为或不法行为侵害受害人的财产权利,致使受害人现有财产减少的损失,如财物被毁损、被侵占而使受害人财富的减少。间接损失是受害人可得利益的丧失,即应当得到的利益因受违约行为或不法行为的侵害而没有得到。间接损失有三个特征:(1)损失的是一种未来的可得利益,而不是既得利益。在实施违约行为时,它只具有财产取得的可能性,还不是现实的财产利益。(2)这种丧失的未来利益是具有实际意义的,是必得利益而不是假设利益。(3)这种可得利益必须是在一定范围之内,即违约行为或侵权行为的直接影响所及范围,超出该范围不认为是间接损失。

---

〔17〕 焦津洪:《违约赔偿范围的比较研究》,载《中外法学》1991 年第 6 期。

〔18〕 关于这样的案例,请参见杨立新:《民法判解研究与适用》(第 4 辑),人民法院出版社 1999 年版,第 579 ~ 580 页。

〔19〕 我国原《合同法》第 113 条。

《民法典》第584条明确规定了违约损害赔偿的范围内容为:"当事人一方不履行合同义务或者履行合同义务不符合约定,造成对方损失的,损失赔偿额应当相当于因违约所造成的损失,包括合同履行后可以获得的利益;但是,不得超过违约一方订立合同时预见到或者应当预见到的因违约可能造成的损失。"

(三)因果关系

实际违约的因果关系是违约行为与后果事实之间引起与被引起的关系,即违约行为作为原因,后果事实作为结果,在它们之间存在的前者引起后果、后者被前者所引起的客观联系。在违约损害赔偿责任构成中,因果关系的判断更为重要,应以相当因果关系规则作为标准。

(四)过错

实际违约的过错只有在违约损害赔偿中才应具备,在继续履行、采取补救措施和承担违约金的责任构成中不要求具备这样的要件。法国法认为,合同关系中债务人的过错与侵权行为人的过错并不完全相同,在《法国民法典》第1147条规定的"不履行义务的行为"中,已当然地包含了当事人的过错。[20]

实际违约的过错既可以是故意,也可以是过失。惩罚性赔偿责任的过错要件必须是故意,不具有故意,则不能构成商品欺诈和服务欺诈。其他实际违约损害赔偿责任,故意或者过失都可以构成。

过错程度有轻重之分。对于过错的轻重与损害赔偿责任的关系,传统学说一直认为,"区分故意与过失,在刑法上对于定罪量刑具有重要意义,而在民法上,一般情况下,对于确定行为人的民事责任并无实际意义。因为民事责任的承担,完全是由损害事实决定的"。[21] 这种观念并不完全准确。在惩罚性赔偿责任中,由于债务人具有故意,因此应当承担超出损失范围的赔偿责任。不仅如此,在合同责任中,债务人过错程度的不同,会导致不同的效果。因而法国法将过错分为欺诈性过错、不可原谅的过错、重过错以及一般过错。[22] 这种看法是正确的。我国将过错分为故意、重大过失、过失(包括主观过失和客观过失)、一般过失和轻微过失。

实际违约责任过错要件的证明责任,由于适用过错推定原则,因而过错要件是推定的。由于产品欺诈和服务欺诈的惩罚性赔偿责任实行过错责任原则,因而产品欺诈和服务欺诈责任中的故意要件应由原告举证证明,不能实行推定。

三、实际违约的行为形态

(一)履行不能

履行不能也称给付不能,是指债务人在客观上已经没有履行能力,或者法律禁止该种

---

〔20〕 尹田:《法国现代合同法:契约自由与社会公正的冲突与平衡》(第2版),法律出版社2009年版,第81页。

〔21〕 马原主编:《中国民法教程》,人民法院出版社1989年版,第310~311页。

〔22〕 尹田:《法国现代合同法:契约自由与社会公正的冲突与平衡》(第2版),法律出版社2009年版,第364~365页。

债务的履行。例如,劳务合同的债务人丧失劳动能力,以交付特定物为给付标的的合同中该特定物毁损灭失,都是履行不能。履行不能的判断标准是社会的一般观念,不是一般的物理学的标准,应针对个案的具体情况,斟酌交易观念进行判断。[23]

1. 自始不能和嗣后不能

自始不能是合同无效的原因,而嗣后不能则是实际违约责任的要件。

2. 永久不能和一时不能

永久不能是指在履行期限或者可以为履行的期限届满时都不能履行。一时不能则为在履行期满时因暂时的障碍而不能履行。永久不能如果是嗣后不能,则为违约责任要件。一时不能在继续性合同场合成为部分不履行,构成违约;如果债务人在履行不能的障碍消失后仍不履行的,为迟延履行,构成违约责任。

3. 全部不能和部分不能

全部不能是指合同债务全部不能履行,属于嗣后不能的,构成违约责任要件。部分不能,是指合同债务的一部分不能履行,属于嗣后不能的,为违约责任;属于自始不能的,仍可能构成违约责任,但也有人认为构成瑕疵担保责任。

4. 事实不能和法律不能

事实不能是指基于自然法则而构成的履行不能,如特定物的灭失而造成的履行不能;法律不能是指基于法律的规定而构成的履行不能,如出卖禁止流通物的合同的履行不能。这两种履行不能都构成实际违约责任。

(二)迟延履行

迟延履行,又称债务人迟延或者逾期履行,是指债务人能够履行,但在履行期限届满时却未履行债务的违约行为。构成迟延履行,一是存在有效的债务,二是债务人能够履行,三是债务履行期届满而债务人没有履行,四是债务人的未履行没有正当事由。

根据债务履行期限的不同,迟延履行的判断标准如下:

1. 确定期限的迟延履行

合同有明确的履行期限的,采取"期限代人催告"原则。期限完成,债务人当然陷入履行迟延。如果履行期限是一个时间段,其间的末尾具有确定期限的意义。

例外的情况是:(1)往取债务,即由债权人到债务人的住所请求债务履行的债务,如除了给付货币的债务和交付不动产的债务之外,其他标的,在履行义务一方的所在地履行[24]的,债权人不去催收,债务人并不因履行期限已过而陷入迟延履行。(2)以债权人协助为必要的债务,如债务人交付标的物需要债权人受领的合同,即使存在确定的期限,如果债权人没有到债务人所在地催收债务,或者债权人没有作出必要的协助,债务履行期限已过亦不使债务人的履行陷入迟延。(3)票据债权人行使票据债权只有一种法定方式,即向债务人"提示"票据,持票人对票据债务人行使票据权利,应当在票据当事人的营业场所进行。如果债权人到期没有提示,则不发生债务人迟延履行问题。

---

〔23〕 崔建远主编:《合同法》(第3版),法律出版社2003年版,第224页。

〔24〕 我国原《合同法》第62条第3项规定、原《民法通则》第88条第3项规定。

2. 不确定期限的迟延履行

合同规定有期限，但该期限不确定，如约定某人死亡之日给付某物即是。原则上自债权人通知或者债务人知道期限到来时起，经过一个宽限期，即可认定履行迟延。

3. 履行期限不明确的迟延履行

合同履行期不明确的，债权人可以随时向债务人主张债权，债务人可以随时履行债务，但要给予必要的准备时间。对此，债权人应当进行催告，经过催告之后的一个宽限期，即可确定履行迟延责任。

（三）瑕疵履行

瑕疵履行，也称不完全给付或者不完全履行，是指债务人虽然履行了债务，但其履行不符合债务本质的违约行为。确定瑕疵履行的标准是：履行期届满，仍未消除履行的瑕疵或者另行给付。具体表现如下：

1. 履行数量不完全。履行数量不完全是履行数量的短缺，债务人不予补充履行，或者补充履行仍然达不到合同目的，构成瑕疵履行。

2. 标的物的品种、规格、型号等不符合合同约定。标的物的品种、规格、型号等不符合合同约定，或者隐有瑕疵，可以由债权人指定一定期限，由债务人修补或者另行给付，债务人不予修补或者不予另行给付，或者修补或另行给付仍达不到合同目的的，可以构成违约。

3. 履行方式不完全。例如，本应一次履行完成却分期履行，本应选择最近的运输线路却选择较远的运输路线，也构成违约。

（四）拒绝履行

拒绝履行，是指债务人对债权人表示不履行合同的违约行为，也称公然违约。这种表示既可以是明示方式，也可以是默示方式。例如，债务人将应当交付的标的物处分给第三人，即可视为拒绝履行。履行期限届至之前的拒绝履行为预期违约，履行期限届满之后发生的拒绝履行是实际违约行为。

拒绝履行是根本违约行为，应当承担违约责任。

（五）产品欺诈与服务欺诈

按照我国《消费者权益保护法》第55条、《食品安全法》第148条，以及最高人民法院《关于审理食品安全民事纠纷案件适用法律若干问题的解释（一）》（以下简称《食品安全民事纠纷解释一》）的规定，对产品欺诈、服务欺诈、食品欺诈与食品服务欺诈行为，可予以惩罚性赔偿责任。

1. 产品欺诈和服务欺诈

在经营领域中，经营者提供假冒伪劣等质量不合格的产品欺诈消费者的，构成产品欺诈。例如，消费者购买经营者以水印冒充真品的徐悲鸿画作，向法院起诉请求惩罚性赔偿金，法院认定经营者的行为构成产品欺诈。应当注意的是，产品欺诈与产品责任是不同的概念。产品欺诈仅仅是产品的品质不符合要求，并没有造成买受人固有利益的损害，因而构成违约责任；而产品责任则是具有缺陷的产品在使用中已经造成了买受人以及第三人的固有利益损害,构成侵权责任。

在经营领域中,经营者在服务中进行欺诈损害消费者利益的,构成服务欺诈。例如,消费者对两起多收电话费案件依法起诉,所诉的就是电话经营单位的服务欺诈行为。

2. 生产经营食品欺诈

《食品安全法》第148条第2款规定:"生产不符合食品安全标准的食品或者经营明知是不符合食品安全标准的食品,消费者除要求赔偿损失外,还可以向生产者或者经营者要求支付价款十倍或者损失三倍的赔偿金;增加赔偿的金额不足一千元的,为一千元。但是,食品的标签、说明书存在不影响食品安全且不会对消费者造成误导的瑕疵的除外。"

对此,《食品安全民事纠纷解释一》第10条规定,食品不符合食品安全标准,消费者主张生产者或者经营者依据《食品安全法》第148条第2款规定承担惩罚性赔偿责任,生产者或者经营者以未造成消费者人身损害为由抗辩的,人民法院不予支持。第11条规定,生产经营未标明生产者名称、地址、成分或者配料表,或者未清晰标明生产日期、保质期的预包装食品,消费者主张生产者或者经营者依据《食品安全法》第148条第2款规定承担惩罚性赔偿责任的,人民法院应予支持,但法律、行政法规、食品安全国家标准对标签标注事项另有规定的除外。

四、债权人拒绝受领和受领迟延的责任

《民法典》第589条规定:"债务人按照约定履行债务,债权人无正当理由拒绝受领的,债务人可以请求债权人赔偿增加的费用。在债权人受领迟延期间,债务人无须支付利息。"这是债权人拒绝受领和受领迟延赔偿责任的规则。

原《合同法》在规定违约责任时,侧重关注的是债务人的违约,对债权人的受领违约关注不够,对其没有规定。事实上,债权人受领违约也是常见的违约行为。

(一)拒绝受领

1. 放弃债权的拒绝受领

放弃债权的拒绝受领,是债权人行使自己的债权处分权,作出放弃债权的决定,因此拒绝受领。这种拒绝受领是合法的,是行使权利的行为。其拒绝受领的后果是,因免除了债务人的债务而使债权消灭,债务人永远地消灭债务,不必再予给付,债权人也永远消灭债权,不得反悔。

2. 行使受领权的拒绝受领

行使受领权的拒绝受领,是债权人认为债务人的给付不符合合同目的的要求,因此予以拒绝。这种拒绝是行使受领权的表现,是对债务人的履行不满意而采取的行动。因此,这种拒绝受领,如果确实存在债务履行不符合合同日的的情形,应当是合法行使权利的行为,债务人应当继续履行并且适当履行。

(二)受领迟延

1. 受领迟延的概念和意义

受领迟延,也称债权人迟延,是指债权人对于债务人的给付应当且能够受领,却不为或

者不能受领。

受领迟延,法律虽然规定债权人应负迟延责任,但是,受领迟延的性质属于债权人对权利不行使,充其量出现失权后果,债权人并不因此负担法律责任。因此,除了法律特别规定受领是债权人的义务以外,受领迟延并不是债务不履行,债务人也不得强制债权人受领给付,也不生其他债务不履行的效果。受领迟延造成债务人损失,以及增加保管费用的,债权人应当予以赔偿。

2. 受领迟延的构成要件

(1)须债务人的给付需要债权人接受或者予以协助。债务履行,债权人应当予以接受;如果需要债权人协助的,债权人应当予以协助。对于不需要债权人受领或者协助的给付,如小时工提供擦玻璃服务的履行,不存在不为受领的问题;不作为债务的履行,不存在不为受领或者予以协助的问题。有的给付,如果没有债权人的协助或者受领,无法实现给付或者达到给付的目的。这类债务包括:一是往取债务;二是债权人应为接受的行为,如送货上门的供货合同债务;三是债权人应当提供材料,如约定业主提供装修材料的家庭装修合同之债;四是债权人应当将物品送往特定地点,如仓储合同之债;五是债权人应为指示,如挖沟筑渠的规格尺寸;六是债权人应当提供场地,如演出的剧场;七是债权人与债务人应当共同办理法定登记手续,如不动产买卖;八是选择之债的选择权在债权人,债权人应为选择;九是债权人应为特定的不作为,如患者允许医生接触自己的身体进行诊治。在这些债的关系中,债权人如果不予协助,债务人无法完成给付,债权人不为协助时,即可能构成受领迟延。

(2)须债务已届履行期。这是受领迟延的时间标准。在合同定有履行期的债务中,履行期届至前,原则上不得提前履行。债务人提前履行的,债权人有权拒绝履行。在没有规定履行期的合同中,债务人尽管可以随时履行,但应当给债权人必要的准备时间,如果没有给债权人必要的准备时间,债权人可以拒绝受领,不构成受领迟延。在债权人往取债务中,期限届至后,债权人没有往取标的物的,构成受领迟延。

(3)须债务人已经提出履行或者开始履行。这是受领迟延必要的客观条件。债务人已经提出或者实际履行,就使债权人处于受领的状态,债权人应当受领。已经提出履行,只要债权人往取标的物,或者予以接受,就完成了受领。如果债权人事先已经表示拒绝受领,如无正当理由要求延期受领或者变更履行地,债务人可以通知催告;履行期届至而债权人仍不同意受领的,债务人无须实际履行,避免徒增债务人的负担。

(4)须债权人不为或者不能受领。不为受领,包括债权人不予受领和不予协助,都构成受领迟延。不能受领,是基于债权人自己的原因,客观上无法受领,如债权人失踪、存放货物的仓库倒塌、场地没有准备完毕等。

(三)拒绝受领和受领迟延的后果

正当理由的拒绝受领和受领迟延,产生两个法律后果:(1)债权人不负受领义务的,受领迟延仅减轻债务人的责任。这时,债权人对受领迟延不须具有过失,仅有不受领的事实即可。(2)债权人负受领义务的,其受领义务的违反与债务人的债务违反性质相同,应当承担违反债的责任。

具体的受领迟延责任如下：

1. 债务人的义务减轻。在通常情况下，债务人应对轻过失负责。但是在债权人受领迟延时，债务人的注意义务降至对故意或者重大过失负责：(1)债权人受领迟延致履行不能的，即使是债务人对履行不能有轻过失的，免除其履行义务，债务因此消灭，亦不负违反债的责任。(2)在双务合同，受领迟延后发生履行不能，除了债务人具有故意或者重大过失外，应当认为系可归责于债权人的事由所致，风险负担自债权人受领迟延时转移于债权人，债务人的履行义务消灭，并得请求债权人实行对待给付。

2. 停止利息支付。受领迟延后，金钱债务而生的利息债务，自受领迟延时起向后消灭。理由是，此时债务人的债务并不消灭，因而债务人仍应随时准备履行，而债权人已经不能利用该项金钱取得收益，所以债务人不再支付嗣后的利息。

3. 缩小孳息返还范围。受领迟延之后，原来债务人因债的关系有收取和返还标的物所生孳息义务的，则债务人仅需返还已经收取的利息，对以后所生的孳息不再负有收取的义务；对已经收取的孳息，就其减少和灭失，仅在有故意或者过失的情形时负责。

4. 债务人可以请求标的物保管费和因受领迟延而增加的必要费用。这些费用包括提存的费用，货物往返运送费用、履行债务所支出的路费、通知费用、对不宜保存的标的物的处理费用等。

5. 债务人可以自行消灭债务。受领迟延后，合同之债的标的物为动产的，债务人可以以提存的方式消灭债务；不宜提存或者提存费用过高的，可以拍卖或者变卖后提存价金。标的物是不动产的，债务人可以抛弃占有，但须通知债权人，能通知而未通知造成标的物损害的，债务人应当承担损害赔偿责任。

6. 赔偿债务人因履行所受到的损害。因债权人受领迟延而造成债务人损害的，应由债权人承担损害赔偿责任。例如，家庭装修时，承揽人将调制好的油漆等材料送至业主家，由于业主不予协助造成损失，业主自应承担受领迟延的损害赔偿责任。

五、实际违约的责任方式

（一）承担实际违约责任的一般方式

承担实际违约责任的一般方式是：(1)继续履行；(2)采取补救措施；(3)支付违约金；(4)损害赔偿。

（二）实际违约责任的财产损害赔偿

合同债务不履行所产生的损害赔偿，是基于合同原给付义务的不履行，且给合同债权人造成财产的损害而发生的。只是合同债务不履行，可以产生继续履行的债务，这是合同原给付义务的继续。合同债务不履行还可以产生丧失定金、给付违约金等责任，与损害赔偿不同，责任的产生不需要实际损害的发生。

合同债务不履行的损害赔偿责任，在原合同的当事人之间发生。合同履行不能、迟延履行或者瑕疵履行，造成债权人的财产损害，就发生损害赔偿责任。受损害的一方享有损害赔偿的请求权，有权要求违约人承担损失的赔偿责任。

(三)合同责任中的精神损害赔偿

长期以来,我国采取违约行为不得请求适用精神损害赔偿责任的做法,当事人如果坚持主张,则应通过民事责任竞合的方法,选择侵权诉讼方可获得支持。这样的做法虽然有一定道理,但是对当事人却形成讼累,一个违约行为既造成债权人财产利益的损害,又造成精神利益的损害,却须提起两个诉讼,并且可能还不是由同一个法院管辖。《民法典》第996条规定:“因当事人一方的违约行为,损害对方人格权并造成严重精神损害,受损害方选择请求其承担违约责任的,不影响受损害方请求精神损害赔偿。”这是对违约行为造成精神损害可以直接适用精神损害赔偿责任进行救济的规定。

一个违约行为造成两种损害的形成机制是,对合同约定的义务,债务人未履行,造成了债权人的可得利益损害,而该合同履行利益对债权人而言,不仅具有财产利益,而且具有人身意义,该人身意义又包含精神利益。当违约行为发生时,一方面造成了债权人的财产利益损害,另一方面也侵害了债权人的人格权益造成严重精神损害。例如,旅行社组织的旅行团混进严重的传染病人,其他团员面临感染疾病的威胁,造成严重精神损害。

合同责任中的精神损害赔偿适用的要件是:(1)当事人之间存在合同等债的关系;(2)一方当事人违反合同构成违约行为;(3)在侵害了债权人债权的同时,还侵害了债权人的人格权,并给其造成严重精神损害;(4)既造成了债权人财产利益的损害,也造成了债权人精神利益的严重损害。具备上述要件,受损害一方请求其承担违约责任,也可以一并请求违约方予以精神损害赔偿。

|引例分析|

根据《民法典》第584条规定,违约损害赔偿责任的确定原则,主要为实际损失赔偿规则和可预期损失赔偿规则。前者是损失赔偿额应当相当于因违约所造成的实际损失,后者违约损害赔偿的最高限额不得超过违约方订立合同时预见或者应当预见的因违反合同可能造成的损失。在实践中,虽然说据实计算是基本方法,但是,却经常存在实际损失不好计算的情况。例如,本案的租金赔偿问题就存在实际损失怎样计算的问题。原告主张其租金损失应当依照其以往租赁的房屋租金标准,或者根据当地、当时其他类似的房屋的租赁价格计算,被告主张应当依据政府主管部门的询价标准计算,双方差距悬殊。通常说,政府的询价标准比较准确,但是在租房租金问题上,却存在千差万别的具体情形。法院考虑到这些问题,折中确定应当赔偿的租金标准,大体上是可以的。不过,综合考虑,本案判决确定的标准还是偏低,对此,原告的主张有事实依据,应当比照有事实根据的标准确定,或者略低于这个标准,因为要更好地保护消费者的合法权益。

总的说来,确定违约损害赔偿的标准,应当按照当地、同期、适当的标准确定实际损失,再根据涉案标的存在的特殊性综合确定。法院可以结合当事人提供的证据以及主动调查的结果,权衡得出合理的计算标准和方法,保护好守约一方当事人的债权利益。

第六节　后契约责任

引　例

韦某旺与焦某岭共同出资购买一辆奇瑞牌出租车，二人各半出资，各有一半份额，各自分时经营，各自经营收入归各自所有，车辆登记在韦某旺名下，挂靠在第三人康乐出租汽车公司。经李某同说和，韦某旺将其对该车享有的份额转让给徐某强，价格11万元，双方支付价款和交付汽车，徐某强和焦某岭合伙经营，各自分时经营，收入归各自所有。两年后，徐某强要求韦某旺协助办理车辆过户手续，韦某旺拒绝协助办理。徐某强向法院起诉，请求判令韦某旺协助办理车辆交易的过户手续。

法院审理认为，依照法律规定，债权债务终止后，当事人应当遵循诚实守信的原则，根据交易习惯履行通知、协助、保密、旧物回收义务，这些义务都是合同债权债务关系消灭后的后契约义务，是法定的义务，当事人必须履行。本案原告与被告之间进行机动车交易，在完成付款、交车的义务后，虽然交易关系已经终止，合同已经消灭，但是，协助过户登记的义务仍然需要出卖人协助办理。本案被告在交易完成之后，不履行协助原告登记过户的后契约义务，应当依照法律规定继续履行。故判决韦某旺于判决生效后10日内履行该出租车的协助过户手续。

法律问题

1. 后契约责任
2. 后契约义务
3. 后契约责任与实际违约责任的关系
4. 后契约责任的法律适用

一、后契约责任概述

（一）后契约责任的概念

后契约责任是合同当事人在合同关系消灭之后，对于法定的或者约定的后契约义务不履行或者不适当履行，给对方当事人造成损害，应当承担的合同责任。《全国法院贯彻实施民法典工作会议纪要》第10条规定，当事人一方违反《民法典》第558条规定的通知、协助、保密、旧物回收等义务，给对方当事人造成损失，对方当事人请求赔偿实际损失的，人民法院应当支持。

一般认为，合同的权利义务终止之后，合同即告消灭，当事人之间不再存在任何关系。其实，合同终止之后，在当事人之间还存在一定的关系，这就是合同后契约阶段的附随义务，也称后契约义务，其将合同终止后的当事人仍然连接在一起，按照附随义务的要求，须将附随义务履行完毕，合同当事人之间的关系才真正消灭。在后契约阶段，当事人一方不履行附随义务,给对方当事人造成损害的,就应当承担后契约损害赔偿责任。例如,债务人将标的物送到指定的交付地点后,没有履行通知义务,债权人不知道债务人已经交付,致使合同的标的物受到损失。对此,应当认为债权人的损失应当由没有履行附随通知义务的债务人承担。在司法实践中,当事人一方违反《民法典》第558条规定的"通知、协助、保密、旧物回收"等后契约义务,给对方当事人造成损失,对方当事人请求赔偿实际损失的,法院予以支持。

(二)后契约责任与实际违约责任的界限

后契约责任与违约责任之间的区别在于时间上的界限。在合同债务履行完毕之前的责任是违约责任,不会是后契约责任;合同债务履行完毕之后,才可能产生后契约责任。

二、后契约义务

(一)后契约义务的概念

后契约义务也称后合同义务,[25]是指合同关系消灭之后,为了保护合同当事人的利益不受损害,合同当事人仍然负有的法定或者约定的附随义务。

《民法典》第558条规定的就是合同当事人的后契约义务:"债权债务终止后,当事人应当遵循诚信等原则,根据交易习惯履行通知、协助、保密、旧物回收等义务。"

(二)后契约义务的特征

1. 后契约义务是合同消灭之后发生的义务。后契约义务不是合同本身的义务,而是合同消灭之后发生的义务,即合同终止后的义务,属于无原给付义务的法定之债的关系。

2. 后契约义务是附随义务。后契约义务不是合同义务,更不是合同的主义务,而是附随义务,是附随于合同而发生,于合同消灭之后发生作用的义务,具有附随性。

3. 后契约义务有法定义务,也有约定义务。后契约义务主要是法定义务,即《民法典》第558条规定的义务。一般认为,后契约义务不具有约定性的特征,[26]但在合同消灭之后,确实存在约定的后契约义务的情形,而且随着现代交易活动对消费者保护的不断发展,约定的后契约义务越来越多。例如,消费品买卖合同因当事人履行合同而终止后,销售者还应负有售后服务的义务,就是约定的后契约义务。[27]

4. 后契约义务也具有法律的强制性保障。后契约义务虽然是在合同关系消灭之后产生的附随义务,但也具有强制性的法律效力,法律予以保护。后契约义务不履行,造成对方当事人的损害,法律规定同样要承担合同责任。

(三)后契约义务的种类

后契约义务分为法定义务和约定义务两种。

---

[25] 李开国主编:《合同法》,法律出版社2007年版,第152页。

[26] 崔建远主编:《合同法》(第3版),法律出版社2003年版,第233页。

[27] 李开国主编:《合同法》,法律出版社2007年版,第153页。

1. 法定的后契约义务

法定的后契约义务，是指法律规定的后契约义务。按照《民法典》第558条规定，法定的后契约义务有四种。

(1)通知义务。合同消灭之后，一方当事人应当将合同履行的有关事项及时通知对方，以便对方能够及时处理，共同协商妥善的应对办法。例如，履行合同方式为送货的，货物送达指定地点即为交付，如果债务人不予通知，即为违反后契约义务，造成损害自应承担责任。

(2)协助义务。协助是指在合同消灭之后还存在具体事宜，当事人应当履行相互协作的义务。合同消灭之后，合同权利的实现还需要当事人的合作，就必须履行协助义务。

(3)保密义务。一方当事人应当严守在履行合同中掌握的对方的商业秘密、技术秘密，即使是合同消灭之后也不得加以泄露。违反这种后契约义务将承担责任。

(4)旧物回收义务。依照《民法典》规定的绿色原则的要求，当事人对于合同履行中应当依法回收旧物的义务属于后契约义务，应当履行。

2. 约定的后契约义务

当事人约定合同消灭之后一方或者双方负有的义务，为约定的后契约义务。买卖合同关系消灭后的售后服务义务、承揽合同关系消灭后的质量保修义务等，都属于约定的后契约义务。例如，在修理钟表等承揽加工合同中，约定合同的主义务履行完毕后，附随一定时期的保修义务，在保修期内承揽人免费保修；销售机动车约定一定期间内的免费保养，出卖人应当依约履行。

三、后契约责任的构成要件

1. 违反后契约义务的行为。无论是法定的后契约义务还是约定的后契约义务，都具有强制性，当事人不能违反。违反后契约义务的行为，是对上述法定或者约定的义务不履行或者不适当履行。如约定的售后服务义务没有履行或者没有适当履行，法定的通知、协助、保密义务没有履行或者没有适当履行，都是违反后契约义务的行为。

2. 损害事实。只有违背后契约义务的行为造成对方当事人的损害事实，才能构成损害赔偿责任。后契约损害赔偿责任的损害事实是财产的损害事实，包括财产的现实减少和财产利益的丧失。

3. 因果关系。违反后契约义务的行为与损害事实之间必须具有引起和被引起的因果关系，只有违反后契约义务的行为是造成损害的原因、损害事实是该违反后契约义务行为的结果时，才能构成后契约损害赔偿责任。

4. 过错。构成后契约损害赔偿责任适用过错责任原则。在过错的确定上，首先，没有过错就没有赔偿责任；其次，过错是推定的，要由违反后契约义务的行为人承担举证责任，证明自己对于损害的发生没有过错。证明成立的免除其赔偿责任；证明不足或者证明不能的，则推定成立，构成损害赔偿责任。

四、后契约责任的法律适用与责任方式

(一)后契约责任的法律适用

《民法典》在形式上只规定了后契约义务,并没有规定后契约责任。事实上,《民法典》是将合同的后契约责任确定为违约责任,对后契约责任统一适用违约责任的规定。对此,可以在《民法典》的条文顺序中看出来。首先,后契约义务规定在合同编第七章“合同的权利义务终止”中,在它前边的条文是合同权利义务终止的事由,即后契约义务产生在合同消灭之后。其次,《民法典》合同编第八章规定的是“违约责任”,既然在合同的权利义务关系中也包括后契约义务,对于后契约义务的违反也应当视为违约责任。因此,对于后契约义务的违反,直接适用《民法典》合同编第八章的规定,以违约责任界定后契约责任,是有道理的。不过,也可以直接适用《全国法院贯彻实施民法典工作会议纪要》第 10 条规定,确定后契约责任的承担。

(二)后契约责任的方式

后契约责任的方式主要是损害赔偿,其次还有继续履行。

后契约损害赔偿责任与一般的违约损害赔偿责任是一样的,没有特别要求。赔偿的内容是财产损害赔偿,凡是造成损害的,实际损失都在赔偿之列。

对约定的后契约义务不履行,继续履行的责任方式也应适用。这种责任方式虽然在我国《民法典》中没有规定,但为救济当事人权利损害所必须,且不违反《民法典》的本质要求。对当事人约定的后契约附随义务没有履行的,如约定保修、退还等附随义务不履行的,可以责令义务人继续履行。

|引例分析|

《民法典》第 558 条规定:债权债务终止后,当事人应当遵循诚信等原则,根据交易习惯履行通知、协助、保密、旧物回收等义务。这些义务都是后契约义务。其不仅包括这些法定的后契约义务,还包括约定的后契约义务。这些后契约义务虽然都是在合同消灭后的义务,但是,也都是必须履行的义务。如果对后契约义务不履行,在合同已经消灭的情况下,也必须承担违约责任。

在本案中,被告应当承担的协助办理机动车交易的过户登记手续,究竟是契约义务,还是后契约义务,是应当区分清楚的,因为这关系到法律适用的问题。从正常的交易规则来看,进行机动车交易时,不仅要交付车辆,还要办理交易的过户,交付机动车的有关证照。因此,交付证照就是合同义务,而不是后契约义务。从另一个角度来看,买受人尽管取得了交付的证照,但是在办理过户登记时需要出卖人进行协助,不然无法进行机动车过户手续登记,这就是《民法典》第 558 条规定的协助义务,属于后契约义务。当事人不履行后契约义务,也要承担违约责任,继续履行。本案原告不履行法定的后契约义务中的协助义务,构成违约,应当承担继续履行的违约责任。

第七节　合同责任的其他问题

|引　例|

2018年9月12日，原告张某某与被告万升儿童城签订《场地租赁合同》，约定被告向原告出租万辉广场5号楼“孩子王国儿童城”二楼经营场地，建筑面积46平方米，租赁期限为3年；场地租金为每平方米月租金160元整，签订合同当日支付第一年度租金8.832万元；租赁合同签订当日将之前原告支付给被告的定金人民币2.208万元转为履约保证金，用于保证原告逾期支付租金、水电暖、燃气等费用及违约责任保证；原告逾期支付租金超过30日，被告有权解除租赁合同。当日，原告向被告交付押金2.208万元，但被告未按约定交付经营场地。原告起诉要求解除租赁合同，由被告双倍退还定金。庭审查明，原告只是支付了2.208万元(属于保证金还是定金性质未定)，未按照约定交付第一年度租金，因此被告未向原告交付租赁场地。

法院审理认为，本案属于租赁合同纠纷，依法成立的租赁合同受法律保护。关于本案的违约责任问题，租赁合同签订后，原告未按约定交付房屋租金，庭审中表示其与被告协商，按实际接受租赁场地的时间缴纳场地租金。被告辩称因原告未按照约定的时间缴纳场地租金，故未向原告移交租赁场地，但未向法庭提供租赁合同应向原告提供出租场地的具体位置，因此该租赁合同实际仅履行原告向被告交付押金的行为，合同其他约定尚未履行，双方均存在违约行为。现原、被告双方均同意解除租赁合同，故本院予以准许。关于原告主张被告双倍退还定金的诉讼请求，庭审中查明，原告缴纳的款项已在租赁合同中约定为履约保证金，故不适用定金罚则。故判决支持按原告实际缴纳的2.208万元予以退还。

|法律问题|

1. 合同责任的抗辩事由
2. 合同责任的基本方式
3. 违约金
4. 定金

一、合同责任的抗辩事由

(一)抗辩事由的概念

抗辩事由，是指被告针对原告的诉讼请求而提出的证明原告的诉讼请求不成立或不完全成立的事实。在合同法中，抗辩事由是针对承担合同责任的请求提出来的，所以又称为免责事由。根据《民法典》第590条规定，不可抗力是合同责任的免责事由。

(二)不可抗力的概念和确定

不可抗力,是指人力不可抗拒的力量,包括自然原因如地震、台风、洪水、海啸,以及社会原因如战争等。不可抗力独立于人的行为之外,不受当事人的意志支配,是各国立法通行的合同责任的抗辩事由。

确定不可抗力有三种不同的学说:(1)客观说,主张应以事件的性质和外部特征为标准,凡属于一般人无法防御的重大的外来力量,均为不可抗力。(2)主观说,主张以当事人的预见力和预防能力为标准,凡属于当事人虽尽最大努力仍不能防止其发生者,为不可抗力。(3)折中说,认为应采主客观相结合的标准,凡属基于外来因素发生的,当事人以最大谨慎和最大努力仍不能防止其发生的事件为不可抗力。[28]

《民法典》第180条第2款采纳第三种学说,即“不可抗力是不能预见、不能避免且不能克服的客观情况”,要求从主客观两方面的因素考虑何种现象为不可抗力。

1. 不可预见。这是从人的主观认识能力上考察不可抗力因素,即根据现有的技术水平,一般人对某种事件的发生无法预料。不可预见的标准不能依某个人的标准,因为每一个人的预见能力是不同的,预见性因人而异,某人可以预见而他人却不能预见。须以一般人的预见能力而不是当事人的预见能力为标准,来判断对某种现象是否可以预见。

2. 不可避免并不能克服。这是指当事人已经尽到最大努力和采取一切可以采取的措施,仍然不能避免某种事件的发生,并克服事件造成的损害后果。不可避免和不能克服,表明事件的发生和事件造成的损害具有必然性。某种事件是否不能避免并不能克服,也要根据具体情况确定。

3. 属于客观情况。这是指外在于人的行为的自然性。不可抗力作为独立于人的行为之外的事件,不包括单个人的行为。第三人的行为对被告来说是不可预见并不能避免的,但它并不具有外在于人的行为的客观性特点,因此不能作为不可抗力对待。

(三)不可抗力的法律后果

因不可抗力造成损害的,当事人免除承担合同责任。但是,不可抗力导致免责须是不可抗力为损害发生的唯一原因,当事人的行为对造成损害的发生或扩大不产生任何作用。在发生不可抗力时,应当查清不可抗力与造成后果之间的关系,并确定当事人的活动在发生不可抗力的条件下对造成的损害后果的作用。如果是当事人在迟延履行后尚未履行完毕前发生不可抗力,由于当事人迟延履行在先,不可抗力在后,因而不免除当事人的违约责任。

《民法典》规定了不可抗力作为合同责任抗辩事由的除外条款。在法律有特别规定的情况下,不可抗力不作为免责事由。例如,我国《邮政法》第48条第1项规定,因不可抗力造成的保价的给据邮件的损失,邮政企业不能免除赔偿责任。

因不可抗力不能履行合同的,受不可抗力影响的一方当事人负有通知义务,应当及时通知对方,以减轻可能给对方造成的损失,并应当在合理期限内提供证明;对于未及时履行

---

〔28〕 王利明、杨立新编著:《侵权行为法》,法律出版社1996年版,第93页。

通知义务造成的损失，应当承担违约责任。

二、合同责任的基本方式

《民法典》规定的合同责任的基本方式有以下几种。

（一）继续履行

继续履行是《民法典》第 577 条规定的合同责任形式之一，适用范围是违约责任。按照《民法典》第 578 ~ 580 条的规定，继续履行不仅适用于实际违约，也适用于预期违约和加害给付，即适用于一切生效合同没有实际履行或者没有完全履行的场合，并且该合同能够履行，合同也有继续履行的必要。在后契约责任中，约定的后契约义务不履行也可以采取继续履行的责任方式。

1. 预期违约责任中的继续履行

按照《民法典》第 578 条规定，预期违约责任中包括继续履行责任方式，无论是明示预期违约还是默示预期违约，只要能够继续履行的，都应当继续履行。

2. 金钱债务违约人的继续履行

《民法典》第 579 条规定："当事人一方未支付价款、报酬、租金、利息，或者不履行其他金钱债务的，对方可以请求其支付。"这是对不履行金钱债务应当继续履行的规定。

金钱债务，又称为金钱之债、货币之债，是指以给付一定数额的金钱为标的的债务。非金钱债务，是指除了以金钱作为标的的债务之外的债务，其标的包括金钱以外的物、行为和智力成果。

金钱债务与非金钱债务的违约责任承担不同。从条文的表述上看，金钱债务的违约责任承担规则是：当事人一方未支付的，对方可以请求其支付。非金钱债务的违约责任承担规则是：当事人一方不履行非金钱债务或者履行非金钱债务不符合约定的，对方可以要求其履行，但是有除外条款。

未支付价款、报酬、租金、利息以及不履行其他金钱债务的违约行为，都是金钱债务的违约行为。这些不履行金钱债务的行为都构成违约责任，对方当事人可以请求其支付。这种请求权，是债权人行使金钱债务的二次请求权，是继续履行的违约责任方式，债务人应当继续履行。

对于金钱债务的债务人迟延履行的，除了继续履行之外，还可以请求债务人承担违约金、赔偿逾期利息等违约责任。

3. 非金钱债务不能继续履行致使不能实现合同目的的解决办法

《民法典》第 580 条规定："当事人一方不履行非金钱债务或者履行非金钱债务不符合约定的，对方可以请求履行，但是有下列情形之一的除外：（一）法律上或者事实上不能履行；（二）债务的标的不适于强制履行或者履行费用过高；（三）债权人在合理期限内未请求履行。有前款规定的除外情形之一，致使不能实现合同目的的，人民法院或者仲裁机构可以根据当事人的请求终止合同权利义务关系，但是不影响违约责任的承担。"这是对非金钱债务继续履行及除外情形，以及不能继续履行致使合同目的不能实现的情况下，当事人请求终止合同的规定。

(1)非金钱债务违约的继续履行及例外。金钱债务之外的其他合同债务,都是非金钱债务。债务人对非金钱债务不履行或者履行债务不符合约定的,是违约行为,应当承担继续履行的责任。

例外情形有如下三种。

一是法律上或者事实上不能履行,即履行不能,是指债务人在客观上已经没有履行能力,或者法律禁止该种债务的履行,包括法律不能和事实不能。

二是债务的标的不适于强制履行或者履行费用过高。不适于强制履行是无法继续履行,履行费用过高是在成本上不合算。

三是债权人在合理期限内未请求履行,继续履行成为不必要。这种情形须具备两个条件:债权人未请求履行;继续履行为不必要。

非金钱债务在合同履行中出现上述三种情形,债权人不能再请求继续履行,但是并不妨碍债权人请求债务人承担违约责任。

(2)非金钱债务不能继续履行陷入合同僵局的破解方法。按照《民法典》的上述规定,出现上述三种情形之一,非金钱债务不能继续履行,在债权人无法请求债务人继续履行主要债务,致使不能实现合同目的时,由于债权人已经无法请求债务人继续履行,合同继续存在并无实质意义。[29] 使合同陷入僵局,致使不能实现合同目的的,当事人包括守约方和违约方可以请求法院或者仲裁机构裁决终止合同权利义务关系,但是不影响违约责任的承担。这一规则的要求如下。

第一,出现上述情形,当事人可以行使终止合同的请求权,将不能继续履行的非金钱债务合同予以消灭,不能让该合同陷入僵局永远不能终止。当事人所享有的只是申请司法终止合同的权利,而非终止合同的解除权。[30]

第二,享有请求权的不仅是守约方,也包括违约方。通常应当是守约方提出终止合同的请求,如果守约方拒不请求终止合同,违约方也可以行使终止合同的请求权,请求终止合同。

第三,无论是守约方还是违约方行使终止合同请求权而致合同终止的,都不影响违约责任的承担,违约方该承担的违约责任必须承担。

第四,这种终止合同的请求权不是形成权,不能一经请求权人行使即发生形成权的后果,而是须向法院或者仲裁机构提出请求,由法院或者仲裁机构裁决是否应当终止合同。

应当看到的是,在《民法典》第 580 条第 2 款规定的情形中,虽然请求司法终止合同的权利为双方当事人所享有,但在实际中守约方基于违约方的违约行为本身就享有法定的合同解除权,因而,这里规定双方当事人都享有司法终止合同的请求权,对守约方是没有意义的,只对违约方破解合同僵局具有重要价值。

(3)请求司法终止效力的发生时间。《合同编通则解释》第 59 条规定,当事人一方依据《民法典》第 580 条第 2 款的规定请求终止合同权利义务关系的,法院一般应当以起诉状副本送达对方的时间作为合同权利义务关系终止的时间。根据案件的具体情况,以其他时间

---

〔29〕 黄薇主编:《中华人民共和国民法典合同编释义》,法律出版社 2020 年版,第 273 页。

〔30〕 黄薇主编:《中华人民共和国民法典合同编释义》,法律出版社 2020 年版,第 274 页。

作为合同权利义务关系终止的时间更加符合公平原则和诚信原则的，法院可以以该时间作为合同权利义务关系终止的时间，但是应当在裁判文书中充分说明理由。

（二）采取补救措施

采取补救措施，也称补救履行与减价，[31]是概括性的责任方式，具体内容包括很多，《民法典》第577条作了原则性的规定。依照《民法典》第581、582条的规定，可以请求第三人替代履行，承担修理、更换、重作、退货、减少价款或者报酬等补救措施。采取补救措施适用于违约责任，是对合同没有履行而采取的民事责任方式。这些责任方式在违约责任包括实际违约、预期违约和加害给付中都可以适用，在实践中可以根据实际的违约情况选择适用。

（三）返还财产或折价补偿

这种合同责任方式是《民法典》第157条规定的，适用范围是合同无效、被撤销或者确定不发生效力。凡是在合同行为中一方占有对方财产，当占有财产的依据已经不复存在时，都可以适用这种责任方式。

这里规定的实际上是两种责任方式，一是返还财产，二是折价补偿。在适用中应当注意适用的顺序，首先应当适用的是返还财产，在返还财产不能或者返还财产没有必要时，才考虑适用折价补偿。

（四）赔偿损失

1. 确定违约损失赔偿的一般原则

这种合同责任方式是应用最为广泛的一种，在《民法典》合同编相关条文中都有规定。违约损失赔偿责任的意旨在于，作为对违约损失进行的补偿，原告有权获得其被许诺的价值，而通过给予这种损失赔偿，法律旨在保护期待利益，也就是将原告置于被告如若履行了许诺其所应处的位置。[32] 不仅如此，在六种合同责任中，都可以适用损失赔偿责任方式，都具有这样的意旨，只有程度的区别而已。

《民法典》第584条规定了确定违约损失赔偿范围的原则，即“损失赔偿额应当相当于因违约所造成的损失，包括合同履行后可以获得的利益”。其中重要的不是前一句内容，而是后一句对可得利益赔偿的表述，这是对间接损失赔偿的准确表述。在合同责任中，既要赔偿直接损失，又要赔偿间接损失。合同债权的损失通常是间接损失。

关于违约损失赔偿的最高限额，《民法典》第584条后段规定：赔偿数额“不得超过违约一方订立合同时预见到或者应当预见到的因违约可能造成的损失”。掌握这个限额，可以按照违约一方当事人在订立合同时的预期利益考虑。预见的内容是当事人在订立合同时应当预见的违约的损失内容。[33] 除了违约责任之外，其他的损失赔偿特别是加害给付责任不考虑这样的限额。

---

〔31〕 朱广新、谢鸿飞主编：《民法典评注·合同编　通则》（1），中国法制出版社2020年版，第367页。

〔32〕 ［加］Peter Benson 主编：《合同法理论》，易继明译，北京大学出版社2004年版，第2页。

〔33〕 王利明：《合同法研究》（修订版）（第2卷），中国人民大学出版社2011年版，第674页。

2. 可得利益损失的计算方法

《合同编通则解释》第60～62条规定了可得利益的计算方法,具体内容是:

(1)成本扣减原则。法院依据《民法典》第584条的规定确定合同履行后的可得利益时,可以在扣除非违约方为订立、履行合同支出的费用等合理成本后,按照非违约方能够获得的生产利润、经营利润或者转售利润等计算。可得利益损失的计算公式是:"合同债权实现时能获得的利益数额－非违约方订立、履行合同支付的合理成本＝非违约方能够获得的利益＝可得利益损失数额。"按照这一计算公式,一般就可以计算出可得利益损失数额,也就是违约损害赔偿责任的赔偿数额。可得利益损失的类型是生产利润、经营利润和转售利润。

(2)实行减损规则要求非违约方实施替代交易规则。减损规则是《民法典》第591条规定的规则,即非违约方应当采取适当措施防止损失的扩大。替代交易规则是实现减损规则的适当措施。非违约方依法行使合同解除权并实施了替代交易,主张按照替代交易价格与合同价格的差额确定合同履行后可以获得的利益的,法院依法予以支持;替代交易价格明显偏离替代交易发生时当地的市场价格,违约方主张按照市场价格与合同价格的差额确定合同履行后可以获得的利益的,法院应予支持。

(3)未实施替代交易的市场价格规则。非违约方依法行使合同解除权但是未实施替代交易,主张按照违约行为发生后合理期间内合同履行地的市场价格与合同价格的差额确定合同履行后可以获得的利益的,应予支持。

(4)持续性定期合同中可得利益的赔偿。在以持续履行的债务为内容的定期合同中,一方不履行支付价款、租金等金钱债务,对方请求解除合同,法院经审理认为合同应当依法解除的,可以根据当事人的主张,参考合同主体、交易类型、市场价格变化、剩余履行期限等因素确定非违约方寻找替代交易的合理期限,并按照该期限对应的价款、租金等扣除非违约方应当支付的相应履约成本确定合同履行后可以获得的利益。非违约方主张按照合同解除后剩余履行期限相应的价款、租金等扣除履约成本确定合同履行后可以获得的利益的,法院不予支持。但是,剩余履行期限少于寻找替代交易的合理期限的除外。

(5)非违约方在合同履行后可以获得的利益难以根据《合同编通则解释》第60、61条规定的上述规则予以确定的,法院可以综合考虑违约方因违约获得的利益、违约方的过错程度、其他违约情节等因素,遵循公平原则和诚信原则确定。

3. 适用可预见性规则的方法

(1)可预见性规则适用的方法。《合同编通则解释》第63条第1款规定,在认定《民法典》第584条规定的"违约一方订立合同时预见到或者应当预见到的因违约可能造成的损失"时,人民法院应当根据当事人订立合同的目的,综合考虑合同主体、合同内容、交易类型、交易习惯、磋商过程等因素,按照与违约方处于相同或者类似情况的民事主体在订立合同时预见到或者应当预见到的损失予以确定。这一解释规定了可预见性规则适用的一般方法。

(2)向第三人承担违约责任的损失计算。除合同履行后可以获得的利益外,非违约方主张还有其向第三人承担违约责任应当支出的额外费用等其他因违约所造成的损失,并请求违约方赔偿,经审理认为该损失系违约一方订立合同时预见到或者应当预见到的,法院应予支持。

(3)适用可预见性规则计算违约损失赔偿责任适用过失相抵和损益相抵规则。在确定违约损失赔偿额时,违约方主张扣除非违约方未采取适当措施导致的扩大损失、非违约方也有过错造成的相应损失、非违约方因违约获得的额外利益或者减少的必要支出的,法院依法予以支持。这是规定适用可预见性规则计算可得利益损失时应当适用过失相抵和损益相抵规则的规定。依照《民法典》第 592 条的规定,双方违约,当事人各自承担相应的责任;一方违约,对方当事人没有采取适当措施致使损失扩大的,也是与有过失,须承担相应的责任,不得就扩大的损失要求赔偿。

4. 第三人的原因造成当事人违约的赔偿规则。依照《民法典》第 593 条的规定,当事人一方由于第三人的原因造成违约的,应当先由违约当事人依法向对方承担违约责任;当事人一方和第三人之间的纠纷,依照法律规定或者按照约定处理。

三、具有担保属性的合同责任特别方式:违约金

《民法典》合同编“违约责任”一章规定了违约金和定金两种合同责任方式,它们都具有担保的属性,都规定在合同责任方式之中。

(一)违约金的概念与性质

违约金,是由当事人约定或法律直接规定的,在一方当事人违约时,向另一方当事人支付一定数额的金钱或者其他给付。[34] 违约金是违约救济的一种责任方式,具有担保作用,不过,《民法典》没有规定它的担保性质。违约金具有多种性质,其主要性质是违约赔偿金。

适用违约金责任方式,当事人在合同中应当事先约定。按照约定,在一方当事人违约时,对方按照约定给付违约金。对于违约金的适用范围,在实际违约、预期违约和加害给付中都可以根据约定适用。约定违约金的高低没有特别限制,《民法典》第 585 条第 1、2 款规定,应当根据违约情况向对方支付一定数额的违约金,违约金的数额应当受到实际损失的限制。[35]

(二)违约金的种类

《民法典》规定的违约金分为不履行的违约金和迟延履行的违约金,区别是:(1)没有约定迟延履行违约金,或者约定不明确的,应当视为不履行违约金;(2)明确约定迟延履行违约金的,违约方在支付了违约金后还应当履行债务。

(三)违约金与违约损害赔偿之间的协调

违约金的适用可能会与违约损害赔偿的适用发生冲突。违约金与违约损害赔偿的目的是一致的,适用违约金,在没有造成损害时,就是惩罚性违约金;造成损害的,就是赔偿性违约金。

既然是赔偿性违约金,就应当与违约造成的损失赔偿相结合。原则是:

---

〔34〕 崔建远主编:《合同法》(第 5 版),法律出版社 2010 年版,第 342 页。

〔35〕 即违约金低于实际损失的,可以要求增加,过分高于实际损失的,可以请求适当减少。下文对此还有详细说明。

1. 请求调整违约金的方式和举证责任。根据《合同编通则解释》第64条规定,约定的违约金过分高于违约造成的损失的,当事人一方可以通过反诉或者抗辩的方式,请求调整违约金。其举证责任是,违约方主张约定的违约金过分高于违约造成的损失,请求予以适当减少的,应当承担举证责任。非违约方主张约定的违约金合理的,也应当提供相应的证据。如果当事人仅以合同约定不得对违约金进行调整为由主张不予调整违约金的,法院不予支持。

2. 违约金的司法酌减。根据《合同编通则解释》第65条规定,当事人主张约定的违约金过分高于违约造成的损失,请求予以适当减少的,法院应当以《民法典》第584条规定的损失为基础,兼顾合同主体、交易类型、合同的履行情况、当事人的过错程度、履约背景等因素,遵循公平原则和诚信原则进行衡量,并作出裁判。认定过分高于造成的损失,一般以约定的违约金超过造成损失的30%为标准。对于恶意违约的当事人一方请求减少违约金的,法院一般不予支持。

3. 违约金调整的释明与改判。根据《合同编通则解释》第66条规定,当事人一方请求对方支付违约金,对方以合同不成立、无效、被撤销、确定不发生效力、不构成违约或者非违约方不存在损失等为由抗辩,未主张调整过高的违约金的,法院有释明的责任,应当就若不支持该抗辩,当事人是否请求调整违约金进行释明。在第一审程序中,法院认为抗辩成立且未予释明,第二审人民法院认为应当判决支付违约金的,可以直接释明,并根据当事人的请求,在当事人就是否应当调整违约金充分举证、质证、辩论后,依法判决适当减少违约金。被告因客观原因在第一审程序中未到庭参加诉讼,但是在第二审程序中到庭参加诉讼并请求减少违约金的,第二审人民法院可以在当事人就是否应当调整违约金充分举证、质证、辩论后,依法判决适当减少违约金。

四、具有担保属性的合同责任特别方式:定金

(一)定金的概念和法律特征

定金,是指以担保债权实现为目的,依据法律规定或双方当事人约定,由一方在合同订立时或订立后至合同履行之前,按照合同标的额的一定比例,预先给付对方一定数额货币的担保形式。

定金的法律特征如下:

1. 定金的权利义务关系产生于定金合同。当事人对于定金的约定,不是主合同本身的内容。定金的约定无论写于主合同中,还是另外签订的合同,都是主合同的从合同。因此,定金合同对于所担保的主合同而言,既具有从属性,又具有相对独立性,前者是指定金合同依附于主合同而存在,后者是指定金合同本身是合同。

2. 定金是典型的担保形式。定金担保属于物保,是以给付金钱为形式的典型担保。其担保的作用,在于定金的丧失或双倍返还。债权的担保形式具有选择性,应由当事人双方合意决定,既可以选择保证,也可以选择定金,还可以选择抵押或者质押来担保债权。法律不要求订立合同都必须采用定金担保。

3. 定金担保是一种双方当事人的担保。定金只由合同当事人自己来担保。然而,定金担保虽然由一方当事人给付对方当事人定金,但对方一旦收受定金,也负有担保的义务,双

方当事人均负有担保义务,享有担保的权利。因此,定金的担保效力较为优越。

4. 定金的支付须在合同履行前进行。定金的支付须在合同订立之时,或者在合同订立之后至合同履行之前。即使立约定金,也是在订立合同之前支付。总之,定金不能在合同履行之后支付。

(二)定金的性质

定金是担保债权实现的方式。关于定金性质,学者主要有以下几种见解:(1)证约定金,是指为证明合同的成立而交付的定金,定金是合同已经成立的证据。(2)成约定金,是指交付定金是合同成立的要件,因定金交付的事实,合同才告成立。(3)违约定金,是指交付定金的一方如不履行债务,收受定金的一方得没收该定金。(4)解约定金,是指以其为保留解除权的代价的定金。交付定金的一方可以以丧失定金为代价解除合同,收受定金的一方则可以以双倍返还定金的代价解除合同。(5)立约定金,是指为保证订立正式合同而交付的定金,即在订立合同前交付的定金,其目的在于保证正式订立合同。[36]

关于我国定金性质的基本观点是:(1)定金的基本属性是违约定金。对此,《民法典》把定金规定在合同编"违约责任"一章,就是其基本立场,着眼点是不履行债务的违约责任。(2)定金具有附属性质。定金确实具有证约定金的性质,这是因为交付、收受定金的事实,确实是证明合同成立的证据。定金也有解约定金的性质,一方当事人违反合同,须放弃或者双倍返还定金,但法律确实未规定放弃或双倍返还定金后,还强制违约一方继续履行合同。这说明,承担了放弃或双倍返还定金的责任之后,原来的主合同就不必再继续履行,这与违约定金的性质没有原则区别。(3)不反对当事人对定金的性质另有约定。确认定金的性质是违约定金并兼有证约定金、解约定金的性质,但并不反对当事人对定金性质另有约定。例如,当事人在合同中约定放弃或者双倍返还定金以后就可以解除合同的,该定金就是解约定金;如果当事人约定以交付定金作为合同成立要件的,这种定金就是成约定金;如果当事人约定只有交付定金才订立合同的,这种定金就是立约定金。对此,确定合同定金性质的原则是:当事人在合同中对定金有特别约定的,依其约定;没有特别约定的,定金的基本性质是违约定金。

《合同编通则解释》承认定金的上述不同性质。根据第67条规定:(1)违约定金。当事人交付留置金、担保金、保证金、订约金、押金或者订金等,但是没有约定定金性质,一方主张适用《民法典》第587条规定的定金罚则的,法院不予支持。当事人约定了定金性质,但是未约定定金类型或者约定不明,一方主张为违约定金的,法院应予支持。(2)立约定金。当事人约定以交付定金作为订立合同的担保,一方拒绝订立合同或者在磋商订立合同时违背诚信原则导致未能订立合同,对方主张适用《民法典》第587条规定的定金罚则的,法院应予支持。(3)成约定金。当事人约定以交付定金作为合同成立或者生效条件,应当交付定金的一方未交付定金,但是合同主要义务已经履行完毕并为对方所接受的,法院应当认定合同在对方接受履行时已经成立或者生效。(4)解约定金。当事人约定定金性质为解约定金,交付定金的一方主张以丧失定金为代价解除合同的,或者收受定金的一方主张以双倍

---

〔36〕 王利明:《民商法研究》(第4辑)(第2版),法律出版社2001年版,第633~644页。

返还定金为代价解除合同的,法院应予支持。

(三)定金与违约金、预付款、押金的区别

1. 定金与违约金的区别

(1)交付的时间有区别。定金是在合同履行之前交付的,而违约金是在发生违约行为之后交付的。

(2)根本目的不同。定金的目的是担保债权实现;而违约金是民事责任方式,是合同当事人违反合同应承担的财产责任。

(3)作用不同。定金有证约作用和预先给付的作用,在合同已经履行的情况下,定金还可以抵作价款。违约金没有这些作用。

(4)产生的方式不同。定金由当事人双方约定产生;违约金既可以是约定,也可以是法定。

2. 定金与预付款的区别

(1)性质不同。定金是债的担保方式,主要作用在于担保债务人履行债务;而预付款的性质则是履行债务,属于履行给付义务的一部分。

(2)产生的基础不同。定金不是基于主合同而产生,而是基于定金合同产生。交付预付款的协议是主合同内容的一部分,并不构成从合同关系。

(3)支付方式不同。定金一般是一次性支付,交付以后才可能履行合同。预付款则可以分期支付或一次性支付,交付即为开始履行。

(4)适用范围不同。定金不仅适用于以金钱履行的合同,而且也可以适用于其他种类的合同。预付款只能适用于以金钱履行义务的合同。

(5)法律后果不同。支付及收受定金的当事人不履行合同时,适用定金罚则,须丧失或双倍返还定金。预付款交付以后,交付方不履行合同,并不丧失返还预付款的请求权;接受方不履行,也不发生双倍返还的法律后果。

3. 定金与押金的区别

(1)性质有所不同。定金的性质是典型的担保形式;押金适用于民间交易场合,但《民法典》和其他民事法律并不认其为担保形式。

(2)交付时间不同。定金的交付是在合同订立时或履行前;押金的交付一般与履行同时,也可以与履行相继进行。

(3)数额不同。定金的数额必须低于合同的标的数额,且不得超过法定的比例。押金的数额一般要等于被担保的价款,甚至可以高于被担保的价款。

(4)法律后果不同。定金的法律后果是发生丧失或双倍返还的效力,且对双方当事人发生拘束力。押金在当事人不履行合同时,并不当然地完全丧失押金,且押金的效力只拘束交付押金的当事人一方,接受押金的当事人不履行合同,不发生双倍返还的后果。

(四)定金的成立

1. 定金合同

定金基于定金合同产生,因而定金的成立是指定金合同的成立。定金合同,是指依附

于主合同,为担保债权实现而设定定金权利义务关系的从合同。

定金合同的法律特征是:(1)定金合同是从合同,定金合同永远依附于主合同;(2)定金合同产生的权利具有相对性,只约束债权人和债务人,对其他人不发生拘束力;(3)定金合同是实践性合同;(4)定金合同是书面合同。

定金合同不限于在买卖合同中适用,在承揽合同、建设工程勘察设计合同中都有适用。《民法典》对定金合同的适用范围未作限制性规定,因而准许当事人依自由意志约定定金合同,不必对此加以限制。

2. 定金成立的一般条件

定金是合同,定金成立的一般条件是主合同当事人就定金约定的要约和承诺。(1)当事人应当有意思表示能力。如果合同当事人是无民事行为能力人或者限制民事行为能力人,则应与主合同的要求相一致,必须委托代理人代理。(2)一方当事人提出有效的定金要约。定金要约需是以缔结定金合同为目的的意思表示,定金要约须由主合同的一方当事人向对方当事人作出意思表示,定金要约的内容足以决定定金合同的主要条款。(3)对方当事人对定金要约的承诺。此承诺须是由受要约的主合同当事人向发出定金要约的对方当事人作出的意思表示,承诺的内容应当与定金要约的内容完全一致,须在定金要约的有效期间内作出。定金的要约一经承诺,即表明定金合同已经具备合同成立的一般要件。

3. 定金成立的特殊要件

定金成立除应具备合同成立的一般要件外,还应当具备以下特殊要件:(1)定金合同以主合同的有效成立为其成立的必要前提;(2)定金合同须以定金的交付为成立要件;(3)定金合同须以货币为标的;(4)定金的数额不能超过法定限额。

(五)定金法律关系

1. 定金的主体

定金的主体,是在定金法律关系中享有权利、承担义务的人,即定金法律关系的当事人。可以作为定金主体的,首先是自然人、法人、非法人组织。其次,定金的主体只能是定金合同所依附的主合同的双方当事人,而不能是其他人。

2. 定金的内容

定金的基本权利与义务是担保主合同的履行。定金虽然是由合同的一方当事人向对方当事人给付,但定金一经交付和收受,就对双方当事人产生担保作用,产生相互担保债务履行的权利与义务。这种权利义务的产生是在定金交付之时,而不是定金合同诺成之时。交付定金的一方当事人应当在约定的期限届至时交付定金,对方当事人应当接受该定金。定金合同生效、定金权利义务的产生,不以定金合同签订的日期和约定定金交付的期限为准,而以实际交付定金之日作为定金合同生效之日。

3. 定金的标的

定金均以货币交付,且定金的数额以合同标的额的比例作为根据。《民法典》第586条第2款规定:“定金的数额由当事人约定,但是,不得超过主合同标的额的百分之二十,超过部分不产生定金的效力……”这一条文确定了两条原则:一是定金数额由当事人约定;二是定金数额不得超过法定上限即20%。

(六)定金的效力

1. 证约效力

定金具有证明主合同成立的作用,定金一经交付,即发生证明主合同成立的效力。对此,我国法律虽未明确规定,但在客观上,定金的证约效力是显然存在的,司法实务予以确认。例如,一方当事人已经收受定金,尽管合同订有公证条款而未予公证,但收受定金一方接受定金,就表明其已确认合同为有效。如果其违反合同,应当双倍返还定金。

2. 抵作价款或收回

定金的第二种效力,是在主合同履行后,定金应当抵作价款或者收回。根据《民法典》第 587 条规定:债务人履行债务的,定金应当抵作价款或者收回。

关于定金抵作价款或者收回的效力,常见争论是:(1)抵作价款还是收回。抵作价款,是以定金抵销货币给付义务,对给付定金的一方有利,因而该方更愿意抵作价款;接受定金一方对此可能要求全部履行价款给付义务,然后退还定金,这样对收受定金一方有利。对此,应当依公平原则和法律规定,优先以抵作价款计算,只有在不能抵作价款时,才考虑退还定金。如果双方约定采取后一种办法,也应当允许。(2)定金抵作价款如何计算。例如,定金交付时和履行债务时,货币的通货膨胀率不同,如何折抵债务,可能出现较大的利益差异。如果定金交付与债务履行时,合同标的额没有变化,应以 1∶1 折抵。如果通货膨胀率过高,债务履行时债务标的额已随通货膨胀率有所变化,则应实事求是地折价抵销。(3)定金抵作价款或者收回应否计算利息,法律没有明文规定。本书认为,从定金证约和担保的基本职能出发,定金抵作价款或者收回不应计算利息。

3. 违约定金罚则

当一方当事人违约时,定金罚则发生效力。《民法典》第 587 条后段规定:给付定金的一方不履行债务或者履行债务不符合约定,致使不能实现合同目的的,无权请求返还定金;收受定金的一方不履行债务或者履行债务不符合约定,致使不能实现合同目的的,应当双倍返还定金。

按照法律的规定,适用定金罚则的条件是不履行债务或者履行债务不符合约定,致使不能实现合同目的,即违约。违约的归责事由属于哪一方当事人,就由哪一方当事人承担定金罚则。具体的违约行为既可以是主观上的原因,也可以是客观上的原因,具体原因不论,只要不履行债务即可适用定金罚则。

具体的问题是:(1)除违约适用定金罚则外,因给付定金一方的过失而致合同被撤销的,无权请求返还定金;因收受定金一方的过失而致合同被撤销的,则应双倍返还定金。(2)一方当事人给付迟延或受领迟延,不具有适用定金罚则的条件。因为当事人不是不履行债务,所以不能丧失定金或双倍返还定金。但如果因为给付迟延或者受领迟延而导致不能履行债务,则应适用定金罚则。

《合同编通则解释》第 68 条规定了定金罚则适用的特别情形。(1)双方当事人均具有致使不能实现合同目的的违约行为,其中一方请求适用定金罚则的,法院不予支持。(2)当事人一方仅有轻微违约,对方具有致使不能实现合同目的的违约行为,轻微违约方主张适用定金罚则,对方以轻微违约方也构成违约为由抗辩的,法院对该抗辩不予支持。(3)对于部分违约的定金罚则适用规则是，当事人一方已经部分履行合同，对方接受并主张按照未履行部分所占比例适用定金罚则的，法院应予支持。对方主张按照合同整体适用定金罚则的，法院不予支持，但是部分未履行致使不能实现合同目的的除外。(4)因不可抗力致使合同不能履行，非违约方主张适用定金罚则的，法院不予支持。

4. 因不可归责于双方当事人的事由致债务不能履行时的定金效力

当合同债务不能履行是因不可归责于双方当事人的事由时，依照《民法典》第 590 条关于“当事人一方因不可抗力不能履行合同的，根据不可抗力的影响，部分或者全部免除责任，但是法律另有规定的除外”的规定，不履行者当然不应承担民事责任，定金作为合同的担保，也就不再发生效力，收受定金一方应当将定金返还给付定金的一方。

(七)关于定金的几个具体问题

1. 主合同无效定金的处理

定金有证约效力，如果双方当事人对主合同是否成立有争议，但已经交付和收受了定金，应当认定主合同成立。但是，如果已经交付和收受了定金，主合同却因法定事由而被认定为无效，应将定金返还给交付定金的一方当事人。理由为：一是主合同无效，定金属于从合同，当然无效，应当返还定金；二是按照《民法典》第 157 条的规定，合同无效的责任是返还财产和损害赔偿，不适用定金罚则，前者已经救济了主合同无效的损失，无须也不可能依定金罚则处理。

2. 合同部分不履行定金的处理

合同债务部分不履行，定金应当如何处理，有部分适用定金说和不适用定金说两种不同意见。本书认为应当采用部分适用定金的主张，理由是：(1)部分不履行合同债务虽然也是部分履行，但就不履行的部分而言，应当界定为不履行。(2)定金既然是担保形式之一，作用是担保主合同债务的履行，其担保的范围应当是全部债务。部分不履行，其不履行的部分仍在担保范围之内。

应当注意的问题是：(1)部分不履行合同债务应当是真正部分不履行而不是暂时部分不履行。真正的部分不履行，是就未履行的部分债务不能再继续履行，如客观给付不能，或者主观上拒绝履行。对暂时的部分不履行不得适用定金罚则。(2)计算部分不履行定金罚则的具体数额，基本方法是按照未履行的部分合同债务占主合同债务总数的比例，给付一方当事人部分不履行的，依比例丧失定金，其余部分可以抵作价款或返还；收受定金的一方当事人部分不履行的，依比例双倍返还定金，其余部分可以抵作价款或返还。

3. 定金与违约金、损害赔偿的关系

《民法典》第 588 条规定：“当事人既约定违约金，又约定定金的，一方违约时，对方可以选择适用违约金或者定金条款。定金不足以弥补一方违约造成的损失的，对方可以请求赔偿超过定金数额的损失。”

违约金和定金可能发生竞合，如当事人在合同中既约定违约金，又约定定金的，当一方违约时，就发生了违约金和定金的竞合。当一方违约同时触发违约金条款和定金罚则时，就会发生违约金和定金的竞合。出现违约金和定金竞合时，非违约方享有选择权，可以选择适用违约金或者定金条款，请求违约方承担这两种责任中的一种，或者是给付违约金，或者是执行定金条款,不能合并适用违约金和定金条款。

非违约方选择适用定金条款,而约定的定金不足以弥补违约方违约给非违约方造成的损失的,非违约方可以请求违约方赔偿超过定金数额的损失,这是因为定金作为对违约方的罚金,是有数额限制的。因而,违约造成的损失在定金罚则的数额之下时,定金既是罚则,也具有补偿的性质;对违约损失在定金数额之上的部分,无法通过定金罚则补偿受损失一方的损害,应当通过具有补偿性质的救济方法进行补充。在定金与违约金竞合的情况下,违约金就是补偿定金罚则救济不足部分的损害。在出现这种情况时,即约定的定金不足以弥补一方违约造成损失的,对方可以请求赔偿超过定金部分的损失,甚至约定的违约金也不足以补偿时,直接请求违约方承担违约损害赔偿责任。

五、涉外合同的诉讼时效

《民法典》第594条规定,因国际货物买卖合同和技术进出口合同争议提起诉讼或者申请仲裁的时效期间为4年。

引例分析

定金的性质是对债权的担保物权,职能是担保债权的实现。《民法典》第587条规定了定金罚则,即给付定金的一方不履行约定的债务的,无权要求返还定金;收受定金一方不履行约定的债务的,应当双倍返还定金。适用定金罚则的条件,是当事人不履行债务或瑕疵履行,即违约。违约的归责事由属于哪一方当事人,就由哪一方当事人承担定金罚则的后果。另外,如果合同中约定的定金实际不是定金,而是其他性质的保证金,则不能适用定金罚则。

在本案中,双方当事人约定的款项究竟是保证金,还是定金,是有研究余地的。法院认定为履约保证金,双方并未约定定金罚则,因而尽管双方均存在违约行为,也均同意解除租赁合同,但是,该2.208万元款项并非定金,因而不能适用定金罚则,法院判决按原告实际缴纳的款项数额予以退还。但是,按照合同约定,原告交付的2.208万元首先是定金,在签约之日转化为履约保证金。虽然合同已经签订,但是双方对合同的主债务都未履行,从定金的职能来看,由于双方均未履约,还未发生转化为履约保证金的条件,因此,该笔款项仍然是定金的性质,用以担保债权的实现。由于双方对合同约定的主义务都未履行,双方都有过失,对于定金应当如何处理,可以协商解决;协商不成的,以退回定金为妥,因为支付定金一方也有过失。

当然,这两种法律适用方法的结果是相同的,但是依据的理念和法律适用方法却不一样,后一种法律适用方法更为妥当。

本章思考题

1. 缔约过失责任应当具备哪些构成要件?

2. 承担合同无效责任的法律依据是什么？
3. 默示预期违约与不安抗辩权在适用上应当怎样进行区别？
4. 加害给付责任与产品侵权责任的联系与区别怎样掌握？
5. 实际违约的损害赔偿责任包括哪些？惩罚性赔偿和精神损害赔偿违约责任应当怎样确定？
6. 后契约义务与后契约责任的关系是什么？确定后契约责任应当怎样适用法律？
7. 定金和保证金应当怎样区别？

第九章　买卖、供用、赠与合同

第一节　买 卖 合 同

引　例

原告海星公司与盛华塑料制品厂签订《工矿产品购销合同》，合同约定的主要内容是：产品名称型号、商标、数量、金额、供货时间（海星HXF468的注塑机一台，合同价款人民币35万元，10天内发货）；结算方式及期限：合同签订后付首付款24.5万元，余款10.5万元在设备运到之日起三个月内无条件一次性付清；解决合同纠纷的方式：向供方所在地人民法院提起诉讼；其他约定事项：在需方货款没有付清之前，设备的所有权属于供方，需方无权转让或出售。合同签订后，被告支付了首付款24.5万元，余款10.5万元未付，原告依约交付了货物。嗣后，原告在三年中分三次发函催促被告支付余款10.5万元，被告均未支付，原告遂向法院起诉，主张追回货物。

法院审理认为，原告、被告双方签订的《工矿产品购销合同》，因当事人主体适格、意思表示真实，且不违反法律、法规的强制性、禁止性规定，故合法有效，对双方当事人均具有法律约束力，双方均应严格依约履行。双方签订的是动产买卖合同，原告作为出卖人已履行交付标的物的义务，被告作为买受人应及时履行支付价款的基本义务。根据法律关于所有权保留的规定，本案的原告与被告在签订的《工矿产品购销合同》中约定："在需方货款没有付清之前，设备的所有权属于供方，需方无权转让或出售"，是合法、有效的，双方确定买受人支付全部价款之前出卖人保留所有权，在买受人支付全部价款后，所有权才发生转移。被告未按约付清价款，注塑机的所有权仍属于原告，而所有权包括占有、使用、收益、处分4项权能，出卖人可以取回标的物，故对于原告要求返还注塑机的诉讼请求，符合法律规定，应予支持。原告作为出卖人行使取回权后，买受人即被告在出卖人指定的合理回赎期间内，履行价款清偿义务的，可以重新占有标的物；被告在指定的回赎期间内没有回赎标的物，出卖人可以依法拍卖标的物或者解除合同，出卖人拍卖标的物的，拍卖所得的价款扣除未清偿价金、取回费用以及拍卖费用后仍有剩余的，应将剩余的部分返还给被告。故判决被告返还原告型号为HXF468的注塑机一台。

法律问题

1. 买卖合同及其法律特征
2. 无权处分

3. 多重买卖
4. 买卖合同的效力
5. 瑕疵担保责任和权利瑕疵担保责任
6. 所有权保留

一、买卖合同概述

（一）买卖合同的概念

买卖合同，是指出卖人转移标的物的所有权于买受人，买受人支付价款的合同。

按照最高人民法院《关于审理买卖合同纠纷案件适用法律问题的解释》（以下简称《买卖合同解释》）第 32 条的规定，法律或者行政法规对债权转让、股权转让等权利转让合同有规定的，依照其规定；没有规定的，人民法院可以根据《民法典》第 467 条和第 646 条的规定，参照适用买卖合同的有关规定。权利转让或者其他有偿合同参照适用买卖合同的有关规定的，人民法院应当首先引用《民法典》第 646 条的规定，再引用买卖合同的有关规定。

（二）买卖合同的法律特征

1. 买卖合同是转移标的物所有权的合同。当事人签订买卖合同的目的是转移买卖标的物的所有权，出卖人出让自己所有的标的物的所有权，买受人取得买卖标的物的所有权。标的物的所有权转移与价款的交付和受领，是互为对价的关系。

2. 买卖合同是双务合同。买卖合同的出卖人移转他的财产权于买受人，而买受人亦支付价金于出卖人，这种契约是对待给付；双方当事人在各自享有合同权利的同时，还各自负担相应的合同债务，权利义务相互交错，是典型的双务合同。

3. 买卖合同是有偿合同。买卖合同是典型的有偿合同，出卖人负担交付买卖标的物并转移标的物的所有权于买受人的义务，与买受人所负担的支付价款的义务互为对价。对价就是有偿，因此，买卖合同与赠与合同完全不同。

4. 买卖合同是诺成性合同。买卖合同自当事人双方意思表示一致时起成立，并不以一方当事人标的物的交付或一定行为的进行作为合同的成立要件，不是实践性合同而是诺成性合同。

5. 买卖合同一般是不要式合同。买卖合同不要求必要的形式，口头、书面以及其他形式都可以，属于不要式合同。在法律有明文规定的情况下，有些买卖合同是要式合同。对于没有采用书面形式订立的买卖合同，《买卖合同解释》第 1 条规定了认定方法：（1）当事人之间没有书面合同，一方以送货单、收货单、结算单、发票等主张存在买卖合同关系的，人民法院应当结合当事人之间的交易方式、交易习惯以及其他相关证据，对买卖合同是否成立作出认定。（2）对账确认函、债权确认书等函件、凭证没有记载债权人名称，买卖合同当事人一方以此证明存在买卖合同关系的，人民法院应予支持，认定买卖合同关系存在，但有相反证据足以推翻的除外。

(三)买卖合同的当事人

1. 买受人

买受人须具有相应的民事行为能力。下列具有特殊身份的人不能成为特定买卖合同的买受人:(1)监护人不得购买被监护人的财产;(2)受托人不得购买委托人委托其出售的财产;(3)公务人员及其配偶不得购买由该公务人员依职权出售、变卖的财产;(4)有限责任公司以及股份有限公司的董事、经理不得同本公司订立合同或者进行交易,成为特定买卖合同的买受人。

2. 出卖人

出卖人除了须具备相应的民事行为能力之外,还应当是买卖合同标的物的所有权人或者其他有处分权人。所有权人,是指依法对自己的财产享有占有、使用、收益、处分权能的人,因此可以处分自己所有的财产。有处分权人,是指经过所有权人授权或者基于法律的规定,可以对他人的财产为出卖行为的人。有处分权人包括:(1)抵押权人和质权人,在债务人不能履行债务时,有权依照抵押合同或者质押合同的约定,将抵押物、质押物拍卖或者变卖,并从变价款中优先受偿。(2)留置权人,对于依法留置的财产,在经过催告并且宽限期满之后,有权拍卖、变卖,并以变价款优先受偿。(3)法定优先权人,可以依照法律的规定,享有法定优先权。在发包人未依照约定支付价款,且经过催告仍不支付时,得申请人民法院将建设工程依法拍卖,从变价款中优先受偿。(4)行纪人,是接受委托人的委托,以自己的名义为委托人进行贸易活动的人。行纪人在所有权人的授权下,可以遵从所有权人的指示进行财产的处分行为。(5)经营权人,国有企业对国家授予的财产享有经营权,这个权利包括占有、使用、收益和处分权能。经营权人尽管为非所有权人,但仍有权以出卖的方式处分国有财产。(6)法院,有权对逾期不履行法律文书确定义务的被执行人的财产,进行查封、扣押,并交有关单位拍卖或者变卖。

(四)无权处分与多重买卖

1. 无权处分

无权处分行为,是指无处分权人处分他人财产,并与相对人订立处分财产的合同的行为。[1] 出卖他人之物的合同应当认定为有效,但该出卖之标的物所有权是否发生转移,则处于效力待定状态。当事人一方以出卖人在缔约时对标的物没有所有权或者处分权为由主张合同无效的,法院不予支持,即仍然确认无权处分合同为有效,而不是认为其无效。无权处分的买卖合同是有效的,如果因为无权处分而使买卖合同的买受人不能取得标的物所有权,买受人享有解除权,可以解除合同,并且可以请求出卖人承担违约责任。

2. 多重买卖

出卖人出卖自己的财产,就同一标的物分别订立数个买卖合同的,为多重买卖。多重买卖的本质是数个平等的买卖合同之间由于合同的主体及内容上的部分重叠,发生效力互

---

〔1〕 王利明:《合同法研究》(第1卷)(第2版),中国人民大学出版社2011年版,第594页。

相排斥的现象。[2]

处理多重买卖纠纷的规则,传统理论认为应当依照合同自由原则和债权平等原则,各个买卖合同都为有效,不得确定订立在先的买卖合同应当优先。[3] 不过,《买卖合同解释》第6条和第7条规定了如下基本规则。

(1)普通动产的多重买卖。出卖人就同一普通动产订立多重买卖合同,在买卖合同均有效的情况下,买受人均要求实际履行合同的,应当按照以下情形分别处理:一是先行受领优先。先行受领交付的买受人请求确认所有权已经转移的,法院应予支持。二是先行支付价款优先。均未受领交付,先行支付价款的买受人请求出卖人履行交付标的物等合同义务的,法院应予支持。三是订约在先优先。均未受领交付,也未支付价款,依法成立在先合同的买受人请求出卖人履行交付标的物等合同义务的,法院应予支持。

(2)特殊动产的多重买卖。出卖人就同一船舶、航空器、机动车等特殊动产订立多重买卖合同,在买卖合同均有效的情况下,买受人均要求实际履行合同的,应当按照以下情形分别处理:一是先行受领的买受人请求办理登记优先。先行受领交付的买受人请求出卖人履行办理所有权转移登记手续等合同义务的,法院应予支持。二是均未受领先行办理所有权登记手续的买受人请求交付标的物优先。均未受领交付,先行办理所有权转移登记手续的买受人请求出卖人履行交付标的物等合同义务的,法院应予支持。三是合同成立在先优先。均未受领交付,也未办理所有权转移登记手续,依法成立在先合同的买受人请求出卖人履行交付标的物和办理所有权转移登记手续等合同义务的,法院应予支持。四是受领在先优先。出卖人将标的物交付给买受人之一,又为其他买受人办理所有权转移登记,已受领交付的买受人请求将标的物所有权登记在自己名下的,法院应予支持。

在数个买受人中,只有一个买受人可以取得标的物的所有权,其他未取得标的物所有权的买受人(如果多重买卖合同中的数个合同均不具有《民法典》规定的民事法律行为无效情形),请求追究出卖人违约责任的,法院应予支持,出卖人应当承担违约责任。

(五)买卖合同的标的物

买卖合同的标的物应当是属于出卖人所有或者出卖人有权处分的财产。

买卖合同的标的物应当是实物。我国《民法典》第595条规定买卖合同的标的物应当是实物。

如果买卖合同的标的物是禁止流通物,则合同无效。如果买卖合同的标的物是限制流通物,买卖合同的效力应区别对待:当事人无该物的经营资格的,买卖合同无效;有经营资格的,买卖合同有效;订立合同的当事人可以经由审批手续取得标的物的经营资格的,为尚未生效的合同,待其通过审批手续取得资格的为有效,不能取得资格的为无效。

二、买卖合同的内容

1. 标的。标的是买卖合同双方当事人权利义务的指向对象。买卖合同不规定标的,就

---

[2] 王利明、杨立新编著:《侵权行为法》,法律出版社1996年版,第153页。

[3] 杨立新:《债与合同法》,法律出版社2012年版,第523页。

会失去目的,失去买卖合同的意义。因此,标的是买卖合同的主要条款,必须写明标的物的名称。

2. 数量。标的物的数量是确定买卖合同标的物的具体条件之一。标的物的数量要确切,应当选择双方共同接受的计量单位。一般应当采用通用的计量单位,也可以采用行业或者交易习惯认可的计量单位。标的物的数量是买卖合同成立应当具备的主要条款。

3. 质量。标的物的质量是确定买卖合同标的物的具体条件,是这一标的物区别于另一标的物的具体特征。标的物的质量需要订得详细具体:(1)标的物的品种和规格,通常指标的物的型号、批号、尺码、级别等;(2)标的物的内在品质,通常指标的物应达到其应有的功效,并且不含有隐蔽瑕疵、缺陷等。

4. 履行期限、地点和方式。履行期限直接关系到买卖合同义务的完成时间,涉及当事人的期限利益,应当在合同中写明。履行期限可以规定为即时履行、定时履行或者一定期限内履行。分期履行应写明每期的准确时间。

履行地点意义重大,是确定验收地点的依据,是确定运输费用由谁负担、风险由谁承受的依据,是确定标的物所有权是否转移、何时转移的依据,也是确定诉讼管辖的依据之一,应当在合同中写明。

履行方式,例如是一次交付还是分期交付,是交付实物还是交付标的物的所有权凭证,是铁路运输还是空运、水运等,事关当事人的利益。

5. 价款。价款是当事人取得标的物所有权所应支付的对价,通常指标的物本身的价款。因商业上的大宗买卖一般是异地交货,会产生运费、保险费、装卸费、报关费等一系列额外费用,由谁支付,应当在买卖合同的价款条款中写明。

6. 违约责任。违约责任是督促当事人履行债务,使非违约方免受或者少受损失的法律措施,对当事人的利益关系重大,合同应当明确规定。违约责任是法律责任,即使合同不予以约定,只要未依法或者依约免除责任,违约方就应当承担责任。

7. 包装方式。包装对标的物起到保护和装潢的作用。标的物的包装有两层含义:一是盛标的物的容器,通常称为包装用品或者包装物;二是包装标的物的操作过程。包装方式既可以指包装物的材料,又可以指包装的操作方法。在买卖合同中应明确规定包装的方式,包括包装材料、装潢、包装物的交付、包装费用承担等。除国家另有规定者外,包装费用由出卖人负担,不得向买受人另外收取。如果买受人有特殊要求,双方应在合同中明确约定。包装费用超过原定标准的,超过部分由买受人负担;包装费用低于原定标准的,相应降低产品价格。

8. 检验方法和标准。合同应当对检验标准、检验期限、凭封单检验还是凭现状检验,以及对标的物的质量和数量提出异议和答复的期限,作出明确约定。对检验方法和标准未约定的,也不影响买卖合同的成立。未约定或者约定不明确的,依照《民法典》第510、511、621条补充确定。

9. 结算方式。结算方式是指出卖人向买受人交付标的物之后,买受人向出卖人支付标的物价款、运杂费和其他费用的方式。买卖合同的结算方式应当遵守中国人民银行结算办法的规定,除法律或者行政法规另有规定的之外,必须用人民币计算和支付。同时,除国家允许使用现金履行义务的之外,必须通过银行转账或者票据结算。当事人对结算方式应当明确约定。用托收承付方式的，合同应明确是验单付款还是验货付款。对结算方式未约定的，不影响买卖合同的成立。未约定或者约定不明确的，依照《民法典》第511条补充确定。

10.合同使用的文字及其效力。合同使用的文字及其效力是涉外买卖合同和跨民族买卖合同的重要条款。双方当事人应当就合同使用的文字作出明确约定，当事人应当使用约定的文字订立合同。对合同使用的文字没有约定的，不影响买卖合同成立。

三、买卖合同的效力

买卖合同的效力，是指生效的买卖合同所具有的法律效力。广义的买卖合同效力既包括买卖合同的对外效力，核心是合同债权的不可侵犯性；也包括买卖合同的对内效力，以合同的内容为基础，表现为出卖人和买受人双方所享有的权利和所负担的义务。狭义的买卖合同效力仅指买卖合同的对内效力。

（一）出卖人的义务

1.交付标的物并转移标的物的所有权于买受人。这是出卖人的主合同义务，由两部分内容组成。

（1）交付标的物。买卖合同就是要转移财产所有权，因此前提就是要将标的物交付给买受人。交付标的物可以是现实交付、简易交付、占有改定、指示交付。交付标的物的规则如下。

第一，交付的标的物有从物的，当事人如果没有另外约定，应当同时交付标的物的从物。

第二，出卖人交付标的物的义务可以亲自履行，也可以由第三人履行。第三人交付的情形是：第三人作为出卖人的受托人进行交付；第三人作为出卖人的占有辅助人代为交付；第三人依出卖人的指令交付；第三人代为履行。第三人交付时，对交付中出现的违约情况不负违约责任，违约责任仍应由出卖人承担。

第三，出卖人应当按照约定的期限交付标的物。约定交付期限的，出卖人可以在该交付期限的任何时候交付，但应当在交付前通知买受人。出卖人提前交付标的物的，应当取得买受人的同意，否则买受人可以拒绝受领，但提前交付不损害买受人利益的除外。出卖人提前交付给买受人增加费用的，由出卖人负担。当事人未约定标的物的交付期限或者约定不明的，可以协议补充。不能达成补充协议的，按照合同有关条款或者交易习惯确定。仍不能确定的，可以随时交付，但应给买受人必要的准备时间。

第四，出卖人应当按照约定的地点交付标的物。当事人未约定交付地点或者约定不明确的，可以协议补充，不能达成补充协议的，按照合同的有关条款或者交易习惯确定。仍不能确定的，适用下列规定：标的物需要运输的，出卖人应当将标的物交付给第一承运人以运交给买受人。标的物不需要运输的，出卖人和买受人订立合同时知道标的物在某一地点的，出卖人应当在该地点交付标的物；不知道标的物在某一地点的，应当在出卖人订立合同时的营业地交付标的物。

第五，出卖人应当按照约定的质量要求交付标的物。出卖人提供有关标的物的质量说明的，交付标的物应当符合该说明的质量要求。当事人对标的物的质量标准没有约定或者约定不明确的,可以协议补充;不能达成补充协议的,按照合同的有关条款或者交易习惯确定;仍不能确定的,出卖人应按照国家标准、行业标准履行;没有国家标准、行业标准的,出卖人应按照通常标准或者符合合同目的的特定标准履行。

第六,出卖人应当按照约定的数量交付标的物。出卖人交付标的物的,买受人可以接收或者拒绝接收多交的部分。买受人接收多交的部分的,按照原合同的价格支付价款。买受人拒绝接收多交部分标的物的,可以代为保管多交部分标的物。买受人主张出卖人负担代为保管期间的合理费用的,法院应予支持。[4] 买受人主张出卖人承担代为保管期间非因买受人故意或者重大过失造成的损失的,法院应予支持。出卖人少交标的物的,除了不损害买受人利益的之外,买受人有权拒绝接收。买受人拒绝接收标的物的,应当及时通知出卖人。买受人怠于通知的,应当承担因此产生的损害赔偿责任。但出卖人交付的标的物数量在合理的磅差或者尾差之内的,应当认为交付的数量符合约定的标准。合同中约定分批交付的,出卖人应按照约定的批量分批交付。出卖人未按照约定的时间和数量交付的,应就每一次的不适当交付承担责任。

第七,出卖人应当按照约定的包装方式交付标的物。对包装方式没有约定或者约定不明确的,可以协议补充;不能达成补充协议的,按照合同有关条款或者交易习惯确定;仍不能确定的,应当按照通用的方式包装,没有通用方式的,应当采取足以保护标的物的包装方式包装。

第八,交付电子信息产品。标的物为无需以有形载体交付的电子信息产品,当事人对交付方式约定不明确,且依照《民法典》第510条的规定仍不能确定的,买受人收到约定的电子信息产品或者权利凭证即为交付。[5]

对于出卖人交付买卖合同标的物的证明,如果出卖人仅以增值税专用发票及税款抵扣资料证明其已履行交付标的物义务,买受人认可的,应当认为标的物已经交付;买受人不认可的,出卖人应当提供其他证据证明交付标的物的事实,没有提供其他证据证明交付标的物的事实的,不能认定为标的物已经交付。

(2)转移标的物的所有权。取得标的物的所有权是买受人的交易目的。将标的物的所有权转移给买受人,是出卖人的主要义务。转移标的物的所有权是在交付标的物的基础上,实现标的物所有权的转移,使买受人获得标的物的所有权。标的物所有权转移的原则是:标的物所有权自标的物交付时起转移,但法律另有规定的除外。具体规则如下。

第一,动产买卖,除了法律另有规定或者当事人另有约定之外,所有权依交付而转移。当事人另有约定,是指当事人可以约定出卖人先行交付标的物,在买受人未履行支付价款或者其他义务以前,标的物的所有权仍归出卖人所有,即所有权保留制度。

第二,就船舶、航空器、车辆等特殊类型的动产,所有权一般也自交付之时起转移,但未依法办理登记手续的,所有权的转移不具有对抗第三人的效力。

第三,不动产所有权的转移须依法办理所有权转移登记。未办理登记的,尽管买卖合同已经生效,但标的物的所有权不发生转移。这说明,《民法典》就不动产所有权转移经法

---

[4]《买卖合同解释》第3条规定。

[5]《买卖合同解释》第2条规定。

律的强行性规定，确立了债权形式主义的物权变动模式。

第四，出卖人应当按照约定或者交易习惯，向买受人交付提取标的物单证以外的有关单证和资料。这些单证和资料主要包括保险单、保修单、普通发票、增值税专用发票、产品合格证、质量保证书、质量鉴定书、品质检验证书、产品进出口检疫书、原产地证明书、使用说明书、装箱单等。按照《民法典》第599条规定，这些单证和资料应当按照约定或者交易习惯予以交付。

第五，出卖具有知识产权的计算机软件等标的物的，除了法律另有规定或者当事人另有约定之外，该标的物的知识产权并不随同标的物的所有权一并转移于买受人。这一规则叫作"知识产权保留条款"，其规范目的在于保护知识产权人的利益。

2. 标的物瑕疵担保责任。标的物的瑕疵担保责任，是指出卖人保证出卖的标的物的品质没有瑕疵，在标的物的品质存有瑕疵时，出卖人应当对标的物本身存在的瑕疵向买受人承担的违约责任。

出卖人负担物的瑕疵担保责任是由买卖合同的有偿性决定的。所有权人出卖自己的财产于他人，对于其转让所有权的财产应当承担品质的保证责任。确定标的物的质量标准，是判断出卖人是否全面履行该项义务的前提。在买卖合同中，当事人对标的物的质量没有约定或者约定不明确的，可以协议补充；不能达成补充协议的，按照合同有关条款或者交易习惯确定。仍不能确定的，出卖人交付标的物，应当具有同种物的通常标准或者为了实现合同目的的该物应当具备的特定标准。

出卖人交付的标的物不符合质量标准的，属于对物的瑕疵担保义务的违反，传统民法规定此时发生物的瑕疵担保责任。违反了瑕疵担保义务要承担的责任是违约责任。

作为救济手段的退货，在通常情形下就是行使解除合同的权利。具体规则是：(1)因标的物的主物不符合约定而解除合同的，解除合同的效力及于从物。(2)因标的物的从物不符合约定而被解除的，解除的效力仅及于从物，不及于主物。(3)标的物为数物，其中一物不符合约定的，买受人可以就该物解除，但该物与他物分离将使标的物的价值显受损害的，当事人可以就数物解除合同。(4)出卖人分批交付标的物的，出卖人对其中一批标的物不交付或者交付不符合约定，致使不能实现合同目的的，买受人可以就该批标的物解除合同。质量不符合约定造成其他损失的，受损害方可以请求损害赔偿。

买受人要求出卖人承担违反物的瑕疵担保的违约责任，一般以买受人及时向出卖人通知标的物质量不合格为条件，买受人在订立买卖合同时，知道或者应当知道标的物质量不合格的，不得向出卖人主张违反物的瑕疵担保义务的违约责任。买卖合同当事人也可以通过约定免责条款的方式，在不违反法律强制性规定的情况下，预先免除出卖人的这种责任。

3. 权利瑕疵担保责任。权利瑕疵担保又称追夺担保，是指出卖人担保其出卖的标的物的所有权完全转移于买受人，第三人不能对标的物主张任何权利。权利瑕疵担保责任，是指出卖人就交付的标的物，负有保证第三人对买卖标的物不享有任何权利、不得向买受人主张任何权利的义务。

出卖人违反权利瑕疵担保责任，应当承担违约责任。具体表现是：(1)出卖人出卖标的物为无权处分且不符合善意取得要件；(2)抵押人将已经设定抵押并办理了抵押登记的财产出卖给买受人，未通知抵押权人或者未告知买受人的；(3)共有人出卖共有财产或者出卖共有财产中他人的份额;(4)出卖人向买受人出售第三人享有法定优先权的财产;(5)出卖人出售给买受人的财产上存在第三人的租赁权;(6)出卖人出售给买受人的财产,第三人可以根据知识产权主张权利或者要求的;(7)其他情形。

依照《民法典》第613条的规定,在买卖合同订立时,买受人知道或者应当知道第三人对买卖的标的物享有权利的,出卖人不负担该项义务。另外,买受人能够依据保护交易安全的规定,善意取得标的物的所有权的,出卖人也无须承担违反权利瑕疵担保责任。

依照《民法典》第614条的规定,买受人有确切的证据证明第三人可能就标的物主张权利的,可以在出卖人未提供适当担保时,行使合同履行抗辩权,中止支付相应的价款;出卖人提供适当担保的除外。

4. 交付有关单证和资料。出卖人的义务之一,就是要按照约定或者交易习惯,向买受人交付提取标的物的单证以外的有关单证和资料。这项义务是出卖人在买卖合同中负担的从义务,是辅助合同主义务的义务,以实现买受人的交易目的。

5. 其他义务。出卖人除了应当负担以上各项义务之外,还应当遵循诚信原则,根据合同的性质、目的,负担通知、协助、保密等附随义务,以及相应的不真正义务等法定义务。

(二)买受人的义务

1. 支付价款。支付价款是买受人的主要义务,应当按照下述内容履行。

(1)价款数额的确定。价款数额由总价和单价构成。总价为单价乘以标的物的数量。合同约定的总价与单价不一致,又不能证明总价为折扣价的,原则上应当按照单价计算总价。

买受人应当按照约定的数额支付价款。对价款没有约定或者约定不明确的,可以协议补充,不能达成补充协议的,按照合同的有关条款或者交易习惯确定;仍然不能确定的,按照订立合同时履行地的市场价格履行,依法应当执行政府定价或者政府指导价的,按照规定履行。

(2)价款的支付时间。价款的支付时间可以由双方当事人约定。买受人应当按照约定的时间支付价款。对支付时间没有约定或者约定不明确的,可以协议补充,不能达成补充协议的,按照合同的有关条款或者交易习惯确定;仍不能确定的,按照同时履行的原则,买受人应当在收到标的物或者提取标的物单证的同时支付。价款支付迟延时,买受人要继续支付价款,并且要支付迟延利息。

如果出卖人违约,买受人有拒绝支付价款、请求减少价款、请求返还价款的权利。如果出卖人交付的标的物有重大瑕疵以致难以使用时,买受人有权拒绝受领,有权拒绝支付价款。如果出卖人交付的标的物虽有瑕疵,但买受人同意接受,买受人可以请求减少价款。标的物在交付后部分或者全部被第三人追索,买受人不但有权解除合同、请求损害赔偿,而且有权要求返还全部或部分价款。

(3)价款的支付地点。价款的支付地点可以由双方当事人约定。买受人应当按照约定的地点支付价款。对支付地点没有约定或者约定不明确的,可以协议补充,不能达成补充协议的,按照合同的有关条款或者交易习惯确定;仍不能确定的,买受人应当在出卖人的营业地支付,但约定支付价款以交付标的物或者交付提取标的物的单证为条件的,在交付标的物或者提取标的物单证的所在地支付。

(4)价款的支付方式。价款的支付方式可以由当事人约定,但当事人关于支付方式的约定不得违反国家关于现金管理的规定。

(5)支付价款的证明。对于买受人是否已经支付价款发生争议,如果合同约定或者当事人之间习惯以普通发票作为付款凭证,买受人以普通发票证明已经履行付款义务的,法院应予支持,但有相反证据足以推翻的除外。[6]

2. 受领标的物。买受人有依照合同的约定或者交易习惯受领标的物的义务。对于出卖人不按合同约定条件交付的标的物,如多交付、提前交付、交付的标的物有瑕疵等,买受人有权拒绝受领。

3. 及时检验出卖人交付的标的物。依照《民法典》第620~624条的规定,买受人检验标的物的义务包括以下内容:

(1)买受人收到标的物时有及时检验的义务。买受人收到标的物时应当在约定的检验期限内检验。没有约定检验期限的,应当及时检验。

(2)当事人约定检验期限的,买受人应当在约定期限内及时检验,并将标的物的数量和质量不符合约定情形通知出卖人。买受人怠于通知的,视为标的物的数量和质量符合约定。当事人没有约定期限的,买受人应当及时检验并在发现或者应当发现标的物数量或质量不符合约定的合理期限内将该情形通知出卖人。买受人在合理期限内未通知或者自标的物收到之日起两年内未通知出卖人的,视为标的物的数量和质量符合约定;但对标的物有质量保证期的,适用质量保证期,不适用两年的规定。

(3)当事人约定的检验期限过短,根据标的物的性质和交易习惯,买受人在检验期限内难以完成全面检验的,该期限仅视为买受人对标的物的外观瑕疵提出异议的期限。约定的检验期限短于法律、行政法规规定期限的,应当以法律、行政法规规定的期限为准。

(4)当事人对标的物的检验期限未作约定,买受人签收的送货单、确认单等载明标的物数量、型号、规格的,推定买受人已对数量和外观瑕疵进行了检验,但是有相反证据足以推翻的除外。

(5)出卖人依照买受人的指示向第三人交付标的物,出卖人和买受人之间约定的检验标准与买受人和第三人之间约定的检验标准不一致的,以出卖人和买受人之间约定的检验标准为标的物的检验标准。

《买卖合同解释》第12~14条对标的物检验专门作了规定,主要规则如下:

一是法院具体认定《民法典》第621条第2款规定的"合理期限"时,应当综合当事人之间的交易性质、交易目的、交易方式、交易习惯,标的物的种类、数量、性质、安装和使用情况,瑕疵的性质,买受人应尽的合理注意义务,检验方法和难易程度,买受人或者检验人所处的具体环境、自身技能以及其他合理因素,依据诚实信用原则进行判断。我国《民法典》第621条第2款规定的"二年"是最长的合理期限。该期限为不变期限,不适用诉讼时效中止、中断或者延长的规定。

二是买受人在合理期限内提出异议,出卖人以买受人已经支付价款、确认欠款数额、使

---

[6]《买卖合同解释》第5条第2款规定。

用标的物等为由,主张买受人放弃异议的,法院不予支持,但当事人另有约定的除外。

三是检验期限、合理期限、两年期限经过后,买受人主张标的物的数量或者质量不符合约定的,法院不予支持。出卖人自愿承担违约责任后,又以上述期限经过为由翻悔的,法院不予支持。

出卖人知道或者应当知道提供的标的物不符合约定的,买受人可以在发现标的物质量或者数量不符合约定的任何时间,向出卖人主张承担责任。

及时检验的义务是买受人的不真正义务,该项义务的违反不发生违约责任,但是,由此造成的损失由买受人自己承担。

4. 保管义务。买受人对于出卖人不按合同约定交付的标的物,如多交付、提前交付、交付的标的物有瑕疵等,有权拒绝受领,但是,在特殊情况下,买受人有暂时保管并应急处置标的物的义务。其条件是:(1)须是异地交付,货物到达交付地点时,买受人基于正当理由作出拒绝接收的意思表示;(2)出卖人在标的物接受交付的地点没有代理人,即标的物在法律上已处于无人管理的状态;(3)一般物品由买受人暂时保管,但出卖人接到买受人的拒绝接收通知时,应立即自己支付费用将标的物提回或者做其他处置,并支付买受人的保管费用;(4)对于不易保管的易变质物品,买受人可以紧急变卖,但变卖所得在扣除变卖费用后须退还出卖人。

买受人履行这些义务须出于善良动机,不得扩大出卖人的损失;出卖人也不能因为买受人在上述情况下的保管或者紧急变卖行为而免除责任。

四、买卖合同的风险负担与利益承受

(一)标的物的风险负担

买卖合同中的标的物风险负担,是指对买卖合同标的物由于不可归责于双方当事人的事由毁损、灭失所造成的损失应当由谁承担的规则。

1. 当事人约定的规则

标的物风险负担的规则,可以由当事人约定。当事人约定负担方法的,买卖合同标的物毁损、灭失所造成的损失,应当按照约定的方法处理。

2. 法律规定的规则

当事人没有特别约定的,应当按照法律规定的风险负担原则处理。

(1)标的物毁损、灭失的风险依标的物的交付而转移,即在交付之前由出卖人承担,交付之后由买受人承担。《民法典》第604条规定:“标的物毁损、灭失的风险,在标的物交付之前由出卖人承担,交付之后由买受人承担,但是法律另有规定或者当事人另有约定的除外。”

(2)由于买受人的原因致使标的物不能按照约定期限交付的,买受人应当自违反约定时起,承担标的物毁损、灭失的风险。

(3)出卖人出卖交由承运人运输的在途标的物,除了当事人另有约定外,毁损、灭失的风险自合同成立时起由买受人承担。如果出卖人在合同成立时知道或者应当知道标的物已经毁损、灭失却未告知买受人,买受人主张出卖人负担标的物毁损、灭失的风险的,人民法院应予支持。

(4)出卖人按照约定将标的物运送至买受人指定地点并交付给承运人后,标的物毁损、灭失的风险由买受人承担。当事人没有约定交付地点或者约定不明确,依照《民法典》第603条第2款第1项的规定标的物需要运输的,出卖人将标的物交付给第一承运人后,标的物毁损、灭失的风险由买受人承担。"标的物需要运输",是指标的物由出卖人负责办理托运,承运人系独立于买卖合同当事人之外的运输业者的情形。

(5)出卖人按照约定或者根据《民法典》第603条的规定,应于特定地点交付标的物,出卖人将标的物置于交付地点,买受人违反约定没有收取的,自买受人违反约定之日起,标的物的毁损、灭失风险转移给买受人负担。

(6)因标的物质量不符合质量要求,致使不能实现合同目的的,买受人可以拒绝接受标的物或者解除合同。买受人拒绝接受标的物或者解除合同的,标的物的毁损、灭失风险由出卖人承担。

(7)标的物毁损、灭失的风险由买受人承担,不影响因出卖人履行债务不符合约定,买受人要求其承担违约责任的权利。例如,出卖人交付标的物而未交付有关标的物的单证或资料,标的物的毁损、灭失风险虽然已经转移由买受人承担,但出卖人仍应负债务不履行的违约责任。

(8)当事人对风险负担没有约定,标的物为种类物,出卖人未以装运单据、加盖标记、通知买受人等可识别的方式清楚地将标的物特定于买卖合同,买受人主张不负担标的物毁损、灭失的风险的,法院应予支持。

(二)买卖合同中的利益承受

利益承受,是指标的物于买卖合同订立后所生孳息的归属。

标的物于合同订立后所生孳息的归属,与标的物的风险负担密切相连,二者遵循同一原则。因此,《民法典》第630条规定的规则是:标的物在交付之前产生的孳息,归出卖人所有;标的物交付之后产生的孳息,由买受人承受。合同另有约定的,依照其约定。

五、买卖合同的解除

(一)主物从物的解除

因标的物的主物不符合约定而解除合同的,解除合同的效力及于从物。因标的物的从物不符合约定被解除的,解除的效力不及于主物。

(二)数物解除

标的物为数物,其中一物不符合约定的,买受人可以就该物解除,但是,该物与他物分离使标的物的价值明显受损害的,买受人可以就数物解除合同。

(三)分批交付的解除

分批交付,是指种类物的分批交付,《民法典》第633条规定分为以下三种情形:

1.就其中一批解除

出卖人分批交付标的物的,出卖人对其中一批标的物不交付或交付不符合约定,致使该批标的物不能实现合同目的的,买受人可以就该批标的物解除。

2. 就某批和之后各批的解除

出卖人不交付其中一批标的物或交付不符合约定,致使之后其他各批标的物的交付不能实现合同目的的,买受人可以就该批以及之后其他各批标的物解除。

3. 全部解除

买受人如果就其中一批标的物解除,该批标的物与其他各批标的物相互依存的,可以就已经交付和未交付的各批标的物解除。

六、买卖合同的违约责任

《买卖合同解释》第 15 ~ 24 条对买卖合同违约责任的具体情形作出了规定。

(一)交付标的物的违约责任

对出卖人交付标的物的违约责任,主要规定了以下三种情形:

1. 质量保证金的处理办法

买受人依约保留部分价款作为质量保证金,出卖人在质量保证期未及时解决质量问题而影响标的物的价值或者使用效果,出卖人主张支付该部分价款的,法院不予支持。

2. 未按照要求采取必要措施的违约责任

买受人在检验期限、质量保证期、合理期限内提出质量异议,出卖人未按要求予以修理或者因情况紧急,买受人自行或者通过第三人修理标的物后,主张出卖人负担因此发生的合理费用的,法院应予支持。

3. 质量不符合约定的减少价款责任

标的物质量不符合约定,买受人依照《民法典》第 582 条的规定要求减少价款的,法院应予支持。当事人主张以符合约定的标的物和实际交付的标的物按交付时的市场价值计算差价的,法院应予支持。价款已经支付,买受人主张返还减价后多出部分价款的,法院应予支持。

(二)交付价款的违约责任

对于买受人交付价款的违约责任,第 18 条主要规定了以下四种情形:

1. 付款期限变更的违约责任

买卖合同对付款期限作出的变更,不影响当事人关于逾期付款违约金的约定,但该违约金的起算点应当随之变更。

2. 买受人拒绝支付逾期违约金的责任

买卖合同约定逾期付款违约金,买受人以出卖人接受价款时未主张逾期付款违约金为由拒绝支付该违约金的,法院不予支持。

3. 对账单、还款协议未涉及逾期付款的责任

买卖合同约定逾期付款违约金,但对账单、还款协议等未涉及逾期付款责任,出卖人根据对账单、还款协议等主张欠款时请求买受人依约支付逾期付款违约金的,法院应予支持,但对账单、还款协议等明确载有本金及逾期付款利息数额或者已经变更买卖合同中关于本

金、利息等约定内容的除外。

4. 未约定逾期付款违约金的责任

买卖合同没有约定逾期付款违约金或者该违约金的计算方法，出卖人以买受人违约为由主张赔偿逾期付款损失，违约行为发生在2019年8月19日之前的，法院可以以中国人民银行同期同类人民币贷款基准利率为基础，参照逾期罚息利率标准计算；违约行为发生在2019年8月20日之后的，法院可以以违约行为发生时中国人民银行授权全国银行间同业拆借中心公布的一年期贷款市场报价利率（LPR）标准为基础，加计30%～50%逾期付款损失。

（三）从履行义务的违约责任

司法解释规定，出卖人没有履行或者不当履行从给付义务，致使买受人不能实现合同目的，买受人主张解除合同的，法院应当根据《民法典》第563条第1款第4项的规定，予以支持。

（四）违约金责任

1. 解除合同后守约方主张违约金的责任

买卖合同因违约而解除后，守约方主张继续适用违约金条款的，人民法院应予支持；但约定的违约金过分高于造成的损失的，法院可以参照《民法典》第585条第2款的规定处理。

2. 一审未释明不支持违约金免责抗辩的二审纠正方法

买卖合同当事人一方以对方违约为由主张支付违约金，对方以合同不成立、合同未生效、合同无效或者不构成违约等为由进行免责抗辩而未主张调整过高的违约金的，法院应当就法院若不支持免责抗辩，当事人是否需要主张调整违约金进行释明。一审法院审理认为免责抗辩成立且未予释明，二审法院审理认为应当判决支付违约金的，可以直接释明并改判。

（五）违约损害赔偿责任

1. 守约方主张赔偿可得利益损失的认定

买卖合同当事人一方违约造成对方损失，对方主张赔偿可得利益损失的，法院在确定违约责任范围时，应当根据当事人的主张，依据《民法典》第584条关于“当事人一方不履行合同义务或者履行合同义务不符合约定，造成对方损失的，损失赔偿额应当相当于因违约所造成的损失，包括合同履行后可以获得的利益；但是，不得超过违约一方订立合同时预见到或者应当预见到的因违约可能造成的损失。”第591条关于“当事人一方违约后，对方应当采取适当措施防止损失的扩大；没有采取适当措施致使损失扩大的，不得就扩大的损失请求赔偿。当事人因防止损失扩大而支出的合理费用，由违约方负担。”第592条关于“当事人都违反合同的，应当各自承担相应的责任。当事人一方违约造成对方损失，对方对损失的发生有过错的，可以减少相应的损失赔偿额”以及《买卖合同解释》第23条等规定，进行认定。

2. 违约获利的扣除

买卖合同当事人一方因对方违约而获有利益,违约方主张从损失赔偿额中扣除该部分利益的,人民法院应予支持。这是违约损害赔偿责任的损益相抵规则,具有重要价值。

(六)违反瑕疵担保责任

合同约定减轻或者免除出卖人对标的物的瑕疵担保责任,但出卖人故意或者因重大过失不告知买受人标的物的瑕疵,出卖人主张依约减轻或者免除瑕疵担保责任的,法院不予支持。

买受人在缔约时知道或者应当知道标的物质量存在瑕疵,主张出卖人承担瑕疵担保责任的,法院不予支持,但买受人在缔约时不知道该瑕疵会导致标的物的基本效用显著降低的除外。

七、特种买卖合同

(一)分期付款买卖

分期付款买卖,是指买受人将其应付的总价款按照一定期限分批向出卖人支付的买卖合同关系。[7] 简言之,分期付款买卖就是当事人约定分期支付价金的买卖。[8] 分期付款,系指买受人将应付的总价款在一定期间内至少分三次向出卖人支付。

分期付款买卖是一种特殊形式的买卖,通常用于房屋、高档消费品的买卖。由于买受人的分期支付货款影响了出卖人的资金周转,故分期付款的总价款可略高于一次性付款的价款。在分期付款买卖中,为了保护买受人的利益,只有当买受人未支付到期价款的金额达到全部价款的1/5时,出卖人才可以要求买受人支付全部价款或者解除合同。出卖人解除合同的,可以向买受人要求支付该标的物的使用费。

在分期付款买卖中,出卖人须先交付标的物,买受人在受领标的物后分若干次付款,因而出卖人存在不能实现价款债权的风险。在交易实践中,当事人双方就分期付款买卖通常有以下特别约定:

1. 所有权保留特约

在分期付款买卖合同中,所有权保留特约是指买受人虽先占有、使用标的物,但在双方当事人约定的特定条件(通常是价款的一部或者全部清偿)成就之前,出卖人保留标的物的所有权;待条件成就后,再将所有权转移给买受人。这种特约一般适用于动产买卖,不动产买卖不适用这种方法。

2. 解除合同或者请求支付全部价款的特约

分期付款的买受人未付到期价款的金额达到全部价款的1/5的,出卖人可以要求买受人支付全部价款或者解除合同。除非当事人另有约定,否则应当按此办理。出卖人要求解除合同的,可以向买受人要求支付该标的物的使用费。如果分期付款买卖合同的约定违反《民法典》第634条第1款的规定,即买受人未支付到期价款的金额不足全部价款的1/5,出

---

〔7〕 王利明等:《合同法》(第3版),中国人民大学出版社2009年版,第292页。

〔8〕 周新民编著:《民法债》(下册),商务印书馆1936年版,第28页。

卖人就可以行使解除权或者请求支付全部价款，因而损害买受人利益的，买受人可以主张该约定无效。提出这种请求的，法院应予支持，仍然应当按照《民法典》第634条规定要求处理。

3. 解除合同的损害赔偿金额的特约

解除合同的损害赔偿特约，是指当事人双方关于解除合同时一方应向对方支付的赔偿金额的约定。解除合同时，双方当事人应将从对方取得的财产返还对方，有过错的一方应赔偿对方的损失。分期付款买卖在由于一方的原因而由出卖人解除合同时，标的物已经交付买受人，因此，买受人在占有标的物期间获得的利益也就是出卖人的损失。为保护出卖人的利益，在分期付款买卖中，当事人经常有关于出卖人于解除合同时得扣留其已受领的价款或请求买受人支付一定金额的约定。这种约定如果过于苛刻，则对买受人不利。为了维系公平和保护买受人的利益，法律对关于解除合同时出卖人得扣留价款或请求支付价款的约定进行一定的限制。由于买受人一方的原因由出卖人解除合同时，出卖人向买受人请求支付或扣留的金额，不得超过相当于该标的物的通常使用费的金额。如果标的物有毁损，则应再加上相应的损害赔偿金额。如果当事人约定的出卖人于解除合同时得扣留的价款或请求支付的金额超过上述限度，则其超过部分的约定无效。《买卖合同解释》第28条规定："分期付款买卖合同约定出卖人在解除合同时可以扣留已受领价金，出卖人扣留的金额超过标的物使用费以及标的物受损赔偿额，买受人请求返还超过部分的，人民法院应予支持。""当事人对标的物的使用费没有约定的，人民法院可以参照当地同类标的物的租金标准确定。"

（二）样品买卖

样品买卖又称为货样买卖，[9]是指当事人双方约定一定的样品，出卖人交付的标的物应当与样品具有相同品质的买卖合同。[10] 样品又称货样，是指当事人选定的用以决定标的物品质的货物，通常是从一批货物中抽取出来或者由生产、使用部门加工、设计出来的，用以反映和代表整批商品品质的少量实物。

由于样品买卖是在普通买卖关系中附加了出卖人的一项"须按样品的品质标准交付标的物"的担保，因此，样品买卖除了适用普通买卖的规定外，还产生下列效力：

1. 封存样品予以说明。当事人应当封存样品，并且可以对样品质量予以说明，出卖人交付的标的物应当与样品及其说明的质量相同。在判断交付的标的物是否与样品及其说明的质量相同时，应当依据合同的性质以及交易的习惯确定。合同约定的样品质量与文字说明不一致且发生纠纷时当事人不能达成合意，样品封存后外观和内在品质没有发生变化的，应当以样品为准；外观和内在品质发生变化，或者当事人对是否发生变化有争议而又无法查明的，应当以文字说明为准。

2. 隐蔽瑕疵的责任。买受人不知道样品有隐蔽瑕疵的，即使交付的标的物与样品相同，出卖人交付的标的物的质量仍然应当符合同种物的通常标准。

---

〔9〕 周新民编著：《民法债》（下册），商务印书馆1936年版，第27页。

〔10〕 龙翼飞等编著：《合同法教程》，法律出版社2008年版，第204页。

(三)试用买卖

试用买卖合同也称试验买卖,是指当事人双方约定于合同成立时,出卖人将标的物交付买受人试验或者检验,并以买受人在约定期限内对标的物的认可为生效要件的买卖合同。

试用买卖的特征是:(1)试用买卖约定由买受人试验或者检验标的物;(2)试用买卖是以买受人对标的物的认可为生效条件的买卖合同。

《买卖合同解释》第30条规定了四种不属于试用买卖的情形:(1)约定标的物经过试用或者检验符合一定要求时,买受人应当购买标的物;(2)约定第三人经试验对标的物认可时,买受人应当购买标的物;(3)约定买受人在一定期限内可以调换标的物;(4)约定买受人在一定期限内可以退还标的物。

由于试用买卖合同的生效是以买受人对标的物的认可为条件,因而确定买受人的认可具有重要意义。

1. 买受人应当在试用期间作出是否认可的表示

试用买卖合同当事人应当约定试用期间。没有约定或者约定不明确的,可以协议补充;不能达成补充协议的,按照合同的有关条款或者交易习惯确定;仍不能确定的,由出卖人确定。在试用期间内,买受人应当作出是否认可的意思表示。

2. 认可的意思表示形式

出卖人认可的意思表示既可以是口头的,也可以是书面的。

在下列情况下,尽管买受人未作出认可的意思表示,也应视为认可:(1)买受人在试用期间内未作出是否认可的意思表示,视为认可;[11](2)买受人全部或一部支付价款,法院应当认定买受人同意购买,但合同另有约定的除外;(3)在试用期内,买受人对标的物实施了出卖、出租、设定担保物权等非试用行为的,法院应当认定买受人同意购买。

买受人对标的物认可,买卖合同即发生效力,双方当事人应按约定履行合同。

在试用期间买受人作出不认可的意思表示的,该买卖合同不生效。买受人负返还标的物的义务。试用买卖的当事人没有约定使用费或者约定不明确,出卖人无权主张买受人支付使用费。标的物在使用期间毁损、灭失的风险由出卖人承担。因可归责于买受人的事由造成标的物毁损、灭失而返还不能时,买受人负赔偿责任。

(四)招标投标

招标投标,是指由招标人向数人或公众发出招标通知或招标公告,在诸多投标中选择自己最满意的投标人并与之订立合同的方式。《民法典》第644条规定的是招标投标买卖的规则。

招标投标的程序如下:

1. 招标

招标是招标人采取招标通知或招标公告的形式,向数人或者公众发出投标邀请。招标

---

〔11〕 崔建远主编:《合同法》(第5版),法律出版社2010年版,第407页。

的法律性质是要约邀请，投标人投标则是发出要约。招标人在招标公告中已明确表示将与报价最优者订立合同的，这一招标行为就具有要约的性质。

2. 投标

投标是投标人按照招标文件的要求，向招标人提出报价的行为。投标人响应招标、参加投标竞争，必须具备承担招标项目的能力，应当在规定的投标期限内做好投标书，密封后按照规定的方法、时间、地点投入标箱。投标的性质是要约，必须具备足以使合同成立的必要条件。

3. 开标和验标

开标是招标人在召开的投标人会议上，当众启封标书，公开标书内容。验标是验证标书的效力，对不具备投标资格的标书、不符合招标文件规定的标书，以及超过截止期限送达的标书，招标人可以宣布其无效。

4. 评标和定标

评标由招标人依法组成的评标委员会负责，评标委员会由招标人和专家组成，成员应在5人以上。定标是招标人对有效标书进行评审，选择自己满意的投标人，决定其中标。定标是对投标的完全接受，因此是承诺。

5. 签订合同书

中标人接到中标通知书后，在指定的期间与地点同招标人签订合同书。招标投标即告完成。

（五）拍卖

1. 拍卖的概念

拍卖有广义、狭义之分。广义的拍卖是指竞争买卖，泛指竞争方式的缔约，包括拍卖和招标，即众多欲订约的人通过竞争与出卖人订立合同；狭义的拍卖是指对物品的拍卖，即以公开竞价的方法，将标的物的所有权转移给最高应价者的买卖方式。《民法典》规定的拍卖，是狭义拍卖。

拍卖按照不同的标准，可以分为法定拍卖和意定拍卖、委托拍卖和自己拍卖、强制拍卖和任意拍卖。[12]

2. 拍卖的程序

（1）签订拍卖委托合同。委托人与拍卖人签订拍卖的委托合同，约定拍卖的权利义务关系。

（2）拍卖公告和拍品展示。在拍卖日的前7日发布拍卖公告，该公告属于要约邀请。拍卖前应当展示拍卖标的，不得少于2日。

（3）竞买。竞买是以应价的方式向拍卖人作出应买的意思表示，众多竞买人彼此互不隐瞒情况，以公开的方式应价，形成竞争。竞买的性质属于要约。

（4）拍定。拍定是拍卖人在竞买人众多的应价中选择最高者予以接受的意思表示，其法律性质属于承诺。拍卖人一经拍定，拍卖合同即告成立。

---

〔12〕 龙翼飞等编著：《合同法教程》，法律出版社2008年版，第206页。

3. 拍卖的效力

(1)拍卖人应当履行交付标的物和转移标的物所有权的义务。未能履行该义务的,应当承担违约责任。按照规定应当办理所有权转移手续的,双方应当持出卖人出具的成交证明和有关材料,到有关行政机关办理手续。由于拍卖人或者委托人的原因不能办理有关手续的,拍卖人应当负违约责任。

(2)拍卖人的瑕疵担保责任。拍卖人于拍卖时向竞买人说明标的物的瑕疵的,或者拍卖人、委托人在拍卖前声明不能保证拍卖标的物的真伪或者品质的,不承担瑕疵担保责任。拍卖人未声明标的物瑕疵,给买受人造成损害的,买受人有权向拍卖人要求赔偿;属于委托人责任的,拍卖人有权向委托人追偿。

(3)买受人支付价款和再拍卖。买受人应当按照约定向拍卖人支付标的物的价款和佣金。未按照约定支付价款的,应当承担违约责任,或者由拍卖人将拍卖的标的物再行拍卖。再拍卖时,原拍卖的买受人应当支付第一次拍卖中买卖双方应支付的佣金。

4. 流拍

流拍是指在拍卖中,由于起拍价格过高造成的拍卖失败。在拍卖中,拍卖人叫价之后,没有人应价,使拍卖无法成功进行,对拍卖的标的物不能实现预先期待的成交数额。

八、互易合同

(一)互易合同的概念和法律适用

互易合同也称物换物合同、易货贸易或者易货交易合同,是指当事人双方约定以货币之外的财物进行交换的合同。[13]

互易合同也是转移财产所有权的合同,与买卖合同的区别在于,买卖合同虽然转移的是财产的所有权,但只有一方是买方,另一方为卖方,转移财产所有权的方式是出让一个标的物,取得财产所有权的方式是以货币作为交易的对价。互易合同是双方当事人都转移财产的所有权,即交付和转移自己所有的财产和所有权的目的是取得对方的财产及所有权,交付和转移自己所有财产的所有权是取得对方财产所有权的代价,其中没有货币作为中介。因此,互易合同是一种特殊的买卖合同。

互易合同是物物交换的法律形式,是原始的商品交换的合同形式。自货币出现以后,互易合同就被买卖合同取代,不再是商品交换的主要的、基本的形式,但直到现在,互易合同在市场上还有存在的现实需要。

买卖合同的一般规则适用于互易关系规则,因此不必详细研究关于该合同的主体构成和形式,以及关于违反该债务的后果的规范,包括交付不符合质量要求或者有其他瑕疵的商品。[14] 这是《民法典》第647条规定互易合同参照买卖合同的有关规定的原因。

(二)互易合同的种类

互易合同分为单纯互易和价值互易两种基本类型。

---

〔13〕 王利明等:《合同法》(第3版),中国人民大学出版社2009年版,第295~296页。

〔14〕 [俄]E. A. 苏哈诺夫主编:《俄罗斯民法》(第3册),丛凤玲译,中国政法大学出版社2011年版,第1006页。

单纯互易，是指当事人双方并不考虑给付对方的财产的价值，而只追求相互的财产所有权转移的互易。例如，以粮食若干换取彩电一台，双方并不计较各自财产的价值多少。

价值互易，是指当事人双方以标的物的价值为标准，互换财产标的物。在这种互易中，双方互换的标的物的价值应当相当，如果价值不等，则一方应当向另一方支付差价，或者以相当的物补齐。

（三）互易合同的成立与效力

互易合同一经成立并生效，其效力适用买卖合同的规定。互易合同当事人应当承担以下义务：

1. 按照合同约定向对方交付标的物并转移所有权。只有以自己的财产交付并转移所有权，才能换取对方的财产交付和所有权。当事人未在约定期限内履行交付义务的，应当承担违约责任。标的物因未可归责于当事人的事由而意外灭失时，当事人双方免除相互给付的义务；一方已经交付的，另一方应当将其受领的标的物返还。

2. 当事人相互对其应交付的标的物负瑕疵担保义务。互易合同的当事人均应保证其交付的标的物符合约定的品质，并能将其所有权完全转移给对方。在标的物存在质量瑕疵或者权利瑕疵时，当事人应当承担相应的违约责任。

3. 价值互易的价款补足。当事人的互易为补足价款的价值互易的，负有补足价款义务的一方应当按照约定的时间、地点补足应当交纳的价款。当事人不履行其补足价款义务的，应当承担违约责任。

九、所有权保留

（一）所有权保留的概念和性质

《民法典》第641条规定了所有权保留的特约。所有权保留特约，是指买受人虽先占有、使用买卖合同的标的物，但是，在双方当事人约定的特定条件（通常是价款的部分或者全部清偿）成就之前，出卖人保留标的物的所有权，待条件成就后，再将所有权转移给买受人的特别约定。这种特约一般适用于动产买卖。

所有权保留，既是分期付款买卖合同的特别约定，也是一种担保物权。从担保物权的角度解释，所有权保留是指在转移财产所有权的商品交易中，根据法律规定或者当事人约定，所有权人转移财产占有于对方当事人，而保留其对该财产的所有权，待对方当事人交付全部价金或者完成特定条件时，所有权才发生转移的担保物权。

当事人在买卖合同中关于买受人未履行支付价款或者其他义务的，标的物的所有权属于出卖人的约定，就是所有权保留，这既是分期付款买卖合同的特别约定，也是分期付款买卖合同的出卖人为保护自己的价款债权而设置的物权担保，用保留的标的物的所有权对债权进行担保。所有权保留的担保物权，可以进行担保物权的登记，出卖人对标的物保留的所有权未经登记的，不得对抗善意第三人。〔15〕

〔15〕　江必新主编：《民法典重点修改及新条文解读》（上册），中国法制出版社2020年版，第302页。

(二)所有权保留买卖合同的出卖人享有取回权

所有权保留作为担保物权的一种,最重要的担保价值,就在于出卖人将分期付款的标的物交付买受人后,还保留自己对标的物的所有权,正是基于该所有权保留,出卖人享有买卖合同标的物的取回权。在出现危及其价款债权的情形时,出卖人行使取回权,追回交付给买受人占有的买卖标的物。

出卖人取回权的规则是,当事人约定出卖人保留合同标的物的所有权,在标的物所有权转移前,买受人有下列情形之一,造成出卖人损害的,除当事人另有约定外,出卖人有权取回标的物,即取回权的产生原因是:(1)买受人未按照约定支付价款,经催告后在合理期限内仍未支付;(2)买受人未按照约定完成特定条件;(3)买受人将标的物出卖、出质或者作出其他不当处分。

实现取回权的方法是:(1)出卖人行使取回权,取回标的物;(2)协商确定,出卖人可以采取与买受人协商取回标的物的办法;(3)当事人协商不成的,可以参照适用担保物权的实现程序,例如拍卖或者变卖标的物,用价款优先偿还未支付的价金等。

(三)所有权保留买卖合同的买受人享有回赎权

在分期付款买卖合同中,如果出现了出卖人享有取回权的事由,出卖人取回买卖标的物之后,买受人享有回赎权,可以在回赎期限内回赎买卖标的物。取回权和回赎权的权利配置,能够保持出卖人和买受人之间的利益平衡,同时也兼顾了双方当事人的实际需要。在分期付款合同中,买受人未履行应当履行的付款义务,出卖人依照所有权保留的担保物权,享有对标的物的取回权,保护自己的权益。可是,标的物取回后,如果买受人有继续占有、使用甚至购买的意愿和需求,且能够支付价款的,由买受人将标的物赎回,当然是物尽其用的最好选择。

买受人回赎权的规则如下:

1. 回赎权的产生,是在出卖人依照《民法典》第 642 条第 1 款的规定取回标的物之后,出卖人取回买卖标的物,买受人即产生回赎权。这时,出卖人对标的物既享有所有权,也享有占有权,实现了所有权权能的统一。为保护买受人对标的物的需求,法律规定其取得对标的物的回赎权,可以行使回赎权而回赎标的物。回赎权行使的后果,是取得标的物的所有权。

2. 确定回赎期间,即双方当事人可以约定回赎期间,或者出卖人指定合理的回赎期间。买受人应当在约定或者指定的回赎期间内,行使回赎权,超过回赎期间的,回赎权消灭,不能再主张回赎分期付款的标的物。

3. 回赎权的行使要件,是买受人消除了出卖人取回标的物的事由,即买受人支付了未按照约定支付的价款,或者买受人按照约定完成了特定条件,或者买受人将出卖、出质或者作出其他不当处分的标的物收回。

符合上述三个要求的,买受人可以行使回赎标的物的权利,出卖人应当将取回的标的物及其所有权交付给买受人,买受人取得标的物的所有权。

买受人取得回赎权,但是在回赎期间内没有回赎标的物的,出卖人可以以合理价格出卖标的物，出卖所得价款在扣除原买受人未支付的价款及必要费用后仍有剩余的，应当返还原买受人；不足部分，由原买受人清偿。

｜引例分析｜

本案双方当事人之间的法律关系是买卖合同关系，原告是出卖人，被告是买受人，双方当事人的权利义务适用买卖合同的规定。

所有权保留制度，既是分期付款买卖合同的特约，也是担保物权的一种。尽管本案原、被告之间签订的买卖合同不完全符合分期付款合同的特征，即只分两次付款而不是三次以上付款，但是，仍然可以设定所有权保留的担保物权，因而原、被告双方在合同中关于"在需方货款没有付清之前，设备的所有权属于供方，需方无权转让或出售"的约定为所有权保留条款，合法有效。因而本案被告虽然占有讼争合同标的物，但是并不享有所有权，所有权保留在原告手中。《民法典》第 642 条和第 643 条对出卖人取回标的物的取回权和买受人在出卖人取回标的物后可以在特定期间内回赎标的物的回赎权的规定，就是协调双方利益之争的具体规则。买受人未付全款，出卖人可以行使所有权取回标的物；买受人欲取得标的物所有权，有权出资行使回赎权，回赎标的物。在本案中，原告对争议的标的物享有所有权，所有权包括占有、使用、收益、处分 4 项权能，出卖人当然有权取回标的物，法院对原告返还注塑机的请求予以支持，是完全正确的。当然，买受人享有在合理期间内回赎标的物的权利，因在本案中买受人未行使该权利，法院支持出卖人取回标的物的诉求，于法有据，合情合理。

第二节　供用电、水、气、热力合同

｜引　例｜

原告董某在村里修建了一间冷库，从事肉类储存销售。冷库用电由被告即当地地方电力集团有限公司分公司提供。原告将购进价值 6 万元的 1 500 套羊下水存储在冷库中。其间，被告强行断电，在多次协商未果的情况下，原告购买发电机发电，仍无法正常供电，最终造成冷库中储存的羊下水全部腐烂变质。原告起诉至法院，要求被告赔偿损失，并退还预付电费。

一审法院审理认为，原告与被告的供用电合同合法有效。原告按约交付电费，被告理应安全供电。现被告拒绝供电，给董某造成的损失理应承担赔偿责任。但是，因原告提供的证据不能证明断电后冷库中储存物的具体数额，无法确定其具体损失，故仅判令被告赔偿原告购买发电机费 9 200 元，并退还董某电费 853.1 元。

董某不服一审判决提起上诉，二审法院以一审判决认定董某具体损失的基本事实不清，已查明被告的停电行为给原告造成损失却未予判处，适用法律错误，判令撤销原审判决，发回重审。一审法院重审，判决被告对原告的全部损失承担赔偿责任。

| 法律问题 |

1. 供用电、水、气、热力合同及其法律特征
2. 供用电合同的效力
3. 供用水、气、热力合同的法律准用

一、供用电、水、气、热力合同概述

(一)供用电、水、气、热力合同的概念

供用电、水、气、热力合同,是指一方提供电、水、气、热力供另一方利用,另一方支付报酬的合同。提供电、水、气、热力的一方为供应人,利用电、水、气、热力的一方为利用人。

供用电、水、气、热力合同也是由一方向另一方提供商品,另一方支付价款的合同,属于转移财产所有权的特种商品买卖合同,法律关于买卖合同的规定对此类合同有参照适用的效力。

供用电、水、气、热力合同具有公共利用的性质,对全社会的经济发展和人民生活水平的提高具有重要作用,必须予以保障。这也是习近平法治思想以人民为中心的发展理念在合同法领域的具体体现和必然要求。

(二)供用电、水、气、热力合同的法律特征

1. 公用性。供用电、水、气、热力合同具有公用性的特点,其消费对象是一般的社会公众,涉及公众生活和社会经济发展。因此,供应人一方负有强制缔约义务,不得拒绝利用人的利用请求,因而保障一切人都能够平等地享有与供应人订立合同利用这些资源的权利。

2. 公益性。供用电、水、气、热力合同也具有公益性,供用合同的目的不只是让供应方从中得到利益,更主要的是满足人民的生产、生活需要,发展生产,提高人民的生活水平。供应人不应当是纯粹的营利性企业,而是以提高生产和公共生活水平等公益事业为目的的企业。

3. 继续性。供用电、水、气、热力合同的标的物都是对能的利用,无论对于哪一方当事人都不是一次性的,而是持续不断的,是继续性合同。特点是,即使其供给或收取费用都是分期的,或者为各个的,但是这些各次分开的给付或者费用支付都不是作为各个独立的合同,而是一个合同。

4. 合同消灭的非溯及性。供用电、水、气、热力合同的标的物都是可消耗物,在一次利用以后不再存在,即为返还不能。因此,供用电、水、气、热力合同由于各种原因终止以后,其效力只能向将来的方向发生,不能溯及过往。

(三)供用电、水、气、热力合同与格式条款

由于供用电、水、气、热力合同的使用是大量的、经常的、持续的,作为供应人的电力公司、自来水公司、燃料公司、热力公司不可能同每一个利用人进行协商,单个订立不同的合同,因此,格式条款实属必然。订立合同时,供应人提供格式条款,利用人申请订立合同只要在格式条款上签名,并添上相应事项,合同即告成立,不必再作更多的协商。

大量使用的供用电、水、气、热力合同的格式条款,应当特别维护利用人的权利,这就要保证供用电、水、气、热力合同格式条款的公平性。由于这些供应人往往处于同行业的独占和垄断地位,而对电、水、气、热力的利用又是绝大多数人生活和生产的必需,因此,利用人可能被迫接受一些不平等的格式条款内容。对此,应当按照《民法典》第496～498条的规定,保护利用人的合法权利。

二、供用电合同

(一)供用电合同的概念和特征

供用电合同,是指供电人向用电人供电,用电人支付电费的合同。其法律特征如下。

1. 供用电合同的标的物是无形物。电能是一种特殊商品,其无形、无声、无色,明显区别于其他合同的标的物。供用电合同在履行中对供电质量及连续性的要求非常高,国家有关规定对供电人应连续供电义务作出了严格要求。

2. 供用电合同是强制缔约合同。供用电合同关系到广大人民群众的生活和工作,涉及面极广,供电一方负有强制缔约义务,没有正当理由不得拒绝用电人的缔约请求。

3. 供用电合同是双务、有偿合同。在供用电合同中,供电人有义务按合同约定向用电人供应符合合同要求的电能,违约应承担相应责任;用电人有义务按合同约定向供电人及时、足额交付电费,否则亦应承担相应责任。

(二)供用电合同的内容

供用电合同应当明确约定以下事项:

1. 电力。我国电能供应的额定频率为交流50赫兹,采用高压、低压两种形式,低压供电的额定电压单相为220伏,三相为380伏;高压供电的额定电压分为10千伏、35(63)千伏、110千伏、220千伏。供用电双方在签订合同时,应明确供电人向用电人提供的是何种电力及供电容量。

2. 电量、用电时间。供用电人应约定用电人需用电能的数量及用电时间,以便于供电人合理安排生产。

3. 电价与电费的结算方式。供用电双方应明确供电人所供电能的价格,目前,我国对电价实行统一政策、统一定价原则,分级管理,即电价由国家统一制定,不能由供用电双方自行约定。

供电人、用电人应约定抄表日期,根据用电计量装置的记录,计算用电人应支付的电费。

4. 供用电设施的维护责任。供用电设施的维护责任应当依供用电设施的产权所属划分,也可由双方约定。通行的做法是,供电人、用电人协商确认供用电设施运行管理责任的分界点,分界点电源侧的供电设施属供电人,由供电人负责运行维护管理,分界点负荷侧的供用电设施属用电人,由用电人负责运行维护管理。因供用电造成第三人损害时的法律责任承担,也以运行维护管理责任分界点为基准划分。

供用电双方可在合同中约定违约责任及双方同意的其他条款。

(三)供用电合同的效力

1. 供电人的义务

(1)供电人应当按照国家规定的供电标准和约定安全供电。当事人对供电标准有约定的,依其标准供应;当事人没有特别约定的,则根据用电人具体的用电意图可以推定的标准或者国家规定的标准供电。供电人必须安全、合格地供电,不得超过电力系统正常状况下所供电能频率的电压允许的偏差。供电人未按照国家规定的供电标准和约定安全供电,造成用电人损失的,应当承担损害赔偿责任。

(2)供电人具有因限电、检修等停电的通知义务。电力在社会生产、生活中的特殊作用要求其供应是连续的。供电人在发电、供电系统正常的情况下,应当连续向用电人供电,不得中断。供电人由于供电设施检修等原因需要中断供电时,应当按照国家有关规定,事先通知用电人。供电人因故需要停止供电时,应当按照下列要求事先通知用电人或者进行公告:一是因供电设施计划检修需要停电时,供电人应当提前 7 天通知用电人或者进行公告;二是因供电设施临时检修需要停止供电时,供电人应当提前 24 小时通知重要用电人;三是因发电、供电系统发生故障需要停电、限电时,供电人应当按照事先确定的限电序位进行停电或者限电。引起停电或者限电的原因消除后,供电人应当尽快恢复供电。用电人因未事先得到断电通知而遭受的损失,由供电人赔偿。

(3)供电人有对事故断电的抢修义务。由于自然灾害等原因断电,供电人应当按照国家有关规定及时抢修,及时恢复供电。按照规定,引起停电或限电的原因消除后,供电企业应在 3 日内恢复供电。不能在 3 日内恢复供电的,供电企业应向用户说明情况。如果供电人怠于职守,故意拖延,迟迟不能恢复供电,使用电人因此而遭受损失的,供电人应承担赔偿责任。

2. 用电人的义务

(1)用电人有交付电费的义务。用电人既然使用电能,就应履行交付电费的义务。用电人应当按照国家有关规定,及时向供电人交付电费;如双方当事人在合同中约定了交费时间,用电人应当按约定时间交费。用电人逾期不交电费,如果合同中有违约金条款,用电人应按照约定向供电人支付违约金;如果没有约定违约金,则用电人应支付电费的逾期利息。

(2)用电人有按照国家有关规定和双方当事人的约定用电的义务。用电人不得有下列危害供电、用电安全,扰乱正常供电、用电秩序的行为:一是擅自改变用电类别;二是擅自超过合同约定的容量用电;三是擅自超过计划分配的用电指标;四是擅自使用已经在供电企业办理暂停使用手续的电力设备,或者擅自启用已经被供电企业查封的电力设备;五是擅自迁移、更动或者擅自操作供电企业的用电计量装置、电力负荷控制装置、供电设施以及约定由供电企业调度的用电人受电设备;六是未经供电企业许可,擅自引入、供出电源或者自备电源擅自并网。用电人实施上述行为,造成供电人损失的,应当承担损害赔偿责任。

(3)用电人有对供电人正当检修、停电、限电的容忍义务。供电属于高度危险作业,因各种意外事故需要对用电设施进行检修,或是因此而停电、限电,都是正常的现象,也是防止危险发生的必要措施。用电人对此应当容忍。供电人检修设备时,用电人有协助义务。

(四)供用电合同的中止

用电人拖欠电费,经催告在合理期限内仍不支付电费和违约金的,供电人可以按照国家规定的程序中止供电。供电人依据规定停止供电的,应当事先通知用电人。在用电人补交电费及迟延利息之后,供电人应当重新供电。

三、供用水、气、热力合同的法律准用

《民法典》第656条对供用水、气、热力合同的法律适用规则,作出准用的规定,即供用水、供用气、供用热力合同,参照适用供用电合同的有关规定。

|引例分析|

本案系供用电合同纠纷,双方当事人之间的供用电的权利义务关系具体、明确。《民法典》第651条规定,供电人应当按照国家规定的供电质量标准和约定安全供电。在发电供电系统正常的情况下,供电人应当连续向用户供电,任何单位不得中断用户的用电。第652条规定,供电人因供电设施计划检修、临时检修、依法限电或者用电人违法用电等原因,需要中断供电时,应按照国家有关规定事先通知用电人;未事先通知用电人即中断供电,造成用电人损失的,应当承担赔偿责任。第653条规定,因自然灾害等原因断电,供电人应当按照国家有关规定及时抢修;未及时抢修,造成用电人损失的,应当承担赔偿责任。

本案被告在未通知原告的情况下停电,在原告协商要求恢复供电时,仍拒绝连续供电,故给原告造成库存物品的损失,被告理应承担损害赔偿责任。原告要求赔偿购买发电机费用,由于该费用是在被告违约断电后,原告为减少库存损失,采取的积极救助行为,故对该损失请求赔偿应予支持。被告对中断供电期间的剩余电费,应予退还。

第三节 赠与合同

|引 例|

原告李国某为南迳镇武合村村民。陈远某(原驻村干部、南迳镇农业服务中心主任)应原告要求,把存放在南迳镇政府值班室前一年购买的50包油菜种子免费送给了原告。原告将种子种下去后没有发芽,造成损失。原告提起诉讼,要求被告南迳镇人民政府和陈远某赔偿损失。

法院审理认为,被告南迳镇人民政府农业服务中心工作人员陈远某应原告的要求,将镇里购买的油菜种子未附加条件赠与原告,双方形成了无偿赠与合同关系。在本案诉讼中,原告提供的证据不能证明被告南迳镇人民政府故意不告知种子存在瑕疵或者保证过种子无瑕疵,原告也没有证据证明南迳镇人民政府赠送的种子是假劣种子。故判决驳

回原告的诉讼请求。

|法律问题|

1. 赠与合同及其性质
2. 赠与合同的效力
3. 赠与合同的瑕疵担保责任
4. 赠与合同消灭

一、赠与合同概述

(一)赠与合同的概念与当事人

赠与合同,是指赠与人将自己的财产无偿给予受赠人,受赠人表示接受赠与的合同。

在赠与合同中,转让财产的一方为赠与人,接受财产的一方为受赠人。

赠与行为是赠与人依法处分自己财产的法律行为,要求自然人作为赠与人须有民事行为能力的限制。无民事行为能力人没有能力管理和处分自己的财产,不能成为赠与合同的赠与主体;限制民事行为能力人具有部分行为能力,其赠与行为是否有效,应当从赠与标的的价值、赠与行为的性质和后果是否与其年龄和智力相适应以及与其生活的关联程度来认定,因而通常是无效的。

接受赠与是一种纯获利的行为,法律承认限制民事行为能力人的受赠人法律地位,规定限制民事行为能力人可以接受赠与;对无民事行为能力人的赠与,由其法定代理人或者监护人代理接受并管理受赠财产,但法定代理人或者监护人不得代为拒绝接受,损害被监护人的受赠利益。

(二)赠与合同的性质

1. 赠与合同是诺成合同。赠与合同是诺成合同,只要双方当事人的意思表示一致,合同即成立,不以赠与人赠与物的交付为合同成立的要件。赠与合同也是双方法律行为,当赠与人发出要约表示要将自己的财产无偿给予受赠人,受赠人并没有表示接受赠与时,赠与合同并不成立。

2. 赠与是无偿法律行为。无偿法律行为是一方给予对方某种利益,对方只接受该利益并不因此支付相应对价的法律行为。不过,受赠人接受赠与物不必支付报酬和对价,但是也有可能要付出代价,例如附随一定的义务。

3. 赠与合同是单务合同。赠与合同是典型的单务合同,受赠人一方仅享有赠与并接受赠与物的权利;赠与人只负有给付赠与物的义务。因此,赠与合同是只有一方给付而对方不必对价给付的合同。

4. 赠与合同不是商品流通的法律形式。赠与合同虽然是财产或者财产权利在民事主体之间流转的常见形式,但赠与合同的无偿性决定了财产流转往往是出于帮助、关心或报答等感情需求的原因,而不是通过商品流转进行价值和使用价值的交换,实现合同主体的经济利益和价值增值。

5. 赠与合同为非要式合同。赠与合同不必采用书面或者其他特殊形式。可以采取书面形式，也可以采用口头形式。赠与财产如需办理登记手续，须按照有关规定办理。

（三）赠与合同的种类

1. 附条件赠与和无条件赠与

附条件赠与，是指赠与人对赠与附有一定条件，在该条件成就时赠与才生效的赠与合同。附条件赠与合同分为：(1)仅附生效条件的赠与合同；(2)对受赠人附有一定义务的赠与合同。赠与附条件的，受赠人应当按照约定履行义务。

无条件赠与合同，是指赠与人的赠与既不给受赠人提出任何负担义务的要求，也不对自己的赠与行为附带任何条件的赠与合同。

这种区分的意义是：无条件的赠与，赠与人在赠与财产的权利转移后，一般不享有撤销权；而附条件的赠与，赠与人可以通过主张受赠人未尽到所负担的义务而撤销赠与。

2. 履行道德义务的赠与和非履行道德义务的赠与

赠与人的目的如果是履行道德义务，则为履行道德义务的赠与；反之，则为非履行道德义务的赠与。

区分的意义在于：履行道德义务的赠与对赠与人的约束力较强，不能任意撤销；对于非为履行道德义务的赠与，在赠与财产的权利转移前，赠与人一般可以任意撤销。

二、赠与合同的效力

（一）赠与合同的生效时间

赠与合同在受赠人表示接受赠与且该合同不存在妨碍合同生效的消极条件时即生效。

表示接受该赠与，是指受赠人在接到赠与人赠与的意思表示后作出承诺，赠与合同即成立，并依照法律规定生效，对当事人产生法律拘束力。

（二）赠与合同的效力内容

1. 交付赠与标的物。赠与合同以使赠与财产归于受赠人为直接目的，赠与人的主要义务是依照合同的约定期限、地点、方式、标准将标的物转移给受赠人。

2. 瑕疵担保责任。赠与合同一般不要求赠与人承担瑕疵担保责任。有两个例外：(1)在附义务赠与中，赠与的财产有瑕疵的，赠与人在附义务的限度内承担与出卖人相同的瑕疵担保责任。(2)赠与人故意不告知赠与财产的瑕疵或保证赠与的财产无瑕疵，造成受赠人损失的，应当承担损害赔偿责任。

对于赠与财产存在的瑕疵，如赠与人已明知但未履行告知义务，或者故意隐瞒赠与财产的瑕疵，受赠人因此受到损害的，赠与人应承担损害赔偿责任；对于因重大过失而不知其赠与财产存在瑕疵，以及赠与人虽未告知但受赠人已知赠与的财产有瑕疵，不发生因信赖赠与财产无瑕疵而受有损害的赔偿责任，赠与人此时无瑕疵担保责任。

赠与人保证赠与财产无瑕疵，指的是其保证赠与财产具有同类财产的通常效用或价值。此时的损害赔偿范围也应限于受赠人信赖赠与财产具有保证的价值而受到的信赖利益损失，不应包括赠与物完全没有瑕疵时所得到的利益损失。信赖利益损失，主要指订约支出的费用,受领该赠与财产的费用。此外,受赠人就因赠与物的瑕疵所造成的直接损失亦得请求损害赔偿。

(三)赠与无效的情形

以下赠与无效:(1)以赠与为名规避有关限制流通物和禁止流通物规定的赠与合同无效。(2)国有财产或者集体财产的行政管理者,除非于特殊情况下并经特别批准,不得将所管理财产赠与他人;但是国有财产或者集体财产已经被授予他人经营管理,并由经营管理人依法赠与处分的除外。(3)以规避法律义务为目的的赠与无效。

三、赠与合同消灭

(一)赠与的任意撤销

赠与的任意撤销,是指无须具备法定情形,得由赠与人依其意思任意撤销赠与合同。撤销的时间应当在赠与财产的权利转移之前。

不得撤销的情形是:(1)标的物已经交付或已办理登记等有关手续的;(2)依法不得撤销的具有救灾、扶贫、助残等公益、道德义务性质的赠与合同;(3)经过公证的赠与合同。

(二)赠与的法定撤销

赠与的法定撤销,是指具备法定条件时,允许赠与人或其继承人、监护人行使撤销权,撤销赠与合同的行为。法定撤销与任意撤销不同,须具有法定事由,在具备这些法定事由时,权利人可以撤销赠与。

1. 赠与人的撤销

(1)受赠人严重侵害赠与人或赠与人的近亲属的合法权益。严重侵害,是指受赠人对赠与人及其近亲属实施的触犯《刑法》和违反《治安管理处罚法》的行为,含故意和重大过失两种。

(2)对赠与人有扶养义务而不履行的。

(3)不履行赠与合同约定的义务。在附义务的赠与合同中,受赠人如果不按约定履行该负担的义务,有损于赠与人利益的,赠与人可以行使法定撤销权。

赠与人行使撤销权应当自知道撤销原因之日起1年内行使,超过1年不行使的,该撤销权消灭。

2. 赠与人的继承人或法定代理人的撤销

在一般情况下,法定赠与撤销权由赠与人本人享有,但在因受赠人的违法行为致使赠与人死亡或者丧失民事行为能力时,赠与人的继承人或者法定代理人享有法定赠与撤销权。这是因为赠与人的继承人或者法定代理人往往与该赠与人有密切的亲情关系,比较关注赠与人的财产,往往都能达成一致意见积极行使该撤销权,以维护赠与人的利益。

赠与人的继承人或者法定代理人的撤销权,自知道或者应当知道撤销原因之日起6个月内行使。

(三)拒绝赠与履行

赠与合同是诺成合同,合同一经成立,就应当履行。但在特定情况下,如果强制赠与人履行赠与义务将使赠与人受到重大的经济上的不利益,这样的赠与合同再继续坚持履行,其结果将是显失公平。为了平衡当事人之间的利益,在特定的情况下,赠与人可以免除赠与义务。

拒绝赠与履行的要件如下:

1. 赠与人经济状况显著恶化。赠与人经济状况显著恶化,是指赠与人的经济状况发生了重大的变化,这种变化是恶化,而不是向好的方面转化。它不仅指赠与人的积极财产的减少,还应包括消极的支付的增加,因而使赠与人无力支付赠与的财产。

2. 严重影响生产经营或者家庭生活。严重影响生产经营和严重影响家庭生活是两个并列的条件,只要具备一个就构成免除赠与义务的条件,不必两个条件都具备。是否严重影响,以客观标准判断,应参照赠与人生产经营或者家庭原有生活的标准。

赠与人拒绝履行赠与,既可以用口头形式,也可以用书面形式为之,还可以在诉讼中作为一种抗辩事由为之。

(四)公益赠与和履行道德义务赠与

公益赠与是赠与人以救灾、扶贫等公益目的进行的赠与。履行道德义务赠与的赠与人是以履行道德义务进行的赠与。前者如对灾区人民的赠与,后者如儿媳为尽道德上的义务而对丈夫的父母为赠与。

按照赠与的规则,赠与人在赠与财产的权利转移之前可以撤销赠与合同。但是,对于公益赠与以及履行道德义务的赠与,诸如具有救灾、扶贫等社会公益、道德义务性质的赠与合同,或者经过公证的赠与合同,一经成立,不得撤销,赠与人必须履行赠与义务。

| 引例分析 |

本案双方当事人的争议是无偿赠与合同纠纷。《民法典》第 662 条规定,赠与的财产有瑕疵的,赠与人不承担责任。附义务的赠与,赠与的财产有瑕疵的,赠与人在附义务的限度内承担与出卖人相同的责任。赠与人故意不告知瑕疵或者保证无瑕疵,造成受赠人损失的,应当承担赔偿责任。这是确定赠与合同中赠与物瑕疵损害赔偿责任的基本规则。

在本案中,被告陈远某也曾将同一批种子赠与他人,确定该种子能够发芽。至于原告得到的种子未能发芽的原因,法院审查确定为原告在种下种子后,用未放熟的火土盖面,因未放熟的火土含碱性过高,从而导致种下的种子不发芽。作为一个有种植经验的农民,原告应具备辨别是否属于老种子、是否过期、能不能种植的能力,在发现种子未发芽的时候,种植油菜的季节尚未结束,原告有机会另行购种补种或种植其他农作物,及时采取补救措施,但原告坚持要求和等待村里及镇政府等上级部门来处理,对损害的扩大具有过失。原告主张的损失没有事实和证据支持,造成的损失是自己的重大过失所致,法院判决驳回其诉讼请求,符合法律规定。

本章思考题

1. 多重买卖合同的法律适用规则是什么?
2. 买卖合同的主要内容有哪些?
3. 买卖合同的瑕疵担保责任怎样确定?
4. 供用电、水、气、热力合同的强制缔约义务怎样理解?
5. 赠与物的瑕疵造成损害的赔偿责任应当如何确定?
6. 公益赠与为什么赠与人不能撤销赠与合同?

第十章　借款、保证、租赁、融资租赁、保理合同

第一节　借 款 合 同

｜引　例｜

第三人喜盈门典当有限责任公司与被告庞福某签订《借款合同》，约定被告借款本金45万元，对借款期限、年利率、还款方式等进行了详细约定；被告以一套自有房产设定抵押。原告刘书某自愿对本案债务承担还款责任。嗣后，第三人将借款合同约定的权利义务转让给原告，原告预先扣除了前半年的利息3.375万元，向被告实际支付借款本金41.625万元。合同到期后，被告未能如期还款，原告提起诉讼，要求被告偿还借款本息及费用。

法院审理认为，本案的被告与第三人之间的借款合同合法有效，第三人将其债权债务转移给原告，债权债务概括转移的行为亦合法有效，依法予以保护。借款到期后，被告拖延不还借款，于法无据，应向原告偿还借款本息并承担违约责任。原告于借款当日扣除利息，为利息先扣，于法无据，不能计算在借款本金之中，应认定实际发生的借款本金为人民币41.625万元，据此计算利息。

｜法律问题｜

1. 借款合同及其特征
2. 贷款人与借款人的权利与义务
3. 禁止利息先扣
4. 逾期利息

一、借款合同概述

（一）借款合同的概念及当事人

借款合同，是指借款人向贷款人借款，到期返还借款并支付利息的合同。

借款人是借进款项的一方当事人，可以是自然人、法人或非法人组织。法律对借款人的资格并未作任何限制。贷款人是借出款项的一方当事人。

（二）借款合同的特征

1. 借款合同的标的物为货币。双方当事人签订借款合同，是以一方借出货币、一方借入

货币为目的,合同的客体只能是货币,包括人民币和外币。

2. 借款合同是转移借款所有权的合同。借款合同转移的是借款的所有权。借款合同的借款一旦交付给借款人,则该款项即归借款人使用并所有,贷款人对该款项的所有权则转化为合同到期时主张借款人偿还借款本息的请求权。

3. 借款合同一般是有偿合同。银行等金融机构向借款人发放贷款,除法律另有规定外,都向借款人按一定标准收取利息。利息是借款人取得并使用借款的对价,故借款合同是有偿合同。

4. 借款合同一般是诺成、双务合同。除了自然人之间口头借款合同要求是实践性合同外,其余借款合同均应是诺成合同。在借款合同订立后,贷款人负有按合同约定交付款项的义务,借款人有按期偿还所借款项并支付利息的义务,故借款合同是双务合同。

(三)借款人在借款合同订立过程中的义务

贷款人在与借款人签订借款合同前,必须了解借款人的业务活动及财务状况,对借款人的经营情况进行调查,根据调查情况,决定是否向借款人发放贷款。资信状况良好的,签订借款合同;资信欠佳的,不予贷款,从而有效保证借款的安全、维护贷款人的利益。因此,《民法典》第669条规定:"订立借款合同,借款人应当按照贷款人的要求提供与借款有关的业务活动和财务状况的真实情况。"如果借款人故意隐瞒上述真实情况,或者捏造虚假情况,应当按照欺诈处理。同时,在订立借款合同时,贷款人为了确保借款人能够按时返还借款,可以要求借款人提供相应担保,借款人应当提供。

二、借款合同的效力

(一)贷款人的义务

1. 依约提供款项的义务。借款合同签订后,贷款人提供给借款人的款项应当符合合同约定的数额,按时、按量提供,如果违约,应承担违约责任。自然人之间、企业之间以及自然人和企业之间的民间借款合同,自贷款人提供借款时生效。

2. 禁止利息先扣。借款的利息不得预先在本金中扣除。利息预先在本金中扣除的,应当按照实际借款数额返还借款并计算利息。

3. 损害赔偿义务。贷款人未按照约定的日期、数额提供借款,造成借款人损失的,应当赔偿损失。

4. 保密义务。贷款人对基于借款合同所掌握的借款人的各项商业秘密,应当尽到保密义务。

(二)借款人的义务

1. 按期收取借款的义务。借款人应当按照合同约定的日期、数额收取借款,如果借款人没有按照约定收取借款,仍有义务按照约定的日期和数额支付利息。贷款人同意的,借款人可以提前返还借款,应当按照实际借款的期间计算利息。借款人也可以在还款期限届满前,向贷款人申请展期,贷款人同意的可以展期。

2. 接受贷款人检查、监督的义务。借款人应就贷款的使用情况接受贷款人的检查和监督。为了配合贷款人的检查、监督，借款人应当定期向贷款人提供有关财会报表或者其他资料。

3. 按照约定的用途使用借款的义务。借款人应当按照合同约定的用途使用借款。借款人未按照约定的借款用途使用借款的，贷款人可以停止发放借款、提前收回借款或者解除合同。

4. 按期返还借款的义务。借款人应当按期返还借款。借款人应在合同到期时，依照约定期限及时返还借款。借款合同对借款期限没有约定或者约定不明确，可以协议补充；不能达成补充协议的，按照合同有关条款或者交易习惯确定。如果仍不能确定返还借款的期限，借款人可以随时向贷款人返还借款，贷款人不得拒绝；贷款人也可以随时向借款人请求返还，但应给借款人保留合理的准备期限。在合理的准备期限届满后，如果借款人仍不能按时归还借款本金和利息，则应承担违约责任。

5. 借款人按期支付借款利息。对支付利息的期限约定不明确，依照《民法典》第 510 条规定仍不能确定的，借款期限不满 1 年的，应当在返还借款时一并支付；借款期限 1 年以上的，应当在每届满 1 年时支付，剩余期限不满 1 年的，应当在返还借款时一并支付。

《民法典》第 680 条规定严格禁止高利放贷，借款的利率不得违反国家有关规定。借款合同对支付利息没有约定的，视为没有利息。借款合同对支付利息约定不明确，当事人不能达成补充协议的，按照当地或者当事人的交易方式、交易习惯、市场利率等因素确定利息；自然人之间借款的，视为没有利息。民间借贷既约定利息又约定违约金，当事人同时请求支付利息和违约金的，可予以支持，但二者之和不能超过依据最高人民法院《关于审理民间借贷案件适用法律若干问题的规定》（以下简称《民间借贷案件规定》第 25 条规定利率限度所计算的数额，即"出借人请求借款人按照合同约定利率支付利息的，人民法院应予支持，但是双方约定的利率超过合同成立时一年期贷款市场报价利率四倍的除外。""前款所称'一年期贷款市场报价利率'，是指中国人民银行授权全国银行间同业拆借中心自 2019 年 8 月 20 日起每月发布的一年期贷款市场报价利率"；对超出的部分不予保护。

依照《民法典》第 676 条的规定，借款人未按照约定的期限返还借款的，应当按照约定或者国家有关规定支付逾期利息。金融机构的借款逾期利息按照统一规定计算。民间借贷的逾期利息，按照《民间借贷案件规定》第 28、29 条的规定，借贷双方对逾期利率有约定的，从其约定，但是以不超过合同成立时一年期贷款市场报价利率 4 倍为限。未约定逾期利率或者约定不明的，法院可以区分不同情况处理：（1）既未约定借期内利率，也未约定逾期利率，出借人主张借款人自逾期还款之日起参照当时一年期贷款市场报价利率标准计算的利息承担逾期还款违约责任的，法院应予支持；（2）约定了借期内利率但是未约定逾期利率，出借人主张借款人自逾期还款之日起按照借期内利率支付资金占用期间利息的，应当予以支持；（3）出借人与借款人既约定了逾期利率，又约定了违约金或者其他费用，出借人可以选择主张逾期利息、违约金或者其他费用，也可以一并主张，但是总计不得超过合同成立时一年期贷款市场报价利率的 4 倍，超过部分，法院不予支持。

三、借款合同的消灭

借款合同由于不同原因而消灭。（1）借款合同因双方履行合同的债务而消灭。借款合同期限届满,当事人未约定展期的,借款人应当依照约定将借款及利息返还贷款人,借款合同因此消灭。(2)借款合同因解除而消灭。借款人未按照约定的借款用途使用借款的,贷款人可以解除合同,借款合同消灭。(3)合同消灭的其他原因也适用于借款合同。

《民间借贷案件规定》对于民间借贷纠纷案件的法律适用作了新规定。

(一)起诉

1. 起诉与提供证据。出借人向人民法院提起民间借贷诉讼时,应当提供借据、收据、欠条等债权凭证以及其他能够证明借贷法律关系存在的证据。当事人持有的借据、收据、欠条等债权凭证没有载明债权人,持有债权凭证的当事人提起民间借贷诉讼的,法院应予受理。被告对原告的债权人资格提出有事实依据的抗辩,法院经审查认为原告不具有债权人资格的,裁定驳回起诉。

2. 管辖。借贷双方就合同履行地未约定或者约定不明确,事后未达成补充协议,按照合同相关条款或者交易习惯仍不能确定的,以接受货币一方所在地为合同履行地。

3. 当事人。保证人为借款人提供连带责任保证,出借人仅起诉借款人的,法院可以不追加保证人为共同被告;出借人仅起诉保证人的,人民法院可以追加借款人为共同被告。保证人为借款人提供一般保证,出借人仅起诉保证人的,法院应当追加借款人为共同被告;出借人仅起诉借款人的,法院可以不追加保证人为共同被告。

4. 对借贷涉嫌犯罪的处理。

(1)法院立案后,发现民间借贷行为本身涉嫌非法集资等犯罪的,应当裁定驳回起诉,并将涉嫌非法集资等犯罪的线索、材料移送公安或者检察机关。公安或者检察机关不予立案,或者立案侦查后撤销案件,或者检察机关作出不起诉决定,或者经法院生效判决认定不构成非法集资等犯罪,当事人又以同一事实向法院提起诉讼的,法院应予受理。

(2)法院立案后,发现与民间借贷纠纷案件虽有关联但不是同一事实的涉嫌非法集资等犯罪的线索、材料的,应当继续审理民间借贷纠纷案件,并将涉嫌非法集资等犯罪的线索、材料移送公安或者检察机关。

(3)民间借贷纠纷的基本案件事实必须以刑事案件的审理结果为依据,而该刑事案件尚未审结的,法院应当裁定中止诉讼。

(4)借款人涉嫌犯罪或者生效判决认定其有罪,出借人起诉请求担保人承担民事责任的,法院应予受理。

(二)借贷合同的成立和效力

1. 借贷合同成立。自然人之间的借款合同具有下列情形之一的,可以视为合同成立:(1)以现金支付的,自借款人收到借款时;(2)以银行转账、网上电子汇款等形式支付的,自资金到达借款人账户时;(3)以票据交付的,自借款人依法取得票据权利时;(4)出借人将特定资金账户支配权授权给借款人的,自借款人取得对该账户实际支配权时;(5)出借人以与借款人约定的其他方式提供借款并实际履行完成时。

2. 法人、非法人之间的借贷。(1)法人之间、非法人组织之间以及它们相互之间为生产、经营需要订立的民间借贷合同,除存在《民法典》第146、153、154条以及《民间借贷案件规定》第13条规定的情形外，当事人主张民间借贷合同有效的，法院应予支持。(2)法人或者非法人组织在本单位内部通过借款形式向职工筹集资金，用于本单位生产、经营，且不存在《民法典》第144、146、153、154条以及《民间借贷案件规定》第13条规定的情形，当事人主张民间借贷合同有效的，法院应予支持。

3. 涉嫌犯罪的民间借贷合同的效力。借款人或者出借人的借贷行为涉嫌犯罪，或者已经生效的裁判认定构成犯罪，当事人提起民事诉讼的，民间借贷合同并不当然无效。法院应当依据《民法典》第144、146、153、154条以及《民间借贷案件规定》第13条之规定，认定民间借贷合同的效力。担保人以借款人或者出借人的借贷行为涉嫌犯罪或者已经生效的裁判认定构成犯罪为由，主张不承担民事责任的，法院应当依据民间借贷合同与担保合同的效力、当事人的过错程度，依法确定担保人的民事责任。

4. 民间借贷合同无效。具有下列情形之一的，法院应当认定民间借贷合同无效：(1)套取金融机构贷款转贷的；(2)以向其他营利法人借贷、向本单位职工集资，或者以向公众非法吸收存款等方式取得的资金转贷的；(3)未依法取得放贷资格的出借人，以营利为目的向社会不特定对象提供借款的；(4)出借人事先知道或者应当知道借款人借款用于违法犯罪活动仍然提供借款的；(5)违反法律、行政法规强制性规定的；(6)违背公序良俗的。

(三)民间借贷合同的证明

1. 查明事实确认基础法律关系。原告以借据、收据、欠条等债权凭证为依据提起民间借贷诉讼，被告依据基础法律关系提出抗辩或者反诉，并提供证据证明债权纠纷非民间借贷行为引起的，法院应当依据查明的案件事实，按照基础法律关系审理。当事人通过调解、和解或者清算达成的债权债务协议，不适用前述规定。

2. 借款是否清偿的事实认定。原告仅依据借据、收据、欠条等债权凭证提起民间借贷诉讼，被告抗辩已经偿还借款的，被告应当对其主张提供证据证明。被告提供相应证据证明其主张后，原告仍应就借贷关系的存续承担举证责任。被告抗辩借贷行为尚未实际发生并能作出合理说明的，法院应当结合借贷金额、款项交付、当事人的经济能力、当地或者当事人之间的交易方式、交易习惯、当事人财产变动情况以及证人证言等事实和因素，综合判断查证借贷事实是否发生。

3. 对转账凭证证明借贷事实的查明。原告仅依据金融机构的转账凭证提起民间借贷诉讼，被告抗辩转账系偿还双方之前借款或者其他债务的，被告应当对其主张提供证据证明。被告提供相应证据证明其主张后，原告仍应就借贷关系的成立承担举证责任。

4. 无法确认借贷事实。依据最高人民法院《关于适用〈中华人民共和国民事诉讼法〉的解释》第174条第2款之规定，负有举证责任的原告无正当理由拒不到庭，经审查现有证据无法确认借贷行为、借贷金额、支付方式等案件主要事实的，法院对原告主张的事实不予认定。

5. 查明是否属于虚假诉讼。法院审理民间借贷纠纷案件时发现有下列情形之一的，应当严格审查借贷发生的原因、时间、地点、款项来源、交付方式、款项流向以及借贷双方的关系、经济状况等事实，综合判断是否属于虚假民事诉讼：(1)出借人明显不具备出借能力；(2)出借人起诉所依据的事实和理由明显不符合常理；(3)出借人不能提交债权凭证或者提交的债权凭证存在伪造的可能;(4)当事人双方在一定期限内多次参加民间借贷诉讼;(5)当事人无正当理由拒不到庭参加诉讼,委托代理人对借贷事实陈述不清或者陈述前后矛盾;(6)当事人双方对借贷事实的发生没有任何争议或者诉辩明显不符合常理;(7)借款人的配偶或者合伙人、案外人的其他债权人提出有事实依据的异议;(8)当事人在其他纠纷中存在低价转让财产的情形;(9)当事人不正当放弃权利;(10)其他可能存在虚假民间借贷诉讼的情形。

6. 对虚假民间借贷诉讼的处理。经查明属于虚假民间借贷诉讼,原告申请撤诉的,法院不予准许,并应当依据《民事诉讼法》第112条之规定,判决驳回其请求。诉讼参与人或者其他人恶意制造、参与虚假诉讼,法院应当依据《民事诉讼法》第111~113条之规定,依法予以罚款、拘留;构成犯罪的,应当移送有管辖权的司法机关追究刑事责任。单位恶意制造、参与虚假诉讼的,法院应当对该单位进行罚款,并可以对其主要负责人或者直接责任人员予以罚款、拘留;构成犯罪的,应当移送有管辖权的司法机关追究刑事责任。

(四)民间借贷的担保

1. 借贷文书上的签名、盖章不能推定为保证人。他人在借据、收据、欠条等债权凭证或者借款合同上签名或者盖章,但是未表明其保证人身份或者承担保证责任,或者通过其他事实不能推定其为保证人,出借人请求其承担保证责任的,法院不予支持。

2. 网络贷款平台的担保责任。借贷双方通过网络贷款平台形成借贷关系,网络贷款平台的提供者仅提供媒介服务,当事人请求其承担担保责任的,法院不予支持。网络贷款平台的提供者通过网页、广告或者其他媒介明示或者有其他证据证明其为借贷提供担保,出借人请求网络贷款平台的提供者承担担保责任的,法院应予支持。

3. 法人、非法人组织借贷性质的认定。法人的法定代表人或者非法人组织的负责人以单位名义与出借人签订民间借贷合同,有证据证明所借款项系法定代表人或者负责人个人使用,出借人请求将法定代表人或者负责人列为共同被告或者第三人的,法院应予准许。法人的法定代表人或者非法人组织的负责人以个人名义与出借人订立民间借贷合同,所借款项用于单位生产经营,出借人请求单位与个人共同承担责任的,法院应予支持。

4. 以买卖合同担保民间借贷。当事人以订立买卖合同作为民间借贷合同的担保,借款到期后借款人不能还款,出借人请求履行买卖合同的,法院应当按照民间借贷法律关系审理。当事人根据法庭审理情况变更诉讼请求的,法院应当准许。按照民间借贷法律关系审理作出的判决生效后,借款人不履行生效判决确定的金钱债务,出借人可以申请拍卖买卖合同标的物,以偿还债务。就拍卖所得的价款与应偿还借款本息之间的差额,借款人或者出借人有权主张返还或者补偿。

(五)民间借贷的利息和本金

1. 利息之债的确定。借贷双方没有约定利息,出借人主张支付利息的,法院不予支持。自然人之间借贷对利息约定不明,出借人主张支付利息的,法院不予支持。除自然人之间借贷的外,借贷双方对借贷利息约定不明,出借人主张利息的,法院应当结合民间借贷合同的内容,并根据当地或者当事人的交易方式、交易习惯、市场报价利率等因素确定利息。

2. 最高利率限额。出借人请求借款人按照合同约定利率支付利息的，法院应予支持，但是双方约定的利率超过合同成立时一年期贷款市场报价利率 4 倍的除外。“一年期贷款市场报价利率”，是指中国人民银行授权全国银行间同业拆借中心自 2019 年 8 月 20 日起每月发布的一年期贷款市场报价利率。

3. 禁止利息先扣。借据、收据、欠条等债权凭证载明的借款金额，一般认定为本金。预先在本金中扣除利息的，法院应当将实际出借的金额认定为本金。

4. 禁止复利。借贷双方对前期借款本息结算后将利息计入后期借款本金并重新出具债权凭证，如果前期利率没有超过合同成立时一年期贷款市场报价利率 4 倍，重新出具的债权凭证载明的金额可认定为后期借款本金。超过部分的利息，不应认定为后期借款本金。按前款计算，借款人在借款期间届满后应当支付的本息之和，超过以最初借款本金与以最初借款本金为基数、以合同成立时一年期贷款市场报价利率 4 倍计算的整个借款期间的利息之和的，法院不予支持。

5. 逾期利率。借贷双方对逾期利率有约定的，从其约定，但是以不超过合同成立时一年期贷款市场报价利率 4 倍为限。未约定逾期利率或者约定不明的，人民法院可以区分不同情况处理：(1)既未约定借期内利率，也未约定逾期利率，出借人主张借款人自逾期还款之日起参照当时一年期贷款市场报价利率标准计算的利息承担逾期还款违约责任的，法院应予支持；(2)约定了借期内利率但是未约定逾期利率，出借人主张借款人自逾期还款之日起按照借期内利率支付资金占用期间利息的，法院应予支持。

6. 逾期利息与违约金竞合。出借人与借款人既约定了逾期利率，又约定了违约金或者其他费用，出借人可以选择主张逾期利息、违约金或者其他费用，也可以一并主张，但是总计超过合同成立时一年期贷款市场报价利率 4 倍的部分，法院不予支持。

7. 提前清偿的利息。借款人可以提前偿还借款，但是当事人另有约定的除外。借款人提前偿还借款并主张按照实际借款期限计算利息的，法院应予支持。

引例分析

本案双方当事人之间的法律关系，是借款合同关系。

借款合同禁止利息先扣，是我国民法及司法解释一贯坚持的立场。《民法典》第 670 条规定，出借人不得预先从本金中扣除借款利息。利息预先在本金中扣除的，应当按照实际借款数额返还借款并计算利息。这种预先从本金中扣除借款利息的行为，就是通常所说的“砍头息”。“砍头息”在民间借贷中大量存在，几乎成为民间借贷的惯例。对此，须坚持禁止利息先扣的原则，凡是利息先扣的，应当按照实际借款数额计算本金和利息。

本案的双方当事人约定的借款金额为 45 万元，原告在支付借款时，预先扣除了前半年的利息，实际支付的借款本金为 41.625 万元。法院判决坚持禁止利息先扣原则，对本案借款的本金之债认定为 41.625 万元，并依此计算利息之债的数额，是完全符合法律规定的。

第二节 保证合同

|引 例|

兴业银行分行与再担保公司、华屹公司签订《再担保合同》,对符合要求的省内中小企业融资项目,华屹公司为兴业银行分行的债务人向兴业银行分行提供担保,再担保公司为华屹公司向兴业银行分行提供再担保;担保方式为一般保证责任。闽晋燃料公司向兴业银行分行借款470万元用于支付货款,华屹公司为该笔借款提供连带责任保证。贷款到期后,闽晋燃料公司未能按约还款,扣除华屹公司交纳的100万元保证金及产生的利息后,尚欠借款本金373 7261.57元和利息74 938.94元。兴业银行分行向法院提起对闽晋燃料公司、华屹公司的诉讼。判决生效后,闽晋燃料公司、华屹公司因无财产可供执行,法院终结本次执行。兴业银行分行遂起诉再担保公司承担再担保责任。

一审法院审理认为,本案兴业银行分行与再担保公司之间的一般保证责任成立。鉴于闽晋燃料公司、华屹公司现无财产可供执行,故再担保公司应向兴业银行分行偿还本案债务。再担保公司在承担上述一般保证责任后,有权向闽晋燃料公司、华屹公司追偿。

再担保公司以其承担一般保证责任的条件还未成就为由,提起上诉。

二审法院审理认为,再担保公司无证据证明债务人尚有可供执行的财产,故再担保公司关于其承担保证责任的条件未成就的抗辩意见,不予采纳,判决维持原判,驳回上诉。

|法律问题|

1. 保证合同及其法律特征
2. 一般保证
3. 连带责任保证
4. 保证期间
5. 主合同、保证合同无效的法律后果

一、保证合同的概念和特征

(一)保证合同的概念

保证合同是为保障债权的实现,保证人和债权人约定,当债务人不履行到期债务或者发生当事人约定的情形时,保证人履行债务或者承担责任的合同。

(二)保证合同的特征

保证合同的特征是:(1)保证合同是依附于主合同的从合同,以主合同的存在为基础和前提,是从属于主债的从债。(2)保证合同具有人身性,其担保的属性称为“人保”,是以保证人的信誉作为担保的基础,保证合同的建立与保证人的人格、身份密不可分。(3)保证合同具有补充性,其功能表现在通过保证担保以督促债务人的债务履行;也表现在保证的补充性,当债务期限届满债务人不履行主债务或者约定的情形发生时,保证人才履行保证债务。(4)保证合同具有相对独立性,尽管依附于主债而存在,却是区别于主债的从债,具有相对独立性。

(三)保证合同的当事人

保证合同的当事人为债权人和保证人,保证人是接受主债务人的委托,为债权人的债权提供担保,与债权人之间构成保证合同关系,与主债务人之间不存在合同关系。

保证人应当具有保证人的资格。《民法典》第683条规定,机关法人不得为保证人,但是经国务院批准为使用外国政府或者国际经济组织贷款进行转贷的除外。以公益为目的的非营利法人、非法人组织不得为保证人。因此,居民委员会、村民委员会提供担保的,法院应当认定担保合同无效,但是依法代行村集体经济组织职能的村民委员会,依照村民委员会组织法规定的讨论决定程序对外提供担保的除外。以公益为目的的非营利性学校、幼儿园、医疗机构、养老机构等提供担保的,人民法院应当认定担保合同无效,但是有下列情形之一的除外:(1)在购入或者以融资租赁方式承租教育设施、医疗卫生设施、养老服务设施和其他公益设施时,出卖人、出租人为担保价款或者租金实现而在该公益设施上保留所有权;(2)以教育设施、医疗卫生设施、养老服务设施和其他公益设施以外的不动产、动产或者财产权利设立担保物权。登记为营利法人的学校、幼儿园、医疗机构、养老机构等提供担保,当事人以其不具有担保资格为由主张担保合同无效的,法院不予支持。

(四)保证合同的形式

保证合同是要式合同,须采取书面形式作出,具体表现形式有以下三种:

1. 保证合同

单独订立的书面合同,即在主合同之外,另行订立保证合同。这是最正规的保证合同,通过单独的保证合同,列明双方当事人和合同的具体约定内容。

2. 保证条款

保证人和债权人没有订立书面的单独保证合同,而是在主债权债务合同中设定保证条款,写明保证的内容,也是保证合同的表现形式。

3. 保证书或者保函

保证书或者保函,是第三人单方以书面形式向债权人出具承担保证责任的意思表示。这也是保证合同的表现形式。保证人出具保证书或者保函后,债权人接收且未提出异议的,保证合同即告成立。

(五)保证合同的内容

保证合同的内容一般包括被保证的主债权的种类、数额,债务人履行债务的期限,保证的方式、范围和期间等条款。

二、保证方式

(一)一般保证和连带责任保证

保证方式,是指保证人承担保证责任的具体方式。依照《民法典》第 686 条的规定,保证只有如下两种方式:

1. 一般保证

当事人在保证合同中约定,债务人不能履行债务时,由保证人承担保证责任的,为一般保证。一般保证其实就是附条件的保证,即以债务人不能履行债务为条件,条件具备时,保证人才承担保证责任。

一般保证的突出特点是保证人享有先诉抗辩权。先诉抗辩权也称检索抗辩权,是指保证人基于其一般保证的特定地位所享有的,于债权人未就债务人的财产强制执行无效果前,对债权人得拒绝代债务人履行清偿义务的抗辩权。保证人一旦行使先诉抗辩权,即可对抗债权人的保证履行债务的请求,拒绝承担保证责任。

先诉抗辩权行使的条件是,主合同纠纷未经审判或者仲裁,并就债务人的财产强制执行仍不能履行债务,实际上就是债务人已经无财产可供强制执行。

不得行使先诉抗辩权的事由,是在出现法定事由时,保证人不得以先诉抗辩权对抗债权人清偿债务的请求。这些事由是:(1)债务人下落不明,且无财产可供执行,保证人不得行使先诉抗辩权;(2)人民法院已经受理债务人破产案件,保证人不得行使先诉抗辩权;(3)债权人有证据证明债务人的财产不足以履行全部债务或者丧失履行债务能力,保证人不得以先诉抗辩权对抗债权人的请求;(4)保证人书面表示放弃先诉抗辩权,愿意为债务人承担保证责任。

2. 连带责任保证

当事人在保证合同中约定保证人和债务人对债务承担连带责任的,为连带责任保证。连带责任保证的债务人不履行到期债务或者发生当事人约定的情形时,债权人可以请求债务人履行债务,也可以请求保证人在其保证范围内承担保证责任。连带责任保证,债务人在债务履行期届满时未履行债务的,债权人既可以请求债务人履行债务,也可以请求保证人在其保证范围内履行保证债务,可以不问债务人有无履行能力,直接向保证人请求履行保证债务。

(二)保证方式的常态

一般保证和连带责任保证究竟哪一个是保证的常态,原《担保法》第 19 条是将连带责任保证作为保证常态规定的,因而优先选择适用连带责任保证。实际上,一般保证才是保证的常态,连带责任保证是加重的保证责任方式。《民法典》第 686 条第 2 款规定:“当事人在保证合同中对保证方式没有约定或者约定不明确的,按照一般保证承担保证责任。”

(三)保证合同的反担保

《民法典》第 689 条规定,保证人可以要求债务人提供反担保。保证人要求债务人提供反担保的,债务人应当按照《民法典》中关于反担保的规定,由债务人本人或者第三人向保证人提供反担保。

（四）最高额保证准用最高额抵押的规则

依照《民法典》第690条的规定，最高额保证是保证的一种特殊形式，是在最高债权额的限度内，对一定期间连续发生的不特定同种类债权提供的保证。其特征为：(1)最高额保证所担保的债务在保证设立时可能已经发生，也可能没有发生，最高额保证的生效与被保证的债务是否实际发生无关；(2)最高额保证所担保的债务为一定期间内连续发生的债务；(3)最高额保证约定有保证人承担保证责任的最高限额；(4)最高额保证所担保的不是多笔债务的简单累加，而是债务整体，各笔债务的清偿期仅对债务人有意义，并不影响保证人承担保证责任。

最高额保证通常适用于债权人与债务人之间具有经常性的、同类性质的业务往来，多次订立合同而产生的债务，如经常性的借款合同或者某项商品交易合同关系等。对一段时期内订立的若干合同，以订立一份最高额保证合同为其担保，可以减少每一份主合同订立一个保证合同所带来的不便，同时仍能起到债务担保的作用。

最高额保证的期间与普通保证的期间不同。最高额保证在设定时，其担保的债权尚未发生或虽已发生却仍处于变动的不特定状态之中，债权额是不确定的，只有在一定期间届满，被担保的债权确定时，债权额才能确定，保证人的保证责任才能产生。

三、保证范围

保证范围，是指保证人对债权人实现债权应当承担保证责任的范围。《民法典》第691条规定了保证范围，包括主债权及其利息、违约金、损害赔偿金和实现债权的费用。当事人另有约定的，按照其约定。确定保证范围的规则如下：

1. 有约定的按照约定确定保证责任范围。确定保证责任的具体范围，应按照保证合同的约定确定。约定的保证责任范围与主债务的范围不一致的，应当允许，但只能比主债务为轻，不能比主债务为重，否则应当缩减至主债务的限度。

2. 没有约定保证范围的依照法律规定。没有约定保证范围的，依照《民法典》第691条的规定，包括主债权及利息、违约金、损害赔偿金和实现债权的费用。不过，在保证债务成立后，主债务人与债权人约定增加的利息、违约金，属于新增加的债务，保证人未同意担保的，不应列入保证范围。

四、保证期间

（一）保证期间的概念

保证期间，是确定保证人承担保证责任的期间。保证人只在保证期间内对其担保的主债务负保证责任，而于保证期间届满后不再负保证责任。保证期间是不变期间，不发生中止、中断、延长的情形。保证期间为确定保证人承担保证责任的期间，事关保证人和债权人之间的债权债务能否行使、履行，也是确定保证债务和诉讼时效关系的依据。

(二)保证期间的计算方法

依照《民法典》第 692 条的规定,保证期间的确定分为约定的保证期间和法定的保证期间。

1. 约定的保证期间

按照合同自由原则,双方当事人对保证期间有约定的,按照约定的期间确定。约定的保证期间早于主债务履行期限或者与主债务履行期限同时届满的,视为没有约定。

2. 法定的保证期间

一般保证的保证人与债权人未约定保证期间或者约定不明确的,保证期间为主债务履行期届满之日起 6 个月。

连带责任保证的保证人与债权人未约定保证期间或者约定不明确的,债权人有权自主债务履行期届满之日起 6 个月内要求保证人承担保证责任。债权人与债务人对主债务履行期限没有约定或者约定不明确的,保证期间自债权人要求债务人履行义务的宽限期届满之日起计算。

(三)保证期间与保证债权的丧失

债权人对保证人主张权利,应当在保证期间内进行。如果债权人在保证期间没有主张权利,债权人丧失对保证人的保证债权,保证人不再承担保证责任。具体规则如下:

1. 一般保证的债权人未在保证期间内对债务人提起诉讼或者申请仲裁,丧失保证债权,保证人不再对其承担保证责任。

2. 连带责任保证的债权人未在保证期间内对保证人主张承担保证责任,既包括未提起诉讼或者申请仲裁,也包括未直接向保证人主张,债权人丧失保证债权,保证人不再对债权人承担保证责任。

(四)保证合同诉讼时效的计算规则

《民法典》第 694 条规定了保证合同的保证之债诉讼时效计算规则。保证期间和诉讼时效不同,保证期间是保证债权人可以主张保证债权的期间。债权人在保证期间请求保证人承担保证责任,是债权人对保证债务的第一次请求权的行使。债权人主张保证债务,从保证人拒绝履行保证债务之时起,债权人产生保证债权的二次请求权。

1. 一般保证的债权人在保证期间届满前对债务人提起诉讼或者申请仲裁的,如果债权人在此期间主张保证人承担保证责任,从保证人主张拒绝承担保证责任的先诉抗辩权消灭之日起,保证人就须承担保证责任,开始计算保证债务的诉讼时效。

2. 连带责任保证的债权人在保证期间届满前,请求保证人承担保证责任主张保证债权的,从债权人请求保证人承担保证责任之日起,开始计算保证债务的诉讼时效。

五、主合同变化对保证责任的影响

(一)未经保证人同意变更主债权债务合同对保证责任的影响

债权人与债务人协商变更主债权债务合同,债权人与保证人协商变更保证合同,使主、从合同的变更相一致。债权人与债务人变更主债权债务合同，保证人不知情，不知道主债权债务合同变更的，《民法典》第 695 条规定的规则如下：

1. 债权人和债务人在保证期间未经保证人书面同意，协商变更主合同内容，减轻债务的，保证人仍对变更后的债务承担保证责任；加重债务的，保证人对加重的部分不承担保证责任。

2. 债权人与债务人对主合同履行期限作了变更，未经保证人书面同意的，也是由于保证合同并未变更，因而其保证期间仍然为原合同约定的期间或者法律规定的期间，保证期间不变。

（二）债权转让未通知保证人对保证责任的影响

债权人转让全部或者部分债权对保证人的效力，主要规则如下：

1. 债权人在保证期间内转让全部债权或者部分债权，实际上是在转让两个债权，一是主合同的债权，二是保证合同的债权。债权人在保证期间内将主债权的全部或者部分债权转让给第三人，不仅要通知债务人，而且要通知保证人。在通知了保证人后，就将保证合同的保证债权也一并予以转移，转让债权的通知到达保证人后，保证人即成为受让人即新债权人的保证人，对新债权人承担保证责任。债权人转让主债权未通知保证人的，保证合同的保证债权就不发生转让的后果，因此，该转让主债权的行为对保证人不发生效力，保证人对受让人不承担保证责任。

2. 保证人与债权人在保证合同中约定禁止债权转让，债权人在保证期间内未经保证人同意而转让债权的，因债权人违反保证合同的约定，保证债权没有转让，保证人就受让人即新债权人的债权不再承担保证责任。

（三）主债权人转移债务对保证责任的影响

1. 债权人未经保证人书面同意，允许债务人转移全部或者部分债务，保证人对未经其同意转移的债务不再承担保证责任，但是债权人和保证人另有约定的除外。

2. 第三人加入债务的，保证人的保证责任不受影响。第三人加入债务作为共同债务人，尽管债务人的情况有所变化，但只是增加了新的债务人，原债务人并未脱离主合同债务人的地位，因而对保证人的利益并不发生影响。因此，第三人加入债务，保证人对债权人的保证责任不受影响，应当继续承担保证责任。

六、一般保证的免责和共同保证的份额

（一）一般保证的免责

一般保证的保证人在主债务履行期限届满后，向债权人提供债务人可供执行财产的真实情况，债权人放弃或者怠于行使权利致使该财产不能被执行的，保证人在其提供可供执行财产的价值范围内不再承担保证责任。

（二）共同保证人的保证份额

两个以上的保证人共同为同一债务人的同一债务提供保证的，是共同保证。共同保证

分为按份保证和连带保证。

按份保证,是数个共同保证人与债权人约定各自的保证份额,按照约定的保证份额承担保证责任的共同保证。在按份保证中,保证人不承担连带责任。不过,按份保证必须由保证人与债权人特别约定,如无特别约定,则数个保证人应承担共同保证责任,共同对债权人承担连带责任。

连带保证是数个共同保证人与债权人没有约定保证份额或者约定不明确,共同作为债务人的保证人,并对全部债务承担连带责任的共同保证。在连带保证中,债权人可以要求任何一个保证人承担全部保证责任,保证人负有担保全部债权实现的义务。连带保证的特点在于保证人彼此之间是连带关系,都要向债权人承担连带责任。

七、保证人承担责任后的追偿权

保证人承担保证责任后,对债务人产生追偿权。该追偿权是请求权,追偿权人即保证人成为债务人的新债权人,债务人对保证人负有债务。

保证人对债务人即被保证人行使追偿权的条件是:(1)保证人向债权人履行了保证债务;(2)因保证人的履行而使债务人对债权人免责;(3)保证人履行保证债务无过错。

对于保证人基于承担保证责任后享有的对债务人的追偿权,《民法典》采纳的是请求权让与立场,以充分保护债权人的债权实现。

保证人取得追偿权,就成为债务人的债权人,享有债权人的权利,具体表现如下:(1)保证人有权在其承担保证责任的范围内向债务人追偿。(2)保证人享有债权人对债务人的权利。(3)保证人在行使债权时不得损害债权人的利益。

保证人可以主张债务人对债权人的抗辩。债务人放弃抗辩的,保证人仍有权向债权人主张抗辩。通过行使债务人对债权人的抗辩,保证人可减免自己的保证责任。

八、主合同、保证合同无效的法律后果

(一)主合同有效而第三人提供的保证合同无效

主合同有效而第三人提供的保证合同无效的,人民法院应当区分不同情形确定保证人的赔偿责任:(1)债权人与保证人均有过错的,保证人承担的赔偿责任不应超过债务人不能清偿部分的1/2;(2)保证人有过错而债权人无过错的,保证人对债务人不能清偿的部分承担赔偿责任;(3)债权人有过错而保证人无过错的,保证人不承担赔偿责任。

主合同无效导致第三人提供的保证合同无效,保证人无过错的,不承担赔偿责任;保证人有过错的,其承担的赔偿责任不应超过债务人不能清偿部分的1/3。

(二)保证人的追偿权

承担了保证责任或者赔偿责任的保证人,在其承担责任的范围内向债务人追偿的,法院应予支持。

同一债权既有债务人自己提供的物的担保,又有保证人提供的保证,承担了保证责任或者赔偿责任的保证人主张行使债权人对债务人享有的担保物权的,法院应予支持。

（三）保证合同无效和反担保合同无效的后果

保证合同无效，承担了赔偿责任的保证人按照反担保合同的约定，在其承担赔偿责任的范围内请求反担保人承担担保责任的，法院应予支持。反担保合同无效的，依照《担保制度解释》第 17 条的有关规定处理。当事人仅以担保合同无效为由主张反担保合同无效的，法院不予支持。

九、保证的规则

《担保制度解释》对保证合同的法律适用作了具体规定。

（一）对保证方式约定不明确的具体识别方法

当事人在保证合同中约定了保证人在债务人不能履行债务或者无力偿还债务时才承担保证责任等类似内容，具有债务人应当先承担责任的意思表示的，应当认定为一般保证。当事人在保证合同中约定了保证人在债务人不履行债务或者未偿还债务时即承担保证责任、无条件承担保证责任等类似内容，不具有债务人应当先承担责任的意思表示的，应当认定为连带责任保证。

（二）一般保证的规则

1. 一般保证的当事人的确定方法

一般保证中，债权人以债务人为被告提起诉讼的，法院应予受理。债权人未就主合同纠纷提起诉讼或者申请仲裁，仅起诉一般保证人的，法院应当驳回起诉。一般保证中，债权人一并起诉债务人和保证人的，法院可以受理，但是在作出判决时，除有《民法典》第 687 条第 2 款但书规定的情形外，应当在判决书主文中明确，保证人仅对债务人财产依法强制执行后仍不能履行的部分承担保证责任。债权人未对债务人的财产申请保全，或者保全的债务人的财产足以清偿债务，债权人申请对一般保证人的财产进行保全的，法院不予准许。

2. 具有强制执行效力的公证债权文书所及的效力

一般保证的债权人取得对债务人赋予强制执行效力的公证债权文书后，在保证期间内向法院申请强制执行，保证人以债权人未在保证期间内对债务人提起诉讼或者申请仲裁为由主张不承担保证责任的，法院不予支持。

3. 一般保证的诉讼时效起算时间

一般保证中，债权人依据生效法律文书对债务人的财产依法申请强制执行，保证债务诉讼时效的起算时间按照下列规则确定：（1）法院作出终结本次执行程序裁定，或者依照《民事诉讼法》第 257 条第 3、5 项的规定作出终结执行裁定的，自裁定送达债权人之日起开始计算；（2）法院自收到申请执行书之日起 1 年内未作出前项裁定的，自法院收到申请执行书满 1 年之日起开始计算，但是保证人有证据证明债务人仍有财产可供执行的除外。一般保证的债权人在保证期间届满前对债务人提起诉讼或者申请仲裁，债权人举证证明存在《民法典》第 687 条第 2 款但书规定情形的，保证债务的诉讼时效自债权人知道或者应当知道该情形之日起开始计算。

(三)保证期间

1. 共同保证的保证期间

同一债务有两个以上保证人,债权人以其已经在保证期间内依法向部分保证人行使权利为由,主张已经在保证期间内向其他保证人行使权利的,法院不予支持。同一债务有两个以上保证人,保证人之间相互有追偿权,债权人未在保证期间内依法向部分保证人行使权利,导致其他保证人在承担保证责任后丧失追偿权,其他保证人主张在其不能追偿的范围内免除保证责任的,法院应予支持。

2. 最高额保证的保证期间

最高额保证合同对保证期间的计算方式、起算时间等有约定的,按照其约定。最高额保证合同对保证期间的计算方式、起算时间等没有约定或者约定不明,被担保债权的履行期限均已届满的,保证期间自债权确定之日起开始计算;被担保债权的履行期限尚未届满的,保证期间自最后到期债权的履行期限届满之日起开始计算。债权确定之日,依照《民法典》第423条的规定认定。

3. 撤诉对保证期间发生的影响

一般保证的债权人在保证期间内对债务人提起诉讼或者申请仲裁后,又撤回起诉或者仲裁申请,债权人在保证期间届满前未再行提起诉讼或者申请仲裁,保证人主张不再承担保证责任的,法院应予支持。连带责任保证的债权人在保证期间内对保证人提起诉讼或者申请仲裁后,又撤回起诉或者仲裁申请,起诉状副本或者仲裁申请书副本已经送达保证人的,人民法院应当认定债权人已经在保证期间内向保证人行使了权利。

4. 保证期间约定不明的认定及效力

保证合同约定保证人承担保证责任直至主债务本息还清时为止等类似内容的,视为约定不明,保证期间为主债务履行期限届满之日起6个月。

5. 保证合同无效时的保证期间

保证合同无效,债权人未在约定或者法定的保证期间内依法行使权利,保证人主张不承担赔偿责任的,人民法院应予支持。

6. 保证期间审查的法官职权主义

人民法院在审理保证合同纠纷案件时,应当将保证期间是否届满、债权人是否在保证期间内依法行使权利等事实作为案件基本事实予以查明。债权人在保证期间内未依法行使权利的,保证责任消灭。保证责任消灭后,债权人书面通知保证人要求承担保证责任,保证人在通知书上签字、盖章或者按指印,债权人请求保证人继续承担保证责任的,人民法院不予支持,但是债权人有证据证明成立了新的保证合同的除外。

7. 对超过诉讼时效的债务提供保证的效力

保证人知道或者应当知道主债权诉讼时效期间届满仍然提供保证或者承担保证责任,又以诉讼时效期间届满为由拒绝承担保证责任或者请求返还财产的,人民法院不予支持;保证人承担保证责任后向债务人追偿的,人民法院不予支持,但是债务人放弃诉讼时效抗辩的除外。

（四）类保证

近年来，为规避上市公司或金融企业、国有企事业单位履行担保的内部董事会、股东（大）会等审批程序和信息披露义务，以及其他监管规则，在融资过程中，金融机构发明了一些新名词和新措施，如信托融资中的“差额补足”“流动性支持”。这些增信措施的法律属性，可以称为类保证。

第三人向债权人提供差额补足、流动性支持等类似承诺文件作为增信措施，具有提供担保的意思表示，债权人请求第三人承担保证责任的，法院应当依照保证的有关规定处理。第三人向债权人提供的承诺文件，具有加入债务或者与债务人共同承担债务等意思表示的，法院应当认定为《民法典》第552条规定的债务加入。上述第三人提供的承诺文件难以确定是保证还是债务加入的，法院应当将其认定为保证。第三人向债权人提供的承诺文件不符合前三种情形，债权人请求第三人承担保证责任或者连带责任的，法院不予支持，但是不影响其依据承诺文件请求第三人履行约定的义务或者承担相应的民事责任。

｜引例分析｜

本案当事人之间的合同关系是保证合同法律关系。

《民法典》第687条规定，一般保证责任的保证人享有先诉抗辩权，但是下列四种情形除外：一是债务人下落不明，且无财产可供执行；二是人民法院已经受理债务人破产案件；三是债权人有证据证明债务人的财产不足以履行全部债务或者丧失履行债务能力；四是保证人书面表示放弃本款规定的权利。

本案的再担保公司与兴业银行分行订立再担保合同，约定对借款人及华屹公司的借贷承担一般保证的再担保责任，双方再担保的权利义务关系约定清楚，再担保合同有效。再担保公司以借款人及华屹公司尚有对其他案外人享有的债权以及股权投资、固定资产等可供执行的财产为由，主张其承担再保证责任的条件尚未成就，是在行使先诉抗辩权。但是，一般保证责任人享有的先诉抗辩权，应当符合《民法典》第687条第2款规定的条件，该条件是否成立，举证责任在一般保证的保证人。再担保公司作为一般保证的保证人，主张行使先诉抗辩权，却未提供证据证明其行使先诉抗辩权的条件成立，故再担保公司关于其承担一般保证责任的条件未成就的抗辩意见不成立，因此判决其承担再保证责任是正确的。

第三节　租赁合同

｜引　例｜

被告中铁公司渝黔铁路土建1标项目部与原告李厚某签订《挖掘机租赁合同》一份，约定租赁李厚某和李洪某合伙购买并享有所有权的挖掘机，出租方承担租赁期内的所有维修保养费用和操作人员的工资,负责租赁物在租赁期内的保管、丢失和毁损的责任。双方按照租赁合同的约定履行。某日,挖掘机作业完后,原告雇用的驾驶员将租赁物即挖掘机停放在珞璜镇卫生院对面,次日凌晨2时左右,被案外人郑某波点火烧毁。李厚某和李洪某向法院起诉,请求判令被告承担挖掘机毁损的赔偿责任。

一审法院审理认为,根据双方当事人签订的租赁合同的约定,租赁物的保管义务不在被告,而是由二原告负责,故原告主张被告承担赔偿责任的诉讼请求不成立,判决予以驳回。二原告上诉,称一审法院认定租赁关系错误,且李厚某签订的合同对李洪某无约束力,主张二审法院应当支持其诉讼请求。二审法院审理认为,双方当事人的《挖掘机租赁合同》属于租赁合同,约定租赁物的保管义务不在被上诉人,而在于上诉人,故一审判决认定合理合法,维持原判,驳回上诉。

| 法律问题 |

1. 租赁合同及其法律特征
2. 租赁合同的种类
3. 租赁合同的权利义务关系
4. 买卖不破租赁原则
5. 城镇房屋租赁合同

一、租赁合同概述

(一)租赁合同的概念及当事人

租赁合同,是指出租人将租赁物交付承租人使用、收益,承租人支付租金的合同。

出租人是负有将租赁物交付对方使用、收益的一方当事人,一般为出租标的物的所有人,但不以所有人为限。

承租人是依照租赁合同可以对租赁物使用、收益,并向承租人交付租金的人,可以为自然人,也可以为法人、非法人组织,是通过使用别人的财产而使自己获得利益的人。

(二)租赁合同的特征

1. 租赁合同为双务、有偿、诺成性合同。租赁合同的双方当事人既负有一定的义务,也享有一定的权利,为双务、有偿合同。租赁合同自双方当事人达成协议时成立,其成立无须进行实际的履行行为,为诺成性合同。

2. 租赁合同是转移财产使用、收益权的合同。租赁合同以承租人一方取得租赁物的使用、收益为目的,因而租赁合同仅转移租赁物的使用、收益权,不转移租赁物的所有权,承租人并不享有对租赁物的处分权,承租人的债权人不能以租赁物清偿承租人的债务。

3. 租赁合同是承租人须交付租金的合同。租赁合同的承租人取得租赁物的使用、收益权,以支付租金为代价。租金是租赁合同的必要条款。

4. 租赁合同具有临时性。租赁合同是出租人将其财产的使用、收益权临时转让给承租人,因此,租赁合同具有临时性的特征,不适用于财产的永久性使用。根据《民法典》第705

条规定，当事人约定的租赁期限不得超过 20 年。

5. 租赁合同终止后承租人须返还原物。承租人为了使用、收益的需要对租赁物有权占有，但无权处分。租赁期满，承租人须返还原物，而不能以其他物代原物返还。

（三）租赁物

租赁合同的标的物即租赁物，是指出租人于合同生效后应交付承租人使用、收益的物。租赁物既可以为动产，也可以为不动产。租赁物为动产的，则租赁合同的性质决定了该动产应为不可代替的非消耗物。不动产作为租赁合同的标的物，包括土地、房屋或其他建筑物、工作物。对土地租赁，我国仅认可土地使用权为租赁合同的标的物。

租赁物应具有合法性。以法律禁止流通物出租的，租赁合同无效。租赁物一般为现存的物，但不以现存的物为必要，当事人就将来之物成立租赁关系的，租赁合同也有效。以将来之物为租赁物的，应为出租人将来可取得之物。

租赁合同的标的物可以是财产的整体，也可以是财产的一部分。但是，为避免纠纷的发生，以物的一部分出租的，当事人应明确使用的范围，并且仅限于该物可单独使用的部分。

（四）租赁合同的种类

1. 动产租赁与不动产租赁

动产租赁，是指以动产为租赁物的租赁合同，包括一般的动产租赁、动物租赁、船舶租赁、汽车租赁等。

不动产租赁，是指以不动产作为租赁物的租赁合同，包括房屋租赁、土地使用权租赁、土地承包经营权租赁、宅基地租赁等。

2. 定期租赁与不定期租赁

定期租赁，是指约定有明确期限的租赁合同。定期租赁应当按照租赁的期限确定权利义务关系的存续。在租赁期限内终止合同的为违约，须承担违约责任。

不定期租赁，是指合同当事人对租赁期限没有约定或者约定不明确的租赁合同。其产生有三种情形：(1)当事人在租赁合同中没有约定租赁期限。(2)当事人在租赁合同中将租赁期限约定为 6 个月以上，但没有采取书面形式，双方当事人又就租赁期限产生争议的，为不定期租赁。(3)租赁期间届满，承租人继续使用租赁物，出租人没有提出异议的，原租赁合同继续有效，但租赁期限为不定期。不定期租赁合同除非另有规定，当事人双方均可随时终止合同。

3. 本租和转租

在不动产租赁中，存在本租和转租两种租赁方式。本租，是不动产租赁的初始租赁合同。转租，是承租人不退出租赁关系，而将租赁物出租给次承租人使用、收益的租赁合同。《民法典》对转租采限制主义立场。承租人未经出租人同意转租的，出租人可以解除合同。

（五）租赁合同的形式与内容

不定期租赁合同以及租赁期不满 6 个月的定期租赁合同，为不要式合同，无须采用书面形式。租赁期为6个月以上的租赁合同,为要式合同,应当采用书面形式;未采用书面形式,双方当事人对租赁期存在争议的,推定租赁合同为不定期租赁合同。

租赁合同的内容,一般包括租赁物的名称、数量、用途、租赁期限、租金及其支付期限和方式、租赁物维修等条款。

二、租赁合同的效力

(一)出租人的义务

1. 交付租赁物并在租赁期间保持租赁物符合约定用途。租赁合同的目的在于承租人对租赁物为使用、收益,出租人依合同约定交付租赁物给承租人使用、收益,并于租赁关系存续期间保持租赁物合于约定的使用、收益状态。具体表现如下:

(1)依合同约定交付租赁物的义务。交付租赁物,是指移转标的物的占有于承租人。出租人应于合同约定的时间交付租赁物。依合同约定的使用性质不以标的物的交付为必要,则出租人应作成适于承租人使用的状态。租赁物有从物的,出租人于交付租赁物时应当同时交付从物。出租人不能按时交付标的物,应承担迟延履行的违约责任。

(2)出租人应保持租赁物合于使用、收益状态。于租赁关系存续期间也应保持租赁物的状态适合于约定的使用、收益。当承租人的使用、收益因毁损以外的原因,受有妨害或有受妨害的危险时,出租人负有除去或防止妨害的义务。第三人侵夺租赁物或为其他妨害时,承租人得基于自己对租赁物的占有权,直接对第三人主张占有的返还或请求排除妨害,也可代位行使出租人的物上请求权。在标的物受到自然侵害而不适于约定的使用、收益状态时,出租人应当予以恢复。

2. 维修租赁物的义务。除法律或合同另有规定外,出租人对租赁物有修缮的义务。修缮是指于租赁物的使用、收益状态不合约定时,对租赁物予以修理,以使承租人得以按照约定正常使用、收益。承租人应当向出租人发出修缮通知。承租人应为通知而未为通知的,出租人不发生修缮租赁物的义务。

3. 物的瑕疵担保义务。出租人的物的瑕疵担保义务,是指出租人应担保所交付的租赁物能够为承租人依约正常使用、收益。如果租赁物有使承租人不能为正常使用、收益的瑕疵,出租人即应承担责任,承租人得解除合同或者请求减少租金。

物的瑕疵担保包括:一是物的价值瑕疵担保,是指担保标的物无灭失或减少其价值的瑕疵。二是物的效用瑕疵担保,是指当事人应担保标的物具备应有的使用价值,即担保标的物无灭失或减少效用的瑕疵。三是品质担保,是指当事人应担保标的物具备其所保证的品质。出租人应当承担物的瑕疵担保责任的,承租人可以解除合同或者请求减少租金。

4. 权利瑕疵担保义务。出租人的权利瑕疵担保义务,是指出租人应担保不因第三人对承租人主张权利而使承租人不能依约为使用、收益。如果出租人未经租赁物的所有权人或处分权人许可即出租他人之物,或者租赁物因受其他用益物权的限制,致使承租人事实上不能对租赁物为使用、收益的,即发生出租人承担权利的瑕疵担保责任。出租人权利瑕疵担保责任的构成要件为:(1)第三人就租赁物向承租人主张权利的事实发生;(2)第三人就租赁物向承租人主张权利的事实发生在租赁物交付之后;(3)承租人于合同订立时不知有权利瑕疵;(4)承租人在第三人主张权利时及时通知出租人。出租人承担权利的瑕疵担保责任时，承租人可以请求减少租金或者不支付租金。其中不支付租金，既包括暂时不支付租金，也包括解除租赁合同从而终局性地不支付租金。

（二）承租人的义务

1. 依约定方法或租赁物的性质使用租赁物的义务。承租人在占有租赁物后，应当合理利用租赁物。合理利用包括：在当事人就租赁物的使用方法有明确约定时，应当按照双方的约定。在当事人没有约定时，可以将关于租赁物使用方法的条款视为留待将来确定的条款，由当事人事后协商确定。承租人按照约定的方法或者租赁物的性质使用租赁物，致使租赁物受到损害的，无须承担损害赔偿义务。

2. 妥善保管租赁物的义务。承租人在租赁期间占有租赁物的，负有妥善保管租赁物的义务。承租人应以善良管理人的注意保管租赁物。租赁物有收益能力的，应保持其收益能力。承租人违背妥善保管租赁物的义务致使租赁物毁损灭失的，应对出租人承担损害赔偿责任。承租人系依当事人约定的方法或者依租赁物的性质使用租赁物致租赁物毁损的，无须承担损害赔偿责任。

承租人的保管义务，还有以下派生的从属义务：（1）通知义务。在租赁关系存续期间，出现应及时通知出租人的情况时，承租人有及时通知的义务。承租人怠于通知，为义务的违反，应负赔偿责任。（2）保存行为容忍义务。出租人为保存租赁物的必要行为，承租人不得拒绝。对此，我国立法尚未明文规定，在未为补充前，应根据诚实信用原则予以确认。

3. 不作为义务。承租人不得随意对租赁物进行改善或在租赁物上增设他物义务。承租人经出租人同意，可以对租赁物进行改善或者增设他物。承租人未经出租人同意对租赁物进行改善或者增设他物的，出租人可以要求承租人恢复原状或者赔偿损失。承租人不得随意转租。未经出租人同意而转租的，为违约行为，出租人可以解除合同。

4. 支付租金义务。租金是承租人使用、收益租赁物的对价。租金的数额由当事人自行约定，但法律对租金数额有特别规定的，应依法律规定进行约定；当事人约定的租金高于法律规定的最高限额的，其超过部分为无效。承租人应当按照约定的期限支付租金。承租人没有正当理由，未支付或者迟延支付租金的，出租人可以要求承租人在合理期间内支付。在宽限期内承租人仍不支付的，出租人可以解除合同。

5. 返还租赁物的义务。承租人于租赁关系消灭时，应向出租人返还租赁物。在租赁关系消灭时，只要租赁物存在，承租人就应返还租赁物。

（三）租赁合同的特别效力

1. 承租人获取租赁物收益的权利

承租人订立租赁合同，除非租赁合同的当事人另有约定，在租赁期间占有、使用租赁物获取的收益归承租人所有。

2. 租赁权的物权化

租赁权具有对抗效力，即通常所谓“买卖不破租赁”规则，是租赁权物权化的具体体现。物权化，是指在租赁关系存续期间，承租人对租赁物的占有和使用可以对抗第三人，即使该租赁物所有权人或享有其他物权的人也不例外。[1] 这一规则具体表现在:(1)租赁权的对抗效力。无论是需要进行登记的租赁还是不需要进行登记的租赁,无论是动产租赁还是不动产租赁,租赁权都具有对抗效力。(2)承租人可以基于租赁权对第三人主张排除妨害请求权。承租人取得租赁物的占有,可以基于占有权行使上述请求权。依照《民法典》第462条的规定,承租人只能基于占有行使排除妨害的请求权和赔偿损失的请求权。(3)租赁权的继续性,是指延长租赁期限并限制出租人的解约权。租赁合同设有的最长期间限制为20年。期间更新时,也不得超过20年。租赁期间届满,承租人继续使用租赁物,出租人没有提出异议的,原租赁合同继续有效,但租赁期限为不定期。租赁期限届满,承租人享有以同等条件优先承租的权利。

租赁权尽管出现物权化的趋势,但其性质仍为债权。

3. 房屋承租人的优先购买权

承租人的优先购买权,是指当出租人出卖承租人租赁的房屋时,承租人在同等条件下,依法享有优先于其他人而购买房屋的权利。承租人的优先购买权依法产生,只能属于特定人享有,具有一定的专属性,承租人不能将该权利转让给他人享有。承租人只有在特定的法律事实出现时才可以行使:(1)承租人的优先购买权发生于出租人转让房屋所有权时。(2)出租人出卖租赁房屋应为通知义务。承租人应当在接到通知之后的15天之内履行优先购买权。(3)承租人仅在同等条件下享有优先购买权。同等条件是指价格的同一,主要是指出价,包括价格、交付房价期限、方式等。如果出租人基于某种特殊原因给予其他买受人较优惠的价格,而此种优惠能以金钱计算,则应折合成金钱加入价格中;如果不能以金钱计算,则应以市场价格确定房价。

出租人委托拍卖人拍卖租赁房屋的,应当在拍卖5日前通知承租人。承租人参加拍卖,就是行使优先购买权的行为,未参加拍卖的,视为放弃优先购买权。

三、租赁合同的风险负担

租赁合同的风险负担,是指由于既不可归责于承租人,又不可归责于出租人的事由,致使租赁物部分或全部毁损、灭失的,其风险由哪方当事人负担的规则。其包括租赁物和租金两种风险负担。

(一)租赁物的风险负担

租赁物的风险负担,即当由于不可归责于承租人和出租人的事由,致使租赁物部分或全部毁损灭失的,自罗马法以来,就形成了由物之所有人负担风险,即"不幸事件只能落在被击中者头上"的法律观念,出租人应负担此种情形下标的物毁损灭失的风险。

(二)租金的风险负担

因不可归责于当事人的事由致使租赁物部分或全部毁损灭失,从而引致租赁合同部分或全部不能履行时,租金风险负担与租赁物的风险负担不同,承租人可相应地减少履行或

[1] 李开国主编:《合同法》,法律出版社2007年版,第246页。

不履行其对待给付义务，即请求减少租金或者不支付租金。

四、租赁合同的变更和消灭

（一）租赁合同的变更

1. 出租人的变更

在租赁关系存续期间出租人死亡的，其地位一般由其继承人承继；出租人让与租赁物的，受让人取得出租人的地位。

2. 承租人的变更

（1）租赁权的法定让与。以房屋租赁为例，承租人在房屋租赁期间死亡的，与其生前共同居住的人可以按照原租赁合同租赁该房。

（2）租赁权的承继。以房屋租赁为例，承租人租赁房屋后以个体工商户或者个人合伙方式从事经营活动，承租人在租赁期间死亡、宣告失踪或者宣告死亡，其共同经营人或者其他合伙人请求按照原租赁合同租赁房屋的，也发生承租人的变更。

（3）租赁权的转让。除非租赁合同对此另有约定，承租人转让租赁权应取得出租人的同意。

3. 转租

转租分为合法转租与不合法转租。

合法转租，是指承租人的转租取得了出租人的同意。出租人既可以在承租人转租前，经概括授权的方式或个别认可的方式表示同意，也可以在事后予以追认。合法转租的，当事人之间的法律关系如下：

（1）转租人与次承租人的关系，与普通的租赁并无区别。在出租人与承租人之间的租赁关系与转租人和次承租人之间的租赁关系同时终止时，次承租人可以直接将租赁物返还给出租人，免除其对于承租人的返还义务。

（2）出租人与承租人之间的租赁关系不因转租而受影响，承租人应就因次承租人应负责的事由所产生的损害向出租人负赔偿责任。至于损害的发生，承租人有无过失在所不问，只要是可归责于次承租人的事由即可。

（3）出租人与次承租人之间原本并不存在直接的法律关系，但基于保护出租人利益的法律目的确认以下法律关系：次承租人可以直接向出租人履行承租人应当履行的义务，出租人也可以直接向次承租人行使转租人得行使的权利。

转租是以承租人存在租赁权为基础的，在承租人的租赁权由于合同终止等原因消灭时，次承租人不能向出租人主张租赁权。如因此导致次承租人不能得到租赁权而受有损害时，次承租人也只能向转租人请求赔偿。

不合法转租，是指未经出租人允许所进行的转租。不合法转租中发生的法律关系如下：

（1）转租人与次承租人之间的租赁合同可以生效，转租人负有使次承租人取得对租赁物为使用、收益权利的义务，但因转租人不能使次承租人取得租赁物的使用、收益的权利，次承租人得向其主张违约损害赔偿责任。在双方当事人订立租赁合同时，次承租人如果误信转租人业已取得出租人的允许，理论上认为可以错误为理由行使合同的撤销权，给予次承租人更大的选择空间。

(2)承租人擅自转租为严重的违约行为,出租人有权解除合同。

(3)次承租人的租赁权不得对抗出租人。在出租人终止租赁关系时,出租人自得直接向次承租人请求返还租赁物。出租人不终止租赁关系的,出租人得以所有权为据向次承租人主张排除妨害。

(二)租赁合同消灭

租赁合同消灭的情形有以下两种:

1. 租赁合同期限届满。租赁合同在期限届满时自然消灭。租赁合同届满,承租人继续使用租赁物,出租人没有提出异议的,原租赁合同继续有效,但租赁期限为不定期。

2. 出现约定或法定的事由而解除合同。租赁合同期限虽未届满,但是出现了法定或者约定的事由,由当事人双方或者一方解除合同的,租赁合同消灭。

《民法典》第724条规定的承租人产生法定解除权的条件是:(1)在租赁过程中,司法机关或者行政机关依法查封、扣押租赁物,致使承租人无法使用;(2)租赁物出现了权属争议;(3)违反法律、行政法规关于使用条件的强制性规定。在上述三种情况下,租赁物没有使用条件,承租人享有解除权,可以请求法院解除租赁合同。

(三)租赁合同消灭的效力

租赁合同为继续性合同,在合同存续期间,承租人以支付租金为对价而对租赁物使用、收益。合同消灭后,租金虽有返还可能,承租人的使用、收益却不可能返还。因此,租赁合同的消灭只能向将来发生,不能溯及既往;其消灭后果只能自产生消灭原因之时起,向将来发生效力。

五、城镇房屋租赁合同

2021年1月1日起实施的最高人民法院《关于审理城镇房屋租赁合同纠纷案件具体应用法律若干问题的解释》(以下简称《城镇房屋租赁合同解释》),确定了城镇房屋租赁合同很多新的规则。

(一)城镇房屋租赁合同的效力问题

1. 城镇房屋和城镇房屋租赁合同的界定

城镇房屋,是指按照《城乡规划法》的规定,属于城市、镇规划区范围内的房屋。当事人约定出租人将城镇房屋交付承租人使用、收益,承租人支付租金的合同,就是城镇房屋租赁合同。乡村房屋进行租赁,如果法律没有特别规定,原则上都适用《城镇房屋租赁合同解释》确定的规则。

城镇房屋租赁合同的限制条件,是当事人依照国家福利政策租赁的公有住房、廉租住房和经济适用房产生的纠纷案件,不按照城镇房屋租赁合同处理。

2. 城镇房屋租赁合同的效力

城镇房屋租赁合同的效力有三种特殊情况:(1)出租人就未取得建设工程规划许可证

或者未按照建设工程规划许可证规定建设的房屋订立的租赁合同一律无效。(2)出租人以其未经批准或未按照批准的内容建设的临时建筑订立的租赁合同无效。在一审法庭辩论终结前,经有审批权的行政机关批准,就可以认定为有效。(3)当事人约定的租赁期限超过临时建筑的使用期间,例如,临时建筑是经过批准的,可以使用10年,但是租赁合同的期限已经超出这个期限,超出部分无效。如果在一审辩论终结之前经过批准延长使用期限的,租赁期限只要在延长期限内就是有效的。

(二)城镇房屋租赁合同无效及责任

1. 租赁合同无效房屋使用费的处理

房屋租赁合同无效,当事人请求参照合同约定的租金标准支付房屋使用费的,法院应当支持。房屋租赁合同确定无效后,承租人要腾房,但承租人已经实际使用了出租房屋,腾房只是恢复原状,[2]尽管不要求交租金,但要交房屋使用费,否则是不公平的。当事人请求赔偿因合同无效受到的损失,依照《民法典》第157条和《城镇房屋租赁合同解释》解释第7、11、12条的规定处理。

2. 房屋租赁合同无效的赔偿损失责任

房屋租赁合同因合同无效而请求赔偿损失的,法院支持以下三种情况:

(1)承租人经出租人同意装饰装修,但租赁合同无效的,没有形成附合的装饰装修物由承租人拆除造成的损失。

(2)承租人没有经过出租人同意装饰装修,或者扩建发生的费用所造成的损失。

(3)承租人经过出租人同意扩建,因租赁合同无效,或者有效后被终止,当事人对扩建没有办理合法建设手续的,或者当事人对扩建费用没有约定且未办理合法建设手续的,因扩建造价费用造成的损失。

3. 房屋双重租赁的效力问题

出租人就同一房屋订立两份以上的租赁合同,在合同均有效的情况下,承租人主张履行合同的,应当按照下列顺序确定履行合同的承租人:(1)已经合法占有租赁房屋的;(2)已经办理登记备案手续的;(3)合同成立在先的。

按照上述顺序确定了应当履行的租赁合同后,不能取得租赁房屋的承租人可以请求出租人解除合同、赔偿损失。

4. 出租人的法定解除权

房屋租赁合同在履行过程中,承租人擅自变动房屋建筑主体和承重结构或者扩建,在出租人要求的合理期限内仍不予恢复原状,构成承租人的根本违约,出租人享有解除权。出租人请求解除合同并要求赔偿损失的,依照《民法典》第711条规定处理。

(三)房屋租赁期间的添附问题

在房屋租赁中,对出租房屋的添附比较普遍。《城镇房屋租赁合同解释》对此作了规

---

〔2〕 我国原《合同法》第58条规定:"合同无效或者被撤销后,因该合同取得的财产,应当予以返还;不能返还或者没有必要返还的,应当折价补偿。有过错的一方应当赔偿对方因此所受到的损失,双方都有过错的,应当各自承担相应的责任。"

定,能够比较妥善地处理房屋租赁的添附纠纷。

1. 处理添附问题的原则

(1)承租人对租赁房屋添附的主要形式是装修、装饰、改建、扩建,是承租人将自己的动产添附在出租人的不动产上使其增值,性质是附合。

(2)房屋租赁期间原则上承租人不得对租赁房屋进行添附,应当保持租赁房屋原状。

(3)承租人要求添附须经出租人同意。未经出租人同意进行添附就是违约。双方约定可以添附的,应当确认合意的效力,按照约定处理。

2. 处理添附问题的规则

(1)出租人同意添附,租赁合同无效的。承租人经出租人同意装饰装修,但租赁合同无效,添附部分的处理分为两种情形:一是未形成附合的装饰装修物,出租人同意利用的,可折价归出租人所有;出租人不同意利用的,可由承租人拆除。因拆除造成房屋毁损的,承租人应当恢复原状。二是已形成附合的装饰装修物,出租人同意利用的,可折价归出租人所有;不同意利用的,由双方各自按照导致合同无效的过错分担现值损失。

(2)出租人同意添附,租赁期间届满或者解除但未形成添附的。承租人经出租人同意进行装饰装修,在租赁期间届满或者合同解除时,对未形成附合的装饰装修物,可由承租人拆除。因拆除造成房屋毁损的,承租人应当恢复原状。如果当事人另有约定,则应当按照约定处理。

(3)出租人同意添附,在租赁期间合同解除但形成添附的。租赁双方当事人经合意进行添附,承租人的添附当然没有问题。对于装饰装修构成添附,合同解除时,当事人对解除后的装饰装修费用负担又没有约定的,根据违约因素确定处理规则。一是由于出租人违约导致合同解除的,承租人请求出租人赔偿剩余租赁期内添附残值的,法院应予支持。二是由于承租人违约导致合同解除的,承租人请求出租人赔偿剩余租赁期间的添附残值的,不予赔偿但出租人同意利用的,应在利用价值范围内予以适当补偿。三是由于当事人双方违约导致合同解除的,对于剩余租赁期间内添附的残值,由出租人和承租人各自承担相应的责任。处理的方法要看过错的大小,按照过错程度承担相应责任。四是因不可归责于当事人双方的原因导致合同解除的,剩余租赁期间内添附的残值应该由当事人按照公平原则分担,每个人适当分担;但法律另有规定的,按照规定处理。

(4)出租人同意添附,租赁期满承租人请求出租人补偿装饰装修费用的,不予支持。如果双方当事人原来约定在合同履行期满后给承租人一定补偿的,按照约定。

(5)推定出租人同意添附。出租人明知承租人对租赁房屋进行装饰装修,但没有明确表示异议,依此推定出租人同意承租人装饰装修。出租人明知的证明,由承租人举证。

(6)未经出租人同意,承租人进行添附的。承租人没有经过出租人同意进行装饰装修或者扩建发生的费用,应当由承租人自己负担。出租人请求承租人恢复原状或者赔偿损失的,应当予以支持。

(7)租赁期间承租人进行扩建的。承租人承租后对租赁房屋进行扩建,必须经过出租人同意。如果合同无效,或者有效后被终止,双方当事人对扩建费用没有约定的:扩建已经办理了合法的建设手续,扩建部分的权属归属于出租人,出租人享有所有权,扩建造价费用由出租人承担;没有办理合法建设手续的,扩建造价费用由当事人双方按照过错分担。

(四)买卖不破租赁原则的适用

租赁房屋在租赁期间发生所有权变动,承租人请求房屋受让人继续履行原租赁合同的,符合买卖不破租赁原则要求,应予支持。例外的是:(1)当事人另有约定,依照约定;(2)房屋在出租前已设立抵押权,因抵押权人实现抵押权发生所有权变动;(3)房屋在出租前已被法院依法查封。上述三种情形,都不适用买卖不破租赁原则。

(五)对租赁房屋的优先购买权

在对租赁房屋以协议折价、变卖方式实现抵押权时,出租人应当在合理期限内通知承租人,承租人主张优先购买权的,在同等条件下可以优先购买。

| 引例分析 |

本案当事人之间的法律关系,是租赁合同法律关系,适用《民法典》中关于租赁合同的规定。

《民法典》第714条规定了承租人在租赁期间负有妥善保管租赁物的义务,因保管不善造成租赁物毁损、灭失的,应当承担赔偿责任。本案为租赁合同纠纷,按照《民法典》的规定,中铁公司应当承担保管挖掘机的义务,通常情况下,挖掘机毁损的责任应该由其承担。但是,本案的承租人不承担租赁物的保管义务,而是由出租人承担该义务,有两个理由:第一,当事人在租赁合同中,关于租赁物挖掘机的保管义务另有约定,即由出租人负责,标的物毁损、灭失的风险转移到出租人身上;第二,通常的租赁中租赁物由承租人占有,承租人承担保管义务是正当的,但对于运输工具等动产的租赁,有两种不同的形式,一是不带驾驶员的租赁,如租赁汽车自己使用,自己作为驾驶员驾驶;二是带驾驶员的租赁,承租人同时租赁动产及动产的驾驶员,如出租车。带驾驶员的运输工具等的租赁,保管义务在出租人,因为租赁物仍然由出租人占有。因而,本案一审、二审法院不支持李厚某和李洪某要求中铁公司承担赔偿责任的诉求,理由充分,不适用《民法典》第714条规定是完全有道理的。

第四节　融资租赁合同

| 引　例 |

原告知博永业公司与被告医院签订《租赁合同》,约定被告医院向知博永业公司租赁医疗设备用于设立肿瘤粒子刀治疗中心;租赁标的物为美国超声引导系统、三维粒子植入放射治疗系统,总价值380万元;租赁费用为收入的80%减去成本后的余额。被告医院的责任及义务包括:(1)提供符合设备安装条件和工作要求的诊疗场所和办公设备;(2)提供有临床经验的专、兼职医护人员;(3)配合知博永业公司完成设备安装、调试、验收,启用后负责设备的保管和日常清洁保养;(4)负责有关医政、物价申报等事宜,以及其他事宜。知博永业公司的责任及义务包括:(1)出资购买本合同约定的设备,负责该项设备的运输、安装、调试;(2)负责设备的维修保养;(3)安排专人参加中心的运营管理,负责中心医疗市场的开拓、宣传、推广、培训工作;(4)中心用的药物,由知博永业公司负责采购。医院有关科室办理相关手续及入库;租金给付方式为:中心的收入与成本均在被告医院账户内收付,由被告医院管理办公室和财务处按本合同第3条和本条前款的计算方法核算应付知博永业公司的租赁费,并在结算前向知博永业公司提供收支清单,知博永业公司确认后由被告医院支付给知博永业公司;租赁费按月结算,于次月20日前结清;租赁期限为8年;租赁期满后,所有设备归被告医院所有,双方权利义务终止。由于政策、政府部门指令的原因造成合同无法履行的,双方互不承担赔偿责任。

合同生效后,知博永业公司与建信公司签订《销售合同》,约定知博永业公司向建信公司购买的设备名称为:美国超声引导系统、三维粒子植入内放射治疗系统;设备价格为:人民币叁佰捌拾万元整。知博永业公司向建信公司支付了全部合同价款。知博永业公司将设备交付医院,医院工作人员在《美国超声引导系统、三维粒子植入放射治疗系统设备清单及价格》表上签字确认接收。

三年后,被告医院向知博永业公司发函称:根据贵我双方签订的《租赁合同》,我院租用贵公司三维粒子植入放射治疗系统,此行为不符合国家规定,卫生部督导组责令我院停止履行该合同,终止与贵公司的合作关系。我院解除双方合作关系的方式之一是收购该系统。经询价,该系统当时的购入价约为150万元人民币。在此价格基础上,我院拟参照财政部、卫生部的相关规定及该系统的使用年限进行折旧,予以购买。知博永业公司与被告医院未能就涉案设备的折价问题达成一致意见,提起本案之诉,主张被告医院承担违约责任。

法院审理认为,涉案《租赁合同》内容包括出租人根据承租人对出卖人、租赁物的选择,向出卖人购买租赁物,提供给承租人使用,承租人支付租金等内容,符合融资租赁合同的要求,应认定该合同性质为融资租赁合同。该合同系双方当事人的真实意思表示,不违反国家法律及行政法规的强制性规定,合同合法有效。当事人应按合同约定履行各自义务。涉案《租赁合同》签订后,知博永业公司与建信公司签订了《销售合同》,出资购买了涉案医疗设备系统,并交付给医院,医院进行了验收、安装和使用,知博永业公司履行了其作为出租方应尽的合同义务。在合同履行过程中,被告医院拒不履行合同的行为构成违约,依法应承担违约责任。知博永业公司要求被告医院赔偿原购买租赁设备投资损失款以及相应利息损失的请求,理由正当,应予支持。

关于被告医院所述《租赁合同》因卫生部指令而停止,根据双方约定,由于政策、政府部门指令的原因造成合同无法履行的,双方互不承担赔偿责任。庭审中,被告出具了卫生部办公厅转发的大型医院巡查办公室对该医院巡查工作的反馈意见函件。经审查,该函件“存在问题及建议”部分内容并未明确指向本案《租赁合同》项下的融资租赁法律关系,该函件尾部亦写明“提出的建议仅供参考”,由此表明该函件并不具有强制命令性。由此,被告医院以该约定提出的抗辩,无事实依据,法院不予采信。

| 法律问题 |

1. 融资租赁合同及其法律特征
2. 融资租赁合同的法律关系
3. 融资租赁合同的效力
4. 融资租赁合同的违约责任

一、融资租赁合同概述

(一)融资租赁合同的概念及其发展

融资租赁合同,是指出租人根据承租人对出卖人、租赁物的选择,向出卖人购买租赁物,提供给承租人使用,承租人支付租金的合同。

融资租赁最早出现于美国。第二次世界大战后,美国企业界迫切需要巨额投资,以实现军需品生产向民用品生产的转变。由于经济不景气,当时的企业界通过传统的融资方式获得中长期贷款的来源十分有限,融资租赁作为一种新型的信贷方式应运而生。这种通过租赁进行的融资活动受到重视,承租人可以通过融资租赁,用较少的资金解决生产急需,出租人既可获取丰厚的利润,又有较为可靠的债权保障。

我国融资租赁业的发展起步较晚,1981 年成立了第一家融资租赁企业,其后发展迅速。目前,融资租赁已成为利用和引进外资的一条重要途径。

(二)融资租赁合同的特征

融资租赁合同为诺成、双务、有偿合同。其特征如下:

1. 融资租赁合同是由两个合同、三方当事人结合在一起的合同。这两个合同是由融资租赁公司与承租人签订的融资性租赁合同,和由融资租赁公司与供应商签订的买卖合同。融资租赁合同有三方当事人,即出卖人、出租人(买受人)和承租人。其过程是:(1)由用户(未来的承租人)与供应商协商确定买卖设备(未来的租赁物)的合同条件;(2)用户向融资租赁公司提出融资性租赁申请;(3)融资租赁公司作为出租人与用户(承租人)订立融资性租赁合同;(4)由融资租赁公司(出租人)作为买受人与供应商订立买卖合同;(5)供应商(出卖方)向承租人交货;(6)承租人向出租人交付物件受领证,并支付第一期租金;(7)买受人(出租人)向出卖人支付买卖价金。

由此可见,两个合同并不是独立存在的,而是在效力上相互交错,主要体现在:买卖合同的出卖人不是向买卖合同的买受人履行现实交付标的物的义务,而是向另一合同即租赁合同中的承租人交付标的物,承租人享有与受领标的物有关的买受人的权利和义务;在出卖人不履行买卖合同义务时,承租人得在一定前提下,向出卖人主张损失赔偿;买卖合同的双方当事人不得随意变更买卖合同中与租赁合同的承租人有关的合同内容。

2. 融资租赁合同将融物与融资相结合。融资租赁合同不同于传统租赁合同的重要特征是将融物与融资相结合,以融资为目的,以融物为手段。融资租赁合同的承租人通过出租人购买并将标的物出租,达到融资的目的,以解决自己一次性购买标的物所需资金不足的困难。从这点上看,承租人等于是向出租人借贷,但承租人此时并不是从出租人那里取得租赁物的所有权或货币的所有权,仅是通过租赁的形式取得标的物的使用权,以租金的形式偿还出租人为购买租赁物所付出的对价和费用。

3. 融资租赁合同的出租人为专营融资租赁业务的租赁公司。融资租赁合同的出租人只能是专营融资租赁业务的租赁公司,而不能是一般的自然人或法人。在我国,只有经金融管理部门批准许可经营的公司才有从事融资租赁交易、订立融资租赁合同的资格。

符合上述法律特征的,为融资租赁合同。最高人民法院《关于审理融资租赁合同纠纷案件适用法律问题的解释》(以下简称《融资租赁合同解释》)第1条规定,人民法院应当根据《民法典》第735条的规定,结合标的物的性质、价值、租金的构成以及当事人的合同权利和义务,对是否构成融资租赁法律关系作出认定。对名为融资租赁合同,但实际不构成融资租赁法律关系的,人民法院应按照其实际构成的法律关系处理。

(三)融资租赁合同与所有权保留的分期付款买卖合同的区别

1. 当事人的交易意图不同。所有权保留的分期付款买卖合同出卖人的,交易意图是出让标的物的所有权,获取价金,买受人的交易意图是支付价金,获取标的物的所有权;而融资租赁合同的出租人虽为承租人的使用购买租赁物,但出租人所购买的物件却是归出租人所有,出租人仅将物的使用收益权利授予承租人,仅在当事人双方有特别约定的情况下,承租人方可以在租赁期满时,取得租赁物的所有权。

2. 租赁期中有无期待权不同。在所有权保留的分期付款买卖合同中,买受人尽管没有取得所有权,但享有期待权,系取得所有权的先前阶段,因条件成就而变为所有权;在融资性租赁的整个租赁期间,承租人并无取得租赁物所有权的期待权。

3. 期间届满后标的物所有权归属不同。所有权保留的分期付款买卖,以支付全部价金为移转标的物所有权的停止条件,一旦买受人支付全部价金,标的物所有权便当然移转于买受人;融资租赁合同必须有特别约定,承租人方可于租赁期满时取得租赁物的所有权。

4. 融资租赁合同租金的构成与分期付款买卖合同价金构成不同。融资租赁合同的租金包括物件买价及利息、保险费、手续费、利润等在内,显然高于分期付款买卖的总价金。

二、融资租赁合同的效力

融资租赁合同的法律效力表现在两个不同的合同关系上。

(一)出卖人与出租人订立的买卖合同

该买卖合同关系应当遵循买卖合同的一般规则,但在以下几个方面有所不同:(1)出卖人应当按照约定向承租人而不是向作为买受人的出租人交付标的物,承租人享受与受领标的物有关的买受人的权利和义务。(2)因出卖人不履行买卖合同义务所产生的索赔权利,买受人即出租人转让给承租人行使。(3)买受人即出租人按照承租人的要求订立的买卖合同,未经承租人同意不得变更与承租人有关的合同内容。(4)买受人即出租人享有租赁物的所有权。尽管租赁物由承租人占有,但承租人破产的,租赁物不属于破产财产。

(二)出租人与承租人订立的融资性租赁合同

融资租赁合同属于转移财产使用权的合同,仍属于租赁合同,但是在以下方面具有自己的特点。

1. 融资租赁合同对于出租人的效力

(1)不承担租赁物目的责任。租赁物不符合约定或者不符合使用目的的,出租人不承担责任,但承租人依赖出租人的技能确定租赁物或者出租人干预选择租赁物的除外。

(2)不承担租赁物损害责任。在承租人占有租赁物期间,租赁物造成第三人的人身伤害或者财产损害的,出租人作为所有权人不承担赔偿责任,而由承租人承担责任。

(3)不承担交付租赁物责任。出租人交付租赁物的义务不是由自己承担,而是由买卖合同的出卖人一方作为交付租赁物义务的辅助人向承租人交付,承租人受领交付也是作为买受人的受领辅助人的身份实施的。

(4)出租人应当保证承租人对租赁物的占有和使用。

2. 融资租赁合同对于承租人的效力

(1)支付租金的义务。承租人应按照约定支付租金。承租人经催告后在合理期限内仍不支付租金的,出租人可以请求支付租金,也可以解除合同,收回租赁物。

融资租赁合同租金的构成,应当根据购买租赁物的大部分或者全部成本以及出租人的合理利润确定。一是应收回其为购买租赁物所支出的全部或部分费用。二是要获取一定的营业利润。营业利润应在合理的限度内确定,不得约定过高,避免显失公平。

支付租金的要求是:租赁物有瑕疵时,承租人不得拒付租金;在租赁期间,承租人承担租金的风险,租赁物由于不可归责于当事人的原因毁损灭失时,仍应承担租金义务;因承租人违约,出租人收回租赁物时,承租人不得以租赁物收回而拒绝履行支付租金义务。

(2)承租人应当妥善保管、使用租赁物。在租赁期间,承租人占有租赁物,对租赁物负有妥善保管、使用的义务。出租人须容忍承租人为使用、收益。承租人为自己使用、收益时,应当顾及对出租人利益的保护,对租赁物应予妥善保管。

(3)在占有租赁物期间承担租赁物的维修义务。融资租赁合同具有较强的融资性,因此,承租人履行占有租赁物期间的维修义务,而不是由所有人即出租人承担此项义务。

三、融资租赁合同的违约责任

(一)出租人的违约责任

租赁物不符合融资租赁合同的约定且出租人实施了下列行为之一,承租人依照《民法典》第744、747条的规定,要求出租人承担相应责任的,法院应予支持:(1)出租人在承租人选择出卖人、租赁物时,对租赁物的选定起决定作用的;(2)出租人干预或者要求承租人按照出租人意愿选择出卖人或者租赁物的;(3)出租人擅自变更承租人已经选定的出卖人或者租赁物的。

承租人主张其系依赖出租人的技能确定租赁物或者出租人干预选择租赁物的,对上述事实承担举证责任。

(二)履行迟延的责任

承租人逾期履行支付租金义务或者迟延履行其他付款义务,出租人按照融资租赁合同的约定要求承租人支付逾期利息、相应违约金的,法院应予支持。

出租人既请求承租人支付合同约定的全部未付租金又请求解除融资租赁合同的,法院应告知其依照《民法典》第752条的规定作出选择,或者请求继续履行,或者请求解除合同。

出租人请求承租人支付合同约定的全部未付租金,法院判决后承租人未予履行,出租人再行起诉请求解除融资租赁合同、收回租赁物的,法院应予受理。

(三)收回租赁物并赔偿损失的责任

出租人依照《融资租赁合同解释》第5条的规定请求解除融资租赁合同,同时请求收回租赁物并赔偿损失的,法院应予支持。损失赔偿范围为承租人全部未付租金及其他费用与收回租赁物价值的差额。合同约定租赁期间届满后租赁物归出租人所有的,损失赔偿范围还应包括融资租赁合同到期后租赁物的残值。

诉讼期间承租人与出租人对租赁物的价值有争议的,法院可以按照融资租赁合同的约定确定租赁物价值;融资租赁合同未约定或者约定不明的,可以参照融资租赁合同约定的租赁物折旧以及合同到期后租赁物的残值确定租赁物价值。承租人或者出租人认为依上述确定的价值严重偏离租赁物实际价值的,可以请求法院委托有资质的机构评估或者拍卖确定。

四、融资租赁合同的消灭

(一)融资租赁合同消灭的原因

融资租赁合同由于租赁期间届满、合同解除等原因而消灭。但是,融资租赁合同与一般租赁合同的区别是,租赁合同如果没有特别约定,一旦租赁物因不可归责于当事人的事由归于消灭,租赁合同得因解除而消灭。因融资租赁合同的租赁物毁损、灭失而形成的租金风险,由承租人承担,合同并未消灭。[3]

(二)融资租赁合同的解除与赔偿

有下列情形之一,出租人请求解除融资租赁合同的,法院应予支持:(1)承租人未按照合同约定的期限和数额支付租金,符合合同约定的解除条件,经出租人催告后在合理期限内仍不支付的;(2)合同对于欠付租金解除合同的情形没有明确约定,但承租人欠付租金达到两期以上,或者数额达到全部租金15%以上,经出租人催告后在合理期限内仍不支付的;(3)承租人违反合同约定,致使合同目的不能实现的其他情形。

由于出租人的原因致使承租人无法占有、使用租赁物,承租人请求解除融资租赁合同的,法院应予支持。

当事人在诉讼中仅请求解除融资租赁合同,未对租赁物的归属及损失赔偿提出主张的,法院可以向当事人进行释明。

(三)租赁物的归属

由于融资租赁合同兼具融物与融资的双重属性,因此,保有租赁物的所有权是为了担

[3] 崔建远主编:《合同法》(第5版),法律出版社2010年版,第442页。

保租金债权的实现。当事人约定于租赁期间届满时租赁物的所有权转归承租人所有的，一方面满足了承租人无须一次性支付大笔价金，即可继续对标的物为使用、收益的需求；另一方面也免去了出租人占有、保管标的物或为标的物寻找新的承租人或买受人之累。因此，《民法典》准许当事人约定租赁期间届满时，租赁物归属于承租人所有。

｜引例分析｜

出租人通过融物的方式向承租人提供融资，出租人按照承租人的需求向出卖人购买租赁物，租赁给承租人使用，是融资租赁合同的基本法律关系。本案完全符合融资租赁合同两个合同关系、三方当事人的基本特征，构成典型的融资租赁合同。

在融资租赁合同关系中，租赁物的经营使用与出租人没有直接关系；融资租赁合同的承租人负有支付租金的义务，该租金并非租赁物使用、收益的对价，而是融资成本的对价。因此，租金条款作为融资租赁合同区别于普通租赁合同的重要条款，是认定融资租赁合同的关键因素。本案被告医院与知博永业公司签订的《租赁合同》中关于租赁费的构成、结算方式约定为："收入的80%减去成本后的余额为租赁费，中心的收入与成本均在被告医院账户内收付，由被告医院管理办公室和财务处按本合同的第三条和本条前款的计算方法核算应付知博永业公司的租赁费，并在结算前向知博永业公司提供收支清单，知博永业公司确认后，由被告医院支付知博永业公司，租赁费按月结算。"这种租金约定的实质，是出租人与承租人共担经营风险，共享经营收益，以融资租赁合同出租人收取固定的融资成本及合理利润作为租赁物的租金，是一种特殊的融资租赁合同租金的计算方法，包括融物和融资的成本和利益，不违反融资租赁合同的基本要求，因此合同合法有效，双方当事人应当严格依照合同约定履行。被告医院在合同履行过程中，依据不确定的政府建议，主张解除合同，收购租赁物，是违反合同义务的表现，不享有解除权。原告同意解除合同，主张被告承担违约损害赔偿责任，于法有据，法院判决支持其诉讼请求，是符合法律规定的。

第五节　保 理 合 同

｜引　例｜

原告红湖公司与被告郎特公司签订《订单合同》，约定红湖公司向郎特公司订购触媒2.5万只，总价2920万元。随后，爱建公司与郎特公司签订了《国内保理合同》，债权人为郎特公司、保理人为爱建公司。合同第2.1.1条约定，爱建公司与郎特公司协商，为郎特公司核定一个总体的应收账款转让额度2920万元，该总体额度包括爱建公司为郎特公司核定的对债务人的所有应收账款额度；第2.3.1条约定，爱建公司收到郎特公司提供的《应收账款转让申请书》等材料后，进行审核，爱建公司对郎特公司提供的材料确认无误，同意接受郎特公司的应收账款转让申请时，将加盖爱建公司公章的《应收账款转让确认书》发送给郎特公司。合同生效后,爱建公司向红湖公司主张权利,红湖公司认为朗特公司对其享有的应收账款已经消灭,爱建公司无权向其主张应收账款债权。双方发生争议,诉至法院。

法院审理认为,爱建公司与郎特公司签订的《国内保理合同》,系双方当事人真实意思的表示,且于法无悖,双方理应恪守。红湖公司收到《应收账款转让通知书》并在《回执》上盖章,应收账款转让行为已对债务人即红湖公司生效,红湖公司应履行涉案《订单合同》项下的债务。对于红湖公司关于根据其与郎特公司、案外人××公司三方的《备忘录》,郎特公司应放弃该笔债权即该笔债权不再存在的抗辩意见,法院审理认为,红湖公司在爱建公司及郎特公司向其出具的《应收账款转让通知书》回执上加盖了公章,根据该回执,就已经确认了涉案应收账款对应的合同、金额、到期日等信息,并确认不存在与涉案应收账款相关的欺诈、争议、抗辩、抵销或其他付款反请求或索赔,因而双方当事人之间成立保理合同,应当依据保理合同的约定和法律规定确认双方当事人的权利义务,不支持原告的诉讼请求,红湖公司应向爱建公司履行应收账款债务。红湖公司不服,向二审法院上诉,二审法院审理认为原判决认定事实和适用法律正确,故驳回上诉,维持原判。

| 法律问题 |

1. 保理合同及其法律特征
2. 保理合同的效力
3. 保理合同的类型
4. 保理人行使权利的方式

一、保理合同概述

(一)保理合同的概念与法律特征

保理合同是应收账款债权人将现有的或者将有的应收账款转让给保理人,保理人提供资金融通、应收账款管理或者催收、应收账款债务人付款担保等服务的合同。保理合同也称财物代理、应收账款承购、应收账款融资,均为“保付代理”之意。

保理业务最早起源于18世纪的英国,并在20世纪50年代的美国和西欧国家发展成型,成为新型的贸易融资方式,近20年来得到广泛应用。我国的保理业务发展较晚,发展也比较慢。《民法典》将保理合同规定为典型合同,将会促进我国保理业务的不断发展。

保理合同具有如下法律特征:

1. 保理合同以货物贸易合同或服务贸易合同所产生的应收账款的转让为前提。
2. 基于应收账款的转让,受让方为转让方提供综合型的金融服务。
3. 提供金融服务的内容是提供资金融通、应收账款管理或催收、应收账款债务人的付款担保等。

(二)保理合同的当事人

在保理合同中,转让应收账款债权的一方是应收账款债权人,接受应收账款债权并提供金融服务的一方是保理人。应收账款债务人是应收账款债权人的债务人,双方是应收账款债权债务关系的当事人,从严格意义上说,应收账款的债务人不是保理合同的当事人,是由于应收账款债权人将应收账款债权转移给保理人进行融资,而使其成为保理人的债务人。

(三)保理合同的类型

1. 有追索权保理和无追索权保理

以保理人对应收账款是否享有追索权为标准,保理合同分为有追索权保理和无追索权保理。

有追索权保理,是指不承担买方信用风险,只提供其他服务的保理。保理公司承做有追索权保理,若由卖方提供预付款服务,在应收账款到期45天后,保理公司有权向卖方进行追索。

无追索权保理,是指承担买方信用风险的保理。保理公司在承做无追索权保理时,发生买方信用风险,从应收账款到期90天起,若发生非商业纠纷的卖方信用风险,由保理公司向卖方履行担保付款的责任。

2. 明保理和暗保理

以保理人与债权人之间的保理合同是否让债务人知道为标准,对保理可以分为明保理和暗保理。

明保理,是指应收账款债权让与通知债务人的保理,又称公开保理、通知保理。

暗保理,是指应收账款债权让与不通知债务人的保理,又称隐蔽保理、不通知保理。

在暗保理的情形下,仍然由保理人以让与人的名义继续收取应收账款债权,又以保理人控制收款账户等方式确保保理人对给付利益的控制,以对债权人设定违约责任等方式吓阻债权人另行收取债权。暗保理对法律制度的需求是,只要法律不将通知债务人设置为强制性要件,不对让与通知赋予超出债务人保护范围的额外功能,即无碍于暗保理的开展。在契约自由和债权转让规则存在的情况下,暗保理具有实际存在和运用的价值。

二、保理合同的主要内容及形式

保理合同的主要内容包括如下几项:

1. 业务类型。保理分为三类:(1)商业保理,指由非银行保理人开展的保理业务。(2)国内保理,指保理人为在国内贸易中的买方、卖方提供的保理业务。(3)国际保理,指保理人为在国际贸易中的买方、卖方提供的保理业务。保理的立法分类是,有追索权的保理和无追索权的保理,合同应当写清楚是哪一种保理。

2. 服务范围。保理合同的服务范围是保理人为应收账款债权人承担的是何种保理服务,确定提供的服务是融资、对应收账款管理或者催收,还是为应收账款债务人的付款担保,明确约定具体的服务范围。

3. 基础交易合同情况。基础交易合同是应收账款债权人据以产生应收账款债权的交易合同,保理合同中应当将基础交易合同的主要内容记载清楚。

4. 应收账款信息。合同应当写明交给保理人的应收账款债权的具体信息,便于保理人按照约定对该应收账款债权提供服务、获得利益等。

5. 保理融资款。保理融资款就是应收账款债权人将应收账款债权交给保理人,保理人应当支付给应收账款债权人的价款。合同对此应当明确规定。

6. 服务报酬及支付方式。保理人为应收账款债权人进行保理,应当得到的服务报酬的数额及支付的方式。

保理合同是要式合同,必须采用书面形式订立,不能以口头形式订立。

三、保理合同的标的

应收账款,是指企业在正常的经营过程中因销售商品、产品、提供劳务等业务,应向购买单位收取的款项,包括应由购买单位或接受劳务单位负担的税金、代购买方垫付的各种运杂费等。应收账款是伴随企业销售行为的发生而形成的债权。应收账款包括已经发生的和将来发生的债权。前者是已经发生并明确成立的债权,后者是现实并未发生但是将来一定会发生的债权。未来应收账款,是指债权转让合同订立后产生的应收款。保理协议中对将来应收账款进行让与是指在应收账款产生时,不需要任何新的让与行为即实现让与,将应收账款转让至保理商。《民法典》第 761 条规定应收账款包括现有的和将有的应收账款债权。

在保理合同中,设置保理的应收账款应当是真实存在的应收账款债权,保理人基于转让的应收账款债权,为应收账款债权人提供融资服务。

如果应收账款债权人和应收账款债务人以虚构的应收账款作为转让标的,与保理人订立应收账款转让合同,其实质是骗取保理人的融资等服务。如果保理人是善意且无过失的,在订立了保理合同之后,就实际取得了应收账款债权,有权对应收账款债务人主张债权。如果应收账款债务人以应收账款债权是虚构的、并不存在的为由对抗保理人,将会使保理人接受转让的应收账款债权落空,失去保理合同订立的基础,使善意的保理人受到损失。因此,依照《民法典》第 763 条的规定,应收账款债务人不得以应收账款不存在为由对抗保理人。具体的解决办法是:(1)应收账款债务人必须承担应收账款的清偿债务,使保理人实现债权;(2)应收账款债权人和债务人对保理人承担连带赔偿责任,赔偿因债权人和债务人欺诈造成保理人的损失。这两种方式都可以选择,保理人可以依照自己的利益选择具体的请求权。只有在应收账款债权人和应收账款债务人虚构应收账款,保理人明知其转让的应收账款为虚构时,才不受这一规则的约束,法律不保护不具有善意的保理人的利益。

四、保理人向债务人行使权利的方式与效果

(一)保理人向债务人行使权利的方式

《民法典》第 764 条规定:“保理人向应收账款债务人发出应收账款转让通知的,应当表明保理人身份并附有必要凭证。”这是对保理人向债务人行使权利的规定。

在保理合同中,保理人接受了应收账款债权人转让的应收账款,并支付了提供融资服务的对价之后,就取得了应收账款债权,成为应收账款债权的实际债权人,因而有权利请求应收账款债务人对其清偿债务,自己受领应收账款债务人的清偿给付。

保理人对应收账款债务人行使应收账款债权的规则是:(1)向应收账款债务人发出转

让通知,说明对其行使债权;(2)表明自己的保理人身份,说明自己取得保理人身份的事实依据;(3)在通知中,须附有转让应收账款债权以及自己取得保理人身份的必要凭证。

在保理合同中,债权人和保理人都可以履行通知义务,且以保理人通知居多。在保理人履行通知义务时,由于债务人不知道债权转让的事实,因而保理人必须向应收账款债务人发出转让通知,表明保理人身份并附有必要凭证,使债务人知道自己应当履行的债务的债权人发生了变化,确定向新债权人履行债务的法律依据。保理人仅仅通知,而未向应收账款债务人表明保理人身份并附有必要凭证的,债务人可以拒绝履行债务。

(二)应收账款转让通知后对应收账款债务人发生的效果

《民法典》第765条规定:"应收账款债务人接到应收账款转让通知后,应收账款债权人与债务人无正当理由协商变更或者终止基础交易合同,对保理人产生不利影响的,对保理人不发生效力。"这是应收账款转让通知后对应收账款债务人发生效果的规定。

应收账款债权人订立保理合同,将应收账款债权转让给保理人后,保理人向应收账款债务人发出应收账款转让的通知,就完成了应收账款转让的行为,保理人取得应收账款债权人的地位。应收账款债务人收到应收账款转让通知后,该通知对应收账款债务人发生法律效力,即保理人成为应收账款债务人的债权人,应收账款债务人负有对保理人履行应收账款债务的义务。如果应收账款债权人和债务人无正当理由协商变更或者终止基础交易合同,将对保理人产生不利影响。由于应收账款债权人将债权转让给保理人后,无权对已经转让的应收账款进行变更或者终止,因此,变更或终止基础交易合同的行为对保理人不发生效力,保理人仍然按照保理合同的约定行使保理的权利。

五、不同类型保理合同的保理人的权利

1. 有追索权的保理人对返还融资款本息或者回购应收账款债权享有选择权。在保理合同中,如果当事人约定为有追索权保理的,保理人享有追索权,具体的办法如下:

(1)行使追索权。根据《民法典》第766条的规定,保理人行使追索权,有两种办法:一是选择向应收账款债权人主张返还保理融资款的本息;二是向应收账款债权人主张回购应收账款债权。保理人享有的追索权,就是有权选择其中之一,向应收账款债权人行使了追索权,保理人就可以保障自己的合法权益不受损害。

(2)不行使追索权。根据《民法典》第766条的规定,保理人享有追索权,可以行使也可以不行使。如果保理人不行使追索权,可以直接向应收账款债务人主张实现债权。保理人向应收账款债务人主张实现其债权的,在获得的利益中,扣除保理融资款的本息和相关费用后有剩余的,剩余部分应当返还给应收账款债权人。

2. 无追索权的保理人只能向债务人主张权利。依照《民法典》第767条的规定,在保理合同中,如果当事人约定为无追索权保理的,保理人对应收账款债权人不享有追索权,不能选择向应收账款债权人主张返还保理融资款本息或者回购应收账款债权。保理人剩下的唯一出路,就是按照保理合同的约定,只能向应收账款债务人主张应收账款债权,应收账款债务人应当向保理人履行债务。

保理人在实现应收账款债权中取得的利益,为自己的合法所得,即使取得了超过保理

融资款本息和相关费用部分的,也无须向应收账款债权人返还,应收账款债权人无权请求保理人返还超过保理融资款本息和相关费用剩余的部分利益。因为在保理合同中,约定了保理人无追索权,就减免了应收账款债权人对保理人的担保责任,应收账款债权人丧失该请求权是其理应付出的代价。

六、多重保理权利竞合及实现顺位

(一)多重保理合同权利竞合的概念

应收账款债权人将同一应收账款与数个保理人订立多个保理合同,形成多重保理合同。多重保理与多重买卖相似,后果都是出现多个债权人就同一个债务人的债务主张权利,形成权利的竞合,须确定行使权利的先后顺序,按序进行清偿。

(二)多重保理权利竞合的实现顺位

就同一应收账款债务重复设置保理合同后,致使多个保理人主张行使应收账款债权的,确定行使保理权利顺序的方法如下:

1. 登记在先权利优先。已经登记的保理权利先于未登记的保理权利优先取得应收账款。保理合同可以登记,也可以不登记。登记是重要的权利宣示方法,经过登记的保理合同,其应收账款债权具有更好的公示性,因此优先受偿。

2. 时间在先权利优先。多重保理合同的保理权利均已登记的,按照登记的先后顺序取得应收账款。多重保理合同权利都登记了,以登记时间在先的权利优先,具有公平性。

3. 通知在先权利优先。多重保理合同的保理权利均未登记的,由应收账款债务人最先收到转让通知中载明的保理人优先取得应收账款。

4. 无优先顺位的权利实现。既未登记也未通知的,按照保理融资款或者服务报酬的比例取得应收账款。

七、保理合同准用债权转让的有关规定

我国以往的法律对保理合同没有规定,《民法典》只是对保理合同的基本规则作了规定,缺少具体的规则。由于保理的实质就是应收账款债权的转让,因而保理实际上就是一种债权转让,尤其是没有追索权的保理,是纯粹的债权转让。即使在有追索权的保理中,也是在债权转让之外,加上了一项或几项服务,没有必要独立为有名合同。如果对债权转让制度作一下改动,就可以为保理提供所有的规则。[4] 保理业务的核心是应收账款债权的转让,《民法典》以专章将保理合同典型化,同时还对债权转让制度进行了完善,针对债权转让与增加的履行费用承担、从权利的取得、抵销权等问题,作了增加或者修正性的规定。这些制度的安排都与保理业务的开展息息相关,应做一体化的理解。[5] 因此,《民法典》"保理合同"一章没有规定的,准用合同编第六章关于合同债权转让的具体规则,以补充立法的

---

〔4〕 李永军:《合同法》(第5版),中国人民大学出版社2020年版,第343~344页。

〔5〕 最高人民法院民法典贯彻实施工作领导小组主编:《中华人民共和国民法典合同编理解与适用》(三),人民法院出版社2020年版,第1793页。

不足。

｜引例分析｜

保理业务存在基础合同与保理合同两个合同关系，债权人、债务人和保理商三方主体。其中债权人与债务人之间形成的买卖、服务等基础合同关系，标的是存在的应收账款债权；债权人基于该基础关系，与保理商签订保理合同，将应收账款债权转让给保理商，由保理商向债权人提供融资等综合性金融服务，形成保理合同关系。

在本案中，上诉人红湖公司与被上诉人郎特公司签订的《订单合同》真实有效，相关应收账款的基础合同关系客观存在。正是基于该基础买卖合同，被上诉人爱建公司与被上诉人郎特公司签订《国内保理合同》，爱建公司在提供保理服务过程中诚信无欺，善意履约。对于红湖公司根据其与郎特公司、案外人××公司三方的《备忘录》，郎特公司应放弃该笔债权可对爱建公司进行抗辩的主张，应当认定，该《备忘录》是红湖公司、郎特公司和案外人××公司的三方约定，不能对抗《国内保理合同》下善意保理商爱建公司基于保理合同所行使的债权。《民法典》第763条规定："应收账款债权人与债务人虚构应收账款作为转让标的，与保理人订立保理合同的，应收账款债务人不得以应收账款不存在为由对抗保理人，但是保理人明知虚构的除外。"第765条规定："应收账款债务人接到应收账款转让通知后，应收账款债权人与债务人无正当理由协商变更或者终止基础交易合同，对保理人产生不利影响的，对保理人不发生效力。"按照这样的规定，即使应收账款债权人与债务人虚构应收账款作为转让标的，只要保理人为善意，保理关系就有效存在。在应收账款债务人接到应收账款转让通知后签字认可的情况下，仅凭不包括保理人在内的三方协议，主张对抗保理人行使权利，是违反法律规定的，是违约行为，红湖公司应当履行约定的义务，承担继续履行的责任。

本章思考题

1. 借款人和贷款人负有哪些义务？
2. 在司法实践中应当怎样界定一般保证和连带责任保证？
3. 保证期限应当怎样确定？
4. 怎样理解买卖不破租赁规则？
5. 融资租赁合同的基本法律关系应当怎样理解？
6. 有追索权和无追索权的保理合同的区别在哪里？

第十一章 承揽、建设工程、运输、技术合同

第一节 承 揽 合 同

| 引 例 |

原告周某某与被告王某某签订《彩钢瓦棚制作协议》，约定由被告以包工包料的方式为原告制作彩钢瓦棚，原告按照每平方米80元的标准支付报酬。协议第3条约定："该雨棚由乙方(王某某)包30年，在使用期间防锈措施由甲方(周某某)自行实行；属质量或结构问题，甲方不负任何责任，由乙方负全责。"第6条注明制作彩钢瓦棚的材料相关参数标准，其中立柱钢管壁厚为3毫米，跨空钢管壁厚为2毫米，彩钢瓦厚度为37.6毫米。被告完成彩钢瓦棚的制作后交付原告使用，原告按照约定支付报酬9.9万元。在使用中，彩钢瓦棚因锈蚀逐渐出现空洞现象，双方协商处理未果，诉至法院。原告请求判令被告更换材料重新制作彩钢瓦棚。被告答辩称，同意免费提供劳务重新制作彩钢瓦棚，但所需的材料由原告提供，理由是彩钢瓦棚制作完毕后已经原告验收并投入使用，彩钢瓦符合国家质量标准，出现穿孔漏雨的现象系原告采取防锈措施不力所致，因而不构成违约。

一审中，经原告申请，法院委托某市钢铁产品质量监督检验站就案涉彩钢瓦棚是否符合合同约定进行鉴定，结论为：该彩钢瓦棚所使用的立柱钢管壁厚、跨空钢管外径和壁厚均不符合双方合同约定，也不符合GB/T 13793—1992的规定；该彩钢瓦棚所使用的彩钢瓦厚度虽符合双方合同约定，但其镀层过薄，不能达到使用30年的要求。

法院审理认为，承揽合同的承揽人提供材料的，应当按照约定选用材料，并接受定作人的检验。双方当事人在《彩钢瓦棚制作协议》第6条中对制作瓦棚所用材料进行了约定，被告应当按照约定选用材料。对被告所用材料是否符合双方约定，经钢铁产品质量监督检验站出具司法鉴定意见书，并经双方当事人质证无异议，被告制作彩钢棚所用立柱钢管壁厚、跨空钢管外径和壁厚均不符合双方约定，构成违约。且双方协议第3条约定该雨棚由被告包30年，质量问题由被告负责。被告使用材料质量违约，应当承担相应的违约责任，故支持原告的诉讼请求，不采纳被告的抗辩理由。

| 法律问题 |

1. 承揽合同及其法律特征
2. 承揽合同的种类

3. 承揽合同的效力
4. 承揽合同的风险负担

一、承揽合同概述

(一)承揽合同的概念

承揽合同,是指承揽人按照定作人的要求完成工作,交付工作成果,定作人给付报酬的合同。

根据当事人之间订立的承揽合同,承揽人应使用自己的设备、技术和劳力,为定作人加工、定作、修理或完成其他工作;定作人则应给付相应报酬。其中,提出工作要求并给付报酬的一方是定作人,按照要求完成一定工作的一方是承揽人。承揽合同的当事人可以是自然人,也可以是法人、非法人组织。

(二)承揽合同的法律特征

承揽合同是双务、有偿、诺成合同,特征如下:

1. 承揽合同以完成一定的工作并表现为一定的劳动成果为目的。承揽合同是按照定作人的要求完成某种工作,并向定作人交付劳动成果。这些工作成果是为了满足定作人的特殊需要而专门完成,虽然是通过承揽人的劳动完成的,但不能认为承揽合同的标的是劳务,应是劳动成果。

2. 承揽合同的定作物是具有特定性的物。承揽合同的定作物不是一般的劳动成果,而是按照定作人的特殊要求完成并交付的特定劳动成果。因此,承揽人完成的劳动成果不同于市场上的一般商品,不能用其他物品代替,具有特定性。

3. 承揽人须以自己的设备、技术和劳力独立完成主要工作。承揽合同的订立是基于定作人对承揽人完成工作能力的信任,因此,承揽人不得未经定作人同意而将工作的主要部分交由他人完成。承揽人应当按照自己的工作条件,自行制订工作计划、安排劳动量、确定工作方法等。定作人也不得妨碍承揽人的正常工作。

4. 承揽人在工作中自己承担风险。承揽人在完成定作工作中,对定作人的材料、定作物负有占有、管理的责任,不仅要对完成工作的质量、数量、期限等负全部责任,而且在实际交付劳动成果以前,即使出现了不可归责于承揽合同双方当事人的意外损害,也要由承揽人承担相应责任。

5. 承揽合同以留置定作物的方式实现担保。承揽合同担保采用法定形式。当定作人未按约定期限支付报酬时,承揽人对完成的工作成果享有留置权,有权将其按照一定的程序变卖,用所得价款偿付报酬、保管费及其他费用。

(三)承揽合同的种类

1. 加工合同

加工合同,是指由承揽人利用定作人提供的原材料或半成品,按照双方约定的产品、规格、数量、质量和期限等要求,加工特定产品,并由定作人按照约定给付报酬的协议。

2. 定作合同

定作合同,是指由承揽人根据定作人提出的品种、规格、质量和数量等要求,使用自己的原材料为定作人制成特定产品并向定作人收取相应报酬的协议。

3. 修理合同

修理合同,是指承揽人按照定作人的要求为其修复损坏的物品,并由定作人给付约定的报酬的协议。修理合同的标的物一般是机器设备、工具等物品,当标的物是房屋时,修理合同又称修缮合同。在修理合同中,如果修理所需的材料由承揽人提供,定作人除了给付承揽人工作报酬以外,还应向其支付修理材料的价款。

4. 复制合同

复制合同,是指由承揽人按照定作人提出的要求为其重新制作与其提供的样品相类似的制品,并由定作人支付相应报酬的协议。

5. 其他承揽合同

测试合同、检验合同,是指承揽人以自己的技术、设备和仪器对定作人制定的特定项目或特定事物完成相应的测试或检验工作,由定作人支付报酬的合同。

此外,实际生活中还存在改造、改制、翻译、医疗护理等承揽形式,由此签订的合同也是承揽合同。

二、承揽合同的效力

(一)承揽人的义务

1. 承揽人完成承揽工作的义务。承揽人的主要义务是按照合同的约定,以自己的技术、设备完成承揽的工作,并将工作成果交付给定作人。[1] 该义务包括以下三个方面:

(1)应当在约定的期限内完成工作。承揽合同成立后,承揽人即应开始工作,如果另有约定,则按照约定的期限开始。对于约定了工作完成期限的,承揽人应当在约定的期限内完成工作,交付工作成果。由于定作人的原因而延误工期,不作为承揽人违约的事由。

(2)承揽人应以自己的劳动按照定作人的要求完成主要工作。主要工作,是指对定作人提交的工作构成实质意义的部分,即对定作物的质量有决定性作用的部分,或者是定作工作中数量上的大部分。未经定作人的同意,承揽人将其承揽的主要工作交由第三人完成的,定作人可以解除合同;定作人不解除合同的,承揽人应当就该第三人完成的工作成果向定作人负责。承揽人可以将其承揽的辅助工作交由第三人完成。承揽人将其承揽的辅助工作交由第三人完成的,应当就该第三人完成的工作成果向定作人负责。

(3)承揽人完成的工作成果应当符合定作人的要求。不符合要求的,定作人可以要求承揽人承担违约责任。

2. 接受定作人提供材料或依约提供材料的义务。承揽合同的材料来源有两种,一种是由承揽合同的承揽人提供,另一种是由定作人提供。当事人有约定的依照约定,没有约定的,一般是由承揽人提供。有争议的可以协商解决,也可以通过司法途径解决。

(1)承揽人提供原材料。承揽人应当按照合同约定选用材料。合同对原材料的质量有

---

〔1〕[俄]E. A. 苏哈诺夫主编:《俄罗斯民法》(第3册),丛凤玲译,中国政法大学出版社2011年版,第1151页。

约定的，承揽人提供的原材料应当符合约定的质量标准。不符合约定质量要求的，承揽人应当对此负责，造成违约的，应当承担违约责任。承揽合同未约定材料质量标准的，承揽人应当按照通常的加工定作物所需材料的质量标准提供材料。承揽合同没有约定材料的质量要求的，承揽人自行选定的材料在加工前应当征求定作人的同意，接受定作人检验。

(2)定作人提供原材料。承揽人应当及时接受定作人交付的材料，并及时对材料进行检查验收。及时接受，就是在定作人向其提出材料的交付时，能够按照合同的约定接受材料，不得拒不接受或者迟延接受。因承揽人不能及时接受材料，造成材料的一切损失以及其他增加的一切必要费用，应当由承揽人承担或者赔偿。定作人提供材料的质量不符合约定的，承揽人有权要求更换材料。定作人提供的材料数量应当符合约定，承揽人应当对材料进行相应的验收。定作人提交材料应当符合约定的时间要求，迟延履行的，承揽人有权相应地推迟定作物的交付时间。

3. 接受定作人检验、监督的义务。承揽人在完成工作期间，应当接受定作人必要的监督、检验。在定作人提出对承揽工作进行检验时，承揽人不得拒绝。承揽人对定作人的监督检验应当提供必要的方便。承揽人应当如实向定作人反映工作情况，不得故意隐瞒工作中存在的问题。

4. 交付工作成果的义务。向定作人按期交付工作成果是承揽人的主要义务之一。交付工作成果，首先，应当按时交付。对工作成果的交付期限有约定的，承揽人应当按合同约定的期限交付工作成果；不能按约交付的，构成违约。不能按约交付是由于定作人的原因造成的，或者是由于不可抗力，则迟延交付工作成果不构成违约。对交付期限没有约定的，承揽人应当在完成工作后的合理期限内向定作人交付工作成果。

其次，承揽人交付定作物应当按照合同约定的方式和地点进行。其既可以由承揽人送交交付，也可以由定作人自提，还可以通过运输部门代为运送或邮政部门代为寄送。由承揽人送交的，以定作人指定的地点为交付的地点，定作人实际接受的日期即为承揽人实际交付的日期；由定作人提货的，交付地点应为承揽人工作完成的地点或者承揽人指定的地点，以承揽人通知定作人提货的合理日期为交付日期；由运输部门代为运送或邮政部门代为寄送的，一般应以合同约定的运（寄）送部门收货的地点为交付地点，运（寄）送部门接受运送的货物日期为实际交付日期。按照合同的约定无须为特别交付的承揽工作，承揽人完成工作之日即为交付。

最后，承揽人在向定作人交付工作成果的同时，还应当一并向定作人提交必要的技术资料和有关质量证明，如实反映工作成果的情况，以便定作人进行验收。

在承揽人交付工作成果时，定作人应当对工作成果进行验收，对承揽人提交的工作成果的数量质量进行检验，以确定与合同约定的工作成果的质量和数量是否相同。承揽人交付的工作成果不符合质量要求的，定作人可以请求承揽人承担修理、重作、减少报酬、赔偿损失等违约责任。

5. 承揽人的保密义务。承揽合同约定保密条款的，承揽人对其所完成的工作负有保密义务，未经定作人许可，不得泄露定作人的秘密，否则，定作人因此而受到的损失应由泄密的承揽人负责赔偿。

6. 共同承揽人的连带责任。在承揽合同中，有两个以上承揽人时，有以下三种情况：

(1)共同承揽。承揽工作由共同承揽人共同完成,每一个承揽人都负有完成承揽工作的义务。构成共同承揽关系的,各承揽人承担连带责任。在承揽工作未能按约定完成或者由于承揽人的原因造成其他损失的,定作人可以向共同承揽人全体或其中的任何一个请求赔偿,被请求者应当承担全部责任。

(2)按份承揽。如果数个承揽人中的每一个承揽人只按照既定的份额完成承揽工作的,各承揽人为按份承揽人。

(3)单独承揽。在各承揽人单独向定作人负责的承揽合同中,各承揽人只对自己的履行合同行为负责,对于其他承揽人的工作不负任何责任,是单独的责任。

(二)定作人的义务

1. 定作人向承揽人支付报酬的义务。

(1)应当按照约定的期限支付报酬。对支付报酬的期限没有约定或者约定不明确的,可以协商确定,仍不能确定的,定作人应当在交付工作成果的同时支付;工作成果部分交付的,定作人应当相应支付。

(2)应当按照约定的数额支付报酬。没有约定的,按照通常标准支付,即以工作成果交付的当时、当地的同种类工作成果的一般报酬为标准。

(3)未支付报酬的留置权。定作人未向承揽人支付报酬或者材料等价款的,承揽人对完成的工作成果享有留置权,但当事人另有约定的除外。

2. 定作人的协助义务。当承揽人为完成工作需要定作人协助时,定作人有予以协助的义务。根据承揽的工作性质,双方约定由定作人提供原材料的,定作人应当按照约定的标准提供原材料;约定由定作人提供设计图纸或者技术要求、技术资料的,定作人应当按照约定的期限提供设计图纸、技术要求和技术资料;约定由定作人提供样品的,定作人应当按照约定提供所需的样品;约定由定作人提供工作场所的,定作人应当提供工作场所;约定由定作人提供承揽人完成工作所需要的工作环境和生活条件的,定作人应当按照合同的约定予以提供。

3. 受领工作成果的义务。定作人对交付的工作成果负有验收和受领义务。定作人无正当理由受领迟延的,承揽人可以请求其受领并支付相应的报酬和费用。定作人还要负担因受领迟延而发生的工作成果的风险。

三、承揽合同中的风险负担

承揽合同中的风险负担分为以下几种:

1. 材料的风险负担。承揽材料的风险,是指承揽原材料由定作人提供由承揽人保管而意外毁损、灭失的风险。负担的规则是:定作人提供的材料在承揽人占有期间意外毁损、灭失的,除非有不可抗力事件发生,承揽人负有不可推卸的责任,应当由承揽人承担风险。

2. 工作成果的风险负担。工作成果的风险,是指承揽人完成承揽工作,工作成果仍由承揽人占有时,意外毁损、灭失的风险。负担的规则是:工作成果须实际交付的,在工作成果交付前发生风险的,由承揽人负担;交付后发生风险的,由定作人负担。但工作成果的毁损、灭失发生于定作人受领迟延后的,则应由定作人承担该风险。

工作成果无须实际交付的,工作完成即视为交付。在工作完成前发生的风险由承揽人负担;在工作完成后发生的风险则由定作人负担。

3. 报酬的风险负担。报酬的风险负担,是指承揽人已经完成的工作成果由于不可归责于当事人的事由而毁损、灭失,无法交付工作成果时,是否需要支付报酬的风险负担。负担的规则是,如果是定作人自始取得工作成果的所有权的,报酬的风险应由双方合理负担;如果是由承揽人首先取得所有权的,则由承揽人负担报酬的风险,不得向定作人主张报酬;另有约定的,依其约定。

四、承揽合同的消灭

承揽合同因以下两种情形消灭:

1. 承揽合同的协议消灭。当事人约定承揽合同期限的,其期限届至时合同消灭。当事人协议解除合同的,承揽合同也消灭。

2. 因当事人行使解除权而消灭。当事人一方不再需要承揽人继续完成工作的,允许定作人及时以赔偿承揽人的损失为代价而解除承揽合同,承揽合同因此而消灭。根据《民法典》第 787 条的规定,定作人的上述任意解除权,应当在承揽人完成工作前随时提出,但是当事人另有约定的除外。

承揽合同因当事人一方严重违约而解除的,承揽合同也因此消灭,有损害存在的,可以同时请求损害赔偿。

引例分析

承揽合同,是指承揽人按照定作人的要求完成工作,交付工作成果,定作人给付报酬的合同。履行承揽合同,其承揽加工的材料有两种来源,一种是由承揽合同的承揽人提供,另一种是由定作人提供。当事人有约定的依照约定,没有约定的,材料一般是由承揽人提供。

本案是由承揽人提供原材料。对此,被告作为承揽人,应当按照合同的约定选用材料,以保证定作成果的质量符合合同约定。本案承揽合同对该彩钢瓦棚建造材料的质量是有约定的,被告应当依照合同约定的质量提供建造材料。但是,经司法鉴定,被告在完成承揽活动中,所使用的立柱钢管壁厚、跨空钢管外径和壁厚均不符合双方的合同约定,也不符合 GB/T 13793—1992 的规定;建造彩钢瓦棚所使用的彩钢瓦厚度虽然符合双方的合同约定,但是,其镀层过薄,不能达到使用 30 年的要求。正因如此,被告建造的彩钢瓦棚不符合约定的质量要求,出现彩钢瓦棚因锈蚀逐渐导致空洞、穿孔漏雨现象,被告应当对此负责,造成违约的,应当承担违约责任。被告以彩钢瓦棚制作完毕后已经原告验收并投入使用,出现穿孔漏雨现象系原告采取防锈措施不力所致的抗辩理由不成立,法院不予采信,支持原告的诉讼请求,完全符合《民法典》关于承揽合同的规定。

第二节 建设工程合同

|引 例|

2013年5月14日,被告驻吐鲁番某部队对宿舍楼及食堂新建工程进行邀请招标,建设地点为吐鲁番营房院内,建筑规模为宿舍楼,建筑面积9 640.48平方米。原告红旗公司作为投标单位,制作被告宿舍楼及食堂新建工程经济标书,载明工程项目投标总价为25 760 841.38元,对工程各项目的分项建筑费用、管理费、利润等均作了说明。开标后,被告宣布原告预中标。原告在双方未签订建筑工程施工合同的情况下,经被告同意进场施工。在施工过程中,被告发送《停工通知书》称:"你部负责建设的炮兵营宿舍楼及综合食堂新建工程由于上级通知要求,于×日开始暂停施工,请组织好相关工作,复工时间见《复工通知书》。"原告接到停工通知后,于次日按要求停工,并致被告工作联系函,就施工进展予以通报,并在函件中提出因《停工通知书》所载复工时间不明确,无法做停工阶段的相关工作,包括项目管理人员及劳务人员的去留安置、材料及机具的去留及管理、资金周转调配等。同时提出,(1)原告按通知停止施工,进场材料存放现场,项目部留管理人员看守等待复工;(2)被告返还投标保证金,支付承建工程款10%,用于支付进场材料款及工人工资;(3)被告应承担停工期间的损失。被告接此函后未予书面回复,但将原告的投标保证金150万元予以返还。原告又致函被告,请求被告解决停工期间项目部的损失,要求解决工人返乡工资及材料款。原告的工人在被告门前聚集上访。经双方协商,被告承诺支付工程款100万元,原告在收到该工程款后,三日内解决全部工人工资及材料供应商资金,若因原告对该款项支付不到位或拖欠,导致出现工人上访的一切问题由其自行承担。嗣后,被告没有兑现承诺,原告向法院起诉,主张被告承担违约责任。

法院审理认为,当事人订立合同,有书面形式、口头形式和其他形式。法律、行政法规规定采用书面形式的,应当采用书面形式。当事人约定采用书面形式的,应当采用书面形式。法律、行政法规规定或者当事人约定采用书面形式订立合同,当事人未采用书面形式但一方已经履行主要义务,对方接受的,该合同成立。建设工程合同应当采用书面形式。本案原告与被告就涉案工程虽未签订书面合同,但原告已经履行了部分施工义务,被告予以认可并接收了原告的工作成果,双方已经形成事实上的建设工程施工合同关系。合同实际履行情况为,从进场施工到停工,直至双方发生诉讼,共计施工13天。原、被告在法院主持下达成《协议书》,明确约定被告同意支付原告款项767 322.19元(含案件受理费、鉴定费),原告在收到款项当天对施工现场进行移交。被告将上述款项支付给原告,原告出具了收据。基于上述事实,双方当事人已通过自己的行为实际解除了合同,对双方争议的处理符合法律规定,法院据此制作民事调解书,确认双方的调解协议。

| 法律问题 |

1. 建设工程合同的类型
2. 建设工程合同的效力
3. 建设工程施工合同的基本内容

一、建设工程合同概述

(一)建设工程合同的概念

建设工程合同,是指承包人进行工程建设,发包人支付价款的合同。建设工程合同包括工程勘察设计合同、施工合同。

(二)建设工程合同的特征

建设工程合同实际是承揽合同的一种,《民法典》关于建设工程合同没有规定的内容,应当适用承揽合同的法律规定。与承揽合同相比,其特征如下:

1. 合同的标的物仅限于基本建设工程。建设工程主要是指土木建筑工程和建筑业范围内的线路、管道、设备安装,工程的新建、扩建、改建,以及大型建筑装修装饰活动。居民个人为住宅建设、装修的合同,是一般承揽合同,不是建设工程合同。

2. 合同的主体应当具备相当的条件。建设工程投资大、周期长、质量要求高、技术力量要求全面,因此,建设工程双方当事人的主体资格都是有限制的,特别是建设单位更要有资质的限制和要求。

3. 建设工程合同具有很强的国家管理性。建设工程合同的标的物为不动产,涉及人民安危和建设发展,因此国家对其进行严格的管理和监督,具有强烈的国家干预色彩。

4. 建设工程合同为要式合同。建设工程合同应当采用书面形式,不得采用口头形式订立。

(三)建设工程合同的订立

1. 建设工程合同的订立形式

订立建设工程合同应当采取招标投标的方式进行,遵循公开、公平、公正的原则。其订立主要采取两种形式:(1)发包人与承包人就整个建设工程从勘察、设计到施工,签订总承包协议,由承包人对整个建设工程进行承包;(2)发包人分别与勘察人、设计人、施工人签订勘察、设计、施工合同,实行平行发包,各个承包人分别就建设工程的勘察、设计、建筑、安装阶段的质量、工期、工程造价等与发包人产生债权债务关系。

如果是国家重大建设工程合同,应当按照国家规定的程序和国家批准的投资计划、可行性报告等文件订立。

2. 分包、转包合同的订立

建设工程可以分包和转包。分包是指工程的承包人经发包人同意后,依法将其承包的部分工程交给第三人完成的行为;转包是指施工单位以营利为目的,将承包的工程转给其他施工单位,不对工程质量承担任何法律责任的行为。

建设工程合同分包和转包的法律适用规则是:(1)分包须经发包人同意,承包人将自己承包的部分工作交由第三人完成,第三人就其完成的工作成果与总承包人或者勘察、设计、施工承包人向发包人承担连带责任。(2)建设工程主体结构的施工必须由承包人自行完成,禁止承包单位将其承包的全部建筑工程转包他人。禁止承包单位将其承包的全部工程肢解之后,以分包的名义分别转包他人。(3)分包人须具备相应的建设资质,并且分包只能分包一次,不得再次分包。

二、建设工程合同的一般效力

(一)承包人的义务

承包人作为承揽人,除了应当承担法律关于承揽合同规定的义务之外,还应当承担以下义务:

1. 容忍义务。建设工程的进度和质量对发包人的利益影响重大,所以承包人有义务接受发包人对工程进度和工程质量进行必要的监督,有义务对发包人的检查予以支持和协助。发包人的检查超出了适当的范围,影响工程正常作业的,承包人有权在说明理由的基础上予以拒绝。

2. 通知义务。在中间工程、隐蔽工程隐蔽前,承包人应当及时通知发包人进行检查验收,以确定工程质量是否符合合同约定和法律规定的要求。怠于通知或未及时通知造成的损失,由承包人负担。发包人没有及时对隐蔽工程进行检查,承包人可以顺延工期,并享有请求赔偿停工、窝工损失的权利。

(二)发包人的义务

1. 协助义务。发包人的协助是建设工程承包合同得以顺利履行的保证,因而发包人必须履行协助义务,按照约定提供相关材料、设备、场地、资金、资料等。违反协助义务、影响工程进度的,承包人可以顺延工期,请求赔偿停工、窝工的损失。

(1)提供材料和设备的义务。发包人应当按照约定提供材料和设备。采用包工不包料、包工半包料方式的,发包人应当负责材料和设备的全部或者部分的供应。

(2)提供场地的义务。发包人提供场地,是发包人按期完成正式工程和临时设施所需土地使用权的征用、民房的拆迁、施工用地和障碍物的拆除许可证等工作,为承包人提供施工场地。

(3)按时提供资金的义务。发包人应当按时提供建设资金,不能依约定时间和支付方式支付工程价款的,须承担责任。

(4)及时提供技术资料的义务。发包人应当按照合同要求及时全面地提供相关的技术资料,不得无故拖延和隐匿。

2. 对工程的验收义务。建设工程完工后,发包人应当及时对工程进行验收。

验收应当依循的依据是:(1)施工图纸及说明书。施工图纸有更改的,验收时应当以更改后的施工图纸为准。(2)国家颁布的施工验收规范。(3)国家颁布的建设工程质量验收标准。

建设工程须经过验收,由发包人正式接收该工程后,方可投入使用。建设工程未经验收,或者验收不合格的,不得交付使用。交付使用未经验收或者验收不合格工程,既可能有发包人的责任,也可能有承包人的责任,在使用过程中出现质量问题,承包人不能当然免责。

3. 支付价款并接收建设工程的义务。发包人对建设工程验收合格后,应按照约定,扣除一定的保证金后,将剩余工程价款按约定方式付给承包人。同时,发包人应当与承包人办理移交工程手续,正式接收建设工程。发包人逾期支付工程款,应当承担逾期付款的违约责任。

在给付工程价款中,我国《民法典》第807条规定了承包人的法定优先权,内容如下:

(1)法定优先权的实现时间。发包人未按时支付价款,承包人应当对发包人进行催告,告知其支付价款的合理期限,即付款宽限期,宽限期届满发包人仍不支付的,发包人可以行使优先权。

(2)法定优先权的实现方式。一是通过发包人与承包人之间的协议,对建设工程折价,承包人在支付折价款与工程款的差额之后,取得该项建设工程的所有权,使工程价款债权得到实现。二是对建设工程进行拍卖,在变价款中优先受偿。

(3)法定优先权的法律地位。这种优先权优先于发包人以在建工程为其他债权人设定的抵押权,即优先权受到清偿之后,才可以行使抵押权。

(4)法定优先权的登记。这种法定优先权是法定权利,基于法定条件的满足而直接取得,因此不需要进行登记。

(5)建设工程承包人的垫资。工程款应由发包人承担,承包人对工程款垫资本属于违背公序良俗的行为,但垫资已经成为事实时,承包人对实际发生的垫资也享有法定优先权。

(三)发包人、承包人享有法定解除权

依照《民法典》第806条的规定,建设工程合同的发包人和承包人都在特定的情形下享有法定解除权。

发包人的法定解除权是,承包人将建设工程转包、违法分包的,发包人可以解除合同。

承包人的法定解除权是,发包人提供的主要建筑材料、建筑构配件和设备不符合强制性标准或者不履行协助义务,致使承包人无法施工,经催告后在合理期限内仍未履行相应义务的,承包人可以解除合同。

当事人行使解除权解除合同后,已经完成的建设工程质量合格的,发包人应当按照约定支付相应的工程价款;已经完成的建设工程质量不合格的,参照《民法典》第793条的规定处理。

三、建设勘察设计合同

(一)建设勘察设计合同的概念和内容

建设勘察设计合同是勘察合同和设计合同的统称,是指建设工程的发包人或承包人与勘察人、设计人之间订立的,由勘察人、设计人完成一定的勘察、设计工作,发包人或承包人支付相应对价的合同。

勘察设计合同的主要内容是:(1)提交勘察或设计基础资料、设计文件的期限;(2)勘

察、设计的质量要求;(3)勘察、设计费用;(4)其他协作条件。

(二)建设勘察设计合同双方当事人的责任承担

1. 发包人的责任

发包人将一项工程的勘察、设计工作委托给勘察人、设计人后,勘察人、设计人即应按照合同约定开展勘察、设计工作。发包人则应当严守合同约定,不得随意更改勘察、设计内容,并按照合同约定,全面、准确、及时地提供勘察、设计所需的资料、工作条件等。发包人单方更改合同条款,或者不尽协助义务,增加了勘察人、设计人的额外工作量和额外开支,使勘察、设计费用不合理增加,勘察人、设计人有权请求发包人承担实际损失的赔偿责任。

2. 勘察人、设计人的责任

勘察人、设计人的勘察、设计质量不符合要求,质量没有达到合同要求或者勘察、设计不符合法律、法规的强制性标准,或者勘察人、设计人未按照合同约定的期限提交勘察、设计文件,致使工期拖延,因此给发包人造成损失的,承包人应当对发包人承担损害赔偿责任。

勘察人、设计人违约责任的承担方式为:(1)实际履行,继续完成勘察、设计;(2)损害赔偿,方法是减收或免收应得的勘察、设计费用,补偿相对人的损失,勘查、设计费用不足以赔偿的,需要另行赔偿。

四、建设工程施工合同

(一)建设工程施工合同的概念

建设工程施工合同,是指发包方即建设单位与承包方即施工人为完成商定的施工工程,明确相互权利、义务的协议。

依照施工合同,施工单位应当完成建设单位交给的施工任务,建设单位应当按照约定提供必要的条件并支付工程价款。

(二)建设工程施工合同的内容

建设工程施工合同应包含如下内容:

1. 工程范围。工程范围主要包括工程名称、地点,建筑物的栋数、结构、层数、面积等。

2. 建设工期。建设工期是指施工人完成施工工程的时间或者期限。

3. 中间交工工程的开工和竣工时间。一个整体的工程中有很多中间工程,前后相序,必须有明确的开工、完工时间,否则会影响后续工程的开工。

4. 工程质量。对建设工程的设计、施工方法和安全要求,要按照统一的技术标准进行,合同应当规定清楚,并且由建设主管部门对工程质量进行监督。

5. 工程造价。在以投标招标方式订立的合同中,应以中标时确定的金额为准。如果按初步设计总概算投资包干时,应以经审批的概算投资中与承包内容相应部分的投资为工程款。如按施工图预算包干,则应以审查后的施工图总预算或综合预算为准。

6. 技术资料交付时间。工程的技术资料,如勘察、设计资料等,发包方必须全面、客观、及时地交付给施工人,以保证工程的顺利进行。

7. 材料和设备的供应责任。合同中应当明确约定由哪一方承担材料和设备的供应责任。

8. 拨款和结算。采用何种方式拨款、结算，合同均要明确约定，这些款项主要包括：(1)预付款；(2)工程进度款；(3)竣工结算款；(4)保修扣留金。

9. 竣工验收。对建设工程的验收方法、程序和标准，国家制定了相应的行政法规予以规范，合同当事人应当遵守。

10. 质量保修范围和质量保证期。施工工程在办理移交验收手续后，在规定的期限内，由于施工、材料等原因造成施工质量缺陷的，施工单位应当负责维修、更换。对于建筑工程的质量保证期限，国家都有明确的要求。

11. 相互协作条款。各方当事人不仅需要各自积极履行义务，还需要相互协作，协助对方履行义务。

(三)施工人的责任

1. 无偿修理或者返工、改建。这是承包人需要继续履行的责任，应当根据不合格工程的具体情况，或者修理，或者改建，或者返工，使之达到合同约定的质量要求。承包人修理、返工、改建所支出的费用，由自己负责。

2. 逾期违约责任。由于承包人自己的原因使工程质量不合格，经承包人修理、返工、改建导致工程逾期交付的，构成迟延履行，承包人除应当承担迟延履行的违约责任外，还应当赔偿发包人因此而遭受的损失。

3. 建设工程施工合同无效的处理方法。《民法典》第793条规定，建设工程施工合同无效，但是建设工程经验收合格的，可以参照合同关于工程价款的约定折价补偿承包人。建设工程施工合同无效，且建设工程经验收不合格的，按照以下情形处理：(1)修复后的建设工程经验收合格的，发包人可以请求承包人承担修复费用；(2)修复后的建设工程经验收不合格的，承包人无权请求参照合同关于工程价款的约定折价补偿。

发包人对因建设工程不合格造成的损失有过错的，应当承担相应的责任。

引例分析

建设工程合同，是指承包人进行工程建设，发包人支付价款的合同。建设工程合同包括工程勘察设计合同、施工合同。本案双方当事人的争议是建设工程施工合同纠纷。《民法典》第789条规定，建设工程合同应当采用书面形式。第490条第2款规定，法律、行政法规规定或者当事人约定合同采用书面形式订立，当事人未采用书面形式但是一方已经履行主要义务，对方接受时，该合同成立。

按照这些规定，本案双方当事人订立建设工程施工合同，经过投标，达成协议。法律规定建设工程施工合同为要式合同，本案双方当事人在订立书面合同之前就一致同意进行施工，原告已经履行了部分施工义务，被告亦予以认可并接收了原告的工作成果，双方已经形成事实上的建设工程施工合同关系。在履行该建设工程施工合同不久，被告就要求原告停工，因而构成违约，并且造成不良社会影响，对于违约造成的原告的损失，被告应当承担赔偿责任。在诉讼过程中,双方达成调解协议,被告愿意承担违约责任,原告予以谅解,比较好地解决了争议。

这件建设工程施工合同纠纷案件虽然着重说明的是《民法典》第789条关于建设工程合同应当采用书面形式,同时体现了第490条第2款规定的要义,但是重要的价值还在于,警诫当事人订立建设工程合同特别是建设工程施工合同必须谨慎,通过书面合同确定双方的权利义务,之后再稳扎稳打地进行施工,切不可急于求成。事实上,本案的双方当事人都存在过失,否则不至于酿成纠纷。

第三节　运输合同

|引　例|

原告高某某通过中国铁路客服中心网站(12306.cn)以399元购得徐州至无锡东的火车票,后凭身份证将车票改签为2014年12月2日徐州东至无锡东G213次火车,取得纸质车票。原告于车票记载当日乘坐列车到达无锡东站后出站时,因当时未能出示有效车票,被告上海铁路局的工作人员要求其按规定补交票款399元及手续费2元,原告不得已予以补交,事后找到改签车票,与被告交涉,要求退还补票款401元。双方未达成一致而致涉讼。

判决认定的事实是,按照当时的《铁路互联网售票暂行办法》和《铁路互联网购票须知》的规定,旅客通过12306.cn网站购票后,铁路售票系统即形成一张电子客票,乘车站和下车站均具备居民身份证检票条件的,乘客可以将居民身份证作为乘车凭证,直接通过自动检票机自动识读居民身份证办理进出站检票;在列车上由工作人员通过核对居民身份证、铁路电子客票信息为乘车人办理验票。但是,旅客按规定的任一方式取得纸质车票后,铁路电子客票即失效,需凭纸质车票办理进出站检票和列车验票。换取纸质车票后丢失车票的,需按原车票车次、席位、票价重新购买一张新车票;持新车票乘车时,向列车工作人员声明;到站前经列车长确认该席位使用正常后,开具客运记录。在到站后24小时内,凭客运记录、新车票和乘车人有效身份证件原件,到售票窗口办理新车票退票。上述规定内容在用户注册12306.cn网站时,已提示用户阅读并同意遵守上述规定,网站主页的"客运首页"栏目下的"相关规章"中亦设置了上述管理规定的链接,购票旅客点击后即能查看。

法院审理认为,本案双方的争议焦点为,被告要求出站时无法出示有效车票的原告进行补票的行为是否构成违约。本案系铁路旅客运输合同纠纷,合同双方都有按照法律规定与合同约定全面履行合同的义务,否则应当承担相应的违约责任。原告于12306.cn网站购得火车票时,即与上海铁路局成立了铁路旅客运输合同关系,该合同合法有效,双方应当根据法律规定及合同约定履行合同。原告事后改签并取得纸质车票,系双方变更合同的行为,也是对车票形式的择定,该纸质车票即为原告乘车的凭证,之前从网站购得的电子客票失效。客运合同在履行过程中,旅客应当持有效客票,承运人应当按照客票载明的时间和班次运输旅客。旅客存在无票乘运、持失效客票乘运等情况的,应当补交票款,承运人可以按照规定加收票款。旅客有支付运输费用,当场核对票、款,妥善保管车票,保持票面信息完整可识别等义务;承运人有确保旅客运输安全正点、为旅客提供良好的旅行环境和服务设施等义务。

对于本案,首先,被告要求原告补票时,已经将原告自徐州东站安全运送至无锡东站,完成了客运合同的义务。虽然原告采用实名制方式购买火车票,但是铁路固有的承运方式没有变化,并且法律规定或者合同约定亦未因此增加铁路承运人的合同义务,故原告主张被告在履行合同过程中存在违约行为的主张缺乏法律和合同依据。其次,关于有效客票的形式、检票查验的要求,在相关购票须知及售票暂行办法中已予以明示,并提示网上购票的乘客在注册时阅读且承诺同意遵守。因此,前述须知、办法及规程规定的内容均系铁路旅客运输合同的内容,对合同双方均具有约束力。原告系通过网上购得车票,对相关权利义务应当视为知晓,应当遵守履行。再次,根据合同约定,旅客按规定的任一方式取得纸质车票后,铁路电子客票即失效,需凭纸质车票办理进出站检票和列车验票;电子客票和纸质车票只能选择其一作为有效的乘车凭证。原告将原来网购的车票改签并获取纸质车票时,即对有效车票的形式进行了选择,该纸质车票即为其在乘运过程中的唯一有效乘车凭证。原告在履行客运合同过程中有妥善保管纸质车票以供上海铁路局查验的义务,其出站时不能出示有效乘车凭证,被告向原告补收票款依法有据,并无不当。最后,根据合同约定,旅客补票后找到原来车票要求退票的,须在到站后24小时内,凭客运记录、新车票和乘车人有效身份证件原件,到售票窗口办理新车票退票。原告在客运合同履行完毕后找到原改签车票,要求上海铁路局退回补票款时,既未办理客运记录,又超出了约定的申请退票时限,故其请求缺乏合法依据。综上所述,被告已经完成了铁路旅客运输合同中承运人的义务,在原告未尽妥善保管有效车票的义务的情况下,被告向高某某补收票款,由高某某承担相应的违约责任,符合法律规定及合同约定,故驳回原告的诉讼请求。

| 法律问题 |

1. 运输合同及其特征
2. 客运合同的效力
3. 货运合同的效力
4. 联运合同

一、运输合同概述

(一)运输合同的概念

运输合同又称运送合同,是指承运人将旅客或者货物从起运地点运输到约定地点,旅客、托收人或者收货人支付票款或者运输费用的合同。

(二)运输合同的特征

1. 运输合同原则上是双务、有偿合同。承运人负有将旅客或货物运送到约定地点的义务,旅客负有按规定支付票款或运费的义务,互为对价,为双务、有偿合同。

2. 运输合同一般为诺成合同。运输合同一般是诺成合同。以托运单、提单代替书面运输合同的,因承运人往往需要收取货物并核查后,才能签发提单或在托运单上签字盖章,其性质为实践性合同。

3. 运输合同多为格式条款。承运人为了重复使用而预先拟定了格式条款,在订立合同时,旅客或者托运人只有同意或者不同意的选择。同时,客票、货运单、提单等均按照专门法规统一印制,具有合同书的性质,为格式条款的典型形态。

(三)运输合同的分类

以运输的对象为标准,运输合同可以分为旅客运输合同与货物运输合同。以运输工具为标准,运输合同可以分为铁路运输合同、公路运输合同、航空运输合同、水上运输合同、海上运输合同以及管道运输合同等。以承运人的多少为标准,运输合同可以分为单一运输合同和联合运输合同。

(四)运输合同的一般效力

1. 承运人的义务

(1)承运人在运输期间将客货运送到目的地的义务。这是运输合同适当履行义务的要求,具体为按照运输期间、地点和约定方式,由特定主体履行。

(2)承运人将客货安全运输到约定地点的义务。旅客持票上了承运人的运输工具后,或者托运人将货物交付承运人之后,承运人即负有将客货安全运输到目的地的义务。非由于法定的免责原因而造成客货损害的,应当承担相应责任。不履行按约定地点运送客货的,承运人对造成的损害承担违约责任。

(3)承运人有按通常的运输路线运输的义务。运输线路的选择,影响着客货的运输时间,故承运人负有按照通常的运输路线将旅客、货物运输到约定地点的义务。

(4)承运人在合同订立中的强制缔约义务。运输合同的承运人从事的是关乎广大群众利益的业务,因而法律赋予其强制缔约的义务。《民法典》第 810 条规定:“从事公共运输的承运人不得拒绝旅客、托运人通常、合理的运输要求。”承运人对于旅客和托运人通常的、合理的订约要求必须作出承诺,拒载的应承担违约责任。

2. 旅客、托运人或者收货人的义务

旅客、托运人或者收货人应当按照约定支付票款和运费。承运人不得违反国家的规定收取票款和运费。支付客货运输中的杂费,也属于旅客、托运人、收货人的义务,不应拒绝。

承运人未按照通常路线运输增加票款或者运费的,旅客、托运人、货运人有权拒绝支付增加的部分票款和运费。承运人违反规定多收的杂费,旅客、托运人、货运人也有权拒付。

二、客运合同

(一)客运合同的概念和特征

客运合同,也称旅客运输合同,是指承运人与旅客关于承运人将旅客及其行李安全运输到目的地,旅客为此支付运费的运输合同。其特征如下:

1. 客运合同的标的是运输旅客的行为。客运合同是旅客与承运人关于运输旅客的协议,客运合同的目的是按时将旅客安全送到目的地,所以,客运合同的标的是运输旅客的行为。

2. 客运合同为格式合同。客运合同通常采用票证的形式,如车票、船票、机票,合同的价款、运输时间、运输路线都是由承运人事先拟定,旅客只能选择购票或者不购票,没有讨价还价的余地。

(二)客运合同的成立和生效

客运合同一般自承运人向旅客交付客票时起成立,旅客提出购票的请求即为要约。在特殊情况下,承运人交付客票并不是合同成立,如旅客先上交通工具而后补票的,承运人准许其乘上交通工具之时,就是承诺之时。

一般认为客票剪口、办理登机手续时,客运合同的权利义务正式开始生效,约束双方当事人。

(三)客运合同的效力

1. 旅客的义务

(1)旅客有持有效客票乘运的义务。旅客必须出示有效客票才能向承运人主张权利,不能无票乘坐。旅客应当按照有效客票记载的时间、班次和座位号乘坐。旅客无票乘坐、超程乘坐、越级乘坐或者持不符合减价条件的优惠客票乘坐的,应当补交票款,承运人可以按照规定加收票款;旅客不支付票款的,承运人可以拒绝运输。实名制客票合同的旅客丢失客票的,可以请求承运人挂失补办,承运人不得再次收取票款和其他不合理费用。

(2)旅客有限量携带行李的义务。客运合同准许旅客携带行李一同乘运,但是携带行李的数量有限制,旅客应当遵守规定。旅客随身携带行李应当符合约定的限量和品类要求;超过限量或者违反品类要求携带行李的,应当办理托运手续。

(3)旅客有不得随身携带或者在行李中夹带危险品或者违禁物品的义务。违反者,承运人应予卸下、销毁或者送交有关部门,旅客坚持携带或者夹带的,承运人有权拒绝运输。

2. 承运人的义务

(1)承运人负有安全运输和告知义务。承运人应当严格履行安全运输义务,及时告知旅客安全运输应当注意的事项。旅客对承运人为安全运输所做的合理安排应当积极协助和配合。遇有不能正常运输的特殊情形和重要事由,承运人应当及时告知旅客并采取必要的安全措施。

(2)承运人有按照客票载明的时间、班次和座位号运输旅客的义务。客票上载明的时间、班次是客运合同双方当事人的合意,必须依约履行。承运人未按照客票载明的时间和班次进行运输的,旅客有权要求改乘其他班次、变更运输路线以到达目的地或者退票。承运人迟延运输的,应当履行告知和提醒义务,并根据旅客的要求安排改乘其他班次或者退票;由此造成旅客损失的,承运人应当承担赔偿责任,但是不可归责于承运人的除外。

(3)承运人负有在运输过程中的救助义务。运输过程中,如果旅客出现意外情况,如患病、分娩、遇险等,承运人应当尽力救助,违反该义务造成不良后果的,应当承担违约责任。

3. 承运人的赔偿责任

(1)承运人对运输过程中旅客伤亡的赔偿责任。承运人应当保证旅客的人身安全,对旅客在运输过程中伤亡的,承运人应当承担损害赔偿责任。对旅客故意、重大过失、自身健康原因造成的伤亡,承运人可以免责。对没有合法有效的合同关系的无票乘客未经允许搭乘的,承运人不承担责任。

(2)承运人对旅客随身携带行李的毁损、灭失负损害赔偿责任。在运输过程中旅客随身携带物品毁损、灭失,承运人有过错的,应当承担赔偿责任。

(四)客运合同的变更和解除

1. 由于旅客自身原因导致的变更和解除

旅客运输合同成立后至履行前,旅客由于自己的原因不能按照客票记载的时间乘坐的,可以在法定或者约定的时间内变更或解除合同,即变更客票记载内容或办理退票手续,承运人要收取一定比例的手续费。特殊情况下,如购买打折机票,不准改签变更,只能退票和重新购票。旅客逾期办理的,承运人不予退票,并不再承担运输义务。

2. 由于承运人的原因导致的变更和解除

由于承运人的原因导致客运合同的变更或解除,称为非自愿的变更或解除。

(1)因承运人的迟延运输导致的变更或解除。这种情况变更合同,应当根据旅客的要求安排改乘其他班次。旅客可以要求解除合同,由承运人原价退还旅客支付的票款,不得另收手续费。

(2)承运人擅自变更运输工具引起的合同变更。承运人单方变更运输工具,是违约行为,应当区分情况确定责任:因改变运输工具而降低服务标准的,旅客有权要求退票或者减收票款;因变更运输工具而提高服务标准的,承运人无权向旅客加收票款。

三、货运合同

(一)货运合同的概念和特征

货运合同,是指承运人将托运人交付的运输货物运送到约定地点,托运人支付运费的合同。货运合同有以下特征:

1. 货运合同往往涉及第三人。货运合同由托运人和承运人订立,二者为合同当事人。但托运人也可以为第三人的利益托运货物。第三人不是合同当事人,而是收货人,是合同的利害关系人。

2. 货运合同以将货物交付给收货人为履行完毕。货运合同的标的是运输行为,不仅要将运输的货物运输到目的地,而且要把货物交付给收货人,其义务方为履行完毕。

(二)货运合同的订立

货运合同的成立,以托运人提出运输货物的请求为要约,以承运人的同意运输为承诺。

托运人托运货物应当办理托运手续,负有申报义务,如实填报托运单,承运人在托运单上签字认可后,货运合同即告成立。

(三)货运合同的效力

1. 托运人的义务

(1)如实申报义务。托运人在将货物交付运输时,对法律规定或者合同约定的事项,如收货人的姓名、名称,收货地点,货物性质、重量、数量以及其他有关货物运输的情况,都必须如实填报。托运人不如实申报或者遗漏重要情况,造成承运人损失的,应当承担赔偿责任。

(2)按约定向承运人提交审批、检验等文件的义务。对需要国家批准、检验之后才可以运输的货物,托运人应当将办理审批、检验手续的文件提交给承运人。

(3)包装义务。合同对包装方式有约定的,托运人应当按照约定的方式包装货物。合同对包装方式没有约定或者约定不明确的,包装方式应当按照《民法典》第510条规定的方法确定;仍然不能确定的,应当采用通用的方式包装;没有通用方式的,应当采取足以保护货物的包装方式进行包装。托运人违反包装方式,承运人有权拒绝运输。

(4)托运人托运危险物品时的义务及责任。托运人应当按照国家有关危险物品运输的规定,对危险物品妥善包装,作出危险物标志和标签,将有关危险物品的名称、性质和防范措施的书面材料提交承运人。违反上述义务,承运人可以拒绝托运;造成损害时,托运人应当承担赔偿责任。

2. 承运人的权利、义务和责任

(1)承运人在托运人或收货人不支付运输费用时享有留置权。承运人可以对相应的货物进行留置,经过催告后仍不交付的,可以变卖货物以清偿债务。

(2)承运人在货物不能正常受领时享有提存货物的权利。不能正常受领货物,承运人可以提存的法定事由包括:收货人不明;收货人拒绝受领货物。承运人将货物提存后,货运合同债务消灭。

(3)通知义务。货物运输到达后,承运人负有及时通知收货人的义务。由于托运人或收货人的原因不能为通知时,承运人免除其通知义务。

(4)承运人对运输过程中货损的赔偿责任和免责事由。货物交付收货人后,承运人基于运输合同对承运的货物毁损、灭失负损害赔偿责任,是一般原则。运输过程中的货物所有权仍属于托运人或者收货人,在运输过程中货物毁损、灭失的,是因不可抗力、货物本身的自然性质或者合理损耗以及托运人、收货人的过错造成的,承运人不承担责任。

3. 收货人的义务

(1)及时提货及支付逾期提货费用的义务。收货人的主要义务是及时提货;逾期提货的,应当支付保管费等逾期提货的费用。

(2)支付托运人未付或者少付的运费以及其他费用的义务。运费应由托运人支付,如果约定收货人到站支付或者托运人未支付或者少支付的,收货人应当支付。

(3)在一定期限内检验货物的义务。收货人提货时,应当按照约定的期限检验货物。没有约定期限或者约定不明确的,依照《民法典》第510条仍不能确定的,应当在合理期限内检验货物。收货人在约定的期限或者合理期限内对货物的数量、毁损等未提出异议的,视为承运人已经按照运输单证的记载交付了货物。

(四)货运合同的变更或解除

托运人或货物凭证持有人可以请求货物运输合同中如下具体内容的变更或解除:(1)解除合同,由承运人中止运输、返还货物;(2)变更到达地,即将原定运输合同的到达地甲地变更为乙地;(3)变更收货人,即将货物交付其他收货人。

托运人变更或解除货运合同应当在承运人将货物交付收货人之前,超过这个期限,不能予以变更或解除。

托运人变更或解除货运合同,给承运人增加额外负担的,对承运人的损失应当负责赔偿。

四、联运合同

(一)联运合同的概念

联运合同即联合运输合同,是指托运人和两个以上的承运人通过衔接运送,用同一凭证将货物运送到指定地点,托运人支付各承运人运输费用的合同。

(二)单式联合运输合同

单式联合运输合同即单式联运合同,是指托运人与两个以上承运人以同一种运输方式就货物运输订立的合同。

对于单式联运合同中各承运人的责任负担,《民法典》明确规定,两个以上的承运人以同一运输方式联运的,与托运人订立合同的承运人应当对全程运输承担责任。损失发生在某一个运输区段的,与托运人订立合同的承运人和该区段的承运人承担连带责任。

(三)多式联合运输合同

1. 多式联运合同的概念

多式联运是与单一运输以及单式联运相对立的一种运输形式。多式联运合同,是指多式联运经营人与托运人订立的,约定以两种或者两种以上的不同运输方式,采用同一种运输凭证将货物运输至约定地点的合同。多式联运是一次托运、一次收费、一票到底、一次保险、全程负责的"一条龙"服务的综合性运输,有独特的优越性,对于满足人民生活需要,促进国民经济发展,具有重要意义。

2. 多式联运单据

多式联运的托运人在办理多式联运手续时,在交付货物、支付运费的同时,还应当填写相关的联运单据,确认相关事项。

多式联运单据既可以是可转让单据,也可以是不可转让单据。是否为可转让,经营者应根据托运人的要求签发,托运人对此有选择权。

3. 多式联运合同的效力

(1)多式联运经营人的一般权利和义务。多式联运经营人是与托运人相对应的联运合同的另一方当事人,负责对多式联运合同的履行和组织履行,享有全程运输的全部权利,包括收取运输费用、在托运人违约时请求赔偿等;同时也履行全部义务和承担全部责任,对各实际承运人在运送中造成迟延或者货物损害的,经营人都要承担赔偿责任。

(2)多式联运经营人与参加多式联运的承运人及托运人之间的责任承担。多式联运经营人对多式联运承担责任,但由于多式联运的各区段承运人之间都存在通过共同合作从事联合运输的内部协作,所以在各承运人之间存在一种事实上的合同型的联营关系。在经营人与托运人签订了多式联运合同后,各承运人都参与了这一合同关系,故而都应当承担责任。联运的各个承运人尽管可以约定各区段的责任归属,但是对托运人而言,经营人承担全部责任,各个承运人内部的约定对其不发生效力。

(3)多式联运经营人对货损的赔偿责任和责任限制。货物的毁损、灭失发生于多式联运的某一运输区段的,如果法律法规对某种运输方式、某种运输工具、某一运输区段有特别规定的,多式联运经营人的赔偿责任和责任限额应当适用调整该区段、该运输方式的有关法律规定予以确定。

(4)托运人的赔偿责任。在多式联运合同中,由于托运人托运货物时的过错造成多式联运经营人的损失的,即使托运人已经转让了多式联运单据,托运人也仍然应当承担对该损害的赔偿责任,并不因为其已经不是该货物的所有人而免除责任。

引例分析

本案的法律适用问题其实已经时过境迁,但是讨论这个案例有两个原因:一是《民法典》对此已经作出了新的规定,即第815条第2款规定:“实名制客运合同的旅客丢失客票的,可以请求承运人挂失补办,承运人不得再次收取票款和其他不合理费用。”原来的规章规定已经废止。二是在本案发生时,铁路运输单位的网络实名制售票尚未完善,还做不到完全实现电子客票的统一使用,因而存在案中所阐述的规则,但是现在已经不存在这个问题了。

毫无疑问,在当时的情况下,铁路系统关于补票的依据和相关法律规定在实名制语境下是有效力的,法院的判决也是正确的。其造成的后果正是本案原告主张的要求遗失车票的旅客全额补票客观上造成“坐一次车付两次款”的显失公平结果。铁路局在现有的技术条件下通过电脑简单查询就能够获悉旅客是否购票的前提下,仍然要求持票乘运加重了旅客方责任。被告主张,原告支付两次399元的本质属性不同,一为合同对价,二为违约金,涉案合同中不存在一方免除自身责任、加重对方责任、排除对方主要权利的条款。因为持有效客票乘运乃是原《合同法》第294条等相关法条明确规定的旅客应尽的法定义务,无票补票也是法定违约责任。且铁路承运人考虑到旅客利益,已经为不慎遗失车票的旅客提供了合理的权利救济途径。据此,法院支持了被告的主张。

不过,对于这个案件应当从两方面来看。一方面,当时被告方的主张和规则是否违反格式条款的法律规则;另一方面,这个案件的判决在社会上的影响非常大,尽管法院依照当时的规章作出了驳回原告诉讼请求的判决,但是,问题却引起社会各方的注意。对此采取的措施,一是督促铁路运输单位尽快完善电子客票网络系统,改变原来的规章规定;二是在《民法典》中增加新的规定。因此,尽管原告在本案中败诉,但是这一诉讼在完善我国运输合同的法制建设中发挥了重大作用。

第四节　技术合同

|引　例|

原告贾某某在卧凤沟乡政府的扶持帮助下,以卧凤沟乡工贸总公司非职务科研人员身份,参与开发"合成炭黑"等矿种的研制工作,完成了"合成炭黑"、《千枚岩在橡胶行业的应用》两项成果和《一种合成改性的千枚岩填料及其制备方法》发明。经原告等研制人员同意,"合成炭黑"成果以卧凤沟乡政府企业办为完成单位,并报请市政府职能部门审核备案,当事人之间没有签订合成炭黑权益归属问题的书面合同。市政府颁发"合成炭黑荣获2002年市政府科学技术进步三等奖。完成单位:某县卧凤沟乡企业办"的奖励证书,为原告等三人分别颁发"荣获2002年市政府科学技术进步奖励。成果名称合成炭黑;奖励等级三等"的奖励证书。法院审理查明,"合成炭黑"技术研制没有财政资金投入,没有履行科技成果登记手续,该技术成果进行过产品试验,尚未形成科技成果转化。因"合成炭黑"科技成果的权利归属问题,原告与被告卧龙乡政府发生纠纷,遂成此诉。

法院审理认为,关于"合成炭黑"科技成果权利的归属,依照非职务技术成果的使用权、转让权属于完成技术成果的个人,完成技术成果的个人可以就该项非职务技术成果订立技术合同的法律规定,虽然市政府在给"合成炭黑"颁发的奖励证书上标明"完成单位:某县卧凤沟乡企业办",但该非职务技术成果的主要完成人是原告,原告是该科技成果的权利人。故判决"合成炭黑"研究成果属于非职务技术成果,权属归原告享有。

|法律问题|

1. 技术合同及其法律特征
2. 技术开发合同
3. 技术转让合同与技术许可合同
4. 技术咨询合同与技术服务合同

一、技术合同概述

(一)技术合同的概念

技术合同,是指当事人就技术开发、转让、咨询或者服务订立的,确立相互之间权利和义务的合同。

（二）技术合同的特征

1. 技术合同的标的是技术成果。技术合同的标的不是一般的财产或劳务，而是凝聚着人类智慧和创造性劳动的技术成果，它的表现形式既可以是某种信息，也可以是某种实物或智力劳动。

2. 技术合同受多重法律调整。技术合同作为合同的组成部分，应当遵循民法关于债的一般规定，受《民法典》的调整。技术合同是基于技术的开发、转让、服务或咨询而产生的合同关系，在许多方面尤其是技术成果所有权方面，要受知识产权法的调整。

3. 技术合同是双务、有偿合同。在技术合同中，当事人双方都承担相应的义务，为双务合同。技术合同当事人一方从对方取得利益，须向对方支付一定的对价，为有偿合同。

4. 技术合同的主体一方具有特定性。技术合同在主体上有特定的要求，通常至少有一方是能够利用自己的技术力量从事技术开发、技术转让、技术服务或咨询的法人或自然人。

（三）技术合同订立的原则

订立技术合同须遵循《民法典》第 844 条规定的“订立技术合同，应当有利于知识产权的保护和科学技术的进步，加速科学技术成果的研发、转化、应用和推广”原则。

人类智慧凝成的各项科技成果，是现代经济发展的主要动力。通过合同制度能够加速科学技术成果的应用和推广，能够使技术充分发挥社会效益，为不断启迪新技术思想的新科学技术成果的诞生提供基础。

《民法典》将引领科学技术进步、加速科学技术成果应用和推广作为基本原则规定，目的在于鼓励和引导当事人正确运用技术合同这一法律形式，在科研与生产之间架起桥梁。

（四）技术合同的价款、报酬和使用费

技术合同价款、报酬和使用费的支付方式多样，由当事人自由约定，可以采用一次总算和提成支付等支付方式。

1. 一次总算

一次总算也称一次总付，又称定额支付。这种支付方式与实物形态商品交易的支付方式基本类似。在当事人签订合同时，将所有合同价款一次算清。

一次总算分为一次付清（一次性支付）和分期付清（分期支付）两种形式。

一次付清，付款时间通常是在技术转让方的技术资料交付完毕，经受让方核对验收后进行。

分期付清，是把技术合同的价款总额按照合同履行的先后顺序，分期分批地支付给转让方。支付的原则是要使合同价款与转让方完成的工作量挂钩，基本上形成“按劳付酬”的合同对价关系，即转让方履行了多少合同义务，受让方就支付多少合同价款，每次付款的金额根据合同的具体约定而定。

2. 提成支付

提成支付，是指将技术实施以后所产生的经济效益按一定的比例和期限支付给转让方，作为对转让方出让技术的经济补偿。提成费支付的总额最终由受让方在实施技术中获

得的实际经济效益的多少决定。提成支付分为单纯提成和“入门费+提成”两种支付方式。

单纯提成支付，是指全部提成费仅在受让方(合同工厂)的产品正式销售之后才向转让方支付，在此之前，受让方不需向对方进行任何支付。这种支付方式对受让方来说风险较小，而且该支付发生在受让方获得收益之后，没有预先支付而带来的资金负担。单纯提成的支付方式并不常用，其主要适用于那些合同履行期限短、技术比较成熟、市场前景稳定的技术交易项目。

“入门费+提成”的支付方式，是把合同价款分为固定价款和提成价款两部分。固定价款部分的支付方法与一次总算的支付方法相同，即在合同生效后的一段时间内一次或者分期付清。这部分固定价款称为“入门费”或初付费。提成部分的价款也可称为非固定价款或浮动价款，支付的方式与一般的提成支付相同，即在项目投产后，根据合同产品的销售情况逐年提成支付。具体的提成方法可以按照产品价格提成法、产值提成法、利润提成法或者销售额提成法计算。“入门费+提成”的支付方式使合同双方共担风险，共享收益，有利于加强双方的密切合作以及技术商品价值的尽快实现。这种支付方式以实际产生的费用为基础，比较合理，易于为合同当事人双方所接受，是目前应用普遍的计价办法。

为克服信息不对称可能给合同当事人利益带来的影响，当技术合同的双方当事人约定采用提成支付方式时，转让方、开发方或提供服务、咨询的一方有权核查受让方的账目。双方当事人应当在合同中约定查阅有关会计账目的办法。

(五)技术成果相关权利的归属

1. 职务技术成果

为执行本单位的任务完成的技术成果，是职务技术成果，应当属于单位所有或持有。主要是利用本单位的物质技术条件完成的技术成果，其特点是利用了本单位提供的资金、设备、零部件、原材料或者不向外公开的技术资料才得以完成。

职务技术成果的使用权、转让权属于单位，单位可以就该项职务技术成果订立技术合同，单位应当从使用和转让该项职务技术成果所取得的收益中提取一定比例，对完成该项职务技术成果的个人给予奖励或者报酬。

单位转让职务技术成果时，职务技术成果的完成人在同等条件下，享有优先受让的权利。

2. 非职务技术成果

《民法典》确认的属职务技术成果以外的技术成果，都属非职务技术成果。其使用权和转让权都属于技术成果的完成人，技术成果的完成人可以就该项成果订立相应的技术合同。

(六)技术合同无效的特别规定

根据《民法典》第850条规定，非法垄断技术或者侵害他人技术成果的技术合同无效。

二、技术开发合同

(一)技术开发合同的概念和特征

技术开发合同，是指当事人之间就新技术、新产品、新工艺、新品种或者新材料及其系统的研究开发所订立的合同。技术开发合同包括委托开发合同和合作开发合同。

技术开发合同的法律特征是：(1)技术开发合同的标的是具有创造性的技术成果；(2)技术开发合同是双务、有偿、诺成、要式合同；(3)技术开发合同的当事人须共担风险。

(二)委托开发合同的效力

1. 委托方的义务

(1)按照合同约定支付研究开发费用和报酬。研究开发费用是完成研究开发工作所必需的成本，除另有约定外，委托方应当提供全部研究开发费用；研究开发报酬是指研究开发成果的使用费和研究开发人员的科研补贴，委托方应按合同约定按时支付报酬。

(2)按照约定完成协作事项。委托方应依合同约定，向研究开发方提供研究开发所需要的技术资料、原始数据，并完成其他协作事项。在研究开发中，应研究开发方的要求，委托方应补充必要的背景材料和数据，但只以研究开发方为履行合同所必需的范围为限。

(3)按期接受研究开发成果。委托方应当按期接受研究开发方完成的研究开发成果。委托方不及时接受研究开发方交付的已完成的成果时，应承担违约责任并支付保管费用。

2. 研究开发方的义务

(1)依约制订和实施研究开发计划。研究开发人应尽快制订研究开发计划，按照合同的约定亲自履行研究开发的合同义务，实施研究开发计划。研究开发方不亲自履行研究开发义务的，委托方有权解除合同，并请求返还研究开发经费和赔偿损失。

(2)合理使用研究开发费用。研究开发方在完成研究开发工作中，应当依合同的约定合理使用研究开发费用。研究开发方将研究开发费用用于履行合同以外的目的的，委托方有权制止并要求其退还，以用于研究开发工作。

(3)按期完成研究开发工作并交付成果。研究开发方应当按照合同约定的条件按期完成研究开发工作，及时组织验收并将工作成果交付委托方。由于研究开发方的过错，致使研究开发成果不符合合同约定条件的，研究开发方应当支付违约金或者赔偿损失；致使研究开发工作失败的，研究开发方应当返还部分或全部研究开发费用，支付违约金或赔偿损失。

(4)研究开发方的后续义务。研究开发方还应当提供有关的技术资料，并给予必要的技术指导，对委托方人员进行技术培训，帮助委托方掌握该项技术成果。研究开发方不得向第三人泄露技术开发成果的技术秘密，不得向第三人提供该项技术成果，但当事人另有约定或法律另有规定的除外。

3. 委托开发合同当事人的违约责任

依照《民法典》第854条的规定，委托开发合同的当事人违反约定造成研究开发工作停滞、延误或者失败的，应当承担违约责任。

(三)合作开发合同的效力

1. 合作开发合同的双方当事人应负担的义务

(1)合作各方应当依照合同约定投资。合作开发合同当事人各方应依合同的约定投资。以资金以外的形式投资的，应当折算成相应的金额，明确当事人在投资中所占的比例。

(2)合作各方应依约定的分工参与研究开发工作并相互协作配合。合作开发合同的各方有共同进行研究开发工作的权利和义务。各方均应按照合同中约定的分工参与研究开发工作,并在工作中相互协作、相互配合。

(3)保密义务。合作开发合同的当事人各方应保守技术情报、资料和技术成果的秘密。

2. 合作开发合同的违约责任

合作开发合同中的任何一方违反合同,造成研究开发工作停滞、延误或者失败的,应当支付违约金或者赔偿损失。

合作开发合同当事人在约定的期限内不履行义务的,另一方或其他各方有权解除合同。违约方应当支付违约金,或者赔偿因解除合同而给另一方或其他各方所造成的损失。

(四)技术开发合同的风险责任和技术成果归属

1. 技术开发合同风险责任负担

技术开发合同风险责任负担的基本规则是:技术开发合同在履行过程中,因出现无法克服的技术困难,致使研究开发失败或者部分失败的,该风险责任由当事人约定。没有约定或者约定不明确,依照《民法典》第510条的规定仍不能确定的,风险责任由当事人合理分担。

2. 技术开发合同中技术成果权益的归属

(1)委托开发的开发人享有专利。委托开发所完成的技术成果如属可以申请专利的,申请专利的权利在一般情况下归研究开发人。但当事人约定申请专利的权利归委托人或由双方当事人共同行使的,从其约定。委托开发所完成的技术成果如属不可申请专利,或虽可申请专利但当事人不欲申请专利的,对于此项技术秘密成果当事人各方都有使用、转让和收益的权利;当事人就此另有约定的,从其约定。

(2)合作开发的开发人共有专利。合作开发所完成的技术成果如属可以申请专利的,申请专利的权利属于合作开发的当事人共有。但当事人约定归其中一方或几方所有的,从其约定。如属不可申请专利,或虽可申请专利但当事人不欲申请专利的,对于此项技术秘密成果,合作开发的各方当事人均有使用和转让、收益的权利。当事人就此另有约定的,从其约定。

三、技术转让合同和技术许可合同

(一)技术转让合同和技术许可合同的概念和特征

1. 概念

技术转让合同,是指合法拥有技术的权利人,将现有特定的专利、专利申请、技术秘密的相关权利让与他人所订立的合同。技术转让合同包括专利权转让、专利申请权转让、技术秘密转让等合同。

技术许可合同是合法拥有技术的权利人,将现有特定的专利、技术秘密的相关权利许可他人实施、使用所订立的合同。技术许可合同包括专利实施许可、技术秘密使用许可等合同。

技术转让合同和技术许可合同应当采用书面形式。

技术转让合同和技术许可合同中关于提供实施技术的专用设备、原材料或者提供有关的技术咨询、技术服务的约定,属于合同的组成部分。

2. 特征

技术转让合同和技术许可使用合同具有以下法律特征:技术转让或者技术许可的标的是现有的技术成果;技术转让合同和技术许可合同为双务、有偿、诺成、要式合同;依技术转让合同、技术许可合同所转移的是技术成果的所有权、使用权。

(二)技术转让合同和技术许可合同的“使用范围”条款

技术转让合同和技术许可合同的“使用范围”,是指技术转让方和受让方在合同中约定的对实施专利技术和使用非专利技术的合理限制,包含当事人合法使用合同标的技术的行为界限和活动领域。

在专利实施许可或专有技术转让的情况下,合同应当明确,受让方取得的是普通使用权、排他使用权还是独占使用权。在包含商标专用权的情况下,还应当明确注册商标专用权的性质。

除了确定技术许可合同的性质外,合同还可以约定转让方对受让方实施专利技术和使用专有技术的若干限制:(1)专利实施许可的期限不得超过整个专利权存续期;(2)技术转让方可以在合同中规定受让方使用合同标的的地区,即在其取得专利权的国家境内实施专利技术或在合同中准许受让方使用专有技术的地理范围;(3)当合同标的的实施表现为某种特定的工艺技术(方法),并且该技术可以用于多种用途和目的时,转让方可以在合同中约定受让方只能将其用于一种或几种目的和用途。

“使用范围”的限制是合法的,但不得以不合理的限制性条款妨碍技术竞争和技术发展。如果属于非法垄断技术、妨碍技术进步的,则该合同无效。

(三)技术转让合同和技术许可合同的效力

《民法典》第 864 ~ 877 条规定了技术转让合同和技术许可合同的效力。主要内容如下:

1. 订立和履行合同的原则

技术转让合同和技术许可合同可以约定实施专利或者使用技术秘密的范围,但是不得限制技术竞争和技术发展。

2. 专利实施许可合同

(1)专利实施许可合同仅在该专利权的存续期限内有效。专利权有效期限届满或者专利权被宣告无效的,专利权人不得就该专利与他人订立专利实施许可合同。

(2)专利实施许可合同的许可人应当按照约定许可被许可人实施专利,交付实施专利有关的技术资料,提供必要的技术指导。

(3)专利实施许可合同的被许可人应当按照约定实施专利,不得许可约定以外的第三人实施该专利,并按照约定支付使用费。

3. 技术秘密转让合同和技术秘密许可使用合同

(1)技术秘密转让合同的让与人和技术秘密使用许可合同的许可人应当按照约定提供

技术资料,进行技术指导,保证技术的实用性、可靠性,承担保密义务。这里规定的保密义务,不限制许可人申请专利,但是当事人另有约定的除外。

(2)技术秘密转让合同的受让人和技术秘密使用许可合同的被许可人应当按照约定使用技术,支付转让费、使用费,承担保密义务。

4. 技术转让合同

(1)技术转让合同的让与人和技术许可合同的许可人应当保证自己是所提供的技术的合法拥有者,并保证所提供的技术完整、无误、有效,能够达到约定的目标。

(2)技术转让合同的受让人和技术许可合同的被许可人应当按照约定的范围和期限,对让与人、许可人提供的技术中尚未公开的秘密部分,承担保密义务。

(3)许可人未按照约定许可技术的,应当返还部分或者全部使用费,并应当承担违约责任;实施专利或者使用技术秘密超越约定的范围的,违反约定擅自许可第三人实施该项专利或者使用该项技术秘密的,应当停止违约行为,承担违约责任;违反约定的保密义务的,应当承担违约责任。让与人承担违约责任,参照适用上述规定。

(4)被许可人未按照约定支付使用费的,应当补交使用费并按照约定支付违约金;不补交使用费或者支付违约金的,应当停止实施专利或者使用技术秘密,交还技术资料,承担违约责任;实施专利或者使用技术秘密超越约定的范围的,未经许可人同意擅自许可第三人实施该专利或者使用该技术秘密的,应当停止违约行为,承担违约责任;违反约定的保密义务的,应当承担违约责任。受让人承担违约责任,参照适用上述规定。

(5)受让人或者被许可人按照约定实施专利、使用技术秘密侵害他人合法权益的,由让与人或者许可人承担责任,但是当事人另有约定的除外。

5. 其他规定

(1)当事人可以按照互利原则,在合同中约定实施专利、使用技术秘密后续改进的技术成果的分享办法;没有约定或者约定不明确,依据《民法典》第510条的规定仍不能确定的,一方后续改进的技术成果,其他各方无权分享。

(2)集成电路布图设计专有权、植物新品种权、计算机软件著作权等其他知识产权的转让和许可,参照适用技术转让合同和技术许可合同的有关规定。

(3)法律、行政法规对技术进出口合同或者专利、专利申请合同另有规定的,依照其规定。

四、技术咨询合同与技术服务合同

(一)技术咨询合同

1. 技术咨询合同的概念

技术咨询合同是当事人一方以技术知识为对方就特定技术项目提供可行性论证、技术预测、专题技术调查、分析评价报告等所订立的合同。

2. 技术咨询合同的特征

技术咨询合同的法律特征是:技术咨询合同的调整对象是合同当事人在完成一定的技术项目中进行的可行性论证、技术预测、专题技术调查;履行技术咨询合同的目的,在于受托方为委托方进行科学研究、技术开发、成果推广、技术改造、工程建设、科技管理等项目提出建议、意见和方案；技术咨询合同的风险责任承担原则是，实施咨询报告而造成的风险损失，义务人可免于承担责任。

3. 技术咨询合同的效力

（1）委托人的义务。技术咨询合同的委托人应负以下义务：阐明咨询的问题，并按照合同的约定向受托人提供有关技术背景资料及有关材料、数据；按时接受受托人的工作成果并按约定支付报酬；委托方迟延支付报酬的，应当支付违约金；不支付报酬的，应当退还咨询报告和意见，补交报酬，支付违约金或者赔偿损失。

（2）受托人的义务。技术咨询合同的受托人应负以下义务：应当依照合同约定正确立题；技术咨询要有实用性和针对性，应在系统、全面考虑的基础上，抓住问题的核心提出解决的方法；受托方应当向委托方提供全面可靠的信息资料，提出的咨询报告应达到约定的要求。

（3）违约责任承担。技术咨询合同的委托人未按约提供必要的资料和数据，主要包括迟延提供、提供的资料和数据有严重缺陷以及不提供三种情形：一是委托方迟延提供合同约定的数据和资料，或者所提供的数据资料有严重缺陷，影响工作进度和质量的，委托方应当如数支付报酬，并支付违约金或者赔偿损失。二是委托方逾期不提供或者补充有关技术资料和数据、工作条件，导致受托方无法开展工作的，受托方有权解除合同，委托方应当支付违约金或者赔偿损失。三是技术咨询合同的受托方未按期提出咨询报告或者所提出的咨询报告不符合合同约定的，应当减收或者免收报酬，支付违约金或者赔偿损失。

（4）实施风险负担。技术咨询合同的委托方采纳和实施受托方作出的符合合同约定的咨询报告和意见后出现的风险责任，承担的原则是：除合同另有规定外，委托方按照受托方符合约定要求的咨询报告和意见作出决策所造成的损失，应当由委托方承担。

（二）技术服务合同

1. 技术服务合同的概念

技术服务合同，是指当事人一方以技术知识为对方解决特定技术问题所订立的合同，不包括建设工程的勘察、设计、施工合同和承揽合同。

2. 技术服务合同的种类

技术服务合同包括技术辅助服务合同、技术中介合同、技术培训合同。

技术辅助服务合同，是指当事人一方利用科技知识为另一方解决特定专业技术问题所订立的合同。

技术中介合同，又称技术中介服务合同，是指一方当事人为另一方当事人提供订立技术合同的机会或者作为订立技术合同的媒介的合同。

技术培训合同，又称技术培训服务合同，是指一方当事人为另一方当事人所指定的人员进行特定技术培养和训练的合同。

3. 技术服务合同的效力

技术服务合同中委托人的合同义务为：按照约定提供工作条件，完成配合事项；在技术辅助服务合同中，委托人应当按照合同的约定按期接受受托方的工作成果，在验收工作成果时，如发现工作成果不符合合同约定的技术指标和要求，应当在约定的期限内及时通知对方返工或改进;委托方应按照约定给付报酬。

技术服务合同受托人的主要义务是:按照合同约定完成服务项目,解决技术问题,保证工作质量,并传授解决技术问题的知识;未经委托人同意,不得擅自改动合同中注明的技术指标和要求;在合同中有保密条款时,不得将有关技术资料、数据、样品或其他工作成果擅自引用、发表或提供给第三人;发现委托人提供的技术资料、数据、样品、材料或工作条件不符合合同约定时,应在约定期限内通知委托人改进或者更换;应对委托人交给的技术资料、样品等妥善保管。

违反技术服务合同的违约责任是:技术服务合同的委托人不履行合同义务或者履行合同不符合约定,影响工作进度和质量,不接受或者逾期接受工作成果的,应当按照约定支付报酬;技术服务合同的受托人未按照合同约定完成服务工作的,应当承担免收报酬等违约责任。

| 引例分析 |

《民法典》第848条规定了非职务技术成果财产权的归属,即非职务技术成果的使用权、转让权属于完成技术成果的个人,完成技术成果的个人可以就该项非职务技术成果订立技术合同。技术研究人员未执行法人或非法人组织的工作任务,也未利用法人或非法人组织的物质技术条件完成的技术成果,就是非职务技术成果,即不属于法人或者非法人组织享有的技术成果。非职务技术成果的财产权即非职务技术成果的使用权、转让权,属于完成技术成果的个人,其身份权也属于完成非职务技术成果的人。完成技术成果的个人有权就该项非职务技术成果订立技术合同,有权获得因使用或转让该技术成果所取得的收益。

本案判决正确认定了非职务技术成果的属性。通常认为,非职务技术成果是指职务技术成果以外的技术成果,即完成技术成果的个人自行研究开发,并主要不是利用本单位的物质技术条件所完成的成果,须同时具备下述两个条件才能成立:一是该技术成果不是完成人在所在单位承担的科学研究和技术开发课题,也不是该完成人的岗位职责,而是完成人自行研究开发的;二是完成该技术成果的资金、材料、设备等物质条件主要不是由本单位提供的,项目研究开发的全过程中没有采用单位未公开的技术情报和技术资料。判决确认本案争议的成果为非职务技术成果,是有根据的。非职务技术成果的使用权、转让权属于完成技术成果的个人,完成技术成果的个人有权就该项非职务技术成果订立技术合同,也有权不订立技术合同。本案的该非职务技术成果的主要完成人是原告,原告是该科技成果的权利人,其与卧凤沟乡政府的技术合同转让关系属于民事法律关系中的财产关系,应受民法等价有偿原则的调整。故法院确认"合成炭黑"非职务技术成果的权属归原告享有,是正确的。

本章思考题

1. 承揽合同的风险负担规则是什么?

2. 建设工程合同发包人应当承担哪些义务？
3. 建设工程施工合同的形式和内容应当怎样理解？
4. 客运合同的效力是什么？
5. 货运合同的效力是什么？
6. 技术合同的价款、报酬和使用费的支付方法有哪些？
7. 职务技术成果与非职务技术成果有哪些区别？

第十二章　保管、仓储、委托、物业服务合同

第一节　保 管 合 同

|引　例|

某日14时,原告曹某前往被告富汇丽宫休闲中心洗浴、按摩。被告的服务员协助原告将其衣物及随身物品装入黑色塑料袋,放置于被告为顾客设置的储物柜里保管。原告将储物柜上锁后,在被告处接受洗浴及按摩服务,于当天16时更衣时,发现放置于储物柜的黑色塑料袋里面的财物丢失。原告在被告处消费期间,共支付服务费200元。原告向法院起诉,请求被告承担保管物失窃的赔偿责任。

法院审理认为,本案原、被告双方争议的焦点为是否成立保管合同。保管合同是保管人保管寄存人交付的保管物,并返还该物的合同。原告与被告虽然未签订保管合同,也未口头约定有关保管合同的权利义务,但按照休闲服务行业的交易习惯,被告在为顾客提供服务的同时,应对顾客存放在其提供的储物柜里的财物负有保管义务。虽然被告未明确要求原告支付保管费,但是,原告在接受富汇丽宫休闲中心提供的服务后支付200元,该笔费用应视为已经包含相应的保管费。原告与被告之间的保管合同应为有偿的保管合同。故判决本案被告因违反保管合同的义务致使原告保管的财物被窃,对原告的损失承担赔偿责任。

|法律问题|

1. 保管合同及其特征
2. 保管合同的效力
3. 消费保管合同

一、保管合同概述

(一)保管合同的概念

保管合同又称寄托合同、寄存合同,是指保管人保管寄存人交付的保管物,并返还该物的合同。寄存人到保管人处从事购物、就餐、住宿等活动,将物品存放在指定场所的,也是保管,但是当事人另有约定或者另有交易习惯的除外。

交付物品保管的一方为寄存人,保管物品的一方为保管人,其所保管的物品为保管物。

(二)保管合同的特征

1. 保管合同为实践合同。保管合同的成立不仅须有当事人双方的意思表示一致,而且须有寄托人将保管物交付于保管人的行为。寄托人交付保管物是保管合同成立的要件,因而为实践合同。

2. 保管合同为无偿、不要式、双务合同。保管合同在原则上应为无偿合同,也可以约定为有偿合同。保管合同仅以寄存人对保管物的实际交付为成立要件,并不要求当事人必须采取何种特定形式,为不要式合同。保管合同是双务合同,不以保管的有偿无偿为标准。

3. 保管合同的标的是保管行为。保管合同订立的直接目的是由保管人保管物品,而不是以保管人获得保管物的所有权或使用权为目的。因此,保管合同的标的是保管人的保管行为,保管人的主要义务是保管寄存人交付其保管的物品,保管合同以此与借用、租赁、承揽、运送等合同区分开来。

4. 保管合同移转保管物的占有。保管合同为实践合同,以保管物移交给保管人为成立要件,不发生保管物的所有权或使用权转移,只是将保管物交由保管人保管,保管人因此而取得占有。

二、保管合同的效力

(一)保管人的义务

1. 给付保管凭证。除非当事人另有约定,在寄存人向保管人交付保管物时,保管人应当给付保管凭证。保管凭证的给付并不是保管合同的成立要件,也不是保管合同的书面形式,其作用是表明保管人收到了保管物;证明保管合同关系已经存在;寄存人凭保管凭证领取保管物。另有约定或者另有交易习惯的,保管人可以不给付保管凭证。

2. 妥善保管保管物。妥善保管保管物是保管人应负的主要义务。保管人对保管物的保管,在保管合同为无偿时,应尽与处理自己的事务为同一的注意,负具体过失责任;在保管合同为有偿时,应尽善良管理人的注意,负抽象过失责任。为充分保护消费者的利益,商业经营场所对顾客寄存的物品,无论其保管是有偿还是无偿,都应尽善良管理人的注意。

保管人对保管物的保管方法和场所,当事人有约定的从其约定;无约定的应依保管物的性质、合同的目的以及诚实信用原则确定。

保管人须亲自为保管行为,除当事人另有约定或另有习惯,或者保管人因特殊事由(如患病)不能亲自履行外,不得将保管义务转托他人履行。

保管期间,因保管人保管不善造成保管物毁损、灭失的,保管人应当承担赔偿责任。但是,无偿保管人证明自己没有故意或者重大过失的,不承担赔偿责任。

3. 不得擅自使用或许可第三人使用保管物。保管人不得使用保管物,也不得准许第三人使用;只有在经寄存人同意或基于保管物的性质必须使用(保管物的使用属于保管方法的一部分)的情形除外。保管人未经寄存人同意,其使用也非为保管物的性质所必要,擅自使用保管物或者许可第三人使用保管物的,则保管人应向寄存人支付相当的报酬,以资补偿。

4. 危险通知义务。保管人对寄存人负有危险通知义务。危险通知,是指在出现寄存人寄存的保管物由于第三人或自然原因可能会失去的危险情形时,应通知当事人。在第三人对保管物主张权利、提起诉讼或实行扣押时,保管人应从速将该情事通知寄存人。在保管物受到意外毁损灭失或者保管物的危险程度增大时,保管人也应及时将有关情况通知寄存人。

5. 返还保管物。保管合同无论是否到期,寄存人都可以随时要求返还寄存物,保管人有返还义务。保管期限届满或者寄存人提前领取保管物的,保管人应当将原物及其孳息归还寄存人。保管人返还保管物的时间为保管合同终止之时,除非有特别理由,保管人不得要求寄存人提前领取保管物。如果保管合同没有约定期间,或者约定不明确的,则寄存人随时可以领取保管物,保管人也可以随时要求寄存人领取保管物。在第三人对保管物主张权利时,除非有关机关已经对保管物采取了保全或者执行措施,保管人仍应向寄存人履行返还保管物的义务。

(二)寄存人的义务

1. 支付保管费及其他费用。保管合同为有偿时,寄存人负有向保管人支付报酬的义务。有关部门对保管的报酬有规定的,应从其规定:无规定的,从当事人的约定。在一般情况下,保管人自得依合同的约定请求报酬全额,保管合同因不可归责于保管人的事由而终止时,除合同另有约定外,保管人可以就其已为的保管部分请求报酬。保管合同因可归责于保管人的事由而终止的,除当事人另有约定,保管人不得就其已为保管的部分请求报酬,但仍可主张偿还费用。保管合同中的报酬给付采报酬后付原则,保管人不得就报酬未付与保管物的保管,主张同时履行抗辩权,但可以就报酬的给付与保管物的返还主张同时履行抗辩权。当事人对报酬没有约定的,保管合同为无偿合同,寄存人无报酬给付义务。寄存人未按照约定支付保管费或者其他费用的,保管人对保管物享有留置权,但是当事人另有约定的除外。

除当事人另有约定外,寄存人应偿付保管人为保管保管物所支出的必要费用。

如果寄存人不履行保管报酬与必要费用的偿付义务,保管人可以就保管物行使留置权。

2. 保管物情况的告知义务。寄存人交付的保管物有瑕疵,或者按照保管物的性质需要采取特殊保管措施的,寄存人应当将有关情况告知保管人,由于寄存人未告知致使保管物受损失的,保管人不承担损害赔偿责任。

由于保管物本身的性质或者瑕疵使保管人受到损害的,寄存人应当承担赔偿责任。在保管人于合同成立时已知保管物有发生危险的性质或瑕疵的情况下,寄存人得免除损害赔偿责任,但保管人因过失而不知上述情形时,寄存人不能免责。于此情况下,应适用过失相抵原则。寄存人以保管人于合同成立时知道保管物有发生危险的性质或瑕疵而主张免责的,应负举证责任。因保管物的性质或瑕疵给第三人造成损害的,寄存人应负侵权赔偿责任。

3. 贵重物品的声明义务。当寄存人寄存的物品为货币、有价证券或者其他贵重物品时,应向寄存人履行告知义务,并经由保管人验收或封存;寄存人未尽告知义务的,保管人仅须按照一般物品的价值予以赔偿。

三、消费保管合同

(一)消费保管合同的概念

消费保管合同又称不规则保管合同,是指保管物为种类物,双方约定保管人取得保管物的所有权(或处分权),而仅负以种类、品质、数量相同的物返还寄存人义务的合同。

消费保管合同也以保管物的保管为目的,属于实践合同,并以寄存人将物品交付保管人时为成立,但是其与一般保管合同有以下不同:(1)消费保管合同的保管物须为种类物;(2)消费保管合同须移转保管物的所有权(或处分权)于保管人;(3)消费保管合同的保管人须以种类、品质、数量相同的物予以返还;(4)消费保管合同中保管物所有权(或使用权)既已移转于保管人,则保管物的利益及危险亦由保管人享受和负担;(5)在保管人破产时,寄存人对保管物无取回权。

(二)消费保管合同的效力

在消费保管合同,保管人负有返还种类、品质、数量相同的保管物品的义务;当事人约定有利息的,还应负支付利息的义务,寄存人无须付报酬和偿还费用。但若约定由保管人支付利息,则寄存人应就保管物的瑕疵负瑕疵担保责任。

|引例分析|

《民法典》第888条第1款规定了保管合同的定义:保管合同是保管人保管寄存人交付的保管物,并返还该物的合同。保管合同是实践合同,即保管合同的成立不仅需要当事人双方对保管寄存物品达成一致的意思表示,而且须寄存人向保管人移转寄存物的占有。本案的曹某与富汇丽宫休闲中心虽未签订保管合同,也未口头约定有关保管合同的权利义务,但按照休闲服务行业的交易习惯,富汇丽宫休闲中心在为顾客提供服务的同时,应对顾客存放在其设置的储物柜里的财物负有保管义务。曹某在接受富汇丽宫休闲中心提供的服务前将衣物及随身物品装入黑色塑料袋后放置于富汇丽宫休闲中心为顾客设置的储物柜里,双方之间已经成立保管合同,产生保管的权利义务关系。

对于本案,还应当说明以下两个问题:

第一,保管合同适用于就餐、购物等存放物品于商家指定场所的场合。原《合同法》对此没有规定,《民法典》第888条第2款规定:"寄存人到保管人处从事购物、就餐、住宿等活动,将物品存放在指定场所的,视为保管,但是当事人另有约定或者另有交易习惯的除外。"这样的新规则是十分重要的。除外的情形是,当事人约定物品存放于指定场所,保管人不承担保管责任,或者是按照交易习惯保管人不承担保管责任的,不适用此项规定。

第二,对于符合《民法典》第888条第2款规定的视为保管合同不需推定消费费用中包含保管费用。对本案,法院审理认为,虽然富汇丽宫休闲中心未明确要求曹某支付保管费,但曹某在接受富汇丽宫休闲中心提供的服务后已支付200元,该笔费用应视为已经包含相应的保管费,曹某与富汇丽宫休闲中心之间的保管合同应为有偿的保管合同。这个认定其实是没有必要的,原因是,既然将这种情形视为保管合同,就不一定必须有偿。一方面,认为服务费用包含保管费用没有证据证明;另一方面,如果消费者存放物品后未消费,保管的物品遗失,难道就不构成保管合同吗?所以,对于寄存人到保管人处消费,将物品存放在指定场所的,直接视为成立保管合同即可,双方发生保管合同的权利义务关系。

第二节 仓 储 合 同

|引 例|

某年1月1日,原告某公司与被告有限公司签订《仓储合同》,约定:原告在被告库场内存放进口铁矿石若干吨,期限为1年,货物所有权为原告所有,原告有权随时提走存放在被告处的铁矿石;原告的上述货物进入被告库场后,被告应向原告出具入库证明。3月29日至6月4日,东方公司向被告提供了5份货物过户证明,记载东方公司将存放在被告处的东方公司的"蓝月亮"船粉矿共计149 962吨过户给原告,被告均于收到货物过户证明的同日出具入库证明,记载原告在被告处存放库存共计149 962吨进口粉矿,船名"蓝月亮",并标明了存放地。嗣后,原告、被告之间对被告出具的入库证明是否具有仓单的效力发生争议,原告诉至法院,主张被告应另外开具仓单。

法院审理认为,被告向原告出具的入库证明是否应当认定为仓单,应当确认入库证明是否具有仓单的必要内容。《民法典》第909条规定:保管人应当在仓单上签名或者盖章。仓单包括下列事项:(1)存货人的姓名或者名称和住所;(2)仓储物的品种、数量、质量、包装及其件数和标记;(3)仓储物的损耗标准;(4)储存场所;(5)储存期间;(6)仓储费;(7)仓储物已经办理保险的,其保险金额、期间以及保险人的名称;(8)填发人、填发地和填发日期。根据上述规定,仓储合同的保管人接收了存货人交付的仓储物,应当向存货人交付仓单。仓单应当记载存货人的基本信息、仓储物情况以及储存地点和时间等相关信息。在本案中,被告接收并仓储案涉货物之后,依据东方公司出具的货物过户证明,向原告出具了入库证明,该入库证明明确记载原告在被告处库存进口粉矿,并载明了相应的数量、货物运输的船舶名称和存放地点,其内容符合仓单的形式要件和实质要件。故判决该入库证明应当认定为仓单。

|法律问题|

1. 仓储合同及其特征
2. 仓单的性质及效力
3. 仓储合同的效力

一、仓储合同概述

(一)仓储合同的概念

仓储合同又称仓储保管合同、仓库营业、仓库内寄托,是指保管人储存存货人交付的仓储物,存货人支付仓储费的合同。

（二）仓储合同的特征

1. 保管人是有仓储设备并专事仓储保管业务的仓库营业人。保管人作为保管存货人货物的一方,只能是仓库营业人。从事仓库营业的人须具有仓库营业人的资格,取得专门或者兼营仓储保管业务的营业许可,办理了仓储营业登记。

2. 仓储合同的保管对象须为动产。依仓储保管合同的性质,存货人交付保管人保管的只能是动产。存货人不能以不动产为保管对象订立仓储合同。

3. 仓储合同为诺成、双务、有偿合同。仓储合同为诺成性合同,其当事人双方于合同成立后生效,互负给付义务。仓库营业人须提供仓储服务,存货人须给付报酬和其他费用,双方的义务具有对应性和对价性,因而为双务、有偿合同。

4. 存货人主张货物已交付或行使返还请求权以仓单为凭证。仓储合同的存货人凭仓单提取储存的货物,也可以以背书方式并经仓库营业人签名将仓单上所载明的物品所有权移转给他人。《民法典》明确确认存货人应以仓单为凭证,主张货物已交存和请求返还货物。

二、仓单

（一）仓单的概念

仓单,是指保管人在收到仓储物时,向存货人出具的表示收到了一定数量的仓储物的法律文书。保管人依存货人的要求,应当向存货人开具由其签名的仓单,所以仓单也是保管人应存货人的请求签发的一种有价证券。[1]

（二）仓单的性质

仓单以给付一定的物品为标的,故为物品证券。由于仓单上所载货物必须移转,仓单始生所有权转移的效力,故仓单又称为物权证券或处分证券。由于仓单上记载的事项须依法律的规定作成,故为要式证券。仓单的记载事项决定当事人的权利义务,当事人须依仓单上的记载主张权利义务,故仓单为文义证券、不要因证券。又因为仓单是由保管人自己填发的,由自己负担给付义务,所以仓单为自付证券。

（三）仓单的内容

仓单是仓库营业人应存货人的请求而签发的有价证券,须具有以下内容,不能有缺项:(1)存货人的名称或者姓名和住所;(2)仓储物的品种、数量、质量、包装、件数和标记;(3)仓储物的损耗标准;(4)储存场所;(5)储存期间;(6)仓储费;(7)仓储物已经办理保险的,其保险金额、期间以及保险公司的名称;(8)填发人、填发地和填发日期。

（四）仓单的效力

仓单上所载明的权利与仓储物是不可分离的,故仓单具有以下效力:(1)受领仓储物的

---

〔1〕 王利明等:《民法学》(下册)(第6版),法律出版社2020年版,第836页。

效力。仓库营业人一经填发仓单,则持单人对于仓储物的受领,不仅应出示仓单,而且还应交回仓单。(2)移转仓储物的效力。仓单上所记载的货物,由货物所有人在仓单上背书,并经仓库营业人签名,发生所有权转移的效力。(3)以仓单出质的效力。存货人或者仓单持有人可以凭仓单设立质权。

如因仓单损毁或遗失、被盗而灭失,仓单持有人丧失仓单的,得依我国《民事诉讼法》的规定,通过公示催告程序以确认其权利。

三、仓储合同的效力

(一)保管人的义务

1. 给付仓单、入库单。存货人交付仓储物的,保管人应当发给仓单、入库单。这既是保管人接收存货人交付仓储物的必要手续,也是其向存货人履行的一项义务。

2. 接受和验收仓储物。保管人应按合同的约定,接受存货人交付储存的货物。保管人不能按合同约定的时间、品名、数量接受货物入库的,应承担违约责任。保管人在接受存货人交存货物入库时,应当按照合同的约定对货物进行验收,包括实物验查和样本验查。保管物有包装的,验收时应以外包装或货物标记为准;无标记的,以存货人提供的验收资料为准。

3. 妥善保管仓储物。保管人应当按照合同约定的储存条件和保管要求妥善保管仓储物。仓储物出现危险,保管人有义务及时通知存货人。当仓储物变质或者损坏危及其他仓储物时,须对这些变质或者损坏的仓储物进行紧急处置。

4. 同意存货人或仓单持有人检查仓储物或提取样品。存货人和仓单持有人都是仓储物的所有权人,可以随时提出请求检查仓储物或者提取样品。对此,保管人有义务满足存货人和仓单持有人的请求,不得拒绝。仓单持有人还可以请求仓库营业人将保管的货物分割为数部分,并分别填发仓单,持有人须交还原仓单。分割仓单所支出的费用,由存货人支付或偿还。

5. 通知催告义务。仓储物在仓储期限有可能发生变质或者损坏的问题。遇有这样的问题,保管人负有通知义务,应当将上述情况及时通知存货人或者仓单持有人,由他们对仓储物进行妥善处理,以避免损失扩大。存货人或者仓单持有人在接到通知后,应当及时处理仓储物。存货人或者仓单持有人处理不及时或者不处理,造成损失的,应当由自己承担损失。

6. 返还仓储物。保管人应当依照合同约定的期间,将仓储物返还存货人或者仓单持有人。对于储存期限没有约定或约定不明确的,存货人或仓单持有人可以随时提取仓储物,保管人也可以随时要求存货人或仓单持有人提取仓储物,但应当给予必要的准备时间。

(二)存货人的义务

1. 按照合同约定交存仓储物入库。存货人应当按照合同约定的品名、时间、数量等,将仓储物交保管人入库,提供验收资料,据实告知货物情况。存货人应当按照合同约定对仓储物进行包装,因包装不符合合同约定造成仓储物损害的,保管人不承担损害赔偿责任。

2. 支付仓储费及其他必要费用。存货人应当按照合同约定向保管人支付仓储费,其数额、支付时间及地点等依仓单的记载而定。如果保管人为保管仓储物支付了其他必要费用,存货人也应当偿付给保管人。存货人没有按照合同约定支付仓储费和其他必要费用的,保管人有权对仓储物进行留置,行使留置权。

3. 按时提取仓储物。仓储物的储存期限届满,仓单持有人应依约对仓储物进行提取。仓单持有人提货应当持仓单进行,保管人"认单不认人",凭单付货。仓单持有人逾期提货的,应当对逾期部分补交仓储费用。提前提货的,由于没有按照合同的约定提货,对已经收取的仓储费用不予减收。仓单持有人不按时提货的,保管人应当进行催告,限其在合理期限内提货。在催告的合理期限内仍不提货的,保管人可以对该仓储物予以提存,其后果由仓单持有人负责。

引例分析

《民法典》第909条规定了仓单应记载的事项。仓单应当记载存货人的基本信息、仓储物情况以及储存地点和时间等相关信息。在本案中,被告接收并仓储案涉货物之后,依据东方公司出具的货物过户证明,向原告出具了入库证明,明确记载原告在被告处库存进口粉矿,并载明了相应的数量、货物运输的船舶名称和存放地点,其内容符合《民法典》第909条规定的仓单形式要件和实质要件。据此,法院结合原告与被告签订的《仓储合同》互相呼应的情况,认定案涉入库证明具有仓单的属性,并非没有道理。但是,《民法典》第908条规定:"存货人交付仓储物的,保管人应当出具仓单、入库单等凭证。"按照这一规定,保管人履行仓储合同,接受了存货人交付的仓储物后,不仅要出具入库单,还要出具仓单,即应当出具"两单"。其中入库单证明保管人收到了仓储物,仓单则证明存货人在仓库存放的仓储物的权属,二者的功能并不完全相同。本案被告对原告出具的入库证明,显然是入库单,而不是仓单,将入库单直接认定为仓单确有不妥。入库单只能证明仓库存货的内容,不具有仓单的权属性和流转性。因此,为了保证仓单的权威性和流通性,须依照法律规定严格认定,避免损害存货人的合法权益。

第三节　委托合同

引　例

原告郑某某因急需用钱,与某贷款股份有限公司签订借款合同,约定原告向贷款公司借款45万元,并约定了期限。同日,原告欲卖自己所有的房屋一套,并就买卖房屋事宜与被告杨某签订委托协议。协议载明,原告是涉讼房屋的产权人,现委托杨某、刘某办理相关事宜,委托权限为全权委托,委托人对受托人办理的相关手续及签署的相关合同、协议、文件予以认可,并享有相关权利,承担相关义务。同日,该协议在某公证处进行了公证。嗣后,被告以郑某某名义与案外人周某、蔡某签订《房地产买卖合同》,约定由周某、蔡某购买涉讼房屋,双方同意原告于某日前腾出该房屋,并通知周某、蔡某验收交接。

双方共同向房地产交易中心申请办理转让过户手续,周某、蔡某分4笔共计向被告支付了房款92.80万元。周某、蔡某要求原告腾房,并称房款已经支付给被告。原告经查询后,方得知涉讼房屋已被登记为周某、蔡某所有。无奈之下,原告搬离涉讼房屋,且为追回房款,向法院起诉,请求被告交付卖房所得。

法院审理认为,原告、被告双方就出售涉讼房屋订立的委托合同,为双方真实意思表示,合法有效,予以确认,双方当事人均应本着诚实信用原则依约履行。受托人应当按照委托人的指示处理委托事务。原告虽对卖房具体事宜一无所知,但委托合同的签署确为其真实意思表示,被告的卖房行为并没有违反委托合同的约定。但是,受托人处理委托事务取得的财产,应当转交给委托人。原告委托被告卖房,被告可代收房款,被告并无权利占有该款项,应及时向原告返还全部房款。故原告要求被告返还房款的诉讼请求于法有据,予以支持。法院判决被告向原告返还房款并支付相应利息。

| 法律问题 |

1. 委托合同及其特征
2. 委托合同的种类
3. 委托与代理的关系
4. 委托人与受托人的效力
5. 间接代理

一、委托合同概述

(一)委托合同的概念

委托合同又称委任,是指委托人与受托人约定,由受托人处理委托人事务的合同。委托他方处理事务者为委托人,允诺为他方处理事务者为受托人。

(二)委托合同的特征

1. 委托合同是以为他人处理事务为目的的合同。委托合同是一种典型的提供劳务以完成一定任务的合同,合同订立后,受托人在委托的权限内所实施的行为等同于委托人自己的行为,受托人办理受托事务的费用也由委托人承担。

2. 委托合同的订立以委托人和受托人之间的相互信任为前提。委托人之所以选定某人作为受托人为其处理事务,是以其对受托人的办事能力和信誉的了解、相信受托人能够处理好委托的事务为基本出发点的。而受托人之所以接受委托,也是出于愿意为委托人服务,能够完成受托事务的自信,这也是基于对委托人的了解和信任。

3. 委托合同是诺成、不要式合同。委托合同为诺成合同而非实践合同,委托合同的当事人双方意思表示一致时,合同即告成立,无须以物之交付或当事人的履行行为作为合同成立的要件。委托合同原则上为不要式合同,当事人可以根据实际情况选择适当形式。

4. 委托合同是否有偿在于当事人的约定。委托合同可以是有偿的,也可以是无偿的,完全由当事人约定或就个别事项依法律特别规定。商事委托通常以有偿为原则,而普通民事委托则可以无偿。

（三）委托合同的种类

1. 特别委托与概括委托

特别委托，是指委托受托人处理一项或者数项特别事务的委托。概括委托，是指委托人委托受托人处理一切事务的委托。

2. 单独委托与共同委托

单独委托，是指受托人为一人的委托。共同委托，是指受托人为两人以上的委托。共同委托中的一个受托人或数个受托人都违反了受托人的义务，给委托人带来损失的，委托人可以向所有受托人或其中任何一个要求赔偿，受托人相互之间负连带责任。

3. 直接委托与转委托

直接委托，是指由委托人直接选任受托人的委托。转委托，是指受托人为委托人再选任受托人的委托。

转委托有两种原因：(1)在紧急情况下受托人为维护委托人的利益进行转委托；(2)经委托人同意，受托人可以转委托。转委托经同意的，委托人可以就委托事务直接指示转委托的第三人，受托人仅就第三人的选任及其对第三人的指示承担责任。转委托未经同意的，受托人应当对转委托的第三人的行为承担责任。

（四）委托合同与代理的关系

委托合同与代理的关系极为特殊。代理分为法定代理、指定代理和委托代理。其中委托代理是由代理人代本人为意思表示或受意思表示的，与委托合同中受托人为委托人处理事务一样，都是为他人处理事务的。在委托人所委托的事务须对外为法律行为时，则一般都有代理权的授予。在这种情况下，委托成为代理的基础关系，代理是受托人处理委托事务的一种手段。但并非在任何情况下代理都以委托合同为基础关系，都伴随委托合同而生，有委托合同而无代理，或者虽有代理而无委托合同的情形也是存在的。

委托合同和代理是不同的法律制度，具有明显的区别：(1)代理人的代理行为不能包括事实行为；而受托人受托处理或管理的行为可以包括事实行为。(2)代理属于对外关系，存在于面对本人与代理人以外的第三人时，不对外也就无所谓代理；而委托是一种对内关系，存在于委托人和受托人之间。(3)代理关系一旦成立，被代理人可以授予代理人代理权，属于单方法律行为；而委托合同为双方法律行为，若受托人不允诺，则委托合同不能成立。前者如法定代理情形，后者如委托他人代为保管其物。

二、委托合同的效力

（一）受托人的义务

1. 依照委托人的指示处理委托事务的义务。在委托合同中，受托人的基本义务是必须依委托人的指示处理委托事务。仅在有急迫情事，并可以推定委托人在此急迫情事下也将会允许变更指示时，受托人才可以变更委托人的指示：委托人有指示时，应尽可能地遵守委托人的指示处理委托事务；受托人在情事紧急时，得变更委托人的指示；受托人在变更指示后负有通知义务。如果因受托人的怠于通知而给委托人造成损失的,受托人应负赔偿责任。

2. 亲自办理委托事务的义务。由于委托合同的当事人之间具有相互信赖关系,所以原则上受托人应亲自处理受托事务,意在防止出现受托人有负委托人信任,致委托人利益受损的情形,即“委托的结果,不得再委托”。如果委托人同意转委托,或者有紧急情况发生,受托人可以转委托。转委托经同意或者追认的,委托人可以就委托事务直接指示转委托的第三人,受托人仅就第三人的选任及其对第三人的指示承担责任。转委托未经同意或者追认的,受托人应当对转委托的第三人的行为承担责任;但是,在紧急情况下受托人为维护委托人的利益须转委托的除外。

3. 及时报告事务办理情况的义务。受托人应当按照委托人的要求,随时或者定期报告受托事务的处理情况。受托事务终了或者委托合同终止时,受托人应当将处理委托事务的始末经过和处理结果报告给委托人,并提交必要的证明文件,如各种账目、收支计算情况等。受托人因怠于报告所致损害,委托人有权请求受托人赔偿。

4. 将办理事务所得利益及时交给委托人的义务。受托人因处理委托事务取得的财产,应当转交给委托人。委托人得请求受托人交付财产的各项权利,可以让与他人。

(二)委托人的义务

1. 承受受托人在委托权限内处理委托事务后果的义务。受托人是以委托人的名义和费用为委托人处理委托事务,受托人在委托权限内处理事务的后果,包括有利的后果即处理委托事务所获得的利益,以及不利后果即处理委托事务所产生的债务,均由委托人承受。

2. 支付处理委托事务费用的义务。无论委托合同是否有偿,委托人都有支付费用的义务。委托人履行支付费用的义务有两种方式,一是预付费用,二是偿还费用。委托人应预付费用的多少以及预付的时间、地点、方式等,应依据委托事务的性质和处理的具体情况而定。预付费用系为委托人利益而设,与委托事务的处理并不成立对价关系,二者之间不存在适用同时履行抗辩权的问题。在有偿委托合同中,因委托人拒付费用以致影响受托人基于该合同的收益或给受托人造成损失时,受托人有权请求赔偿。

没有特别约定,受托人不承担为委托人垫付费用的义务,如果受托人垫付了费用,有权请求委托人偿还,委托人负有偿还费用的义务。委托人偿还的费用一般应限于受托人为处理事务所支出的必要费用及其利息。

3. 有偿委托合同的委托人应当支付报酬的义务。委托合同如果是有偿的,委托人应负支付报酬的义务,如委托律师进行诉讼或为其他法律服务等。报酬的标的和数额由双方当事人自行约定,无约定的从习惯。因可归责于受托人的事由而致委托合同终止或委托事务不能完成时,受托人无报酬请求权。

4. 委托人的赔偿损失义务。委托人应对自己的委托负责,如因其指示不当或其他过错致使受托人蒙受损失的,委托人应予以赔偿。即使委托人自己没有过错,若受托人因不可归责于自己的事由受到损害时,受托人也得请求委托人赔偿其所受损失。

在受托人所受的损害系由第三人的加害行为造成时,受托人可以向第三人请求赔偿;但如果该加害的第三人不明、无资力或无过失时,受托人只能请求委托人予以赔偿。委托人在向受托人承担损害赔偿责任后，如有应负赔偿责任的第三人，委托人得请求受托人让与其对第三人的损害赔偿请求权。

（三）任意解除权与损害赔偿

委托人或者受托人可以随时解除委托合同。因解除合同造成对方损失的，除不可归责于该当事人的事由外，无偿委托合同的解除方应当赔偿因解除时间不当造成的直接损失，有偿委托合同的解除方应当赔偿对方的直接损失和合同履行后可以获得的利益。

三、间接代理

（一）间接代理概述

间接代理，是指受托人接受委托人的委托，以自己的名义，在委托人的授权范围内与第三人实施民事法律行为的代理。

间接代理与直接代理的区别如下：

1. 代理人从事法律行为的名义不同。间接代理是代理人以自己的名义从事法律行为，而直接代理的代理人行使代理权是以被代理人的名义进行。直接代理为显名代理，被代理人的名义必须披露。间接代理的被代理人不必披露，不需显名，代理人以自己的名义从事民事法律行为。

2. 代理的效果不同。间接代理的效果不是直接对被代理人发生效力。间接代理发生于代理人和第三人之间，发生权利义务关系，而不是在被代理人和第三人之间发生民事法律关系。间接代理中，只有在第三人选择被代理人承担后果责任时，才产生对被代理人发生效力的问题。而直接代理的效果直接针对被代理人，与代理人没有关系。

3. 法律根据不同。在我国现行法律中，直接代理规定在《民法典》总则编第七章第二节委托代理中，而间接代理是在合同编第二十三章委托合同第925条和第926条规定的，二者在适用法律上也有不同。

（二）间接代理的基本内容

1. 基本代理关系。间接代理的基本法律关系是，委托人欲从事一项民事活动进行民事交易，委托代理人进行。受托人接受委托，取得了间接代理的权利，然后以自己的名义而不是以委托人的名义，寻找交易的相对人，直接与其进行交易，实施民事法律行为。受托人与第三人之间的民事法律关系终结，受托人将其结果交付委托人，受托人从中获得佣金。

间接代理是由三个法律关系构成的，前两个法律关系是基础：一是委托人与受托人之间的委托合同关系，在其中确定双方的权利义务。二是受托人接受委托，与第三人订立民事法律关系，按照委托人的意思表示，确定该民事法律行为的内容，最终实现交易目的。三是按照第一个合同的规定，将实施第二个民事行为的利益交还委托人，取得受托人的利益，终结间接代理关系。但是，间接代理的最重要关系不在于此，而是在于委托人和第三人。法律规定，在一定的情形下，委托人与第三人之间相互享有权利义务关系。这是间接代理的关键点。

2. 订约时第三人知道代理关系。订约时第三人知道代理关系，就是在受托人与第三人订立第二个法律关系时,已经知道受托人是在为委托人从事交易。例如,甲委托乙向丙购买100台电脑,乙向丙发出电传:“我受甲公司委托,向你购买100台电脑。”如果在订约时乙和丙为当事人,就构成间接代理,但订约时第三人就知道这个间接代理关系。

这里的“知道”应当是确定的,就是明确知道,而不是应当知道,也不包括知道不确切。知道的内容是:(1)知道具体的被代理人,也就是委托人;(2)知道委托授权的内容和期限;(3)知道的时间,即在订约时知道这个代理关系。在履行合同关系中知道的,不构成间接代理关系。

在这种情况下,受托人与第三人之间发生的民事法律关系直接约束委托人和第三人,即委托人可以根据受托人与第三人之间订立的合同直接请求第三人履行合同义务,或者接受第三人的履行;也可以在对方违约时,请求对方承担违约责任,或者直接向对方承担责任。

3. 订约时代理人不知道代理关系。在间接代理中,如果受托人以自己的名义与第三人订立合同时,第三人不知道受托人与委托人之间的代理关系的,受托人由于第三人的原因,无法对委托人履行义务,受托人应当向委托人披露第三人。委托人因此可以行使受托人对第三人的权利,但是第三人与受托人订立合同时如果知道该委托人就不会订立合同的,则不得披露。这涉及如下问题:

(1)委托人的介入权。委托人的介入权,是指当受托人由于第三人的原因对委托人不履行合同义务时,委托人介入受托人与第三人之间的合同关系,直接向第三人主张合同权利。其前提条件一是受托人由于第三人的原因对委托人不履行义务;二是受托人已经向委托人披露了第三人;三是第三人在与受托人订立合同时,不存在如果知道该委托人就不会订立合同的情形。

委托人的介入权是一种形成权,完全可以基于自身的利益和意志决定是否行使该项权利,不需要征得受托人或者第三人的同意。委托人如果愿意行使该权利,则将取代受托人的地位,而受托人以自己的名义从事的法律行为将直接对委托人发生效力,也就是发生了直接代理的后果。

(2)第三人的选择权。在上述关系中,受托人已经向他方披露了委托人或者第三人,这时第三人在主张权利时可以进行选择,既可以选择向受托人主张权利,也可以选择向委托人主张权利。第三人对受托人或者委托人的选择权一经行使,就确定了所选择的相对人,选择之后不得变更。

第三人的选择权的要件:一是第三人在订立民事法律关系时,不知道受托人与委托人之间的代理关系;二是受托人由于委托人的原因对第三人不履行合同义务;三是受托人已经向第三人披露了委托人;四是第三人作出了选择。

这种选择权的性质是形成权,其行使与否决定于自己的意愿,无须他人同意。第三人选择委托人作为相对人的,构成直接代理的后果;选择受托人作为相对人的,仍然执行原来的合同关系。

(3)第三人和委托人的抗辩权。《民法典》第926条第3款规定:“委托人行使受托人对第三人的权利的,第三人可以向委托人主张其对受托人的抗辩。第三人选定委托人作为其相对人的,委托人可以向第三人主张其对受托人的抗辩以及受托人对第三人的抗辩。”第三人和委托人的抗辩权的基本规则是，只要委托人行使了介入权或第三人行使了选择权，相对方原来对另一方当事人的抗辩权都可以行使，由行使权利的对方当事人享有该抗辩权。

具体的情况是：第一，委托人行使介入权，并根据介入权向第三人主张权利时，第三人可以向委托人主张抗辩，对抗委托人的请求权。第二，第三人选择委托人为相对人的，委托人可以向第三人主张其对受托人的抗辩，以及委托人对第三人的抗辩。

四、委托合同的消灭

（一）委托合同消灭的原因

委托合同消灭的一般原因，适用一般合同共同适用的消灭原因，如委托事务处理完毕、委托合同的履行已不可能、委托合同约定的合同存续期间届满、合同约定的解除条件成就等。

委托合同消灭的特殊原因如下：

1. 当事人一方任意解除合同。在委托合同中，合同的当事人双方均享有任意终止权，可任意终止合同。当事人在信念上对对方的信任有所动摇时，允许随时终止合同。

2. 当事人一方死亡、丧失民事行为能力或者终止致使委托合同消灭。发生当事人一方死亡、丧失行为能力或终止的情形时，委托合同当然终止。但是，双方当事人另有约定，或依委托合同的性质在发生上述情况时不能终止委托合同的除外。

（二）委托合同例外不中止时的法律后果

1. 继续处理事务的义务。当委托人死亡、丧失民事行为能力或者破产之后，委托人的继承人、遗产管理人、法定代理人或者清算组织承受委托事务之前，受托人有继续处理受托事务的义务。

2. 采取必要措施的义务。如果受托人死亡、丧失民事行为能力或者终止，致使委托合同终止将损害委托人利益的，受托人的继承人、遗产管理人、法定代理人或者清算组织负有采取必要措施的义务。必要措施包括消极的保存行为和积极的对委托事务的处理。

｜引例分析｜

委托合同成立并生效之后，就确定了委托人与受托人之间的权利义务关系，受托人应当依照委托人的指示处理委托事务。受托人依照委托授权，处理委托事务的后果应当归属于委托人，而不是归属于受托人。这是委托合同的基本规则和效力。在本案中，原告与被告就涉诉房屋签订委托协议，约定为全权委托，成立委托合同，并且由被告取得委托授权，有权依照委托授权的范围代理委托人处理委托事项。被告对此并未违反相关约定，其遵照委托人的委托，处理了涉诉房屋的出卖事务，完成了委托事项。就此而言，受托人的行为无可指责。但是，《民法典》第 927 条规定："受托人处理委托事务取得的财产，应当转交给委托人。"这一规定不仅清楚、明白，而且也是委托合同的必然法律后果。本案被告完成委托事项后，竟然公然违反法律的上述规定，将委托所得的财产据为己有，完全不符合法律规定受托人的义务要求，侵害了受托人的合法权益，同时在办理委托事项中,也没有履行通知义务。故法院判决被告返还通过处理委托事务所得的财产及其利息给原告,是完全正确的。

第四节 物业服务合同

| 引 例 |

金土地房地产开发有限公司(以下简称金土地公司)开发了金河湾住宅小区。业主入住前,原告星元房产有限公司(以下简称星元公司)与金土地公司签订了金河湾一期共10栋楼的住宅及非住宅的前期物业管理服务合同,期限至业主委员会与物业管理企业签订的物业服务合同生效时止。被告王某某入住其购买的金河湾小区住宅后,被告魏某与王某某结婚,入住该住宅共同生活,长达3年多时间没有向原告星元公司交纳过物业管理费。经多次催要未果,原告向法院起诉,主张二被告王某某和魏某缴纳拖欠的物业费和迟延利息。被告以原告不是业主选择的物业服务公司及自己非合同当事人为由抗辩。

法院审理认为,建设单位依法与物业服务企业签订的前期物业服务合同,以及业主委员会与业主大会依法选聘的物业服务企业签订的物业服务合同,具有同等的法律效力,对该住宅小区的业主同样具有约束力。对业主以其并非合同当事人为由提出的抗辩,不予支持。在本案中,二被告所有、居住的房屋位于原告与金土地公司签订的前期物业管理服务合同的范围内,对二被告有法律约束力,二被告以物业服务企业不是业主选聘的物业服务人、自己非合同当事人为由,长期拒绝缴纳物业费,是严重的违约行为,应当承担补交物业费的违约责任。故判决二被告补交拖欠的物业费,并支付迟延交纳的利息。

| 法律问题 |

1. 物业服务合同
2. 物业服务人
3. 业主的权利与义务
4. 物业服务合同的更替

一、物业服务合同概述

(一)物业服务合同的概念和特征

物业服务合同,是物业服务人在物业服务区域内,为业主持续提供建筑物及其附属设施的维修养护、环境卫生和相关秩序的维护等物业服务,业主支付报酬的合同。

物业服务合同的特征是:(1)物业服务合同的主体是享有建筑物区分所有权的业主和物业服务人,双方互为权利义务主体;(2)合同的内容是物业服务,即在物业服务区域内,为业主持续提供建筑物及其附属设施的维修养护、环境卫生和相关秩序的维护等物业方面的服务；(3)物业服务合同是双务、有偿合同，业主负有支付物业费等报酬的义务；(4)物业服务合同是集体合同，其中一方当事人是业主集体。

(二)物业服务合同的内容与形式

1. 物业服务合同的内容

物业服务合同的内容是：(1)服务事项。这是双方约定的物业服务的具体事项，包括区分所有建筑物的维护、管理、修缮等内容。(2)服务质量。这是物业服务事项应当达到的质量标准和要求。(3)服务费用的标准和收取办法。约定按照什么样的标准收费，如每平方米应当收取多少钱，月交、季交还是年交等。(4)维修资金的使用。约定在何种项目、何种情况下使用维修基金。(5)服务用房的管理和使用。对属于业主共有的服务用房，物业公司如何进行管理、如何使用等。(6)服务期限。约定物业服务合同的起止时间。(7)服务交接。约定在终止服务合同时如何移交管理业务。(8)其他条款。例如，违约条款、纠纷解决办法等合同应有的条款。

对物业服务合同内容的特别规定是：物业服务人以宣传、广告或其他形式所作的承诺究竟是否具有拘束力，应当区分具体内容。物业服务人通过这些形式公开作出的有利于业主的服务承诺，属于物业服务合同的组成部分，对物业服务人具有合同拘束力；那些不利于业主的承诺，以及其他不利于对业主的服务承诺的内容，不具有合同的拘束力，不是物业服务合同的内容。

2. 物业服务合同的形式

物业服务合同是要式合同，应当采用书面形式，目的是将双方当事人的权利义务关系用书面合同固定下来，避免发生争议。

(三)不同主体订立的两种物业服务合同

物业服务合同分为建设单位与物业服务人订立的前期物业服务合同，以及业主委员会、业主大会与依照法律规定选聘的物业服务人订立的物业服务合同。

1. 前期物业服务合同

在区分所有建筑物的建设和销售过程中，尚未成立业主大会和业主委员会的，建设单位只能先指定自己的物业公司或者与其他物业服务公司签订前期物业服务合同，对区分所有建筑物进行物业管理。

2. 正式的物业服务合同

在区分所有建筑物的业主成立了业主大会或者业主委员会后，该业主大会或者业主委员会才是选聘物业管理人的法定主体，由它们代表全体业主选聘物业管理人签订的物业服务合同，是正式的、有效的物业服务合同。

3. 不同主体订立的物业服务合同的效力

两相比较，前期物业服务合同的签订并没有体现业主的意志，后者才是根据全体业主的意志选聘物业服务人订立的物业服务合同。

不过，无论是建设单位依法与物业服务人订立的前期物业服务合同，还是业主委员会与业主大会与依法选聘的物业服务人订立的物业服务合同，都是合法、有效的，签订之后都具有合同的法律效力,对双方当事人都具有法律效力。

(四)前期物业服务合同的效力终止

《民法典》第940条规定,建设单位依法与物业服务人订立的前期物业服务合同约定的服务期限届满前,业主委员会或者业主与新物业服务人订立的物业服务合同生效的,前期物业服务合同终止。

对区分所有建筑物的管理和维护,是一个持续不断的专业管理事业,在物业服务人的交替中如果出现衔接不上的问题,会损害业主的利益。前期物业服务合同与业主代表订立的物业服务合同在交替中须实现无缝对接。

不仅如此,在业主选任的物业服务人订立的物业服务合同生效后,建设单位依法与物业服务人订立的前期物业服务合同约定的服务期限尚未届满的,业主委员会或者业主与新物业服务人订立的物业服务合同效力优先,一经生效,前期物业服务合同即行终止,新的物业服务合同的物业管理人即时取得物业管理权,履行物业管理职责,前期物业服务合同的物业管理人不得以任何理由拒绝移交管理的物业。

二、物业服务人

(一)物业服务人的概念

物业服务人,包括物业服务企业和其他物业管理人。物业服务人是通过物业服务合同承担区分所有建筑物管理服务的民事主体,既包括具有专业资质和法人资格的物业服务企业,也包括其他物业管理人,如单个的具有专业物业管理技能的自然人或者非法人组织。

(二)物业服务人的义务

1. 物业服务公司须亲自履行管理事项。《民法典》第941条第2款规定,物业服务人不得将其应当提供的全部物业服务转委托给第三人,或者将全部物业服务支解后分别转委托给第三人。这是因为物业服务人是业主大会或者业主委员会以及建设单位根据其资质和管理业务水平等因素选聘的,物业服务人如果在接受选聘后,不是亲自从事物业管理业务而是转包给他人,就失去了选聘的意义。

2. 可以委托第三人管理部分专项服务事项。有些专项服务事项具有专业性质,是物业管理人无法胜任或者须委托他人进行的,法律允许委托第三人负责。这不是转委托,而是部分委托,并且对于部分委托的事项,物业管理人仍然不能推脱责任,应当就该部分的专项服务事项向业主负责,而不是由接受部分委托的专业性服务组织或者第三人向业主负责。

3. 禁止事项。违反该规则的行为如下:(1)将其应提供的全部物业服务转委托给第三人,是公然违反亲自管理原则的严重违约行为;(2)将全部物业服务支解后分别转委托给第三人,这是变相违反亲自履行原则的违约行为。出现这些情况,物业服务人都须承担违约责任。

（三）物业服务人的物业服务职责范围

1. 主要服务职责范围

依照《民法典》第942条的规定，物业管理人履行物业管理职责的依据是物业服务合同的约定和物业的使用性质。物业服务人应当履行的主要管理职责如下：

（1）妥善维修、养护、清洁、绿化和经营管理物业服务区域内的业主共有部分。维修、养护是对建筑物及其附属设施的本身功能、寿命而言；清洁、绿化是对物业内环境的美化和保持，使业主的生活环境能够保持适宜；经营是对共有部分的利用并获得收益。

（2）维护物业服务区域内的基本秩序。基本秩序包括公共生活秩序、道路交通秩序、环境管理秩序等。

（3）采取合理措施保护业主的人身、财产安全。保护业主的人身和财产安全，是物业服务合同对物业服务人的基本要求，也是最重要的内容：第一，物业服务人应当采取合理措施保护业主的人身及财产安全，消除安全隐患；第二，如果出现可能危害或者已经危害到业主人身和财产安全的情形，物业服务人应当及时制止相关行为，并且视情况采取必要措施以尽量保障业主的人身财产安全。[2] 物业服务人也要防范违法犯罪人员实施侵害业主人身和财产的行为；对于业主之外接近或者进入物业管理区域的人员的人身安全也应负有职责，防止建筑物的脱落物致害他人。

2. 物业管理人纠正违法违规行为的职责范围

对物业服务区域内违反有关治安、环保、消防等法律法规的行为，其行为主体不仅有外来人员，也包括自己物业管理区域的业主，只要是在物业管理区域之内的人员实施上述行为，物业服务人都有权及时采取合理措施予以制止、防止损害全体业主的利益。

在对违法违规的上述行为进行制止的同时，物业管理人应当及时向相关行政管理部门报告并协助处理，特别是需要采取相应措施而物业管理人并无此种制止措施的权力时，物业管理人自己不得实施。

3. 物业服务人履行管理职责情况的公开

依照《民法典》第943条的规定，物业服务人在履行管理职责的同时，负有报告的义务，应当定期将履行管理职责的情况及时报告和公开，使全体业主掌握物业管理的实际情况，以便业主根据自己的利益，决定自己的行为。

需要定期报告和公开的事项是：（1）服务的事项。在物业服务合同中须将服务事项一一列明。（2）负责人员。应将物业服务企业的人员列明，包括总负责人和各项事项的负责人。（3）质量要求。在定期报告和公开的信息中，对每一种具体管理事项的质量要求应当明确规定。（4）收费项目。应在报告服务事项中，明确规定哪些项目是收费项目，哪些项目不是收费项目。（5）收费标准。应说明服务收费执行的是何种标准，是否超出约定的标准。（6）履行情况。对各项服务事项的履行情况，应当一一进行说明。（7）维修资金使用情况。维修资金依据何种根据使用、使用标准、使用数额、结余数额等，都应明确作出报告和说明。（8）业主共有部分的经营与收益情况。这些情况应如实报告和公开，特别是处置的结果。

---

〔2〕 黄薇主编：《中华人民共和国民法典合同编释义》，法律出版社2020年版，第928页。

(9)其他情况。

对于上述物业管理事项的情况,物业服务人应以合理方式向业主公开或者向业主大会、业主委员会报告,以便接受业主的监督,改进工作。

三、业主的权利与义务

1. 缴纳物业费。业主应当按照约定向物业服务人支付物业费,物业服务人不得采取停止供电、供水等方式催交物业费。业主违反支付物业费的义务,应当强制履行。这包括两个方面:

(1)不得无理拒绝缴纳物业费。物业服务人进行物业服务,是按照合同的约定和有关规定进行的,只要提供了这些服务,就是对全体业主提供的服务。如果业主以自己未接受或者无须接受相关物业服务为由,拒绝支付物业费,就是无理拒绝支付物业费,构成违约行为,应当承担违约责任。

(2)逾期支付物业费的后果。业主违反约定逾期不支付物业费的:①物业服务人可以对业主进行催告,并且确定宽限期,要求其在合理宽限期内支付物业费。②业主超过宽限期仍不支付物业费的,物业服务人可以提起诉讼或者申请仲裁,由法院或者仲裁机构进行裁决,对支付物业费的义务赋予强制执行力,当业主拒不履行裁决确定的支付物业费义务时,法院可以强制执行。

(3)禁止行为。对于业主不缴纳物业费的行为,物业服务人不得采取停止供电、供水、供热、供燃气等方式催交物业费。

2. 业主装饰装修、转让、出租等应事先告知物业服务人。业主是建筑物区分所有权专有部分的所有权人,对其专有部分享有与所有权几乎没有区别的支配权。但是,在区分所有的建筑物中,不仅有专有部分,还有共用部分的共有权和共同管理的成员权,特别是全体业主共居同一个小区,一举一动都关涉其他业主的利益。所以,依照《民法典》第 945 条的规定,业主在对自己专有部分的房屋进行装饰装修、转让、出租、设立居住权、依法改变共有部分用途的,都应当事先向物业服务人告知,使物业服务人知悉并掌握情况,便于其行使管理职责。

四、物业服务合同的更替

物业服务合同的更替包括如下内容。

1. 业主解聘物业服务人。依照《民法典》第 946 条的规定,业主可以依照法定程序共同决定解聘物业服务人,解除物业服务合同。这是物业服务合同终止的方法之一。

业主以及业主大会、业主委员会与物业服务人的关系是合同关系。业主有权依照自己的意志选聘物业服务人订立物业管理合同,也有权解除物业管理合同,解聘物业服务人。业主对物业服务人行使解聘权的方法如下:

(1)解聘程序和方法。业主行使解聘权,依照法定程序共同决定。按照《民法典》第 278 条的规定,选聘和解聘物业服务企业或者其他管理人是全体业主共同决定的事项,应当由专有部分面积占比 2/3 以上的业主且人数占比 2/3 以上的业主参与表决,应当经参与表决专有部分面积过半数的业主且参与表决人数过半数的业主同意。按照这样的程序作出解聘决定后,通过解除物业服务合同,解聘物业服务人。

(2)行使解聘权的时间要求。决定解聘物业服务人的,应当提前60日书面通知物业服务人,如果物业管理合同对通知期限另有约定的,应当依照其约定。

(3)行使解聘权的损害赔偿责任。解聘物业服务人是单方解除合同,因解除物业服务合同造成物业服务人损失的,是否承担赔偿责任,标准在于解除合同是否具有可归责于业主的事由。如果解除合同不可归责于业主,而是物业服务人的责任,业主不承担赔偿责任;否则,业主应当赔偿损失。例如,业主无正当理由解除物业管理合同而解聘物业服务人的,业主应当赔偿损失。

2. 业主依法续聘和物业服务人拒绝续聘。

(1)续聘物业服务人。续聘物业服务人,实际上相当于选聘,是选聘已聘的物业服务人继续作为物业服务人。续聘的程序是:第一,时间要求,是在物业服务期限届满前进行续聘。第二,依照《民法典》第278条规定的业主共同决定的程序作出续聘的决定,须符合前述2/3和1/2规定作出续聘决议,方为有效。第三,续聘物业服务合同由代表业主的业主委员会或者业主大会(业主人数少的可以是全体业主)与原物业服务人在合同期限届满之前,签订物业服务合同,双方履行新的合同。

(2)物业服务人拒绝续聘。物业服务人在合同到期不同意续聘的,原物业服务合同消灭,双方当事人的权利义务终止,双方不再受到该合同的约束。物业服务合同不续聘,存在与新的物业服务人进行交接等问题。物业服务人不同意续聘的程序如下:

第一,物业服务人有不同意续聘的权利。这项权利既可以是自己主动提出,也可以是业主主张续聘而物业服务人不同意续聘。

第二,不同意续聘的时间要求在物业服务期限届满前。物业服务人应当在物业服务合同期限届满前的90日,用书面通知的形式,通知业主或者业主委员会,但是,合同对通知期限另有约定的除外。

第三,不同意续聘的后果。其后果是物业服务合同期限届满时物业服务合同消灭,双方不再受该合同的约束,物业服务人不再承担管理职责。

3. 物业服务人在期限届满后继续服务的服务期限变为不定期。物业服务合同在具备一定条件时,会由定期合同转变为不定期合同。物业服务合同通常是定期合同,只有具备必要条件时,方能转变为不定期合同。转变的条件是:(1)物业服务期限已经届满;(2)业主没有依法作出续聘或者另聘物业服务人的决定;(3)物业服务人按照原合同继续提供物业服务。具备上述三个条件,物业服务合同就由定期合同转变为不定期合同。其后果是,原物业服务合同继续有效,双方当事人仍然受到该合同的拘束,只是合同的服务期限变为不定期。

物业服务合同转变为不定期合同后,适用不定期合同的规则。无论是哪一方的当事人,都可以随时解除该不定期物业服务合同。行使不定期合同解除权的要求是:(1)应当提前通知行使解除权,通知的方式是要式行为,即用书面形式行使通知权通知对方。(2)给予对方60日的准备时间,该期限届满,不定期合同归于消灭。

4. 物业服务合同终止后物业服务人承担后合同义务。

(1)物业服务合同终止后物业服务人的后合同义务。在物业服务合同终止后,物业服务人应当做好善后工作,完成自己应当完成的义务。

第一,退出义务。应当在约定期限或者合理期限内退出物业服务区域,不能继续占用这些区域。

第二,交还资料义务。原物业服务人应当将物业服务用房、相关设施、物业服务所必需的相关资料等交还给业主委员会、决定自行管理的业主或者其指定的人(如新的物业服务人)。

第三,配合新的物业服务人做好交接工作,使物业管理的新旧交替工作正常进行。

第四,如实告知物业的使用和管理状况,便于业主掌握情况,也便于新的物业服务人做好物业管理工作。

(2)物业服务人违反后合同义务的后果。如果原物业服务人违反前款规定的后合同义务,其后果如下:

第一,不得请求业主支付物业服务合同终止后的物业费,即使物业服务合同终止后提供了物业服务的,也不得请求支付该物业费。

第二,原物业服务人不履行上述义务,给业主造成损失的,应当对业主的损失承担赔偿责任。

5. 原物业服务人于交接前负有继续服务的义务及报酬请求权。物业服务事项是专业服务事项,应当是连续行为,不能中断,要求物业服务人负有继续提供物业服务行为的义务。即物业服务合同终止后,在业主或者业主大会选聘的新物业服务人或者决定自行管理的业主接管之前,原物业服务人应当继续处理物业服务事项,不得推辞和推诿。按照权利义务相一致原则,继续处理物业服务事项的物业服务人,享有请求业主支付该期间物业费的权利,其标准应当与已经消灭的物业服务合同的约定相一致。如果原物业服务人拒不履行继续处理物业服务事项的义务,给业主造成损害的,应当承担赔偿责任。

引例分析

《民法典》第939条是对不同主体订立的物业服务合同对业主效力的规定。以物业服务合同订立主体的不同为标准,物业服务合同分为建设单位与物业服务人订立的前期物业合同和业主委员会与业主大会依照法律规定选聘的物业服务人订立的物业服务合同。无论是建设单位依法与物业服务人订立的前期物业服务合同,还是业主委员会与业主大会依法选聘的物业服务人订立的物业合同,都是合法有效的物业服务合同,订立之后都具有合同的法律效力,都对特定住宅小区的业主具有约束力。

本案原告与金河湾小区开发建设单位金土地公司签订了金河湾一期《前期物业管理服务合同》,这是必要的。如果没有前期物业服务合同,住宅小区就无人进行维护,不仅会使物业和业主的所有权受到损害;而且也会使早期入住的业主没有物业服务的保障,生活出现困难。本案二被告居住在金河湾小区一期,在原告提供的物业服务范围内,接受其物业服务,就应当承担相应的义务。即使该物业服务企业不是业主选聘的,但其一方面以法律规定为基础,另一方面为维护业主权益所必需,业主须承担缴纳物业费的义务。因此,本案被告的抗辩没有法律依据,原告的主张既有客观事实又有法律规定作为基础,因而法院判决有理有据,业主应当承担违约责任。

本章思考题

1. 保管合同当事人的权利与义务有哪些？
2. 仓储合同与保管合同有哪些不同？
3. 仓单的性质与法律意义是什么？
4. 委托合同当事人的权利义务有哪些？
5. 间接代理法律关系的基本内容是什么？
6. 业主不是前期物业服务合同的当事人为什么要接受其约束？
7. 物业服务人的职责范围是什么？

第十三章　行纪、中介、合伙合同

第一节　行 纪 合 同

|引　例|

原告张某某因运输需要欲购置货车一辆，通过某同城网联系到被告邱某1，委托其购买货车车头。随后，张某某与邱某1一起去二手车市场，察看了现车并决定购买，分三次转款1万元、1.04万元、0.5万元。张某某经邱某1介绍认识被告邱某2，并委托邱某2为其定作挂车。张某某根据邱某2的要求，分两次向邱某2转款各1万元。张某某向法院起诉称，邱某1和邱某2在收到自己的预付款后，以各种理由搪塞原告，不再就购车事宜与自己交换意见，至今已拖延近二年，诉请法院判决二被告返还货款及利息。

法院审理认为，本案争议点之一，为案涉合同是定金合同还是行纪合同。行纪合同是行纪人以自己的名义为委托人从事贸易活动，委托人支付报酬的合同。从本案查明的事实看，邱某1、邱某2受张某某委托进行车辆买卖活动，均是以其自己的名义进行，张某某支付的款项亦由邱某1、邱某2收取，故本案应系行纪合同纠纷，而不是定金合同纠纷。二被告接受委托却不履行行纪合同的义务，应当承担返还货款及其利息的责任，故判决支持原告的诉讼请求。

|法律问题|

1. 行纪合同及其特征
2. 行纪合同的效力
3. 介入权

一、行纪合同概述

(一)行纪合同的概念

行纪合同又称信托合同，是指一方根据他方的委托，以自己的名义为他方办理购销、寄售和有价证券等业务，并收取报酬的合同。以自己名义为他方办理业务者，为行纪人；由行纪人为其办理业务并支付报酬者为委托人。

(二)行纪合同的特征

行纪合同是双务、有偿、诺成、不要式合同。其法律特征如下：

1. 行纪合同主体的限定性。我国的行纪主体，委托人一方可以是自然人，也可以是法人,并无太多限制;行纪人一方通常是经批准经营行纪业务的法人或自然人,行纪人的主体资格受到限制,但是也并非须有批准的资质。

2. 行纪人以自己的名义为委托人办理业务。行纪人在为委托人办理业务时,须以自己的名义进行。行纪人在与第三人实施法律行为时,自己即为权利义务主体,由法律行为所产生的权利义务均由行纪人自己享有或承担。

3. 行纪人为委托人的利益办理业务。行纪人虽以自己的名义与第三人直接发生法律关系,但该关系所生的权利义务最终由委托人承受。行纪人为委托人所购、售的物品,委托人交给行纪人的价款或行纪人出卖所得价金,虽在行纪人的支配之下,但所有权归委托人。如果非由于行纪人原因而发生毁损、灭失,风险由委托人承担。

4. 行纪合同的标的是行纪人为委托人实施一定法律行为。行纪人为委托人提供的服务不是一般的劳务,而是须与第三人为法律行为。该法律行为的实施才是委托人与行纪人订立行纪合同的目的所在,该法律行为乃是行纪合同的标的。

(三)行纪合同与相关法律制度的关系

1. 行纪合同与信托制度

信托制度源于英国中世纪的用益物权制度,是一种管理财产的法律关系。一人拥有财产所有权,同时负有为另一方利益使用该财产的义务,该财产称为信托财产。成立信托须有财产授予人(信托人)、受托人和信托受益人三方主体。

行纪虽然也称信托,却与英美法的信托制度有原则区别:(1)行纪为合同关系;信托为财产管理关系,类似于某些他物权制度。(2)行纪有行纪人与委托人两方当事人;信托有信托人、受托人和信托受益人三方当事人。(3)行纪不以财产交付为成立要件,而且行纪人的财产所得利益归委托人享有;信托以财产交付给受托人为成立要件,且取得财产所生利益的是受益人而非财产授予人。(4)违反行纪合同应承担违约责任;而在英美法的信托制度中则有完全不同于合同责任的信托责任。

2. 行纪合同与委托合同

行纪合同与委托合同均为提供服务的合同,均以当事人双方的相互信任为前提,都委托他人处理一定事务。

行纪合同与委托合同的区别在于:(1)行纪所委托的事务是特定的,仅限于买卖、寄售;委托中所指的事务既可以有法律行为,也可以是事实行为。(2)行纪合同的行纪人只能以自己名义进行活动,行纪人与第三人之间所为的法律行为并不能直接对委托人发生效力;而委托合同的受托人处理委托事务,既可以以自己名义,也可以以委托人名义,所以受托人与第三人间订立的合同有时可对委托人直接发生效力。(3)行纪合同为有偿合同;委托合同既可有偿,也可无偿。

二、行纪合同的效力

(一)行纪人的义务与介入权

1. 行纪人的义务

(1)负担行纪费用的义务。行纪人处理委托事务支出的费用由行纪人负担,但当事人另有约定的除外。行纪费用,是指行纪人在处理委托事务时所支出的费用,不仅包括行纪的必要费用,还应该包括改换包装费、保险费等有益的费用。

(2)妥善保管委托物的义务。行纪人在占有其代委托人进行交易所买入的物品时,负有保管义务。行纪合同为有偿合同,行纪人对物的保管应尽善良管理人的注意。对于物的意外灭失,只要行纪人已尽到善良管理人的注意,则行纪人不负任何责任。委托人指示行纪人为保管物品办理保险,行纪人未予保险,行纪人应对此种情况下的保管物的毁损灭失负损害赔偿责任。委托人未为投保的指示,但行纪人自动投保的,投保费用为行纪费用。

(3)合理处分委托物的义务。委托人委托行纪人出卖的物品,交付给行纪人时有瑕疵或者易于腐烂、变质的,行纪人为了委托人的利益,负有处置委托物的义务。不能及时将委托物的瑕疵及易腐、变质状况告知委托人时,行纪人可以合理处分。行纪人违反对委托物的合理处分义务的,应承担违约责任,并赔偿给委托人造成的损害。

(4)依委托人的指示处理事务的义务。在行纪合同中,对于委托人指定的卖出委托物的价格或买入价格,行纪人有遵从指示的义务。《民法典》第955条规定了以下三种情况:

一是行纪人以低于指定价格卖出或者高于指定价格买入的,应当经委托人同意,或者行纪人补偿其差额的,该买卖对委托人发生效力。

二是行纪人以高于指定价格卖出或低于指定价格买入委托物的,可以按照约定增加报酬。没有约定或者约定不明确的,依照《民法典》第510条的规定仍不能确定的,该利益属于委托人。

三是委托人对价格有特别指示的,不允许行纪人予以变更。行纪人只能依委托人指定的价格卖出或买入委托物。

2. 介入权

行纪人的介入权也称行纪人的自约权,是指行纪人接受委托买卖有市场定价的证券或其他商品时,除委托人有反对的意思表示外,行纪人自己可以享有作为出卖人或买受人的权利。如委托人委托行纪人以一定价格出卖某物,行纪人直接以自己名义按此价格买下。行纪人此时所行使的就是介入权。

行纪人行使介入权的要件又称介入要件,包括积极要件和消极要件。积极要件指所受委托的物品须为有市场定价的有价证券或其他商品。消极要件包括:(1)委托人未作出反对行纪人介入的意思表示;(2)行纪人尚未对委托事务作出处理;(3)行纪合同有效存在。

介入权行使的后果,使委托人和行纪人之间产生了买卖合同,民法关于买卖的规定均可适用。行纪人行使介入权之后仍有报酬请求权,委托人应按合同约定付给行纪人报酬。

(二)委托人的义务

1. 支付报酬的义务。委托人应当向行纪人支付报酬。该报酬是行纪人为行纪行为的对价,其数额应由双方当事人约定,无约定的,依习惯确定。习惯上行纪人的报酬多以其所为交易的价额依一定的比率提取,在证券交易中尤为常见。

行纪人行使报酬请求权的条件仅有与第三人订立合同是不够的,只有该买卖合同已经履行,买入物品已由第三人交付给行纪人,或者已由委托人直接介入履行,或者已由第三人交给委托人后,行纪人始得请求报酬。

由于行纪人自己的过失致使不能向委托人交付委托卖出物的价金或买入的物品的，行纪人丧失报酬请求权。

因不可归责于行纪人的事由发生，致使行纪人不能完成行纪行为的，如果行纪人已完成了部分履行，且该部分履行相对于全部委托事务来说可以独立存在，则行纪人有权就委托事务完成的部分请求委托人支付报酬。

行纪人和委托人对行纪报酬另有约定的，依其约定。

行纪人完成全部或部分委托事务，委托人应当支付报酬却逾期不支付的，行纪人享有留置委托物，并依照法律规定以委托物折价或从拍卖、变卖该财产所得的价款中优先受偿的权利。

2. 及时受领的义务。委托人委托行纪人买入委托物，有及时受领的义务。委托人无正当理由拒绝受领的，行纪人可以提存委托物。

3. 及时取回、处分义务。委托物不能卖出或者委托人撤回出卖时，委托人应将该出卖物取回或者处分。经过催告仍不取回或处分的，行纪人有权将委托物提存。

｜引例分析｜

行纪是行纪人以自身名义为委托人从事贸易活动，委托人支付相应报酬的行为。本案当事人之间的合同是双务、有偿合同，邱某1和邱某2以及张某某都是自然人，都符合行纪合同的主体要求；邱某1和邱某2以自己的名义为张某某买车及办理后续事宜，且最终车辆的权属归于张某某，均符合行纪合同的特征，故法院认定案涉合同为行纪合同，是正确的。

张某某是行纪合同的委托人，邱某1和邱某2是行纪合同的受托人。两位受托人在接受张某某的委托，并且接受所托事务的费用后，应当尽善良管理人的注意，尽力完成受托事务，并将其后果交还给委托人，实现行纪合同的目的。但是，两位受托人接受委托后，长期置之不理，违背了自己在行纪合同中的承诺，构成违约行为，应当承担违约责任。本案原告诉请法院判决两位受托人承担退款和支付利息的责任，是完全正确的。

第二节　中 介 合 同

｜引　例｜

经原告顺得房地产经纪有限责任公司中介，原告与被告徐某某、案外人罗某某及柴某某签订《存量房屋买卖中介合同》，约定罗某某、柴某某将其所有的位于某区邱隘镇汇悦湾花苑××幢××号×××室的不动产卖给被告，约定徐某某在完成房屋买卖后支付原告中介服务费若干元。被告与案外人订立了房屋买卖合同，并履行完毕、房屋权属过户登记完成后，对原告拒绝支付中介费用。因此，原告向法院起诉，主张被告依照中介合同支付中介服务费。

法院认为,中介合同具有有偿性,是诺成、不要式合同,中介人与委托人的意思表示一致,中介合同即成立,无须实际交付。原告已促成被告与卖方签订房屋买卖合同,交易完成,所有权发生了变动,原告的中介服务即告完成,被告应按约支付中介服务费。故原告的诉讼请求于法有据,法院予以支持。

|法律问题|

1. 中介合同及其特征
2. 中介合同的效力
3. “跳单”行为的性质与责任

一、中介合同概述

(一)中介合同的概念

中介合同,也称居间合同,是指中介人向委托人报告订立合同的机会或者提供订立合同的媒介服务,委托人支付报酬的合同。

报告订约机会的中介称为报告中介,媒介合同的中介称为媒介中介。在中介合同中,提供报告订约机会或提供交易媒介的一方为中介人,给付报酬的一方为委托人。

(二)中介合同的特征

1. 中介合同为典型合同。大多数国家和地区的民商立法和理论都承认中介合同为一种独立的典型合同。我国《民法典》也设专章对中介合同加以规范,表明我国立法对中介合同的法律地位有了一个新的认识,确认了中介合同的独立地位。

2. 中介合同是一方为他方报告订约机会或为订约媒介的合同。中介人为委托人提供服务的具体表现就是为报告订约的机会或为订约的媒介。前者是指受委托人的委托,寻觅及提供可与委托人订立合同的相对人,从而为委托人订约提供机会。后者是指介绍双方当事人订立合同,中介人斡旋于双方当事人之间,促进双方达成交易。

3. 中介合同为有偿、诺成和不要式合同。中介合同中的委托人需向中介人给付一定报酬,作为对中介人活动的报偿。中介合同只要双方当事人意思表示一致就可以成立,不以当事人的现实交付为成立生效要件。中介合同的成立也不必采用特定的形式,故为不要式合同。

4. 中介合同委托人给付义务的履行有不确定性。中介人的活动达到中介目的,委托人才负给付报酬的义务。而中介人的活动能否达到目的,委托人与第三人之间能否交易成功,具有不确定性,因此,委托人是否付给中介人报酬也是不确定的。

5. 中介合同的主体具有特殊性。中介合同中的中介人具有特殊性,须是经过核准可以从事中介营业的法人、非法人组织或自然人,并非一切人都可以进行中介活动。

(三)中介合同与委托合同、行纪合同的区别

中介合同、委托合同、行纪合同这三种合同都是一方受他方委托为他方办理一定事务

的合同,都属于提供服务的合同,但是它们之间有显著区别。

1. 是否参与委托人与第三人的关系不同。中介人仅为委托人报告订约机会,或为订约媒介,并不参与委托人与第三人之间的关系。在委托合同中,受托人以委托人的名义和费用活动,代委托人与第三人订立合同,参与并可决定委托人与第三人之间的关系内容;而行纪合同中的行纪人要以自己的名义为委托人与第三人完成交易事务,与第三人发生直接的权利义务关系。

2. 是否有偿不同。中介合同虽为有偿合同,但只有在有中介结果时才可以请求报酬,并且在为订约媒介中介时可从委托人和相对人的双方取得报酬;而委托合同既可以是有偿合同,也可以是无偿合同;行纪合同虽为有偿合同,行纪人却仅从委托人一方取得报酬。不过,按照《民法典》第 964 条的规定,中介人未促成合同成立的,可以按照约定请求委托人支付从事中介活动支出的必要费用。

3. 是否移交委托事务后果和报告义务不同。中介人没有将处理事务的后果移交给委托人和报告的义务,而在委托合同和行纪合同中都有委托人取得事务处理结果和接受事务处理报告的问题。

二、中介合同的效力

(一)中介人的义务

1. 报告订约机会或媒介订约机会的义务。这项义务是中介合同的中介人的主要义务。在报告中介中,中介人对于订约事项,应就其所知据实地报告给委托人。中介人对相对人没有报告委托人有关情况的义务。在媒介中介中,中介人应将有关订约的事项据实报告给各方当事人。媒介中介的报告义务是向双方报告的义务。

2. 忠实义务。忠实义务,是指中介合同无论是单务的还是双务的,中介人就自己所为的中介活动都有遵守诚实信用原则的义务。具体要求是:(1)中介人应将所知道的有关订约的情况或商业信息如实告知委托人;(2)不得对订立合同实施不利影响,影响合同的订立或者损害委托人的利益;(3)中介人对于所提供的信息、成交机会以及后来的订约情况,负有向其他人保密的义务。

3. 尽力义务。报告中介人的任务在于报告订约机会给委托人,媒介中介人的任务除向委托人报告订约信息外,应尽力协调将来可能订约的当事人所持的不同意见,并依照约定准备合同,对于相对人与委托人之间所存障碍应加以说合和克服。中介人的尽力义务,就是负有尽力提供有关成交机会和商业信息,促使合同订立的义务。

4. 负担中介活动费用的义务。中介人进行中介活动支付的费用,如果委托方和中介人事先没有明确约定的,应当由中介人承担。当事人另有约定的,依约定履行。

(二)委托人的义务

1. 支付报酬的义务。中介人促成合同成立后,委托人应当按照约定支付报酬。对中介人的报酬没有约定或者约定不明确,依照《民法典》第 510 条的规定仍不能确定的,根据中介人的劳务合理确定。因中介人提供订立合同的媒介服务而促成合同成立的,由该合同的当事人平均负担中介人的报酬。中介人未促成合同成立的,不得请求支付报酬,但可以请求委托人支付从事中介活动支出的必要费用。

中介费支付的一般规则是约定报酬制,即中介人从事中介活动收取报酬的多少,主要依中介人和委托人的约定,在中介人促成合同有效成立后,委托人就应按约定支付报酬。

数个中介人确定报酬的规则是:(1)报告中介,先向委托人报告订约信息并促成其订立合同者,享有中介报酬请求权。(2)媒介中介,如果委托人与相对人之间成立的合同可归功于某个中介人时,则此中介人享有收取中介报酬请求权,其他中介人无此项权利;如果是数中介人同心协力,致使不能确定其中哪个中介人为当事人与相对人交易的达成起了决定性作用时,则应视情况而定:委托人以数中介人为一整体,只给予一次报酬,由各中介人平均分配该报酬;委托人对各中介人分别委托同一事项,中介人也独立地开展产生中介结果的活动时,中介人可以分别请求报酬;各中介人就同一事项分别受同一委托人之委托,但在为中介行为时,各中介人相互结合为共同的媒介,则各中介人只能共同地受一次报酬。(3)交易双方各自委托中介人,双方委托的中介人又共同协力促成委托人和交易相对人订立合同,则委托人和交易相对人分别对自己所委托的中介人支付中介报酬。

报告中介,中介报酬由委托人负担。媒介中介,中介报酬由达成交易的双方当事人平均负担,即由委托人和交易相对人平均负担。但合同另有约定或另有习惯的除外。

2. 支付必要中介费用的义务。中介费用一般包含在报酬中,中介成功时,中介费用未经约定不得请求委托人偿还,应由中介人自己负担。在中介人已尽报告义务或者媒介义务,但仍不能使合同成立,未达到委托人的预期目的时,《民法典》规定可以请求委托人支付从事中介活动支出的必要费用。

三、恶意"跳单"与中介合同的法律准用

(一)当事人恶意"跳单"

中介合同的"跳单"行为也称"跳中介",是指合同的一方或者双方当事人已经与中介人订立了合同,中介公司已经按照协议履行了提供中介信息并促使买卖双方见面洽谈等促进交易的义务,一方或双方为了规避或减少按照协议约定履行向中介人交付中介费的义务,跳过中介而私自直接签订合同的行为。"跳单"主要发生在新的中介业务员身上,一方面,他们的服务可能不到位,使委托人对中介服务的质量产生怀疑;另一方面,委托人存在侥幸心理,对交易过程中的风险了解不多,通过"跳单"而逃避中介费的支出。

"跳单"是严重的中介合同违约行为。中介人的业务员在进行中介活动中,付出了自己的劳动,由于委托人的不诚信和欺诈,导致自己的劳动付诸东流,使其合同利益受到损害,因此违约的委托人应当承担违约责任。

只要委托人接受了中介人的中介,利用中介人提供的交易机会,却绕开中介人直接与第三人订立合同的,仍然应当承担支付中介报酬的义务,满足中介人的权利请求。在实践中,委托人"跳单",中介人向委托人主张报酬权利,委托人不认可的,中介人可以直接向法院起诉,请求法院依照《民法典》的规定实现报酬请求权。中介人在中介活动中,应当注意保存证据,避免委托人实施"跳单"行为损害自己的利益。

（二）中介合同的法律准用

《民法典》第966条规定："本章没有规定的，参照适用委托合同的有关规定。"中介合同尽管与委托合同有所区别，但是，其基本性质仍然属于委托。因此，对中介合同的法律适用，除了《民法典》规定的中介合同的特有规则之外，其他方面都可以适用委托合同的规定。

｜引例分析｜

《民法典》将原《合同法》规定的居间合同修改为中介合同，其基本规则并没有改变，只是合同的名称发生了变化。

中介合同的最重要特点就是不介入双方的合同关系，只是为合同当事人的交易提供中介服务。服务的主要内容是提供订约机会、交易媒介等。在本案中，原告作为房地产经纪公司，其义务就是为房屋买卖合同的当事人提供相应房屋信息、买家与卖家信息、促成房屋买卖合同成立，实现当事人的交易目的。依照《民法典》第961条的规定，中介合同是中介人向委托人报告订立合同的机会或者提供订立合同的媒介服务，委托人支付报酬的合同。中介人有权基于其提供的中介服务，要求委托人支付相应的中介服务费作为报酬。徐某某在原告提供了中介服务并实现了交易目的后，拒不履行支付中介服务费的义务，构成违约行为，须承担违约责任，应当支付中介服务费，对迟延履行还应当承担支付逾期利息的违约责任。

第三节　合伙合同

｜引　例｜

陈某甲、陈某乙与邹某合伙承包某荒山地，就种植湿地松的具体事宜签订合同。合同约定，找地及组织造林的工作由陈某甲、陈某乙负责，苗木及造林资金由邹某负责，湿地松的产权由邹某、陈某甲、陈某乙共同所有。此后，邹某出资1.502万元，与陈某甲、陈某乙开荒种植了湿地松约200亩。两年后，三人将种植的湿地松全部烧掉，不再共同种植松树林及其他树林。陈某甲与第三人敖某签订转包合同，将案涉林地转包给敖某。邹某去世后，第三人敖某依照合同约定向陈某甲支付了承包金。陈某丙是邹某的妻子，邹某甲等是邹某的儿子。陈某丙、邹某甲等知悉陈某甲收到该承包金后，要求继承邹某的合伙权益，分得其中的1/3，遭到拒绝，遂诉至法院，主张邹某在合伙合同中的权益作为遗产继承。

一审法院审理认为，陈某甲、陈某乙和邹某曾订立合伙协议，约定合伙"造林"，但是在种植部分湿地松后却又全部烧掉，不再共同种植树林，因此，三人关于合伙造林的个人合伙在烧掉共同种植的湿地松时就已经终止。陈某甲在合伙终止后将案涉林地转包，陈某丙、邹某甲等没有提供证据可以证实邹某有参与分配其中的转包收益(承包金)的权利,故判决对其诉讼请求不予支持。

二审法院审理认为,合伙是指两个以上自然人按照协议,各自提供资金、实物、技术等,合伙经营、共同劳动。本案陈某甲、陈某乙与邹某签订合同,约定了合伙造林事宜,在合同存续期间邹某病故,并没有证据证实陈某甲、陈某乙同意邹某的继承人取得合伙人资格,根据法律规定,因个人合伙的基础是共同经营、共同劳动,故邹某与陈某甲、陈某乙之间的合伙关系应于邹某死亡时终止。而陈某丙、邹某甲等请求陈某甲、陈某乙支付转包土地的承包金的1/3的请求没有事实和法律依据,法院不予支持。

｜法律问题｜

1. 合伙合同及其特征
2. 合伙财产
3. 合伙事业经营
4. 合伙人的权益
5. 合伙合同终止与散伙财产分配

一、合伙合同的概念与合伙财产

(一)合伙合同与合伙

1. 合伙合同的概念和特征

合伙合同,是两个以上的合伙人为了共同的事业目的订立的共享利益、共担风险的协议。《民法典》第967条对合伙合同的概念作了准确的界定。

合伙合同的特征如下:(1)合伙合同的当事人为两人以上,包括自然人、法人、非法人组织,但通常是自然人。(2)合伙合同的设立目的,是两个以上的合伙人为实现共同的事业目的,主要是经营性的目的而不是其他目的。(3)合同的内容是约定合伙人共同投资、共同经营、共享利益、共担风险。(4)合伙合同设立的是普通合伙,不包括设立合伙企业的合伙合同,合伙企业属于非法人组织,应当适用《民法典》第102～108条关于非法人组织的规定。

2. 合伙的概念与特征

通过合伙合同设立的是合伙,即两个以上的合伙人按照合伙合同的约定,为了共同的事业目的,各自提供资金、实物、技术等,合伙经营、共同劳动、共享收益、共担风险的营利性组织。合伙是一项重要的民事法律制度,具有募集资金迅速、设立方便、经营灵活等特点,成为自然人、法人等民事主体参与投资交易的重要方式,与公司、独资企业共同构成市场主体的基本形态,对社会经济发展具有重要作用。[1]

合伙的法律特征如下:(1)合伙由两个以上的自然人、法人或者非法人组织组成,以合伙人的意思表示一致为基础。(2)合伙由合伙人共同投资成立,其财产属于合伙人共有。

---

〔1〕 最高人民法院民法典贯彻实施工作领导小组主编:《中华人民共和国民法典合同编理解与适用》(四),人民法院出版社2020年版,第2732页。

(3)合伙由合伙人共同经营管理,共享经济利益,共担经营风险。(4)合伙有字号的,可以以其名义独立从事民事活动,合伙人对外承担无限连带责任。

(二)合伙人及其出资义务

1. 合伙人

合伙人是合伙合同的当事人,也是合伙组织的主体。《民法典》规定的合伙合同,主要是指自然人的合伙,不包括合伙企业,因此,合伙人通常是自然人,但是也不排除法人、非法人组织订立的合伙合同。

2. 合伙人的出资义务

合伙人的出资是合伙财产的最初来源。合伙人在合伙合同中应当约定合伙人的出资方式、数额和交付期限,履行出资义务。各合伙人应当按照约定向合伙投资,投资财产构成合伙的财产基础。投资可以是资金,也可以是设备;可以是财产,也可以是其他用益物权,如将建设用地使用权、土地经营权等投资入股;可以是知识产权,也可以是技术。

合伙人应当按照约定的出资方式、数额和缴付期限,履行出资义务。出资方式,是指出资的具体方式,如是以资金、设备还是物权等方式出资。出资数额是指出资的具体数额,其不仅关系合伙人的出资义务的履行,而且关系合伙人在合伙中享有的权益。交付期限,是指在何时缴付出资,即出资的具体时间。合伙人不能按照上述要求履行出资义务的,构成违约,应当继续履行,并应当承担违约责任。

(三)合伙财产的范围及分割合伙财产的限制

1. 合伙财产及其特征

合伙财产,是指由合伙人依照合伙协议向合伙投资的财产和合伙在共同经营中积累的财产构成的,由全体合伙人共同共有的财产。

合伙财产的特征是:(1)合伙财产依合伙关系而发生,依法律规定基于合伙关系的存在而必然发生;(2)合伙财产具有组合性,包括合伙人的投资、合伙经营的收益积累以及其他财产;(3)合伙财产体现全体合伙人的共有权,全体合伙人都是共有人,平等地享受权利、分担义务;(4)合伙人对合伙财产对外享有连带权利、承担连带义务,每个合伙人都是连带债权人,每个合伙人都是连带债务人。

2. 合伙财产的范围

对合伙财产的要求是:(1)合伙财产同各合伙人自己所有的其他财产是分开的,投入合伙之后,就属于全体合伙人共有。各合伙人的出资虽然都是个人财产,但是它们聚集在一起,形成新的共有权,构成合伙基础财产的团体性、共同性,使合伙可以利用这一财产去经营事业、应付风险、创造财富、承担责任。缺乏这样的财产基础,合伙难以发展事业。(2)因合伙事务依法取得的收益也是共有财产,属于全体合伙人共同共有。故合伙财产的出资与积累构成的合伙财产是一个统一整体,必须按照共有的法律要求,由全体合伙人对合伙财产进行统一管理和使用。[2]

---

〔2〕 佟柔主编:《中国民法学·民法总则》,中国人民公安大学出版社1990年版,第142页。

3. 合伙存续期间合伙财产不得分割

共同共有财产的基本属性是形成共同共有的基础关系没有消灭之前,共同共有的财产不得分割,因为合伙财产一经分割,将破坏共同共有的基础。合伙关系是合伙财产的基础关系,在合伙没有散伙之前,当然不能分割合伙财产。同样,基于合伙财产的组合性和整体性,合伙财产不得分割的规则并不妨碍合伙人对合伙收益进行分红。

二、合伙事业经营

(一)合伙事业经营的内容

合伙事业经营,包括合伙的经营决策、合伙事务执行与监督,以及合伙负责人三个方面的内容。

1. 合伙的经营决策

合伙的经营决策也称合伙事务决定。[3] 合伙人对合伙事务作出决定,除合伙合同另有约定外,应当经全体合伙人一致同意。合伙的经营决策,包括经营计划、经营项目、经营收益分配等,这些都须由全体合伙人共同协商决定,但也不排除按照多数合伙人或多数份额原则决定。

2. 合伙事务执行与监督

合伙事务执行的基本规则是:按照合伙合同的约定或者按照全体合伙人的决定,可以委托一个或者数个合伙人执行合伙事务。将合伙事务交由部分合伙人执行时,其他合伙人不再执行该合伙事务。

合伙事务执行,是合伙事业经营中的重要环节,是指合伙事业经营决策确定之后,究竟由哪些合伙人负责执行,执行人之外的合伙人有哪些权利以便实现合伙经营目的的活动。

合伙的经营决策作出后,具体的执行方式有三种:(1)共同执行,即由全体合伙人共同执行,通常是在较为单纯、简单的合伙事务中采取共同执行的方式执行合伙事务。(2)代表执行,即按照合伙合同的约定或者全体合伙人的决定,可以委托一个或者数个合伙人执行合伙事务,其他合伙人不再执行。(3)分别执行,即合伙人分别执行合伙事务的,执行事务合伙人可以对其他合伙人执行的事务提出异议;提出异议后,其他合伙人应当暂停该项事务的执行。

代表执行和分别执行的,其他合伙人不再执行,对执行人的执行活动享有监督权,监督代表执行人和分别执行人的执行情况。

合伙事务执行无论采取哪种方式执行,都应由全体合伙人共同承担责任,而不是由合伙事务执行人个人承担民事责任。无论采取何种执行方式,所有的合伙人或者没有执行合伙事务的合伙人都对合伙事务执行享有监督权,监督合伙事务执行人的执行活动,发现问题,都有权提出监督意见,提交全体合伙人讨论,由全体合伙人作出决定。

3. 合伙负责人

合伙负责人是由全体合伙人推举产生的对外代表全体合伙人的利益,对内组织经营管理的合伙人。合伙负责人执行合伙的经营决策所产生的经营亏损、意外损失和所欠债务等

---

〔3〕 王利明等:《民法学》(下册)(第6版),法律出版社2020年版,第867页。

民事责任，由全体合伙人承担。但是，如果能够证明这些义务和责任是由合伙负责人超越合伙的经营决策引起的，则由合伙负责人个人承担民事责任。

（二）合伙人的报酬

合伙人与合伙雇佣的人不同。合伙雇佣的人员不是合伙的成员，而是合伙的工作人员，其向合伙提供劳务，合伙对其给付报酬。

合伙人是合伙财产的共有人之一，是合伙组织的成员，其在合伙中的经济利益是通过合伙盈利进行分红实现的，而不是在执行合伙事务中取得报酬。因此，合伙人在执行合伙事务时，不得请求合伙对其另行支付报酬。如果合伙合同对执行合伙事务的合伙人计算报酬另有约定，体现的是合伙的意志，则另当别论。

三、合伙利润分配和责任承担

（一）合伙利润分配与亏损负担方法

1. 利益分配

合伙人享有合伙共同财产的分取红利权，实际上就是共同共有中共有人的收益权。在合伙经营中，对于经营盈余，合伙除留下足够的积累以供发展外，其余盈余可按红利分配给合伙人，各合伙人均享此权利。

2. 分担风险

合伙遭遇经营风险，造成亏损，是合伙财产发生的经营亏损，也应当由合伙人即共有人共同分担。

3. 利益分配和亏损分担的确定方法

具体方法是：（1）应当依照合伙合同的约定办理；（2）合伙合同对利益分配和亏损分担的方法没有约定或者约定不明确的，由合伙人协商决定，按照协商达成的协议办理；（3）协商不成的，由合伙人按照实缴的出资比例分配、分担；（4）无法确定出资比例的，由合伙人平均分配、分担。

在合伙的盈余分配和风险分担规则中有一个重要的问题，是合伙共有财产中存在明显的潜在的应有部分。在共同共有关系中虽然没有应有部分，但是，潜在的应有部分却在暗中发挥影响，决定着盈余分配和风险负担的规则。这说明，合伙财产虽然是共同共有，但并不是说绝对没有任何形式的应有部分。在合伙财产中，其潜在应有部分其实是公开表露出来的，这就是参加合伙的每一个人都有固定的出资份额，每一个合伙人都有相应的部分，就是每一个共有人的应有部分。在约定的期限到来时，要按照这个应有部分分配红利或者承担亏损。正是由于合伙财产存在这种潜在的应有部分，才在决定合伙的盈利分配和风险负担规则时，直接影响合伙合同关于盈利分配和风险分担的约定，影响对利益分配和亏损分担的方法没有约定或者约定不明确时合伙人协商决定的达成，在协商不成时，由合伙人按照实缴的出资比例分配、分担。只有在出资比例无法确定时，才能平均分配、分担。

（二）合伙人对合伙债务承担连带清偿责任

《民法典》第973条规定："合伙人对合伙债务承担连带责任。清偿合伙债务超过自己应当承担份额的合伙人,有权向其他合伙人追偿。”

合伙债务属于合伙的消极财产,是合伙对他人所负的债务。合伙债务产生于合伙关系存续期间,产生债务的原因是合伙人对第三人的合同行为或侵权行为,以及不当得利和无因管理等发生的债务。对于合伙债务,承担债务的主体是合伙,履行债务的担保或承担债务的财产范围是合伙财产和每个合伙人的个人财产。

合伙债务与合伙人的个人债务不同。合伙人的个人债务是合伙人个人对他人所欠的债务,合伙人个人与债权人是债权债务关系的当事人,与合伙事务和合伙毫无关系,因此,应当由合伙人个人承担清偿责任。

合伙债务清偿责任的形式是无限连带责任。具体规则如下:

1. 合伙债务由合伙财产承担,合伙财产足以清偿债务的,不适用无限连带责任规则。

2. 合伙财产对所欠债务清偿不足的,由各合伙人以自己的全部个人财产连带承担,对此,应当按照连带责任规则的要求,债务人向合伙人中的每一个人请求清偿债务,每一个合伙人都应当对全部合伙财产清偿不足的合伙债务承担全部清偿责任。

3. 被请求清偿合伙债务的合伙人,以其个人财产清偿不足的部分,由其他合伙人承担,仍然承担连带责任。

4. 以个人财产偿还合伙债务时超过自己合伙份额的合伙人,有权向其他合伙人追偿,其他合伙人应当按照自己的份额满足其追偿权的要求。

合伙人应当以自己的个人财产承担无限连带责任,又负有个人债务应当清偿的,足以清偿的分别清偿;不足清偿的按比例清偿。

四、合伙人的权益

(一)合伙人转让合伙份额

合伙人向合伙投资取得的合伙份额,属于《民法典》第125条规定的股权和其他投资性权利。这个权利属于合伙人享有,合伙人有权进行支配。但是,合伙具有人合性,合伙人支配其财产份额并非绝对自由。

对合伙人将其股份转让给合伙人以外的人的情况,由于合伙具有人合性,尤其是合伙人相互之间具有信赖关系,如果不加以限制,将会使受转让人加入合伙,成为新的合伙人,破坏合伙人相互之间的信赖关系,对合伙关系造成损害。因此,法律适当限制合伙人转让合伙的全部或者部分财产份额。适当限制,并非绝对禁止合伙人转让,只是对转让加以限制:合伙人将其合伙份额转让给合伙人以外的人,须经全体合伙人一致同意,否则不得转让。这是因为合伙人之间具有人格信赖关系,而合伙份额的转让具有入伙和退伙的双重性质,属于一种人的变动,应当严格履行程序。

(二)限制合伙人的债权人对合伙人行使债权人代位权

债权人为保全其债权,可依债权人代位权,代位行使债务人对他人行使的权利,《民法典》第535条等对此有明确规定。禁止合伙人的债权人对合伙人的合伙权利行使代位权,是因为合伙人对合伙的权利有专属权性质,不能与合伙人的地位相分离,一旦合伙人的债权人对合伙人享有的对合伙的权利行使代位权,将会损害全体合伙人的利益,所以法律予以禁止。

不同的是,对合伙人享有的分取红利权,因其已成为合伙人自己独立享有的权利,并无专属性,所以,合伙人的债权人可以对其行使债权人代位权,以保全自己的债权。

(三)合伙期限的认定方法与不定期合伙人的任意解除权

1. 合伙期限的认定方法

(1)合伙期限的确定。合伙成立之后,不可能永久存在,故合伙存在合伙期限问题。对于合伙期限的确定方法:一是定期合伙。合伙人在合伙合同中对合伙期限有约定的,依照其约定确定合伙期限,合伙在合伙合同约定的存续期间始终存在。二是合伙人对合伙期限没有约定或者约定不明确,应当依照《民法典》第510条的规定进行补充协议,按照补充协议约定的合伙期限确定。三是补充协议仍然不能确定合伙期限的,视为该合伙的合伙期限为不定期合伙。

(2)定期合伙合同期满。合伙合同约定的合伙期限届满,合伙应该散伙。合伙散伙应当依照散伙的规则进行清算。合伙合同约定的合伙期限届满,虽然没有明确约定,但是合伙人还在继续执行合伙事务,其他合伙人对此也没有提出异议的,合伙人是以其各自的行为确认合伙合同继续履行,该合伙继续存在,原合伙合同继续有效,只是该合伙的合伙期限变为不定期,成为不定期合伙。

2. 合伙人对不定期合伙行使解除合伙合同的权利

对于不定期合伙,包括约定为不定期合伙、确定为不定期合伙以及推定为不定期合伙,合伙人都可以随时解除不定期合伙合同,包括散伙和退伙。合伙人一致主张解除合伙合同的,合伙散伙;如果只有一个合伙人不主张解除合伙,其他合伙人都主张解除合伙合同的,后果也是散伙。在合伙中如果有两个以上的合伙人不主张解除合伙合同,其他人都主张解除合伙合同,主张解除合伙合同的合伙人其实就是退伙。无论是退伙还是散伙,都应当按照退伙和散伙的规则处理。合伙人主张解除不定期合伙合同的,应当通知其他合伙人,并且留出合理期限,以便其他合伙人做好退伙或者散伙的准备。

五、合伙合同的终止与散伙财产分配

(一)合伙合同终止及其原因

1. 合伙散伙与合伙人死亡的后果

散伙,是指合伙的解散。合伙合同的权利义务终止,其实就是散伙。

在通常情况下,散伙的事由是:(1)合伙合同约定的合伙经营期限届满,合伙人不愿意继续经营的;(2)合伙合同约定散伙的事由出现;(3)全体合伙人决定解散;(4)合伙人已经不具备法定人数,如只剩下一个合伙人;(5)合伙合同约定的合伙目的已经实现或者不能实现;(6)出现法律、行政法规规定的合伙解散的其他原因。当合伙出现上述事由时,合伙应当散伙。

合伙人是自然人,合伙人已经死亡或者丧失民事行为能力,或者合伙人是法人、非法人组织,该法人或者非法人组织已经终止的,都导致合伙合同的权利义务终止,合伙应当解散。事实上,实际情况并不像规定的这样简单:如果是合伙人为多人,其中之一死亡或者终

止,其他合伙人仍然健在或者存在,只要没有达到只剩一人的条件的,该合伙并不必然散伙;如果所有的合伙人都死亡、终止的,合伙合同关系当然消灭;当合伙人还有一人没有死亡或者终止的,这个合伙合同关系其实也已经消灭,变成一人经营了。因此,这一条文规定的内容不准确,只是从合伙合同的角度进行的规定,没有从合伙关系的角度作出规定。

有两个合伙人组成的合伙,其中合伙人之一死亡、丧失民事行为能力或者终止的,合伙合同的权利义务终止,该合伙散伙。由三个以上的合伙人组成的合伙,其中一个合伙人死亡、丧失民事行为能力或者终止的,该合伙人在合伙中的权利义务终止,其他合伙人同意其继承人继承其财产份额的,其继承人可以成为新的合伙人;如果不同意其继承人作为新的合伙人,应当进行清算,由其继承人或者承继其权利义务的主体继承或者接受其财产利益。

2. 退伙

合伙人退伙是合伙财产部分消灭的原因。退伙分为:(1)声明退伙,是合伙人以其一方通过声明的意思表示退出合伙的行为。(2)法定退伙,不须任何声明,遇有法定事由的发生即当然发生的退伙,如合伙人死亡、合伙人丧失民事行为能力、合伙人被开除。合伙人无论是声明退伙还是法定退伙,都使该合伙人丧失合伙人的资格,在合伙财产关系上失去共有人的资格,应对其在合伙财产中的份额进行结算,分配其应得的损益。除此之外,整个合伙关系及合伙财产继续存在。

(二)合伙散伙时财产利益的分配方法

合伙散伙的财产利益分配规则,就是合伙散伙时的清算规则。合伙散伙时,必须进行清算。合伙的清算,是对企业的债权、债务、资产进行清理的过程,是合伙退出市场的必经程序,合伙未经清算不得散伙。

合伙财产关系消灭的原因分为两种:(1)合伙解散,即散伙,引起合伙财产的全部消灭;(2)合伙人退伙,引起合伙财产的部分消灭。合伙财产全部消灭,应当对合伙财产进行清算;合伙财产部分消灭,应当对退伙人的应有份额进行结算。这种清算和结算,都是对共有财产的分割。

合伙解散,是合伙财产全部消灭的原因。合伙一经解散,发生合伙财产的必要前提即不存在,合伙财产关系当然终止,因此发生合伙财产的清算后果。至清算结束时,合伙为完全消灭。清算的办法如下:

1. 了结现务。了结现务就是了结现存的合伙事务。这种事务,应以已着手者为限,未着手的事务,不再执行。已着手的合伙事务至合伙解散时尚未完结,应在清算中执行完结,或采取其他办法了结。

2. 收取债权。对于已届清偿期的债权,予以实现。尚未届清偿期的债权,可以采取转让他人或换价的方法收取,也可以划入剩余财产之中。

3 清偿债务。对于已届清偿期的债务,用合伙财产予以清偿。对未届清偿期的债务,应将其清偿所必需的数额,从合伙财产中划分出来予以保留,或者进行提前清偿。

4. 返还出资。在清偿债务后所余的合伙财产中,应先返还各合伙人的出资。偿还出资应以财物出资为限,出资为物资并仍存在的,应返还原物。金钱出资或原物已无法返还者,以金钱返还。若清偿债务后所余的合伙财产不足以偿还全部出资,则以各合伙人的出资比例返还。

5. 分配剩余财产。该剩余财产是合伙财产在清偿合伙债务、返还出资以后所剩的财产。对于此剩余财产，由全体合伙人分配，而不论各合伙人以何种方式出资。分配的原则，是《民法典》第972条规定的按各合伙人应分配利益的比例进行分配。经过清算，如全部合伙财产不足以清偿合伙债务的，就是亏损，对内由各合伙人按比例分担，对外连带清偿。

引例分析

《民法典》第977条规定，合伙人死亡、丧失民事行为能力或者终止的，合伙合同终止……本案中，陈某甲，陈某乙与邹某签订了《合同书》，约定了合伙造林事宜，但邹某病故后，虽然没有证据证实陈某甲、陈某乙同意邹某的继承人取得合伙人资格，但是，该地的承包和个体经营期间所得应当是合伙财产。因此，在邹某与陈某甲、陈某乙之间的合伙关系因邹某死亡而终止之前的经营所得，在邹某死亡时应当进行清算，其清算的结余合伙财产，1/3的份额应当是邹某的遗产。本案的原告陈某丙、邹某甲等请求陈某甲、陈某乙支付转包土地承包金的1/3的请求虽然没有事实和法律依据，但对于在邹某死亡前的合伙经营活动获得的利益，其继承人有权主张进行清算，并对邹某的所得部分有权主张继承。因此，本案的一审法院和二审法院的判决，都在认定事实和适用法律上存在错误，应当予以纠正。

本章思考题

1. 行纪合同与委托合同有什么区别？
2. 行纪合同中介入权的性质及行使后果是什么？
3. 中介合同与行纪合同有什么区别？
4. 实施“跳单”行为应当承担何种法律后果？
5. 合伙合同与合伙是什么关系？
6. 合伙财产形成的特点是什么？合同财产的性质是什么？
7. 合同事业经营的规则是什么？
8. 合伙散伙的原因有哪些？怎样分配散伙的合伙财产？

第十四章 准 合 同

第一节 无 因 管 理

|引 例|

原告陈某某曾系被告丰年纺织品有限公司的员工,后已经解除劳动关系。某日22时许,被告员工案外人隋某某回宿舍时路过被告办公楼一层厨房时闻到有煤气味,回去后叫当时住在该宿舍的原告去看一下。原告同隋某某一道前往,到厨房门口后,因厨房里没有亮灯,随手打开电灯开关,厨房发生爆燃,造成原告与隋某某两人受伤。事故发生后,原告被送医院入院治疗,共花医疗费合计197 525.20元(其中被告垫付121 228.37元)。原告向法院起诉,诉请赔偿全部损失。被告认为原告系因在被告处使用厨房不当导致煤气爆炸,因而造成原告以及案外人受伤,并非因无因管理所致,故原告的诉讼请求、事实与理由不符合法律规定,请求驳回原告的诉讼请求。

法院审理认为,无因管理是指没有法定或者约定的义务,为了避免他人的利益受损而自愿管理他人事务或者提供服务的行为。无因管理是法律规定之债,不是因当事人之间的约定产生的债,其重要构成要素之一是符合本人意思,但本人意思违反公序良俗的除外。不符合本人意思的不适法的管理不是无因管理。无因管理的立法目的很大程度上是对社会公共利益和公序良俗的考量。本案原告应被告职工案外人隋某某的要求前去查看被告厨房煤气泄漏之情况,其目的显然是排除险情,避免因煤气发生爆炸对周围人的人身和财产造成损害,且事故发生时,原告与被告已解除劳动关系,并无法定或约定义务。原告自愿为被告查看煤气泄漏的行为符合被告的本人意思,且不违反公序良俗,符合上述法律关于无因管理规定的构成要件。原告以无因管理为由起诉要求被告支付必要费用,理由正当,应予支持。被告辩称原告系因在被告处使用厨房不当导致煤气爆炸,因而造成原告以及案外人受伤,并非因无因管理而造成人身损害,因此应当依法驳回原告全部诉讼请求的辩称,事实和法律依据均不足,不予采纳,判决被告承担原告的全部损失。

|法律问题|

1. 无因管理及其法律特征
2. 无因管理的构成要件
3. 无因管理的效力
4. 不适当的无因管理和不真正无因管理

一、无因管理概述

（一）无因管理的概念

无因管理，是指没有法定的或者约定的义务，为避免他人利益受损失而进行管理的一种法律事实。《民法典》第121条对此作了规定。

管理人和本人之间因无因管理发生的法律关系，是无因管理之债。

在无因管理之债法律关系中，为他人进行管理的人为管理人，其事务受到管理的人为本人，也称受益人。

（二）无因管理的法律特征

1. 无因管理是债的发生根据之一。无因管理发生的法律后果是在管理人和本人之间发生债的关系，管理人享有债权，本人负有债务。

2. 无因管理是管理人的自愿行为。无因管理行为本身并不是设立债的关系，而是在无因管理行为发生之后所产生的法律后果是债的关系。因而，无因管理行为并无效果意思。无因管理的行为是管理人的自愿行为，没有任何法律强制或者他人强制，是管理人根据自己的意志和价值判断标准，确认自己应当为他人的利益实施管理的行为，并且予以实施。如果管理人为他人的事务进行服务和管理是基于法律的强制或者他人的强制，则不构成无因管理。这就是无因管理中的“无因”。无因管理行为的管理人对本人不享有报酬请求权。

3. 无因管理是有益于他人的行为。无因管理行为是一种混合的事实行为。一般的事实行为并不以人的精神作用为必要，即与人的心理状态无关。无因管理则需要有管理人具有为他人谋利益的主观意思，即管理意思。正因为无因管理是以人的精神作用为要素的行为，因此也称混合的事实行为。[1] 无因管理强调的是管理人的有益于本人的精神作用，因而是对他人、对社会有益的行为，是应当提倡的行为。法律确立无因管理产生债的关系，正是对这种有益于他人、有益于社会的行为的鼓励和表彰。

（三）无因管理的性质

无因管理是一种事实行为而不是法律行为。其表现如下：

1. 无因管理的管理人需要有一定的意思。无因管理发生债的关系的后果，不是管理人的意思，而是法律直接规定的结果，并不问管理人在主观上是否具有这样的效果意思。

2. 管理人的管理意思也不需要表现在外部，法律虽然也要求管理人在实施管理行为时应通知本人，但通知本人的行为只是要告知管理的事实，而不是把自己的管理意思告知本人，因而与法律行为完全不同。

3. 无因管理虽然是事实行为，与法律行为完全不同，但是，无因管理必须具有管理人的精神作用，以管理意思为要件，又不是一般的事实行为，是混合的事实行为。

---

〔1〕 王家福主编：《中国民法学·民法债权》，法律出版社1991年版，第584页。

(四)无因管理的类型

1. 真正的无因管理

真正的无因管理也称适法的无因管理,是符合无因管理要件,未受委托并无法律上的义务,为他人管理事务的行为。真正的无因管理包括适当的无因管理和不适当的无因管理。凡管理事务利于本人,并不违反本人明示或可得推知的意思的,都是适当的无因管理;凡管理事务不利于本人或者虽利于本人但违反明示或者可得推知的意思,既不利于本人亦违反本人明示或者可得推知的意思等,都属于不适当的无因管理。〔2〕

2. 不真正的无因管理

不真正的无因管理也称为不适法的无因管理,是欠缺无因管理的法定要件为他人管理事务的行为。其可分为两种:(1)误信管理,是指误信他人事务为自己的事务而为管理的行为;(2)不法管理,是指明知管理的事务为他人事务,而故意作为自己的利益进行管理。这两种管理都不是无因管理,但因其具有外观上的管理行为,因此也称准无因管理。

不法的无因管理具有侵权行为及不当得利的性质,为使本人不因行使侵权损害赔偿请求权及主张不当得利请求权所能获得的赔偿反低于主张无因管理得到的利益,致使本人遭受不利,准用不真正无因管理的规则。

还有一种幻想无因管理与不真正无因管理有关,即事实上是为自己的事务,但误信为他人的事务而加以管理。将自己的事务作为他人的事务进行管理,不具备无因管理的基本特点,因此不属于不真正无因管理。

(五)无因管理与相关法律行为的关系

1. 无因管理与代理行为

无因管理与代理行为都是为他人管理事务,但是二者有严格的区别:(1)无因管理是在行为人没有法定或者约定义务的情况下实施的,而代理行为则是在代理人负有法定或者约定义务的情况下实施的。(2)无因管理为事实行为,不存在效果意思,因此不要求管理人具有完全民事行为能力;而代理行为是法律行为,具有明确的效果意思,无民事行为能力人或者限制民事行为能力人不能成为代理人,不成立代理法律关系。(3)无因管理中的事务管理既可以是事实行为,也可以是法律行为;而代理的事务必须是法律行为,非法律行为不构成代理。(4)无因管理制度规范的是管理人与本人之间的法律关系,是发生在管理人和本人之间的权利义务关系;而代理制度则重在规范代理人和被代理人之间的权利义务关系,并不考虑代理人与相对人之间的权利义务关系。(5)无因管理的管理人仅需具有管理意思,这种意思并非效果意思,也无须表达出来;但代理人在与第三人的关系中须具有将行为的法律效果归于被代理人的意思,而且必须将此种效果意思表达出来而为第三人所知悉。

2. 无因管理与无权代理

无权代理中的代理人因不负有法定或者约定的义务,具有为他人管理事务的意思,表面上与无因管理似乎相同,但二者除了具有上述无因管理和代理在性质上的区别外,还有

---

〔2〕 林诚二:《民法债编总论——体系化解说》,中国人民大学出版社2003年版,第109页。

以下重大区别:(1)法律对二者的态度不同,无因管理因符合本人的利益和社会的共同利益,因而为合法行为,受到法律的肯定和嘉许;而无权代理则因违反被代理人的意思,侵害了被代理人自行决定和处理自己事务的权利,因而不具有合法性。(2)法律对二者的规范目的不同,无因管理制度所要解决的是管理人与本人之间的权利义务关系;而无权代理制度则要解决无权代理行为的法律效果的归属问题。

3. 无因管理与防止侵害行为

防止侵害行为,是《民法典》第183条规定的因保护他人民事权益使自己受到损害的行为。这种行为的后果是由侵权人承担民事责任,受益人可以给予适当补偿。

防止侵害行为有的有侵权人,有的没有侵权人,其与无因管理的共同点是:(1)行为人都是既没有事先受委托,又没有法律义务的人,行为体现了助人为乐的高尚精神;(2)行为人都是为维护他人的利益而不是为自己的利益实施必要的行为。(3)行为人都为此而使自己的利益受到损失,表现为身体的损害或财产的损失,并且最终可以用货币计算。

无因管理与防止侵害行为的区别是:(1)防止侵害行为发生的前提条件是侵害,这种侵害应当是现实的、正在进行的;对于假想的或者没有发生的侵害,则不能予以防止或制止。无因管理发生的前提条件是本人对自己的事务或财物一时失去控制、不能进行管理,但是这种状态继续下去就可能出现利益丧失的危险。(2)防止侵害行为多数具有三种主体,即防止侵害行为人、侵害人和受益人;在没有侵害人的防止侵害行为中,主体有防止侵害行为人和受益人。无因管理只有管理人和本人两种主体,没有侵害人存在。(3)在防止侵害行为中,赔偿责任由侵害人承担,受益人不承担赔偿责任;没有侵害人的,才由受益人承担适当补偿的责任。在无因管理中,本人应当承担的债务是管理人为管理而支出的必要费用。(4)在防止侵害行为中,防止侵害行为人应受到损害,其损害是因侵害引起的;无因管理中的管理人的损失,只是付出管理的必要费用。

二、无因管理的构成要件

1. 管理人须对他人事务进行管理。构成无因管理首先须具备管理人对他人的事务进行管理的要件。管理自己的事务不能成立无因管理。

(1)管理。无因管理中的"管理"是广义概念,既包括狭义的管理,也包括服务。

管理属于事实行为,不属于法律行为。管理的内容既可以是法律行为,也可以是事实行为,但就管理行为来说并不属于法律行为。因此,对无因管理不能适用有关法律行为的规定。

管理事务包含的范围是广泛的,包括处理、管理、保存、改良及提供各种服务和帮助等,只要是有利于避免他人损失,或有利于他人的行为,都属于管理他人事务的行为。

(2)他人事务。无因管理的管理人所管理的事务须为他人的事务,即管理人是管理他人的事务。管理人是以自己的名义进行管理,不一定与第三人发生关系,管理人的管理行为也不限于法律行为,管理的后果也并不一定直接归属于本人。纯粹为自己的事务,不可能成立无因管理。

管理人管理的事务是否为他人事务,须从客观与主观两方面分析。

客观方面,管理的事务是否为他人事务,从客观上就可以判断。如果从事务的客观性质上不能认定是否为他人事务,须依行为人管理时的主观意思而定。在事实上是为自己的事务,不成立无因管理。在事实上为他人的事务,但误信为自己的事务加以管理的,为误信管理,因欠缺为他人管理的意思,不归入无因管理范畴。

主观方面,事务在性质上并不当然与特定人有结合关系,而依管理人的意思决定。管理人如认为是自己的事务则为自己的事务,若认为是他人的事务则为他人的事务,是中性事务。中性事务在客观上是属于他人的事务,当然能够成立无因管理。

管理人管理的事务只要是他人的事务而不是自己的事务,就可以成立无因管理,而不论这种管理的时间长短。至于本人对管理人管理事务有无认识,则无必要确定,不是认定无因管理的必要条件。

管理人有无为他人管理事务的意思分为两种情况:一是客观的为他人事务,如修缮他人遭台风毁损的屋顶、救助溺水之人等,通常可依其情形判断有无为他人的意思;二是主观的为他人事务,管理人就其有为他人管理事务的意思,应负举证责任。[3]

对于管理人在为他人利益进行管理的同时,兼具为自己的利益的情况,在学说上和实务上也认为构成无因管理。例如,修理即将倾倒的邻人房屋,既为邻人,亦为自己免去危险,成立无因管理。[4]

(3)对他人的认识。管理人在管理事务时,对他人是否为特定的人,不以确知为必要,在一般情况下,管理人不知本人为何人;知道本人为何人的,也成立无因管理;即使对于本人有误认,也不妨碍对真实的本人成立无因管理。

他人既可以是一人,也可以是数人,并非数人不成立他人。

(4)不构成无因管理的行为。因为无因管理的成立会在当事人之间发生债权债务关系,因此,如果管理人管理的事务虽为他人的事务,但对该事务的管理不能发生民事权利义务关系的,则管理人的管理不成立无因管理。

2. 管理人没有法定的或者约定的义务。

(1)无因。无因管理之“无因”,是指管理人对他人事务的管理没有法律上的原因。

没有法律上的原因而管理他人的事务,原本是违法的,理由是在法治社会,任何人都不得对他人的事务进行干涉。但是,社会共同生活规则又要求社会成员之间应互相关心、互相帮助,一个人的事务在许多情况下又需要他人主动予以管理。因此,法律规定无因管理制度,就在于赋予管理人管理他人事务的合法性,使“无因”的管理行为阻却违法,成为合法行为,并且为鼓励这种行为,还赋予管理人得请求本人偿还其所支出的必要费用的权利。法律规定无因管理的意义就在于鼓励社会成员的主动互助精神,为了他人的利益虽无义务也应为之管理,管理人因此而为管理的,仍得向本人请求偿还必要的费用。

(2)无法定义务。无法定义务,是无法律原因中的一种形式。法定义务是法律上直接规定的义务,既包括因民法上的直接规定而发生的义务,也包括因其他法律包括公法的直接规定而发生的义务。在法律上,管理人对他人事务的管理并没有这种赋予其管理的义务,即为无法定义务。如果管理人有法定义务为本人管理事务,则不构成无因管理。

---

〔3〕 王泽鉴:《债法原理》(第1册),中国政法大学出版社2003年版,第334页。

〔4〕 郑玉波:《民法债编总论》(第2版),陈荣隆修订,中国政法大学出版社2004年版,第77页。

(3)无约定义务。无因管理也必须没有约定的义务。约定义务是基于管理人与本人之间的约定而发生的义务。只要当事人在合同中约定了管理人有管理的义务,无论该义务是其主义务还是附随义务,管理人的管理即为有义务的管理,不成立无因管理。

(4)以客观标准判断。管理人有无管理的义务,应以管理人管理事务当时的客观情况而定,既不能以管理人主观的认识为标准,也不能以管理后的情况为标准。管理人于管理时本无义务而自认为有义务的,可以成立无因管理,这种行为称实际为他人事务;但管理人于管理时本有义务而自认为无义务的,不能成立无因管理,这种行为称实际上为自己事务。管理人有无义务,仅就着手管理之时而言。于着手管理后,管理人也就有义务管理,自不能认其为无义务。

(5)管理事务经本人承认。管理事务经本人承认的,《民法典》第 984 条规定,应当适用关于委托的法律规定处理。这里有两个问题:

第一,本人承认的时机。如果是在管理事务开始之前或者在管理事务进行之中本人承认的,就已经构成委托关系了。唯有在管理事务完成之时经本人承认的,才可能构成无因管理。

第二,本人承认发生效力的时间。本人承认的效力并非溯及既往,不能使无因管理变为委托合同,因此仅在性质上许可的范围内,比照适用委托的规定。

3. 管理人须为避免他人利益受损失而管理。

(1)管理意思。管理人须为避免他人利益受损失而管理,是无因管理成立的主观要件,也是无因管理制度的目的所在,要求管理人的管理是为他人谋利益,而不是为自己谋利益。

确认管理意思,是管理人的主观要件,是管理人管理事务的出发点。管理意思并不是效果意思,而是管理人在管理事务时的动机,仅是构成无因管理的要件之一。管理意思无须表示,完全依管理事务完成后的结果来表征,以客观事实来证明有无为他人管理事务的意思存在。

(2)管理意思的判断。管理人的管理是否是为他人谋利益的,应当从客观和主观两个方面观察。

客观上须管理他人的事务,管理人对此有认识即可,不要求管理人须有为他人利益的明确表示,也不要求管理人有专为他人谋利益的目的。管理人虽未明确表示是为了他人利益而管理的,但从管理行为看,是为避免他人利益受损失的,成立无因管理。

从主观上说,管理人管理事务的动机是为了避免他人的利益受损失,这种管理意思应当在客观上表征出来。

有上述两方面的标志,就具有管理的意思。管理人误将他人的事务认作自己的事务而进行管理的,尽管在客观效果上也使他人受益,却不应成立无因管理。然而,管理人在为他人的利益管理他人事务中,因其管理自己也受益的,则不影响无因管理的成立。

所说的利益,既包括通过管理人的行为使本人取得一定利益,也包括因管理人的行为使本人避免一定损失。所谓具有为他人利益管理的意思,就是指管理人意识到他是在为他人利益进行管理或服务,从管理或服务中最终所产生的利益将属于他人,而非属于自己。

(3)管理的效果应当归属于本人。从效果上说,因管理所取得的利益最终应归于本人,而不能由管理人自己取得。只要管理人能够证明自己管理的动机是为他人谋利益的,具有管理意思即可,无论其是否已将管理的利益归于本人,均可成立无因管理。

三、无因管理的效力

(一)无因管理的一般效力

1. 阻却违法效力。无因管理的一般效力在于对无因管理行为确认其阻却违法,为适法行为,因此,没有法律根据而管理他人事务不仅不属于侵权行为,而且还是法律所鼓励的行为。

即使是不法的无因管理,即明知系他人的事务,而为自己的利益进行管理,不构成无因管理,实质上是侵权行为,但由于管理人在客观上确实是为他人的事务进行管理,因而属于准无因管理,准用无因管理的规则,也具有阻却违法的效力。

2. 无报酬请求权。无因管理是出于道德的互助行为,故管理人不享有报酬请求权。如果规定管理人享有报酬请求权,将会导致无故干涉他人权利和事务情况的发生,对本人索取报酬,会造成市民社会秩序的混乱。但有例外:(1)海商法上的海难救助,应为无因管理行为,但享有报酬请求权;(2)拾得物,如果遗失人声明对拾得人有报酬者,拾得人拾得遗失物并予以保存,拾得人可以请求适当报酬。

(二)对管理人和本人的效力

无因管理对管理人和本人的效力,就是法律规定的无因管理之债的法律关系,在管理人和本人之间发生的债权债务关系。

1. 管理人的义务

无因管理的管理人本来不存在管理本人事务的义务,但是,管理人一经管理就应当管好,维护本人的利益。这包括以下几点内容:

(1)适当管理义务。《民法典》第 981 条规定:“管理人管理他人事务,应当采取有利于受益人的方法。中断管理对受益人不利的,无正当理由不得中断。”适当管理义务表现在五个方面:

一是管理人应不违背本人的意思进行管理。本人有明确意思表示的,应依本人明示的意思管理。应依本人可得推知的意思管理,这是无因管理的通常情况,即根据具体情况,管理行为不得违背本人可以推定而知的意思。当本人的意思与社会公德相冲突时,管理人虽违背本人的意思也不为违反无因管理义务。

二是管理人应依有利于本人的方法进行管理。管理方法是否有利于本人,应以客观上能否避免本人利益受损失为标准。

三是应根据本人利益的需要进行继续管理。继续管理是本人、本人的继承人或法定代理人进行管理之前的管理。如果本人未进行管理之前停止管理对本人并无损害,管理人可以停止管理;如果停止管理会使本人的利益受到损失,则管理人负有继续管理义务,不得停止管理。

四是紧急管理义务。管理人如果是为了免除本人的生命、身体或者财产上的急迫而为事务的管理的,对于因其管理所生的损害,除有恶意或者重大过失者外,不负赔偿责任。

五是中断管理对受益人不利的,没有正当理由不得中断,中断造成受益人损失的,应当承担赔偿责任。

管理人在管理他人事务时,应当负有与管理自己的事务为同一注意。管理人在管理他人事务时未尽到与处理自己的事务为同一注意者,为有过失,对于所造成的本人损害应当承担赔偿责任。

(2)通知本人义务。《民法典》第982条规定:"管理人管理他人事务,能够通知受益人的,应当及时通知受益人。管理的事务不需要紧急处理的,应当等待受益人的指示。"如果不能进行通知,如管理人不知本人是谁,或不知本人的住址,或交通断绝,或由于其他原因无法通知,则不负通知义务;如果本人已知管理开始的事实,则没有必要进行通知,依可得推知本人的意思,以有利于本人的方法进行管理。管理人通知本人之后,应当听候本人的处置。如果等候本人的指示会使本人的利益受到损失时,则不应坐等指示而应直接管理。

管理人违反通知义务的效力,一般认为应负债务不履行的责任,但是继续管理的部分仍成立无因管理,而不是不适法管理;如果本人反对继续管理,管理人仍继续管理,则为管理人违反本人的意思而进行管理。对于造成的损害,管理人应负无过失赔偿责任。

在本人死亡时,如果管理中止不能造成损害,有利于维护本人的利益的,管理人可以中止管理;反之,则应继续管理。

(3)向本人报告管理情况并结算的义务。无因管理所得的利益最终须归属于本人。《民法典》第983条规定,管理结束后,管理人应当向受益人报告管理事务的情况。管理人管理事务取得的财产,应当及时转交给受益人。如果管理人为了自己的需要而使用了应交付给本人的金钱,则应自使用之日起支付利息。

(4)不当管理造成损失的赔偿义务。管理人的赔偿义务依不履行管理人应当履行的义务而产生。确定赔偿义务,一般应当适用过错责任原则,管理人只对自己管理的过错行为所致损害负责赔偿。

确定管理人的过错,应看其是否已尽管理事务应尽的义务,其注意义务的标准是与处理自己的事务为同一的注意,因而应对故意和过失负责。当管理人的管理违反本人明示或可得推知的意思的,即为违反了管理人的注意义务,存在过失,对于因其管理所造成的损害应负赔偿责任。当管理人如系为本人尽公益上的义务,或者为履行法定扶养义务的,虽系违背本人明示或可得推知的意思,也不负损害赔偿责任。所谓急迫危险而为管理,系指如不即时防止,本人即发生损害状态的情形,如管理人发现所管理的牛羊罹患疫症,即宰杀以杜绝传染,其中误杀未罹患疫疾的牛羊,皆不负赔偿责任。如果管理人借口疫患而宰杀本人的牛羊,则属恶意,应负赔偿责任。

2. 管理人的权利

(1)管理事务有利于本人并不违反其意思时管理人的权利。

一是支出费用及利息的偿还请求权。管理人为本人管理支出的必要的或有益的费用,以及自支出时的利息,有权请求本人偿还。确定必要的费用,应以管理活动当时的客观情况决定。

二是债务代偿请求权。管理人为了本人管理事务而负担的债务,有权请求本人代为清偿。确认该种债务的标准,是管理人担负此项债务的结果对于事务的管理是必要的或有益的。

三是损害赔偿请求权。管理人为本人管理事务而受有损害时,可以请求本人赔偿。这种损害限于直接损害。损害赔偿请求权的成立,须损害与管理他人事务具有相当因果关系。

(2)管理事务不利于本人并违反其意思时管理人的权利。管理人虽因管理而支出费用、负担债务或受有损害,但其管理方法不利于本人并违反其意思,其事务的性质又不是为本人尽公益上的义务,或履行本人的法定扶养义务,本人对于因管理所生的利益仍然可以享有。管理人对本人享有费用及利息的偿还请求权、债务代偿请求权和损害赔偿请求权,以本人所得利益为限;超过部分,本人不负责任。

四、不适当的无因管理

(一)不适当的无因管理的概念和特征

1. 不适当的无因管理的概念

不适当的无因管理,也称不适法的无因管理,是指管理事务不利于本人,违反本人明示或可得推知的意思而为管理。[5]

不适当的无因管理与不真正无因管理不同。不适当的无因管理首先必须构成无因管理,而不是误信管理或者不法管理,更不是幻想管理,因为误信管理、不法管理和幻想管理都不成立无因管理,都不是无因管理。

2. 不适当的无因管理的特征

不适当的无因管理并不是管理人为自己的目的而管理他人事务,而确实是为本人管理事务,但在管理事务中,管理活动不利于本人,或者违反本人的明示或者可得推知的意思而进行的管理。因此,其特征可以归纳如下:

(1)管理活动确实是为本人进行管理。在不适当的无因管理中,管理人的管理活动确实是为本人进行管理,而不是管理自己的事务,因而与不真正无因管理完全不同。这是将不适当的无因管理作为无因管理的主要依据,而不真正无因管理则根本就不是无因管理。

(2)管理人的目的是为本人管理事务。在不适当无因管理中,管理人在管理活动中的指导思想和目的,也确实是为本人的目的而进行管理,不是为自己的目的或者自己的利益,因而与不真正无因管理具有鲜明的区别。

(3)管理的后果不利于本人且违反本人的意思。在不适当的无因管理中,管理人的管理活动尽管是为了本人的目的,但在实际的管理后果上却是不利于本人的,管理活动明显违反本人的意思,或者可得推知违反本人的意思,损害了本人的利益。这是与无因管理的基本区别。

(4)其法律后果不完全适用无因管理之债的规则。不适当的无因管理并不完全适用无因管理之债的规则,而适用特别的规则,但也不适用不真正无因管理的规则。

(二)不适当的无因管理的构成和法律后果

1. 不适当的无因管理的构成

(1)须成立无因管理。构成不适当的无因管理,应当具备无因管理的所有要件,即管理

---

[5] 王泽鉴:《债法原理》(第1册),中国政法大学出版社2003年版,第350页。

人须对他人事务进行管理,管理人没有法定的或者约定的义务,管理人须为避免他人利益受损失而管理。

(2)管理事务不利于本人。不适当的无因管理的不适当,主要是指管理行为的后果上,管理人管理本人的事务不利于本人。

(3)管理事务违反本人的意思。不适当的无因管理在主观方面,是管理人管理本人事务违反本人的意思。违反本人的意思,一是本人如果对自己的事务管理有明示的,即违反明示的意思;二是本人没有明示,则对可得推知的意思的违反,也为违反本人的意思。

2. 不适当的无因管理的后果

不适当的无因管理,尽管管理人的出发点是好的,是为本人的利益进行管理,但由于不利于本人的利益并违反本人的意思,因此具有违法性,属于不当干预他人事务。为了保护本人的利益,不适当的无因管理不适用无因管理的法律规则。具体规则如下:

(1)停止管理、返还事务的请求权。本人享有停止管理和返还请求权,管理人负有停止管理、返还管理事务的义务。返还时,应当将其管理期间所生利益一并返还于本人。

(2)本人事务损害的赔偿请求权。在管理事务中造成本人的损害的,管理人应当承担赔偿责任,本人享有损害赔偿请求权。赔偿范围以实际损失为限,管理人承担全部赔偿责任。但是,管理人如果是为了免除本人的生命、身体或者财产上的急迫危险而为事务管理者,管理人须具有恶意或者有重大过失,才应当承担赔偿责任。

(3)返还利益请求权。无论管理事务利于本人且违反本人意思,还是管理事务不利于本人但不违反本人意思的,管理所得利益都应当予以返还;不利于本人的管理,在管理人返还后,对于损失,本人仍有权请求损害赔偿。

(4)必要管理费用的补偿请求权。管理人在管理活动中支出了必要且有益的费用的,对本人有补偿请求权,应以本人所得管理所生利益为限。

五、不真正无因管理

(一)不真正无因管理的概念和特征

1. 不真正无因管理的概念和种类

不真正无因管理,也称非真实的无因管理,是指管理人误将他人事务当成自己的事务进行管理,或者明知系他人事务却故意当成自己事务而管理的行为,包括误信管理和不法管理。这两种行为都是对他人的事务进行管理,并不完全符合无因管理的要件要求,都是管理人在主观上误信或者明知,而将他人的事务当成自己的事务进行管理,产生与无因管理相似的法律后果。《民法典》第980条规定:"管理人管理事务不属于前条规定的情形,但是受益人享有管理利益的,受益人应当在其获得的利益范围内向管理人承担前条第一款规定的义务。"

(1)误信管理。误信管理是善意的不真正无因管理,是指管理人误将他人的事务作为自己的事务进行管理的行为。误信管理不构成无因管理,仅在客观上发生管理他人事务的事实,而在主观上并没有管理他人事务的动机和目的。对于误信管理不能类推适用无因管理的规定,也不能经本人承认而适用委托的规定,而应当适用不当得利的规定,受益人应当向管理人偿还因管理事务而支出的必要费用,管理人因管理事务受到损失的,受益人应当给予适当补偿。[6] 如果管理人具有过失,则应当依据侵权行为确定责任。

(2)不法管理。不法管理是恶意的不真正无因管理,[7] 是明知管理的事务系他人事务,却故意作为自己的事务进行管理。[8] 不法管理也表现在客观上为他人管理事务,但是,在主观上具有故意,即明知该事务为他人的事务,而当作自己的事务进行管理。不法管理适用侵权行为和不当得利的规定,可以请求返还原物和损害赔偿。如果管理人将不法管理的标的物予以出卖,获得超过其价值的利益,本人除了可以请求损害赔偿之外,还可以就超过标的物价值的利益部分请求返还不当得利。

2. 不真正无因管理的特征

(1)管理的是他人的事务。没有管理他人的事务,就无法构成无因管理,当然也不能构成不真正的无因管理。之所以幻想管理不成为不真正无因管理,基本理由就是这一点。

(2)管理人的管理出于主观上的原因。无论是误信管理,还是不法管理,都是管理人在主观上出现了认识上的不当,或者是误将他人的事务当成自己的事务,或者是明知他人的事务而作为自己的事务进行管理。误信管理是善意的不真正无因管理,不法管理是恶意的不真正无因管理。

(3)管理人将他人的事务作为自己的事务进行管理。无论是误信管理还是不法管理,管理人在管理他人的事务时,是完全为了自己利益的目的,作为自己的事务进行管理。因此,不真正无因管理与无因管理具有根本性的不同。

(4)不真正无因管理仍然产生债的关系但内容有所不同。不真正无因管理尽管管理人在客观上是将他人的事务作为自己的事务进行管理的,但并没有改变所管理的事务的性质和权属,该事务仍然属于本人,在本人与管理人之间产生债的关系,但不是无因管理之债,而是按照实际情况,区分为不当得利之债或者侵权行为之债。

3. 不认为是不真正无因管理的幻想管理

幻想管理,是指管理人误信自己的事务为他人的事务而进行管理。在幻想管理中,因管理人的误信,将自己的事务当作他人的事务进行管理,所管理的事务为管理人自己所控制,一般不会与他人产生法律关系。但管理人将所管理的事务进行处分时,可能产生不当得利或侵权的法律关系。尽管有人将幻想管理称为不真正无因管理,但实际上其并不属于不真正无因管理,而应按照其实际后果适用法律。

(二)不真正无因管理的债的关系

1. 不真正无因管理与无因管理的主要区别

不真正无因管理与无因管理存在根本性区别。区别主要在于管理人是将本人的事务作为自己的事务进行管理,而不是作为他人的事务进行管理。由于不真正无因管理与无因管理利他性质的高尚行为有所不同,因而在适用法律确定其法律后果的时候,不能完全适用无因管理的规则,应当适用特殊的规则。

---

[6] 江必新主编:《民法典重点修改及新条文解读》(上册),中国法制出版社2020年版,第639页。

[7] 王泽鉴:《债法原理》(第1册),中国政法大学出版社2003年版,第356页。

[8] 黄立:《民法债编总论》(第3版),台北,元照出版有限公司2006年版,第193页。

2. 不真正无因管理之债的关系

（1）返还事务的请求权和相应义务。本人作为事务的所有人或者权利人，享有返还事务的请求权，管理人负有返还事务的义务。这种债的性质属于不当得利，应当按照不当得利的规则确定返还事务的请求权，管理人负有相应义务。

（2）返还必要费用等请求权。管理人在实质上仍然是在为他人的事务进行管理，在返还本人事务的同时，管理人当然享有返还必要费用等请求权，因管理而负担债务或者造成损害的，本人应当承担补偿义务。请求权和补偿义务应当以在管理中本人所得的利益为限，对超出所得利益的范围的部分不承担补偿责任。

（3）管理中对本人事务造成损害的赔偿请求权。管理人在管理本人事务中，如果基于自己的过失对本人事务造成损害的，应当予以赔偿。该赔偿的性质，应当属于侵权损害赔偿。〔9〕

｜引例分析｜

无因管理是有益于他人的行为，因而法律对无因管理行为予以鼓励。当管理人的管理行为符合无因管理行为的构成要件时，在管理人和本人之间发生无因管理之债，管理人享有债权，本人负有债务。

在本案中，原告的行为具备无因管理的所有构成要件，构成无因管理，原告与被告公司之间发生无因管理之债。原告起诉被告要求支付必要费用、赔偿相应损失，是有法律根据的，自属应当，法院应予支持。法院判决被告给付原告因无因管理造成的经济损失，符合法律规定。

如果原告的管理行为不符合受益人的真实意思，原告是否还能要求被告支付相应费用，应当依照《民法典》第979条第2款关于“管理事务不符合受益人真实意思的，管理人不享有前款规定的权利；但是，受益人的真实意思违反法律或者违背公序良俗的除外”的规定，即使原告的行为不符合受益人的真实意思，但是，受益人确实因为行为人的行为得到了利益，而受益人的真实意思违反法律或者违背公序良俗，也能够发生无因管理之债的后果，管理人有权请求受益人偿还因管理行为而支出的必要费用；管理人因管理行为受到损失的，可以请求受益人给予适当补偿。

第二节　不当得利

｜引　例｜

被告胡某在天锐公司购买昌河牌小型普通客车一辆，总价为4.38万元，被告向天锐公司支付首付款1.38万元。随后，被告作为借款人、晋城银行股份有限公司作为贷款

〔9〕 王泽鉴：《债法原理》（第1册），中国政法大学出版社2003年版，第356页。

人、原告易百卡汽车资讯服务有限公司作为贷款服务商,签订个人汽车贷款合同后,未实际履行。原告员工李某受公司指派,从其个人银行卡向天锐公司转款3万元,并注明"垫付胡某车款"。随后,天锐公司将车辆交付被告,并告知被告有人为其垫付余款3万元。原告向法院起诉,请求被告支付垫付款及3000元律师代理费。

法院审理认为,被告购车交付首付款取得车辆后,对剩余车款仍负有清偿义务。原告替被告垫付剩余车款,使被告受益,自己财产受到损失,并不是在被告财产可能受到损失的情况下,为避免造成损失而实施,不构成无因管理。但是,本案被告取得原告垫付的车款,既无法律规定,也无合同约定,属于不当得利,应当依法返还原告。被告当庭表态自愿返还垫付人3万元车款,合法合理,法院予以准许。原告垫付车款时并未经被告许可,被告认为自己已经办理了银行贷款业务,对原告垫付车款并不知情,系善意受益人,向原告返还利益的范围仅以原告垫付车款的数额为限,故对原告主张因垫付车款遭受的利息损失,法院不予支持。因被告对垫付车款的权利人并不知情,不存在滥用诉讼权利、拖延承担诉讼义务等不当行为,故原告提出因向被告主张垫付车款产生的律师费的诉讼主张于法无据,法院不予支持。故对原告主张被告返还垫付车款3万元的诉讼请求予以支持;主张利息损失以及律师费的诉讼请求不予支持。

| 法律问题 |

1. 不当得利及其特征
2. 不当得利的构成要件
3. 不当得利的类型
4. 不当得利的法律效果

一、不当得利概述

(一)不当得利的概念

不当得利,是指没有法律或者合同的根据,因他人财产受到损失而使自己获得利益的法律事实。

在不当得利之债的法律关系中,没有合法根据而取得利益的一方当事人称得利人(也称受益人),受有损害的一方称受损人。受损人依据不当得利之债所享有的权利,是不当得利返还请求权。

不当得利是当事人之间的利益发生不当变动的结果。在现实生活中,利益不当变动是一种常见现象,经常发生。法律为了调整当事人之间利益不当变动产生的不公平现象,故设立不当得利制度,以调整利益变动中的不公平后果。

(二)不当得利的性质

不当得利的性质是法律事实。不当得利返还请求权的发生是基于无法律上的原因而受有利益,并且因此而使他人受到损害,对于造成此种事实的原因是否属于人的行为,法律在所不问。因而,即使是不当得利返还请求权的产生有的确实是因为人的行为所引起,法律也不问行为人是否具有民事行为能力，一概不予限定，而仅仅把发生不当得利的原因归为法律事实。因此，不当得利与无因管理不同，无因管理是一种行为，而不当得利是一种法律事实。

确认不当得利是法律事实的意义在于，法律规定不当得利的目的并不是对某人或者某行为的非难，而是在于消除不当得利由于没有法律上的原因而取得利益，以及同时造成的当事人之间利益不当变动的事实状态，恢复正常的民法秩序。因此，不当得利在原则上并不是受谴责的行为，只有当受领不当得利非法利益之人明知是不当得利，仍然将不当利益据为己有的，才应当受到法律谴责。

（三）不当得利的特征

1. 不当得利是债的发生根据之一。我国《民法典》认为不当得利是发生债的根据之一。不当得利的法律后果是在受损人和得利人之间发生债的关系，受损人享有返还不当利益的债权，得利人负有返还不当利益的债务。

2. 得利人不具有产生债的关系的效果意思。不当得利本身并不是设立债的关系的法律行为，而是由于不当得利发生而产生债的关系。因而，得利人在获得不当利益时，在主观上也没有产生债的效果意思，而是按照法律规定产生了债的后果。

3. 不当得利具有使受损人受到损害的不正当性。不当得利并不是有利于他人的行为，在客观上损害了对方当事人的利益。因此，不当得利具有不正当性。法律之所以规定不当得利在双方当事人之间发生债的关系，就是要求得利人返还不当利益，使受损人的损害能够得到救济，恢复原来的权利状态。

（四）不当得利的社会功能

不当得利制度的社会功能，在于追求社会的实质正义。以当事人之间的利益变动是否符合公平正义的要求作为判断法律是否应当予以保护或者维持的标准。据此，如果当事人之间的某项利益变动违反社会公平正义，则赋予该项利益变动中的受损人返还不当得利的请求权，并使当事人之间的利益关系恢复实质上的衡平。这样的衡平思想符合人们的一般道德观念，也体现了现代法律的精神。正因如此，它还促进了不当得利返还请求权的一般化，使不当得利由个别的诉权发展成为一种原则，使不同的不当得利的具体规定都围绕着这个原则而设立，并且在社会功能上实现实质正义。

（五）不当得利与相关制度

1. 不当得利与无因管理

不当得利与无因管理是相似的债的发生原因，不当得利和无因管理一经发生，都会产生债的结果。二者的区别如下：

（1）功能不同。无因管理制度的基本功能是平衡法律禁止干涉他人事务与鼓励互助行为两项原则，使以为他人谋利为目的的行为具有阻却违法性，并在管理人与本人之间发生以事务管理和费用补偿等为内容的债权债务关系。而不当得利制度的基本功能是根据公平正义原则和衡平思想，使由于无法律原因取得的利益并致他人受损所造成的当事人之间的利益不平衡的事实状态,通过得利人返还不当利益而恢复平衡,调节财产价值的不当变动,使之恢复公平合理的状态。[10]

(2)性质不同。无因管理是一种行为,是一种有利于他人的互助性质的行为,法律予以鼓励。而不当得利是一种法律事实,不具有主观意图,法律确定得利人应当返还不当利益,在于调节财产利益的不当变动。

(3)构成要件不同。无因管理的构成要件须具备为他人的意思而为他人管理事务,没有法定的或者约定的义务,并且不违反本人的意思。而不当得利的构成要件须具备得利人受有财产上的利益,受损人受有财产上的损失,且无法律根据。

(4)产生的义务和请求权不同。无因管理产生的义务是给付必要的管理费用。不当得利产生的义务是返还不当利益。相应地,两种请求权各自独立,不能同时成立。

2. 不当得利与侵权行为

侵权行为与不当得利都是发生债的根据,二者的区别如下:

(1)功能不同。侵权责任制度的社会功能在于对侵权人的行为给予法律上的否定性评价,赋予其强制性的义务,不因为侵权行为人没有获得利益而不认其为违法行为。而不当得利制度的功能在于平衡当事人之间利益不当变动的状态,不是法律制裁,也不是否定性评价,只要得利人没有取得利益,就不成立不当得利。

(2)性质不同。侵权行为是违法行为,对侵权行为人发生债务,表达的是法律的谴责。而不当得利是一种事实状态,法律并不表示谴责,仅要求其返还原物。

(3)构成要件不同。在侵权行为的构成要件中,须具备违法性和过错;而不当得利的构成要件中,无须具备这样的要件,只要具有取得利益而没有法律根据即可。

有时,构成不当得利的也可能构成侵权行为,或者构成侵权行为的同时也构成不当得利。例如,非法侵害他人知识产权,既是侵权行为,对于因此取得的利益又构成不当得利。《民法典》第1182条专门对此作出了规定。对此,依照请求权竞合规则予以处理。[11]

二、不当得利的构成要件

1. 一方受有财产利益。一方受有财产上的利益,是不当得利成立的必要条件。没有一方的利益取得,也就不会发生该方当事人得利的结果,无所谓“当”与“不当”的问题。

一方受有财产利益,是指得利人因与他方当事人之间的利益的不当变动,而取得的财产利益。这种利益仅指财产上的利益,不须表现为金钱或者物的形态,但应具有可以计算的财产价值,或者通过比照而得出其具有经济的价值。不具有这样内容的其他利益,不属于不当得利的财产利益。

取得财产利益,应以其现在的财产或者利益以及如果没有与他人之间利益的变动所应有的财产或者利益的总额相比较进行判断。其主要包括以下两种情况:

(1)财产利益的积极取得。这是指当事人现有财产或者利益比以前有增加。其具体表现为:第一,财产权利和财产利益的取得。所有具有财产利益的权利,如所有权、用益物权、

---

〔10〕 林诚二:《民法债编总论——体系化解说》,中国人民大学出版社2003年版,第122页。

〔11〕 杨立新:《侵权责任法》,法律出版社2011年版,第68~70页。

知识产权甚至债权的取得,都是财产权的取得。在取得债权的同时对待给付,则不构成取得利益。第二,财产权利的扩张及其效力的增强。例如,因附合而使现有所有权的范围扩大,为财产权利的扩张。第三,财产权利限制的消除。设定抵押的所有权,其抵押权消灭,这种财产权利限制的消除也构成财产利益的积极取得。

(2)财产利益的消极取得。这是指当事人的财产本应减少而没有减少所生的利益。其表现是:第一,债务消灭或者缩小。债务是一种不利益,本应支付的债务由于其消灭或者缩小,构成消极地受有利益。第二,本应支出的费用而没有支出。应当支出的费用没有支出,当然也是消极利益。第三,本应设定的财产负担而没有设定。如应当在自己的财产上设置抵押权,但因故没有设立,亦为获得消极利益。第四,劳务的使用或者物的使用。没有合法权利或者合法权利消灭而使用他人之物,因其使用具有财产上的价值,因此也构成受有利益。

占有亦可成立不当得利。不当得利请求权和占有物返还请求权往往会发生竞合,但也有不发生占有物返还请求权而仅发生不当得利请求权的。占有物返还请求权以占有人的占有被他人不法侵害为发生要件,受益人非以侵夺的方法取得占有,其转移占有的原因无效时,原占有人可以以不当得利请求权请求返还占有物。[12]

2. 他方受有损失。构成不当得利,须以他方受有损失为必要。因此,即使一方受有财产利益,他方并没有受到损失,也不发生不当得利。

判断损失,有财产利益差额说和权益归属侵害说两种不同主张。财产利益差额说,是指因一定事实的发生,致权利主体的财产总额较未发生此事实时减少,包括所受损害及所失利益。权益归属侵害说,是指因一定事实侵害他人权益的归属,致生损害。目前,多采后者作为判断损失的基础。无权使用他人物品,无论他人有无使用计划,皆不影响该他人主张不当得利的权利。因此,所谓财产总额不限于具有金钱价值的权利总和,还包含随时可以使用收益的潜在利益,自不必斟酌受损人对于该财产有无使用收益的意思或有无使用的计划,只需依通常情形认为该项利益应归属于受损人,即应命受益人将其利益返还。[13]

他方受有损失,是指受损人因有一定的事实发生而使其财产或财产权益总额减少或者可得增加而没有增加。受有损失包括直接损失和间接损失。

(1)直接损失。直接损失是现有财产的减少,是本不应当支出的财产及财产利益而实际上为支出,造成了受损人现有财产或者财产利益价值总额的减少。

(2)间接损失。间接损失是可得利益的丧失,是得为增加的财产利益,因不当得利而致使没有增加。例如,在非因给付而发生不当得利的场合,损失表现为受损人得为增加的利益而未增加。

间接损失中的可得利益是在正常情况下可以得到的利益,即“得为增加”的利益,而不是必得利益,只要某人可能得到的利益而未得到,即属于受有间接损失。

3. 受有损失与取得利益之间须有因果关系。受损人受有损失与得利人取得财产利益之

---

〔12〕 张广兴:《债法总论》,法律出版社 1997 年版,第 92 页。

〔13〕 以上两种学说,参见林诚二:《民法债编总论——体系化解说》,中国人民大学出版社 2003 年版,第 124 ~ 125 页。

间的因果关系,是指受损人的损失是得利人获得利益所造成的结果,得利人获得利益是受损人受有损失的原因,二者之间具有引起与被引起的客观联系。

不当得利的因果关系与侵权民事责任中的因果关系并不完全相同。侵权民事责任构成要件中的因果关系,是指违法行为与损害之间所具有的引起与被引起的客观联系。而不当得利的因果关系只是基于某种共同性原因,同时发生一方取得利益和他方受有损失这两个结果,这两个结果之间刚好具有客观上的因果联系,一方取得利益而使另一方受有损失。

判断不当得利的因果关系,有两种不同的主张:

(1)直接损益变动关系说。这是主张直接因果关系说,认为受利益和受损害之间,只要依社会观念认为损益之间的原因事实具有牵连关系,即可构成不当得利,不一定必须基于同一事实原因。得利与受损必须基于同一原因事实,即由于同一原因使一方取得利益,另一方受有损失,二者始有因果关系。如果二者间仅有牵连关系,不应视为有因果关系。

(2)间接损益变动关系说。这是主张间接因果关系说,认为取得利益与受有损失之间的因果关系,不限于同一原因造成得利、受损的情况。即使得利、受损是由两个原因事实造成的,如果社会观念认为二者有牵连关系,则应认为二者有因果关系。至于其间是否有其他事实介入,在所不问。但介入事实有阻止不当得利成立的原因时,自当别论。

上述两种主张,采直接损益变动关系说更为妥当,因为类似间接损益变动另有其他法律调整,不必作为不当得利处理。确定不当得利取得利益和受有损失之间的因果关系的基本规则如下:

第一,当取得利益和受有损失之间没有第三人的行为介入时,应当确定取得利益和受有损失之间,由于不当得利的行为或者其他事实的发生,使其发生了横的联系,这个横的联系具有引起与被引起的因果关系。这样的因果关系与一般的侵权行为因果关系不同,并非直接因果关系,而是一种特殊的因果关系。

第二,当取得利益和受有损失之间有第三人的行为介入时,确定其具有因果关系应当有严格的限制。具体要求一是取得利益与受有损失之间应当具有牵连关系,表现为没有取得利益就没有受有损失,或者没有受有损失就不发生取得利益;二是第三人没有受有利益,并不能弥补损失;三是得利人受有利益未支付对价,且得利人不知第三人为无权处分。如果得利人明知第三人无权处分他人权益却为接受,则可能构成恶意串通,应当依照《民法典》第154、157条的规定返还财产。

4. 须无合法根据。无合法根据,是指造成他方损失而使自己取得利益,不存在受损人自己的让与意思或者法律上的原因作为法律依据。如果得利人取得利益是基于受损人让与权利或者出于法律上的正当原因,则得利人是合法取得,法律应予保护,当然没有要求得利人返还利益于受损人之理。只有取得利益与受有损失均无法律上的原因,才能产生不当得利之债。

使用"没有合法根据",还是采用"无法律原因",并没有严格的区别。统一说认为,无法律上原因的概念应有统一的含义,并试图以某种一般性的定义来概括各种不当得利。非统一说认为,无法律上的原因不可能有统一的含义,因为不可能要求各类不当得利具有统一的基础,而应区别各种不当得利的情况说明无原因的含义。对此,应当采取非统一说的立场解释"没有合法根据",法官在审判实践中,根据实际情况确定不当得利有没有合法根据,只要取得利益违反了法律的禁止性规定,即可认定为没有合法根据。得利与受损的当时没有这种根据,当然成立不当得利;受益与受损的当时是有法律根据的,但后来这种根据消失,得利人继续受益也就没有合法根据了,构成不当得利。

三、不构成不当得利的情形

《民法典》第985条规定在三种情况下不发生不当得利之债,此外还应当有第四种。

1. 为履行道德义务进行的给付。给付系履行道德上的义务时,虽然受领人无合法根据而受领,但给付人不得请求返还。

在实践中判断是否基于道德义务,应当依照社会观念和当事人之间的关系,以及给付的标的物的价值等确定。应当区别的是基于道德义务的给付与赠与的界限。赠与就是明知自己无义务而为无偿的财产给付,其有无道德的义务并不过问。

在无因管理中,本人对于救助其生命的管理人给付报酬,是否为不当得利?学说认为,无因管理的本人对于救助其生命的管理人在法律上本无给予报酬的义务,但在良心上则不能不为之,[14]因而应当认为属于出于道德上的义务而为的给付,不构成不当得利。

如果本系基于道德义务的给付,但由于错误认识而对他人给付,是否构成不当得利?例如,甲误认为结婚的乙是自己的朋友丙而送给乙礼金1000元人民币。有学者主张应当先依照民法关于重大误解的规定予以撤销,再依不当得利请求返还。[15] 为避免增繁法律关系,可以直接认定为不当得利,直接请求返还不当得利即可,不必先依据错误认识而撤销,后再请求返还不当得利。

2. 债务到期之前的清偿。定有清偿期的债务,债务人于未到期之前因清偿而为给付的,是期前清偿。在期限系为债务人的利益而设时,清偿期未届至,债务人并无清偿义务。如果其不存在提前清偿的目的而为清偿,属于欠缺给付目的的清偿。此时,受领人受领并非无合法根据,并且这种清偿也发生债务消灭的后果,所以,债务人清偿之后,为避免增繁法律关系,受损人不得以不当得利为由请求返还。对于其在给付时至清偿期届至前的中间利息利益是否可以请求返还,立法例和见解均不一致,本书倾向于不得请求返还。

3. 明知无给付义务而进行的债务清偿。非债清偿,是指本无给付义务而为清偿。明知无债务而为清偿者,不构成不当得利。明知无债务而为清偿与非债清偿不同,清偿债务为给付之时,如果给付人明知无给付义务的,法律即无保护之必要。

明知无债务而为清偿,除了须具备无债务存在、因清偿债务而任意为给付的要件之外,尚须具备于给付时明知无债务存在。明知是相对故意而言。例如,诉讼时效完成的债务,债务人本可以拒绝给付而故意给付时,推定其有意抛弃其给付返还请求权,不能再请求返还。

4. 基于不法原因的给付。除了《民法典》第985条规定的上述情形外,基于不法原因而为给付的也不发生不当得利。

学说认为,这是基于任何人不得以自己的不法行为主张恢复自己损失的原则作出的规定,给付人不得请求返还。例如,贿赂法官和证人,夫妻一方与他人通奸向发现者支付金钱

---

〔14〕 郑玉波:《民法债编总论》(第2版),陈荣隆修订,中国政法大学出版社2004年版,第103页。

〔15〕 林诚二:《民法债编总论——体系化解说》,中国人民大学出版社2003年版,第132页。

等,均为基于不法原因而为的给付,自然不得请求返还。但是,给付人不得请求返还,受领人却由于不法原因而保有给付利益产生了不法的结果,因此,应当予以收缴,实现社会的公平正义,维护公序良俗。例如,因贿赂、赌博而交付财物,给付人为给付的理由就是出于不法之原因,则法律无保护必要,依法没收这些财物,给付人不得主张返还。不过,如果仅仅是因为夫妻一方通奸而向发现者支付金钱,则不一定必须予以收缴,因为尽管给付人的给付基于不法原因,但受领人的受领并非毫无原因,因而应当有所区别。

不法原因的不法,分为法律行为的不法、法律行为标的的不法、法律行为的标的物不法(禁止流通物等)、给付原因不法等。根据不法原因存在于给付人和受领人的不同,其结果是:(1)给付人的给付原因不合法,受领人受领也不合法,不构成不当得利,不能返还;(2)给付人给付原因合法,受领人受领不合法,一般认为构成不当得利,可以返还不当利益;(3)给付人给付不合法,受领人受领合法,一般认为不构成不当得利,不能返还利益。〔16〕

四、不当得利的类型

(一)给付不当得利

1.给付不当得利的概念和构成

给付不当得利,是指得利人受领他人基于给付行为而转移的利益,因欠缺给付目的而发生的不当得利。〔17〕

构成给付不当得利须具备以下四个要件:

(1)得利人基于给付而取得利益。这个要件要求得利人受有利益,是基于受损人的给付而发生,而非受损人的其他原因。给付,是债的标的即债务人的行为,是发生履行效力的行为。在给付不当得利中,给付是基于一定的目的而有意识地增加他人的财产,而非专为清偿而为给付,包括履行法定义务,如抚养费的支付;也包括履行因法律行为所发生的义务,如买卖合同所产生的义务。因此,给付不当得利中的给付,比作为债的标的的给付概念要宽,包括所有的给付行为,即清偿的给付和非清偿的给付。

(2)受损人受有财产损失。该损失包括所受损害和所失利益,由于不当得利的功能不在于填补损害,而是在于使得利人返还其无法律上的原因而受领的利益,因此,这种损害有别于侵权法的损害概念。

(3)取得利益与受有损失之间有因果关系。取得利益与受有损失之间的因果关系,采直接利益变动说,即有直接因果关系者为有因果关系,否则为不成立因果关系。

(4)欠缺给付目的。给付目的,是指给予他人财产所要达到的意图和目标。给付目的无非有三种,即消灭债务、发生债权和赠与。一般而言,给付目的通常都是基于当事人的合意,但也可以依单方法律行为而为之。清偿是为了履行债务,而清偿之外的给付,因不属于债的履行,因而对目的有合意的要求。发生债权或者赠与都是正当的给付目的。如果没有这样的给付目的而为给付,即给付欠缺原因,他方当事人受领给付即为没有法律根据,构成不当得利。

---

〔16〕 林诚二:《民法债编总论——体系化解说》,中国人民大学出版社2003年版,第133页。

〔17〕 张广兴:《债法总论》,法律出版社1997年版,第98页。

2. 给付不当得利的类型

(1)给付目的自始不存在的给付不当得利

给付目的自始不存在也称为自始欠缺给付目的,是指当事人给付之时就不具有给付的原因,因而构成不当得利。这种类型的不当得利包括以下两种情况:

一是非债清偿。履行不存在的债务所引起的不当得利,就是非债清偿。其主要的形式是,对原本不存在的债务予以清偿、不知债务已经清偿而又为履行、误对他人负有的债务进行清偿。但是超过诉讼时效期间的债务清偿,是对自然债务的清偿,不属于非债清偿。

二是民事行为不成立、无效以及被撤销所产生的不当得利。对此,并非所有的民事行为不成立、无效以及被撤销的返还都是不当得利,因为如果原物存在,受损人可以依据物权请求权的返还原物请求权请求返还原物,没有必要以不当得利请求返还。在受领的财产已经转移给第三人且构成善意取得、受领的财产已经被消费、受领的财产已经灭失、依其性质不能返还的利益等,无法返还原物的,仍发生不当得利之债,受损人可以请求用其他方法返还不当得利。

(2)给付目的嗣后不存在的给付不当得利

给付目的嗣后不存在,是指在给付时确有法律上的原因,但其后该原因已经不复存在。在给付之时尚有法律上的原因,但其后该原因却不存在时,因一方当事人的给付而发生不当得利。这种类型的不当得利包括以下两种情况:

一是因合同解除产生的不当得利。合同解除,其解除的效力仅向后发生,即合同解除没有溯及力。应当说明的是,继续性合同的解除不具有溯及力,如房屋租赁合同,租赁 1 年之后解除租赁合同,自解除之日起消灭合同效力,对已经履行的合同债务没有溯及力;一次性合同自合同解除后,其效力溯及既往地消灭,当事人可以依其所有权请求返还。[18] 合同解除有溯及力的,基于合同发生的债权债务关系溯及既往地消灭,为给付行为的一方对于此前发生的给付,如果原物仍然存在,既可以主张效力较强的返还原物,也可以主张不当得利请求权;原物已经被消费,或者被第三人所取得,或者为种类物,无法返还原物的,只能主张返还不当得利。

二是其他给付目的嗣后不存在的给付不当得利。例如,附解除条件或者终期的法律行为,其条件成就或者期限届至;依双务合同交付财产后,因不可归责于对方的事由致不能实现对待给付的,都构成这种不当得利。

(3)给付目的不达

给付目的不达,是指为实现将来某种目的而为给付,但因某种障碍,日后不能达到目的。在这种情况下,因一方当事人的给付而发生不当得利。

给付目的不达包括两种情形:一是给付当时客观的已经确定目的不达,二是在当时不能确定而在以后终未达到给付目的。在附停止条件的债务中,预期条件能够成就而履行债务,结果条件却没有成就,得利人所受的给付即为不当得利。[19]

---

〔18〕 张广兴:《债法总论》,法律出版社 1997 年版,第 100 页。

〔19〕 陈界融编著:《中国民法学·债法学源论》,人民法院出版社 2006 年版,第 114 页。

(二)非给付不当得利

1. 非给付不当得利的概念与特征

非给付不当得利,是指因给付之外的事由而发生财产利益变动的不当得利。[20] 给付以外的事由,包括人的行为和自然事实以及法律规定。

基于这些事由发生的不当得利,构成要件如下:

(1)得利人基于给付以外的事由而取得利益。这个要件要求,得利人受有利益是基于受损人给付以外的事由发生,而不是受损人的给付行为。作为给付以外的事由的人的行为中,又分为受益人的行为、受损人的行为和第三人的行为。

(2)受损人受有财产利益损失。受损人受有财产或者财产利益的损失,是构成非给付不当得利的要件之一。尽管在人的行为中除了受损人的行为致使受益人获得利益之外,均为受损人以外的原因,但都造成受损人的财产或者财产利益的损失。凡是造成受损人损失的,就成立该要件。

(3)给付以外的事由与取得利益有因果关系。在非给付不当得利中,发生利益和造成损失的原因是给付之外的事由,取得利益和造成损失与给付之外的事由之间具有因果关系。

(4)得利人没有受其利益的权利。得利人因给付以外的事由获得利益,但却没有受其利益的权利,如果具备前述三个要件,但是得利人具有得利的权利,如善意取得,不构成不当得利,而取得受让标的物的所有权。

2. 非给付不当得利的类型

(1)因侵害发生的不当得利

因侵害发生的不当得利,也称基于得利人行为发生的不当得利,是指得利人以自己的行为侵害他人合法权益而发生的不当得利。

确定这种不当得利的意义在于,调整因自己的行为使他人蒙受损失而自己获得不当利益时的衡平。在这种不当得利类型中,得利人与受损人之间并未发生财产或者利益的转移,因而对受损人损失的判定应当以得利人是否因此获得利益作为标准,得利人因其行为获得利益的,即可判定受损人受有损失,这是因为得利人所获得的利益原本归属于受损人。由于得利人获得利益是基于侵害受损人的权益而发生,因此,其行为通常会构成侵权行为。如果没有过错,仅构成不当得利,受损人只能行使不当得利返还请求权;如果得利人具有过错,则既构成不当得利,又构成侵权责任,由受损人自由选择一个请求权行使。

因侵害发生的不当得利,主要的形式有以下几种:

第一,无权处分他人之物。无论是有偿处分还是无偿处分,在就受让人于受让时是否知道处分人为无权处分而言,分为两种情况,一为善意,二为恶意。据此,无权处分分为四种情形。

一是无权处分人为有偿处分,受让人于受让之时为善意,依照《民法典》第 311 条的规定构成善意取得,但在受损人和处分人之间构成不当得利,同时也构成侵权责任。尽管受

---

〔20〕 黄立:《民法债编总论》,台北,2006 年自版,第 215 页。

损人不得主张受让人返还,但就处分人所得利益而言,构成不当得利,受损人可以主张处分人返还所得利益,也可以主张侵权赔偿责任。

二是无权处分人为有偿处分,受让人于受让之时为恶意。受让人不能取得让与物的所有权,所有人对受让人可以基于物权请求权请求返还原物。因无权处分人受有利益,构成不当得利,所有人也可以选择返还不当得利而放弃返还原物请求权。不过这种选择对所有人不利。当然,这时也构成侵权责任,形成侵权责任和不当得利之债的竞合。

三是无权处分人为无偿处分,受让人为善意,不构成善意取得,但构成无权处分人的侵权责任,以及在所有人和受让人之间成立不当得利。对此,受损人既可以对无权处分人主张侵权损害赔偿责任,也可以对受益人主张返还不当得利。

四是无权处分人为无偿处分,受让人受让时为恶意,不构成不当得利,构成侵权行为,受损人可以主张侵权损害赔偿责任;受让人不能取得所有权,所有人也可以对受让人依物权请求权主张返还原物。

在上述四种情形下,有三种情况构成不当得利,分别发生在无权处分人获得利益的情形,以及受让人获得利益而无权处分人并未获利的情形。对上述各种情形都有多种救济途径,受损人应当斟酌情事,适当选择,维护自己的权益。

第二,无权使用或者消费他人之物。无权使用或者消费他人之物,使用人或者消费人因使用或者消费他人之物能够获得利益。这种利益的表现通常是为节省自己应当支出的费用。受损人的损失则为因自己的物被他人使用或者消费丧失了可得利益,造成间接损失。通常的表现是:擅自在他人墙壁上张贴或者悬挂广告,乘坐车船、观看影剧而不购票,租赁期届满而不返还承租的房屋或者租赁物,共有人超过自己的权利范围而为收益,擅自利用他人土地等。这些都构成不当得利,同时也构成侵权责任,发生不当得利之债和侵权责任的竞合。

第三,擅自出租他人之物。一是将正在使用的他人之物予以出租,二是承租之物在租赁期满后未向出租人返还而将承租之物非法出租。对此,非法出租人获得的租金为所得非法利益,造成物之所有人可得利益的损失,构成不当得利。同时,这两种行为也构成侵权行为,构成侵权责任和不当得利之债的竞合。

第四,侵害他人知识产权或者人格权。侵害知识产权获得利益,既构成侵权行为,又构成不当得利,发生侵权责任和不当得利之债的竞合,应当依照责任竞合规则处理。侵害他人人格权,在一般情况下并不构成不当得利;侵权人擅自使用他人肖像、姓名、名称、隐私等人格利益等,使用者会产生财产利益,依照《民法典》规定的公开权规则,无权使用人构成不当得利,构成侵权责任和不当得利之债的竞合。

(2)基于受损人发生的非给付不当得利

基于受损人的行为发生的非给付不当得利,是指以受损人的非给付行为作为原因而发生的不当得利。最为典型的是受损人为他人之物支出费用。例如,误饲养他人的家畜,误以他人事务为自己的事务而管理。但如果已经构成无因管理的,应当依无因管理规则进行调整,无因管理请求权与不当得利请求权不能同时存在。

(3)基于第三人发生的非给付不当得利

基于第三人的行为发生的非给付不当得利,是指由于第三人的行为致使受损人受到损害,得利人取得利益的不当得利。例如,债务人对债权准占有人清偿,使债权人的债权消灭的,就是因债务人的清偿行为而使债权准占有人取得利益,债权人的债权受到损害,受损人有权向债权准占有人主张返还不当利益。同样,第三人以甲的饲料喂养乙的家畜等,亦构成这种不当得利。

(4)基于添附发生的非给付不当得利

以自己的材料修缮或者装修他人的房屋,因材料附合于他人房屋而成为房屋的一部分;在承租的房屋内增加设施,出租人愿意接受,都是基于添附而发生的非给付不当得利。最高人民法院《关于审理城镇房屋租赁合同纠纷案件具体应用法律若干问题的解释》根据不同情况作出了规定。构成添附的,其基本原则是,房屋所有人取得材料或者设施的所有权,但对其房屋增加的增值部分,应当依照不当得利予以返还。

(5)基于事件发生的不当得利

基于事件发生的非给付不当得利,如甲喂养的鱼因天降暴雨而被冲入乙的鱼塘,由于自然原因发生动产与动产的附合而取得所有权,家畜吃掉他人的饲料等,均可发生不当得利,受损人可以主张返还不当得利。果实坠落邻人之地,树木所有人受有损失,邻人取得利益,似应构成不当得利,但物权法的相邻关系规则认为,此种情形果实为土地所有人所有,不认为构成不当得利。[21] 对此应当特别注意。

五、不当得利的法律效果

(一)不当得利发生债的关系

构成不当得利的直接法律后果,是在得利人和受损人之间形成不当得利返还的债权债务关系,受损人作为债权人,有权要求作为债务人的得利人返还其所得的不当利益;得利人作为债务人,负有返还不当利益的义务。

不当得利之债的表现形式为不当得利返还请求权。该请求权以得利人返还不当利益为目的,而不是以填补受损人的损害为目的。因此,得利人的返还范围应以所受利益为限,而不是依受损人所受损失确定。

1. 不当得利返还请求权的主体

返还请求权的权利主体是受到损害的受损人,其享有不当得利返还请求权。基于给付行为而发生的不当得利,通常给付人为不当得利的请求权人,但在因债权让与发生不当得利的场合,其请求权人为债权的受让人。受损人死亡的,其继承人得依照《民法典》继承编的规定,继承其请求权。

返还请求权的义务主体为获得不当利益的得利人。负有返还不当得利义务的得利人死亡时,其概括继承人为返还义务人,没有继承遗产的人不负有返还不当利益的义务。

返还请求权的权利主体和义务主体可以是一人,也可以是多人。当义务主体是一人时,其个人承担单独债务。当义务主体为多人时,应当适用多人债务的规定。至于多名不当得利返还义务人是否应承担连带责任,学者有不同认识。本书认为,如果没有特别的规定,多名不当得利返还义务人之间按照得利的多少,以按份责任确定返还义务,理由是连带责

〔21〕 杨立新:《物权法》,高等教育出版社2007年版,第138页。

任仅在法律有明文规定或合同有约定的情况下才能适用。

2. 不当得利返还请求权的客体

在不当得利的返还客体上，除应返还所受利益外，基于该利益所生的利益应当一并返还。在具体方法上，以返还原物为原则，以价额偿还为例外，只有在不能返还原物时，才采取偿还价额的方式。至于收缴，因为这种行为是私法行为，一般不应采取。

(1)返还原物。受损人作为不当得利返还请求权人，行使不当得利返还请求权时，如果原物存在，可以请求返还原物。得利人不仅应当返还原物，由原物所生的利益也应当一并返还给权利人。

值得注意的是，将不当得利返还的原物所生的利益仅局限在原物所生孳息上过窄，应当确定为由原物所生利益。由原物所生的利益可以分为四类：一是原物所生的孳息，包括原物的天然孳息和法定孳息；二是使用原物而获得的收益，如利用不当得利的款项进行经营，其经营所得的收益；三是基于权利所得，如取得的利益为债权的，其依据债权所获得的清偿；四是原物的替代物，如原物被毁损的，所得的赔偿金、补偿金或者保险金。孳息仅为由原物所生利益的一种，其他几种由原物所生的利益，只要受有利益和受有损害有因果关系的，都应当属于返还的范围。至于究竟确定何种所生利益为返还范围，应当按照得利人主观上具有善意还是恶意的不同，区别对待。

(2)价额偿还。如果得利人获得的利益依其性质或者其他原因不能返还的，应当偿还其价额。依其性质不能返还，是得利人获得的利益为他人的劳务或者使用的收益，或者原物与得利人的物因为添附而不可分离等。依其他原因不能返还的，如原物已被毁损、出卖、消费，或者原物已经灭失等。

原物价额的确定时间，一般认为应当以得利人受领利益时为计算标准。本书认为应当有所区别：原物依其性质不能返还的，以得利人受领之时计算其价额；由于其他原因致使原物不能返还的，以不能返还之时计算其价额。

偿还价额的数额计算有主观、客观两种观点：主观说认为应以实际获得的利益为限，客观说认为应以不当利益的实际价值为计算标准。以出卖原物所受利益为例，若出卖价款低于市场价格，依主观说则以实际获得的价款为限，依客观说则以原物的实际价值为计算标准。如果得利人受领的为劳务时，其价额为劳务的通常报酬；原物因附合而丧失所有权的，应以因附合对于得利人所生的利益为标准；原物因他人的侵权行为而灭失的，以得利人所得的赔偿额为标准；原物被消耗的，其价额以消耗时的市场价格为标准。

3. 返还方式

不当得利的返还方式，应当根据情况的不同而有所区别。不动产物权的返还依登记，动产的返还依交付；基于无效买卖合同所为的所有权转移登记，可请求涂销；由于不当得利设立的物权应废止，所废止的物权则应当恢复；因不当得利成立的债权应当免除，所免除的债权则应当恢复。

(二)不当得利返还的范围确定

1. 确定不当得利返还范围的一般规则

在实际生活中，受损人的损失与得利人的受益范围并不完全相同，有时受益大于损失，有时损失大于受益。另外,受损人所受损失与得利人所得利益,其标的物的形态也不一定相同。同时,受损人的损失与得利人的受益在时间上也不一定相同。因此,应当确定返还不当利益范围的确定标准。一般的规则是:损失大于受益的,应以受益确定返还范围;如果受益大于损失,应以损失确定返还范围。至于具体确定返还范围的规则,应当区分得利人在主观上具有善意或者恶意而有所不同。不当得利制度上的善意、恶意,是根据受益人是否知道其所得利益没有法律上之根据的心理状态。这包括两个要素,一是是否知道,二是知道的对象是"所得利益没有法律根据"。[22]

(1)善意得利人的返还范围

善意得利,是指得利人在取得利益时不知其受益没有法律上的原因。《民法典》第986条规定:"得利人不知道且不应当知道取得的利益没有法律根据,取得的利益已经不存在的,不承担返还该利益的义务。"

善意得利的确认,首先,在取得利益之时,得利人不知其没有法律上的原因。其次,对于其不知,得利人应以没有故意为标准,至于其是否有过失,在所不问。如果明知受益没有法律上的原因,不构成善意得利。

善意得利人不当得利返还的范围,以现存利益为限。法律之所以对于善意得利人给予照顾,其意义在于不当得利制度不是以补偿受损人的损失为目的,而是恢复利益不平衡的状态,因而仅使善意得利人返还其现存的不当利益,如果其利益已不存在,则不承担返还义务,因而不使得利人的财产状况受不利影响。

判断现存利益,应以受损人行使返还请求权之时尚存的利益为限。这种判断标准是差额说,即利益是否存在,应依得利人整个财产是否较受益前有所增加而为判断。有增加者,为既存利益,没有增加者,为无既存利益。但现存利益并不是指其所受领利益的物质形态现在仍然存在;得利人因消灭其受领的利益而取得的对价,无论其对价是否低于原物的通常价值,其利益也为存在。所得利益受到侵权行为的侵害而灭失的,如果得利人取得赔偿金或者补偿金,应当认为所得利益仍然存在。

利益已经消灭的,无论消灭的原因为何,善意得利人均不必返还原物或者偿还价额。得利人主张其所得利益已经不存在的,应当由其举证;不能证明者,不认为现存利益不存在。

返还现存利益时,得利人在受益过程中受到的损失和支出应予以扣除。

(2)恶意得利人的返还范围

恶意得利,是指得利人在受益时明知没有法律上的根据,或受领后知道得利没有法律上的根据的不当得利。《民法典》第987条规定:"得利人知道或者应当知道取得的利益没有法律根据的,受损失的人可以请求得利人返还其取得的利益并依法赔偿损失。"

基于过失而不知的,不属于明知,因而不构成恶意。在具有无效或者得撤销原因的法律行为中,该法律行为被宣告无效或者被撤销的,得利人在受领之时明知其无效或者得撤销的,也属于明知没有法律上的原因。得利人的明知,一般应当在受领利益之时,即自始恶意。在受领时不知,但在其后知道的,自其知晓之时成为恶意得利人,即嗣后恶意。得利人

---

〔22〕 江必新主编:《民法典重点修改及新条文解读》(上册),中国法制出版社2020年版,第653页。

在成立恶意之前,仍适用关于善意得利人返还义务的规则。

受益人为法人机关的,如法定代表人,则该机关明知即为法人明知,代理人明知即由本人负责。

得利人是未成年人的,其善意与否,根据其法定代理人是否知道无法律上的原因而确定,因为法定代理人对未成年人的财产有管理的权利和义务。

恶意得利人的返还利益范围,为加重责任,其返还的不当利益不仅包括受领时的所得利益,还包括本于该利益所生的利益。这是因为,恶意得利人明知没有法律根据而获得利益,主观上有致他人利益损害的目的,具有可谴责性,故在返还不当利益时,对其没有必要加以照顾,而应给予其较重的返还义务,以示制裁,同时,给受损人以更为周全的保护,使其不因他人的恶意而受损失。不过,因自始恶意得利人与嗣后恶意得利人不同,在返还义务范围上也有所不同。

自始恶意得利人的不当得利返还范围,不仅包括受领时取得的利益,还包括由该利益所生的利益。其所受领利益为金钱时,应附加利息。返还利益不足以弥补损失的,不足部分须另行损害赔偿。恶意得利人不得主张所受利益不存在而免予返还,所以对因受领利益所支出的费用,恶意得利人不得主张扣除。但为保持或者增加标的物的价值而支出的必要费用和有益费用,受损人应予以补偿。

嗣后恶意得利人的返还义务分两个阶段,在知道无法律上的原因以前,仅返还现存利益,取得利益时所支出的费用也可以请求扣除;在知道无法律上的原因之后,负加重责任,即将现存利益附加利息一并偿还,如有损害仍需赔偿。

2. 得利人无偿转让所得利益于第三人的法律后果

《民法典》第988条规定:“得利人已经将取得的利益无偿转让给第三人的,受损失的人可以请求第三人在相应范围内承担返还义务。”

依照这一规定,无论是善意得利人还是恶意得利人,在取得不当利益之后,将已经获得的利益无偿转让给第三人的,受损人的债权所指向的债务人变更为第三人,第三人成为不当得利的债务人,即受损人对第三人产生不当得利之债。其原因在于,第三人获得的利益是无偿取得,而非有偿取得。

受损人对第三人取得不当得利之债的构成要件是:(1)得利人取得受损人的财产利益构成不当得利;(2)得利人将从受损人处获得的不当利益转让给第三人;(3)第三人对受让的不当利益是无偿取得。

具备上述要件,构成受损人与第三人之间的不当得利之债,后果是受损人是不当得利之债的债权人,有权向第三人主张在相应范围内的返还责任;第三人取得债务人的地位,负有向受损人在相应范围内返还利益的责任。

第三人取得的利益并非无偿,而支付对价的,则构成善意取得,受损人不得向其主张返还利益,而应当向得利人主张承担损害赔偿责任。

引例分析

受诉法院判决对本案的法律适用可圈可点,主要有以下三点:

第一,正确认定无因管理与不当得利的界限。无因管理和不当得利虽然在《民法典》

中都规定为准合同,都是债的性质,但是,二者存在本质的不同。判决认为,原告替被告垫付剩余车款,使被告受益,自己财产受到损失,并不是在被告财产可能受到损失的情况下,为避免造成损失而实施,所以不构成无因管理。这是正确的。进而,判决认为本案被告取得原告垫付的车款,既无法律规定,也无合同约定,当属不当得利,被告应依法返还原告。这样认定本案法律关系的性质,也是完全正确的。判决一反一正的认定,划清了无因管理和不当得利之间的界限,为正确适用法律确定了基础。

第二,构成不当得利,得利人应当向受损人返还不当利益。但是,得利人在主观上是善意还是非善意,关系到返还不当利益的范围。判决确认本案被告因为签订贷款协议在先,对原告垫付款毫不知情,因而属于善意。在此基础上,对于正确确定返还利益的范围提供了事实依据和法律依据。

第三,既然本案的得利人在主观上为善意,因而应当适用《民法典》第986条善意得利人返还不当利益的范围的规定,确定返还范围应当是现存利益,即其所需要返还的利益仅限于现存利益即车款数额,对其他损失不承担返还责任。

本章思考题

1. 无因管理的构成要件有哪些?
2. 无因管理之债的权利义务关系应当怎样确定?
3. 管理人管理事务经受益人事后追认的应当怎样适用法律?
4. 不当得利的构成要件有哪些?
5. 不当得利之债的权利义务关系应当怎样确定?
6. 得利人的善意与否对确定返还不当利益有何影响?

参考文献

1. 胡长清:《中国民法债篇总论》(第7版),商务印书馆1948年版。
2. 洪文澜:《民法债编通则释义》,上海法学编译社1948年版。
3. 刘得宽:《民法诸问题与新展望》(第2版),台北,三民书局1980年版。
4. 王家福等:《合同法》,中国社会科学出版社1986年版。
5. 穆生秦主编:《民法通则释义》,法律出版社1987年版。
6. 江平、米健:《罗马法基础》,中国政法大学出版社1987年版。
7. 马原主编:《中国民法教程》,人民法院出版社1989年版。
8. 周林彬主编:《比较合同法》,兰州大学出版社1989年版。
9. 佟柔主编:《中国民法学·民法总则》,中国人民公安大学出版社1990年版。
10. 王家福主编:《中国民法学·民法债权》,法律出版社1991年版。
11. 谢邦宇、李静堂:《民事责任》,法律出版社1991年版。
12. 苏惠祥主编:《中国当代合同法论》,吉林大学出版社1992年版。
13. 沈达明、梁仁洁编著:《德意志法上的法律行为》,对外贸易教育出版社1992年版。
14. 孔庆明:《秦汉法律史》,陕西人民出版社1992年版。
15. 崔建远:《合同责任研究》,吉林大学出版社1992年版。
16. 梁慧星:《民法学说判例与立法研究》,中国政法大学出版社1993年版。
17. 周枏:《罗马法原论》,商务印书馆1994年版。
18. 尹田编著:《法国现代合同法》,法律出版社1995年版。
19. 梁慧星主编:《民商法论丛》(第3卷),法律出版社1995年版。
20. 王利明:《违约责任论》,中国政法大学出版社1996年版。
21. 王利明、崔建远:《合同法新论·总则》,中国政法大学出版社1996年版。
22. 冯大同、沈四宝编著:《国际商法》,对外贸易教育出版社1994年版。
23. 高尔森:《英美合同法纲要》,南开大学出版社1997年版。
24. 张广兴:《债法总论》,法律出版社1997年版。
25. 王泽鉴:《民法学说与判例研究》,中国政法大学出版社1998年版。
26. [英]沃克编辑:《牛津法律大辞典》,北京社会与科技发展研究所译,光明日报出版社1988年版。
27. 崔建远:《合同法》,法律出版社1998年版。
28. 崔建远主编:《新合同法原理与案例释评》,吉林大学出版社1999年版。
29. 张广兴、韩世远:《合同法总则》(下),法律出版社2000年版。
30. 刘景一:《合同法新论》,人民法院出版社1999年版。
31. 河山、肖水:《合同法概要》,中国标准出版社1999年版。
32. 王利明:《民商法研究》(第2、3、4辑),法律出版社1999年版。
33. 史尚宽:《民法总论》,中国政法大学出版社2000年版。

34. 史尚宽:《债法总论》,中国政法大学出版社 2000 年版。
35. 王利明、崔建远:《合同法新论・总则》(修订版),中国政法大学出版社 2000 年版。
36. 王泽鉴:《债法原理》(第 1 册),中国政法大学出版社 2003 年版。
37. 詹森林:《民事法理与判决研究(三)・消费者保护法专论》,台北,2003 年自版。
38. 王利明:《合同法研究》(第 2 卷),中国人民大学出版社 2003 年版。
39. 王利明主编:《中国民法案例与学理研究》(债权篇)(第 2 版),法律出版社 2003 年版。
40. 林诚二:《民法债编总论——体系化解说》,中国人民大学出版社 2003 年版。
41. 邱聪智:《新订民法债编通则》(上),中国人民大学出版社 2003 年版。
42. 郑玉波:《民法债编总论》(第 2 版),陈荣隆修订,中国政法大学出版社 2004 年版。
43. 郭明瑞主编:《合同法学》,复旦大学出版社 2005 年版。
44. 陈界融编著:《中国民法学・债法学源论》,人民法院出版社 2006 年版。
45. 黄立:《民法债编总论》(第 3 版),台北,元照出版有限公司 2006 年版。
46. 杨立新:《债法总则研究》,中国人民大学出版社 2006 年版。
47. 李开国主编:《合同法》,法律出版社 2007 年版。
48. 龙翼飞等编著:《合同法教程》,法律出版社 2008 年版。
49. 韩世远:《合同法》,法律出版社 2008 年版。
50. 尹田:《法国现代合同法:契约自由与社会公正的冲突与平衡》(第 2 版),法律出版社 2009 年版。
51. 李永军、易军:《合同法》,中国法制出版社 2009 年版。
52. 王泽鉴:《债法原理》,北京大学出版社 2009 年版。
53. 王利明等:《合同法》(第 3 版),中国人民大学出版社 2009 年版。
54. 崔建远主编:《合同法》(第 5 版),法律出版社 2010 年版。
55. 李永军:《合同法》(第 3 版),法律出版社 2010 年版。
56. 韩世远:《合同法总论》(第 2 版),法律出版社 2008 年版。
57. 江平、[意]S. 斯奇巴尼主编:《罗马法、中国法与民法法典化》,中国政法大学出版社 2008 年版。
58. 隋彭生:《合同法要义》(第 3 版),中国人民大学出版社 2011 年版。
59. 王利明:《合同法研究》(第 2 版),中国人民大学出版社 2011 年版。
60. 杨立新:《债与合同法》,法律出版社 2012 年版。
61. 李永军:《合同法》(第 5 版),中国人民大学出版社 2020 年版。
62. 朱广新、谢鸿飞主编:《民法典评注・合同编　通则》,中国法制出版社 2020 年版。
63. 王利明主编:《中国民法典释评・合同编・通则》,中国人民大学出版社 2020 年版。
64. 黄薇主编:《中华人民共和国民法典合同编释义》,法律出版社 2020 年版。
65. 王利明等:《民法学》(第 6 版),法律出版社 2020 年版。
66. 江必新主编:《民法典重点修改及新条文解读》(上、下),中国法制出版社 2020 年版。
67. 最高人民法院民法典贯彻实施工作领导小组主编:《中华人民共和国民法典合同编理解与适用》,人民法院出版社 2020 年版。
68. [英]阿蒂亚:《合同法概论》,程正康等译,法律出版社 1982 年版。
69. [英]H. S. 梅因:《古代法》,沈景一译,商务印书馆 1959 年版。
70. [古罗马]查士丁尼:《法学总论》,张企泰译,商务印书馆 1989 年版。
71. [英]《英国商法》,董安生等编译,法律出版社 1991 年版。
72. [日]我妻荣编:《新版新法律学辞典》,董璠舆译校,中国政法大学出版社 1991 年版。
73. [意]桑德罗・斯奇巴尼选编:《债・契约之债》,丁玫译,中国政法大学出版社 1992 年版。

74. [意]彭梵得:《罗马法教科书》,黄风译,中国政法大学出版社 1992 年版。
75. [美]罗伯特·考特、[美]托马斯·尤伦:《法和经济学》,张军等译,上海人民出版社、上海三联书店 1994 年版。
76. [美]迈克尔·D. 贝勒斯:《法律的原则》,张文显等译,中国大百科全书出版社 1996 年版。
77. [英]P. S. 阿狄亚:《合同法导论》,赵旭东等译,法律出版社 2002 年版。
78. [加]Peter Benson 主编:《合同法理论》,易继明译,北京大学出版社 2004 年版。
79. [美]E. 艾伦·范斯沃思:《美国合同法》,葛云松、丁春艳译,中国政法大学出版社 2004 年版。
80. [美]罗伯特·A. 希尔曼:《合同法的丰富性:当代合同法理论的分析与批判》,郑云瑞译,北京大学出版社 2005 年版。
81. [日]我妻荣:《新订债权总论》,王燚译,中国法制出版社 2008 年版。
82. [俄]E. A. 苏哈诺夫主编:《俄罗斯民法》(第 3 册),丛凤玲译,中国政法大学出版社 2011 年版。
83. 今晓:《"过错"并非违约责任的要件》,载《法学》1987 年第 3 期。
84. 杨立新:《论债权人代位权》,载《法律科学(西北政法学院学报)》1990 年第 4 期。
85. 焦津洪:《违约赔偿范围的比较研究》,载《中外法学》1991 年第 6 期。
86. 韩世远、崔建远:《先期违约与中国合同法》,载《法学研究》1993 年第 3 期。
87. 杨立新:《对债权准占有人给付的效力》,载《法学研究》1991 年第 3 期。
88. 刘永伟:《论合同的解释》,载《法学》1997 年第 5 期。
89. 李永军:《我国合同法是否需要独立的预期违约制度——对我国正在起草的合同法草案增加英美法预期违约制度的质疑》,载《政法论坛》1998 年第 6 期。
90. 崔建远、韩世远:《合同法中的债权人代位权制度》,载《中国法学》1999 年第 3 期。
91. 史浩明:《论提存》,载《法商研究(中南财经政法学院学报)》2001 年第 6 期。
92. 杨立新、曹艳春:《论民事权利保护的请求权体系及其内部关系》,载《河南省政法管理干部学院学报》2005 年第 4 期。
93. 王洪:《合同形式欠缺与履行治愈论——兼评〈合同法〉第 36 条之规定》,载《现代法学》2005 年第 3 期。
94. 杨立新:《地震引发的民事法律后果分析》(上、下),载《检察日报》2008 年 5 月 26、27 日。
95. 杨立新:《〈消费者权益保护法〉规定惩罚性赔偿责任的成功与不足及完善措施》,载《清华法学》2010 年第 3 期。
96. 马新彦:《信赖原则指导下的规则体系在民法中的定位》,载《中国法学》2011 年第 6 期。
97. 田浩为:《保理法律问题研究》,载《法律适用》2015 年第 5 期。
98. 杨立新:《悬赏广告的单方允诺之债属性之辨》,载《扬州大学学报(人文社会科学版)》2021 年第 2 期。